U0480993

北京文物与考古系列丛书

丽泽墓地
——丽泽金融商务区园区规划绿地工程发掘报告

北京市文物研究所 编著

科学出版社

北 京

内 容 简 介

本书是北京市丽泽金融商务区园区规划绿地工程的考古发掘报告。丽泽墓地是2012年3～5月为配合北京市丽泽金融商务区园区规划绿地工程而进行的发掘，发掘面积2350平方米，清理辽代墓葬2座，明、清时期墓葬253座，出土陶、瓷、金、银、铜器等随葬器物。墓葬形制和随葬器物时代特点鲜明，是北京地区辽、明、清时期墓葬考古学研究及了解当地历史文化与社会发展的重要资料。

本书可供从事考古、文物、历史研究的学者及大专院校相关专业师生阅读和参考。

图书在版编目（CIP）数据

丽泽墓地：丽泽金融商务区园区规划绿地工程发掘报告 / 北京市文物研究所编著 . —北京：科学出版社，2016.4

（北京文物与考古系列丛书）

ISBN 978-7-03-048023-1

Ⅰ.①丽… Ⅱ.①北… Ⅲ.①墓葬（考古）–发掘报告–丰台区 Ⅳ.① K878.85

中国版本图书馆 CIP 数据核字（2016）第 071624 号

责任编辑：王琳玮 / 责任校对：张凤琴
责任印制：肖 兴 / 封面设计：北京美光设计制版有限公司

科 学 出 版 社 出版
北京东黄城根北街 16 号
邮政编码：100717
http://www.sciencep.com

中国科学院印刷厂 印刷
科学出版社发行　各地新华书店经销

*

2016年6月第 一 版　开本：889×1194　1/16
2016年6月第一次印刷　印张：29　插页：44
字数：970 000

定价：328.00 元
（如有印装质量问题，我社负责调换）

北京文物与考古系列丛书

主 编：白 岩
编 委（按姓氏笔画排序）：
　　　　刘乃涛　张中华　夏连保　郭京宁
　　　　董育纲　程　利　魏永鑫

目 录

第一章 绪论 … （1）
第一节 地理环境与历史概况 … （1）
一、地理环境 … （1）
二、历史沿革 … （2）
三、文化资源 … （3）
第二节 遗址概况与发掘经过 … （4）
第三节 资料整理与报告编排 … （6）

第二章 辽代墓葬 … （8）
一、M1 … （8）
二、M2 … （10）

第三章 明清墓葬 … （12）
一、M3 … （12）
二、M4 … （13）
三、M5 … （15）
四、M6 … （16）
五、M7 … （17）
六、M8 … （19）
七、M9 … （21）
八、M10 … （24）
九、M11 … （24）
一〇、M12 … （25）
一一、M13 … （26）
一二、M14 … （28）
一三、M15 … （30）
一四、M16 … （32）
一五、M17 … （33）
一六、M18 … （34）
一七、M19 … （36）
一八、M20 … （37）

一九、M21 …………………………………………………………………………………………（38）

二〇、M22 …………………………………………………………………………………………（40）

二一、M23 …………………………………………………………………………………………（42）

二二、M24 …………………………………………………………………………………………（43）

二三、M25 …………………………………………………………………………………………（43）

二四、M26 …………………………………………………………………………………………（45）

二五、M27 …………………………………………………………………………………………（46）

二六、M28 …………………………………………………………………………………………（48）

二七、M29 …………………………………………………………………………………………（49）

二八、M30 …………………………………………………………………………………………（50）

二九、M31 …………………………………………………………………………………………（51）

三〇、M32 …………………………………………………………………………………………（52）

三一、M33 …………………………………………………………………………………………（54）

三二、M34 …………………………………………………………………………………………（55）

三三、M35 …………………………………………………………………………………………（56）

三四、M36 …………………………………………………………………………………………（57）

三五、M37 …………………………………………………………………………………………（59）

三六、M38 …………………………………………………………………………………………（60）

三七、M39 …………………………………………………………………………………………（60）

三八、M40 …………………………………………………………………………………………（61）

三九、M41 …………………………………………………………………………………………（62）

四〇、M42 …………………………………………………………………………………………（64）

四一、M43 …………………………………………………………………………………………（64）

四二、M44 …………………………………………………………………………………………（66）

四三、M45 …………………………………………………………………………………………（67）

四四、M46 …………………………………………………………………………………………（69）

四五、M47 …………………………………………………………………………………………（70）

四六、M48 …………………………………………………………………………………………（71）

四七、M49 …………………………………………………………………………………………（74）

四八、M50 …………………………………………………………………………………………（75）

四九、M51 …………………………………………………………………………………………（77）

五〇、M52 …………………………………………………………………………………………（79）

五一、M53 …………………………………………………………………………………………（80）

五二、M54 …………………………………………………………………………………………（81）

五三、M55 …………………………………………………………………………………………（83）

五四、M56	（84）
五五、M57	（86）
五六、M58	（87）
五七、M59	（89）
五八、M60	（90）
五九、M61	（95）
六〇、M62	（97）
六一、M63	（98）
六二、M64	（101）
六三、M65	（102）
六四、M66	（103）
六五、M67	（105）
六六、M68	（107）
六七、M69	（107）
六八、M70	（108）
六九、M71	（110）
七〇、M72	（111）
七一、M73	（112）
七二、M74	（113）
七三、M75	（114）
七四、M76	（115）
七五、M77	（116）
七六、M78	（118）
七七、M79	（120）
七八、M80	（125）
七九、M81	（127）
八〇、M82	（127）
八一、M83	（128）
八二、M84	（129）
八三、M85	（130）
八四、M86	（131）
八五、M87	（132）
八六、M88	（133）
八七、M89	（135）
八八、M90	（136）

八九、M91 ………………………………………………………………………………………（137）

九〇、M92 ………………………………………………………………………………………（139）

九一、M93 ………………………………………………………………………………………（141）

九二、M94 ………………………………………………………………………………………（142）

九三、M95 ………………………………………………………………………………………（143）

九四、M96 ………………………………………………………………………………………（146）

九五、M97 ………………………………………………………………………………………（147）

九六、M98 ………………………………………………………………………………………（149）

九七、M99 ………………………………………………………………………………………（150）

九八、M100 ……………………………………………………………………………………（152）

九九、M101 ……………………………………………………………………………………（154）

一〇〇、M102 …………………………………………………………………………………（155）

一〇一、M103 …………………………………………………………………………………（158）

一〇二、M104 …………………………………………………………………………………（159）

一〇三、M105 …………………………………………………………………………………（162）

一〇四、M106 …………………………………………………………………………………（162）

一〇五、M107 …………………………………………………………………………………（163）

一〇六、M108 …………………………………………………………………………………（164）

一〇七、M109 …………………………………………………………………………………（165）

一〇八、M110 …………………………………………………………………………………（168）

一〇九、M111 …………………………………………………………………………………（169）

一一〇、M112 …………………………………………………………………………………（170）

一一一、M113 …………………………………………………………………………………（172）

一一二、M114 …………………………………………………………………………………（173）

一一三、M115 …………………………………………………………………………………（174）

一一四、M116 …………………………………………………………………………………（176）

一一五、M117 …………………………………………………………………………………（177）

一一六、M118 …………………………………………………………………………………（178）

一一七、M119 …………………………………………………………………………………（180）

一一八、M120 …………………………………………………………………………………（181）

一一九、M121 …………………………………………………………………………………（181）

一二〇、M122 …………………………………………………………………………………（183）

一二一、M123 …………………………………………………………………………………（185）

一二二、M124 …………………………………………………………………………………（186）

一二三、M125 …………………………………………………………………………………（188）

一二四、M126 …… （189）
一二五、M127 …… （191）
一二六、M128 …… （193）
一二七、M129 …… （194）
一二八、M130 …… （196）
一二九、M131 …… （197）
一三〇、M132 …… （198）
一三一、M133 …… （199）
一三二、M134 …… （200）
一三三、M135 …… （201）
一三四、M136 …… （203）
一三五、M137 …… （205）
一三六、M138 …… （206）
一三七、M139 …… （207）
一三八、M140 …… （209）
一三九、M141 …… （210）
一四〇、M142 …… （212）
一四一、M143 …… （215）
一四二、M144 …… （219）
一四三、M145 …… （219）
一四四、M146 …… （220）
一四五、M147 …… （222）
一四六、M148 …… （223）
一四七、M149 …… （224）
一四八、M150 …… （226）
一四九、M151 …… （228）
一五〇、M152 …… （232）
一五一、M153 …… （234）
一五二、M154 …… （236）
一五三、M155 …… （238）
一五四、M156 …… （240）
一五五、M157 …… （241）
一五六、M158 …… （243）
一五七、M159 …… （244）
一五八、M160 …… （245）

一五九、M161 …………………………………………………………………………………………（246）
一六〇、M162 …………………………………………………………………………………………（247）
一六一、M163 …………………………………………………………………………………………（248）
一六二、M164 …………………………………………………………………………………………（250）
一六三、M165 …………………………………………………………………………………………（252）
一六四、M166 …………………………………………………………………………………………（253）
一六五、M167 …………………………………………………………………………………………（254）
一六六、M168 …………………………………………………………………………………………（256）
一六七、M169 …………………………………………………………………………………………（257）
一六八、M170 …………………………………………………………………………………………（259）
一六九、M171 …………………………………………………………………………………………（260）
一七〇、M172 …………………………………………………………………………………………（262）
一七一、M173 …………………………………………………………………………………………（263）
一七二、M174 …………………………………………………………………………………………（265）
一七三、M175 …………………………………………………………………………………………（267）
一七四、M176 …………………………………………………………………………………………（268）
一七五、M177 …………………………………………………………………………………………（269）
一七六、M178 …………………………………………………………………………………………（270）
一七七、M179 …………………………………………………………………………………………（272）
一七八、M180 …………………………………………………………………………………………（273）
一七九、M181 …………………………………………………………………………………………（275）
一八〇、M182 …………………………………………………………………………………………（276）
一八一、M183 …………………………………………………………………………………………（278）
一八二、M184 …………………………………………………………………………………………（279）
一八三、M185 …………………………………………………………………………………………（280）
一八四、M186 …………………………………………………………………………………………（282）
一八五、M187 …………………………………………………………………………………………（283）
一八六、M188 …………………………………………………………………………………………（284）
一八七、M189 …………………………………………………………………………………………（285）
一八八、M190 …………………………………………………………………………………………（287）
一八九、M191 …………………………………………………………………………………………（289）
一九〇、M192 …………………………………………………………………………………………（291）
一九一、M193 …………………………………………………………………………………………（293）
一九二、M194 …………………………………………………………………………………………（295）
一九三、M195 …………………………………………………………………………………………（295）

一九四、M196	（296）
一九五、M197	（299）
一九六、M198	（300）
一九七、M199	（302）
一九八、M200	（303）
一九九、M201	（305）
二〇〇、M202	（305）
二〇一、M203	（307）
二〇二、M204	（308）
二〇三、M205	（309）
二〇四、M206	（311）
二〇五、M207	（312）
二〇六、M208	（314）
二〇七、M209	（315）
二〇八、M210	（316）
二〇九、M211	（319）
二一〇、M212	（320）
二一一、M213	（322）
二一二、M214	（323）
二一三、M215	（324）
二一四、M216	（326）
二一五、M217	（327）
二一六、M218	（328）
二一七、M219	（330）
二一八、M220	（331）
二一九、M221	（332）
二二〇、M222	（335）
二二一、M223	（336）
二二二、M224	（340）
二二三、M225	（342）
二二四、M226	（344）
二二五、M227	（344）
二二六、M228	（345）
二二七、M229	（347）
二二八、M230	（349）

二二九、M231 …………………………………………………………………………（350）
二三〇、M232 …………………………………………………………………………（351）
二三一、M233 …………………………………………………………………………（353）
二三二、M234 …………………………………………………………………………（354）
二三三、M235 …………………………………………………………………………（356）
二三四、M236 …………………………………………………………………………（357）
二三五、M237 …………………………………………………………………………（358）
二三六、M238 …………………………………………………………………………（360）
二三七、M239 …………………………………………………………………………（362）
二三八、M240 …………………………………………………………………………（365）
二三九、M241 …………………………………………………………………………（366）
二四〇、M242 …………………………………………………………………………（367）
二四一、M243 …………………………………………………………………………（368）
二四二、M244 …………………………………………………………………………（371）
二四三、M245 …………………………………………………………………………（372）
二四四、M246 …………………………………………………………………………（374）
二四五、M247 …………………………………………………………………………（376）
二四六、M248 …………………………………………………………………………（377）
二四七、M249 …………………………………………………………………………（378）
二四八、M250 …………………………………………………………………………（380）
二四九、M251 …………………………………………………………………………（381）
二五〇、M252 …………………………………………………………………………（383）
二五一、M253 …………………………………………………………………………（384）
二五二、M254 …………………………………………………………………………（385）
二五三、M255 …………………………………………………………………………（386）

第四章　初步研究 ……………………………………………………………………（388）
　第一节　墓葬形制分析 ……………………………………………………………（388）
　　一、辽代墓葬 ………………………………………………………………………（388）
　　二、明代墓葬 ………………………………………………………………………（388）
　　三、清代墓葬 ………………………………………………………………………（388）
　　四、迁葬墓 …………………………………………………………………………（389）
　第二节　随葬器物分析 ……………………………………………………………（389）
　　一、陶器 ……………………………………………………………………………（389）
　　二、瓷器 ……………………………………………………………………………（390）
　　三、金器 ……………………………………………………………………………（392）

四、银器…………………………………………………………………………………（392）

五、玉器…………………………………………………………………………………（396）

六、铜器…………………………………………………………………………………（396）

七、料饰…………………………………………………………………………………（397）

八、其他…………………………………………………………………………………（397）

九、铜钱…………………………………………………………………………………（398）

第三节　墓地文化内涵分析……………………………………………………………（398）

附录……………………………………………………………………………………（400）

后记……………………………………………………………………………………（431）

插图目录

图一	丽泽位置示意图	（5）
图二	丽泽墓地位置示意图	（6）
图三	丽泽墓地发掘平面图	（插页）
图四	M1 平、剖面图	（8）
图五	M1 出土器物	（9）
图六	M2 平、剖面图	（10）
图七	M2 出土瓷碗（M2：1）	（11）
图八	M3 平、剖面图	（12）
图九	M3 出土釉陶罐	（13）
图一〇	M4 平、剖面图	（14）
图一一	M4 出土釉陶罐（M4：1）	（14）
图一二	M5 平、剖面图	（15）
图一三	M5 出土釉陶罐（M5：1）	（16）
图一四	M6 平、剖面图	（17）
图一五	M6 出土釉陶罐（M6：1）	（17）
图一六	M7 平、剖面图	（18）
图一七	M7 出土釉陶罐（M7：1）	（19）
图一八	M8 平、剖面图	（20）
图一九	M8 出土瓷罐	（21）
图二〇	M9 平、剖面图	（22）
图二一	M9 出土器物	（23）
图二二	M10 平、剖面图	（24）
图二三	M11 平、剖面图	（25）
图二四	M12 平、剖面图	（26）
图二五	M13 平、剖面图	（27）
图二六	M13 出土瓷鼻烟壶（M13：1）	（28）
图二七	M14 平、剖面图	（29）
图二八	M14 出土器物	（29）
图二九	M15 平、剖面图	（30）

图三〇	M15 出土器物	（31）
图三一	M16 平、剖面图	（32）
图三二	M17 平、剖面图	（33）
图三三	M17 出土瓷罐	（34）
图三四	M18 平、剖面图	（35）
图三五	M18 出土器物	（36）
图三六	M19 平、剖面图	（37）
图三七	M20 平、剖面图	（38）
图三八	M21 平、剖面图	（39）
图三九	M21 出土器物	（40）
图四〇	M22 平、剖面图	（41）
图四一	M22 出土器物	（41）
图四二	M23 平、剖面图	（42）
图四三	M24 平、剖面图	（43）
图四四	M24 出土瓷瓮（M24∶1）	（43）
图四五	M25 平、剖面图	（44）
图四六	M25 出土器物	（45）
图四七	M26 平、剖面图	（46）
图四八	M27 平、剖面图	（47）
图四九	M27 出土铜钱（拓片）	（47）
图五〇	M28 平、剖面图	（48）
图五一	M28 出土铜钱（拓片）	（49）
图五二	M29 平、剖面图	（50）
图五三	M30 平、剖面图	（51）
图五四	M31 平、剖面图	（52）
图五五	M32 平、剖面图	（53）
图五六	M32 出土瓷罐（M32∶1）	（53）
图五七	M33 平、剖面图	（54）
图五八	M33 出土器物	（55）
图五九	M34 平、剖面图	（56）
图六〇	M35 平、剖面图	（57）
图六一	M36 平、剖面图	（58）
图六二	M36 出土乾隆通宝（拓片）（M36∶1-1）	（58）
图六三	M37 平、剖面图	（59）
图六四	M38 平、剖面图	（60）

图六五	M39 平、剖面图	（61）
图六六	M40 平、剖面图	（62）
图六七	M41 平、剖面图	（63）
图六八	M41 出土铜烟袋（M41：1）	（63）
图六九	M42 平、剖面图	（64）
图七〇	M43 平、剖面图	（65）
图七一	M44 平、剖面图	（66）
图七二	M44 出土釉陶罐	（67）
图七三	M45 平、剖面图	（68）
图七四	M45 出土釉陶罐	（68）
图七五	M46 平、剖面图	（69）
图七六	M47 平、剖面图	（70）
图七七	M47 出土器物	（71）
图七八	M48 平、剖面图	（72）
图七九	M48 出土器物	（73）
图八〇	M49 平、剖面图	（74）
图八一	M49 出土器物	（75）
图八二	M50 平、剖面图	（76）
图八三	M50 出土器物	（77）
图八四	M51 平、剖面图	（78）
图八五	M51 出土器物	（78）
图八六	M52 平、剖面图	（79）
图八七	M53 平、剖面图	（80）
图八八	M53 出土银簪	（81）
图八九	M54 平、剖面图	（82）
图九〇	M54 出土器物	（83）
图九一	M55 平、剖面图	（84）
图九二	M55 出土康熙通宝（M55：1-1）（拓片）	（84）
图九三	M56 平、剖面图	（85）
图九四	M56 出土瓷罐（M56：1）	（85）
图九五	M57 平、剖面图	（86）
图九六	M57 出土瓷罐（M57：1）	（87）
图九七	M58 平、剖面图	（88）
图九八	M58 出土器物	（89）
图九九	M59 平、剖面图	（90）

图一〇〇	M60 平、剖面图	（91）
图一〇一	M60 出土器物	（92）
图一〇二	M60 出土器物	（94）
图一〇三	M61 平、剖面图	（95）
图一〇四	M61 出土器物	（96）
图一〇五	M62 平、剖面图	（97）
图一〇六	M63 平、剖面图	（98）
图一〇七	M63 出土器物	（99）
图一〇八	M63 出土器物	（100）
图一〇九	M64 平、剖面图	（101）
图一一〇	M65 平、剖面图	（102）
图一一一	M65 出土器物	（103）
图一一二	M66 平、剖面图	（104）
图一一三	M66 出土器物	（105）
图一一四	M67 平、剖面图	（106）
图一一五	M67 出土器物	（106）
图一一六	M68 平、剖面图	（107）
图一一七	M69 平、剖面图	（108）
图一一八	M70 平、剖面图	（109）
图一一九	M70 出土釉陶罐（M70∶1）	（109）
图一二〇	M71 平、剖面图	（110）
图一二一	M71 出土釉陶罐（M71∶1）	（110）
图一二二	M72 平、剖面图	（111）
图一二三	M73 平、剖面图	（112）
图一二四	M74 平、剖面图	（113）
图一二五	M74 出土釉陶罐（M74∶1）	（114）
图一二六	M75 平、剖面图	（115）
图一二七	M75 出土器物	（115）
图一二八	M76 平、剖面图	（116）
图一二九	M77 平、剖面图	（117）
图一三〇	M77 出土器物	（118）
图一三一	M78 平、剖面图	（119）
图一三二	M78 出土器物	（119）
图一三三	M79 平、剖面图	（121）
图一三四	M79 出土器物	（122）

图一三五	M79 徐通墓志（拓片）	（123）
图一三六	M79 董氏墓志（拓片）	（124）
图一三七	M80 平、剖面图	（126）
图一三八	M80 出土铜烟袋（M80：1）	（126）
图一三九	M81 平、剖面图	（127）
图一四〇	M82 平、剖面图	（128）
图一四一	M83 平、剖面图	（129）
图一四二	M84 平、剖面图	（130）
图一四三	M85 平、剖面图	（131）
图一四四	M86 平、剖面图	（132）
图一四五	M86 出土乾隆通宝（M86：1-1）（拓片）	（132）
图一四六	M87 平、剖面图	（133）
图一四七	M88 平、剖面图	（134）
图一四八	M88 出土器物	（134）
图一四九	M89 平、剖面图	（135）
图一五〇	M89 出土雍正通宝（M89：1-1）（拓片）	（136）
图一五一	M90 平、剖面图	（137）
图一五二	M90 出土康熙通宝（M90：1-1）（拓片）	（137）
图一五三	M91 平、剖面图	（138）
图一五四	M91 出土器物	（139）
图一五五	M92 平、剖面图	（140）
图一五六	M92 出土铜钱（拓片）	（140）
图一五七	M93 平、剖面图	（141）
图一五八	M94 平、剖面图	（142）
图一五九	M94 出土瓷罐（M94：1）	（143）
图一六〇	M95 平、剖面图	（144）
图一六一	M95 出土器物	（145）
图一六二	M95 出土铜钱（拓片）	（146）
图一六三	M96 平、剖面图	（147）
图一六四	M97 平、剖面图	（148）
图一六五	M97 出土银簪	（148）
图一六六	M98 平、剖面图	（149）
图一六七	M98 出土器物	（150）
图一六八	M99 平、剖面图	（151）
图一六九	M99 出土瓷罐（M99：1）	（151）

图一七〇	M100平、剖面图	（152）
图一七一	M100出土器物	（153）
图一七二	M101平、剖面图	（154）
图一七三	M101出土器物	（155）
图一七四	M102平、剖面图	（156）
图一七五	M102出土器物	（157）
图一七六	M103平、剖面图	（158）
图一七七	M103出土器物	（159）
图一七八	M104平、剖面图	（160）
图一七九	M104出土器物	（161）
图一八〇	M105平、剖面图	（162）
图一八一	M106平、剖面图	（163）
图一八二	M107平、剖面图	（164）
图一八三	M108平、剖面图	（165）
图一八四	M108出土釉陶罐（M108∶1）	（165）
图一八五	M109平、剖面图	（166）
图一八六	M109出土器物	（167）
图一八七	M110平、剖面图	（168）
图一八八	M110出土釉陶罐（M110∶1）	（169）
图一八九	M111平、剖面图	（170）
图一九〇	M112平、剖面图	（171）
图一九一	M112出土釉陶罐	（172）
图一九二	M113平、剖面图	（173）
图一九三	M113出土器物	（173）
图一九四	M114平、剖面图	（174）
图一九五	M115平、剖面图	（175）
图一九六	M115出土器物	（175）
图一九七	M116平、剖面图	（176）
图一九八	M116出土器物	（177）
图一九九	M117平、剖面图	（178）
图二〇〇	M118平、剖面图	（179）
图二〇一	M118出土铜钱（拓片）	（180）
图二〇二	M119平、剖面图	（180）
图二〇三	M120平、剖面图	（181）
图二〇四	M121平、剖面图	（182）

图二〇五	M121 出土器物	（183）
图二〇六	M122 平、剖面图	（184）
图二〇七	M122 出土釉陶罐	（184）
图二〇八	M123 平、剖面图	（185）
图二〇九	M123 出土瓷罐（M123∶1）	（186）
图二一〇	M124 平、剖面图	（187）
图二一一	M124 出土瓷罐（M124∶1）	（187）
图二一二	M125 平、剖面图	（188）
图二一三	M125 出土铜烟袋（M125∶1）	（189）
图二一四	M126 平、剖面图	（190）
图二一五	M126 出土器物	（191）
图二一六	M127 平、剖面图	（192）
图二一七	M127 出土器物	（192）
图二一八	M128 平、剖面图	（193）
图二一九	M128 出土器物	（194）
图二二〇	M129 平、剖面图	（195）
图二二一	M129 出土器物	（195）
图二二二	M130 平、剖面图	（196）
图二二三	M131 平、剖面图	（197）
图二二四	M131 出土瓷罐	（198）
图二二五	M132 平、剖面图	（199）
图二二六	M133 平、剖面图	（200）
图二二七	M134 平、剖面图	（201）
图二二八	M135 平、剖面图	（202）
图二二九	M135 出土铜钱（拓片）	（203）
图二三〇	M136 平、剖面图	（204）
图二三一	M136 出土器物	（204）
图二三二	M137 平、剖面图	（205）
图二三三	M137 出土釉陶罐	（206）
图二三四	M138 平、剖面图	（207）
图二三五	M139 平、剖面图	（208）
图二三六	M139 出土器物	（209）
图二三七	M140 平、剖面图	（210）
图二三八	M141 平、剖面图	（211）
图二三九	M141 出土器物	（212）

图二四〇	M142 平、剖面图	（213）
图二四一	M142 出土釉陶罐	（213）
图二四二	M142 出土铜钱（拓片）	（214）
图二四三	M143 平、剖面图	（216）
图二四四	M143 出土器物	（217）
图二四五	M143 出土铜钱（拓片）	（218）
图二四六	M144 平、剖面图	（219）
图二四七	M145 平、剖面图	（220）
图二四八	M146 平、剖面图	（221）
图二四九	M146 出土铜钱（拓片）	（221）
图二五〇	M147 平、剖面图	（222）
图二五一	M147 出土釉陶罐	（223）
图二五二	M148 平、剖面图	（224）
图二五三	M149 平、剖面图	（225）
图二五四	M149 出土器物	（226）
图二五五	M150 平、剖面图	（227）
图二五六	M150 出土器物	（228）
图二五七	M151 平、剖面图	（229）
图二五八	M151 出土瓷虎子（M151∶1）	（230）
图二五九	M151 出土器物	（231）
图二六〇	M151 出土器物	（232）
图二六一	M152 平、剖面图	（233）
图二六二	M152 出土器物	（234）
图二六三	M153 平、剖面图	（235）
图二六四	M153 出土器物	（236）
图二六五	M154 平、剖面图	（237）
图二六六	M154 出土器物	（238）
图二六七	M155 平、剖面图	（239）
图二六八	M155 出土瓷罐（M155∶1）	（239）
图二六九	M156 平、剖面图	（240）
图二七〇	M156 出土器物	（241）
图二七一	M157 平、剖面图	（242）
图二七二	M157 出土器物	（242）
图二七三	M158 平、剖面图	（243）
图二七四	M158 出土器物	（244）

图二七五	M159平、剖面图	（245）
图二七六	M160平、剖面图	（246）
图二七七	M161平、剖面图	（247）
图二七八	M162平、剖面图	（248）
图二七九	M163平、剖面图	（249）
图二八〇	M163出土器物	（250）
图二八一	M164平、剖面图	（251）
图二八二	M164出土器物	（251）
图二八三	M165平、剖面图	（252）
图二八四	M166平、剖面图	（253）
图二八五	M166出土器物	（254）
图二八六	M167平、剖面图	（255）
图二八七	M167出土铜钱（拓片）	（255）
图二八八	M168平、剖面图	（256）
图二八九	M168出土釉陶罐（M168：1）	（257）
图二九〇	M169平、剖面图	（258）
图二九一	M169出土器物	（259）
图二九二	M170平、剖面图	（260）
图二九三	M171平、剖面图	（261）
图二九四	M171出土器物	（262）
图二九五	M172平、剖面图	（263）
图二九六	M172出土器物	（263）
图二九七	M173平、剖面图	（264）
图二九八	M173出土釉陶罐（M173：1）	（264）
图二九九	M174平、剖面图	（265）
图三〇〇	M174出土器物	（266）
图三〇一	M175平、剖面图	（267）
图三〇二	M176平、剖面图	（268）
图三〇三	M177平、剖面图	（269）
图三〇四	M177出土器物	（270）
图三〇五	M178平、剖面图	（271）
图三〇六	M178出土银簪	（271）
图三〇七	M179平、剖面图	（272）
图三〇八	M179出土器物	（273）
图三〇九	M180平、剖面图	（274）

图三一〇	M180 出土银簪	（274）
图三一一	M181 平、剖面图	（275）
图三一二	M181 出土器物	（276）
图三一三	M182 平、剖面图	（277）
图三一四	M182 出土器物	（277）
图三一五	M183 平、剖面图	（278）
图三一六	M183 出土釉陶罐（M183∶1）	（279）
图三一七	M184 平、剖面图	（280）
图三一八	M184 出土器物	（280）
图三一九	M185 平、剖面图	（281）
图三二〇	M185 出土器物	（282）
图三二一	M186 平、剖面图	（283）
图三二二	M186 出土同治重宝（M186∶1-1）（拓片）	（283）
图三二三	M187 平、剖面图	（284）
图三二四	M188 平、剖面图	（285）
图三二五	M189 平、剖面图	（286）
图三二六	M189 出土铜钱（拓片）	（286）
图三二七	M190 平、剖面图	（287）
图三二八	M190 出土器物	（288）
图三二九	M191 平、剖面图	（289）
图三三〇	M191 出土器物	（290）
图三三一	M192 平、剖面图	（291）
图三三二	M192 出土器物	（292）
图三三三	M193 平、剖面图	（293）
图三三四	M193 出土器物	（294）
图三三五	M194 平、剖面图	（295）
图三三六	M195 平、剖面图	（296）
图三三七	M196 平、剖面图	（297）
图三三八	M196 出土器物	（298）
图三三九	M197 平、剖面图	（299）
图三四〇	M197 出土器物	（300）
图三四一	M198 平、剖面图	（301）
图三四二	M198 出土器物	（302）
图三四三	M199 平、剖面图	（303）
图三四四	M199 出土釉陶罐	（303）

图三四五	M200 平、剖面图	（304）
图三四六	M200 出土器物	（304）
图三四七	M201 平、剖面图	（305）
图三四八	M202 平、剖面图	（306）
图三四九	M202 出土釉陶罐	（307）
图三五〇	M203 平、剖面图	（307）
图三五一	M204 平、剖面图	（308）
图三五二	M204 出土康熙通宝（M204：1-1）（拓片）	（309）
图三五三	M205 平、剖面图	（310）
图三五四	M205 出土器物	（311）
图三五五	M206 平、剖面图	（312）
图三五六	M206 出土釉陶罐（M206：1）	（312）
图三五七	M207 平、剖面图	（313）
图三五八	M207 出土器物	（314）
图三五九	M208 平、剖面图	（315）
图三六〇	M209 平、剖面图	（316）
图三六一	M209 出土器物	（316）
图三六二	M210 平、剖面图	（317）
图三六三	M210 出土器物	（318）
图三六四	M211 平、剖面图	（319）
图三六五	M211 出土釉陶罐（M211：1）	（320）
图三六六	M212 平、剖面图	（321）
图三六七	M212 出土釉陶罐	（321）
图三六八	M213 平、剖面图	（322）
图三六九	M214 平、剖面图	（323）
图三七〇	M214 出土器物	（324）
图三七一	M215 平、剖面图	（325）
图三七二	M216 平、剖面图	（326）
图三七三	M216 出土器物	（327）
图三七四	M217 平、剖面图	（328）
图三七五	M218 平、剖面图	（329）
图三七六	M128 出土器物	（329）
图三七七	M219 平、剖面图	（330）
图三七八	M220 平、剖面图	（331）
图三七九	M220 出土银簪（M220：1）	（332）

图三八〇	M221 平、剖面图	（333）
图三八一	M221 出土器物	（334）
图三八二	M222 平、剖面图	（335）
图三八三	M222 出土乾隆通宝（拓片）	（336）
图三八四	M223 平、剖面图	（337）
图三八五	M223 出土器物	（338）
图三八六	M223 出土器物	（339）
图三八七	M224 平、剖面图	（340）
图三八八	M224 出土器物	（341）
图三八九	M225 平、剖面图	（342）
图三九〇	M225 出土器物	（343）
图三九一	M226 平、剖面图	（344）
图三九二	M227 平、剖面图	（345）
图三九三	M228 平、剖面图	（346）
图三九四	M228 出土器物	（347）
图三九五	M229 平、剖面图	（348）
图三九六	M229 出土铜钱（拓片）	（348）
图三九七	M230 平、剖面图	（349）
图三九八	M230 出土铜钱（拓片）	（350）
图三九九	M231 平、剖面图	（351）
图四〇〇	M232 平、剖面图	（352）
图四〇一	M232 出土器物	（352）
图四〇二	M233 平、剖面图	（353）
图四〇三	M233 出土器物	（354）
图四〇四	M234 平、剖面图	（355）
图四〇五	M234 出土器物	（355）
图四〇六	M235 平、剖面图	（356）
图四〇七	M235 出土器物	（357）
图四〇八	M236 平、剖面图	（358）
图四〇九	M237 平、剖面图	（359）
图四一〇	M237 出土瓷罐（M237∶1）	（359）
图四一一	M238 平、剖面图	（360）
图四一二	M238 出土器物	（361）
图四一三	M239 平、剖面图	（363）
图四一四	M239 出土器物	（364）

图四一五	M240 平、剖面图	（365）
图四一六	M240 出土康熙通宝（拓片）	（366）
图四一七	M241 平、剖面图	（367）
图四一八	M242 平、剖面图	（368）
图四一九	M243 平、剖面图	（369）
图四二〇	M243 出土器物	（370）
图四二一	M243 出土器物	（371）
图四二二	M244 平、剖面图	（372）
图四二三	M245 平、剖面图	（373）
图四二四	M245 出土器物	（374）
图四二五	M246 平、剖面图	（375）
图四二六	M246 出土器物	（376）
图四二七	M247 平、剖面图	（377）
图四二八	M248 平、剖面图	（378）
图四二九	M249 平、剖面图	（379）
图四三〇	M249 出土乾隆通宝（拓片）	（379）
图四三一	M250 平、剖面图	（380）
图四三二	M250 出土器物	（381）
图四三三	M251 平、剖面图	（382）
图四三四	M251 出土器物	（383）
图四三五	M252 平、剖面图	（384）
图四三六	M253 平、剖面图	（385）
图四三七	M253 出土雍正通宝（拓片）	（385）
图四三八	M254 平、剖面图	（386）
图四三九	M255 平、剖面图	（387）

彩 版 目 录

彩版一　丽泽墓地发掘前地貌状况
彩版二　M1、M2 及 M1 出土器物
彩版三　M8、M13
彩版四　M16、M23、M28、M67
彩版五　M50、M65
彩版六　M75、M82
彩版七　M79 及墓志出土状况
彩版八　M86、M90
彩版九　M111、M116
彩版一〇　M123、M130
彩版一一　M137、M141
彩版一二　M143、M147
彩版一三　M148、M171
彩版一四　M175、M180
彩版一五　M185、M193
彩版一六　M202、M207
彩版一七　M220、M221
彩版一八　M221 器物出土状况及 M225
彩版一九　M229、M232
彩版二〇　M243、M250
彩版二一　M1、M2 出土陶、瓷器
彩版二二　M3～M7 出土釉陶罐
彩版二三　M8 出土瓷罐
彩版二四　M9 出土瓷罐
彩版二五　M13 出土瓷鼻烟壶
彩版二六　M14、M15 出土釉陶罐
彩版二七　M17 出土瓷罐
彩版二八　M18、M21、M22、M24、M32 出土瓷器

彩版二九　M33、M44、M45 出土釉陶罐、瓷罐
彩版三〇　M47 出土瓷罐
彩版三一　M48～M51、M63 出土釉陶罐、陶罐
彩版三二　M48、M51 出土瓷器
彩版三三　M54、M57、M58、M65、M66 出土瓷罐
彩版三四　M54、M56 出土瓷罐
彩版三五　M63、M75、M79、M94、M100 出土瓷器
彩版三六　M70、M71、M74、M88、M91、M95 出土釉陶罐
彩版三七　M91、M109 出土瓷器
彩版三八　M98、M108～M110、M112 出土釉陶罐
彩版三九　M99、M102、M103、M126、M127、M131 出土瓷罐
彩版四〇　M113、M115、M121、M122、M129 出土釉陶罐
彩版四一　M116、M123、M124、M129、M136、M155 出土陶、瓷罐
彩版四二　M137、M141、M142 出土釉陶罐
彩版四三　M143、M147、M163、M164 出土釉陶罐
彩版四四　M151 出土瓷虎子
彩版四五　M151、M210 出土鼻烟壶
彩版四六　M131、M153、M154、M191 出土瓷罐
彩版四七　M156 出土瓷罐
彩版四八　M168、M169、M171～M173 出土釉陶罐、瓷罐
彩版四九　M174、M179、M182～M184 出土器物
彩版五〇　M185、M190、M196、M197 出土釉陶罐
彩版五一　M192、M207、M216、M238、M245 出土瓷罐
彩版五二　M181、M190、M205、M214、M221、M237 出土瓷器
彩版五三　M198、M199、M202、M206 出土釉陶罐
彩版五四　M210 出土瓷罐
彩版五五　M211、M212、M214、M232 出土釉陶罐
彩版五六　M221 出土瓷罐
彩版五七　M238 出土瓷罐
彩版五八　M243、M250、M251 出土釉陶罐、瓷罐
彩版五九　M9、M22、M25 出土银、铜器
彩版六〇　M49、M53、M58、M60 出土银器
彩版六一　M60 出土器物
彩版六二　M60 出土器物
彩版六三　M61、M63、M65、M77 出土银器

彩版六四　M63 出土锡壶
彩版六五　M102、M115、M116 出土金、银器
彩版六六　M101、M102、M104 出土器物
彩版六七　M104 出土瓷鼻烟壶
彩版六八　M88、M104、M109 出土器物
彩版六九　M127、M139、M143 出土银器
彩版七〇　M149、M150 出土银簪
彩版七一　M150、M151 出土银、铜器
彩版七二　M151 出土器物
彩版七三　M153、M154、M157 出土金、银器
彩版七四　M166、M172、M177、M190 出土器物
彩版七五　M191、M193、M198、M200、M207 出土银器
彩版七六　M210、M214、M220、M223 出土银、铜器
彩版七七　M223～M225、M233 出土器物
彩版七八　M238、M239、M243、M245、M246 出土银器
彩版七九　M239、M243、M250、M251 出土器物
彩版八〇　M9、M15、M18、M21、M27、M28 出土铜钱
彩版八一　M67、M75、M95、M98、M100、M113 出土铜钱
彩版八二　M135、M142、M143、M169、M171、M185 出土铜钱
彩版八三　M190、M196、M197、M229、M230、M232 出土铜钱
彩版八四　徐通墓志
彩版八五　董氏墓志

第一章 绪 论

第一节 地理环境与历史概况

一、地理环境[①]

丰台区位于北京市西南，是北京市的城六区之一。其东为朝阳区，北为东城区、西城区、海淀区和石景山区，西北为门头沟区，西南和东南为房山区和大兴区。全区地处北纬39°46′～39°54′，东经116°04′～116°28′，轮廓东西狭长，东西最长35千米，南北最宽14千米，地域面积308平方千米。常住人口221.4万人（截至2012年）。

丰台区地处华北平原北部，地势西北高、东南低，呈阶梯下降。西北部为太行山脉东麓，向东南至永定河逐渐降为丘陵和岗台地，低山区的马鞍山海拔690.33米。东部为平原，占全区面积的四分之三，平原区大部分海拔40～50米。地形东西狭长，分为三个地貌区：低山分布在后甫营以北，面积为800平方千米，其中石灰岩占三分之二；丘陵分布于梨园村、大沟村以北的为碎屑沉积丘陵，以南的为石灰岩质丘陵；台地位于永定河以西，八宝山断裂和良乡—前门断裂之间。平原在永定河以西王佐乡东部和长辛店乡东部的东河沿、张郭庄、长辛店、赵辛店村，土地面积2800平方千米。东部凉水河以北与城区接壤地带，海拔40米属古永定河冲积扇高位平原，面积1400平方千米。低位平原分布于永定河以东，面积为1.57万平方千米，海拔从60米向东南降到35米，平均坡降1%。

丰台区境内大小河流13条，总长约105.74千米。永定河古称无定河、浑河，是丰台区最大的过境河流，自北而南由石景山区流经本区进入大兴区，长约15千米的河段，将丰台区分为东西两部，河西有源自西部山区的牤牛河、哑叭河、九子河等季节性河流，河东有以地下水为补给源的丰草河、马草河、莲花河及下游的凉水河等河流，因受地形影响，其流向均由西北而东南。

丰台区西北靠山，东南距渤海150千米。冬季受高纬度内陆季风影响，寒冷干燥；夏季受海洋季风影响，高温多雨，是典型的暖温带半湿润季风型气候。年平均气温11.5℃，全年日照时数为2700小时左右，年降水量约600毫米，无霜期190天左右。

丰台区矿产资源丰富。矿藏有砂砾石、石灰岩、板岩、砖用黏土、白云岩、叶蜡石、片岩、陶

[①] 北京市丰台区地方志编纂委员会：《北京市丰台区志》，北京出版社，2001年。北京市地方志编纂委员会：《北京志·综合卷·区县概要》，北京出版社，2006年。

粒页岩、黏土页岩、大理石、铁矾土、铸型砂、煤及地热等。石灰岩矿分布在区西北隅大灰厂、后甫营、羊圈头一带，保有储量3亿吨。砂砾石矿矿层位于永定河古河道冲积扇中部及现代河床两侧，矿层粗，组分好。板岩矿分布在梨园村西北部。砖用黏土集中在王佐乡山前丘麓平地。煤分布在大灰厂北，廊坡顶山下。丰台区处于北京凹陷带，是地热资源开发区。

丰台区交通发达。自古以来就是我国南北交通之咽喉，有"首都陆上码头"之称。由北京西站、丰台站、丰台西站及若干卫星站构成了全国最大的铁路枢纽。

丰台区旅游资源丰富。在众多的景点中，既有驰名中外的卢沟桥、宛平城等名胜古迹，也有占地46.7平方千米、目前为亚洲之最的大比例微缩景观——世界公园。

二、历史沿革[①]

丰台区历史悠久。商、周时代，丰台地区属古北京—蓟城的郊野，为蓟和燕国之地，燕并蓟后，属燕国。

秦灭燕后属广阳郡蓟县，治所阴乡城在今丰台镇南葆一带。

西汉时为燕国、广阳郡蓟县和广阳国阴乡县的属地。东汉时为幽州，治所在蓟。

北齐省广阳县入蓟县，至隋代则为蓟县和良乡县地。

唐代为蓟县、幽都县和良乡县地。至唐建中二年（781年），析蓟县西界为幽都县，与蓟县同为幽州治所。今丰台区中部（卢沟桥乡和花乡）当时属幽都县，东部（南苑乡）属蓟县，西部当为良乡县地。

五代其东部属蓟县、幽都县地，西部当为良乡、玉河县地。

辽为析津府析津、宛平、玉河县地。辽会同元年（938年），改蓟县为蓟北县。开南乡大红门以北属开泰元年（1012年），改幽都府为析津府，改幽都、蓟北为宛平和析津。

金为大兴府大兴、宛平、良乡县地。金贞元元年又改析津为大兴。同时，今右安门以东的南苑乡属大兴县，西部北公村以南属良乡县，中间大部分属宛平县。

元为大都路大兴、宛平、良乡县地。元代始为京城养花之处，因花盛多亭台而名。清《日下旧闻考》卷九〇："考丰台为京师养花之所，元人园亭多在其地。丰盖取蕃庑之义；台则指亭台而言。"[②]

明清为顺天府大兴、宛平、良乡县地。明代已出现村落，名曰"风台村"。据《宛署杂记》载："县之西南，出彰义门曰鸡鹅坊管头村……又二里曰小井村，又五里曰风台村"[③]，丰台以风台得名。今右安门以东的南苑乡属大兴县，西部王佐乡北部及大灰厂一带属房山县，王庄—怪村以南属良乡县。

[①] 北京市丰台区地方志编纂委员会：《北京市丰台区志》，北京出版社，2001年。
[②] （清）于敏中等：《日下旧闻考》，北京古籍出版社，1985年。
[③] 转引自丰台区地名志编辑委员会：《北京市丰台区地名志》，北京出版社，1993年，第3页。

清朝称"丰台镇"。清末，丰台镇以东、大红门以北划为城属区。

民国初期，为京兆大兴、宛平、良乡三县地。1925年，北京始设郊四区，今丰台区北部属南郊区，南部大部属宛平县，小部属房山、大兴之地。民国十七年（1928年）后，丰台区东部属南郊区，中、西部分属宛平县、房山县和良乡县。1929年3月，宛平县治由北平城内迁往卢沟桥拱极城旧西路厅廨署。1935年3月，大兴县治亦由北平城内迁往南苑北大红门。抗日战争爆发后，大兴县治再迁南苑镇。抗日战争胜利后，宛平县治又迁往长辛店。1948年12月，丰台划为北平市郊区。

1949年中华人民共和国成立后，曾设丰台、南苑和长辛店三镇，并各置镇政府。1950年6月，撤销建制的北京市十八区（长辛店）并入第十五区。同年8月，北京市人民政府决定郊区名称与城区衔接，原十四区（南苑）改为第十一区，十五区（丰台）改为第十二区。1952年，撤销宛平县，成立丰台区、南苑区、石景山区，隶北京市。1958年，南苑区、石景山区大都并入丰台区。1963年，石景山区从丰台区分出成立石景山办事处，1967年建为石景山区。至此形成今丰台区辖境，丰台区人民政府驻丰台镇。

三、文 化 资 源

丰台区有历史文化遗产多处，体现了丰台区丰厚的历史、文化积淀。至2006年，丰台区内有重点文物保护单位35处，其中国家级2处，即卢沟桥、金中都水关遗址；市级10处，即南岗洼桥、镇岗塔、娘娘庙、丰台药王庙、长辛店留法勤工俭学旧址、南苑兵营司令部旧址、莲花池、金中都城遗迹、长辛店"二七"革命遗址、大葆台西汉墓；区级23处，即密檐塔、和尚塔、石五供、张辅张懋墓前石雕、娘娘宫、火神庙、清真寺、"二七"烈士墓、赵登禹将军墓、万佛延寿寺铜观音像、中顶庙、傅子范墓、大红门东门房、歙州阳宅、老爷庙、和隆武碑、达园寺、大王庙、水尺、草桥遗迹、福生寺、王佐镇老爷庙、极乐峰护国宝塔及佛洞群。此外，划定长辛店"二七"革命遗址、长辛店留法勤工俭学旧址、金中都城遗址、金中都水关遗址、莲花池、卢沟桥（包括宛平县城赵登禹墓）、南岗洼桥、南苑兵营司令部旧址、镇岗塔保护范围及建设控制地带。有金中都城址地下文物埋藏区，释迦寺至中顶村地下文物埋藏区。1958~1997年丰台区进行了3次文物普查，共普查文物897处[①]。

大葆台汉墓，于1974~1975年发掘大型木椁墓2座，分称大葆台1号、2号墓，墓主为广阳王刘建及其王后，也有人认为是燕王刘旦夫妇。其独特的陵墓格局为史籍所载的汉室帝王"黄肠题凑"葬制首次提供了佐证，该墓的发现对研究西汉帝王葬制、车马殉葬制及西汉时期的北京史均有重要价值，墓中出土的随葬器物体现了西汉时期北京地区经济、文化和工艺的发展水平。1983年于原墓址上建成大葆台西汉墓博物馆。

金中都城遗址，于金天德五年（1153年）在辽南京城的基础上扩建而成，是北京在历史上作为

---

① 参考《北京文物百科全书》编辑委员会：《北京文物百科全书》，京华出版社，2007年，第134页。

王朝都城的开始。城址周长37千米，近正方形，区域内有莲花池遗址、中都水关遗址以及卢沟桥乡界内所存为金中都城南垣及西垣遗迹的凤凰嘴、万泉寺、高楼村3处土城遗址，为研究金中都的城市布局及供水排水系统工程提供了重要物证。

金中都水关遗址，为金中都城遗址中保存最大、最完整的一处，全长43.4米，遗址跨城墙而建，木石结构，水流经水涵洞由北向南穿城而出，流入护城河。现存的遗址主要有水涵洞地面铺石、两侧的残余石壁、出入水口的"摆手"及城墙夯土等。为金中都城和中国古代城市的研究提供了难得的实物资料。

卢沟桥，位于北京市西南约15千米处丰台区永定河上，因横跨卢沟河（即永定河）而得名，是北京市现存最古老的石制联拱桥。卢沟桥始建于金大定二十九年（1189年），明昌三年（1192年）建成，全长266.5米，宽7.5米，最宽处可达9.3米。有桥墩10座，共11个桥孔，整个桥身都是石体结构，关键部位均有银锭铁榫连接，为华北最长的古代石桥。"卢沟晓月"从金章宗年间就被列为燕京八景之一。1937年7月7日，日本帝国主义在此发动全面侵华战争，宛平城的中国驻军奋起抵抗，史称"卢沟桥事变"（亦称"七七事变"）。中国抗日军队在卢沟桥打响了全面抗战的第一枪。

第二节　遗址概况与发掘经过

卢沟桥乡是丰台区5个行政乡之一，位于北京的西南、丰台区的西北，西起永定河西畔，东至西二环路与西城区交界，北与石景山区、海淀区接壤，南以丰台镇京广铁路线为界，为交通要道之地，是一个交通便利、四通八达的乡，乡域面积56.3平方千米（图一）。

丽泽墓葬发掘区位于丰台区中北部，东邻鹅凤营村，西接西三环南路，北邻丽泽路（图二）。东管头村位于卢沟桥乡域东侧，东南、东北分别接鹅凤营、凤凰嘴，南接东管头前街，西隔西三环路为西管头，北接水头庄。东管头原称管头，明代成村。明《宛署杂记》载："出彰仪门曰鹅凤营，曰管头村"[①]。管头在金代地处金中都丽泽门前，亦即丽泽关。一说"管头"系"关头"谐音而来。东管头自古水源丰富，清《顺天府志》载："万泉溪在宛平县西南十里丽泽关，平地有泉十余穴，汇而成溪，东南流入柳村河。[②]"通过对发掘层位堆积的了解及遗址剖面的观察，原遗址为房屋基址，地势相对平坦（彩版一，1）。

为配合丽泽商务区园区规划绿地工程建设，做好工程区地下文物的保护工作，2012年3月，北京市文物研究所组织考古工作人员对该工程占地范围开展了全面的考古勘探。因该工程属当地重点建设项目，工期紧迫，因而采取了勘探与发掘同时并进的方法，即经过勘探发现墓葬的区域，开始进行发掘清理，其他未做勘探的区域继续进行勘探。经科学的拉网式普探，明确了墓葬的空间分布和大致年代，为随即进行的田野发掘提供了依据。2012年3~5月，北京市文物研究所对墓地进行正式发掘，田野具体发掘工作及现场摄影由张智勇负责。

---

① （明）沈榜：《宛署杂记》，北京古籍出版社，1983年。
② （清）周家楣、缪荃孙等：《光绪顺天府志》，北京古籍出版社，2001年。

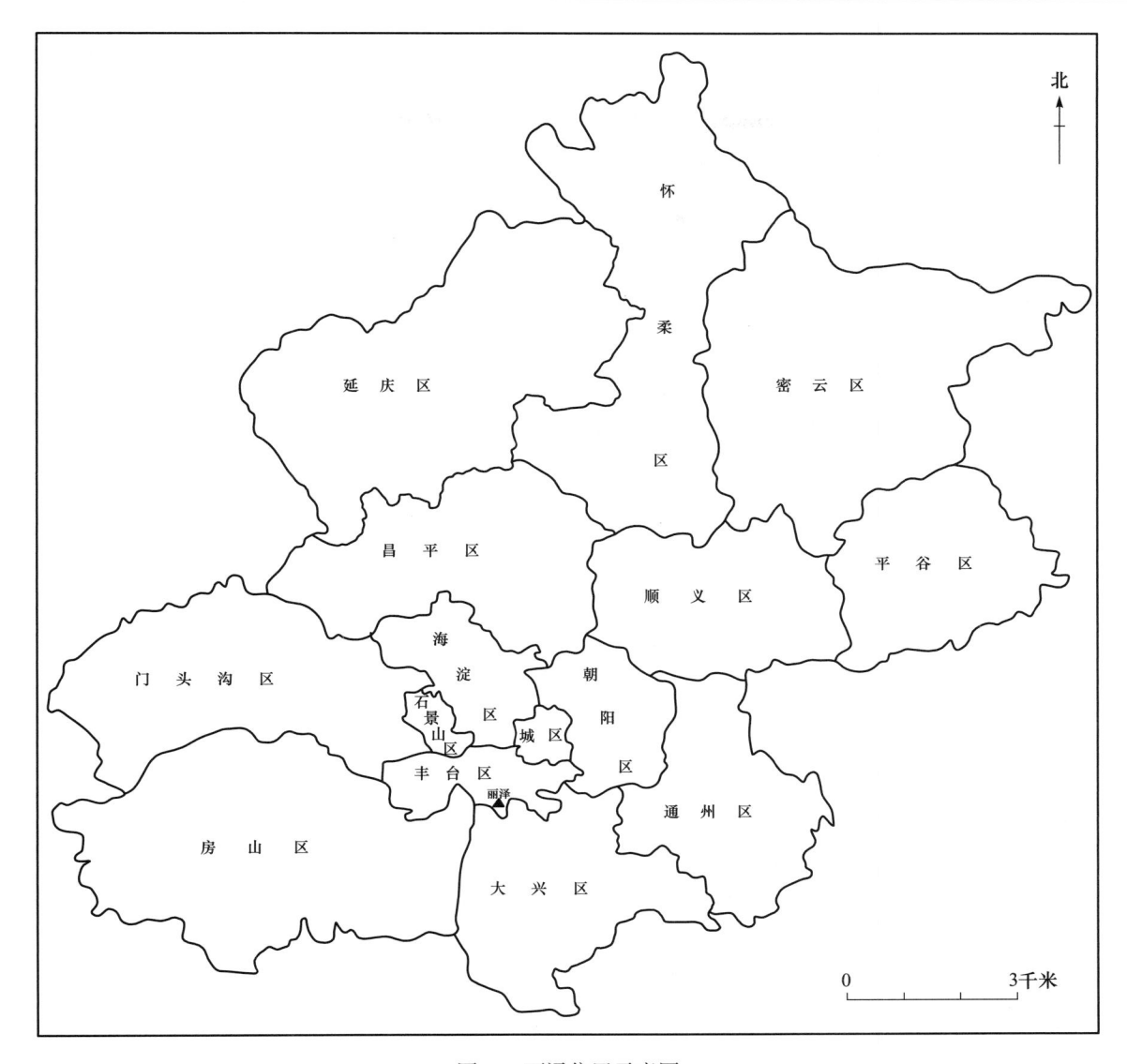

图一　丽泽位置示意图

此次发掘的区域，为丽泽金融商务区园区规划绿地工程的2号、3号和5号地块，因而发掘时依照此三地块将发掘区划分为三个区，分别编号Ⅰ、Ⅱ、Ⅲ区表示（图三；彩版一，2）。

Ⅰ区位于墓地的西北部，该区分布墓葬122座，分别为M64～M129、M137～M139、M166、M167、M174～M197、M204～M207、M214、M218～M228、M233～M236、M239～M241、M252～M255。

Ⅱ区位于墓地的中西部，该区分布墓葬8座，分别为M62、M63、M144～M146、M249～M251。

Ⅲ区位于墓地的东南部，该区分布墓葬125座，分别为M1～M61、M130～M136、M140～M143、M147～M165、M168～M173、M198～M203、M208～M213、M215～M217、M229～M232、M237、M238、M242～M248。

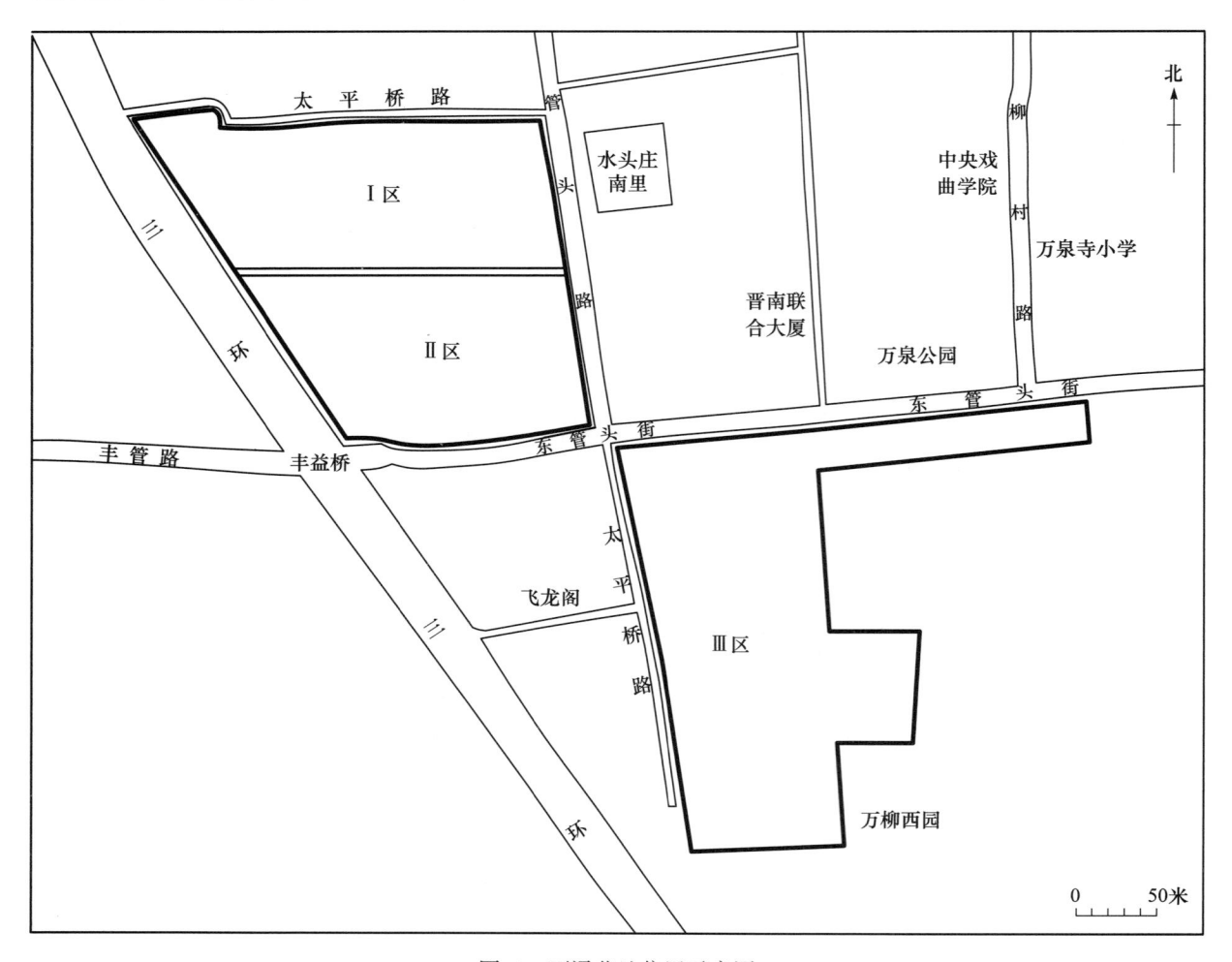

图二 丽泽墓地位置示意图

丽泽墓地发掘的总面积为2350平方米，共清理辽、明、清各时期墓葬255座。出土了陶器、瓷器、金器、银器、玉器、铜器、铁器等随葬器物1000余件（不计铜钱）。

本次考古发掘工作，得到了北京市文物局、北京市文物研究所各科室、丰台区文物管理所、丽泽金融商务区建设单位等各方的协助和支持，特此致谢。

第三节 资料整理与报告编排

丽泽墓地发掘结束后，室内整理工作随即展开。首先对出土器物进行清洗、上架、统计的初步整理工作。全面系统整理相关材料始于该年7月份，主要分三个阶段进行：第一阶段为2012年7月～2012年10月，进行出土器物的拼对、修复、除锈及拓片工作。第二阶段为2012年11月～2013年12月，进行出土器物的绘图、摄影及墓葬资料的核对工作。第三阶段为2014年1月～2015年3月，进行报告文字的梳理及线图的扫描、排版工作，在此基础上完成了报告的初稿；4月，完成对全部资料的校核、修改，报告定稿。室内整理工作由张智勇主持，参加人员有安喜林、黄星、彭美娟、张绪武。白岩所长、郭京宁副所长为报告的整理、出版给予了极大地关心和支持，上宅考古工作基地为报告的整理提供了便利条件。

报告的编排分为正文、附录两个部分。正文部分第一章为绪论，对墓地的地理环境、历史沿革、发掘经过等相关情况进行简单的归纳概括。第二、第三章为墓葬介绍，对本次发掘的墓葬按时代顺序分别进行详述。第四章为初步研究，对此批墓葬进行了初步分析，重点是对墓葬出土的典型器物进行了类型学研究，对墓地文化内涵进行了探讨。附录部分主要为辽代、明清时期墓葬登记表、铜钱统计表。

第二章　辽代墓葬

一、M1

1. 墓葬形制

该墓位于发掘Ⅲ区东南部，西邻 M2。开口于③层下，南北向，方向 180°。坐标为北纬 39°51′16.3″，东经 116°19′2.4″。

墓平面呈长方形，竖穴砖室墓。墓口距地表深 1.5 米，墓底距地表深 2.5 米。墓圹南北长 2.3 米，东西宽 1.08 米，深 1 米。内填花土，土质松软。墓室四壁用长 36、宽 16、厚 6 厘米的青砖错缝平砌。墓内骨架保存较好，头向南，面向上，仰身直肢，为男性（图四；彩版二，1）。

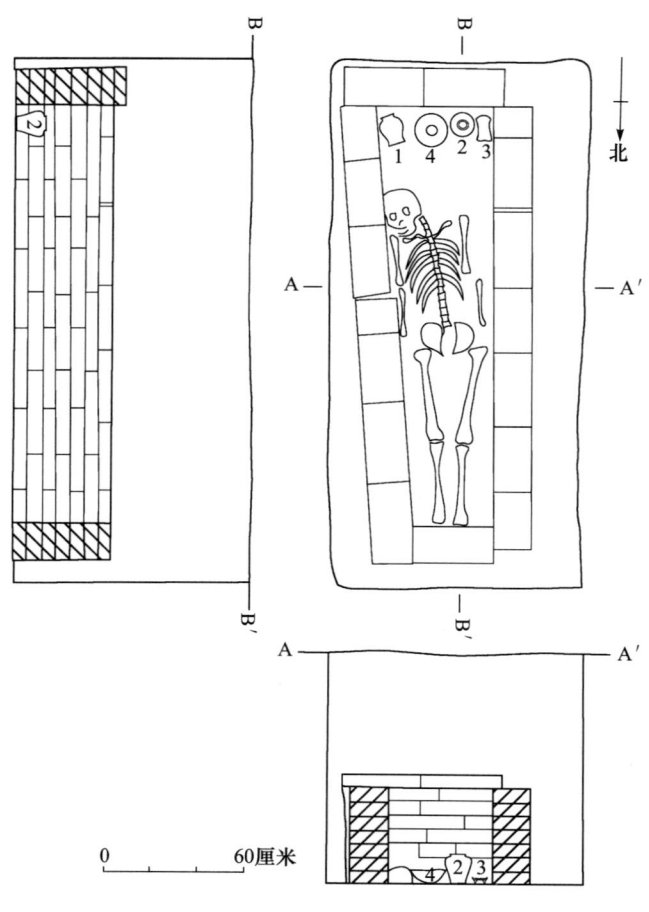

图四　M1 平、剖面图
1、2. 陶罐　3. 陶砚　4. 瓷碗

2. 随葬品

棺内头骨上方出土陶罐2件、陶砚1件、瓷碗1件（彩版二，3）。

陶罐　2件。M1:1，泥质灰陶。侈口，近平沿，圆唇，束颈，斜肩，弧腹，下部斜收，平底。轮制，内外壁留有轮旋痕迹。口径9.8厘米，腹径11.6厘米，底径6厘米，高13厘米（图五，1；彩版二一，1）。M1:2，泥质灰陶。侈口，圆唇，圆肩，斜腹微弧，小平底内凹。轮制，内外壁留有轮旋痕迹。口径9.8厘米，腹径12厘米，底径5.8厘米，高15厘米（图五，2；彩版二一，2）。

陶砚　1件。M1:3，泥质灰陶。器体呈簸箕形，前宽后窄，平沿，刮削而成，底部微弧，前端置乳突状双足，底部刻书一"史"字。模制。长13.4厘米，前端宽9.1厘米，后端宽6.8厘米，通高3.6厘米（图五，3；彩版二一，3）。

瓷碗　1件。M1:4，敞口，斜腹微弧，矮圈足。体施白釉略泛青，有小开片，圈足底部无釉。口径12.4厘米，底径5.2厘米，通高4厘米（图五，4；彩版二一，4）。

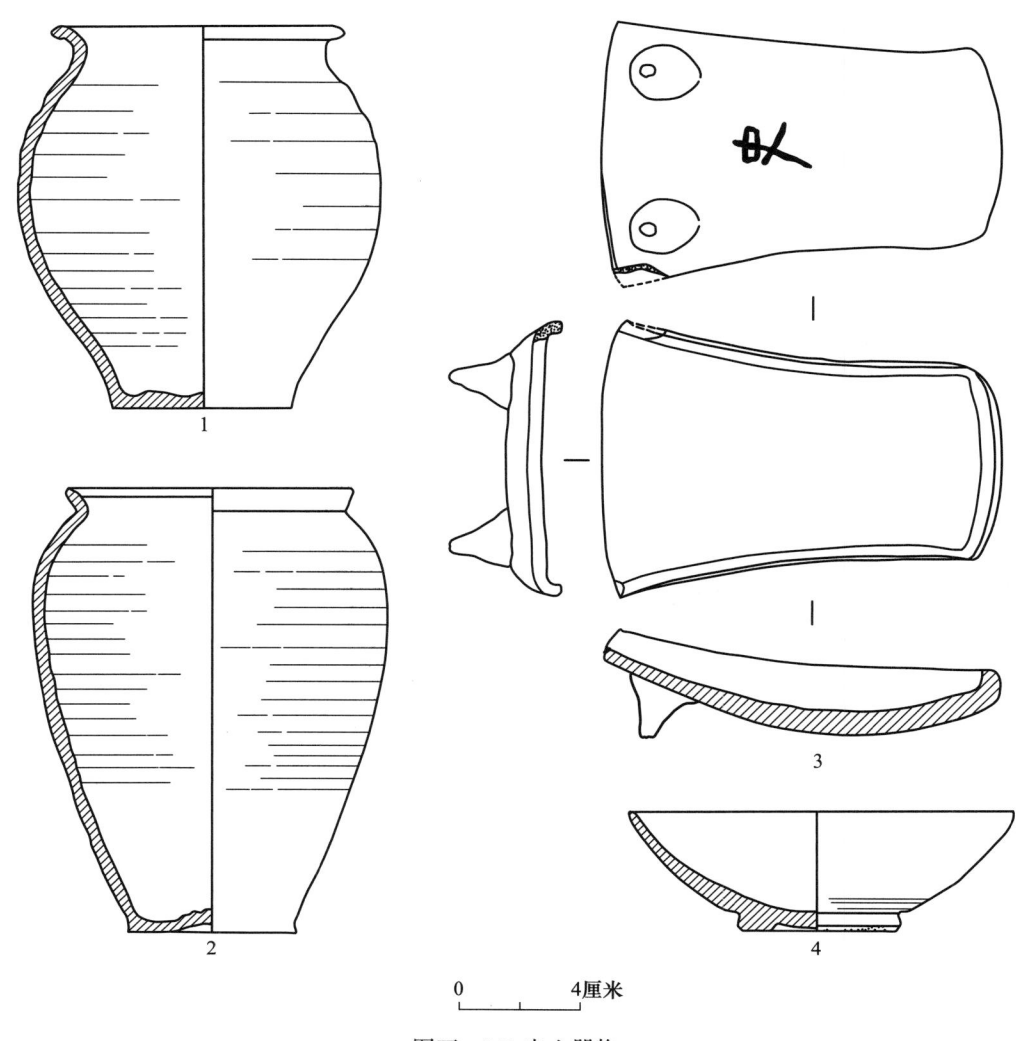

图五　M1出土器物
1、2.陶罐（M1:1、M1:2）3.陶砚（M1:3）4.瓷碗（M1:4）

二、M2

1. 墓葬形制

该墓位于发掘Ⅲ区东南部，东邻 M1。开口于③层下，南北向，方向 180°。坐标为北纬 39°51′16″，东经 116°19′1.5″。

墓平面近呈长方形，竖穴土圹单棺墓。墓口距地表深 1.4 米，墓底距地表深 2.2 米。墓圹南北长 2.2 米，东西宽 1.1~1.22 米，深 0.8 米。内填花土，土质松软。内置单棺，棺木已朽，棺痕长 1.8 米，宽 0.5~0.64 米；棺内骨架保存较好，头向南，面向上，仰身直肢，为男性（图六；彩版二，2）。

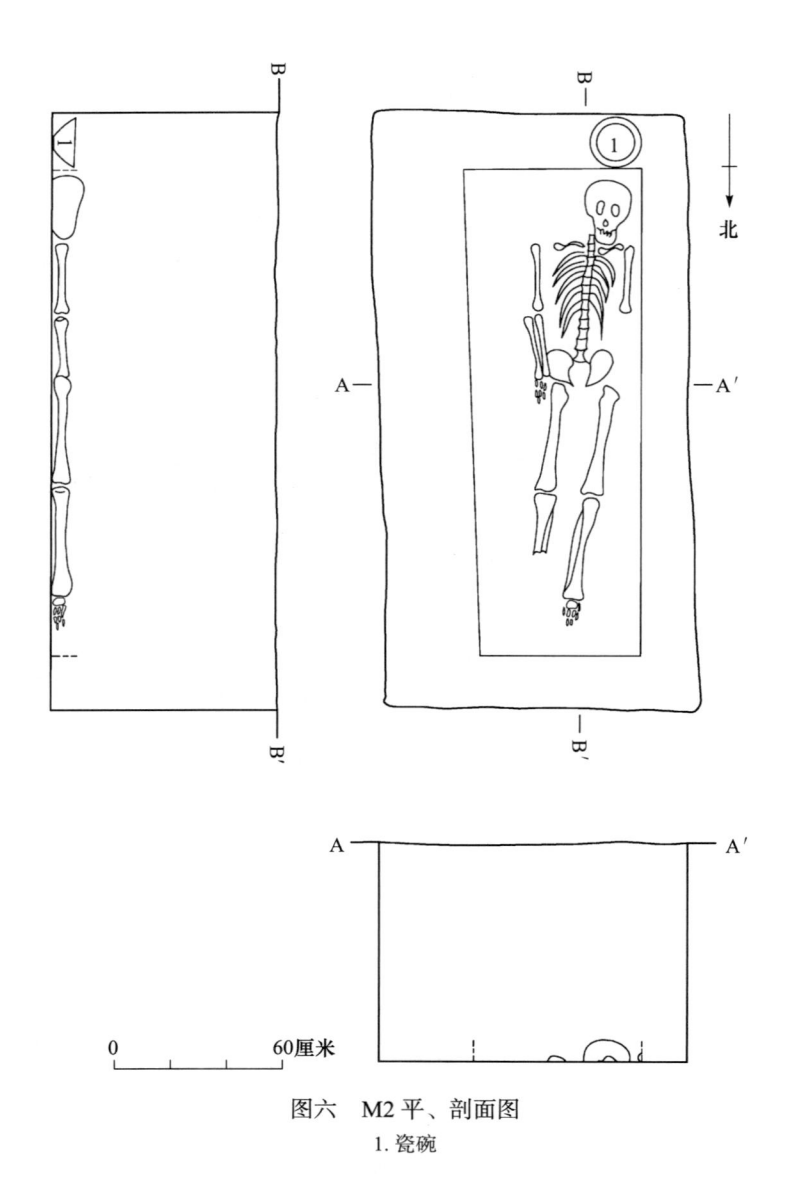

图六 M2 平、剖面图
1. 瓷碗

2. 随葬品

棺外左前方出土瓷碗1件。

瓷碗 1件。M2：1，敞口，斜腹微弧，矮饼足。灰白色粗瓷胎，内壁及口沿外部施灰白色釉，外壁粗糙施黄绿色釉，底部无釉。口径19厘米，底径8厘米，通高6厘米（图七；彩版二一，5）。

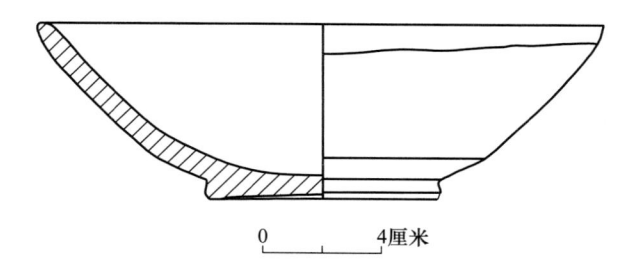

图七 M2出土瓷碗（M2：1）

第三章　明清墓葬

一、M3

1. 墓葬形制

该墓位于发掘Ⅲ区东南部，南邻 M4。开口于②层下，南北向，方向 0°。坐标为北纬 39°51′16.2″，东经 116°19′1.3″。

墓平面近呈长方形，竖穴土圹双棺合葬墓。墓口距地表深 1.5 米，墓底距地表深 2.4 米。墓圹南北长 2.4 米，东西宽 1.22～1.32 米，深 0.9 米。内填花土，土质松软。内置双棺，棺木已朽：东棺痕长 2 米，宽 0.4～0.5 米；棺内骨架保存稍好，头向北，面向上，仰身直肢，为男性。西棺痕长 2 米，宽 0.3～0.44 米；棺内骨架保存稍好，头向北，面向东，仰身直肢，为女性（图八）。

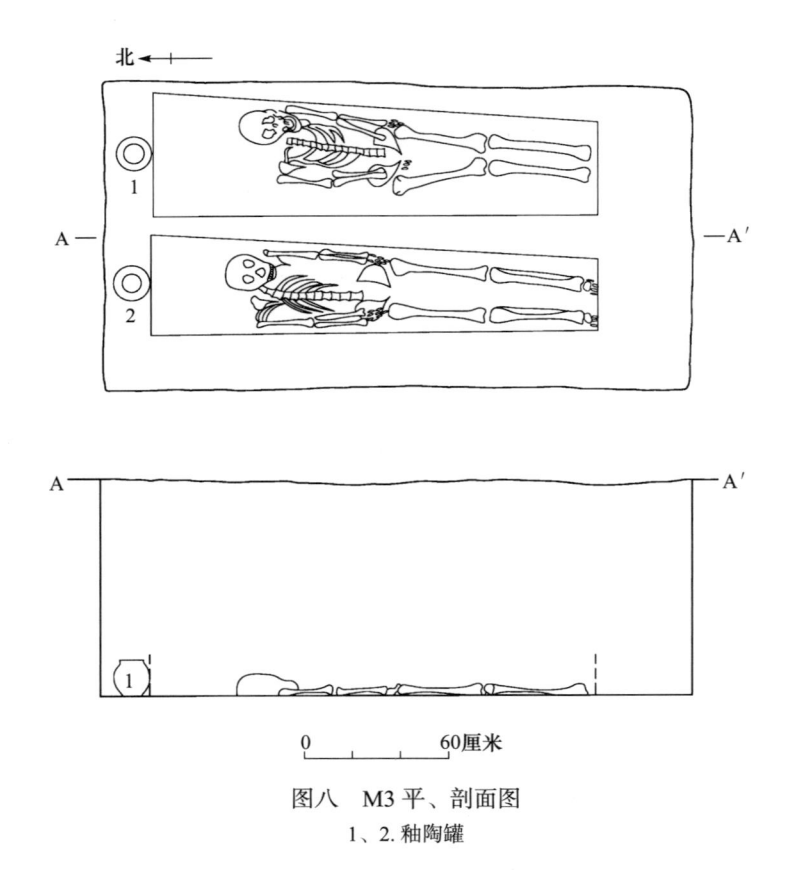

图八　M3 平、剖面图
1、2. 釉陶罐

2. 随葬品

东棺外前方出土釉陶罐1件；西棺外前方出土釉陶罐1件。

釉陶罐 2件。M3:1，直口微敛，方唇，高领，斜肩，斜腹微弧，平底微凹。肩部以上及口沿内侧施黄色釉。轮制，体留有轮旋痕迹。口径9.4厘米，腹径11.4厘米，底径6.8厘米，高11.6厘米（图九，1；彩版二二，1）。M3:2，直口微敛，方唇，高领，圆肩，斜直腹微弧，平底。口沿内侧及肩部施酱色釉。轮制，体留有轮旋痕迹。口径8.4厘米，腹径12.2厘米，底径8厘米，高12.4厘米（图九，2；彩版二二，2）。

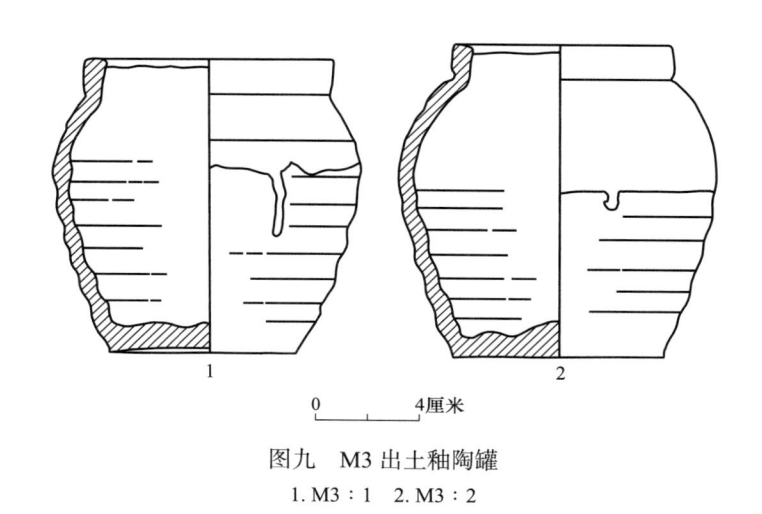

图九 M3出土釉陶罐
1. M3:1 2. M3:2

二、M4

1. 墓葬形制

该墓位于发掘Ⅲ区东南部，北邻M3。开口于②层下，南北向，方向0°。坐标为北纬39°51′16.3″，东经116°19′0.9″。

墓平面呈梯形，竖穴土圹双棺合葬墓。墓口距地表深1.5米，墓底距地表深2.5米。墓圹南北长2.2米，东西宽1.38~1.48米，深1米。内填花土，土质松软。内置双棺，棺木已朽：东棺痕长1.82米，宽0.3~0.5米；棺内骨架保存稍好，头向北，面向西，仰身直肢，为男性。西棺痕长1.8米，宽0.4~0.5米；棺内骨架保存稍好，头向西南，面向下，仰身直肢，为女性（图一〇）。

2. 随葬品

西棺外前方出土釉陶罐1件。

釉陶罐 1件。M4:1，敛口，方唇，高领，圆肩，斜直腹，平底内凹。肩部以上及口沿内侧施米黄色釉。轮制，内外壁留有轮旋痕迹。口径8.2厘米，腹径12.2厘米，底径7.4厘米，高12.2厘米（图一一；彩版二二，3）。

图一〇　M4 平、剖面图
1. 釉陶罐

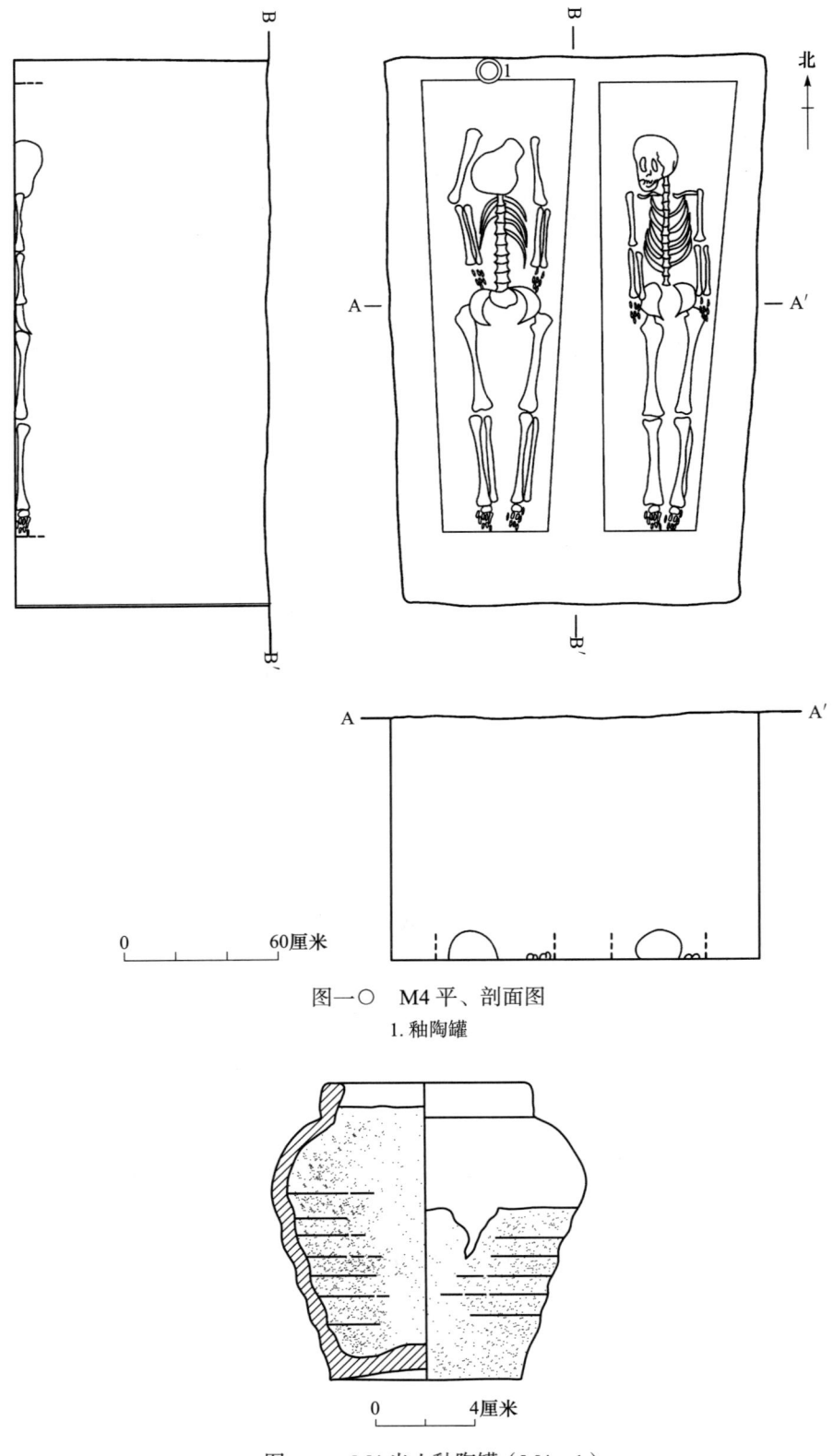

图一一　M4 出土釉陶罐（M4∶1）

三、M5

1. 墓葬形制

该墓位于发掘Ⅲ区东南部,北邻 M4。开口于②层下,南北向,方向 0°。坐标为北纬 39° 51′ 16.1″,东经 116° 19′ 1″。

墓平面呈长方形,竖穴土圹单棺墓。墓口距地表深 1.4 米,墓底距地表深 2.2 米。墓圹南北长 2.2 米,东西宽 0.86 米,深 0.8 米。内填花土,土质松软。内置单棺,棺木已朽,棺痕长 1.82 米,宽 0.5~0.62 米;棺内骨架保存稍好,头向北,面向东,仰身直肢,为男性(图一二)。

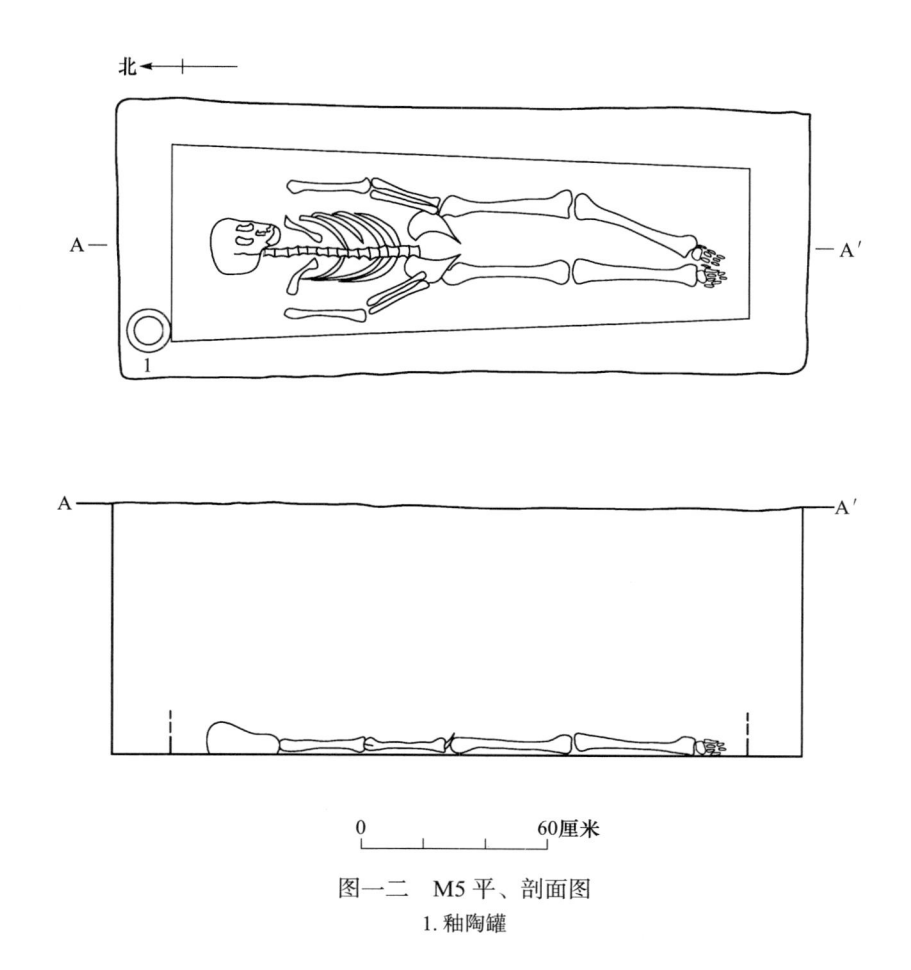

图一二 M5 平、剖面图
1.釉陶罐

2. 随葬品

棺外右前方出土釉陶罐 1 件。

釉陶罐　1件。M5:1，直口微敛，方唇，高领，圆肩，斜腹微内弧，平底内凹。肩部以上及口沿内侧施绿色釉。口径9.4厘米，腹径11.4厘米，底径7厘米，高12厘米（图一三；彩版二二，4）。

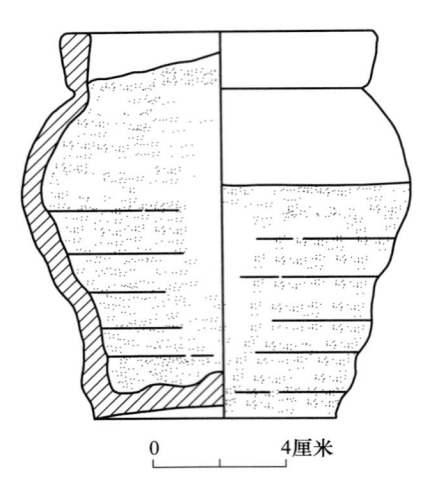

图一三　M5出土釉陶罐（M5:1）

四、M6

1. 墓葬形制

该墓位于发掘Ⅲ区东南部，北邻M5。开口于②层下，南北向，方向0°。坐标为北纬39°51′16.1″，东经116°19′1″。

墓平面近呈长方形，竖穴土圹单棺墓。墓口距地表深1.4米，墓底距地表深2.3米。墓圹南北长2.45米，东西宽1.15~1.21米，深0.9米。内填花土，土质松软。内置单棺，棺木已朽，棺痕长2米，宽0.58~0.7米；棺内骨架保存较好，头向北，面向东，仰身直肢，为男性（图一四）。

2. 随葬品

棺外前方出土釉陶罐1件。

釉陶罐　1件。M6:1，直口微敛，圆唇，矮颈，斜肩，斜直腹微弧，平底微凹。上腹部及口沿内侧施酱黄色釉。轮制，体留有轮旋痕迹。口径11厘米，腹径11.4厘米，底径8.4厘米，高11厘米（图一五；彩版二二，5）。

图一四　M6 平、剖面图
1. 釉陶罐

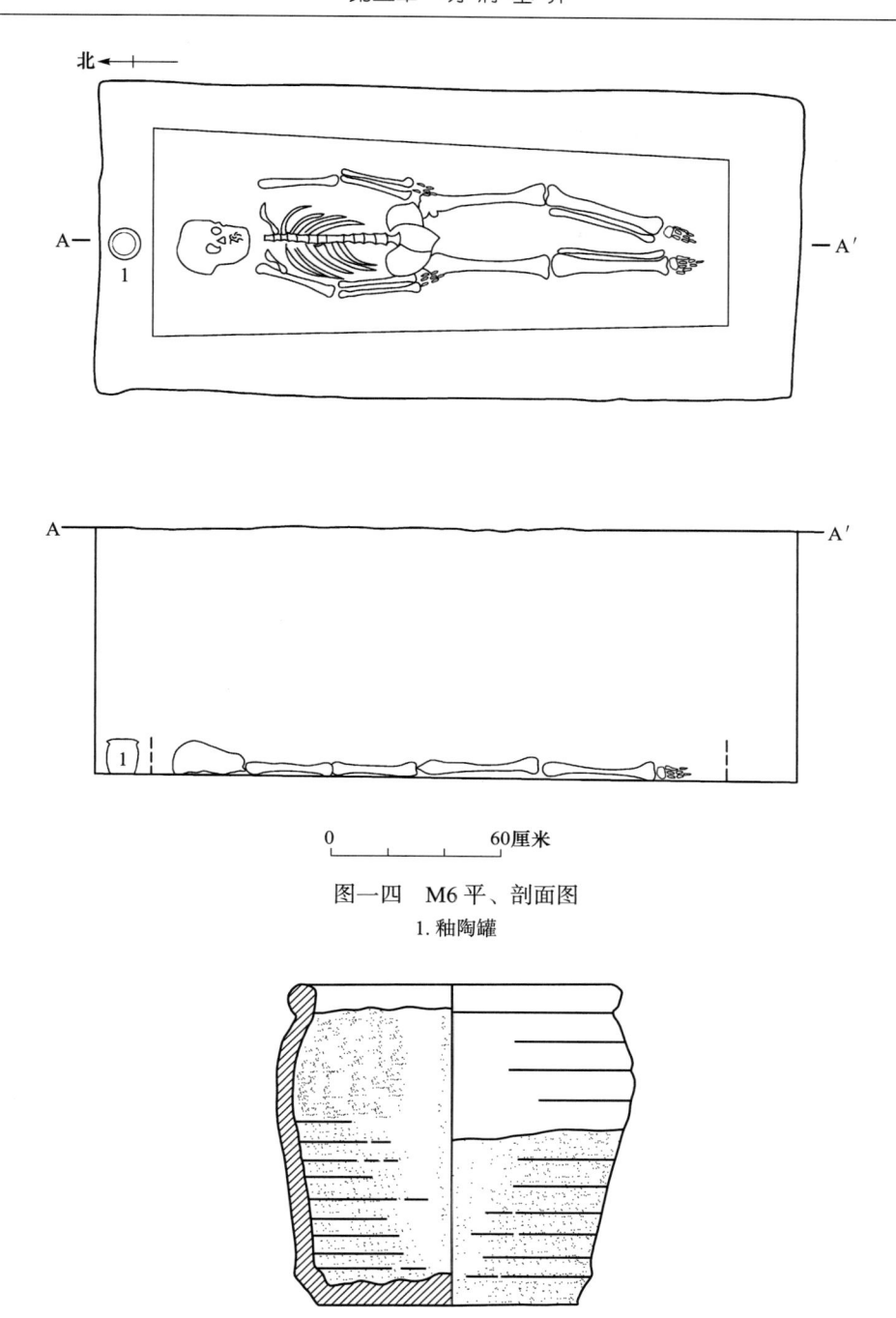

图一五　M6 出土釉陶罐（M6：1）

五、M7

1. 墓葬形制

该墓位于发掘Ⅲ区东南部，西邻 M5。开口于②层下，南北向，方向 20°。坐标为北纬 39°51′

16.2″，东经 116°19′1.2″。

墓平面呈长方形，竖穴土圹双棺合葬墓。墓口距地表深 1.5 米，墓底距地表深 2.7 米。墓圹南北长 2.6 米，东西宽 1.86 米，深 1.2 米。内填花土，土质松软。内置双棺，棺木已朽：东棺痕长 2.1 米，宽 0.5～0.56 米；棺内骨架保存较好，头向北，面向东，仰身直肢，为男性。西棺痕长 1.8 米，宽 0.6 米；棺内骨架保存较好，头向北，面向上，仰身直肢，为女性（图一六）。

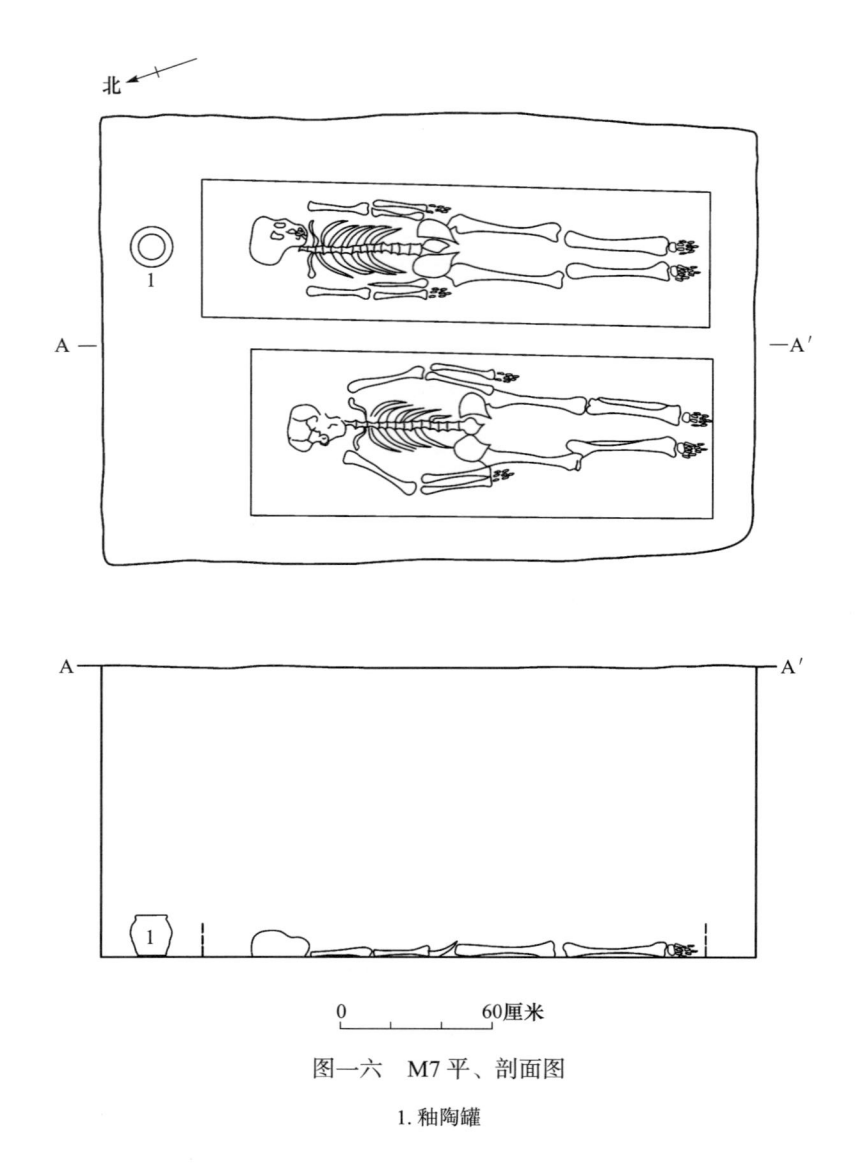

图一六　M7 平、剖面图

1. 釉陶罐

2. 随葬品

东棺外前方出土釉陶罐 1 件。

釉陶罐　1 件。M7∶1，敛口，方圆唇，斜肩，鼓腹，下腹斜直，平底内凹。肩部以上及口沿内侧施米黄色釉。轮制，体留有轮旋痕迹。口径 9 厘米，腹径 11.6 厘米，底径 8 厘米，高 11.4 厘米（图一七；彩版二二，6）。

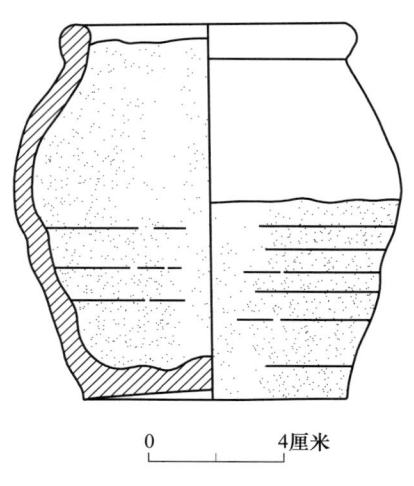

图一七　M7出土釉陶罐（M7∶1）

六、M8

1. 墓葬形制

该墓位于发掘Ⅲ区东南部，西邻M9。开口于②层下，东西向，方向280°。坐标为北纬39°51′17″，东经116°18′50″。

墓平面呈长方形，竖穴土圹双棺合葬墓。墓口距地表深1.8米，墓底距地表深2.6米。墓圹东西长2.8米，南北宽2.12米，深0.8米。内填花土，土质松软。内置双棺，棺木已朽：南棺痕长1.86米，宽0.4~0.56米；棺内骨架保存稍好，头向西，面向南，仰身直肢，为女性。北棺痕长2米，宽0.5~0.6米；棺内骨架保存较差，头向西，面向上，仰身直肢，为男性（图一八；彩版三，1）。

2. 随葬品

南棺外前方出土瓷罐1件；北棺外前方出土瓷罐1件。

瓷罐　2件。M8∶1，侈口外翻，尖唇，束颈，溜肩，弧腹，下部内收，底部外展，平底内凹。颈部饰一周变形莲瓣纹，肩部饰一周几何纹，腹部饰三组折枝莲纹，底部饰一周仰莲纹。口径6厘米，腹径12厘米，底径7.1厘米，高17.6厘米（图一九，1；彩版二三，1）。M8∶2，直口，圆唇，矮斜领，圆肩，弧腹，下部弧收，圈足，底部无釉。口沿施一周酱色釉，肩部饰四道细弦纹，弦纹之间饰四组对称花卉纹，腹部有一道横向接胎痕，腹部饰三组缠枝莲纹，底部饰一兔纹。口径6厘米，腹径13.6厘米，底径8厘米，高16厘米（图一九，2；彩版二三，2）。

图一八 M8 平、剖面图
1、2. 瓷罐

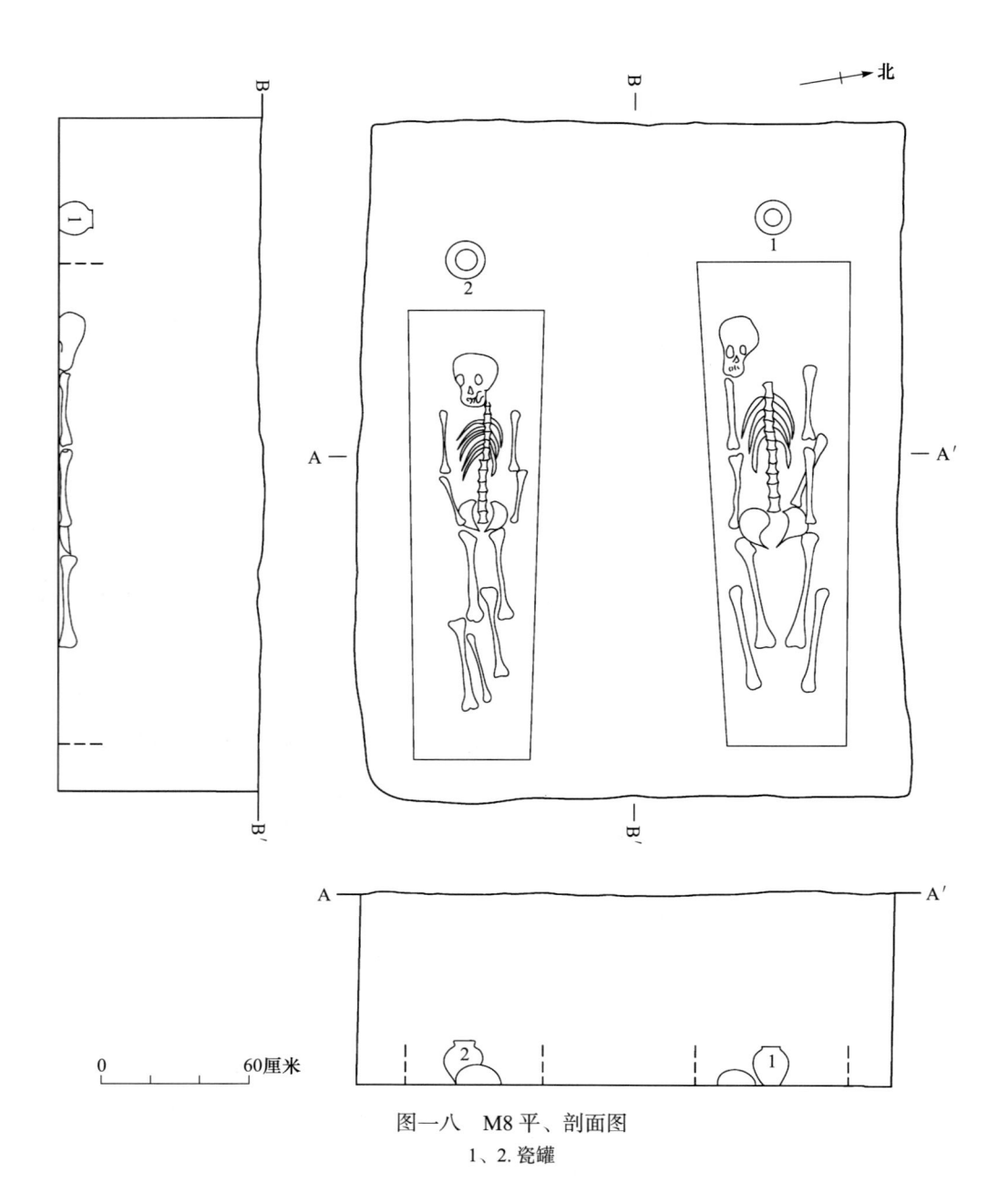

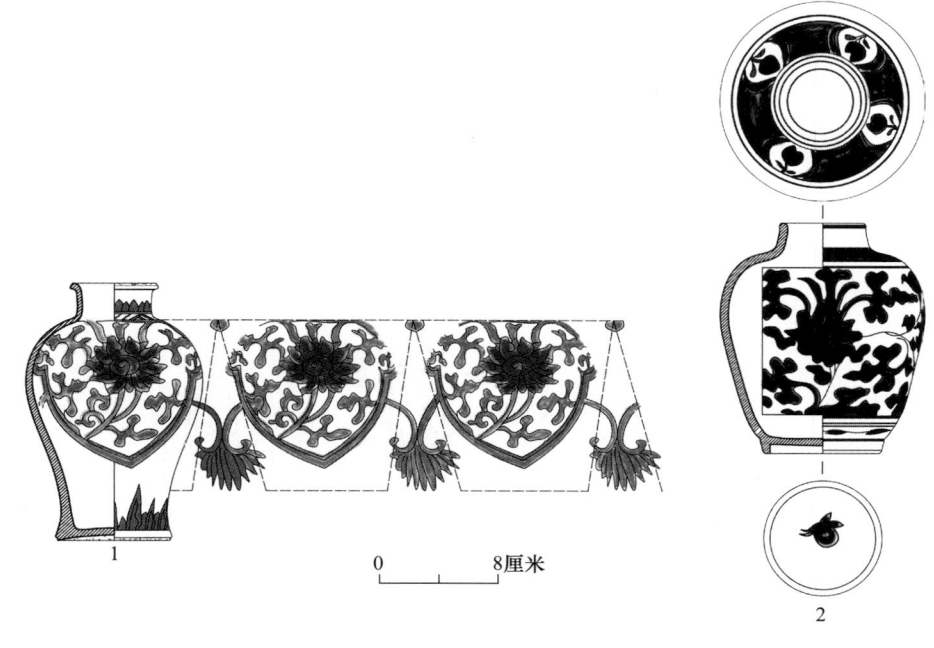

图一九 M8 出土瓷罐
1. M8：1　2. M8：2

七、M9

1. 墓葬形制

该墓位于发掘Ⅲ区东南部，东邻M8。开口于②层下，东西向，方向300°。坐标为北纬39°51′17″，东经116°18′56″。

墓平面呈长方形，竖穴土圹双棺合葬墓。墓口距地表深1.8米，墓底距地表深2.8米。墓圹东西长2.78米，南北宽2.25米，深1米。内填花土，土质松软。内置双棺：南棺长1.86米，宽0.56~0.65米，残高0.4米，棺板厚0.08~0.1米，前封板厚0.05米，后封板厚0.08米；棺内骨架保存稍好，头向西，面向南，仰身屈肢，为女性。北棺长1.9米，宽0.54~0.68米，残高0.4米，棺板厚0.08米，前封板厚0.06米，后封板厚0.05米；棺内骨架保存稍好，头向西，面向南，仰身直肢，为男性（图二〇）。

2. 随葬品

南棺外左前方出土瓷罐1件，头骨上方出土银簪2件；北棺外前方出土瓷罐1件，左肩部上方出土铜钱20枚。

瓷罐　2件。M9：1，直口，斜沿，束颈，溜肩，弧腹，下部内收，底部稍外展，平底内凹。颈部饰莲瓣纹带一周，腹部饰山水屋宇纹。口径6厘米，腹径11.2厘米，底径6.6厘米，高16厘米（图二一，1；彩版二四，1、2）。M9：2，直口，圆唇，高领，圆肩，斜直腹，平底内凹。体施乳白色釉泛青，底部无釉。口径7.9厘米，腹径13.2厘米，底径8.2厘米，高17厘米（图二一，2；彩版二四，3）。

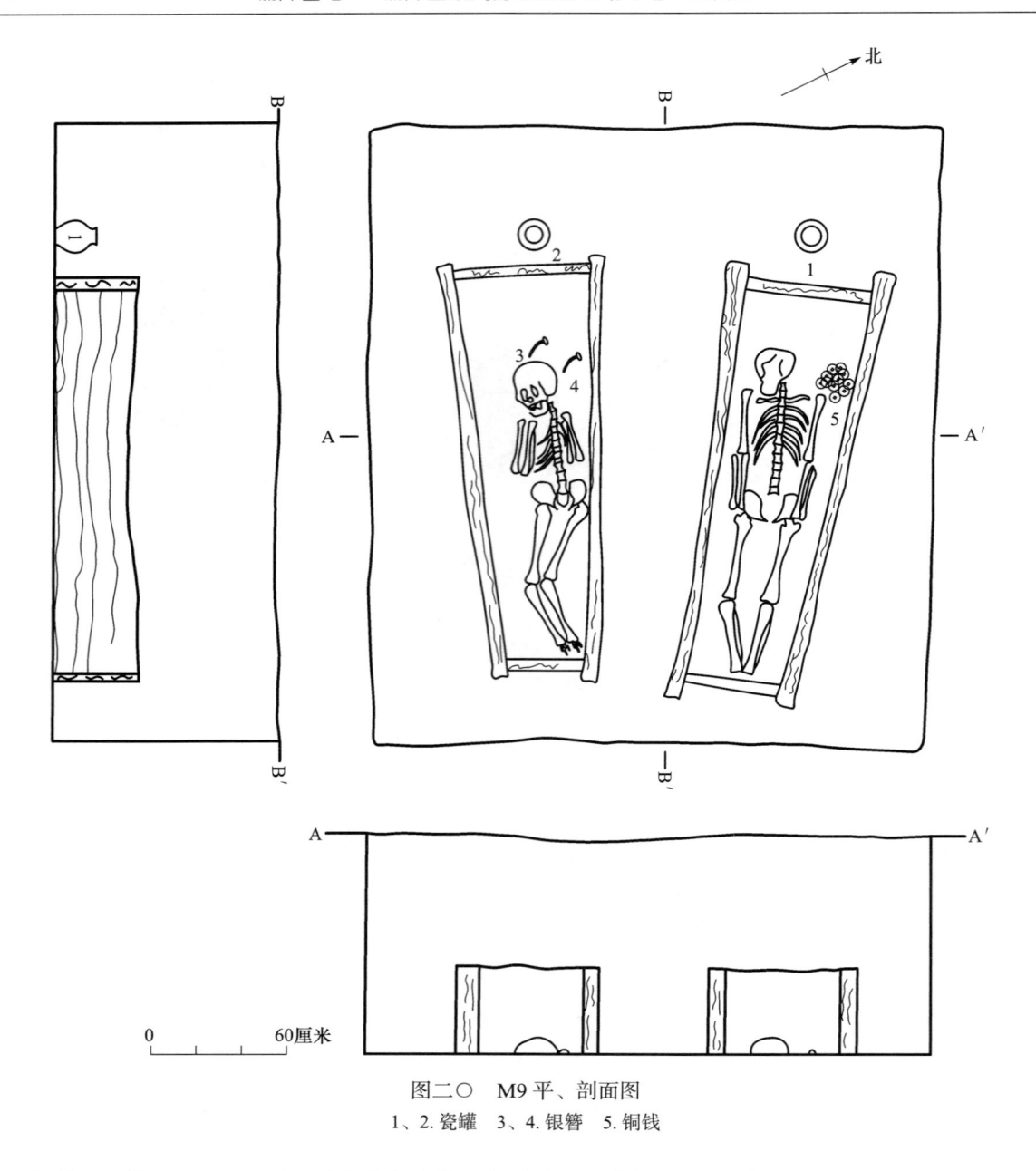

图二〇　M9平、剖面图
1、2. 瓷罐　3、4. 银簪　5. 铜钱

银簪　2件。M9∶3，首呈圆形花朵状，托为扁平花瓣形，中间铸一"满"字，体呈圆锥形。通长11.2厘米（图二一，3；彩版五九，1）。M9∶4，首呈圆形花朵状，托为扁平花瓣形，中间铸一"堂"字，体呈圆锥形。通长11.2厘米（图二一，4）。

铜钱　20枚，有顺治通宝、康熙通宝。

顺治通宝　1枚。M9∶5-1，大平钱，方穿，正背面郭缘较宽，正面楷书"順治通寶"四字，直读，背穿左为满文"东"字，右楷书"東"字。钱径2.74厘米，穿径0.58厘米，郭厚0.11厘米（图二一，5；彩版八〇，1）。

康熙通宝　19枚。标本M9∶5-2，大平钱，方穿，正背面郭缘较宽，正面楷书"康熙通寶"四字，直读，背穿左右为满文"宝泉"局名。钱径2.76厘米，穿径0.48厘米，郭厚0.12厘米（图二一，6；彩版八〇，1）。

1、2. 0 ____ 4厘米

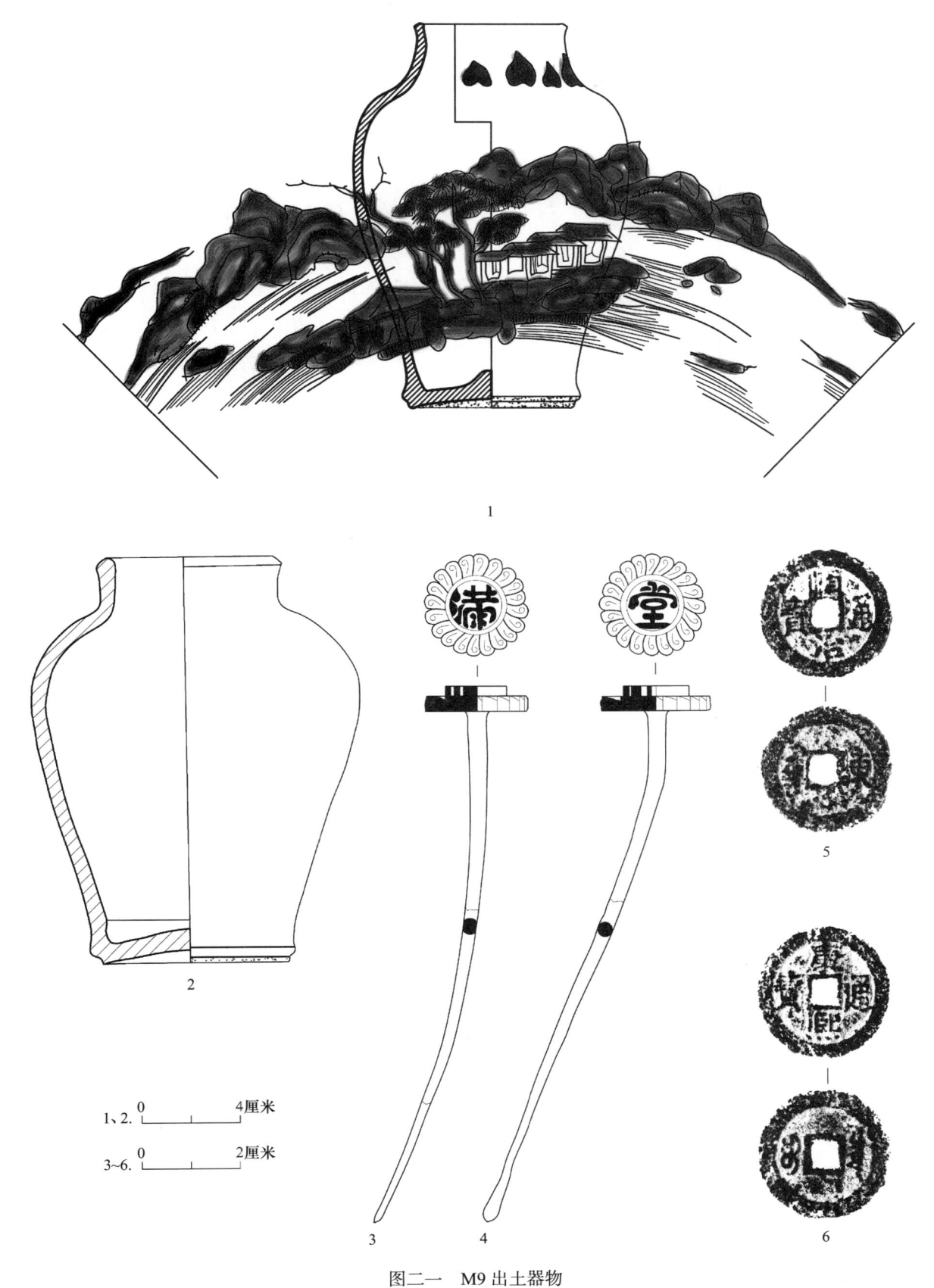

3~6. 0 __ 2厘米

图二一 M9出土器物

1、2.瓷罐（M9:1、M9:2） 3、4.银簪（M9:3、M9:4） 5.顺治通宝（M9:5-1） 6.康熙通宝（M9:5-2）

八、M10

1. 墓葬形制

该墓位于发掘Ⅲ区东南部。开口于②层下，南北向，方向350°。坐标为北纬39°51′17.4″，东经116°19′1.2″。

墓平面近呈长方形，竖穴土圹单棺迁葬墓。墓口距地表深1.8米，墓底距地表深2.7米。墓圹南北长3.12米，东西宽1.62～1.68米，深0.9米。内填花土，土质松软。墓内未发现葬具及骨架，葬式、性别不明（图二二）。

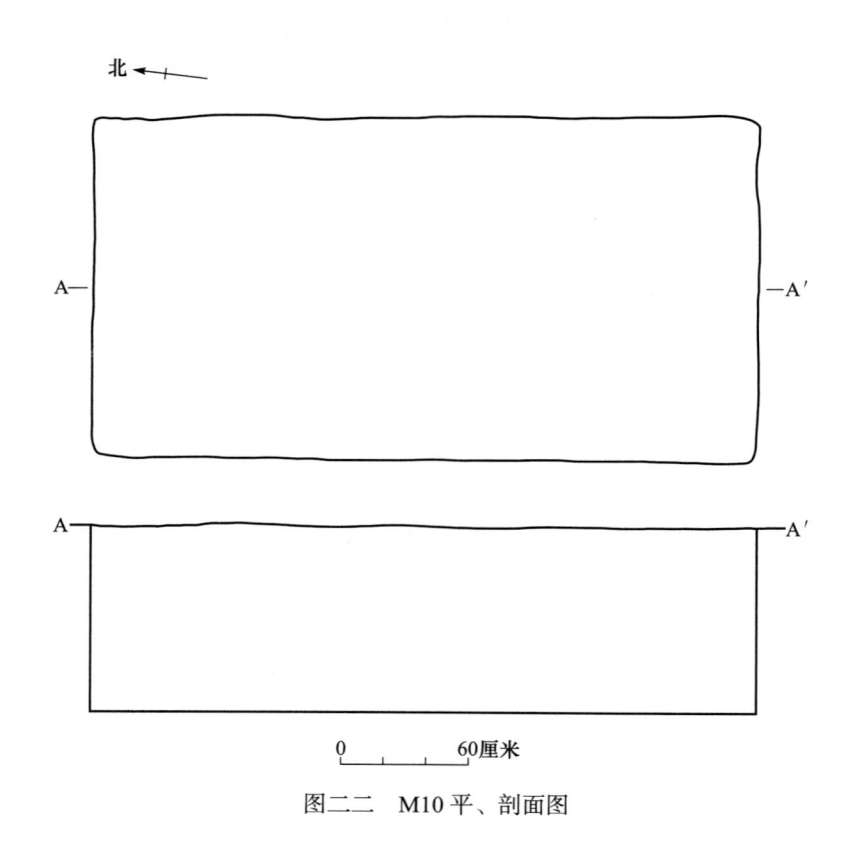

图二二　M10平、剖面图

2. 随葬品

未发现随葬品。

九、M11

1. 墓葬形制

该墓位于发掘Ⅲ区东南部，南邻M12。开口于②层下，南北向，方向15°。坐标为北纬

39°51′17″，东经116°19′9″。

墓平面呈长方形，竖穴土圹单棺迁葬墓。墓口距地表深1.6米，墓底距地表深2.4米。墓圹南北长3米，东西宽1.8米，深0.8米。内填花土，土质松软。内置单棺，棺木已朽，棺痕长2米，宽0.8~0.85米；棺内未发现骨架，葬式、性别不明（图二三）。

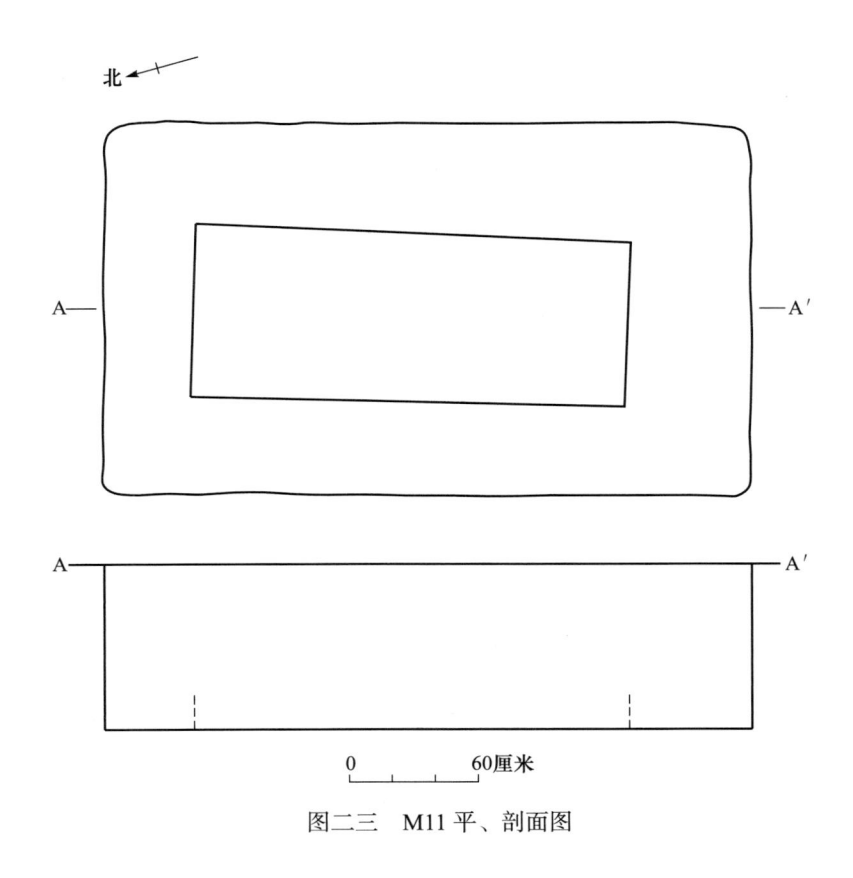

图二三 M11平、剖面图

2. 随葬品

未发现随葬品。

一〇、M12

1. 墓葬形制

该墓位于发掘Ⅲ区东南部，北邻M11。开口于②层下，南北向，方向330°。坐标为北纬39°51′17.3″，东经116°19′0.5″。

墓平面呈长方形，竖穴土圹单棺迁葬墓。墓口距地表深1.8米，墓底距地表深2.8米。墓圹南北长2.3米，东西宽1.6米，深1米。内填花土，土质松软。内置单棺，棺木已朽，棺痕长1.8米，宽0.6米；棺内未发现骨架，葬式、性别不明（图二四）。

图二四　M12 平、剖面图

2. 随葬品

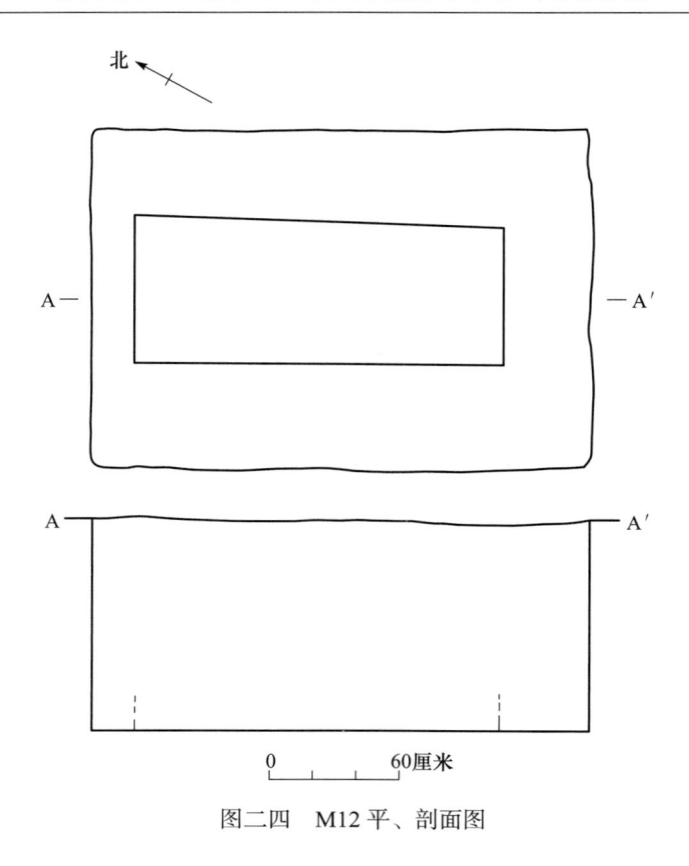

未发现随葬品。

一一、M13

1. 墓葬形制

该墓位于发掘Ⅲ区东南部，南邻 M11。开口于②层下，南北向，方向 0°。坐标为北纬 39°51′17.7″，东经 116°19′0.9″。

墓平面呈长方形，竖穴土圹三棺合葬墓。墓口距地表深 1.5 米，墓底距地表深 2.4 米。墓圹南北长 2.8 米，东西宽 2.7 米，深 0.9 米。内填花土，土质松软。内置三棺：东棺长 2 米，宽 0.7~0.75 米，残高 0.1 米，棺板厚 0.06~0.08 米，底板厚 0.04 米；棺内骨架保存较差，头向北，面向、葬式不明，为男性。中棺长 2 米，宽 0.6~0.7 米，残高 0.08 米，棺板厚 0.06~0.08 米，前封板厚 0.04 米，后封板厚 0.07 米；棺内骨架保存较差，头向北，面向上，侧身屈肢，为女性。西棺长 2 米，宽 0.55~0.65 米，残高 0.08 米，棺板厚 0.06 米；棺内骨架保存较差，头向北，面向、葬式不明，为女性（图二五；彩版三，2）。

图二五 M13平、剖面图
1. 瓷鼻烟壶

2. 随葬品

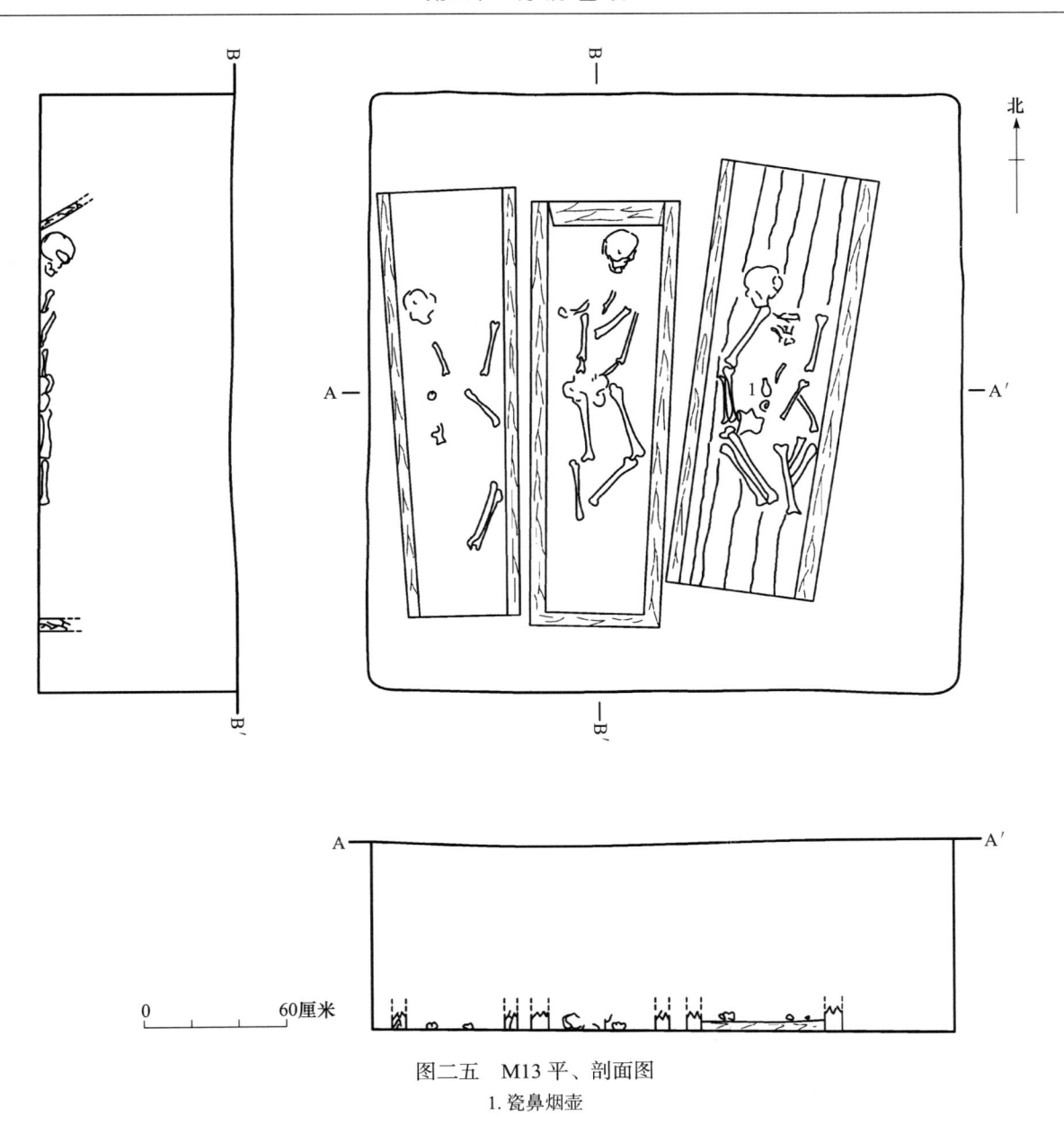

东棺盆骨上方出土瓷鼻烟壶1件。

瓷鼻烟壶 1件。M13:1，青花釉里红。直口，方唇，直颈，溜肩，弧腹，内圈足。体饰瑞兽波涛纹，底饰青花点睛龙纹。盖顶残，镶嵌骨质烟勺。口径1.4厘米，腹径3.4厘米，底径2.1厘米，壁厚0.2厘米，高8.2厘米（图二六；彩版二五）。

图二六　M13出土瓷鼻烟壶（M13∶1）

一二、M14

1. 墓葬形制

该墓位于发掘Ⅲ区东南部，北邻M52。开口于②层下，南北向，方向180°。坐标为北纬39°51′17.4″，东经116°19′。

墓平面呈不规则形，竖穴土圹双棺合葬墓。墓口距地表深1.8米，墓底距地表深2.7米。墓圹南北长2.5米，东西宽1.8米，深0.9米。内填花土，土质松软。内置双棺，棺木已朽：东棺痕长1.8米，宽0.55~0.7米；棺内骨架保存较好，头向南，面向东，仰身直肢，为女性。西棺痕长1.8米，宽0.6米；棺内骨架保存较差，头向西，面向上，葬式不明，为男性（图二七）。

2. 随葬品

东棺外前方出土釉陶罐1件，左上肢骨外侧下部出土铜钱3枚；西棺外前方出土釉陶罐1件。

釉陶罐　2件。M14∶1，直口，圆唇，斜肩，斜直腹，平底内凹。腹部以上及口沿内侧施酱黄色釉。轮制，体留有轮旋痕迹。口径10.4厘米，腹径10.8厘米，底径7.6厘米，高12.4厘米（图二八，1；彩版二六，1）。M14∶2，直口微敛，方圆唇，斜肩，上腹微鼓，下腹斜直，平底内凹。上腹部及口沿内侧施酱黄色釉。轮制，体留有轮旋痕迹。口径10.7厘米，腹径11厘米，底径7.2厘米，高12.2厘米（图二八，2；彩版二六，2）。

康熙通宝　3枚。标本M14∶3-1，大平钱，方穿，正背面郭缘较宽，正面楷书"康熙通寶"四字，直读，背穿左右为满文"宝泉"局名。钱径2.78厘米，穿径0.54厘米，郭厚0.12厘米（图二八，3）。

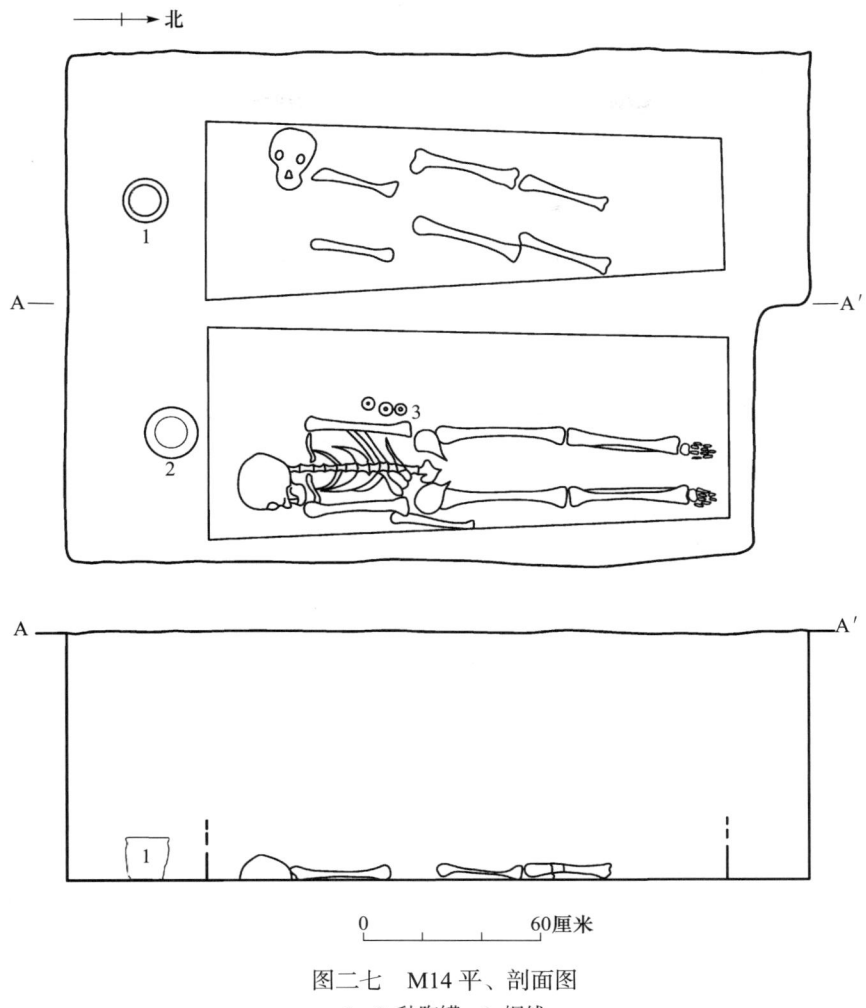

图二七　M14平、剖面图
1、2. 釉陶罐　3. 铜钱

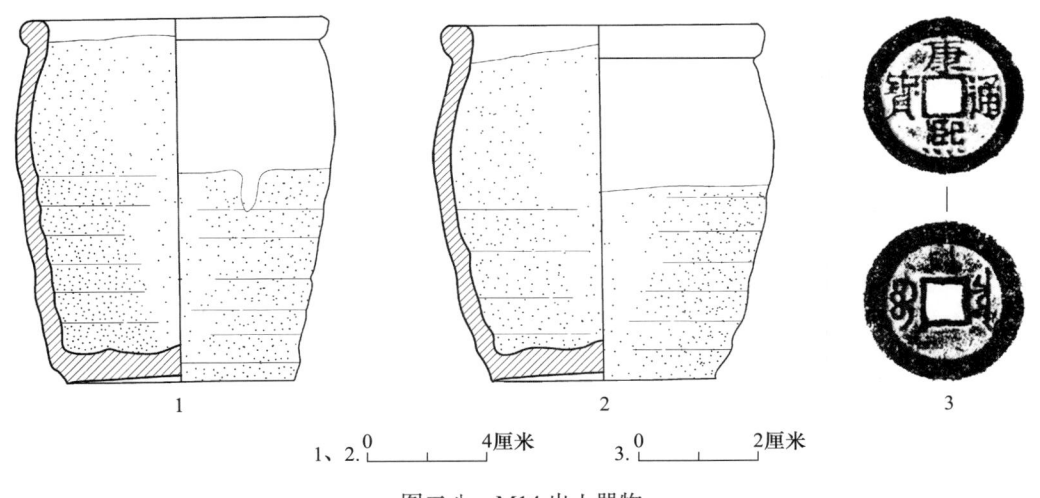

图二八　M14出土器物
1、2. 釉陶罐（M14：1、M14：2）　3. 康熙通宝（M14：3-1）

一三、M15

1. 墓葬形制

该墓位于发掘Ⅲ区中部，西邻 M243。开口于②层下，南北向，方向 0°。坐标为北纬 39°51′16.4″，东经 116°18′46.6″。

墓平面呈不规则形，竖穴土圹三棺合葬墓。墓口距地表深 1.8 米，墓底距地表深 2.8 米。墓圹南北长 2.82 米，东西宽 2.4 米，深 1 米。内填花土，土质松软。内置三棺，棺木已朽：东棺痕长 2.1 米，宽 0.5 米；棺内骨架保存较好，头向北，面向上，仰身直肢，为男性。中棺痕长 2.12 米，宽 0.52 米；棺内骨架保存较好，头向北，面向上，仰身直肢，为女性。西棺痕长 1.94 米，宽 0.5~0.6 米；棺内骨架保存稍好，头向北，面向上，仰身屈肢，为女性（图二九）。

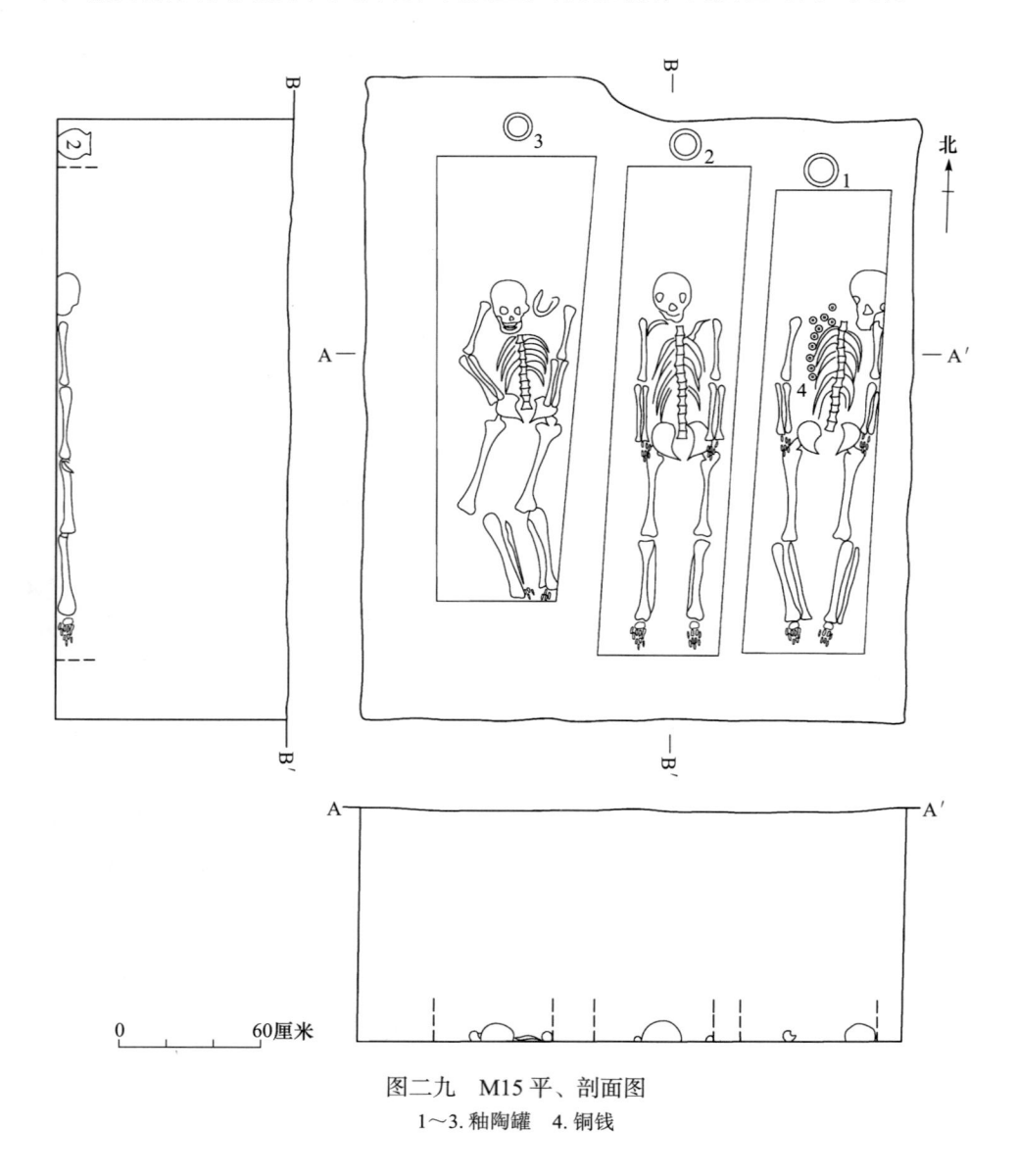

图二九　M15 平、剖面图
1~3. 釉陶罐　4. 铜钱

2. 随葬品

东棺外前方出土釉陶罐1件，右上肢骨内侧出土铜钱10枚；中棺外前方出土釉陶罐1件；西棺外前方出土釉陶罐1件。

釉陶罐　3件。M15:1，侈口，方圆唇，斜肩，上腹微鼓，下腹斜直，平底内凹。腹上部及口沿内侧施酱黄色釉。轮制，体留有轮旋痕迹。口径10.2厘米，腹径10.8厘米，底径8.8厘米，高11厘米（图三〇，1；彩版二六，3）。M15:2，直口微敛，方圆唇，斜肩，上腹微鼓，下腹斜直微弧，平底内凹。上腹部及口沿内侧施酱黄色釉。轮制，体留有轮旋痕迹。口径11厘米，腹径11.4厘米，底径7.4厘米，高11.2厘米（图三〇，2；彩版二六，4）。M15:3，直口微敛，方圆唇，弧肩，斜腹微弧，平底内凹。腹上部及口沿内侧施浅绿色釉。轮制，体留有轮旋痕迹。口径10厘米，腹径10.6厘米，底径7.4厘米，高11厘米（图三〇，3；彩版二六，5）。

顺治通宝　10枚。大平钱，方穿，正背面郭缘较宽，正面楷书"顺治通寶"四字，直读。标本M15:4-1，钱径2.56厘米，穿径0.52厘米，郭厚0.12厘米（图三〇，4；彩版八〇，2）。标本M15:4-2，背穿左楷书"一厘"二字，右楷书一"工"字。钱径2.54厘米，穿径0.44厘米，郭厚0.13厘米（图三〇，5；彩版八〇，2）。标本M15:4-3，背穿左楷书"一厘"二字，右楷书一"東"字。钱径2.57厘米，穿径0.48厘米，郭厚0.13厘米（图三〇，6；彩版八〇，2）。标本M15:4-4，背穿左楷书"一厘"二字，右楷书一"臨"字。钱径2.54厘米，穿径0.55厘米，郭厚0.13厘米（图三〇，7；彩版八〇，2）。

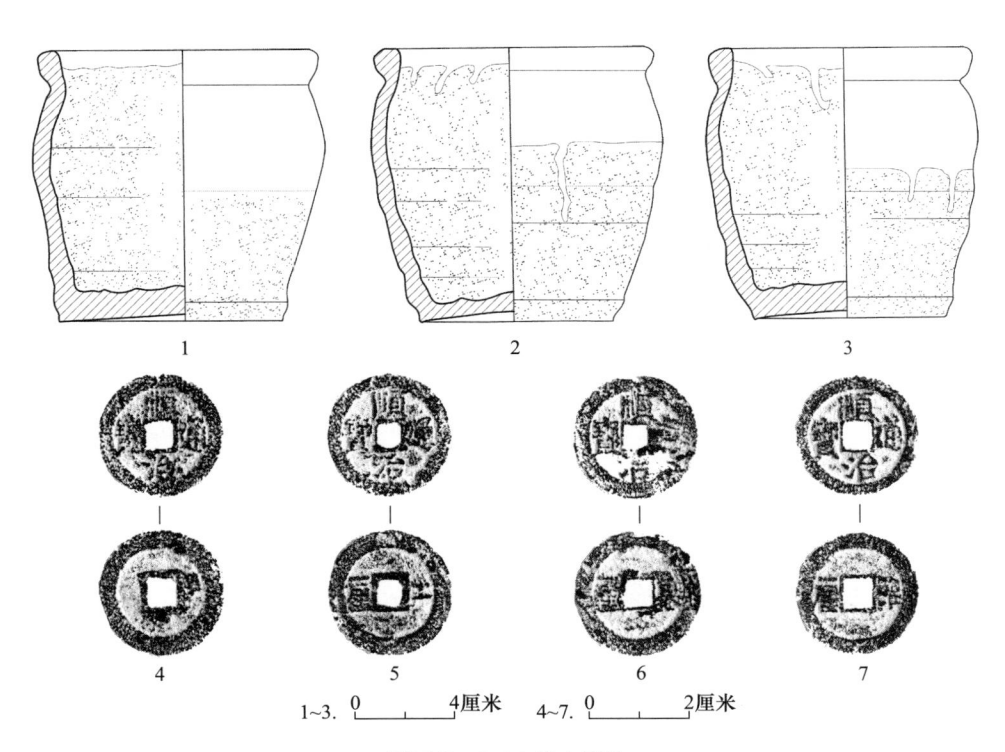

图三〇　M15出土器物
1~3. 釉陶罐（M15:1、M15:2、M15:3）　4~7. 顺治通宝（M15:4-1、M15:4-2、M15:4-3、M15:4-4）

一四、M16

1. 墓葬形制

该墓位于发掘Ⅲ区东南部，东邻M14。开口于②层下，南北向，方向0°。坐标为北纬39°51′17.6″，东经116°19′59.8″。

墓平面呈长方形，竖穴土圹双棺合葬墓。墓口距地表深1.5米，墓底距地表深2.5米。墓圹南北长2.6米，东西宽1.7米，深1米。内填花土，土质松软。内置双棺，棺木已朽：东棺痕长1.8米，宽0.4~0.5米；棺内骨架保存稍好，头向北，面向东，仰身直肢，为男性。西棺痕长1.7米，宽0.45~0.6米；棺内骨架保存较差，头向北，面向西，仰身屈肢，为女性（图三一；彩版四，1）。

2. 随葬品

未发现随葬品。

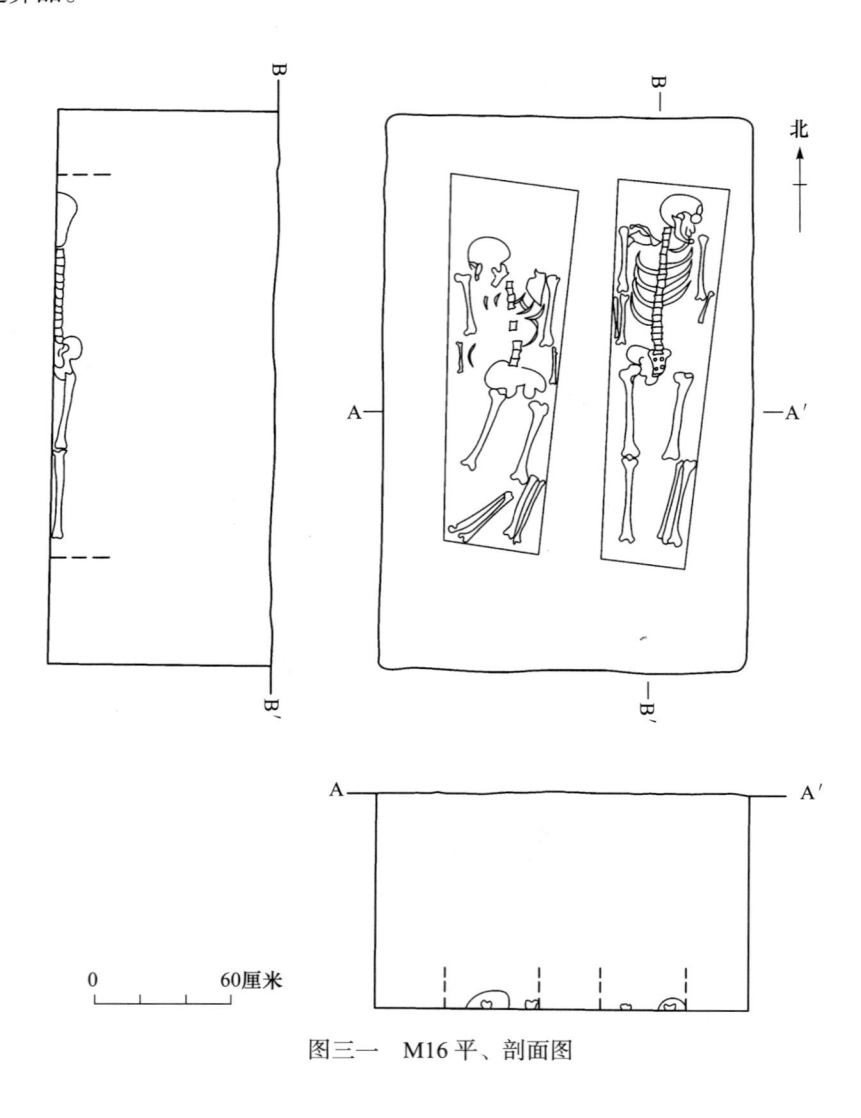

图三一 M16平、剖面图

一五、M17

1. 墓葬形制

该墓位于发掘Ⅲ区中部，南邻 M18。开口于②层下，南北向，方向 180°。坐标为北纬 39° 51′ 17.6″，东经 116° 19′ 59″。

墓平面呈长方形，竖穴土圹双棺合葬墓。墓口距地表深 1.5 米，墓底距地表深 2.3 米。墓圹南北长 2.9 米，东西宽 2 米，深 0.8 米。内填花土，土质松软。内置双棺：东棺长 2.2 米，宽 0.56~0.6 米，残高 0.14 米，棺板厚 0.12 米，前封板、底板厚 0.06 米，后封板厚 0.07 米；棺内骨架保存较差，头向南，葬式、性别不明。西棺长 2.2 米，宽 0.56~0.7 米，残高 0.12 米，棺板厚 0.08 米，前封板、后封板、底板厚 0.06 米；棺内骨架保存稍好，头向南，面向上，仰身直肢，为男性（图三二）。

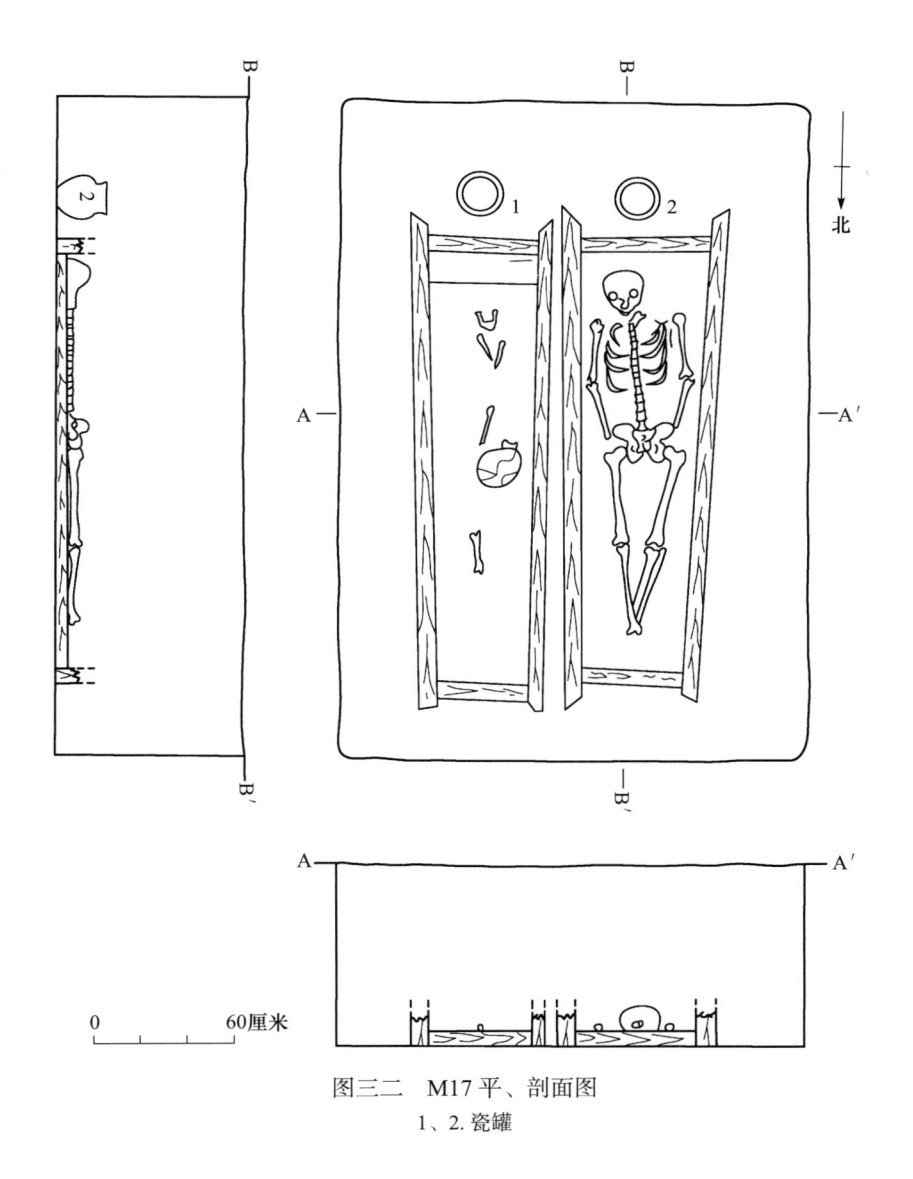

图三二 M17 平、剖面图
1、2. 瓷罐

2. 随葬品

东棺外前方出土瓷罐1件；西棺外前方出土瓷罐1件。

瓷罐　2件。M17：1，直口，圆唇，矮领，溜肩，弧腹，内圈足底。颈、肩下部各饰一周变形莲瓣纹，腹部饰五组缠枝莲纹，腹下部饰莲瓣纹。口径9.8厘米，腹径19.4厘米，底径14.4厘米，高20厘米（图三三，1；彩版二七，1）。M17：2，侈口，尖圆唇，束颈，溜肩，弧腹，内圈足。颈、肩下部饰一周变形莲瓣纹，腹部饰五组缠枝莲纹，腹下部饰莲瓣纹。口径9.4厘米，腹径18.4厘米，底径14.4厘米，高19.2厘米（图三三，2；彩版二七，2）。

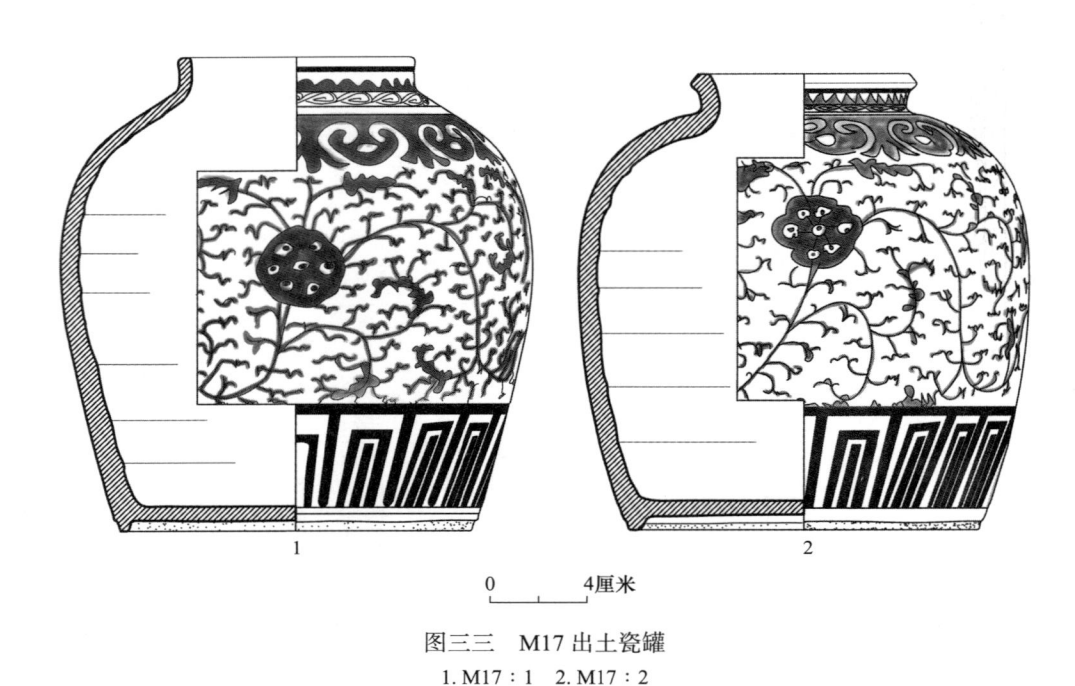

图三三　M17出土瓷罐
1. M17：1　2. M17：2

一六、M18

1. 墓葬形制

该墓位于发掘Ⅲ区中部，北邻M17。开口于②层下，南北向，方向180°。坐标为北纬39°51′17″，东经116°19′59″。

墓平面呈长方形，竖穴土圹双棺合葬墓。墓口距地表深1.2米，墓底距地表深2米。墓圹南北长2.6米，东西宽2米，深0.8米。内填花土，土质松软。内置双棺：东棺长2.2米，宽0.7~0.85米，残高0.13米，棺板、底板厚0.08米，前封板厚0.05米；棺内骨架保存较差，头向南，面向不明，侧身屈肢，为女性。西棺长2.2米，宽0.6~0.7米，残高0.13米，棺板厚0.06~0.1米，前封板厚0.05米，底板厚0.06米；棺内骨架保存较差，头向南，面向不明，仰身屈肢，为男性（图三四）。

图三四　M18平、剖面图
1. 瓷罐　2. 铜钱

2. 随葬品

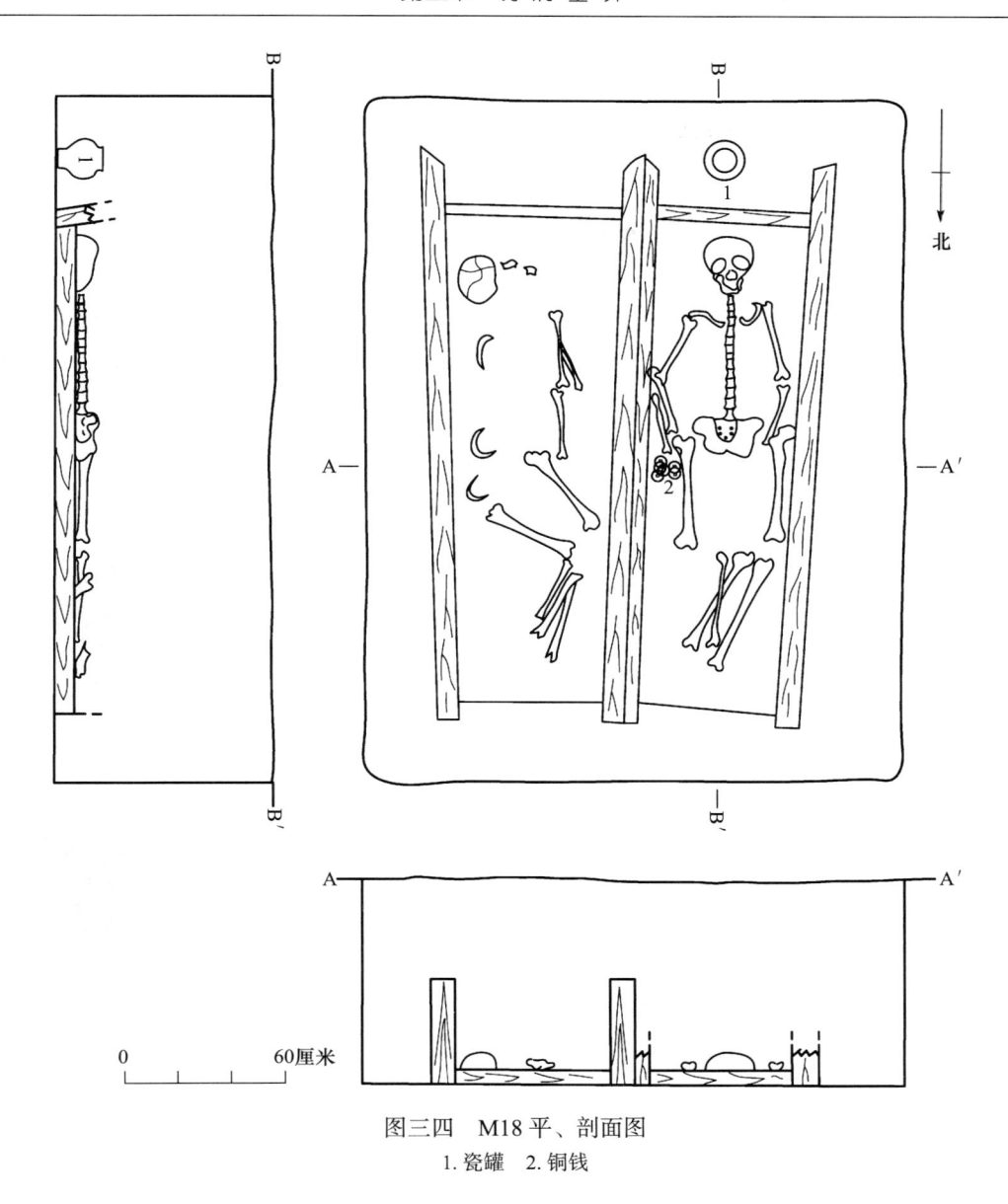

西棺外前方出土瓷罐1件，右下肢骨外侧上部出土铜钱6枚。

瓷罐　1件。M18:1，直口微敛，方圆唇，领略高，圆肩，腹弧收，平底内凹。体施青白色釉，唇部施酱色釉，底部无釉。轮制。口径8厘米，腹径12.4厘米，底径7.8厘米，高13.2厘米（图三五，1；彩版二八，1）。

铜钱　6枚，有康熙通宝、乾隆通宝。

康熙通宝　1枚。M18:2-1，平钱，方穿，正背面郭缘较宽，正面楷书"康熙通寶"四字，直读，背穿左右为满文"宝泉"局名。钱径2.58厘米，穿径0.58厘米，郭厚0.12厘米（图三五，2；彩版八〇，3）。

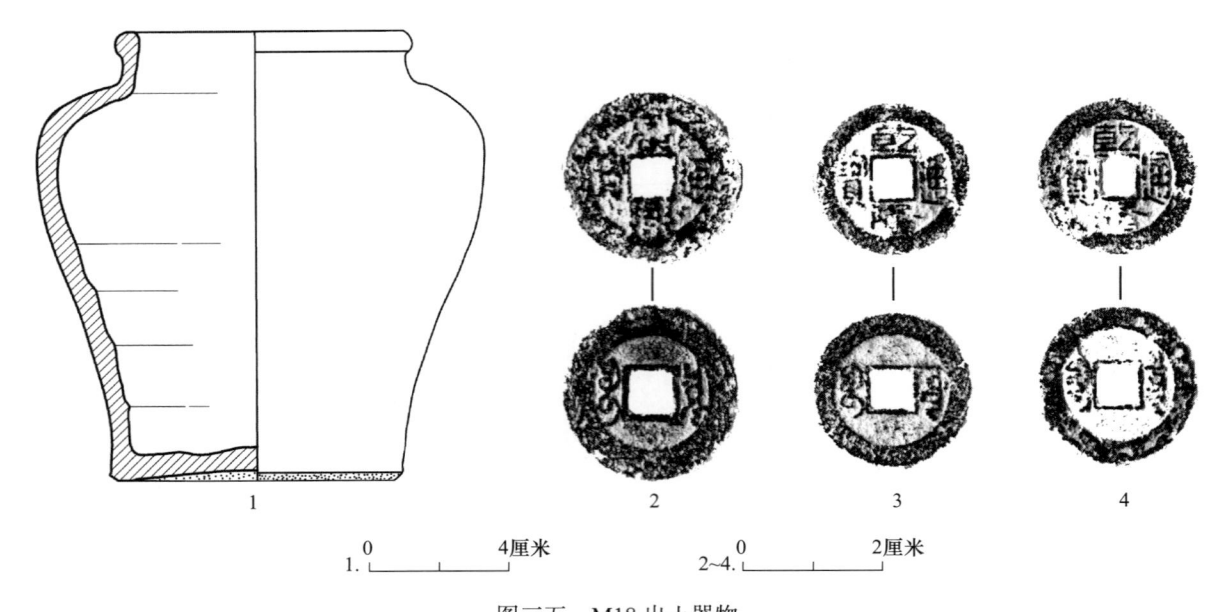

图三五　M18 出土器物
1. 瓷罐（M18：1）　2. 康熙通宝（M18：2-1）　3、4. 乾隆通宝（M18：2-2、M18：2-3）

乾隆通宝　5 枚。平钱，方穿，正背面郭缘较宽，正面楷书"乾隆通寶"四字，直读。标本 M18：2-2，背穿左右为满文"宝源"局名。钱径 2.34 厘米，穿径 0.52 厘米，郭厚 0.15 厘米（图三五，3；彩版八〇，3）。标本 M18：2-3，背穿左右为满文"宝泉"局名。钱径 2.36 厘米，穿径 0.54 厘米，郭厚 0.14 厘米（图三五，4；彩版八〇，3）。

一七、M19

1. 墓葬形制

该墓位于发掘Ⅲ区中部，东邻 M18。开口于②层下，南北向，方向 190°。坐标为北纬 39°51′17.4″，东经 116°18′58.7″。

墓平面呈长方形，竖穴土圹双棺合葬墓。墓口距地表深 1.5 米，墓底距地表深 2.4 米。墓圹南北长 2.7 米，东西宽 1.8 米，深 0.9 米。内填花土，土质松软。内置双棺：东棺棺木已朽，棺痕长 1.9 米，宽 0.5~0.6 米；棺内骨架保存较差，头向南，面向上，仰身直肢，为男性。西棺长 2 米，宽 0.65~0.8 米，残高 0.12 米，棺板厚 0.05~0.08 米；棺内骨架保存较差，头向南，面向东，侧身屈肢，为女性（图三六）。

2. 随葬品

未发现随葬品。

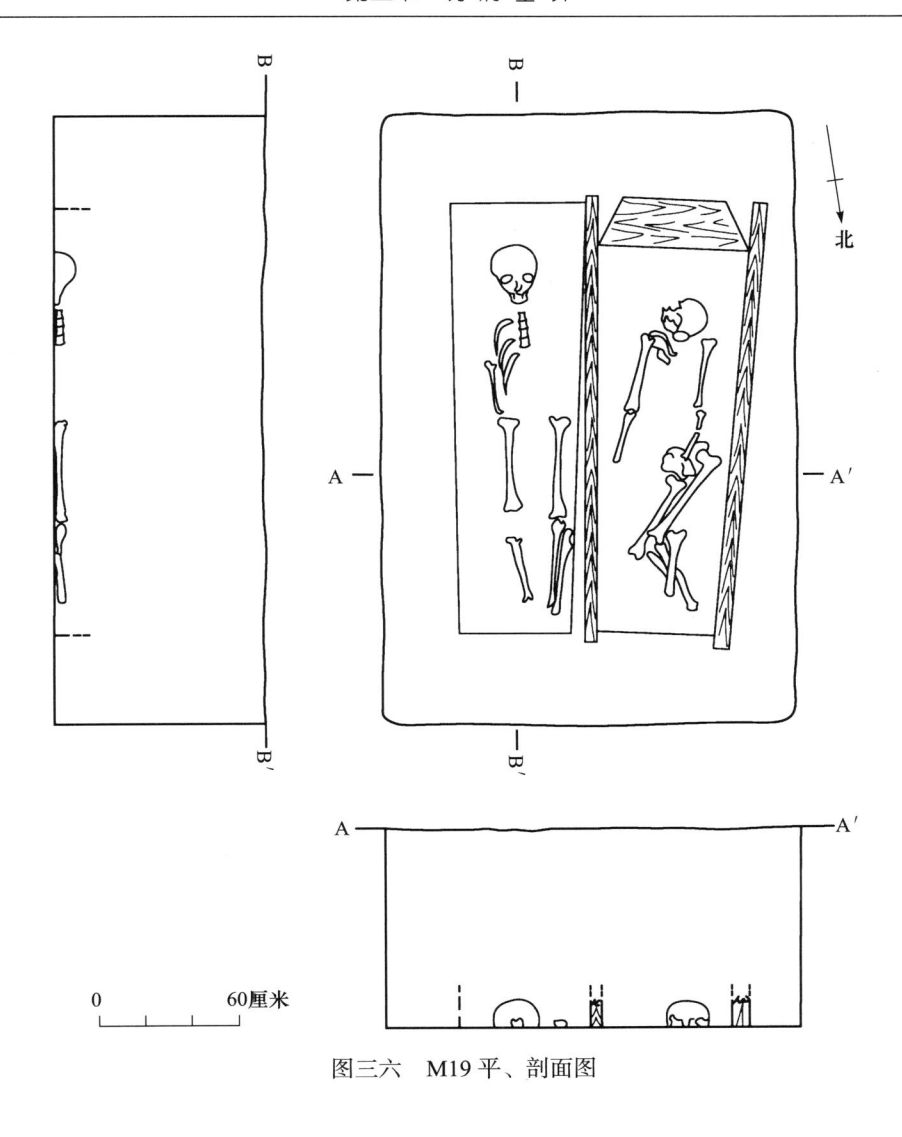

图三六　M19平、剖面图

一八、M20

1. 墓葬形制

该墓位于发掘Ⅲ区中部，西邻M21。开口于②层下，南北向，方向160°。坐标为北纬39°51′17.6″，东经116°19′58.6″。

墓平面呈长方形，竖穴土圹单棺墓。墓口距地表深1.3米，墓底距地表深2.1米。墓圹南北长2.24米，东西宽1.32米，深0.8米。内填花土，土质松软。内置单棺，棺木已朽，棺痕长1.8米，宽0.5~0.7米；棺内骨架保存较差，头向南，面向西，侧身屈肢，为男性（图三七）。

2. 随葬品

未发现随葬品。

图三七　M20 平、剖面图

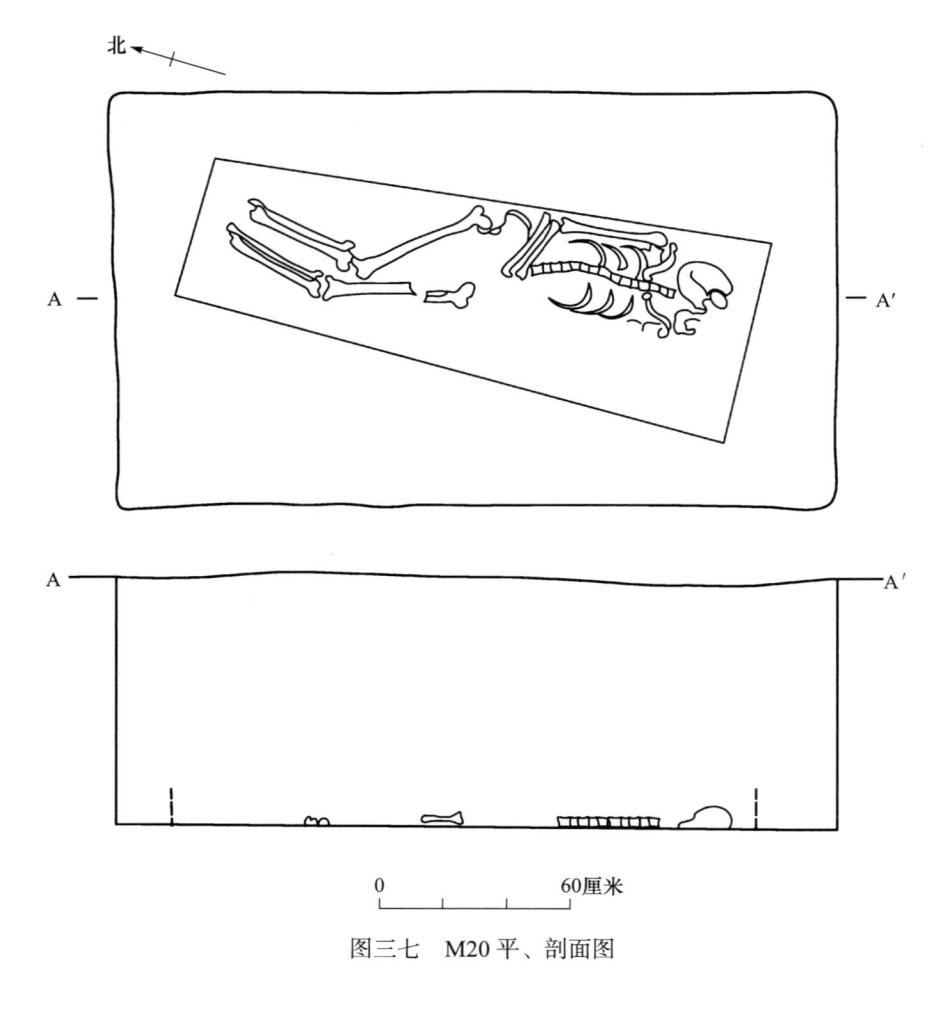

一九、M21

1. 墓葬形制

该墓位于发掘Ⅲ区中部，东邻 M20。开口于②层下，东西向，方向 60°。坐标为北纬 39°51′17.5″，东经 116°18′58.5″。

墓平面呈梯形，竖穴土圹双棺合葬墓。墓口距地表深 1.5 米，墓底距地表深 2.9 米。墓圹东西长 3.1 米，南北宽 1.9~2.1 米，深 1.4 米。内填花土，土质松软。内置双棺：北棺长 2.2 米，宽 0.8~0.9 米，棺板厚 0.04~0.06 米，残高 0.4 米，后封板厚 0.03 米，底板厚 0.06 米；棺内骨架保存稍好，头向东，面向上，仰身直肢，为男性。南棺棺木已朽，棺痕长 1.7 米，宽 0.5~0.6 米；棺内骨架保存较差，头向东北，面向南，侧身屈肢，为女性（图三八）。

2. 随葬品

南棺外前方出土瓷罐 1 件，左下肢骨外侧上部出土铜钱 30 枚。

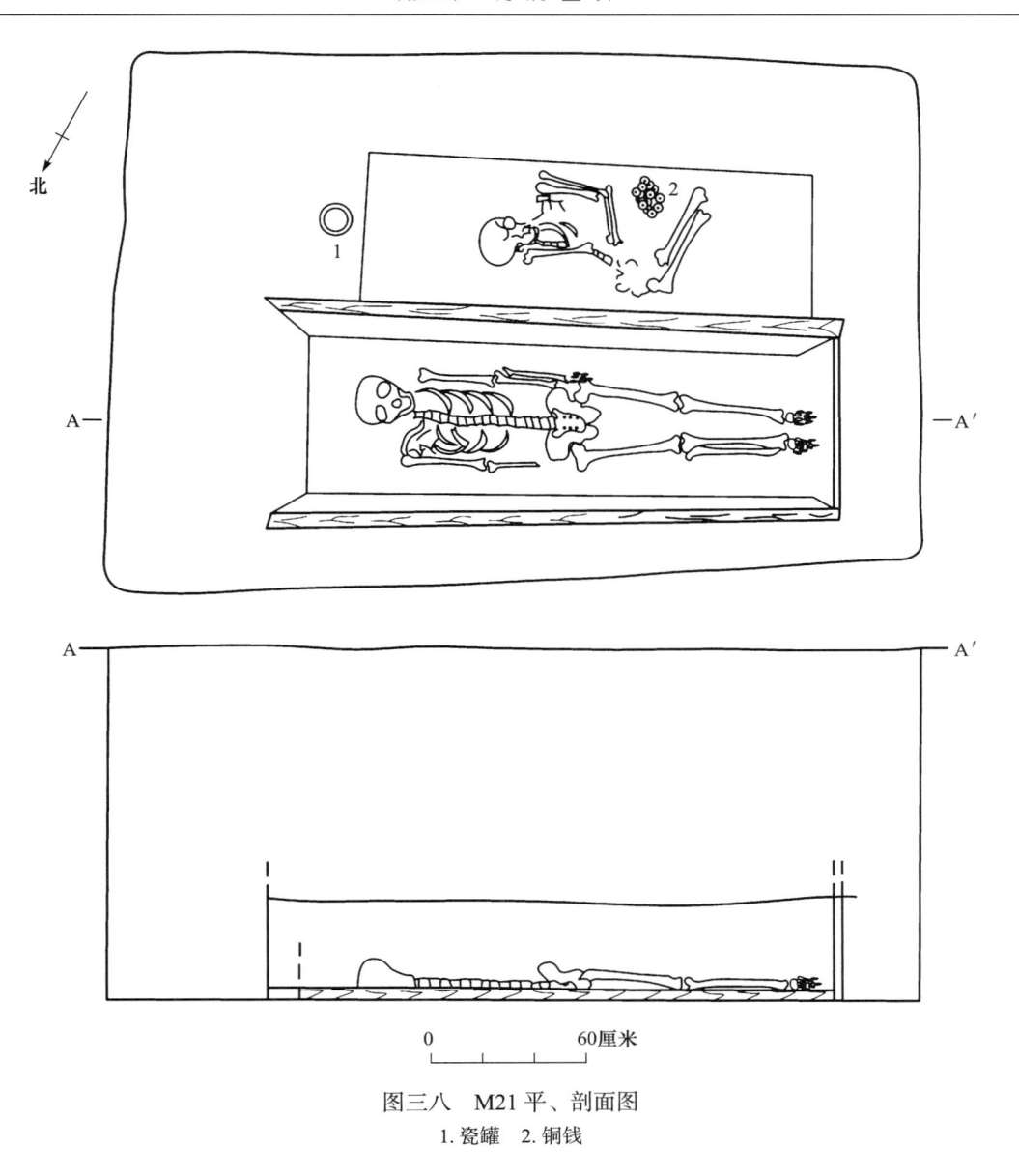

图三八　M21 平、剖面图
1. 瓷罐　2. 铜钱

瓷罐　1件。M21：1，直口微敛，方圆唇，领略高，圆肩，鼓腹，下腹弧收，平底内凹。体施青白色釉，唇部施酱色釉，底部无釉。轮制。口径8.2厘米，腹径12.2厘米，底径8厘米，高13.6厘米（图三九，1；彩版二八，2）。

康熙通宝　30枚。大平钱，方穿，正背面郭缘稍宽，正面楷书"康熙通寳"四字，直读。标本M21：2-1，背穿左为满文"福"字，右楷书一"福"字。钱径2.75厘米，穿径0.54厘米，郭厚0.12厘米（图三九，2；彩版八〇，4）。标本M21：2-2，背穿左右为满文"宝泉"局名。钱径2.82厘米，穿径0.56厘米，郭厚0.13厘米（图三九，3；彩版八〇，4）。标本M21：2-3，背穿左右为满文"宝源"局名。钱径2.78厘米，穿径0.48厘米，郭厚0.18厘米（图三九，4；彩版八〇，4）。

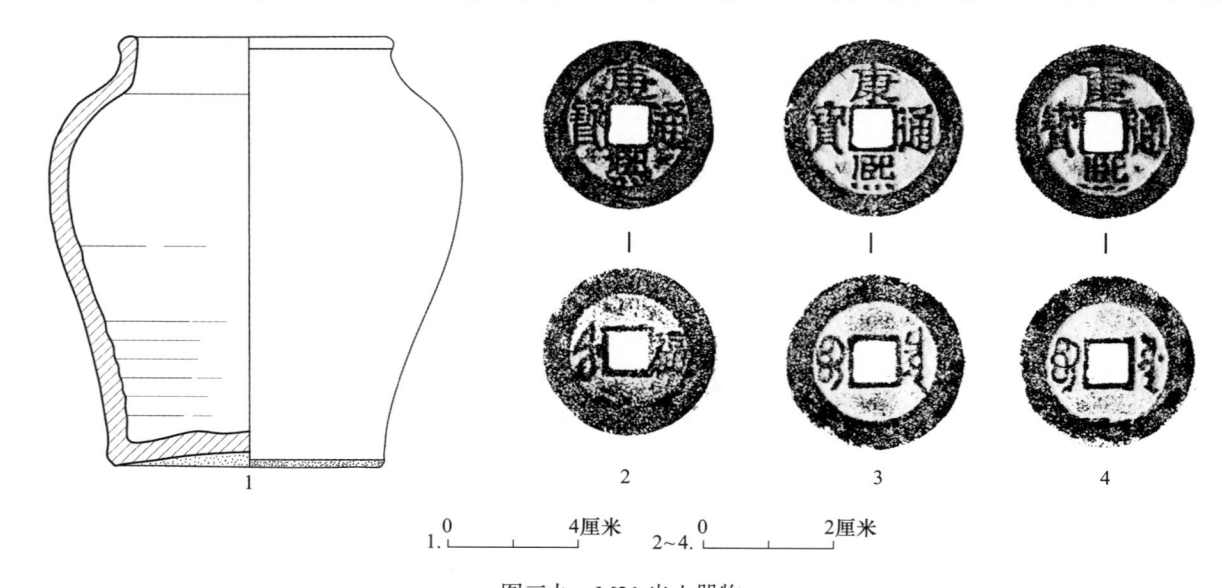

图三九　M21 出土器物
1. 瓷罐（M21:1）　2~4. 康熙通宝（M21:2-1、M21:2-2、M21:2-3）

二〇、M22

1. 墓葬形制

该墓位于发掘Ⅲ区中部，西邻 M23。开口于②层下，南北向，方向 180°。坐标为北纬 39°51′17.4″，东经 116°13′58″。

墓平面呈长方形，竖穴土圹双棺合葬墓。墓口距地表深 1.6 米，墓底距地表深 2.7 米。墓圹南北长 2.38 米，东西宽 2 米，深 1.1 米。内填花土，土质松软。内置双棺，棺木已朽：东棺痕长 1.86 米，宽 0.44~0.64 米；棺内骨架保存稍好，头向南，面向上，仰身直肢，为男性。西棺痕长 1.9 米，宽 0.6~0.7 米；棺内骨架保存稍好，头向南，面向上，仰身直肢，为女性（图四〇）。

2. 随葬品

东棺外前方出土瓷罐 1 件，头骨左上方出土铜扁方 1 件。

瓷罐　1 件。M22:1，敛口，方唇，高领，圆肩，斜腹微弧，高圈足。体施青白色釉，颈部及圈足内侧无釉。轮制。口径 6.8 厘米，腹径 13.8 厘米，底径 8 厘米，高 13.8 厘米（图四一，1；彩版二八，3）。

铜扁方　1 件。M22:2，首呈梅花棱状，体长条形，上宽下窄，末端残。残长 8.2 厘米（图四一，2；彩版五九，2）。

第三章 明清墓葬

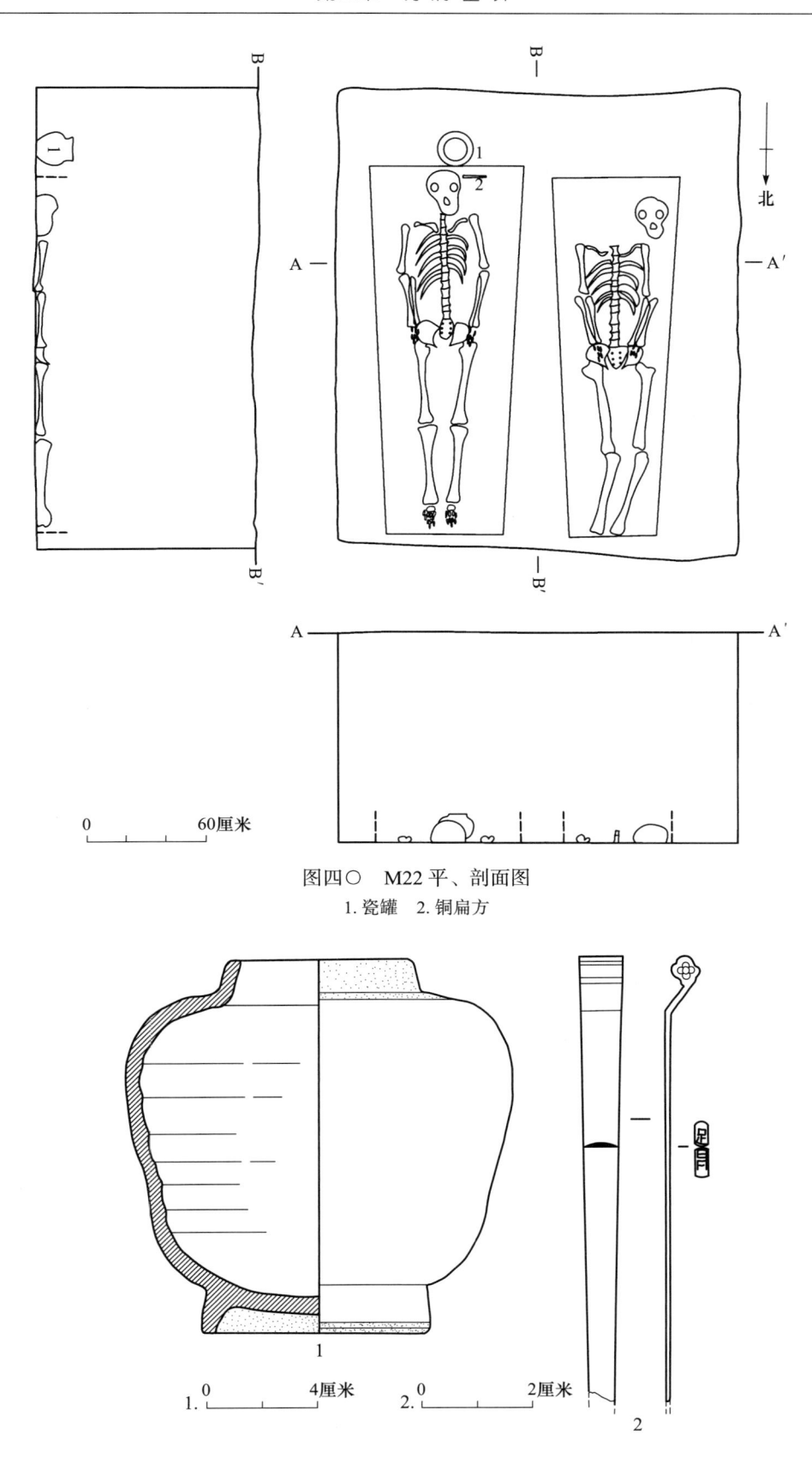

图四〇 M22 平、剖面图
1. 瓷罐　2. 铜扁方

图四一 M22 出土器物
1. 瓷罐（M22∶1）　2. 铜扁方（M22∶2）

二一、M23

1. 墓葬形制

该墓位于发掘Ⅲ区中部，东邻M22。开口于②层下，南北向，方向0°。坐标为北纬39°51′17.3″，东经116°18′57.8″。

墓平面呈梯形，竖穴土圹单棺墓。墓口距地表深1.6米，墓底距地表深2.5米。墓圹南北长2.8米，东西宽1.56~1.68米，深0.9米。内填花土，土质松软。内置单棺，棺木已朽，棺痕长2.1米，宽0.5~0.72米；棺内骨架保存较好，头向北，面向上，仰身直肢，为男性（图四二；彩版四，2）。

2. 随葬品

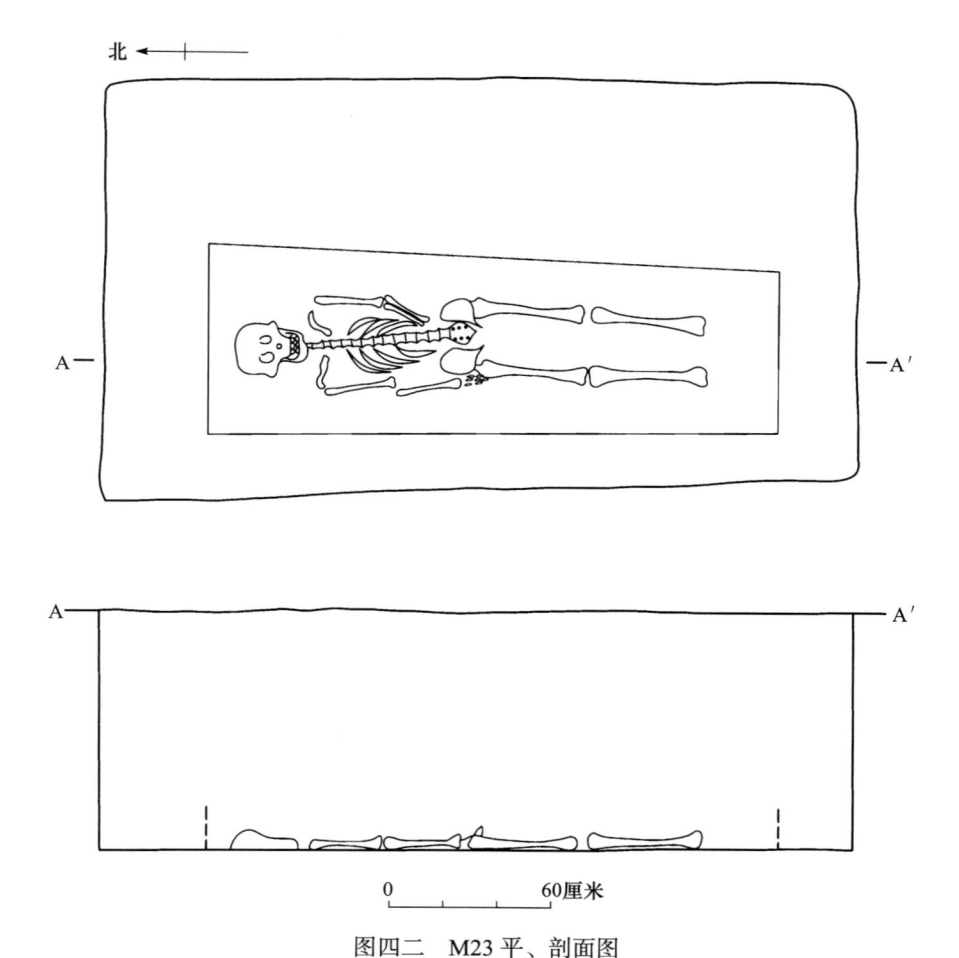

未发现随葬品。

图四二 M23平、剖面图

二二、M24

1. 墓葬形制

该墓位于发掘Ⅲ区中部，西邻M26。开口于②层下，南北向，方向5°。坐标为北纬39°51′17.3″，东经116°18′57.3″。

墓平面呈正方形，竖穴土圹瓮棺墓。墓口距地表深1.8米，墓底距地表深2.7米。墓圹南北长1.1米，东西宽1.1米，深0.9米。内填花土，土质松软。墓圹内置瓷瓮为棺，瓮口径27.4厘米，腹径41.6厘米，底径34.4厘米，高39.6厘米，内装有零碎烧骨（图四三）。

2. 随葬品

墓圹中部置瓷瓮1件。

瓷瓮 1件。M24∶1，敛口，平沿，尖唇，折肩，腹微弧，平底内凹。肩、腹部起瓜棱，口沿上部饰一周凹弦纹，腹下部饰凹弦纹两周，弦纹以上施酱色釉泛绿，底部无釉。轮制。口径27.4厘米，腹径41.6厘米，底径34.4厘米，高39.6厘米（图四四；彩版二八，5）。

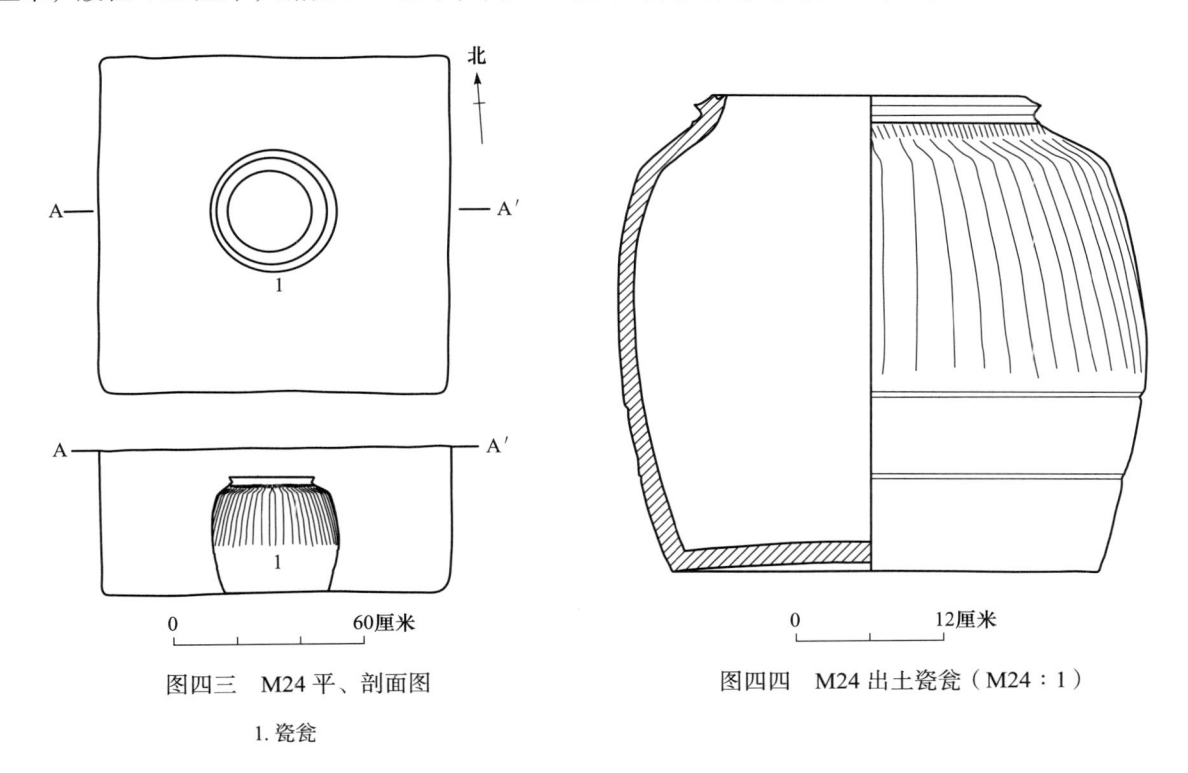

图四三 M24平、剖面图
1.瓷瓮

图四四 M24出土瓷瓮（M24∶1）

二三、M25

1. 墓葬形制

该墓位于发掘Ⅲ区中部，南邻M26。开口于②层下，南北向，方向180°。坐标为北纬39°51′17.4″，东经 116°18′57.5″。

墓平面呈长方形，竖穴土圹双棺合葬墓。墓口距地表深 1.5 米，墓底距地表深 2.8 米。墓圹南北长 2.2 米，东西宽 2 米，深 1.3 米。内填花土，土质松软。内置双棺，棺木已朽：东棺痕长 1.9 米，宽 0.7~0.76 米；棺内骨架保存较差，头向南，面向上，仰身直肢，为女性。西棺痕长 1.06 米，宽 0.3 米；棺内骨架保存较差，头向南，面向上，仰身直肢，为男性（图四五）。

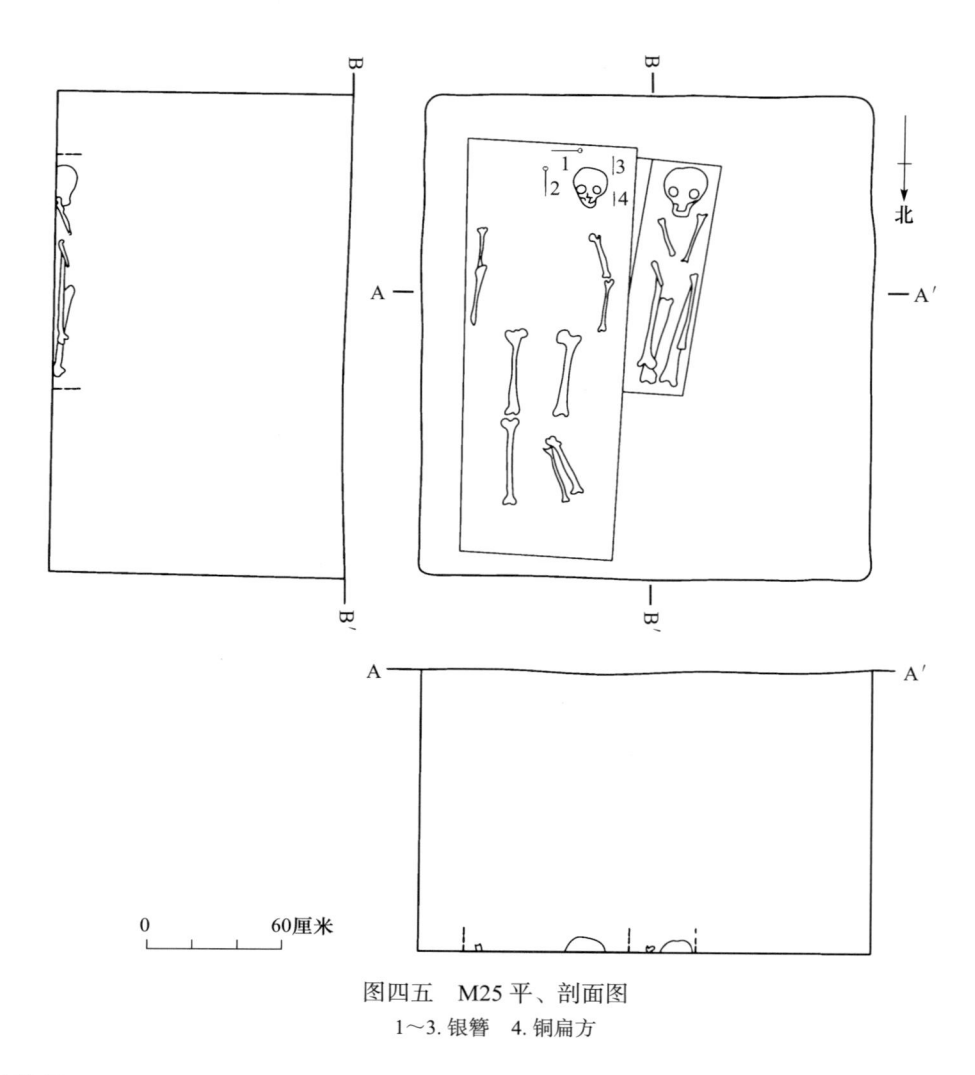

图四五　M25 平、剖面图
1~3. 银簪　4. 铜扁方

2. 随葬品

东棺头骨左侧出土银簪 1 件、铜扁方 1 件，头骨右侧及上方出土银簪 2 件。

银簪　3 件。M25：1，如意头形首，体呈长条锥状。背面錾刻楷书"元盛"二字。通长 13.6 厘米（图四六，1；彩版五九，3）。M25：2，如意头形首，体呈长条锥状，末端残。背面錾刻楷书"元盛"二字。通长 11.1 厘米（图四六，2；彩版五九，4）。M25：3，首呈圆帽形，体为长条锥状。背面錾刻楷书"成宝"二字。通长 12.2 厘米（图四六，3；彩版五九，5）。

铜扁方　1 件。M25：4，长条形，首残，末端呈圆弧状。残长 7.3 厘米（图四六，4；彩版五九，6）。

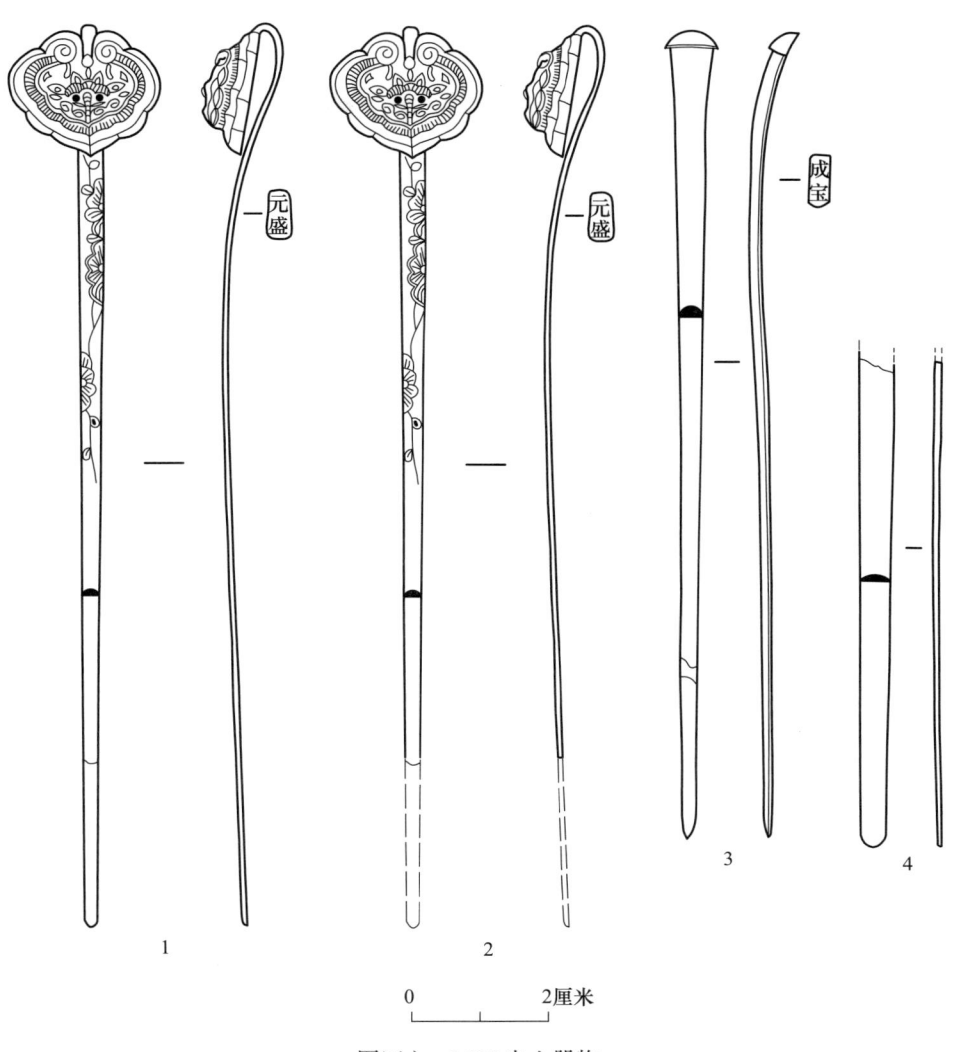

图四六 M25 出土器物

1～3. 银簪（M25∶1、M25∶2、M25∶3） 4. 铜扁方（M25∶4）

二四、M26

1. 墓葬形制

该墓位于发掘Ⅲ区中部，东邻 M24。开口于②层下，南北向，方向 10°。坐标为北纬 39°51′17.2″，东经 116°18′57.4″。

墓平面近呈梯形，竖穴土圹单棺迁葬墓。墓口距地表深 1.6 米，墓底距地表深 2.4 米。墓圹南北长 1.9 米，东西宽 0.6~0.72 米，深 0.8 米。内填花土，土质松软。墓内未发现葬具及骨架，葬式、性别不明（图四七）。

2. 随葬品

未发现随葬品。

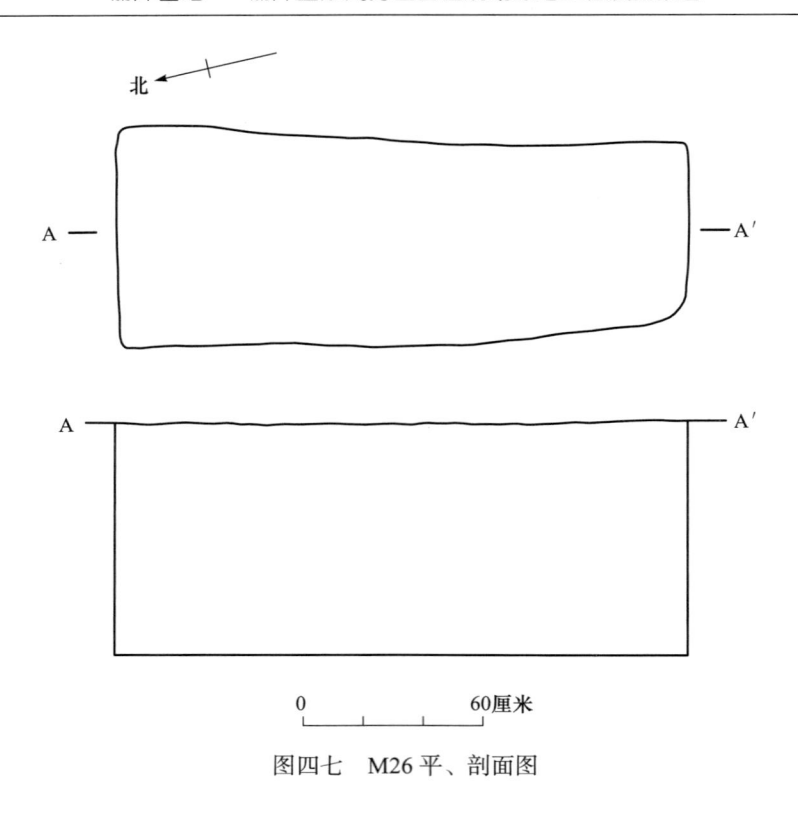

图四七 M26平、剖面图

二五、M27

1. 墓葬形制

该墓位于发掘Ⅲ区中部，北邻M26。开口于②层下，南北向，方向0°。坐标为北纬39°51′17.4″，东经116°18′57.4″。

墓平面呈长方形，竖穴土圹单棺墓。墓口距地表深1.5米，墓底距地表深3.3米。墓圹南北长2.6米，东西宽1.2米，深1.8米。内填花土，土质松软。内置单棺，棺木已朽，棺痕长2米，宽0.5～0.6米；棺内骨架保存稍差，头向北，面向上，仰身直肢，为男性（图四八）。

2. 随葬品

棺内右上肢骨内侧下部出土铜钱5枚，有绍圣元宝、元祐通宝、正隆元宝。

绍圣元宝 2枚。标本M27∶1-1，平钱，方穿，正面郭缘较窄，楷书"绍聖元寶"四字，旋读，背面郭缘较宽。钱径2.43厘米，穿径0.63厘米，郭厚0.09厘米（图四九，1；彩版八〇，5）。

元祐通宝 2枚。M27∶1-2，平钱，方穿，正面郭缘较窄，行书"元祐通寶"四字，旋读，背面郭缘不明显。钱径2.38厘米，穿径0.76厘米，郭厚0.09厘米（图四九，2；彩版八〇，5）。M27∶1-3，平钱，方穿，正面郭缘较窄，篆书"元祐通寶"四字，旋读，背面郭缘不明显。钱径2.36厘米，穿径0.62厘米，郭厚0.12厘米（图四九，3；彩版八〇，5）。

正隆元宝 1枚。M27∶1-4，平钱，方穿，正面郭缘较窄，楷书"正隆元寶"四字，旋读，背面郭缘较宽。钱径2.38厘米，穿径0.6厘米，郭厚0.08厘米（图四九，4；彩版八〇，5）。

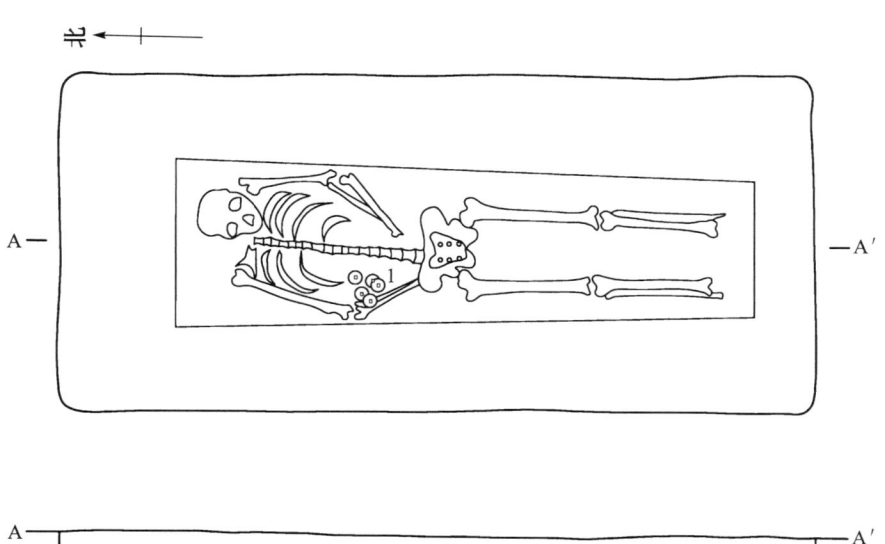

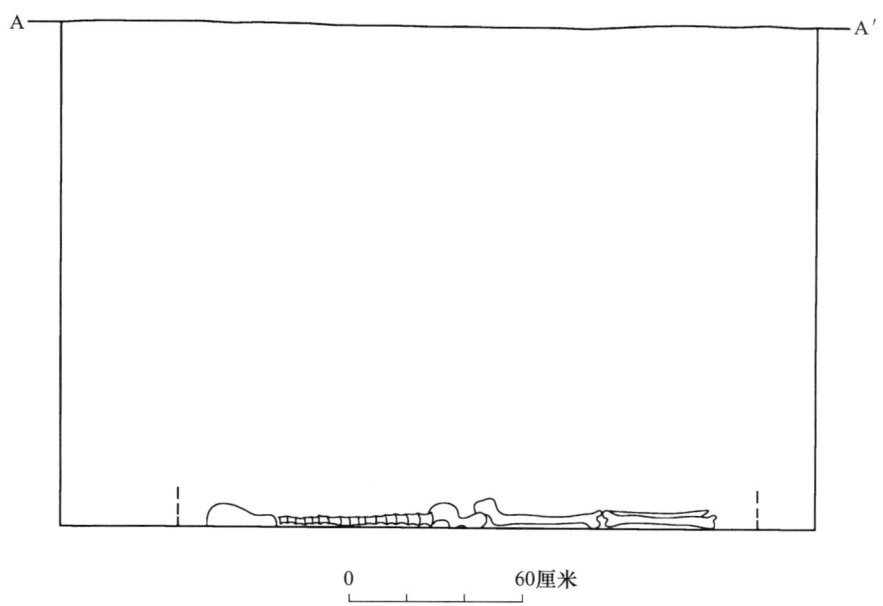

图四八　M27 平、剖面图
1. 铜钱

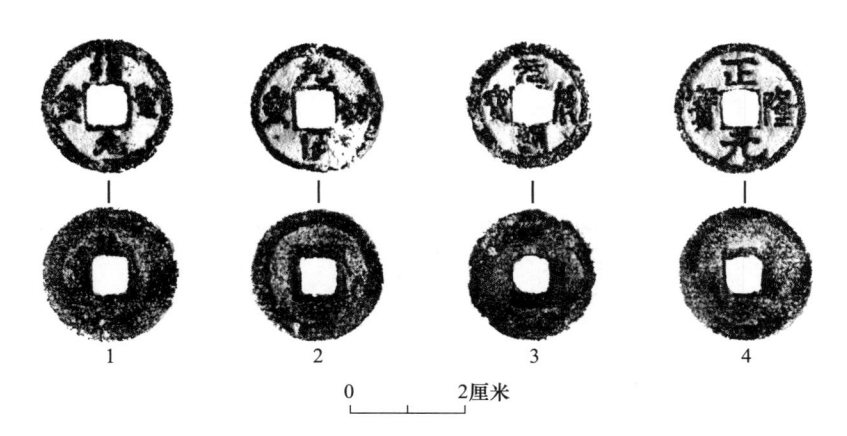

图四九　M27 出土铜钱（拓片）
1. 绍圣元宝（M27：1-1）　2、3. 元祐通宝（M27：1-2、M27：1-3）　4. 正隆元宝（M27：1-4）

二六、M28

1. 墓葬形制

该墓位于发掘Ⅲ区中部，北邻 M23。开口于②层下，南北向，方向 0°。坐标为北纬 39°51′17.1″，东经 116°18′57.7″。

墓平面呈梯形，竖穴土圹单棺墓。墓口距地表深 1.8 米，墓底距地表深 2.6 米。墓圹南北长 2.6 米，东西宽 1.16～1.4 米，深 0.8 米。内填花土，土质松软。内置单棺，棺木已朽，棺痕长 1.92 米，宽 0.52～0.62 米；棺内骨架保存较好，头向北，面向上，仰身直肢，为男性（图五〇；彩版四，3）。

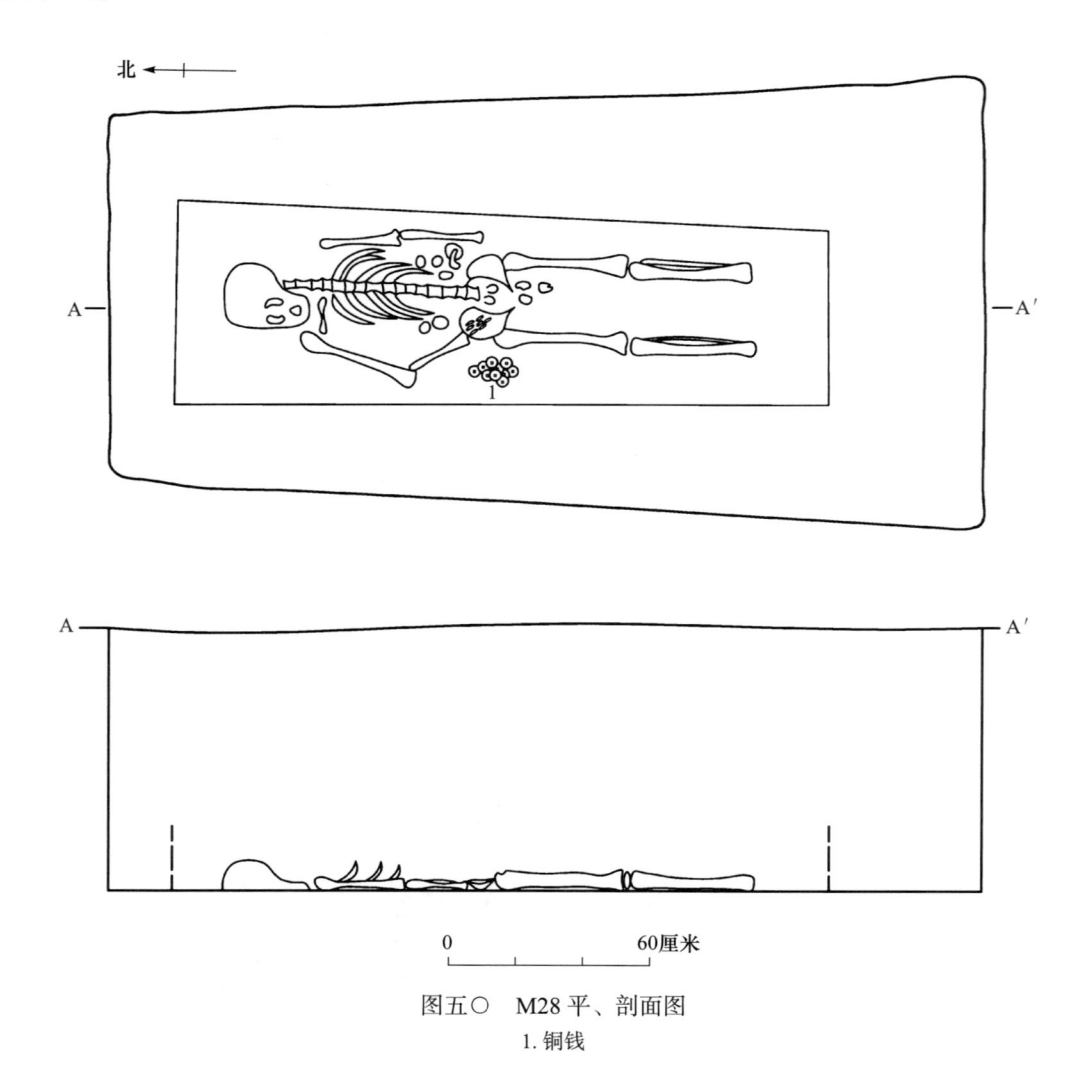

图五〇 M28 平、剖面图
1. 铜钱

2. 随葬品

棺内右下肢骨外侧上部出土铜钱10枚，除开元通宝、景祐元宝外，其他8枚铜钱锈蚀严重，字迹不清。

开元通宝　1枚。M28∶1-1，平钱，方穿，正背面郭缘较窄，正面楷书"開元通寶"四字，直读。钱径2.37厘米，穿径0.68厘米，郭厚0.12厘米（图五一，1；彩版八〇，6）。

景祐元宝　1枚。M28∶1-2，平钱，方穿，正背面郭缘略宽，正面楷书"景祐元寶"四字，直读。钱径2.45厘米，穿径0.53厘米，郭厚0.12厘米（图五一，2；彩版八〇，6）。

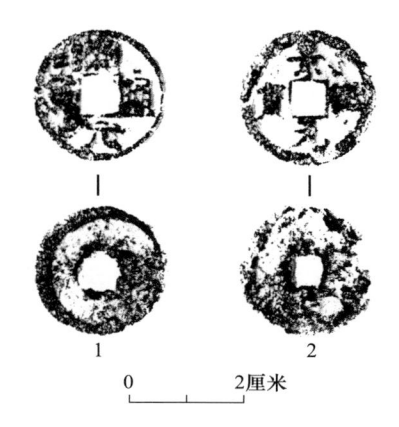

图五一　M28出土铜钱（拓片）
1. 开元通宝（M28∶1-1）　2. 景祐元宝（M28∶1-2）

二七、M29

1. 墓葬形制

该墓位于发掘Ⅲ区西部，南邻M30。开口于②层下，南北向，方向340°。坐标为北纬39°51′20.2″，东经116°18′53.3″。

墓平面呈长方形，竖穴土圹双棺合葬墓。墓口距地表深1.4米，墓底距地表深2.8米。墓圹南北长3米，东西宽2.4米，深1.4米。内填花土，土质松软。内置双棺：东棺长2.1米，宽0.7~0.8米，残高0.45米，棺板厚0.08~0.1米，底板厚0.08米；棺内骨架保存较差，头向北，面向上，葬式不明，为男性。西棺长2米，宽0.8~0.96米，残高0.22米，棺板厚0.04~0.06米，底板厚0.06米；棺内骨架保存较差，头向北，面向西，葬式不明，为女性（图五二）。

2. 随葬品

未发现随葬品。

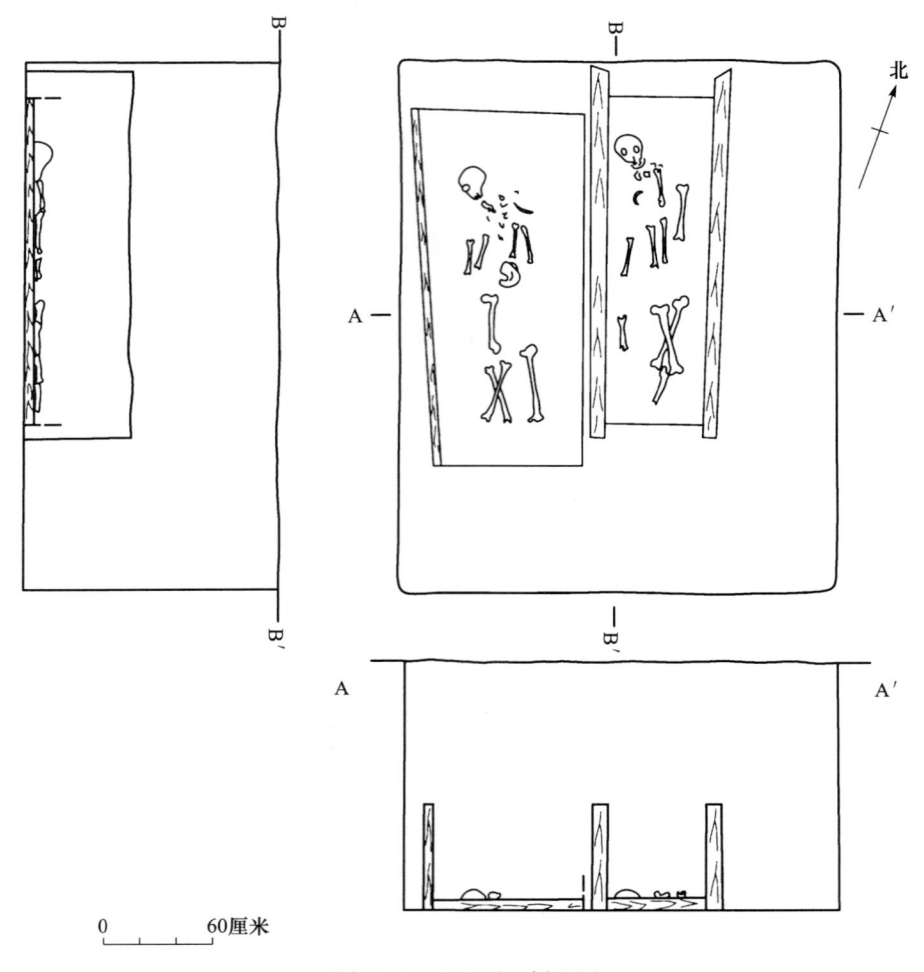

图五二　M29 平、剖面图

二八、M30

1. 墓葬形制

该墓位于发掘Ⅲ区西部，北邻 M29。开口于②层下，南北向，方向 340°。坐标为北纬 39° 51′ 20.2″，东经 116° 18′ 53.2″。

墓平面呈长方形，竖穴土圹双棺合葬墓。墓口距地表深 1.8 米，墓底距地表深 2.6 米。墓圹南北长 2.6 米，东西宽 1.9 米，深 0.8 米。内填花土，土质松软。内置双棺，棺木已朽：东棺痕长 1.9 米，宽 0.4～0.6 米；棺内骨架保存较差，头向西，面向北，侧身屈肢，为男性。西棺痕长 1.9 米，宽 0.6～0.7 米；棺内骨架保存较差，头向西，面向上，侧身屈肢，为女性（图五三）。

2. 随葬品

未发现随葬品。

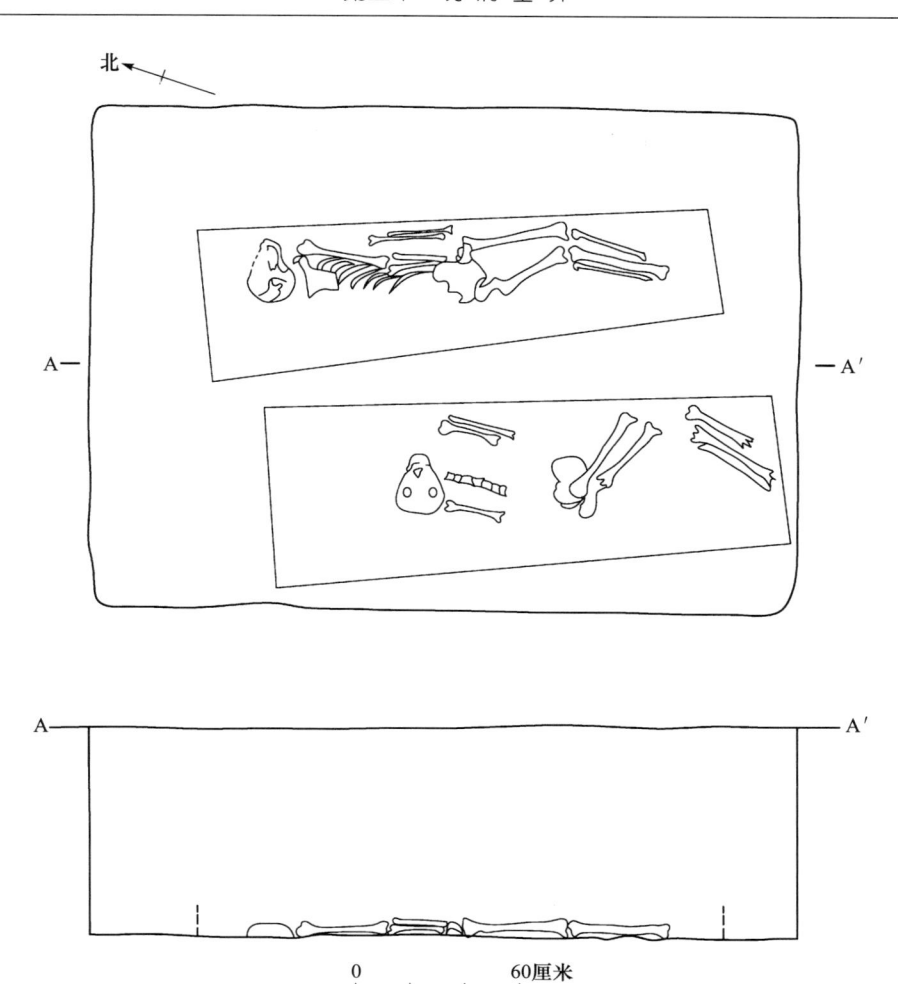

图五三　M30 平、剖面图

二九、M31

1. 墓葬形制

该墓位于发掘Ⅲ区西部，南邻 M32。开口于②层下，南北向，方向 340°。坐标为北纬 39° 51′ 20.2″，东经 116° 18′ 53.6″。

墓平面呈梯形，竖穴土圹双棺合葬墓。墓口距地表深 1.38 米，墓底距地表深 2.68～2.78 米。墓圹南北长 3 米，东西宽 1.6～1.76 米，深 1.3～1.4 米。内填花土，土质松软。内置双棺：东棺长 1.95 米，宽 0.66～0.78 米，残高 0.14 米，棺板、前封板、后封板厚 0.05 米，底板厚 0.04 米；棺内骨架保存较差，头向北，面向上，葬式不明，为男性。西棺长 1.88 米，宽 0.6～0.64 米，残高 0.16 米，棺板、前封板、后封板及底板厚 0.04 米；棺内骨架保存较差，头向北，面向上，葬式不明，为女性（图五四）。

2. 随葬品

未发现随葬品。

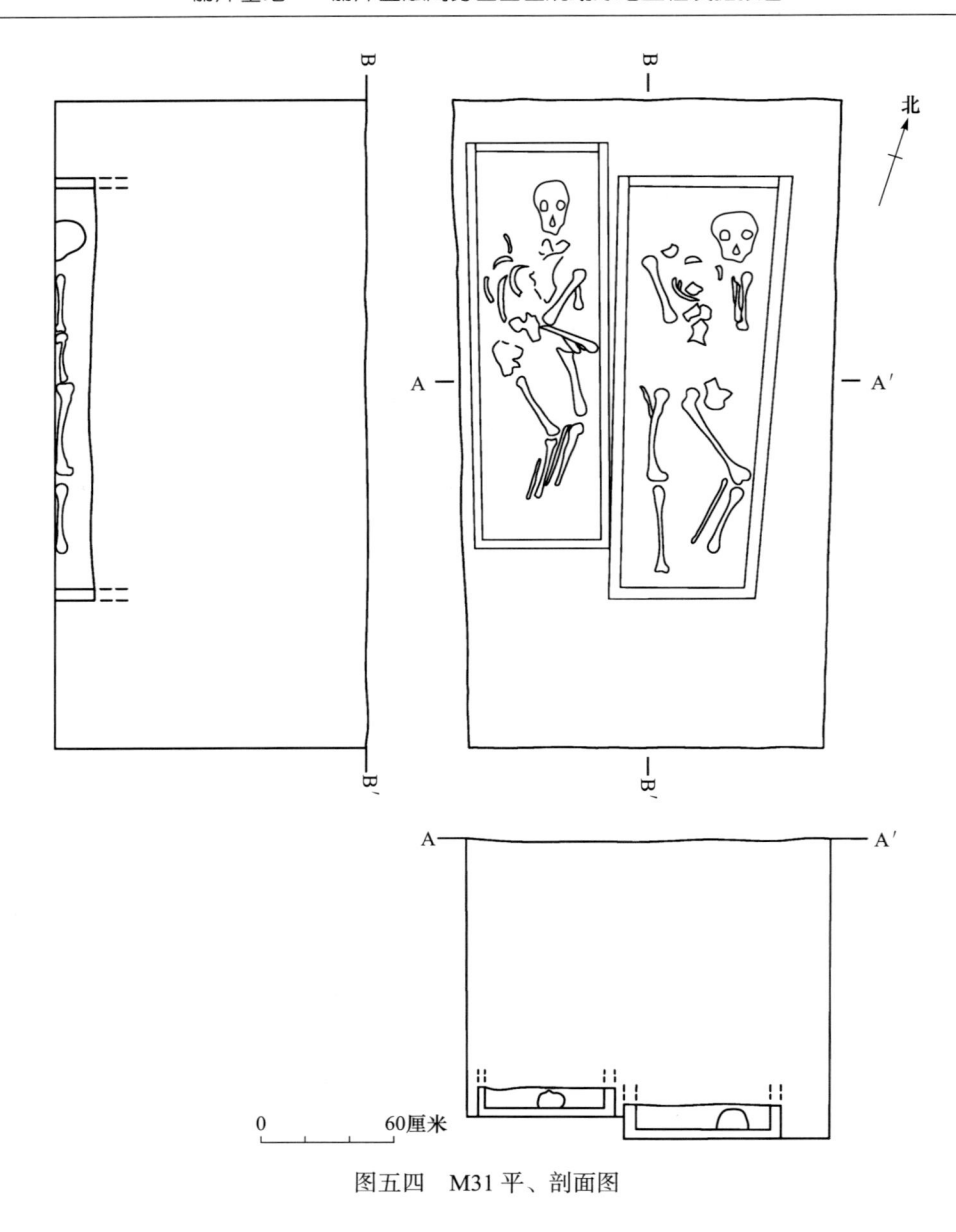

图五四　M31 平、剖面图

三〇、M32

1. 墓葬形制

该墓位于发掘Ⅲ区西部，北邻 M31。开口于②层下，南北向，方向 350°。坐标为北纬 39° 51′ 19.8″，东经 116° 18′ 53.6″。

墓平面呈长方形，竖穴土圹双棺合葬墓。墓口距地表深 1 米，墓底距地表深 2.6～2.8 米。墓圹南北长 2.5 米，东西宽 1.5 米，深 1.6～1.8 米。内填花土，土质松软。内置双棺：东棺棺木已朽，棺痕长 1.8 米，宽 0.4～0.5 米；棺内骨架保存较差，葬式、性别不明。西棺长 2.1 米，宽 0.5～0.6 米，残高 0.2 米，棺板厚 0.04～0.08 米，前封板厚 0.03 米，底板厚 0.04 米；棺内骨架保存较差，头向北，面向上，葬式不明，为男性（图五五）。

图五五　M32 平、剖面图
1. 瓷罐

2. 随葬品

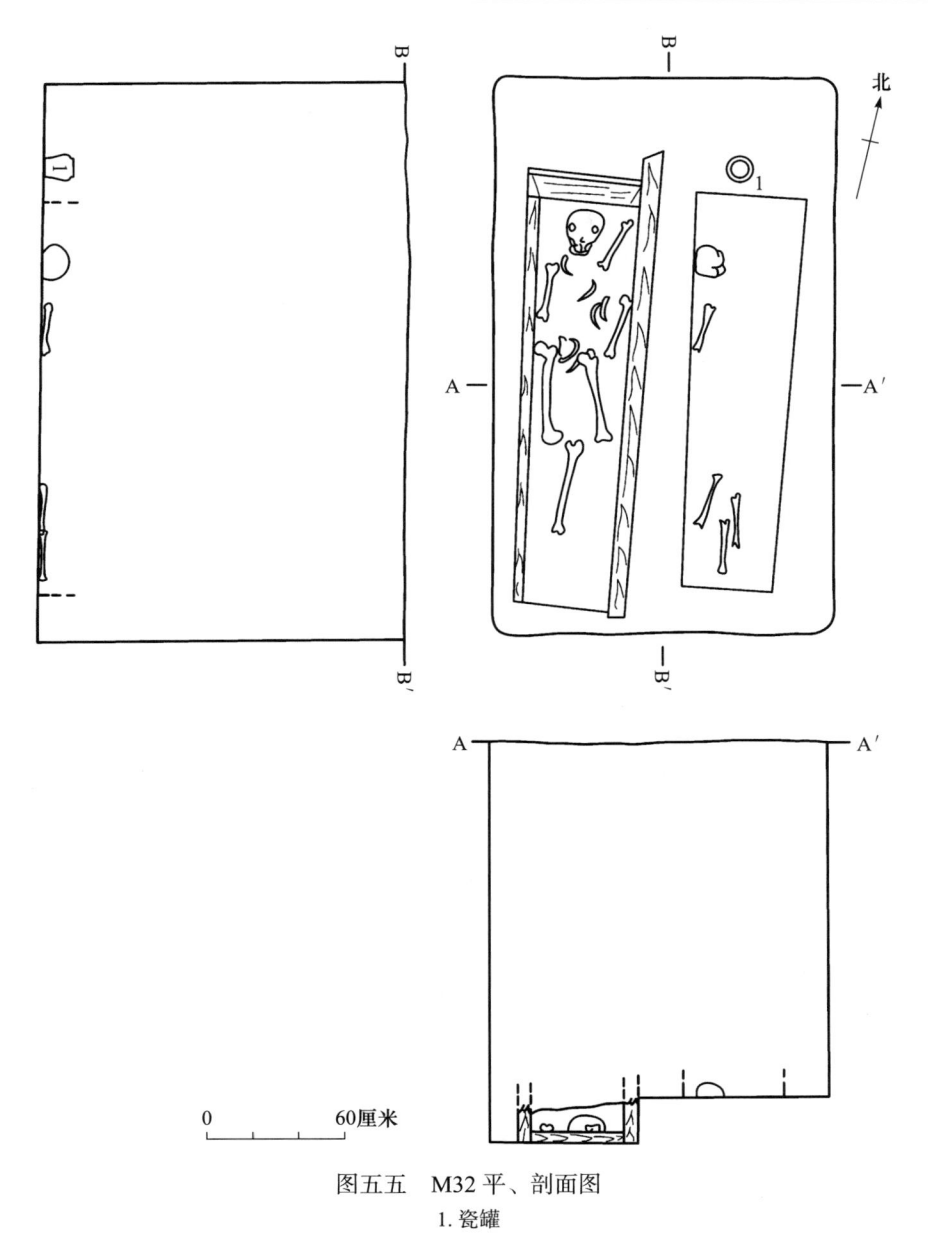

东棺外右前方出土瓷罐 1 件。

瓷罐　1 件。M32:1，直口，方圆唇，高领，弧肩，鼓腹，下部弧收，平底内凹。体施青白色釉，唇部施酱黄色釉，底部无釉。轮制。口径 8.4 厘米，腹径 12.8 厘米，底径 8.6 厘米，高 14 厘米（图五六；彩版二八，4）。

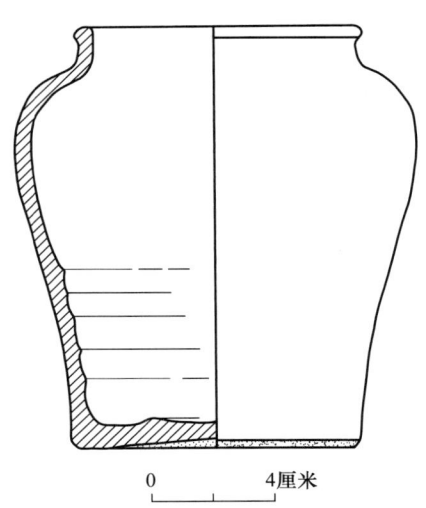

图五六　M32 出土瓷罐（M32:1）

三一、M33

1. 墓葬形制

该墓位于发掘Ⅲ区中部。开口于②层下，南北向，方向0°。坐标为北纬39°51′21.7″，东经116°18′57.6″。

墓平面呈长方形，竖穴土圹双棺合葬墓。墓口距地表深1米，墓底距地表深2.48米。墓圹南北长2.66米，东西宽2.08米，深1.48米。内填花土，土质松软。内置双棺：东棺长2.05米，宽0.8~0.9米，残高0.4米，棺板厚0.08米，前封板、后封板、底板厚0.04米；棺内骨架保存较差，头向北，面向东，仰身屈肢，为男性。西棺长2.14米，宽0.68~0.8米，残高0.4米，棺板厚0.08米，前封板、后封板厚0.04米；棺内骨架保存较差，头向南，面向上，葬式不明，为女性（图五七）。

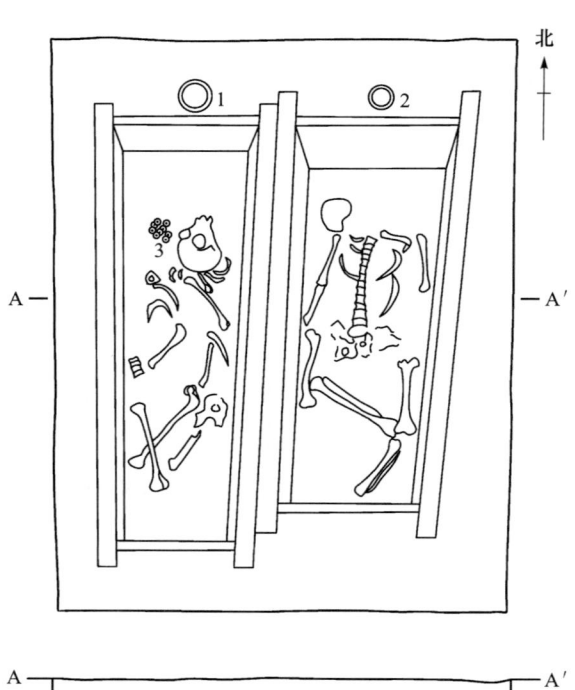

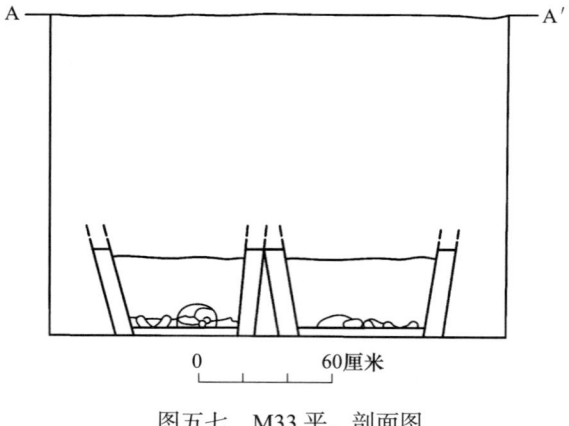

图五七 M33平、剖面图
1. 釉陶罐 2. 瓷罐 3. 铜钱

2. 随葬品

东棺外前方出土釉陶罐 1 件；西棺外前方出土瓷罐 1 件，头骨右侧出土铜钱 14 枚。

釉陶罐　1 件。M33:1，直口，方圆唇，束颈，溜肩，斜腹，平底内凹。腹上部及口沿内侧施酱黄色釉。轮制，体留有轮旋痕迹。口径 11.4 厘米，腹径 11.8 厘米，底径 8 厘米，高 12 厘米（图五八，1；彩版二九，1）。

瓷罐　1 件。M33:2，敛口，方唇，斜领，圆肩，弧腹，矮圈足。缸胎，腹上部及内壁上部施黑色釉，唇及下腹部无釉。轮制。口径 8.4 厘米，腹径 11.6 厘米，底径 6.6 厘米，高 12.2 厘米（图五八，2；彩版二九，2）。

康熙通宝　14 枚。标本 M33:3-1，大平钱，方穿，正背面郭缘较宽，正面楷书"康熙通寶"四字，直读，背穿左右为满文"宝泉"局名。钱径 2.84 厘米，穿径 0.62 厘米，郭厚 0.12 厘米（图五八，3）。

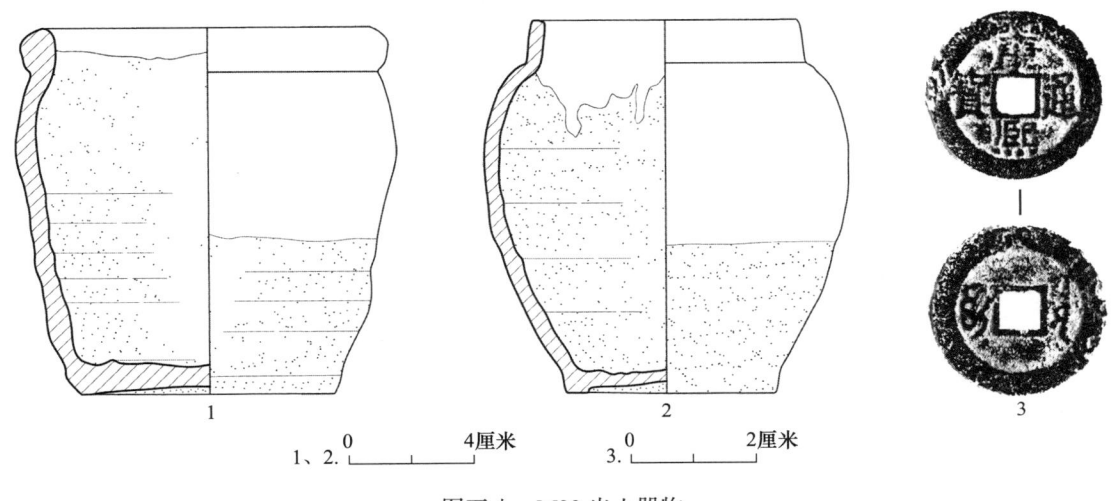

图五八　M33 出土器物
1. 釉陶罐（M33:1）　2. 瓷罐（M33:2）　3. 康熙通宝（M33:3-1）

三二、M34

1. 墓葬形制

该墓位于发掘Ⅲ区东北部，北邻 M35。开口于②层下，南北向，方向 0°。坐标为北纬 39°51′25.5″，东经 116°19′0.3″。

墓平面呈长方形，竖穴土圹单棺墓。墓口距地表深 1.6 米，墓底距地表深 2.5 米。墓圹南北长 2.5 米，东西宽 2.2 米，深 0.9 米。内填花土，土质松软。内置单棺，棺长 1.9 米，宽 0.6~0.7 米，残高 0.22 米，前封板厚 0.03 米，棺板、后封板厚 0.04 米，底板厚 0.06 米；棺内骨架保存较差，头向北，面向上，葬式、性别不明（图五九）。

图五九　M34 平、剖面图

2. 随葬品

未发现随葬品。

三三、M35

1. 墓葬形制

该墓位于发掘Ⅲ区东北部，南邻 M34。开口于②层下，南北向，方向 180°。坐标为北纬 39°51′25.5″，东经 116°19′0.3″。

墓平面呈长方形，竖穴土圹双棺合葬墓。墓口距地表深 1.6 米，墓底距地表深 2.4 米。墓圹南北长 2.5 米，东西宽 1.9 米，深 0.8 米。内填花土，土质松软。内置双棺，棺木已朽：东棺痕长 1.9 米，宽 0.6～0.7 米；棺内骨架保存较差，头向南，面向上，葬式不明，为女性。西棺痕长 1.9 米，宽 0.7～0.9 米；棺内骨架保存较差，头向南，面向上，侧身屈肢，为男性（图六〇）。

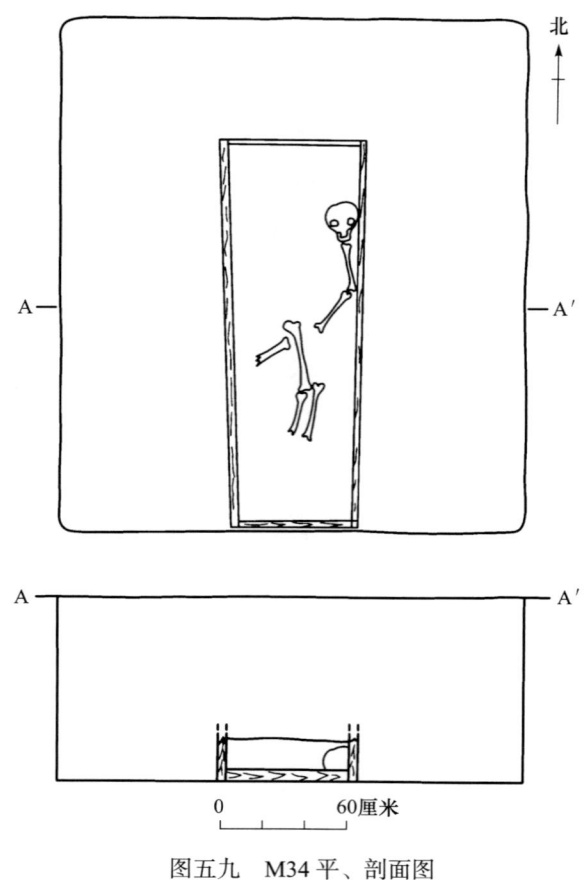

2. 随葬品

未发现随葬品。

图六〇　M35 平、剖面图

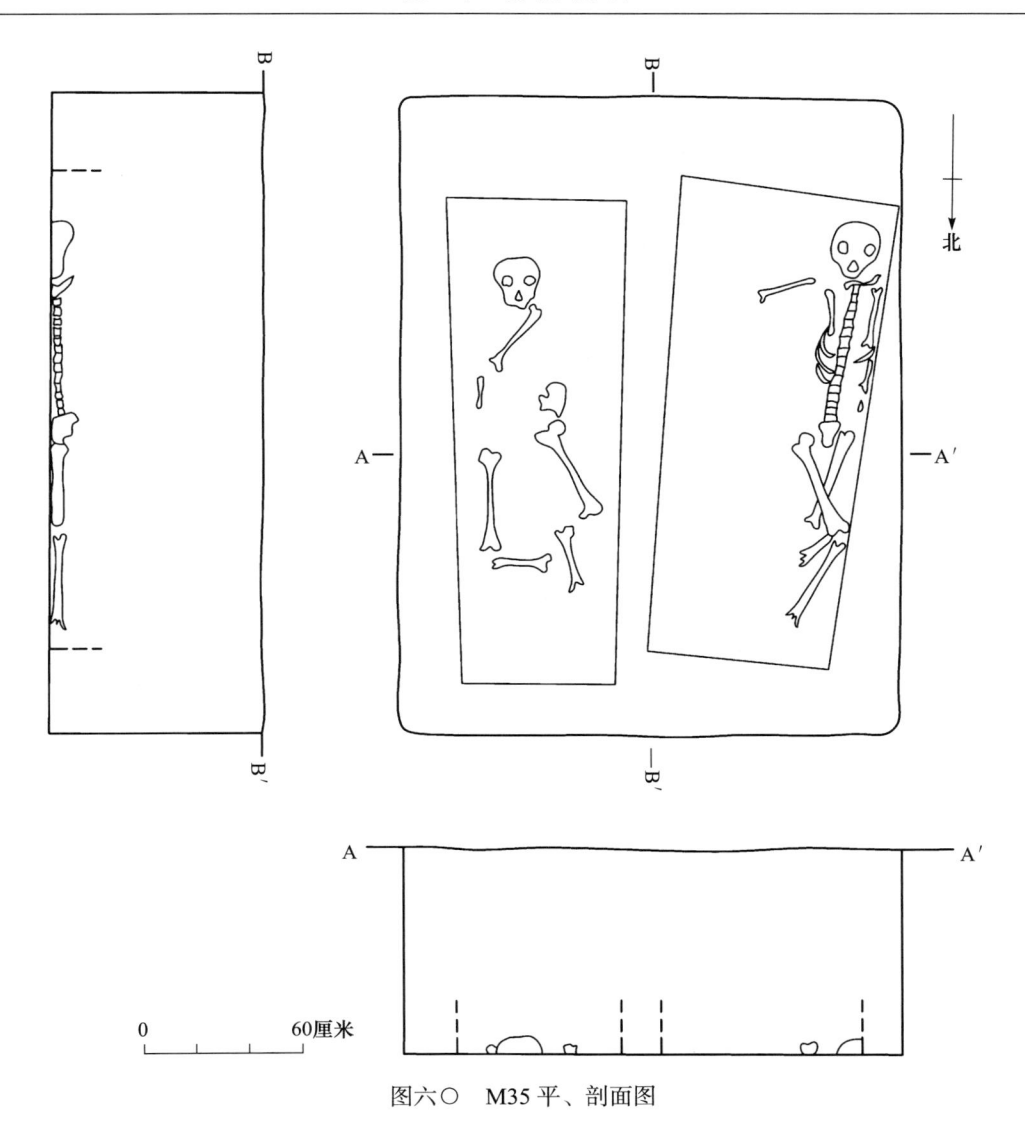

三四、M36

1. 墓葬形制

该墓位于发掘Ⅲ区东北部，南邻 M37。开口于②层下，东西向，方向 55°。坐标为北纬 39°51′25.1″，东经 116°19′0.1″。

墓平面呈长方形，竖穴土圹双棺合葬墓。墓口距地表深 1.4 米，墓底距地表深 2.1~2.32 米。墓圹东西长 2.6 米，南北宽 2 米，深 0.7~0.92 米。内填花土，土质松软。内置双棺：南棺长 1.9 米，宽 0.7~0.8 米，残高 0.06 米，棺板、底板厚 0.06 米，前封板厚 0.04 米，后封板厚 0.05 米；棺内骨架保存较差，头向东北，面向上，葬式不明，为男性。北棺长 1.9 米，宽 0.6~0.7 米，残高 0.22 米，棺板厚 0.07~0.08 米，前封板、底板厚 0.06 米；棺内骨架保存较差，头向东北，面向上，仰身直肢，为女性（图六一）。

图六一 M36 平、剖面图
1. 铜钱

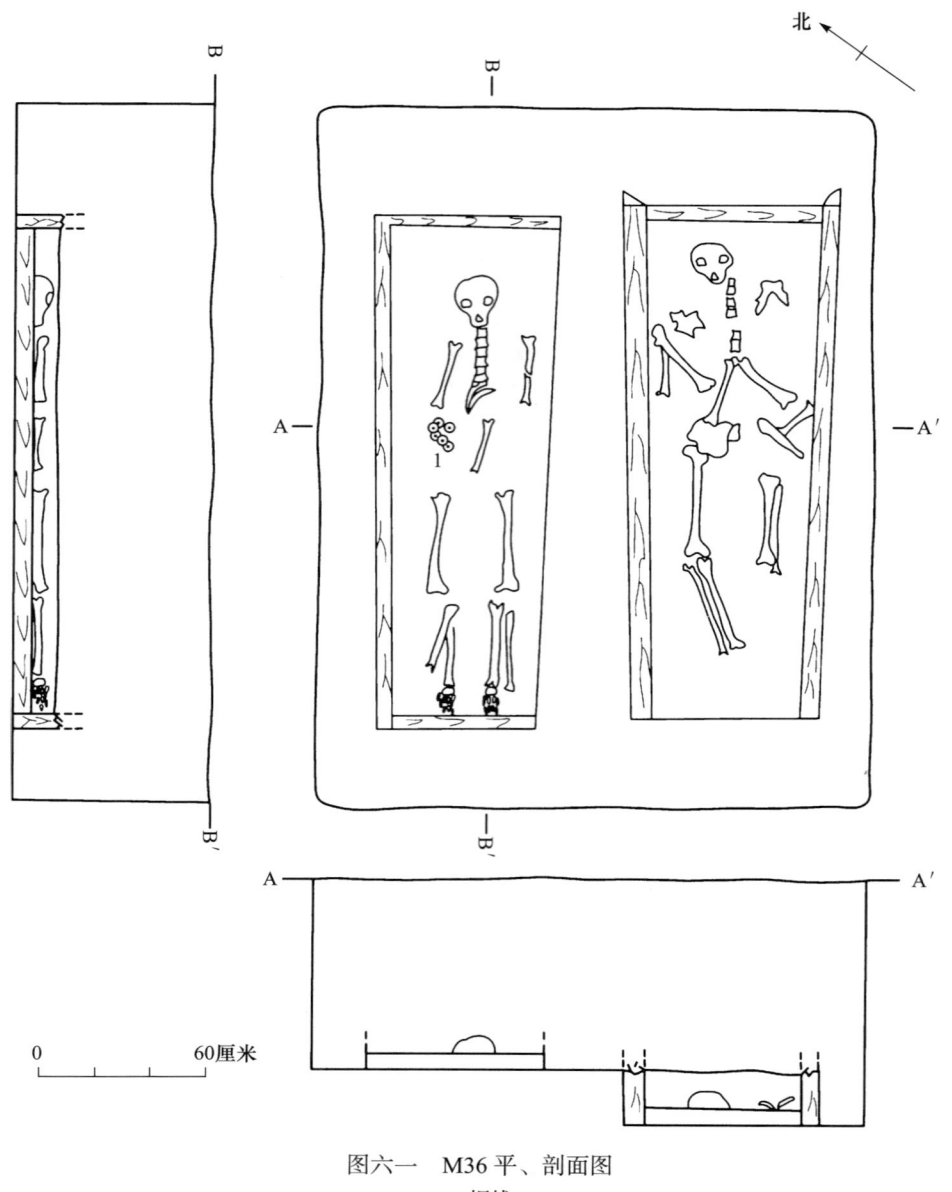

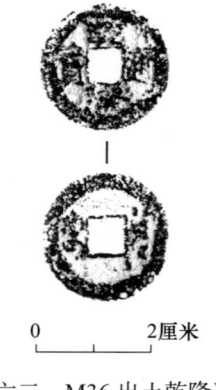

图六二 M36 出土乾隆通宝
（拓片）（M36：1-1）

2. 随葬品

北棺右上肢骨下部出土铜钱 6 枚，均为乾隆通宝。

乾隆通宝 6 枚。标本 M36：1-1，平钱，方穿，正背面郭缘较宽，正面楷书"乾隆通寶"四字，直读，背穿左右为满文"宝泉"局名。钱径 2.34 厘米，穿径 0.52 厘米，郭厚 0.12 厘米（图六二）。

三五、M37

1. 墓葬形制

该墓位于发掘Ⅲ区东北部，北邻 M36。开口于②层下，东西向，方向 70°。坐标为北纬 39° 51′ 24.9″，东经 116° 19′ 0.3″。

墓平面呈长方形，竖穴土圹单棺墓。墓口距地表深 1.3 米，墓底距地表深 2.1 米。墓圹东西长 2.6 米，南北宽 1 米，深 0.8 米。内填花土，土质松软。内置单棺，棺长 2 米，宽 0.6~0.7 米，残高 0.52 米，棺板、底板厚 0.08 米；棺内骨架保存较差，头向东，面向上，葬式、性别不明（图六三）。

2. 随葬品

未发现随葬品。

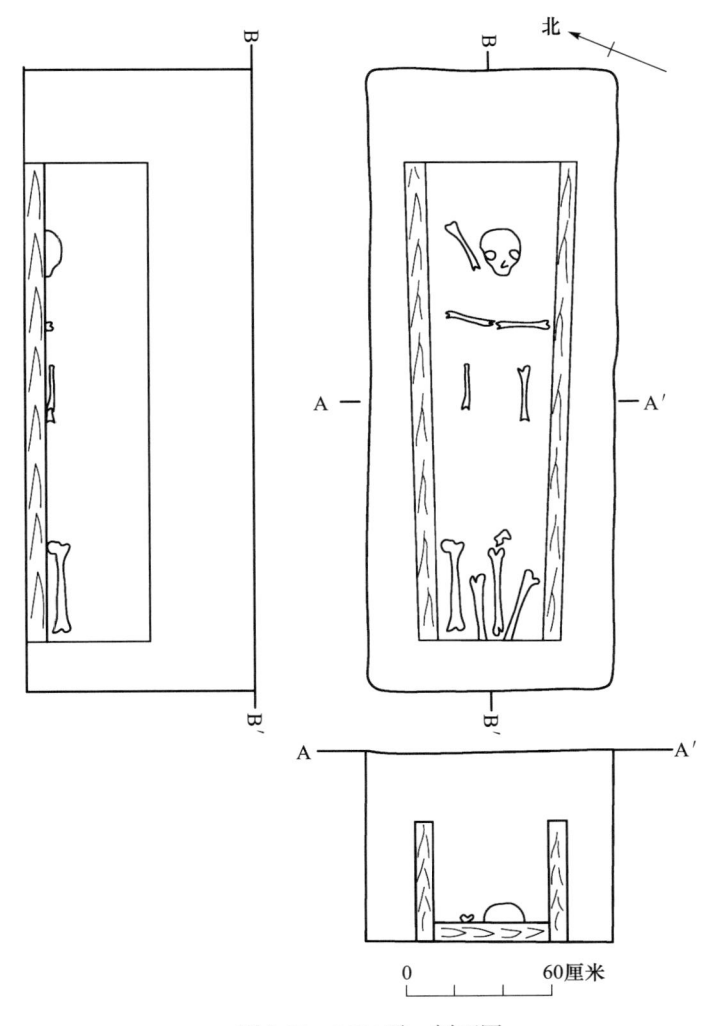

图六三　M37 平、剖面图

三六、M38

1. 墓葬形制

该墓位于发掘Ⅲ区东北部，北邻 M159。开口于②层下，东西向，方向 90°。坐标为北纬 39° 51′ 24.3″，东经 116° 19′ 0.5″。

墓平面呈长方形，竖穴土圹单棺迁葬墓。墓口距地表深 1.8 米，墓底距地表深 2.6 米。墓圹东西长 2.4 米，南北宽 1.6 米，深 0.8 米。内填花土，土质松软。内置单棺，棺木已朽，棺痕长 1.8 米，宽 0.4~0.7 米；棺内未发现骨架，葬式、性别不明（图六四）。

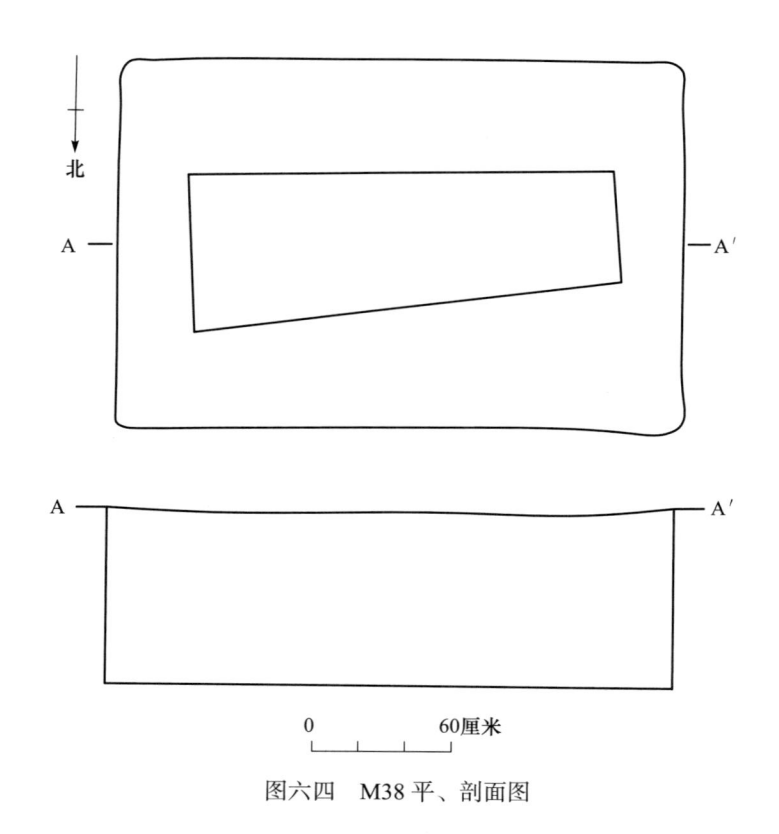

图六四 M38 平、剖面图

2. 随葬品

未发现随葬品。

三七、M39

1. 墓葬形制

该墓位于发掘Ⅲ区北部，西邻 M40。开口于②层下，南北向，方向 200°。坐标为北纬 39° 51′

25.6″，东经 116°19′2.1″。

墓平面呈长方形，竖穴土圹单棺墓。墓口距地表深 1 米，墓底距地表深 1.9 米。墓圹南北长 2.5 米，东西宽 1 米，深 0.9 米。内填花土，土质松软。内置单棺，棺木已朽，棺痕长 1.8 米，宽 0.4~0.5 米；棺内骨架保存稍好，头向南，面向上，仰身直肢，为女性（图六五）。

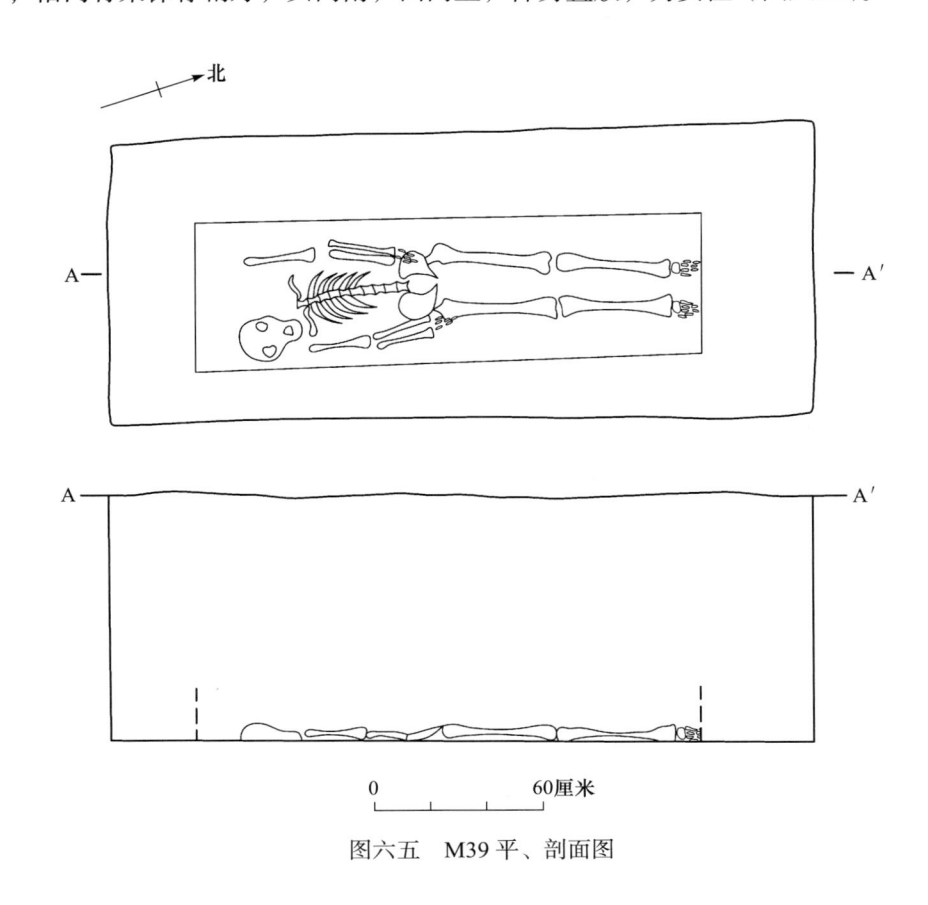

图六五　M39 平、剖面图

2. 随葬品

未发现随葬品。

三八、M40

1. 墓葬形制

该墓位于发掘 III 区东北部，南邻 M41。开口于②层下，南北向，方向 180°。坐标为北纬 39°51′25.5″，东经 116°19′2″。

墓平面呈长方形，竖穴土圹单棺墓。墓口距地表深 1 米，墓底距地表深 1.8 米。墓圹南北长 1.9 米，东西宽 1 米，深 0.8 米。内填花土，土质松软。内置单棺，棺木已朽，棺痕长 1.7 米，宽 0.56 米；棺内骨架保存稍好，头向南，面向上，仰身直肢，为女性（图六六）。

图六六　M40 平、剖面图

2. 随葬品

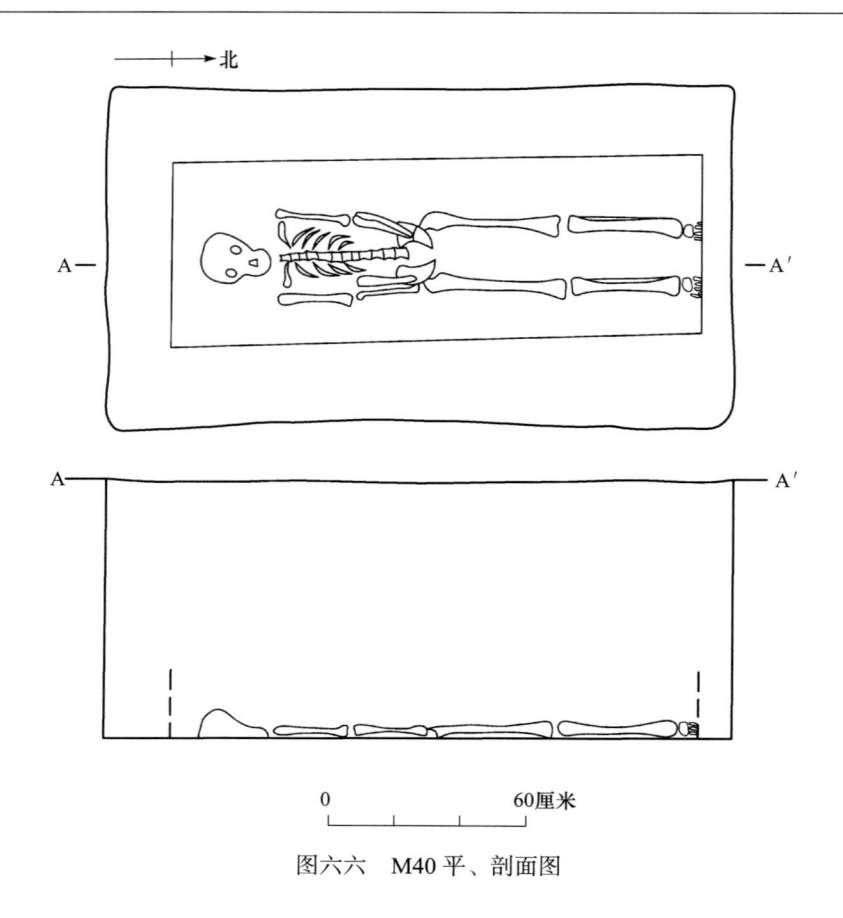

未发现随葬品。

三九、M41

1. 墓葬形制

该墓位于发掘Ⅲ区东北部，北邻 M40。开口于②层下，东西向，方向 230°。坐标为北纬 39° 51′ 25.4″，东经 116° 19′ 1.8″。

墓平面近呈长方形，竖穴土圹单棺墓。墓口距地表深 1 米，墓底距地表深 1.9 米。墓圹东西长 2.4 米，南北宽 1.12～1.22 米，深 0.9 米。内填花土，土质松软。内置单棺，棺长 2 米，宽 0.9 米，残高 0.4 米，棺板厚 0.1 米，前封板厚 0.06 米，后封板厚 0.08 米；棺内骨架保存稍好，头向东，面向上，仰身直肢，为男性（图六七）。

2. 随葬品

棺内右下肢骨外侧中部出土铜烟袋 1 件。

第三章 明清墓葬

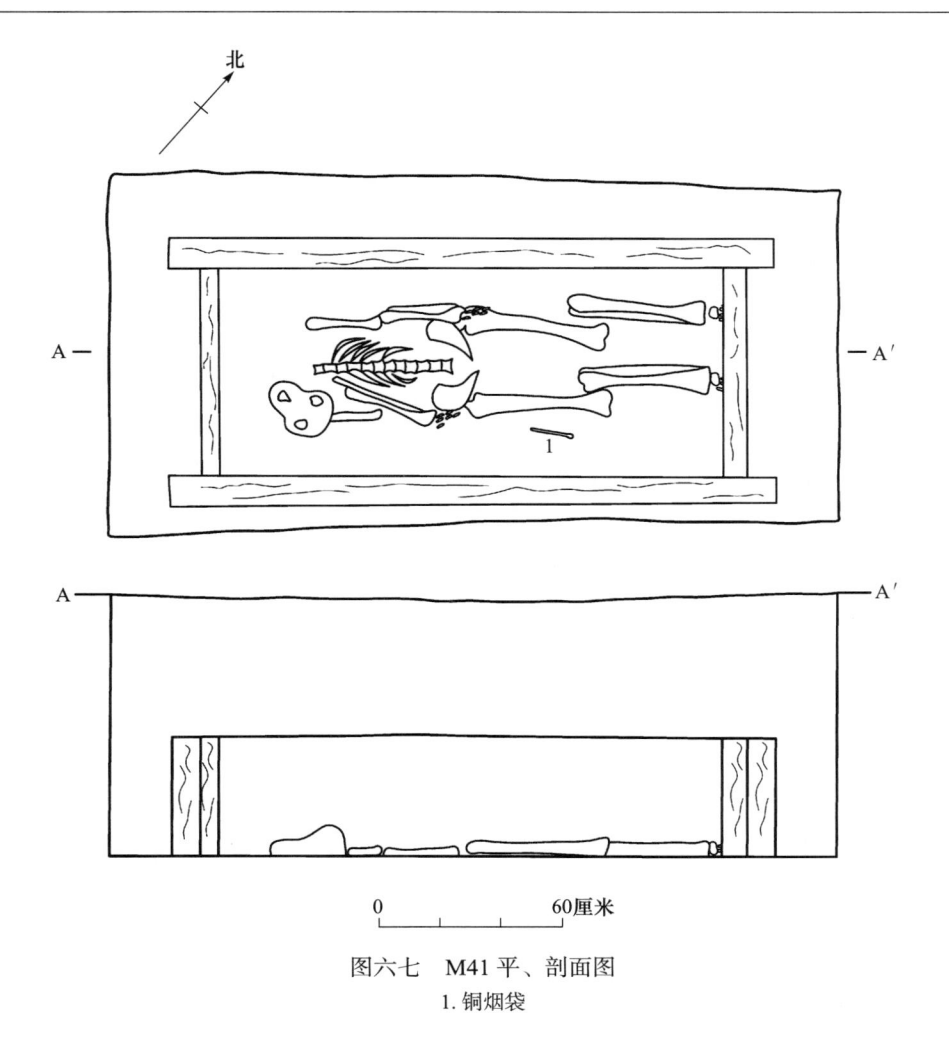

图六七 M41 平、剖面图
1. 铜烟袋

铜烟袋　1件。M41:1，烟锅平面呈圆形；烟杆为竹质圆筒状，有一节凸棱，内中空，大部分已朽，筒部铸有梅花和莲瓣纹；烟嘴缺失。残长13.5厘米（图六八）。

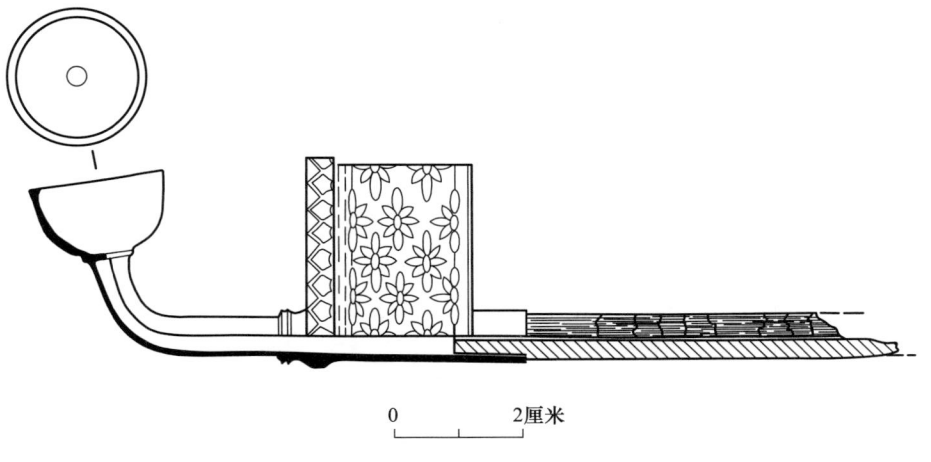

图六八　M41 出土铜烟袋（M41:1）

四〇、M42

1. 墓葬形制

该墓位于发掘Ⅲ区东北部，南邻 M43。开口于②层下，南北向，方向 170°。坐标为北纬 39°51′25.1″，东经 116°19′20″。

墓平面呈长方形，竖穴土圹单棺墓。墓口距地表深 1 米，墓底距地表深 1.8 米。墓圹南北长 2.4 米，东西宽 1.2 米，深 0.8 米。内填花土，土质松软。内置单棺，棺木已朽，棺痕长 1.8 米，宽 0.5 米；棺内骨架保存较差，头向南，面向上，仰身直肢，为男性（图六九）。

2. 随葬品

未发现随葬品。

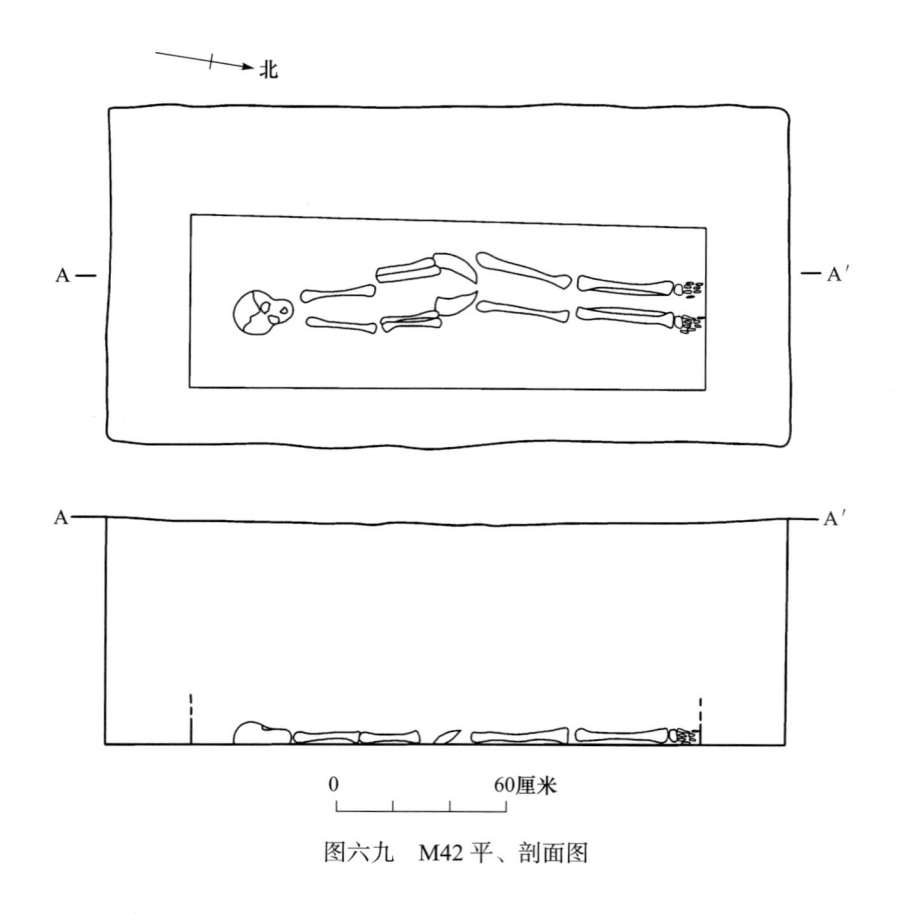

图六九　M42 平、剖面图

四一、M43

1. 墓葬形制

该墓位于发掘Ⅲ区东北部，北邻 M42。开口于②层下，南北向，方向 190°。坐标为北纬

39°51′25.3″，东经116°19′2″。

墓平面呈"7"字形，竖穴土圹双棺合葬墓。墓口距地表深1米，墓底距地表深1.8米。墓圹南北长2.4米，东西宽1.56米，深0.8米。内填花土，土质松软。内置双棺：东棺棺木已朽，棺痕长2米，宽0.6米；棺内骨架保存较差，头向南，面向上，仰身屈肢，为男性。西棺为二次葬，葬具为木箱，箱长0.6米，宽0.46米，残高0.3米；箱内骨架保存较差，头向南，面向上，骨骼叠压堆放，为女性（图七〇）。

2. 随葬品

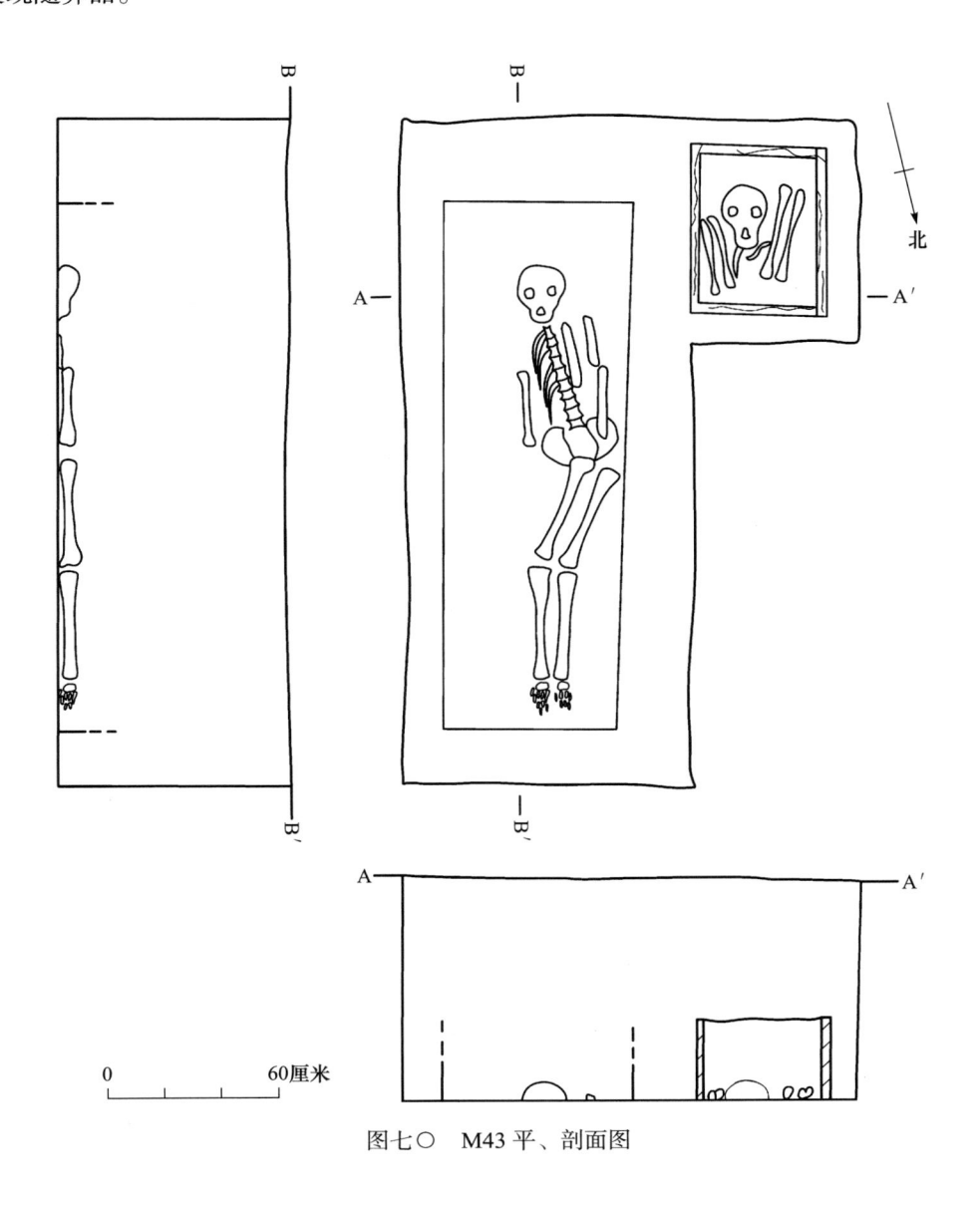

未发现随葬品。

图七〇 M43平、剖面图

四二、M44

1. 墓葬形制

该墓位于发掘Ⅲ区东北部,南邻M45。开口于②层下,南北向,方向195°。坐标为北纬39°51′26.1″,东经116°19′3.8″。

墓平面呈长方形,竖穴土圹双棺合葬墓。墓口距地表深1米,墓底距地表深1.9米。墓圹南北长2.1米,东西宽1.6米,深0.9米。内填花土,土质松软。内置双棺,棺木已朽:东棺痕长1.8米,宽0.6米;棺内骨架保存稍好,头向东,面向上,仰身直肢,为女性。西棺痕长1.8米,宽0.5~0.6米;棺内骨架保存较差,仅残存头骨及部分肢骨,头向东,面向上,葬式、性别不明(图七一)。

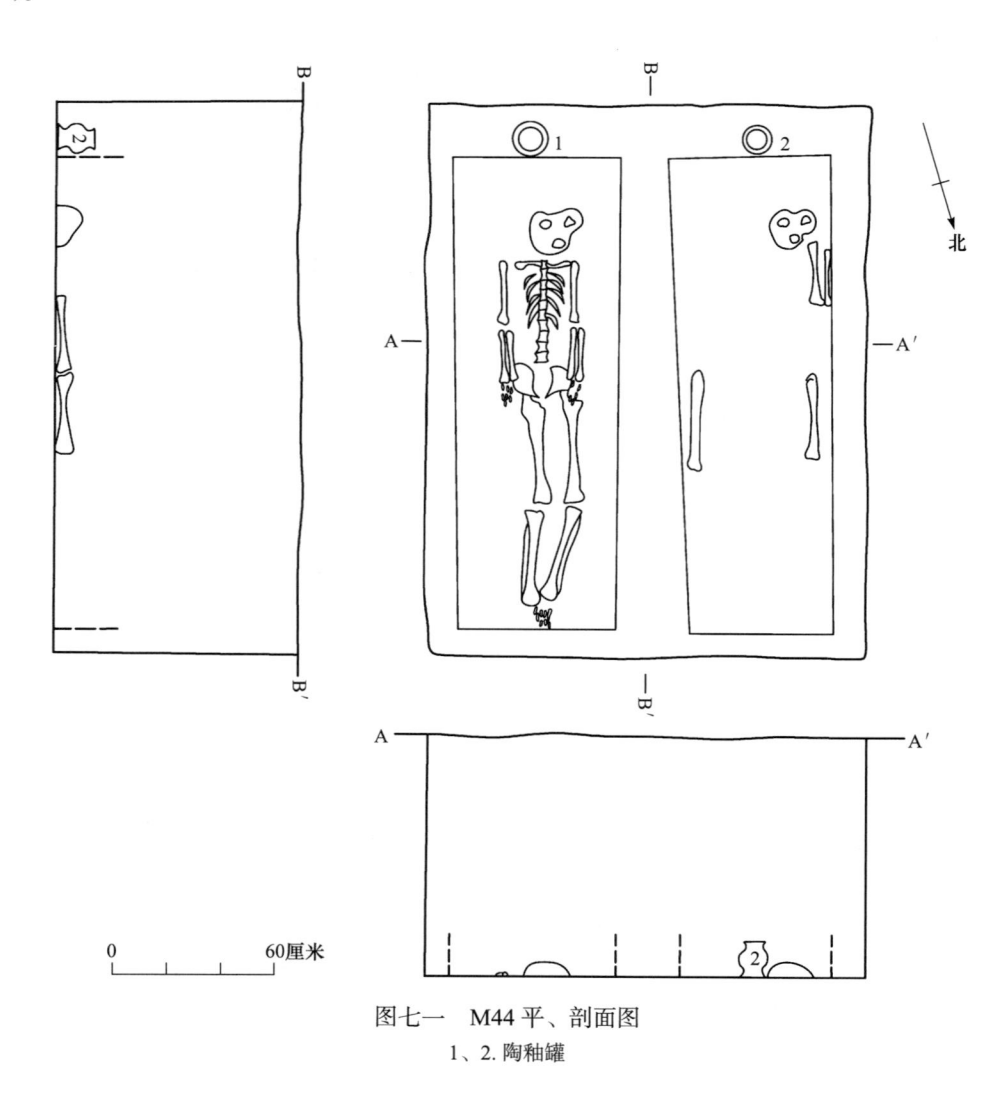

图七一 M44平、剖面图
1、2. 陶釉罐

2. 随葬品

东棺外前方出土釉陶罐 1 件；西棺外前方出土釉陶罐 1 件。

釉陶罐 2 件。M44∶1，直口，斜沿，尖圆唇，矮领，斜折肩，弧腹，下部弧收，底部外展，平底微凹。体施酱红色釉。轮制，体留有轮旋痕迹。口径 10 厘米，腹径 11.6 厘米，底径 8.6 厘米，高 12.8 厘米（图七二，1；彩版二九，3）。M44∶2，直口，平沿，方圆唇，高领，圆肩，弧腹，下部弧收，底部外展，平底内凹。体施黄白色釉。轮制。口径 9.4 厘米，腹径 11.4 厘米，底径 9.2 厘米，高 13.4 厘米（图七二，2；彩版二九，4）。

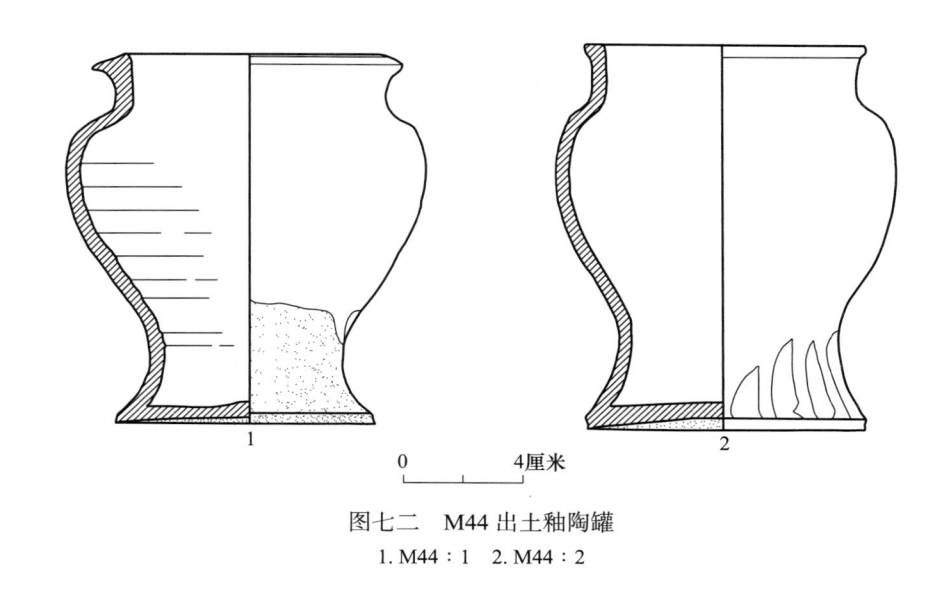

图七二 M44 出土釉陶罐
1. M44∶1 2. M44∶2

四三、M45

1. 墓葬形制

该墓位于发掘Ⅲ区东北部，北邻 M44。开口于②层下，南北向，方向 307°。坐标为北纬 39°51′25.9″，东经 116°19.3′3.7″。

墓平面呈不规则形，竖穴土圹双棺合葬墓。墓口距地表深 1 米，墓底距地表深 1.8 米。墓圹南北长 2.4~2.5 米，东西宽 1.84~1.9 米，深 0.8 米。内填花土，土质松软。内置双棺，棺木已朽：东棺痕长 1.9 米，宽 0.55~0.68 米；棺内骨架保存稍差，头向西，面向上，仰身直肢，为女性。西棺痕长 1.9 米，宽 0.5~0.6 米；棺内骨架保存稍差，头向西北，面向上，仰身直肢，为男性（图七三）。

2. 随葬品

东棺外前方出土釉陶罐 1 件；西棺外前方出土釉陶罐 1 件。

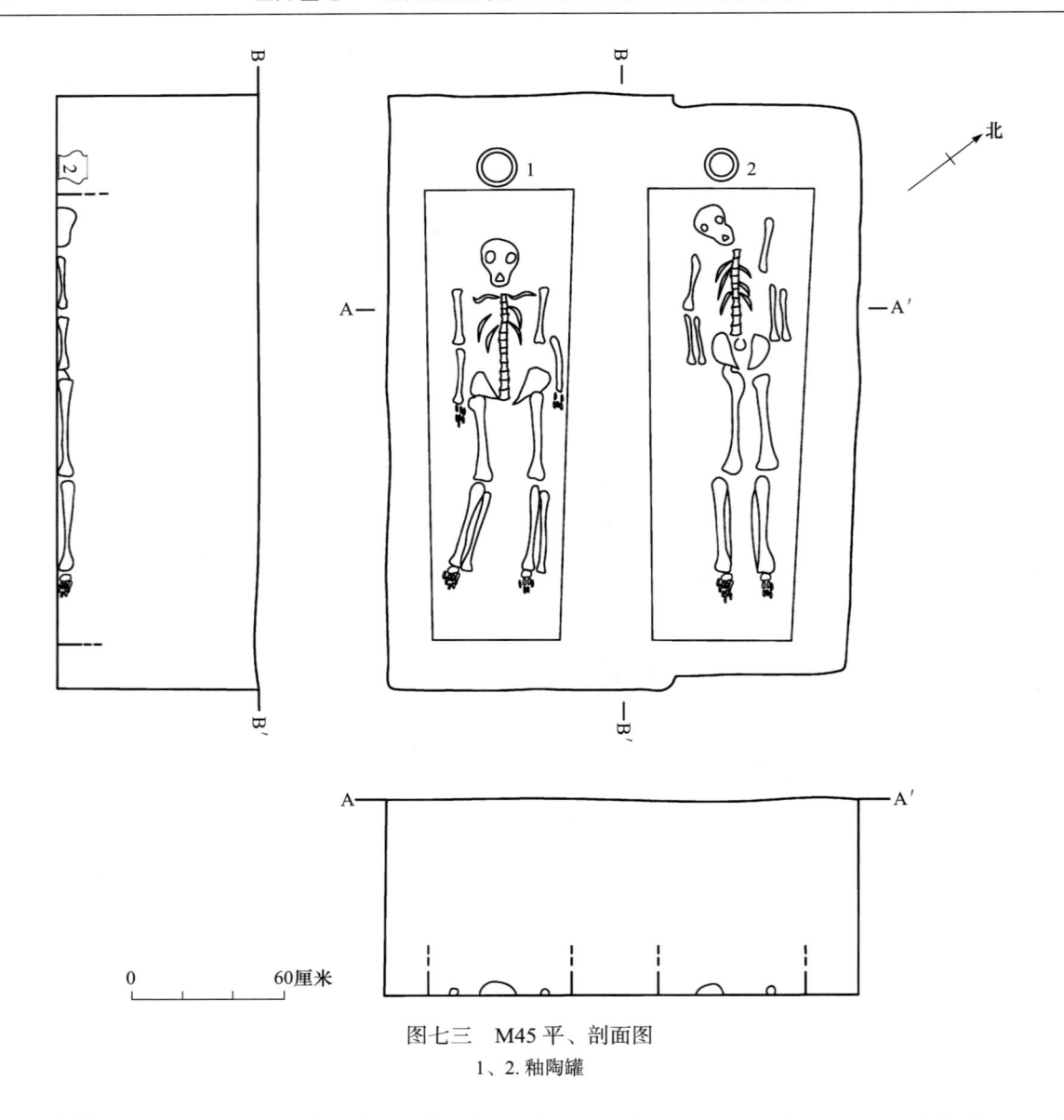

图七三 M45 平、剖面图
1、2.釉陶罐

釉陶罐 2件。M45:1，直口微敛，斜平沿，尖圆唇，矮领，圆肩，斜腹弧收，底部外展，平底内凹。通体施黄白色釉。轮制。口径9.2厘米，腹径12.6厘米，底径9.4厘米，高11.2厘米（图七四，

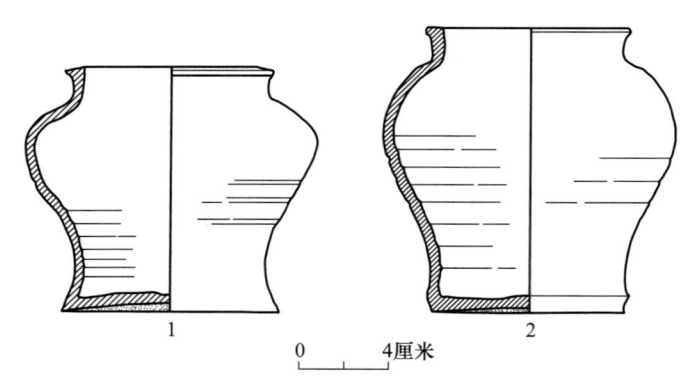

图七四 M45 出土釉陶罐
1. M45:1   2. M45:2

1；彩版二九，5）。M45：2，直口，平沿，方圆唇，矮领，圆肩，弧腹，下部弧收，平底微凹。通体施米黄色釉泛白。轮制。口径9厘米，腹径13厘米，底径8.6厘米，高13厘米（图七四，2；彩版二九，6）。

四四、M46

1. 墓葬形制

该墓位于发掘Ⅲ区东北部，西邻M45。开口于②层下，南北向，方向150°。坐标为北纬39°51′25.9″，东经116°19′3.7″。

墓平面呈长方形，竖穴土圹单棺墓。墓口距地表深1米，墓底距地表深1.9米。墓圹南北长1.7米，东西宽0.6米，深0.9米。内填花土，土质松软。内置单棺，棺木已朽，棺痕长1.66米，宽0.56米；棺内骨架保存较差，头向东南，面向上，仰身直肢，为女性（图七五）。

2. 随葬品

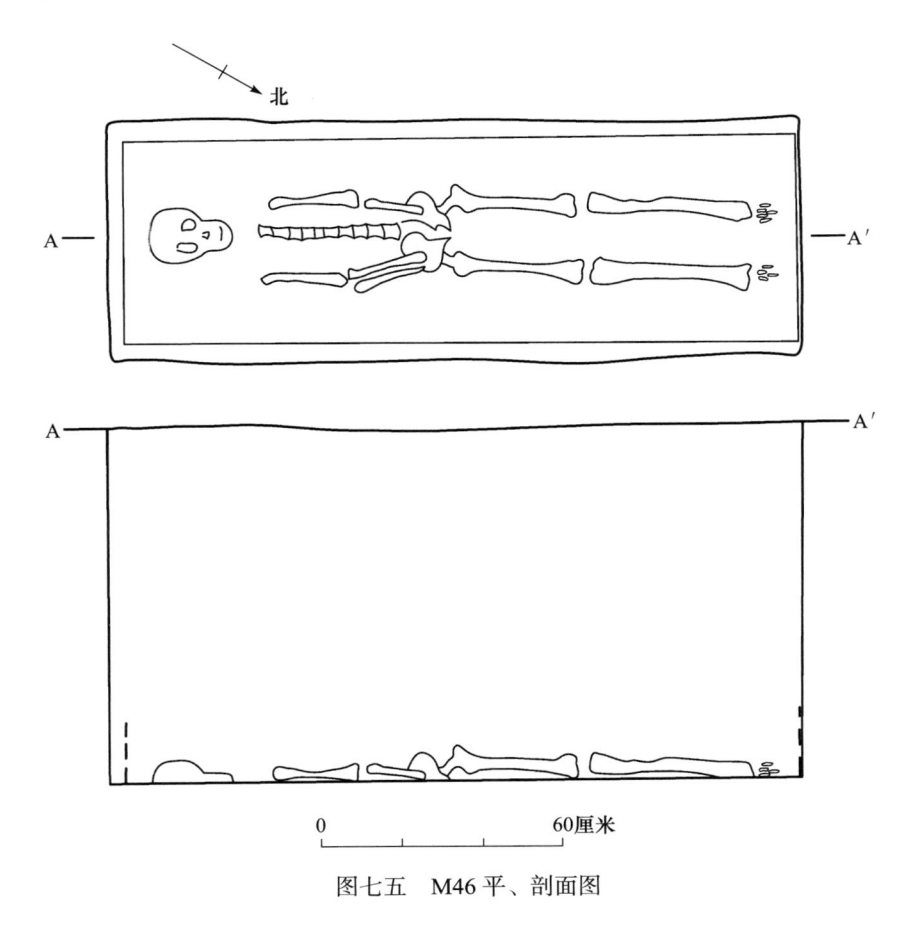

未发现随葬品。

图七五　M46平、剖面图

四五、M47

1. 墓葬形制

该墓位于发掘Ⅲ区东北部，北邻 M46。开口于②层下，南北向，方向180°。坐标为北纬 39°51′25.8″，东经116°19′3.8″。

墓平面呈梯形，竖穴土圹双棺合葬墓。墓口距地表深1米，墓底距地表深1.8米。墓圹南北长2.2米，东西宽1.5～1.8米，深0.8米。内填花土，土质松软。内置双棺：东棺长1.78米，宽0.7米，残高0.4米，棺板厚0.1米，前、后封板厚0.06米；棺内未发现骨架，葬式、性别不明。西棺木已朽，棺痕长1.76米，宽0.78～0.92米；棺内骨架保存较差，头向南，面向上，葬式、性别不明（图七六）。

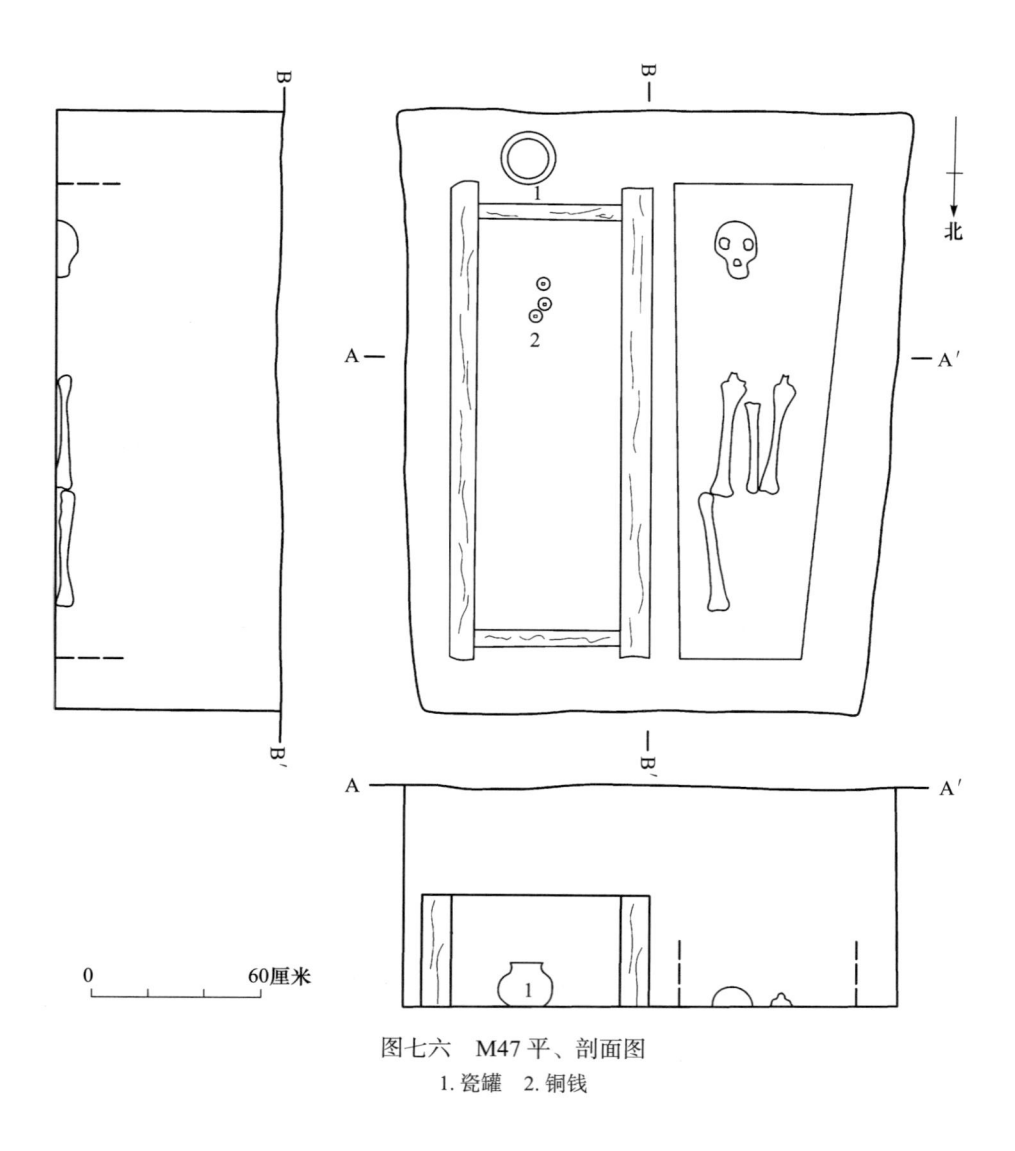

图七六　M47 平、剖面图
1. 瓷罐　2. 铜钱

2. 随葬品

东棺外右前方出土瓷罐1件，棺内上方出土铜钱3枚。

瓷罐　1件。M47：1，直口，方唇，束颈，溜肩，弧腹斜收，内圈足底。肩部饰几何形纹带，腹部饰三组缠枝莲纹。口径8.4厘米，腹径14厘米，底径11.2厘米，高13.2厘米（图七七，1；彩版三〇）。

同治重宝　3枚。标本M47：2-1，大平钱，方穿，正背面郭缘较宽，正面楷书"同治重寶"四字，直读，背穿左右为满文"宝泉"局名，上下楷书"当十"二字。钱径2.76厘米，穿径0.5厘米，郭厚0.19厘米（图七七，2）。

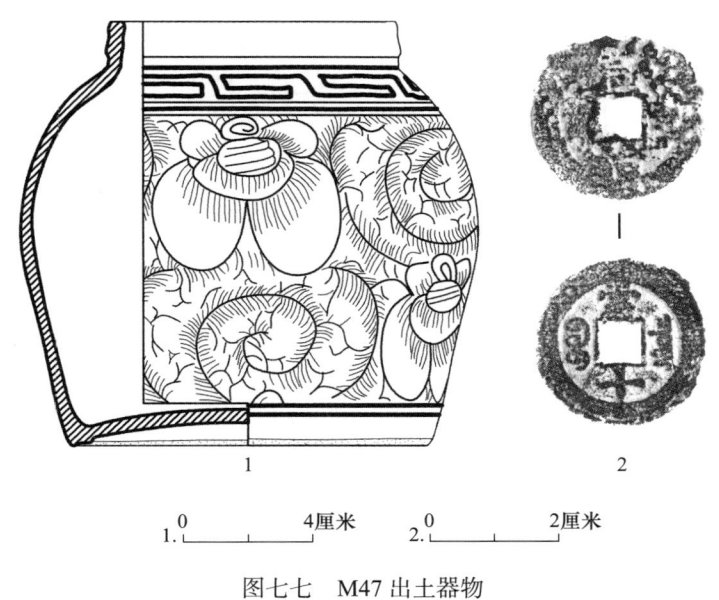

图七七　M47 出土器物
1. 瓷罐（M47：1）　2. 同治重宝（M47：2-1）

四六、M48

1. 墓葬形制

该墓位于发掘Ⅲ区东北部，南邻M49。开口于②层下，南北向，方向230°。坐标为北纬39°51′25.9″，东经116°19′35″。

墓平面呈长方形，竖穴土圹双棺合葬墓。墓口距地表深1米，墓底距地表深1.9米。墓圹南北长2.4米，东西宽1.6米，深0.9米。内填花土，土质松软。内置双棺：东棺长1.9米，宽0.7米，残高0.4米，棺板厚0.1米，前、后封板厚0.06米；棺内骨架保存较好，头向西南，面向上，仰身直肢，为男性。西棺长1.9米，宽0.64米，残高0.4米，棺板厚0.1米，前、后封板厚0.06米；棺内骨架保存较差，头向西南，面向上，仰身直肢，为女性（图七八）。

图七八　M48 平、剖面图
1. 釉陶罐　2. 瓷筒　3. 铜钱

2. 随葬品

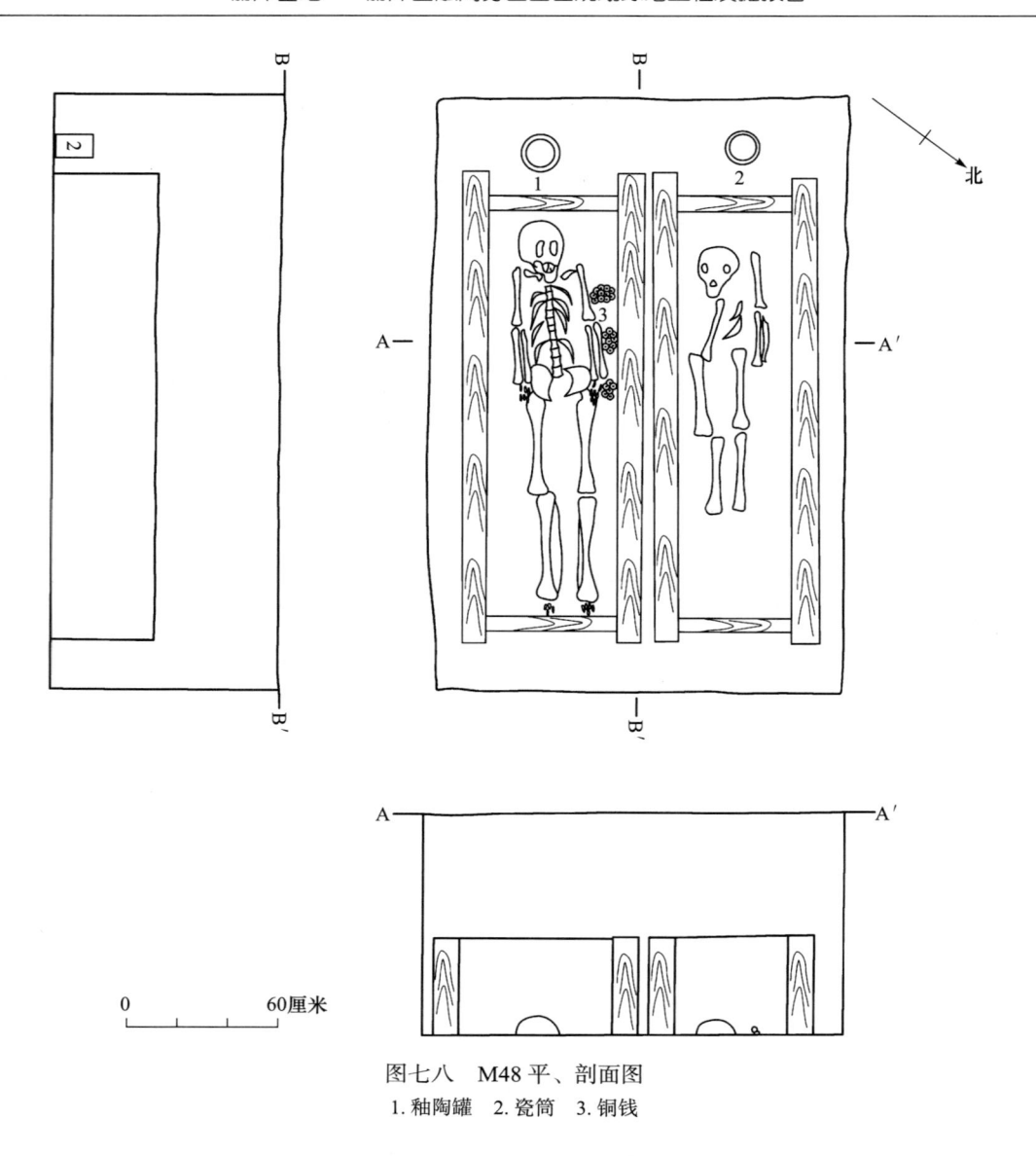

东棺外右前方出土釉陶罐1件，左上肢骨、盆骨外侧出土铜钱25枚；西棺外前方出土瓷筒1件。

釉陶罐　1件。M48：1，直口，方圆唇，尖沿，矮领，圆肩，弧腹，底部外展，平底内凹。体施黄白色釉。轮制，体留有轮旋痕迹。口径8厘米，腹径11.8厘米，底径8.2厘米，高12.2厘米（图七九，1；彩版三一，1）。

瓷筒　1件。M48：2，母口内敛，直壁呈筒状，内圈足底，外壁饰浅绿色竹纹。口径8.5厘米，底径8厘米，高11.2厘米（图七九，2；彩版三二，1）。

铜钱　25枚，有乾隆通宝、嘉庆通宝、咸丰通宝、光绪通宝、宣统通宝。

乾隆通宝　6枚。标本M48：3-1，平钱，方穿，正背面郭缘较宽，正面楷书"乾隆通寳"四字，直读，背穿左右为满文"宝泉"局名。穿径2.48厘米，穿径0.52厘米，郭厚0.16厘米（图七九，3）。

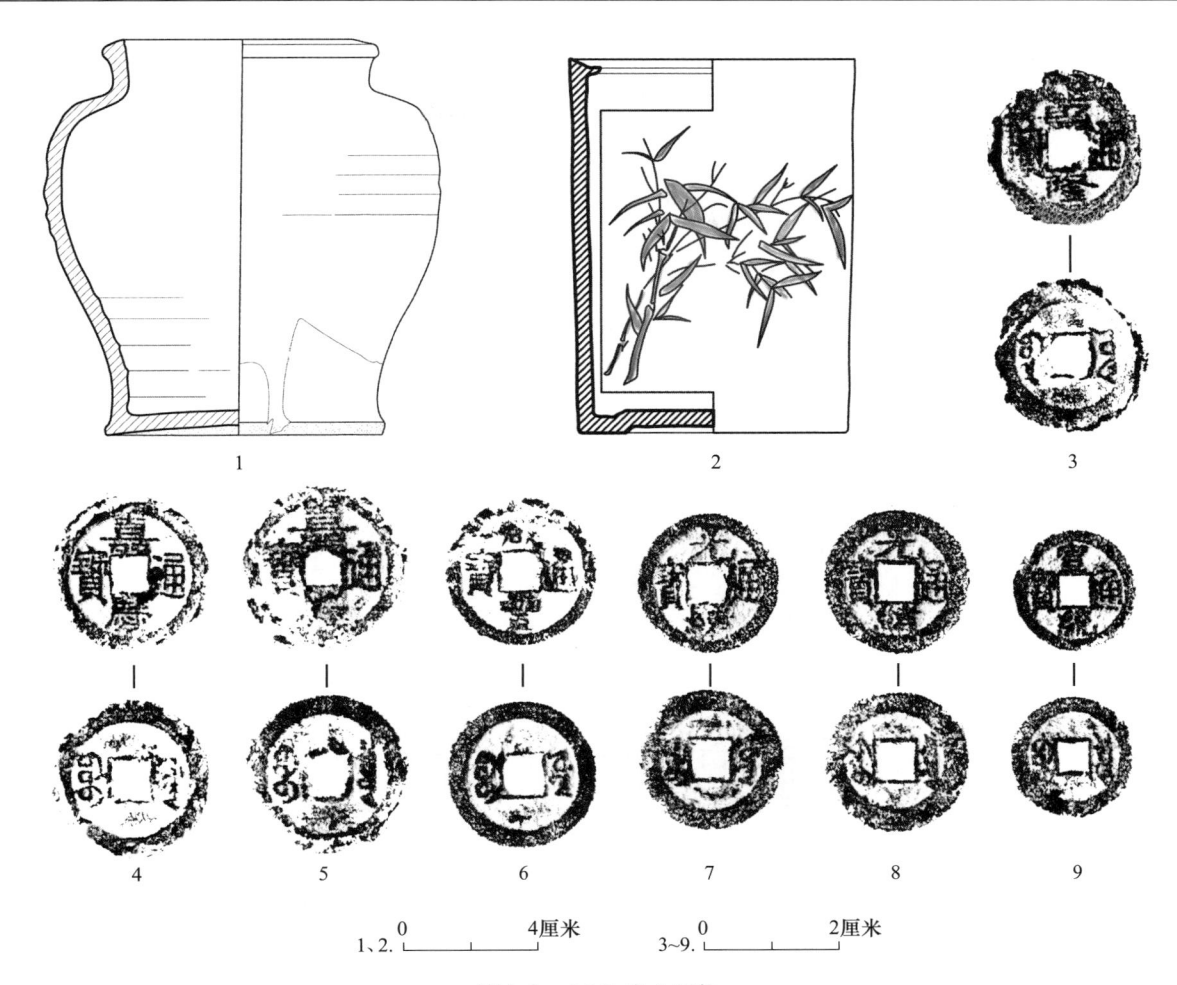

图七九　M48出土器物

1. 釉陶罐（M48∶1） 2. 瓷筒（M48∶2） 3. 乾隆通宝（M48∶3-1） 4、5. 嘉庆通宝（M48∶3-2、M48∶3-3） 6. 咸丰通宝（M48∶3-4） 7、8. 光绪通宝（M48∶3-5、M48∶3-6） 9. 宣统通宝（M48∶3-7）

嘉庆通宝　5枚。平钱，方穿，正背面郭缘较宽，正面楷书"嘉慶通寶"四字，直读。标本M48∶3-2，背穿左右为满文"宝源"局名。钱径2.48厘米，穿径0.5厘米，郭厚0.14厘米（图七九，4）。标本M48∶3-3，背穿左右为满文"宝泉"局名。钱径2.6厘米，穿径0.5厘米，郭厚0.12厘米（图七九，5）。

咸丰通宝　1枚。M48∶3-4，平钱，方穿，正背面郭缘较窄，正面楷书"咸豐通寶"四字，直读，背穿左右为满文"宝源"局名。钱径2.4厘米，穿径0.5厘米，郭厚0.18厘米（图七九，6）。

光绪通宝　2枚。平钱，方穿，正背面郭缘略宽，正面楷书"光緒通寶"四字，直读。M48∶3-5，背穿左右为满文"宝源"局名。钱径2.24厘米，穿径0.5厘米，郭厚0.15厘米（图七九，7）。M48∶3-6，背穿左右为满文"宝泉"局名。钱径2.28厘米，穿径0.48厘米，郭厚0.13厘米（图七九，8）。

宣统通宝　11枚。标本M48∶3-7，小平钱，方穿，正背面郭缘较宽，正面楷书"宣統通寶"四字，直读，背穿左右为满文"宝泉"局名。钱径1.9厘米，穿径0.38厘米，郭厚0.12厘米（图七九，9）。

四七、M49

1. 墓葬形制

该墓位于发掘Ⅲ区东北部,北邻M48。开口于②层下,南北向,方向210°。坐标为北纬39°51′25.8″,东经116°19′3.5″。

墓平面呈梯形,竖穴土圹单棺墓。墓口距地表深1米,墓底距地表深1.8米。墓圹南北长2.4米,东西宽0.78~0.9米,深0.8米。内填花土,土质松软。内置单棺,棺木已朽,棺痕长1.9米,宽0.5~0.6米;棺内骨架保存较差,头向南,面向上,仰身直肢,为男性(图八〇)。

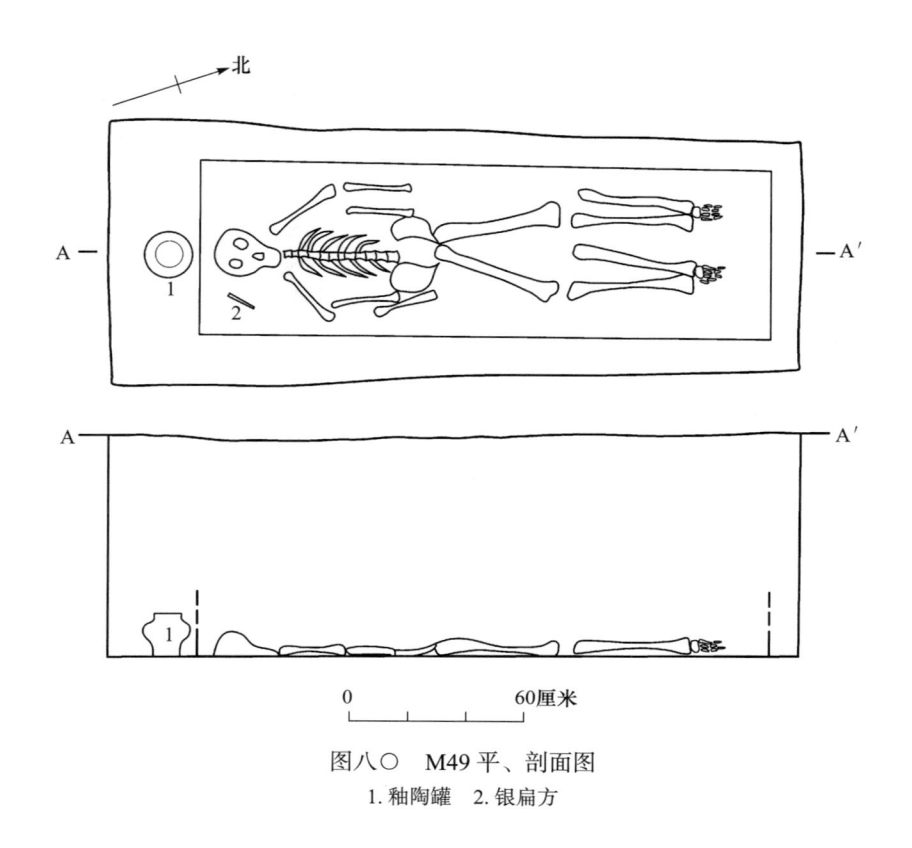

图八〇 M49平、剖面图
1.釉陶罐 2.银扁方

2. 随葬品

棺外前方出土釉陶罐1件,头骨右侧出土银扁方1件。

釉陶罐 1件。M49:1,侈口,平沿,方圆唇,矮领,斜折肩,弧腹,下部弧收,底部外展,平底微凹。体施褐色釉。轮制。口径8.4厘米,腹径11.6厘米,底径9.8厘米,高13.2厘米(图八一,1;彩版三一,2)。

银扁方 1件。M49:2,首呈梅花棱状,下部斜折,体呈长条形,上宽下窄,末端呈圆弧状。通长17.1厘米,宽0.6~1.1厘米(图八一,2;彩版六〇,1)。

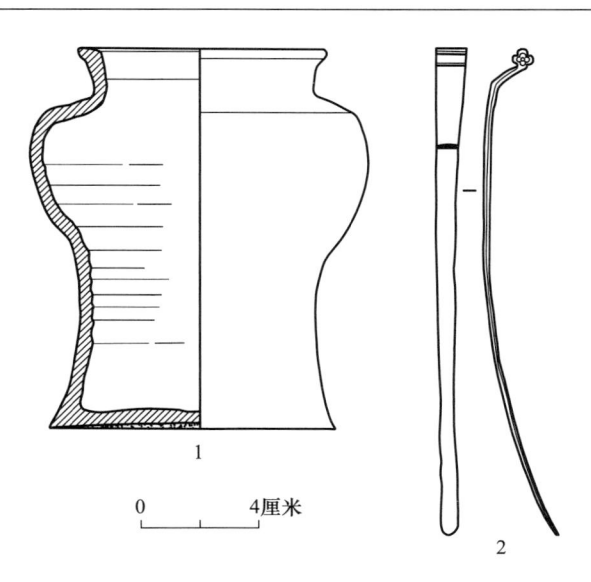

图八一　M49 出土器物
1. 釉陶罐（M49：1）　2. 银扁方（M49：2）

四八、M50

1. 墓葬形制

该墓位于发掘Ⅲ区东北部，北邻 M49。开口于②层下，南北向，方向 180°。坐标为北纬 39°51′25.7″，东经 116°19′58.1″。

墓平面近呈长方形，竖穴土圹双棺合葬墓。墓口距地表深 0.8 米，墓底距地表深 1.7 米。墓圹南北长 2.6 米，东西宽 1.6～1.68 米，深 0.9 米。内填花土，土质松软。内置双棺，棺木已朽：东棺痕长 1.88 米，宽 0.52～0.6 米；棺内骨架保存较差，头向西，面向上，葬式、性别不明。西棺痕长 1.9 米，宽 0.4～0.5 米；棺内骨架保存较差，头向南，面向上，葬式、性别不明（图八二；彩版五，1）。

2. 随葬品

东棺内前方出土釉陶罐 1 件；西棺内头骨前方出土釉陶罐 1 件，左下肢骨内侧上部出土铜钱 8 枚。

釉陶罐　2 件。M50：1，直口，斜弧沿，圆唇，矮领，圆肩，弧腹，平底内凹。体施酱黄色釉。轮制，体留有轮旋痕迹。口径 9.2 厘米，腹径 13 厘米，底径 9.8 厘米，高 13.8 厘米（图八三，1；彩版三一，3）。M50：2，直口，平沿，方唇，矮领，圆肩，弧腹，平底微凹。体施米黄色釉泛白。轮制。口径 8.8 厘米，腹径 13.2 厘米，底径 9.6 厘米，高 12 厘米（图八三，2；彩版三一，4）。

铜钱　8 枚，有同治重宝、咸丰通宝、光绪重宝。

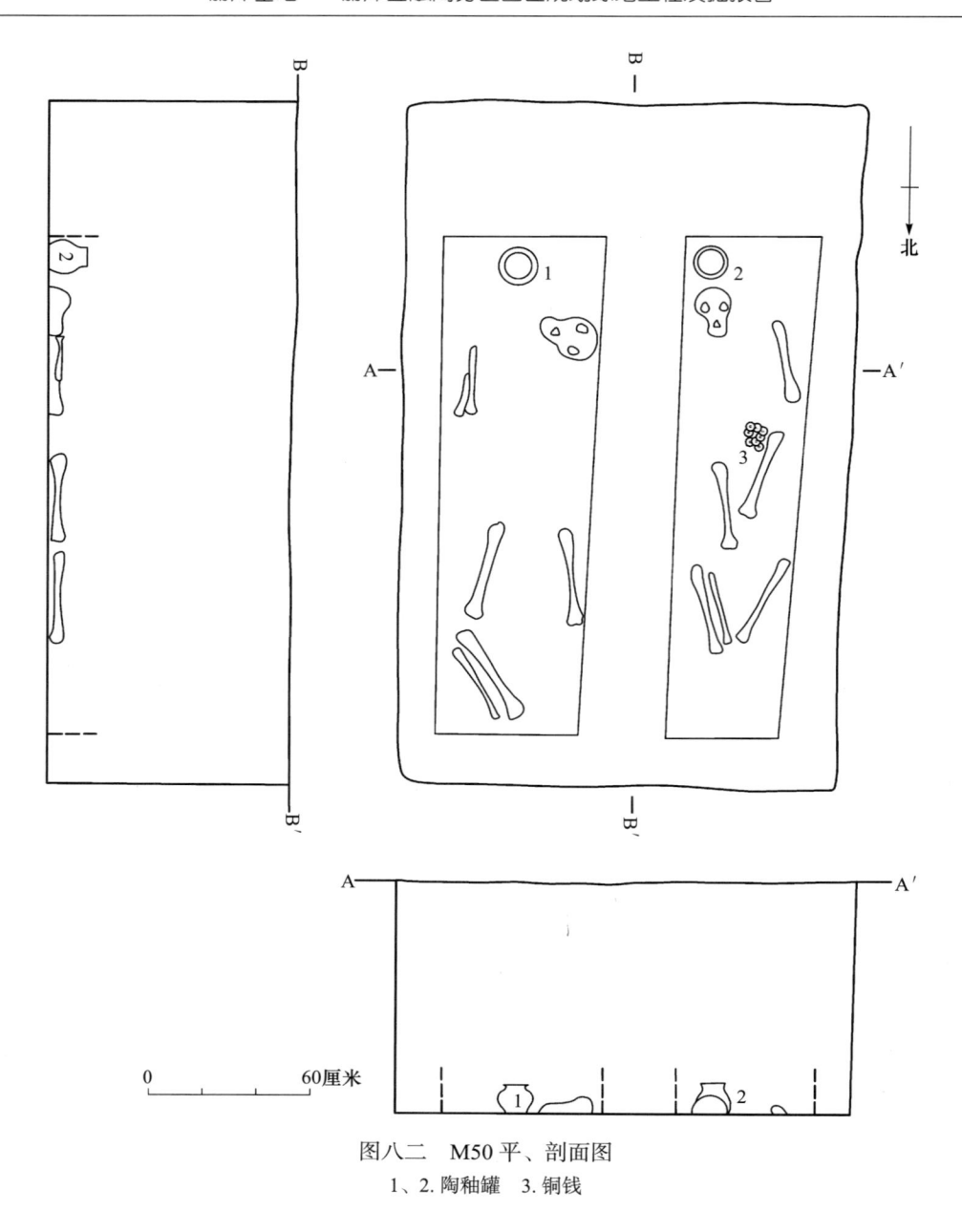

图八二　M50平、剖面图
1、2. 陶釉罐　3. 铜钱

同治重宝　6枚。标本M50：3-1，大平钱，方穿，正背面郭缘较宽，正面楷书"同治重寶"四字，直读，背穿左右为满文"宝泉"局名，上下楷书"當十"二字。钱径2.84厘米，穿径0.58厘米，郭厚0.14厘米（图八三，3）。

咸丰重宝　1枚。M50：3-2，大平钱，方穿，正背面郭缘较宽，正面楷书"咸豐重寶"四字，直读，背穿左右为满文"宝泉"局名，上下楷书"當十"二字。钱径2.92厘米，穿径0.58厘米，郭厚0.18厘米（图八三，4）。

光绪重宝　1枚。M50：3-3，大平钱，方穿，正背面郭缘较宽，正面楷书"光緒重寶"四字，直读，背穿左右满文模糊不清。钱径2.76厘米，穿径0.53厘米，郭厚0.22厘米（图八三，5）。

图八三　M50 出土器物

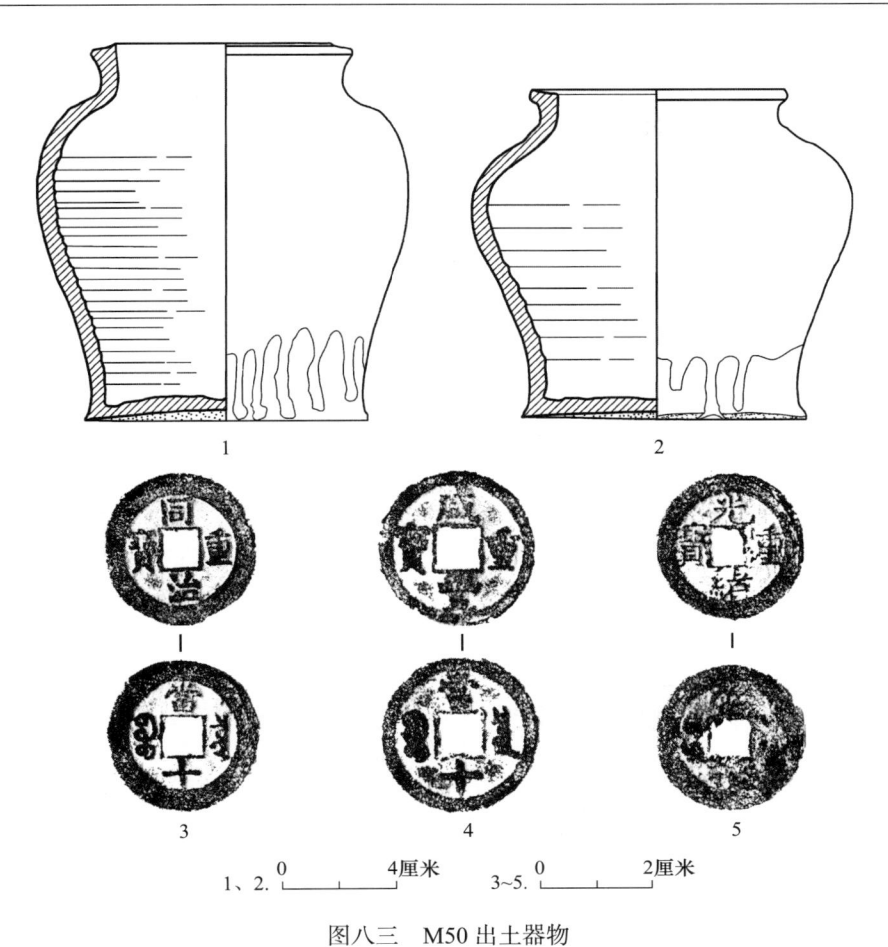

1、2. 釉陶罐（M50:1、M50:2）　3. 同治重宝（M50:3-1）　4. 咸丰重宝（M50:3-2）　5. 光绪重宝（M50:3-3）

四九、M51

1. 墓葬形制

该墓位于发掘Ⅲ区东北部。开口于②层下，南北向，方向150°。坐标为北纬39°51′25.1″，东经116°19′3.8″。

墓平面呈梯形，竖穴土圹单棺墓。墓口距地表深1米，墓底距地表深1.8米。墓圹南北长2.7米，东西宽1.1~1.2米，深0.8米。内填花土，土质松软。内置单棺，棺木已朽，棺痕长2米，宽0.5~0.7米；棺内骨架保存较差，头向东南，面向上，葬式不明，为男性（图八四）。

2. 随葬品

棺外前方出土釉陶罐1件，右上肢骨内侧下部出土瓷鼻烟壶1件。

釉陶罐　1件。M51:1，直口，平沿，方唇外展，近直领，圆肩，鼓腹，下腹弧收，平底内凹。腹部以上及口沿内侧施黄白色釉，底釉呈土黄色。轮制，内壁留有轮旋痕迹。口径9.6厘米，腹径13厘米，底径8.6厘米，高12.2厘米（图八五，1；彩版三一，5）。

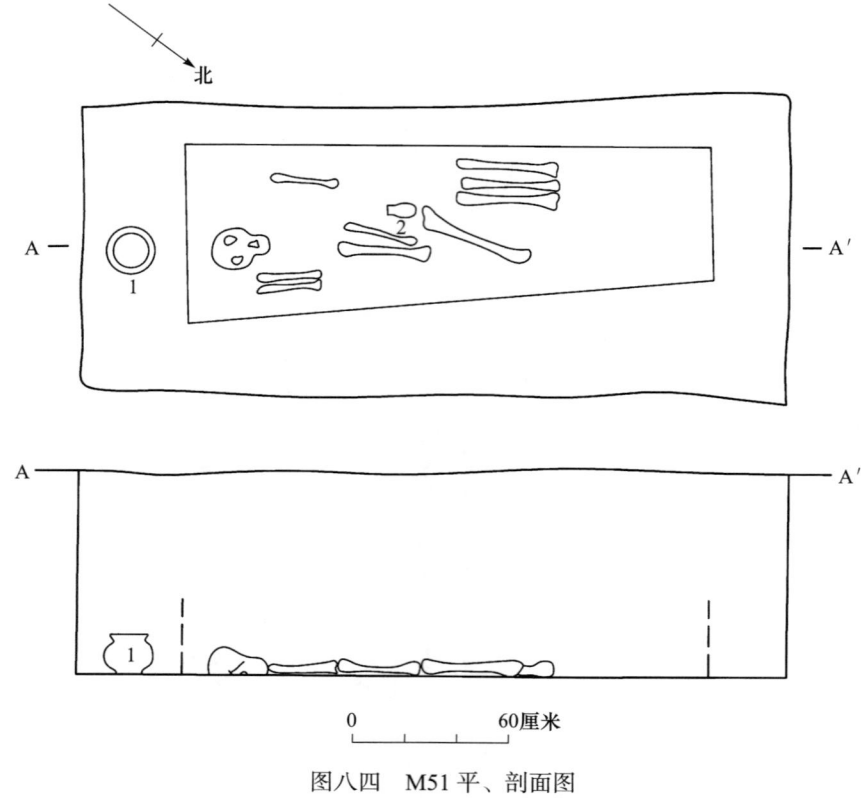

图八四　M51 平、剖面图
1. 釉陶罐　2. 瓷鼻烟壶

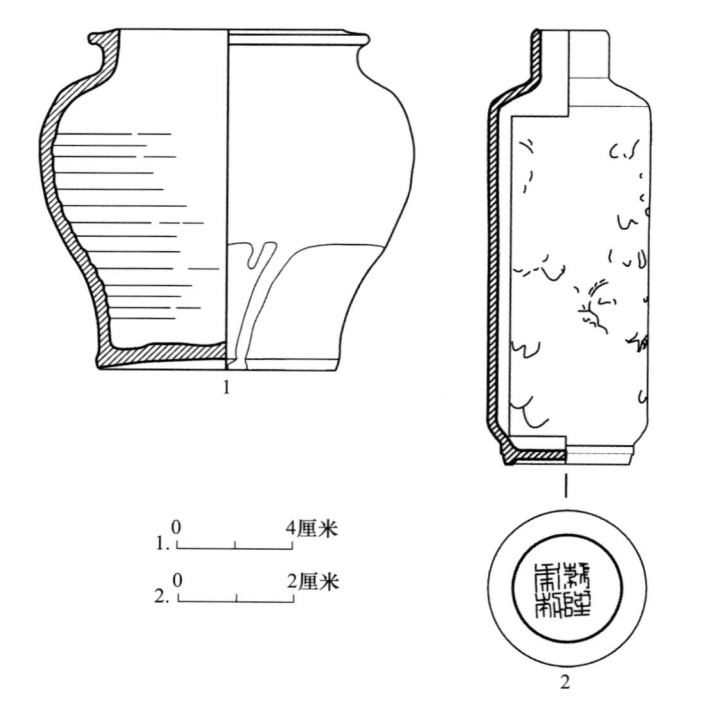

图八五　M51 出土器物
1. 釉陶罐（M51:1）　2. 瓷鼻烟壶（M51:2）

瓷鼻烟壶 1件。M51：2，直口，直颈，圆折肩，直腹近筒状，内圈足，底款"乾隆年制"。腹部饰粉彩蟠龙纹，粉彩已脱落。口径1.4厘米，腹径2.8厘米，底径2.2厘米，壁厚0.12厘米，高7.6厘米（图八五，2；彩版三二，2）。

五〇、M52

1. 墓葬形制

该墓位于发掘Ⅲ区东南部，南邻M14。开口于②层下，南北向，方向180°。坐标为北纬39°51′17.5″，东经116°19′0.4″。

墓平面呈梯形，竖穴土圹单棺墓。墓口距地表深1.8米，墓底距地表深2.6米。墓圹南北长2.3米，东西宽1.9～2.1米，深0.8米。内填花土，土质松软。内置单棺，棺木已朽，棺痕长1.72米，宽0.68米；棺内骨架保存较好，头向南，面向上，仰身直肢，为女性（图八六）。

2. 随葬品

未发现随葬品。

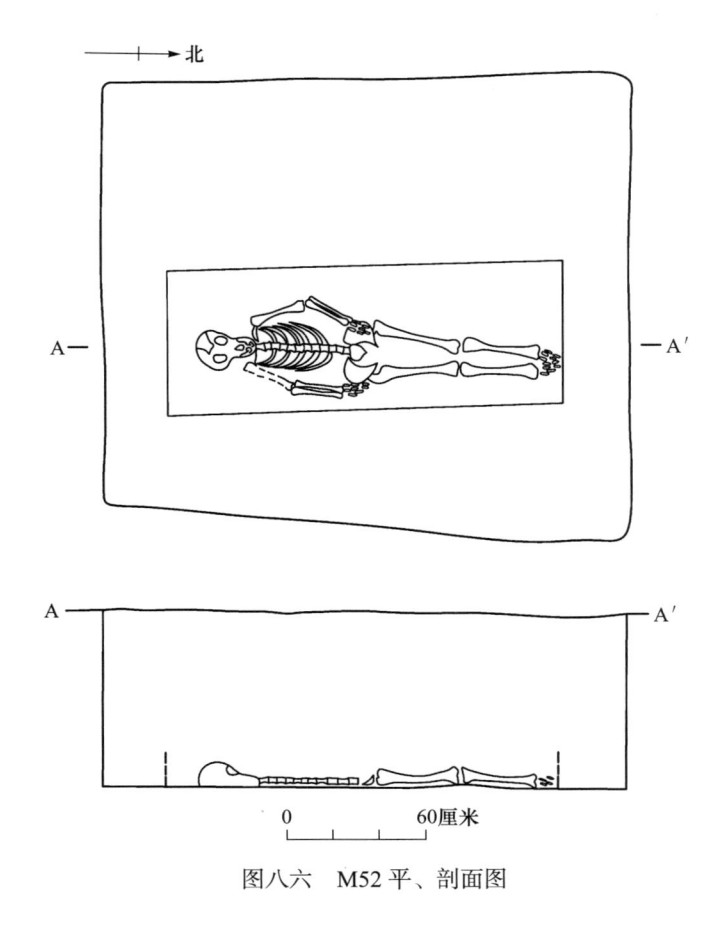

图八六 M52平、剖面图

五一、M53

1. 墓葬形制

该墓位于发掘Ⅲ区中部。开口于②层下，南北向，方向300°。坐标为北纬39°51′18.2″，东经116°18′55.3″。

墓平面呈长方形，竖穴土圹双棺合葬墓。墓口距地表深1.5米，墓底距地表深2.4米。墓圹南北长2.1米，东西宽1.6米，深0.9米。内填花土，土质松软。内置双棺：东棺长1.85米，宽0.4~0.5米，残高0.06米，棺板厚0.05米；棺内骨架保存较差，头向南，面向上，仰身直肢，为男性。西棺长1.8米，宽0.6~0.7米，残高0.06米，棺板厚0.05米；棺内骨架保存较差，头向西，面向上，仰身屈肢，为女性（图八七）。

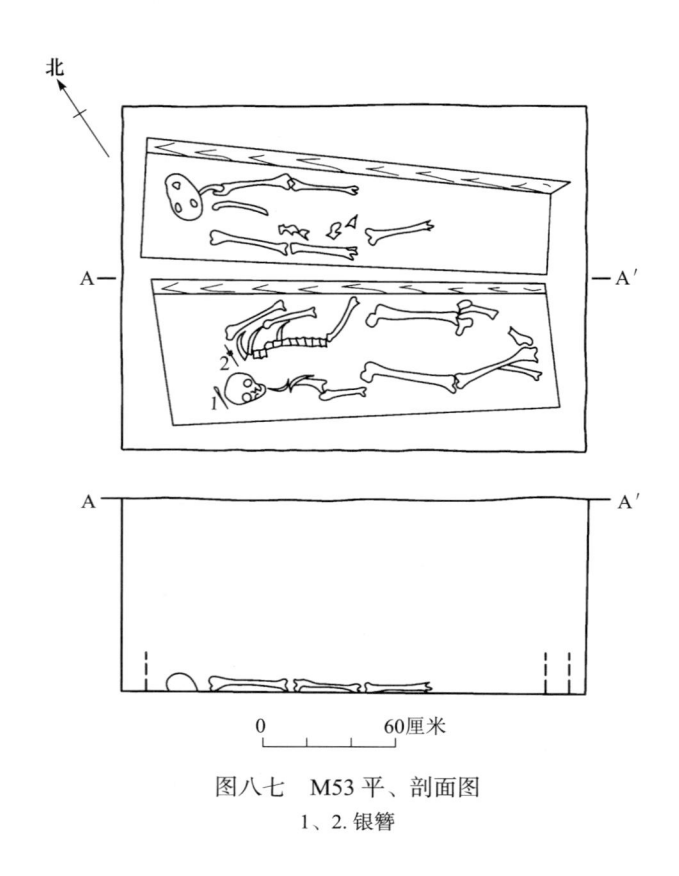

图八七　M53平、剖面图
1、2.银簪

2. 随葬品

西棺头骨上方及左侧出土银簪2件。

银簪　2件。M53：1，首残，体呈四棱锥形。残长11.5厘米（图八八，1；彩版六〇，2）。M53：2，首残，体呈圆锥状，上部铸梅花纹。残长12.4厘米（图八八，2；彩版六〇，3）。

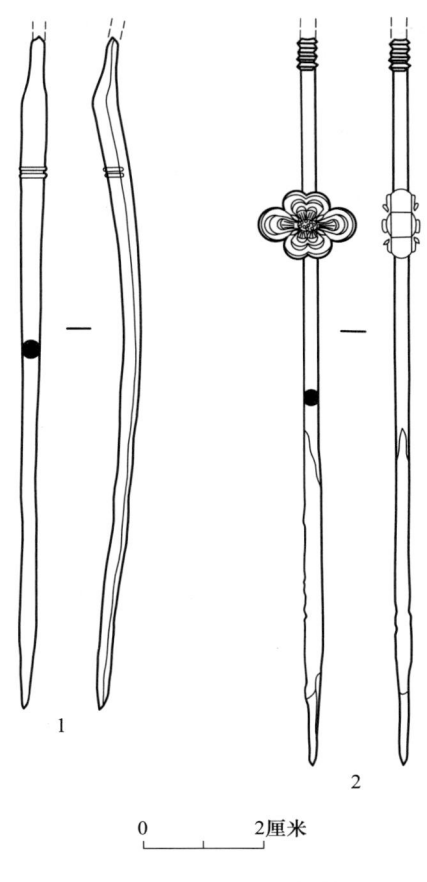

图八八　M53 出土银簪
1. M53：1　2. M53：2

五二、M54

1. 墓葬形制

该墓位于发掘Ⅲ区中部，西邻 M55。开口于②层下，东西向，方向 90°。坐标为北纬 39° 51′ 18.6″，东经 116° 18′ 58.9″。

墓平面呈长方形，竖穴土圹双棺合葬墓。墓口距地表深 1.8 米，墓底距地表深 2.8 米。墓圹东西长 3.1 米，南北宽 2.1 米，深 1 米。内填花土，土质松软。内置双棺：南棺为一椁一棺，椁木保存尚好，椁长 2.45 米，宽 1~1.1 米，残高 0.22 米，椁板厚 0.08 米，前、后封板厚 0.04 米；棺长 1.7 米，宽 0.6~0.7 米，残高 0.16 米，棺板厚 0.05 米，底板厚 0.06 米；棺内骨架保存较差，头向东，面向上，仰身直肢，为男性。北棺长 2.1 米，宽 0.6~0.7 米，残高 0.2 米，棺板、底板厚 0.06 米，前、后封板厚 0.04 米；棺内骨架保存较差，头向东，面向上，仰身屈肢，为女性（图八九）。

2. 随葬品

南椁外左前方出土瓷罐 1 件，南棺左上肢骨下部出土铜钱 12 枚；北棺外右前方出土瓷罐 1 件。

图八九 M54平、剖面图

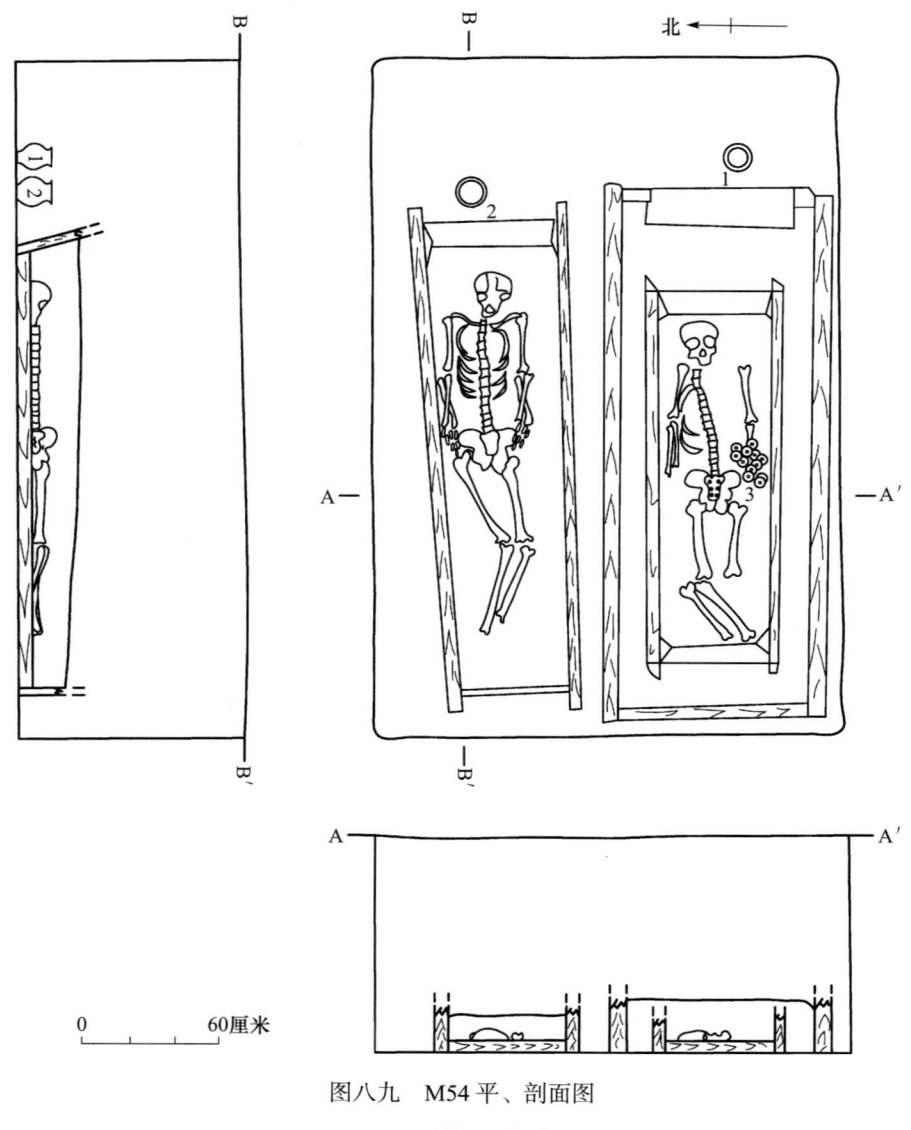

1、2.瓷罐 3.铜钱

瓷罐 2件。M54：1，直口，圆唇，斜领，圆肩，弧腹，腹下部束腰，高圈足外展。唇下部饰不规则弦纹二道，颈下部饰一周仰莲纹，腹部饰三组缠枝纹，腰部饰三组莲瓣纹，中间有二道细弦纹间隔，底部饰不规则弦纹二道。口径7厘米，腹径12厘米，底径6.5厘米，高16.8厘米（图九〇，1；彩版三四，1）。M54：2，直口，圆唇，矮领，圆肩，弧腹，平底内凹。体施青色釉。轮制。口径8.2厘米，腹径12.6厘米，底径8.2厘米，高14厘米（图九〇，2；彩版三三，1）。

康熙通宝 12枚。大平钱，方穿，正背面郭缘较宽，正面楷书"康熙通寶"四字，直读，背穿左右为满文"宝泉"局名。标本M54：3-1，钱径2.78厘米，穿径0.54厘米，郭厚0.12厘米（图九〇，3）。标本M54：3-2，钱径2.76厘米，穿径0.58厘米，郭厚0.09厘米（图九〇，4）。

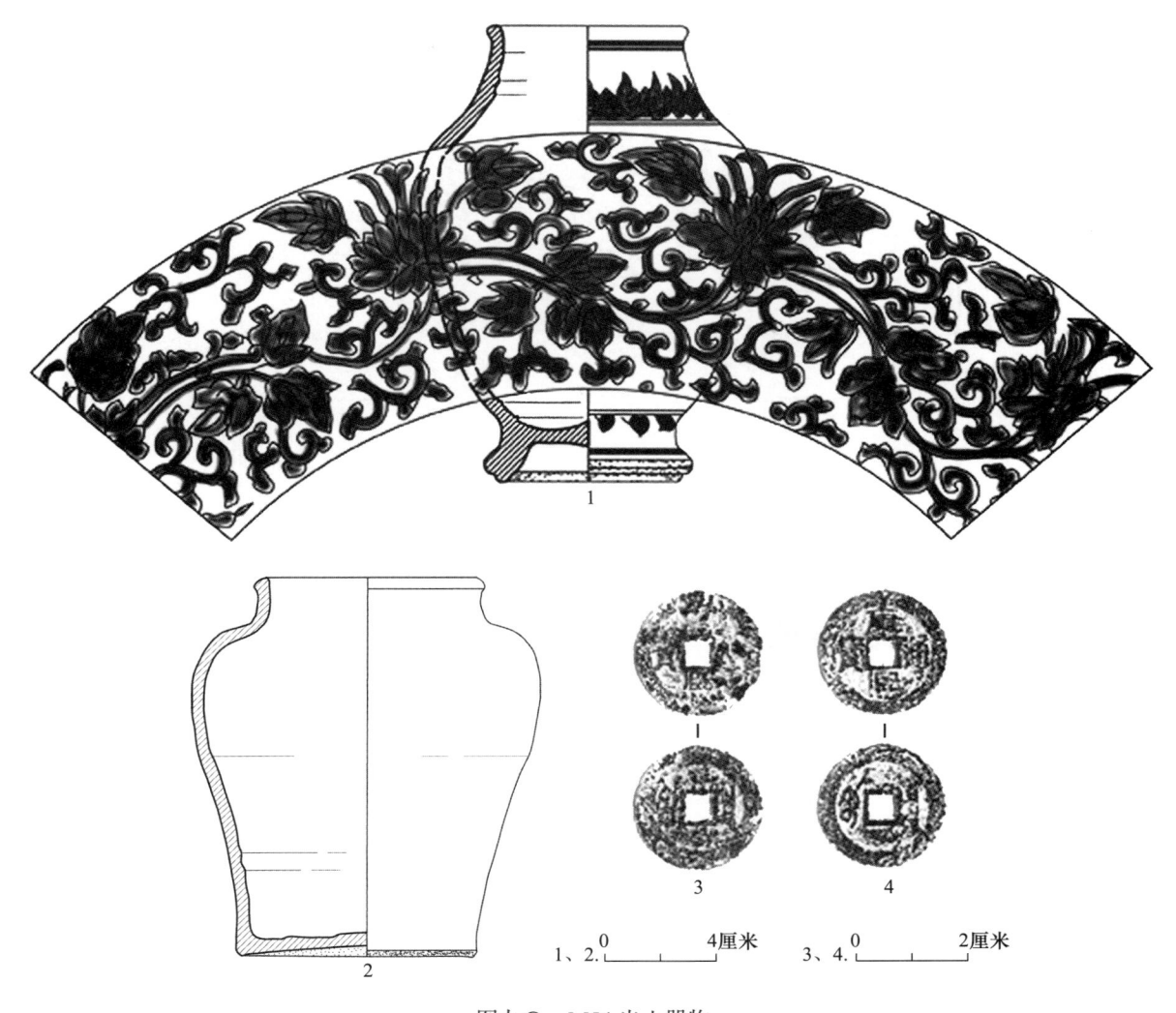

图九〇　M54 出土器物
1、2. 瓷罐（M54：1、M54：2）　3、4. 康熙通宝（M54：3-1、M54：3-2）

五三、M55

1. 墓葬形制

该墓位于发掘Ⅲ区中部，东邻 M54，西邻 M56。开口于②层下，东西向，方向 90°。坐标为北纬 39°51′18.5″，东经 116°19′58.7″。

墓平面呈长方形，竖穴土圹单棺墓。墓口距地表深 1.6 米，墓底距地表深 2.6 米。墓圹东西长 2.5 米，南北宽 1 米，深 1 米。内填花土，土质松软。内置单棺，棺长 2.1 米，宽 0.6~0.7 米，残高 0.15 米，棺板厚 0.08 米，后封板厚 0.04~0.05 米，底板厚 0.06 米；棺内骨架保存较差，头向东，面向北，仰身直肢，为女性（图九一）。

图九一　M55 平、剖面图
1. 铜钱

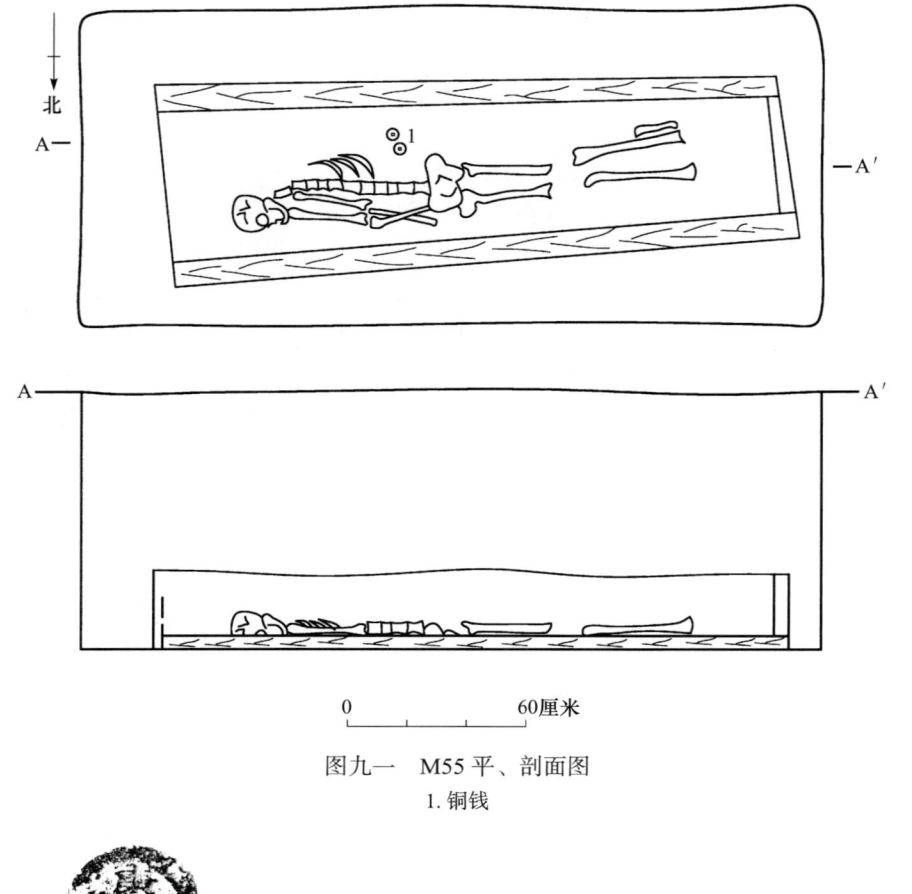

图九二　M55 出土康熙通宝（M55∶1-1）（拓片）

2. 随葬品

棺内盆骨左上部出土铜钱2枚，均为康熙通宝。

康熙通宝　2枚。标本M55∶1-1，平钱，方穿，正背面郭缘较宽，正面楷书"康熙通寶"四字，直读，背穿左右为满文"宝泉"局名。钱径2.42厘米，穿径0.56厘米，郭厚0.09厘米（图九二）。

五四、M56

1. 墓葬形制

该墓位于发掘Ⅲ区中部，东邻M55。开口于②层下，南北向，方向355°。坐标为北纬39°51′18.5″，东经116°18′58.4″。

墓平面呈长方形，竖穴土圹单棺墓。墓口距地表深1.5米，墓底距地表深2.4米。墓圹南北长2.5米，东西宽0.84米，深0.9米。内填花土，土质松软。内置单棺，棺长1.9米，宽0.5~0.6米，残高0.13米，棺板厚0.04~0.06米，前封板、底板厚0.04米，后封板厚0.03米；棺内骨架保存较差，头向北，面向东，仰身屈肢，为男性（图九三）。

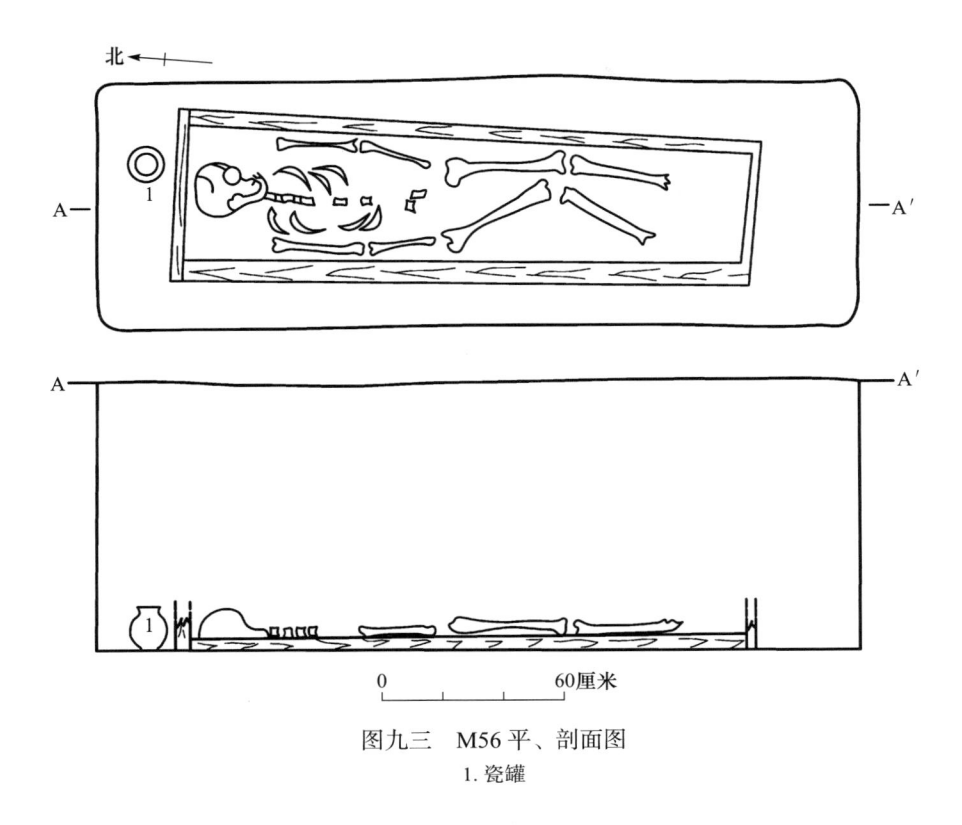

图九三　M56平、剖面图
1. 瓷罐

2. 随葬品

棺外左前方出土瓷罐1件。

瓷罐　1件。M56：1，敛口，圆唇，短束颈，圆肩，鼓腹斜收，内圈足，涩底。唇下部饰弦纹一道，弦纹下饰不规则"C"和"卍"形纹，间隔排列，肩部饰一周双向斜线纹和垂挂式花朵纹带，腹部饰三组缠枝莲纹，下部饰一周莲瓣纹。口径8.4厘米，腹径15.2厘米，底径10.2厘米，高16厘米（图九四；彩版三四，2）。

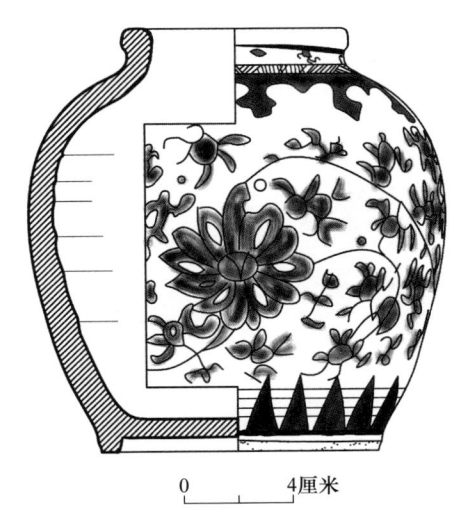

图九四　M56出土瓷罐（M56：1）

五五、M57

1. 墓葬形制

该墓位于发掘Ⅲ区中部，北邻 M58。开口于②层下，东西向，方向 100°。坐标为北纬 39°51′18.8″，东经 116°18′58.2″。

墓平面呈长方形，竖穴土圹单棺墓。墓口距地表深 1.5 米，墓底距地表深 2.3 米。墓圹东西长 3.3 米，南北宽 1.2 米，深 0.8 米。内填花土，土质松软。内置单棺，棺木已朽，棺痕长 1.8 米，宽 0.4~0.6 米；棺内骨架保存较差，头向东，面向上，侧身屈肢，为男性（图九五）。

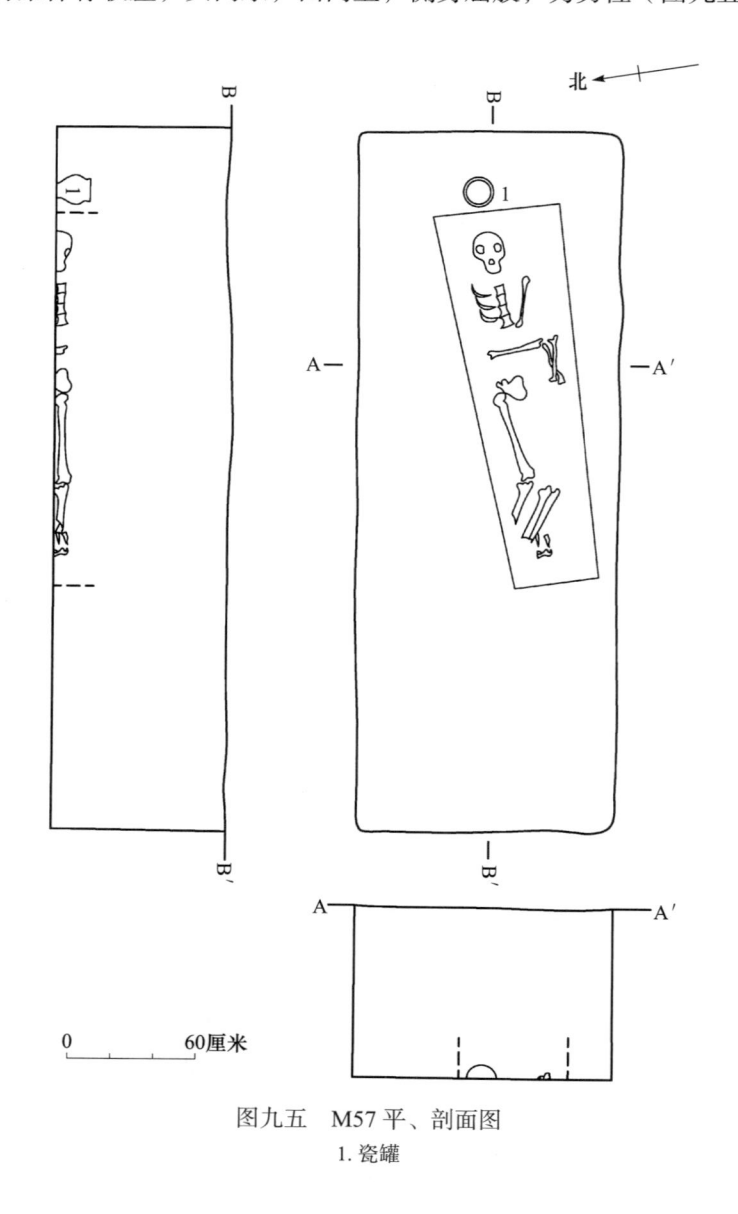

图九五　M57 平、剖面图
1. 瓷罐

2. 随葬品

棺外右前方出土瓷罐 1 件。

瓷罐　1 件。M57：1，敛口，圆唇，斜领，圆肩，弧腹，下部弧收，平底内凹。体施青白色釉，底部无釉。轮制，内壁留有轮旋痕迹。口径 8 厘米，腹径 12.4 厘米，底径 8 厘米，高 13.8 厘米（图九六；彩版三三，2）。

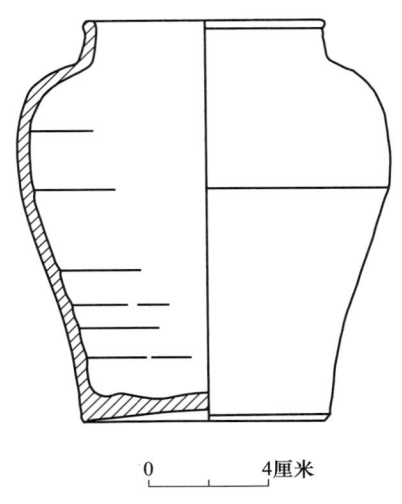

图九六　M57 出土瓷罐（M57：1）

五六、M58

1. 墓葬形制

该墓位于发掘Ⅲ区中部，南邻 M57，西邻 M59。开口于②层下，东西向，方向 80°。坐标为北纬 39°51′18.9″，东经 116°18′58.1″。

墓平面呈长方形，竖穴土圹单棺墓。墓口距地表深 1.5 米，墓底距地表深 2.4 米。墓圹东西长 2.2 米，南北宽 1 米，深 0.9 米。内填花土，土质松软。内置单棺，棺木已朽，棺痕长 1.8 米，宽 0.5～0.6 米；棺内骨架保存较差，头向东，面向上，仰身直肢，为女性（图九七）。

2. 随葬品

棺外前方出土瓷罐 1 件，头骨上方及左侧出土银扁方 1 件、银簪 3 件，左下肢骨外侧上部出土铜钱 2 枚。

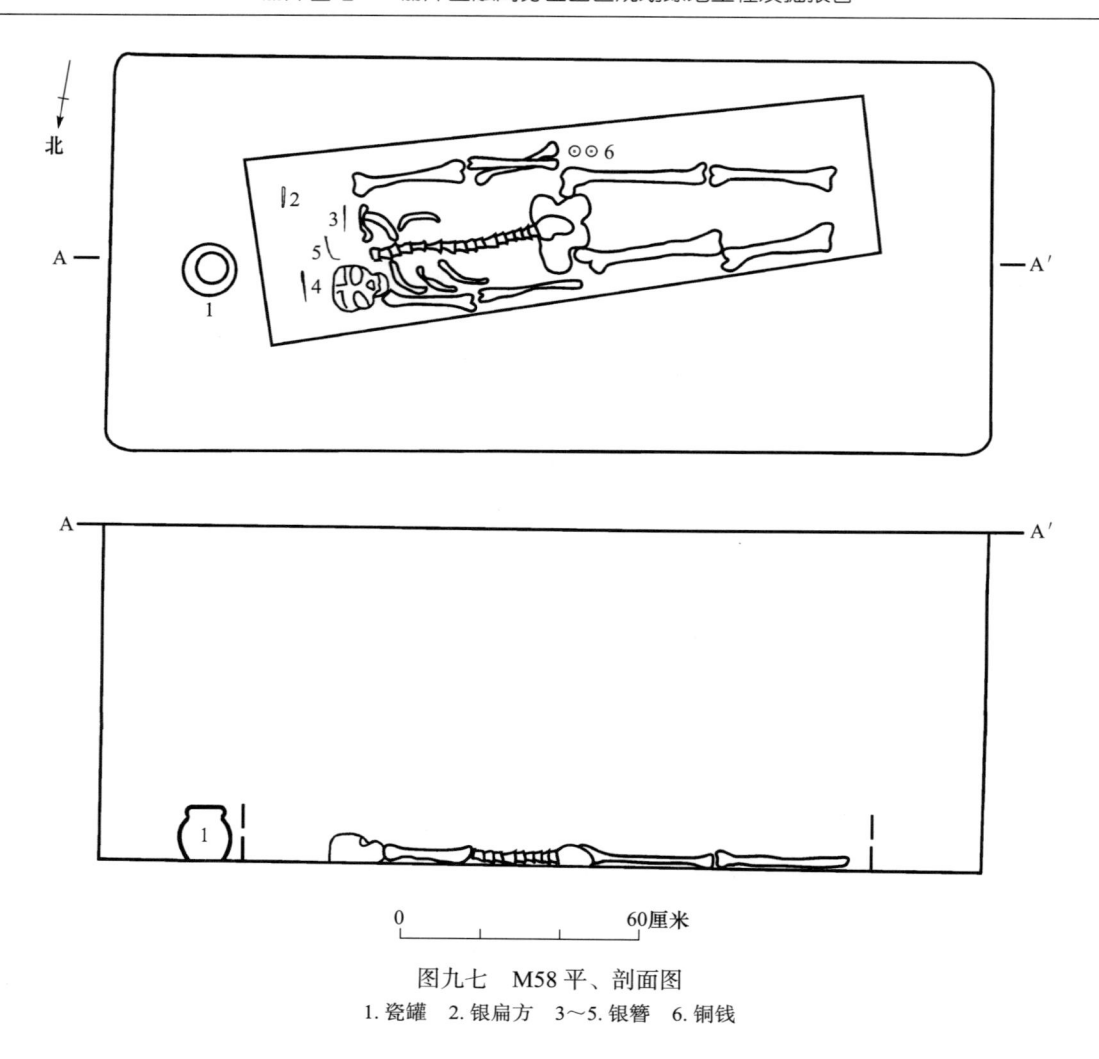

图九七　M58平、剖面图
1.瓷罐　2.银扁方　3~5.银簪　6.铜钱

瓷罐　1件。M58:1，直口，方圆唇，矮领，溜肩，下腹弧收，平底内凹。体施青白色釉，底部无釉。轮制，内壁留有轮旋痕迹。口径7.6厘米，腹径12.6厘米，底径7.6厘米，高13.4厘米（图九八，1；彩版三三，3）。

银扁方　1件。M58:2，首呈梅花棱状，下部斜折，体呈长条形，上宽下窄，末端呈圆弧状。长17厘米，宽0.7~1.1厘米（图九八，4；彩版六〇，4）。

银簪　3件。M58:3，首残，体呈扁锥形。残长11.2厘米（图九八，2；彩版六〇，5）。M58:4，首残，体呈圆锥形。残长8.5厘米（图九八，3）。M58:5，首残，体呈圆锥形，下部弯曲。残长15.3厘米（图九八，5）。

乾隆通宝　2枚。M58:6-1，平钱，方穿，正背面郭缘较宽，正面楷书"乾隆通寶"四字，直读，背穿左右为满文"宝泉"局名。钱径2.55厘米，穿径0.55厘米，郭厚0.14厘米（图九八，6）。M58:6-2，平钱，方穿，正背面郭缘略窄，正面楷书"乾隆通寶"四字，直读，背穿左右满文模糊不清。钱径2.32厘米，穿径0.53厘米，郭厚0.13厘米（图九八，7）。

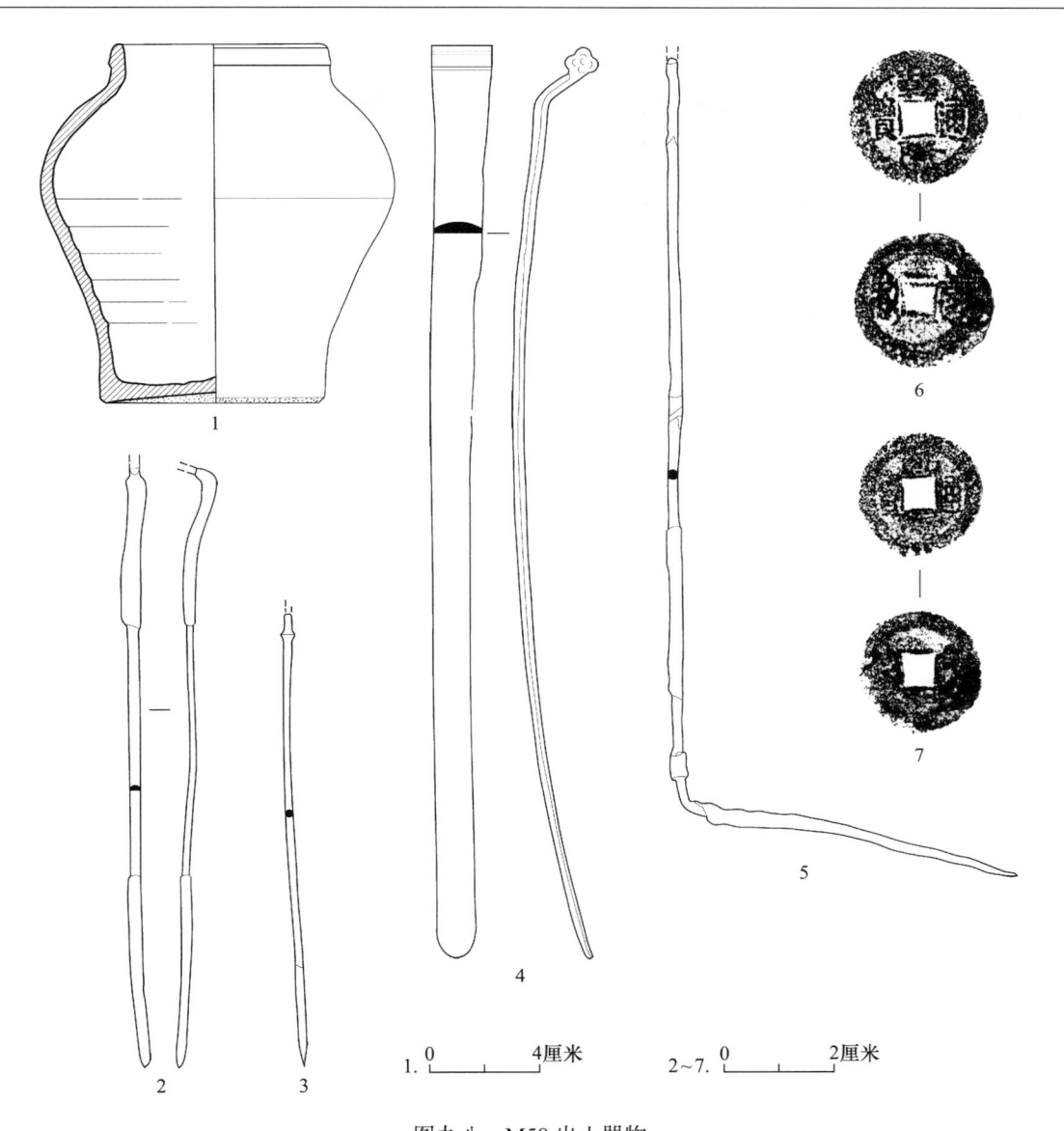

图九八　M58出土器物
1. 瓷罐（M58:1）　2、3、5. 银簪（M58:3、M58:4、M58:5）　4. 银扁方（M58:2）
6、7. 乾隆通宝（M58:6-1、M58:6-2）

五七、M59

1. 墓葬形制

该墓位于发掘Ⅲ区中部，东邻M58。开口于②层下，东西向，方向95°。坐标为北纬39°51′18.9″，东经116°18′57.7″。

墓平面呈长方形，竖穴土圹单棺迁葬墓。墓口距地表深1.5米，墓底距地表深2.3米。墓圹东西长2.2米，南北宽1.3米，深0.8米。内填花土，土质松软。内置单棺，棺木已朽，棺痕长1.6米，宽0.5~0.6米；棺内骨架保存较差，葬式、性别不明（图九九）。

图九九　M59 平、剖面图

2. 随葬品

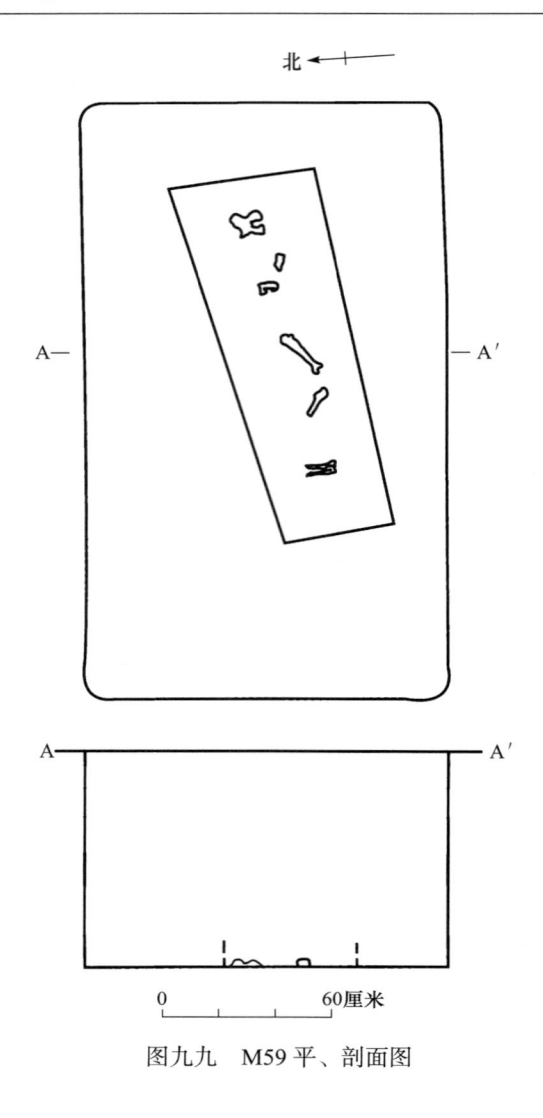

未发现随葬品。

五八、M60

1. 墓葬形制

该墓位于发掘Ⅲ区西北部，东邻 M198。开口于②层下，南北向，方向 160°。坐标为北纬 39°51′36″，东经 116°18′45.5″。

墓平面近呈长方形，竖穴土圹双棺合葬墓。墓口距地表深 1 米，墓底距地表深 1.8 米。墓圹南北长 2.7 米，东西宽 2～2.06 米，深 0.8 米。内填花土，土质松软。内置双棺：东棺长 2.1 米，宽 0.68～0.74 米，残高 0.4 米，棺板厚 0.1 米，前封板厚 0.04 米，后封板厚 0.04～0.06 米；棺内骨架保存较差，头向南，面向上，仰身直肢，为女性。西棺长 2.2 米，宽 0.76～0.8 米，残高 0.4 米，棺板厚 0.08~0.1 米，前封板厚 0.04 米，后封板厚 0.06 米；棺内骨架保存较差，头向北，面向上，仰身直肢，为男性（图一〇〇）。

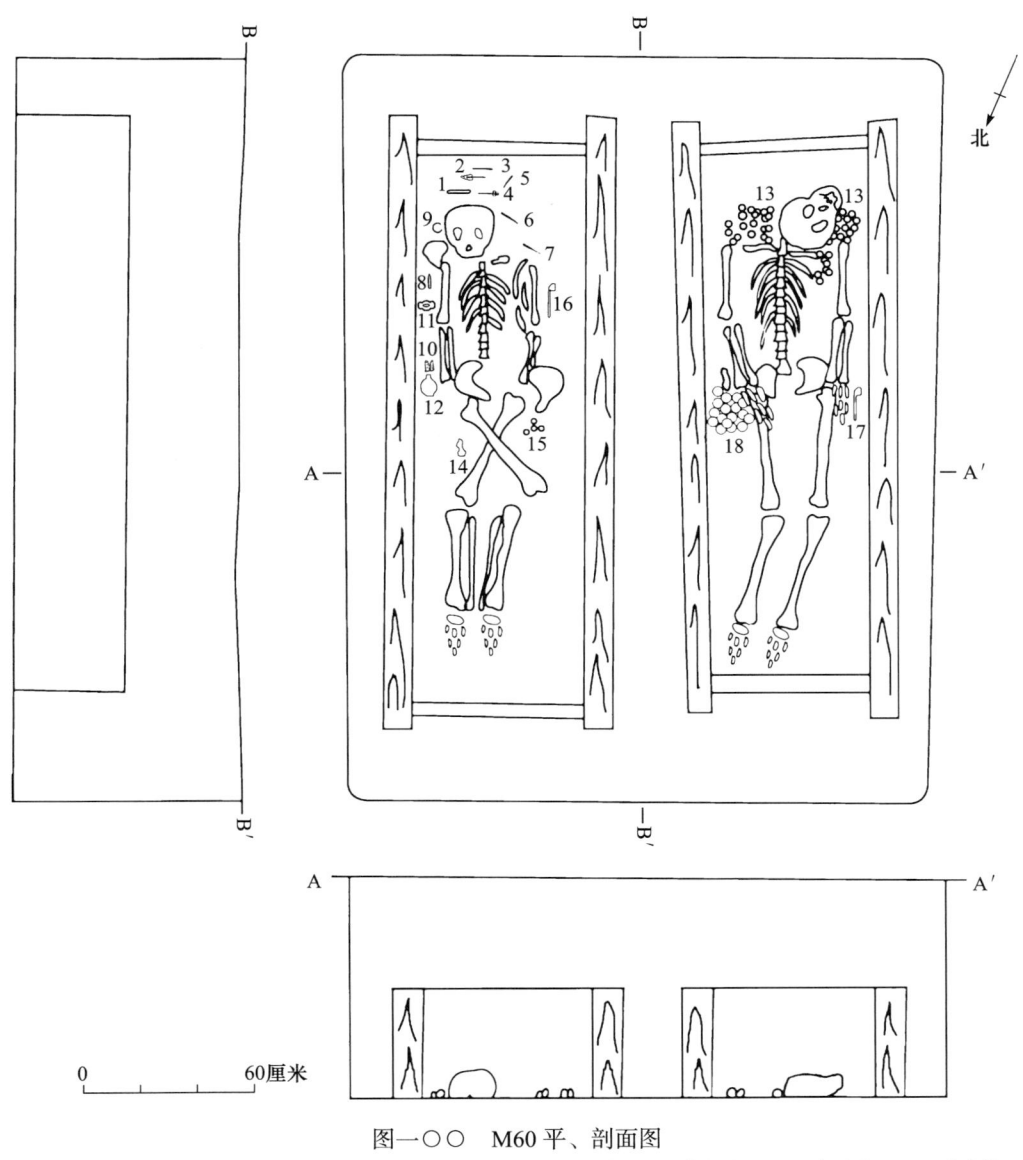

图一〇〇　M60 平、剖面图
1. 银扁方　2~7. 银簪　8、10. 银饰　9. 金耳环　11. 银碟　12. 鼻烟壶　13. 琥珀珠　14. 玻璃饰　15. 料珠　16、17. 铜烟袋　18. 铜钱

2. 随葬品

东棺头骨上方出土银扁方 1 件、银簪 6 件，头骨右侧出土金耳环 1 件，左上肢骨中部出土铜烟袋 1 件，左下肢骨上部出土料珠 4 颗，右上肢骨外侧出土银碟 1 件、银饰 2 件，右下肢骨中部出土玻璃饰 1 件，盆骨右侧出土玛瑙鼻烟壶 1 件；西棺左上肢骨下部出土铜烟袋 1 件，左、右上肢骨上部两侧出土琥珀珠 43 颗，右上肢骨下部出土铜钱 18 枚。

银扁方　1件。M60：1，首圆卷呈筒状，下部弧折，体扁条形，末端呈圆弧状。体饰两组花卉纹，上部饰圆形"寿"字纹，背面錾刻二字，一字为"易"，一字不清，通体鎏金。通长17.6厘米，宽2.3~2.4厘米（图一〇一，1；彩版六一，1）。

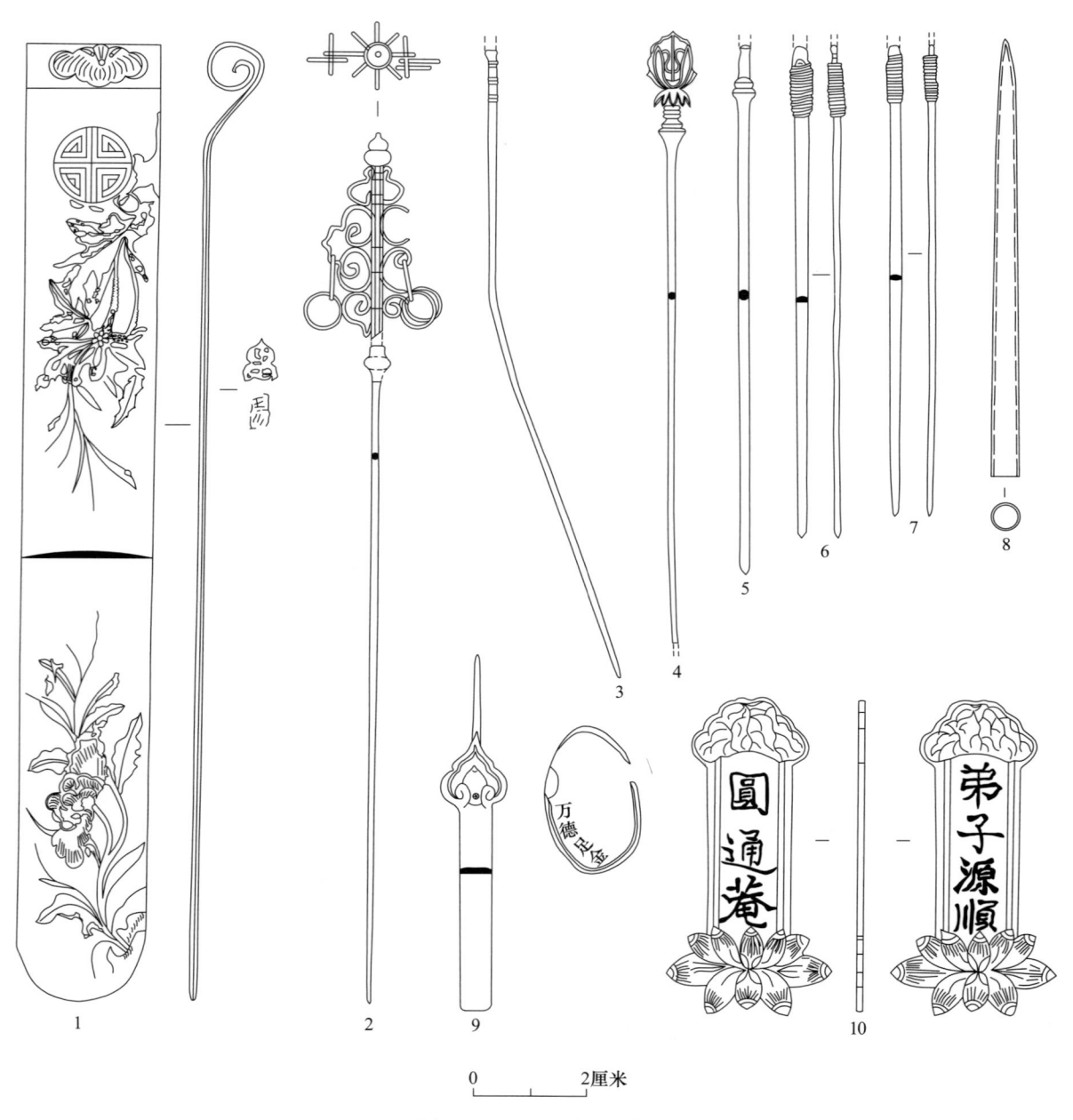

图一〇一　M60出土器物
1. 银扁方（M60：1）　2~7. 银簪（M60：2、M60：3、M60：4、M60：5、M60：6、M60：7）
8、10. 银饰（M60：8、M60：10）　9. 金耳环（M60：9）

银簪 6件。M60∶2，九连环禅杖形，顶呈葫芦状，首残，体呈圆锥形。通长16厘米（图一〇一，2；彩版六〇，6）。M60∶3，首残，体呈圆锥形，上端呈竹节状，中间弯曲。残长11.5厘米（图一〇一，3）。M60∶4，首为莲花包珠，珠子缺失，倒莲花托，体上端呈节状，下端呈圆锥形。残长11.2厘米（图一〇一，4）。M60∶5，首残，体呈圆锥形，上端呈竹节状。残长9.7厘米（图一〇一，5）。M60∶6、M60∶7，形制相同。首呈圆弧形，上铸一孔，银丝镶嵌孔中，螺纹盘绕，体呈细长条锥形。M60∶6，通长9厘米（图一〇一，6）。M60∶7，通长8.6厘米（图一〇一，7）。

银饰 2件。M60∶8，圆锥形，中空。通长8厘米（图一〇一，8）。M60∶10，扁条状，上部为花瓣形扇状帽顶，錾刻云纹，中部长方形，錾刻"圆通庵"三字，下部置莲花座，背面錾刻"弟子源顺"四字。通高5.6厘米，宽1.45~2.9厘米，厚0.1厘米（图一〇一，10；彩版六二，3）。

金耳环 1件。M60∶9，体呈"C"形，一端为锥形，一端呈长方扁条状，正面中部锤揲如意头纹，内面錾刻"万德足金"四字。直径1.7~2.7厘米，展长6.5厘米（图一〇一，9；彩版六一，5）。

银碟 1件。M60∶11，椭圆形梅花瓣口沿，浅盘，椭圆形矮圈足，底部錾刻"永圣"二字。口径3.2~4.6厘米，高0.5厘米（图一〇二，7；彩版六一，2）。

玛瑙鼻烟壶 1件。M60∶12，直口，束颈，圆肩，弧腹，扁圆形体，椭圆形矮圈足，料质紫红色。盖顶镶嵌珍珠一颗，盖内镶嵌骨质烟勺。口径1.5厘米，腹径4.5厘米，底径2.4厘米，壁厚0.17厘米，通高6.4厘米（图一〇二，1；彩版六二，1）。

琥珀珠 43颗。M60∶13，椭圆形，项链状，蜡色，半透明，圆球形珠，中间穿孔。珠直径1.2厘米。桃形铜坠饰，环状系，通高1.5厘米（图一〇二，3；彩版六一，3）。

玻璃饰 1件。M60∶14，葫芦形，片状。高9.3厘米，宽6.2厘米，厚0.15厘米（图一〇二，2；彩版六二，2）。

料珠 4颗。标本M60∶15，深蓝色，圆球形，中间穿孔。直径2厘米，孔径0.2厘米（图一〇二，6；彩版六一，4）。

铜烟袋 2件。M60∶16，铜质烟锅，平面呈圆形；烟杆为木质圆筒状，中空，大部分已朽；玉质烟嘴，前端为筒状，后端折收，顶端呈圆帽形。残长20.5厘米，烟锅口径2.1厘米（图一〇二，4）。M60∶17，铜质烟锅，平面呈圆形；木质圆筒状烟杆，大部分已朽，中空；玉质烟嘴，前端为筒状，后端折收，顶端呈圆帽形。残长11厘米，烟锅口径2.1厘米，（图一〇二，5）。

嘉庆通宝 18枚。平钱，方穿，正背面郭缘略窄，正面楷书"嘉慶通寶"四字，直读。标本M60∶18-1，背穿左右为满文"宝泉"局名。钱径2.34厘米，穿径0.56厘米，郭厚0.13厘米（图一〇二，8）。标本M60∶18-2，背穿左右为满文"宝源"局名。钱径2.32厘米，穿径0.54厘米，郭厚0.16厘米（图一〇二，9）。

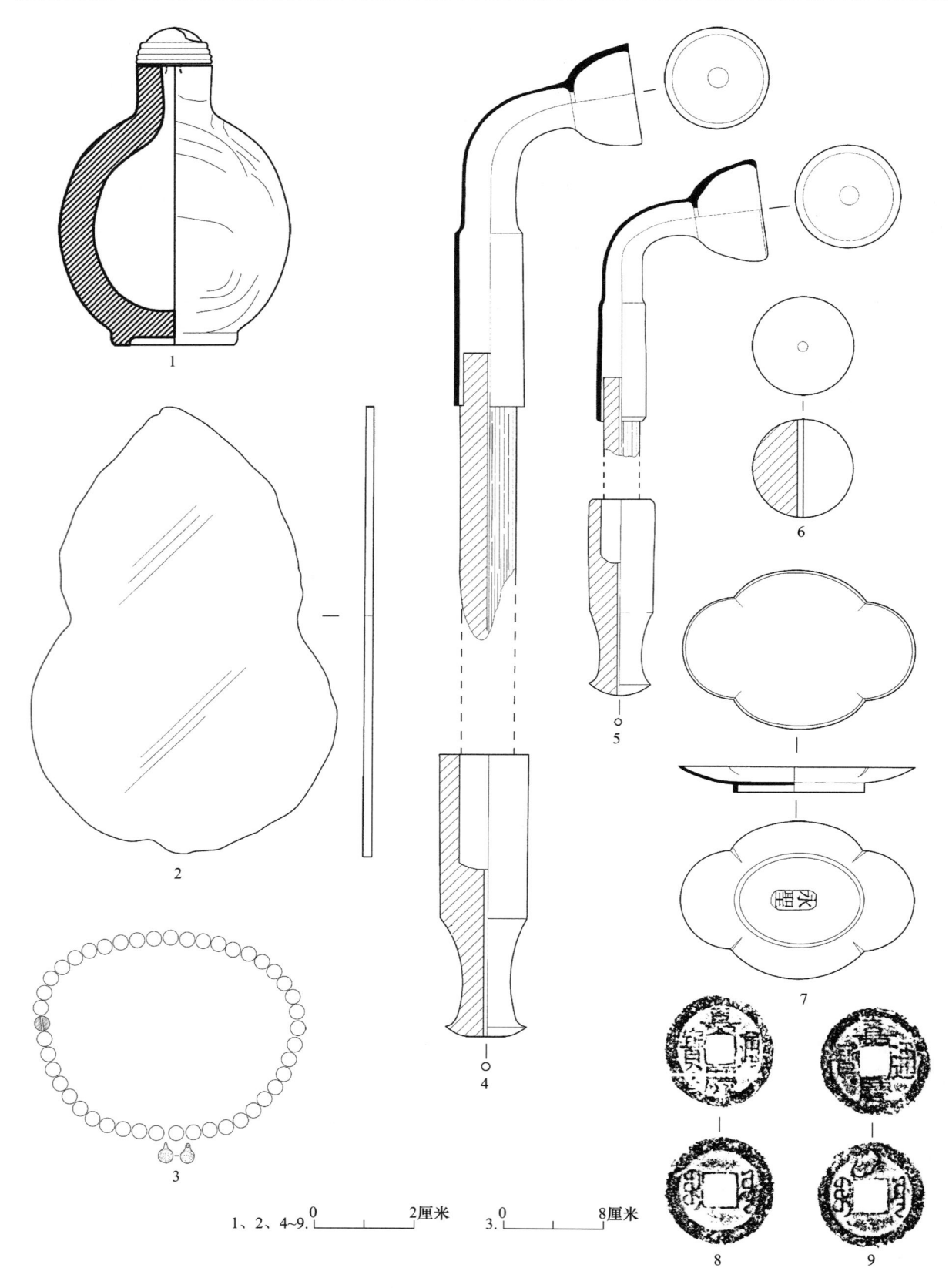

图一〇二 M60 出土器物

1. 鼻烟壶（M60：12） 2. 玻璃饰（M60：14） 3. 琥珀珠（M60：13） 4、5. 铜烟袋（M60：16、M60：17） 6. 料珠（M60：15） 7. 银碟（M60：11） 8、9. 嘉庆通宝（M60：18-1、M60：18-2）

五九、M61

1. 墓葬形制

该墓位于发掘Ⅲ区北部，东邻 M140。开口于②层下，南北向，方向 340°。坐标为北纬 39° 51′ 17″，东经 116° 18′ 46.6″。

墓平面呈梯形，竖穴土圹双棺合葬墓。墓口距地表深 1 米，墓底距地表深 1.8 米。墓圹南北长 2.3 米，东西宽 1.6~1.7 米，深 0.8 米。内填花土，土质松软。内置双棺，棺木已朽：东棺痕长 1.9 米，宽 0.4~0.5 米；棺内骨架保存稍好，头向西北，面向上，仰身直肢，为男性。西棺痕长 1.9 米，宽 0.6~0.7 米；棺内骨架保存稍差，头向西北，面向上，仰身直肢，为女性（图一○三）。

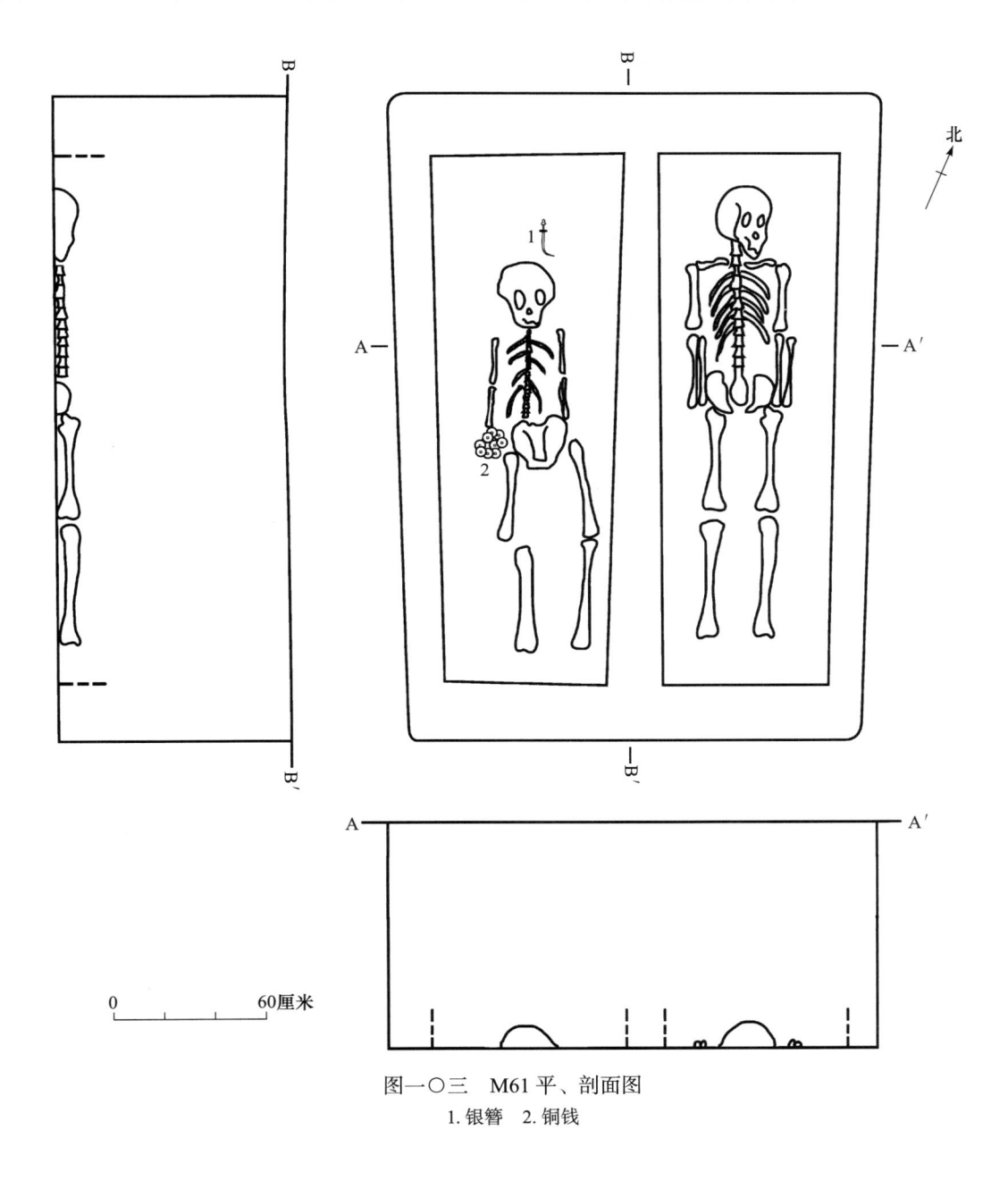

图一○三 M61 平、剖面图
1. 银簪 2. 铜钱

2. 随葬品

西棺头骨上方出土银簪1件，右上肢骨下部出土铜钱20枚。

银簪　1件。M61∶1，九连环禅杖形，顶呈葫芦状，首残，体呈圆锥形。通长12.8厘米（图一〇四，1；彩版六三，1）。

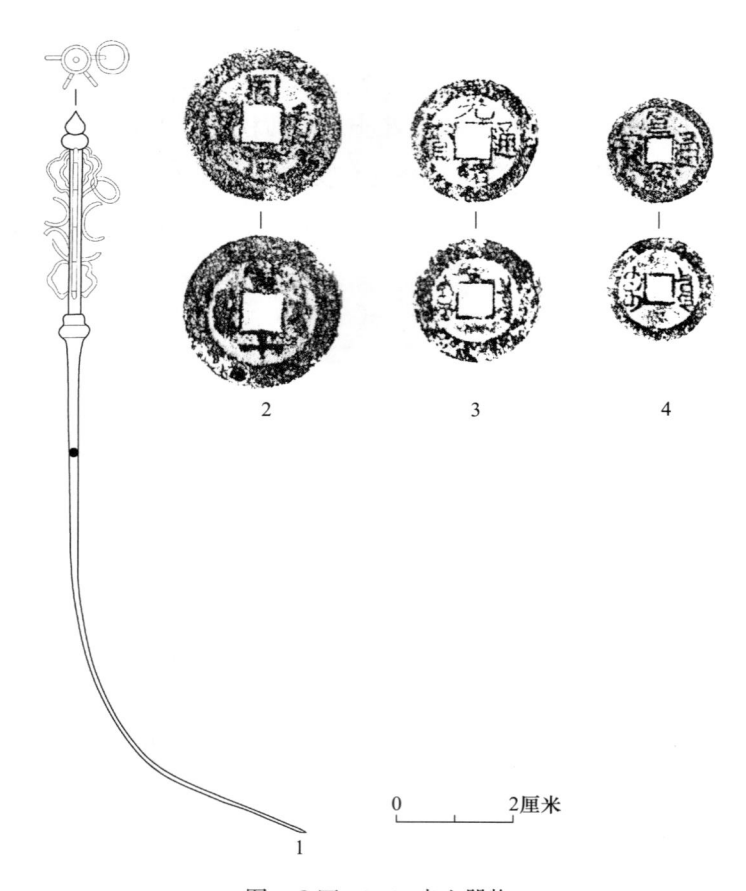

图一〇四　M61出土器物
1. 银簪（M61∶1）　2. 同治重宝（M61∶2-1）　3. 光绪通宝（M61∶2-2）　4. 宣统通宝（M61∶2-3）

铜钱　20枚，有同治重宝、光绪通宝、宣统通宝。

同治重宝　8枚。标本M61∶2-1，大平钱，方穿，正背面郭缘较宽，正面楷书"同治重寶"四字，直读，背穿左右为满文"宝泉"局名，上下楷书"當十"二字。钱径2.82厘米，穿径0.58厘米，郭厚0.16厘米（图一〇四，2）。

光绪通宝　2枚。标本M61∶2-2，平钱，方穿，正背面郭缘较宽，正面楷书"光緒通寶"四字，直读，背穿左右为满文"宝泉"局名。钱径2.26厘米，穿径0.5厘米，郭厚0.12厘米（图一〇四，3）。

宣统通宝　10枚。标本M61∶2-3，小平钱，方穿，正背面郭缘略宽，正面楷书"宣統通寶"四字，直读，背穿左右为满文"宝泉"局名。钱径1.88厘米，穿径0.36厘米，郭厚0.1厘米（图一〇四，4）。

六〇、M62

1. 墓葬形制

该墓位于发掘Ⅱ区西南部,北邻M63。开口于②层下,东西向,方向280°。坐标为北纬39°51′25.4″,东经116°19′42.5″。

墓平面呈长方形,竖穴土圹单棺墓。墓口距地表深0.4米,墓底距地表深1.2米。墓圹东西长2.3米,南北宽1.4米,深0.8米。内填花土,土质松软。内置单棺,棺木已朽,棺痕长2.1米,宽0.6~0.72米;棺内骨架保存较差,头向东,面向上,葬式不明,为女性(图一〇五)。

2. 随葬品

未发现随葬品。

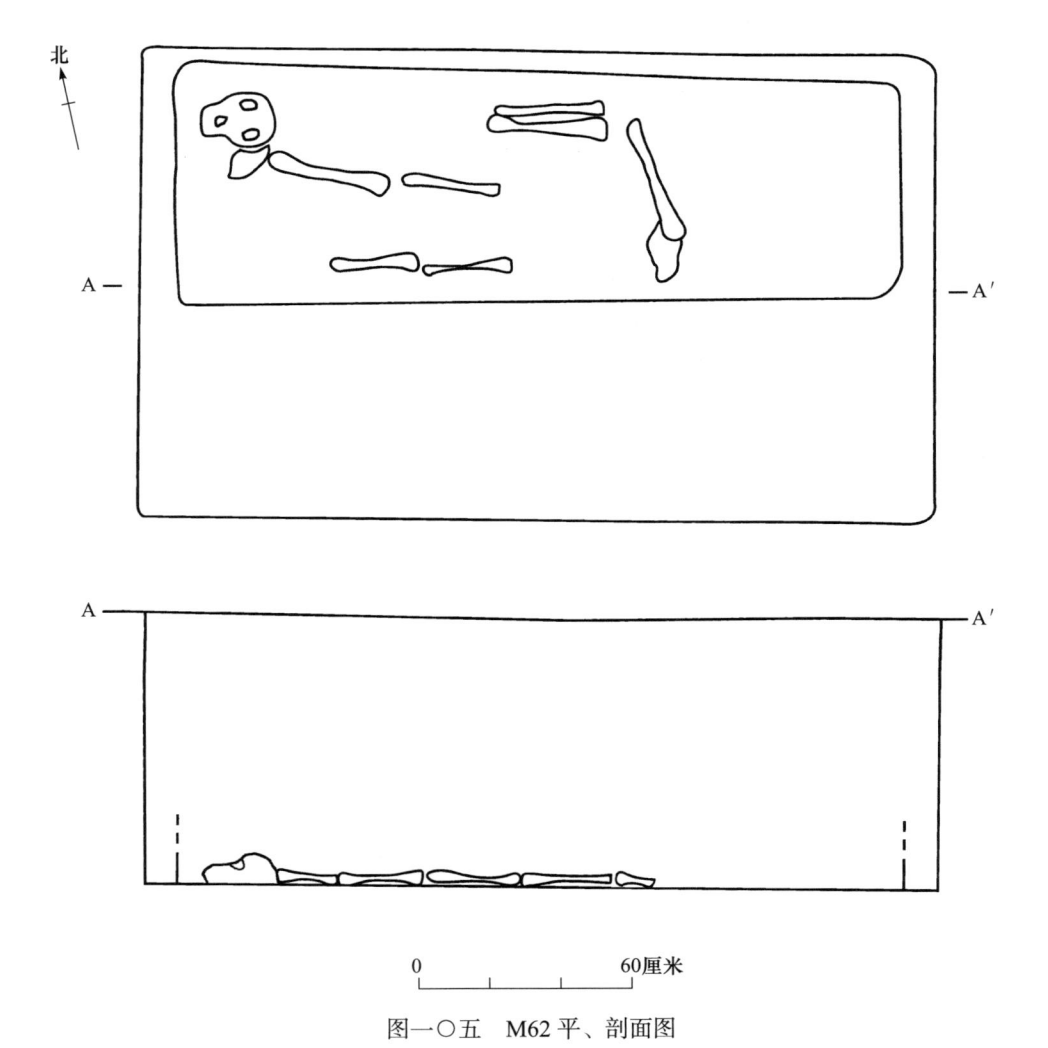

图一〇五 M62平、剖面图

六一、M63

1. 墓葬形制

该墓位于发掘Ⅱ区西南部，南邻 M62。开口于②层下，南北向，方向 0°。坐标为北纬 39° 51′ 25.5″，东经 116° 19′ 42.4″。

墓平面呈梯形，竖穴土圹双棺合葬墓。墓口距地表深 0.4 米，墓底距地表深 1.2 米。墓圹南北长 3 米，东西宽 1.5~1.7 米，深 0.8 米。内填花土，土质松软。内置双棺，棺木已朽：东棺痕长 2.1 米，宽 0.6 米；棺内骨架保存稍好，头向北，面向上，仰身直肢，为男性。西棺痕长 2 米，宽 0.65 米；棺内骨架保存较好，头向北，面向上，仰身直肢，为女性（图一〇六）。

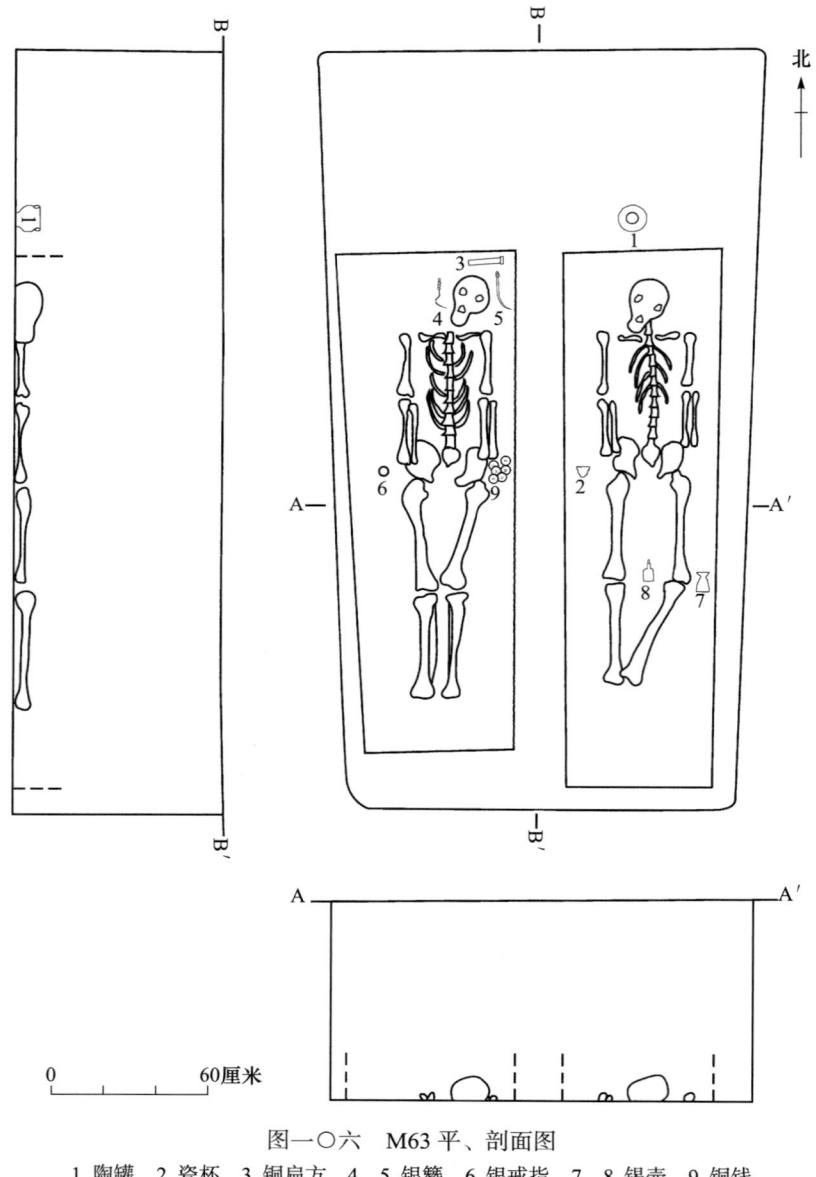

图一〇六 M63 平、剖面图
1. 陶罐　2. 瓷杯　3. 铜扁方　4、5. 银簪　6. 银戒指　7、8. 锡壶　9. 铜钱

2. 随葬品

东棺外右前方出土陶罐1件，左下肢骨中部内、外侧出土锡壶2件，盆骨右侧出土瓷杯1件；西棺头骨上方出土铜扁方1件，头骨两侧出土银簪2件，右上肢骨下部出土银戒指1件，盆骨左侧出土铜钱6枚。

陶罐　1件。M63：1，泥质灰陶。侈口，方圆唇，矮领，溜肩，圆弧腹，平底，颈部置对称"8"字形双系。手轮兼制，体留有轮旋痕迹。口径10.4厘米，腹径11.6厘米，底径6.8厘米，高9.8厘米（图一〇七，1；彩版三一，6）。

瓷杯　1件。M63：2，侈口，圆唇，斜直壁，下壁弧折，矮圈足。体施米黄色釉，圈足内施青白色釉，中部行书一"玉"字。轮制。口径5.7厘米，底径3厘米，高4.3厘米（图一〇七，2；彩版三五，1）。

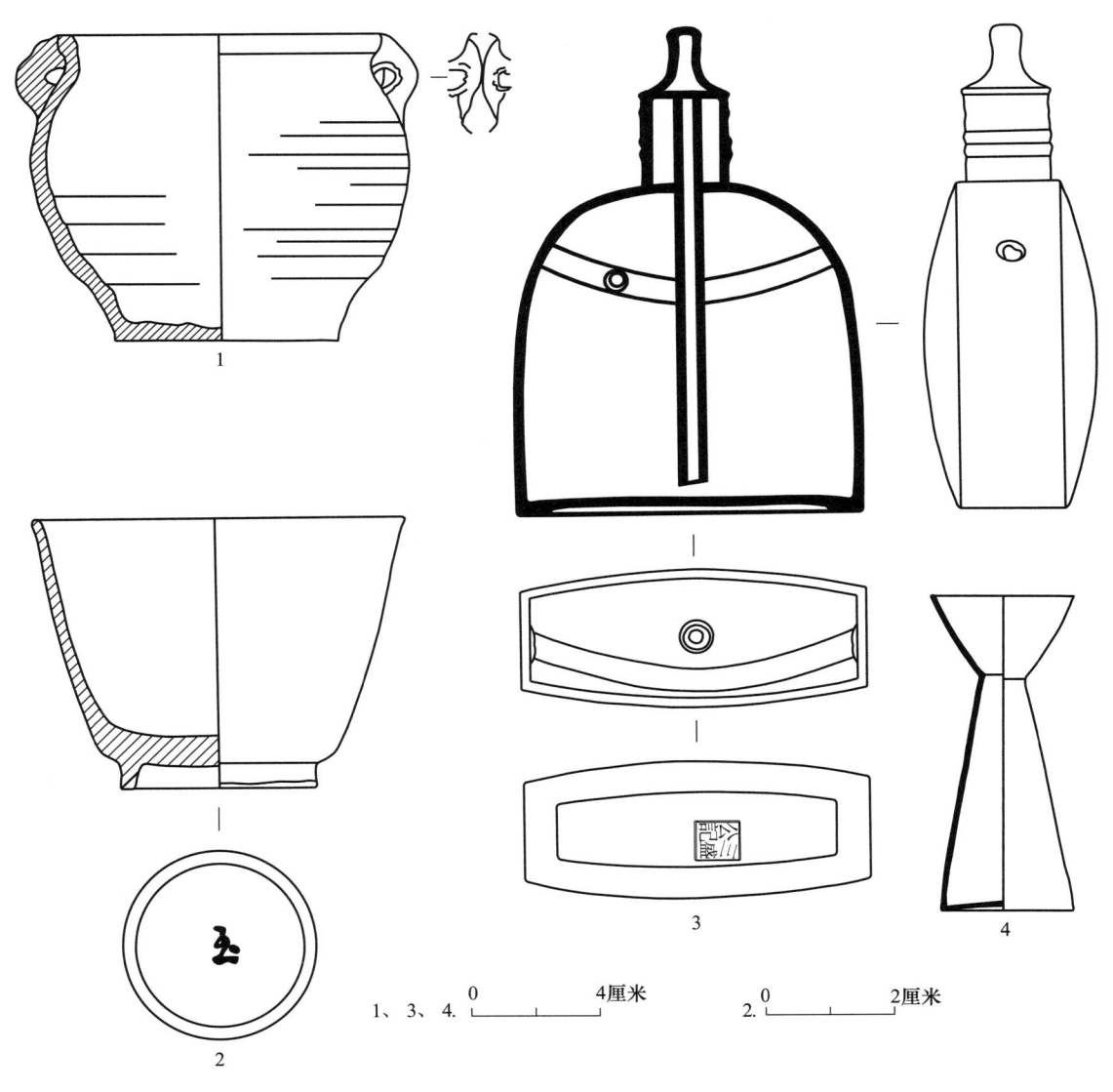

图一〇七　M63出土器物
1. 陶罐（M63：1）　2. 瓷杯（M63：2）　3、4. 锡壶（M63：7、M63：8）

银簪　2件。M63：4，首残，体呈弯曲圆锥形。残长9.5厘米（图一〇八，2）。M63：5，首残，体上部呈螺纹状，下部呈圆锥形。残长9.4厘米（图一〇八，3）。

银戒指　1件。M63：6，圆环形，稍窄。直径2.2厘米，宽0.5厘米（图一〇八，4；彩版六三，2）。

铜扁方　1件。M63：3，上端圆卷，两侧镶嵌梅花铆钉，体呈扁条形，末端残。残长16厘米，宽1.4～2厘米（图一〇八，1）。

锡壶　2件。M63：7，体残，呈扁圆形，直口，高颈，溜肩，鼓腹，乳突形盖钮，钮中部置有吸管直通壶底，平底内凹，底部印刻"三盛公记"四字。宽10.6厘米，厚5.4厘米，通高15.6厘米（图一〇七，3；彩版六四，2）。M63：8，喇叭状口，束颈，圆锥体，平底内凹。手制，焊接而成。口径4.4厘米，底径4.2厘米，高10厘米（图一〇七，4；彩版六四，1）。

铜钱　6枚，其中同治重宝4枚，另2枚锈蚀严重，字迹不清。

同治重宝　4枚。标本M63：9-1，平钱，方穿，正背面郭缘较宽，正面楷书"同治重寳"四字，直读，背穿左右为满文"宝泉"局名，上下楷书"當十"二字。钱径2.48厘米，穿径0.64厘米，郭厚0.13厘米（图一〇八，5）。

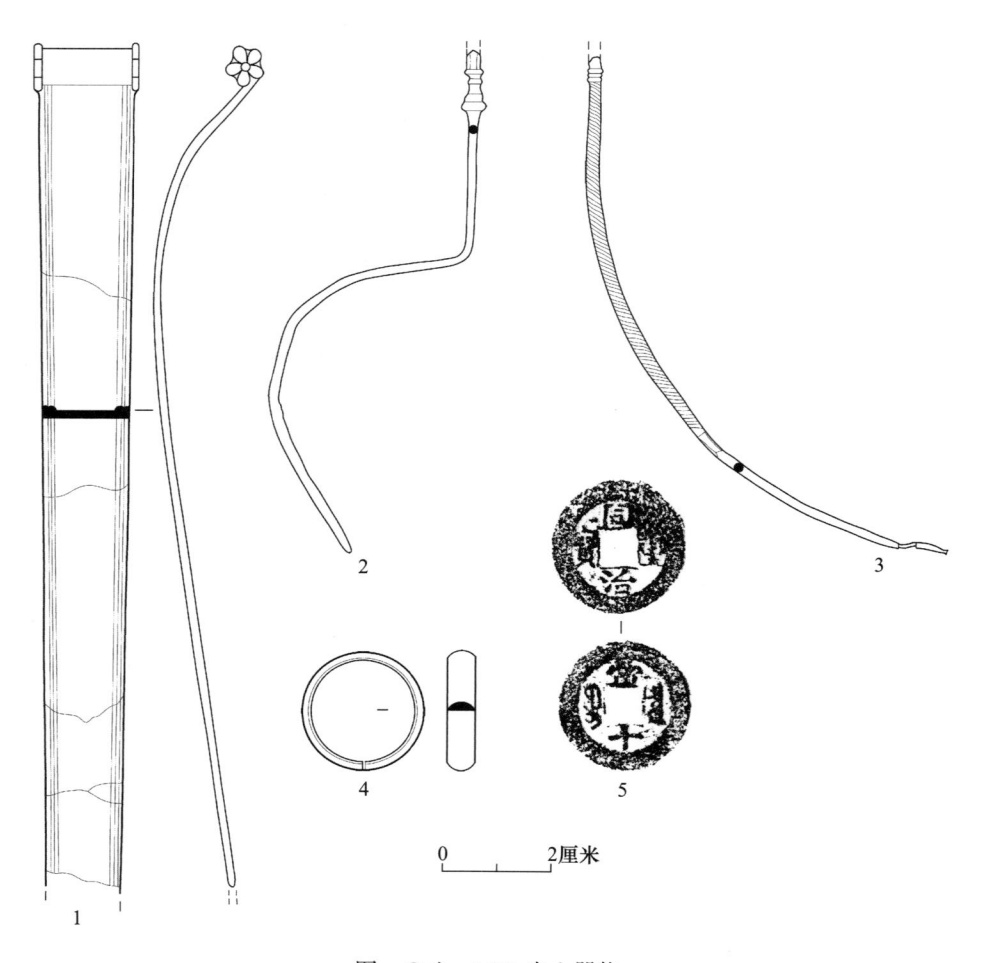

图一〇八　M63出土器物
1. 铜扁方（M63：3）　2、3. 银簪（M63：4、M63：5）　4. 银戒指（M63：6）　5. 同治重宝（M63：9-1）

六二、M64

1. 墓葬形制

该墓位于发掘Ⅰ区西南部，北邻 M65。开口于②层下，东西向，方向 90°。坐标为北纬 39°51′32.9″，东经 116°18′35.8″。

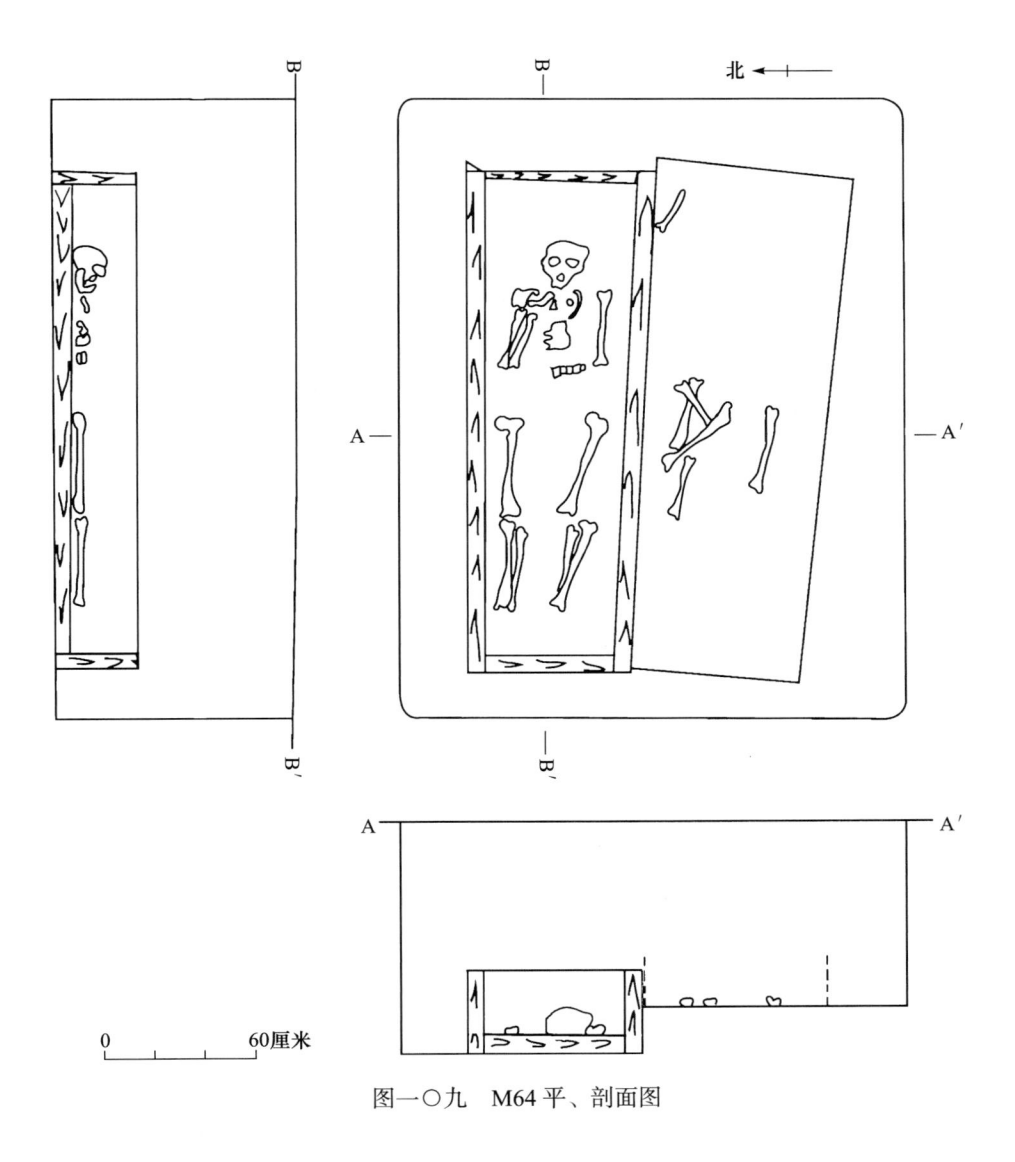

墓平面呈长方形，竖穴土圹双棺合葬墓。墓口距地表深 1 米，墓底距地表深 1.76~1.96 米。墓圹东西长 2.6 米，南北宽 2.04 米，深 0.76~0.96 米。内填花土，土质松软。内置双棺：南棺木已朽，棺痕长 2.1 米，宽 0.7~0.8 米；棺内骨架保存较差，仅残存几段肢骨，葬式、性别不明。北棺长 2.1 米，宽 0.7~0.8 米，残高 0.22 米，前封板厚 0.04 米，棺板、后封板厚 0.06 米，底板厚 0.08 米；棺内骨架保存较差，头向东，面向上，仰身直肢，为女性（图一〇九）。

图一〇九 M64 平、剖面图

2. 随葬品

未发现随葬品。

六三、M65

1. 墓葬形制

该墓位于发掘Ⅰ区西南部，东邻 M66。开口于②层下，东西向，方向 90°。坐标为北纬 39° 51′ 33″，东经 116° 18′ 35.8″。

墓平面呈长方形，竖穴土圹双棺合葬墓。墓口距地表深 0.4 米，墓底距地表深 1.2 米。墓圹东西长 2.5 米，南北宽 1.7 米，深 0.8 米。内填花土，土质松软。内置双棺，棺木已朽：南棺痕长 2.1 米，宽 0.6 米；棺内骨架保存稍好，头向东，面向南，仰身直肢，为男性。北棺痕长 2 米，宽 0.64 米；棺内骨架保存稍好，头向东，面向南，仰身直肢，为女性（图一一〇，彩版五，2）。

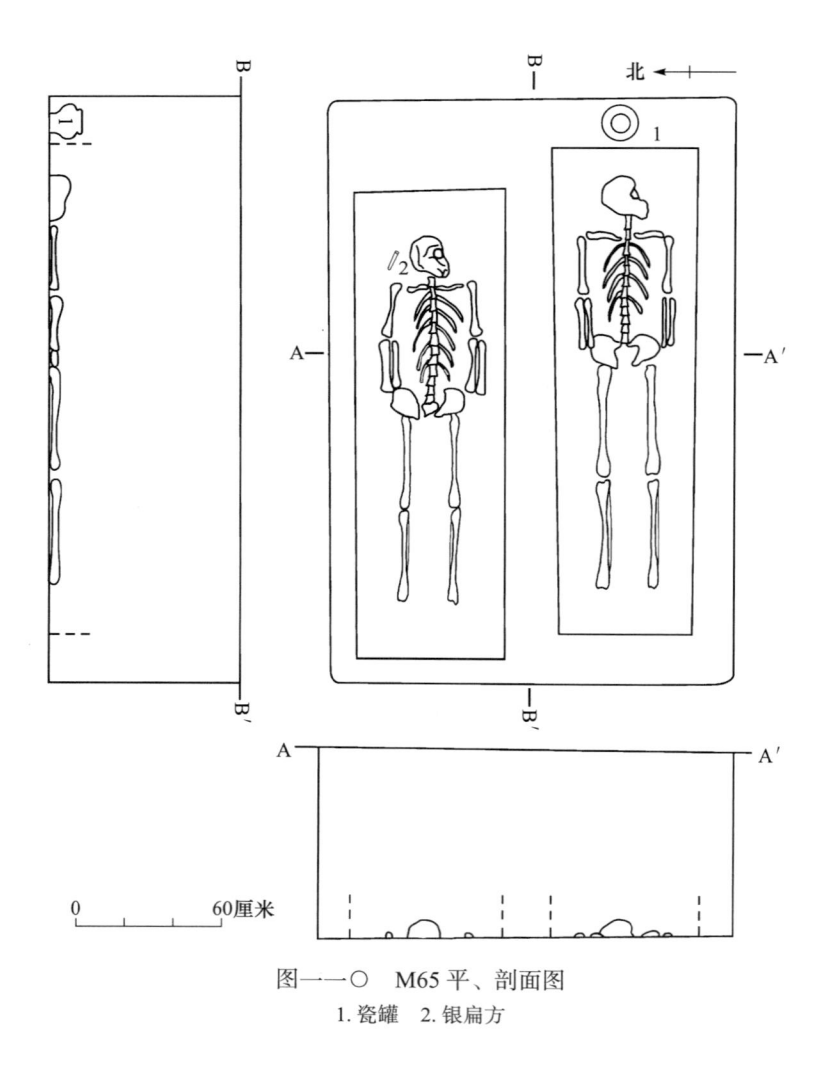

图一一〇 M65 平、剖面图
1. 瓷罐 2. 银扁方

2. 随葬品

南棺外前方出土瓷罐1件;北棺头骨右侧出土银扁方1件。

瓷罐 1件。M65:1,直口,方圆唇,矮领,圆肩,弧腹内收,平底内凹。体施豆青色釉,底部无釉。轮制。口径7.8厘米,腹径12厘米,底径7.8厘米,高11.6厘米(图一一一,1;彩版三三,4)。

银扁方 1件。M65:2,首圆卷呈筒状,錾刻蝙蝠纹,下部弧折,体呈扁条形,上部饰圆形"寿"字纹,下部錾刻蝙蝠纹,末端呈圆弧状。通长12厘米,宽2厘米(图一一一,2;彩版六三,3)。

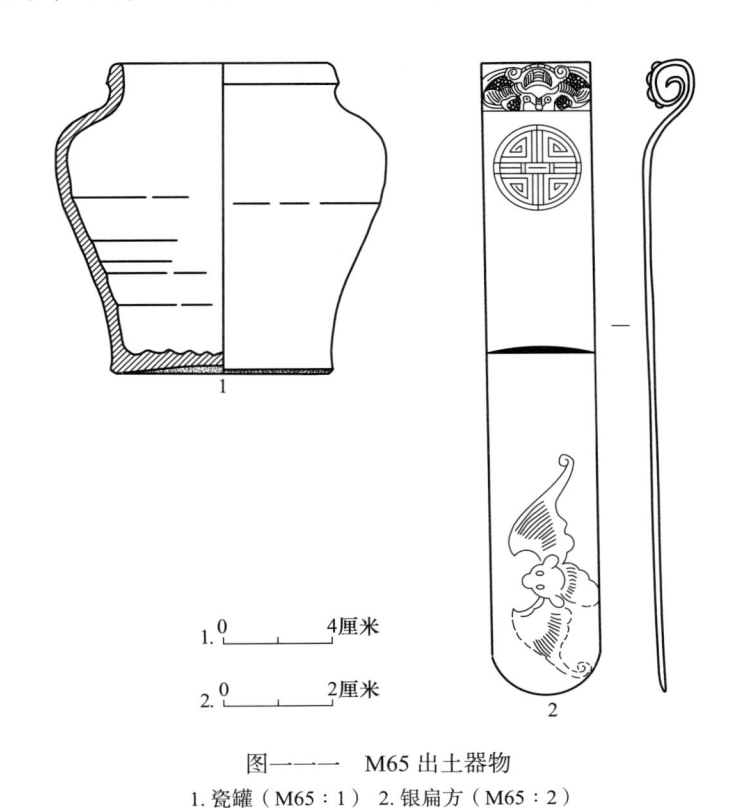

图一一一 M65出土器物
1.瓷罐(M65:1) 2.银扁方(M65:2)

六四、M66

1. 墓葬形制

该墓位于发掘Ⅰ区西南部,西邻M65。开口于②层下,东西向,方向90°。坐标为北纬39°51′33.2″,东经116°18′35.9″。

墓平面呈长方形,竖穴土圹双棺合葬墓。墓口距地表深0.4米,墓底距地表深1.4米。墓圹东西长2.5米,南北宽1.5米,深1米。内填花土,土质松软。内置双棺:南棺长2.2米,宽0.78米,残高0.4米,棺板厚0.1米,前封板厚0.04米,后封板厚0.06米;棺内骨架保存较差,头向东,面向上,仰身直肢,为男性。北棺长2.2米,宽0.78米,残高0.4米,棺板厚0.06~0.08米,前、后封板厚0.06米;棺内骨架保存稍好,头向东,面向上,仰身直肢,为女性(图一一二)。

图一一二　M66平、剖面图
1、2. 瓷罐　3~8. 银簪

2. 随葬品

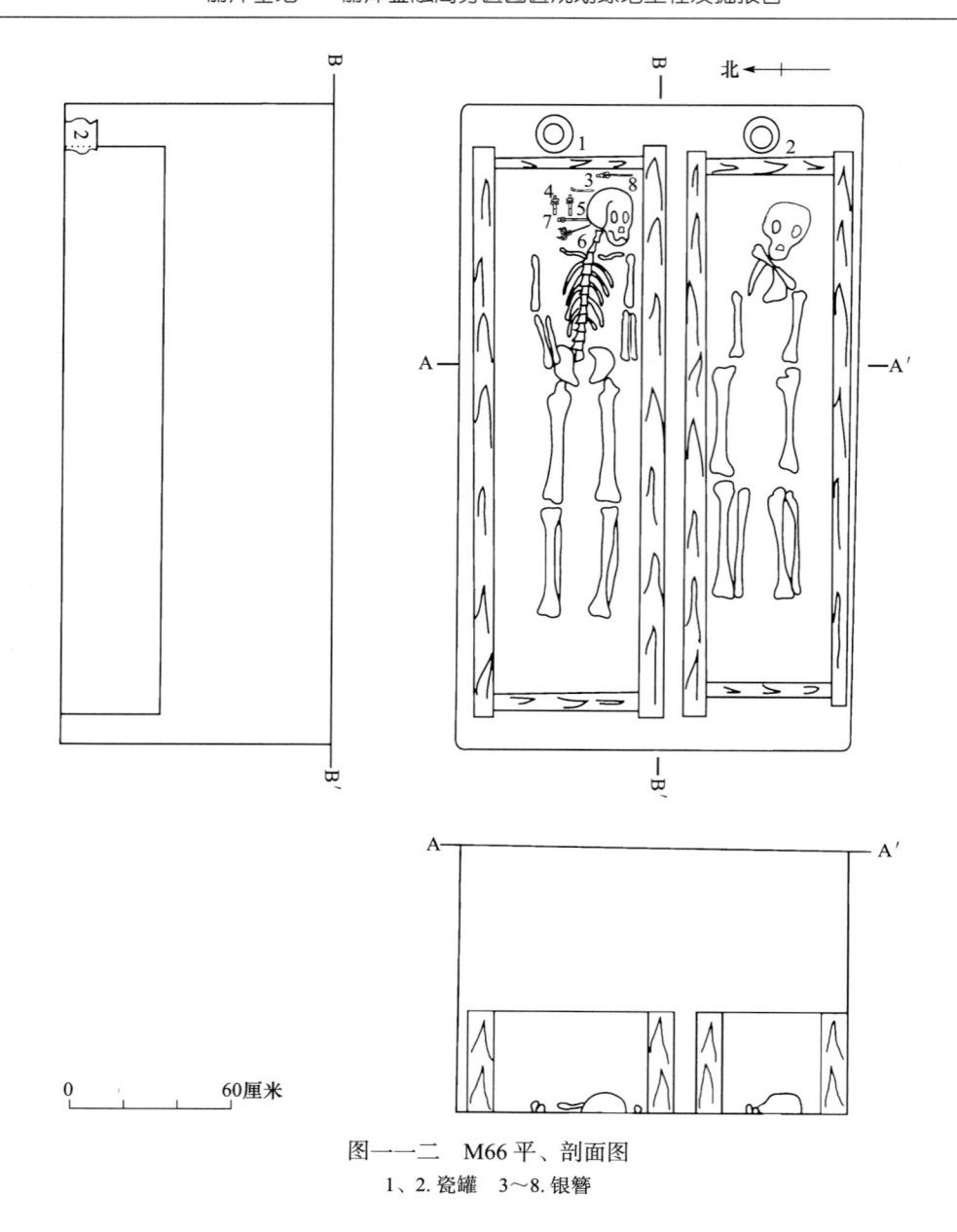

南棺外前方出土瓷罐1件；北棺外右前方出土瓷罐1件，头骨右侧及上部出土银簪6件。

瓷罐　2件。M66：1，直口，方圆唇，领稍高，圆肩，弧腹内收，平底内凹。体施青白色釉。轮制，内壁留有轮旋痕迹。口径7.2厘米，腹径12.8厘米，底径7厘米，高12.6厘米（图一一三，1；彩版三三，5）。M66：2，直口，方圆唇，矮领，圆肩，弧腹内收，平底内凹。体施青白色釉。轮制，内壁留有轮旋痕迹。口径7.8厘米，腹径13厘米，底径7.2厘米，高13.2厘米（图一一三，2；彩版三三，6）。

银簪　6件。M66：3，龙头形首，体呈扁条状，上部錾刻龙鳞，下端残。残长6.5厘米（图一一三，3）。M66：4、M66：5，形制相同。如意头形首，体呈扁锥状，下部残。M66：4，残长5.1厘米（图一一三，4）。M66：5，残长4厘米（图一一三，5）。M66：6，首呈莲花包珠状，珠子缺失，体呈锥状，下端残。残长 4 厘米（图一一三，6）。M66：7，龙头形首，体呈扁条锥状，上部錾刻龙鳞。通长 13.5 厘米（图一一三，7）。M66：8，九连环禅杖形，顶呈葫芦状，首已朽，体呈圆锥形，下端残。残长 8.7 厘米（图一一三，8）。

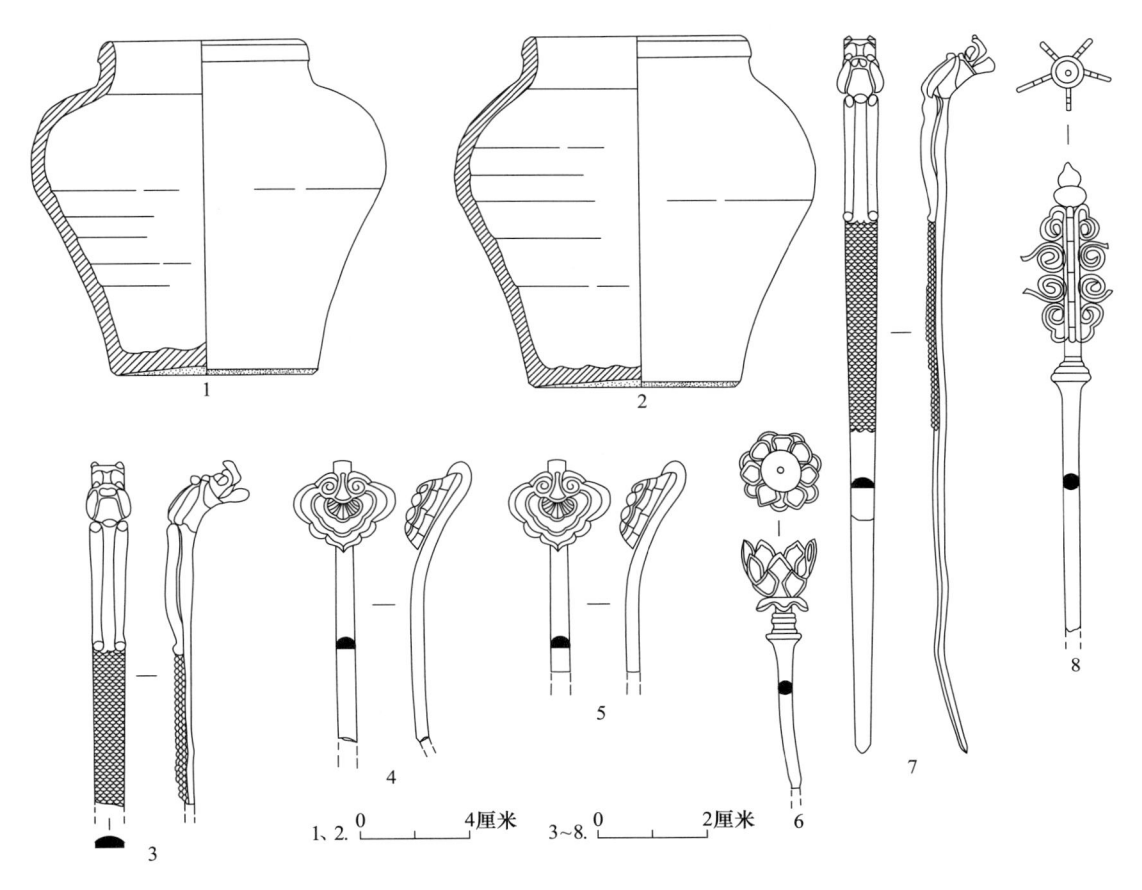

图一一三 M66 出土器物

1、2. 瓷罐（M66：1、M66：2） 3~8. 银簪（M66：3、M66：4、M66：5、M66：6、M66：7、M66：8）

六五、M67

1. 墓葬形制

该墓位于发掘Ⅰ区西部，北邻 M68。开口于②层下，东西向，方向 260°。坐标为北纬 39°51′33.4″，东经 116°18′36.2″。

墓平面呈长方形，竖穴土圹单棺墓。墓口距地表深 0.4 米，墓底距地表深 1.2 米。墓圹东西长 1.9 米，南北宽 0.72 米，深 0.8 米。内填花土，土质松软。墓内未发现棺木，葬具不明；骨架 1 具，保存较好，头向西，面向上，仰身屈肢，为女性（图一一四；彩版四，4）。

2. 随葬品

棺内头骨右侧出土银耳环 2 件，右上肢骨下部出土铜钱 15 枚。

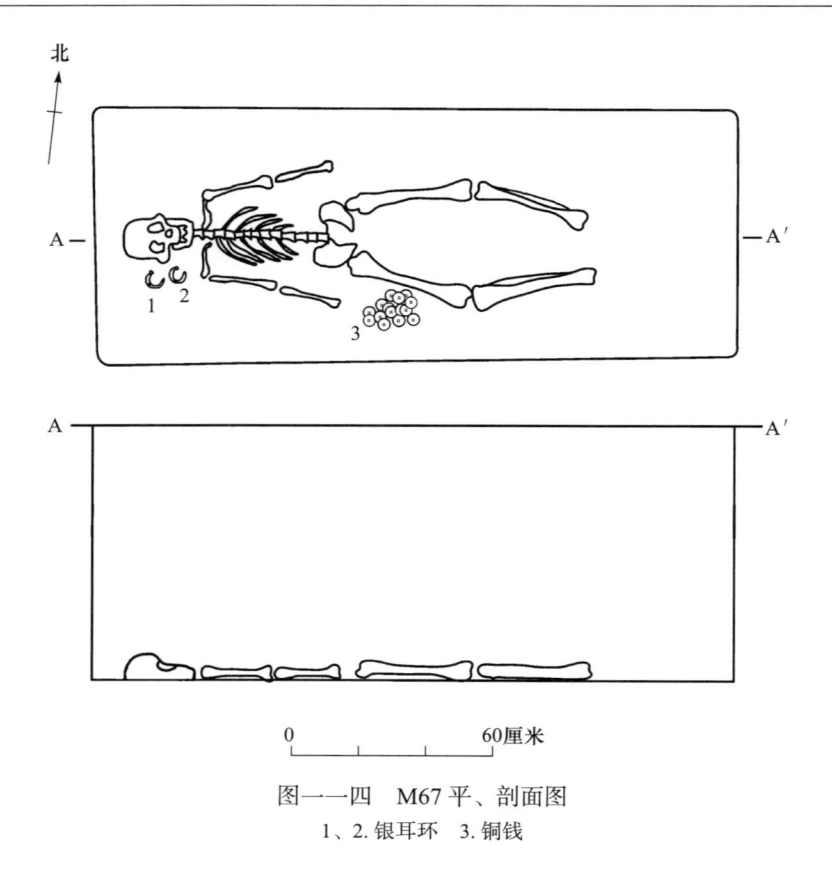

图一一四　M67 平、剖面图
1、2.银耳环　3.铜钱

银耳环　2件。圆环形，一端呈圆锥形，一端为圆球状。M67∶1，直径1.4厘米（图一一五，1）。M67∶2，直径1.4厘米（图一一五，2）。

嘉庆通宝　15枚。平钱，方穿，正背面郭缘较宽，正面楷书"嘉慶通寶"四字，直读。标本M67∶3-1，背穿左右为满文"宝泉"局名。钱径2.48厘米，穿径0.52厘米，郭厚0.14厘米（图一一五，3；彩版八一，1）。标本M67∶3-2，背穿左右为满文"宝源"局名。钱径2.42厘米，穿径0.54厘米，郭厚0.13厘米（图一一五，4；彩版八一，1）。

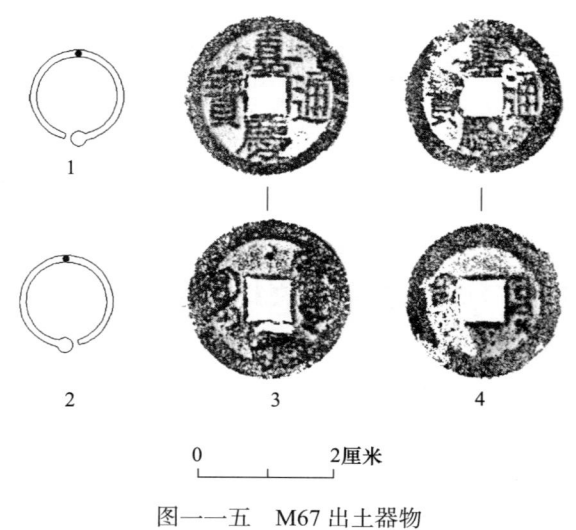

图一一五　M67 出土器物
1、2.银耳环　3、4.嘉庆通宝（M67∶3-1、M67∶3-2）

六六、M68

1. 墓葬形制

该墓位于发掘Ⅰ区西部，南邻 M67。开口于②层下，东西向，方向 270°。坐标为北纬 39°51′33.2″，东经 116°18′36.2″。

墓平面呈长方形，竖穴土圹单棺迁葬墓。墓口距地表深 0.4 米，墓底距地表深 1.2 米。墓圹东西长 1.9 米，南北宽 0.72 米，深 0.8 米。内填花土，土质松软。墓内未发现棺木及骨架，葬式、性别不明（图一一六）。

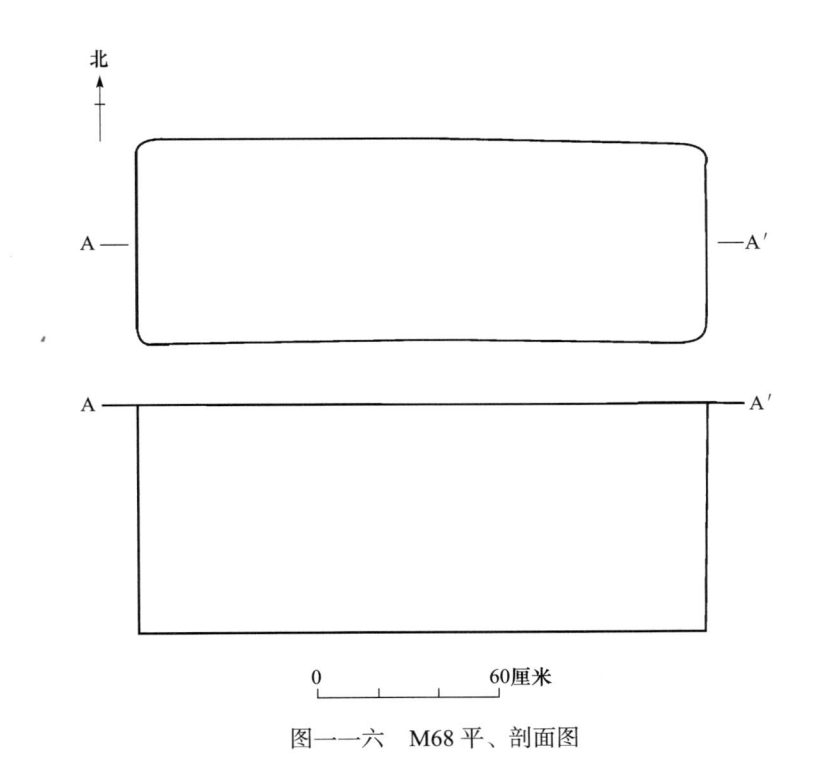

图一一六　M68 平、剖面图

2. 随葬品

未发现随葬品。

六七、M69

1. 墓葬形制

该墓位于发掘Ⅰ区西部，东邻 M67。开口于②层下，南北向，方向 350°。坐标为北纬 39°51′33″，东经 116°18′34.9″。

墓平面呈长方形，竖穴土圹单棺迁葬墓。墓口距地表深 1.3 米，墓底距地表深 2.1 米。墓圹南北长 2.8 米，东西宽 1.5 米，深 0.8 米。内填花土，土质松软。内置单棺，棺木已朽，棺痕长 1.8 米，宽 0.6～0.7 米；棺内未发现骨架，葬式、性别不明（图一一七）。

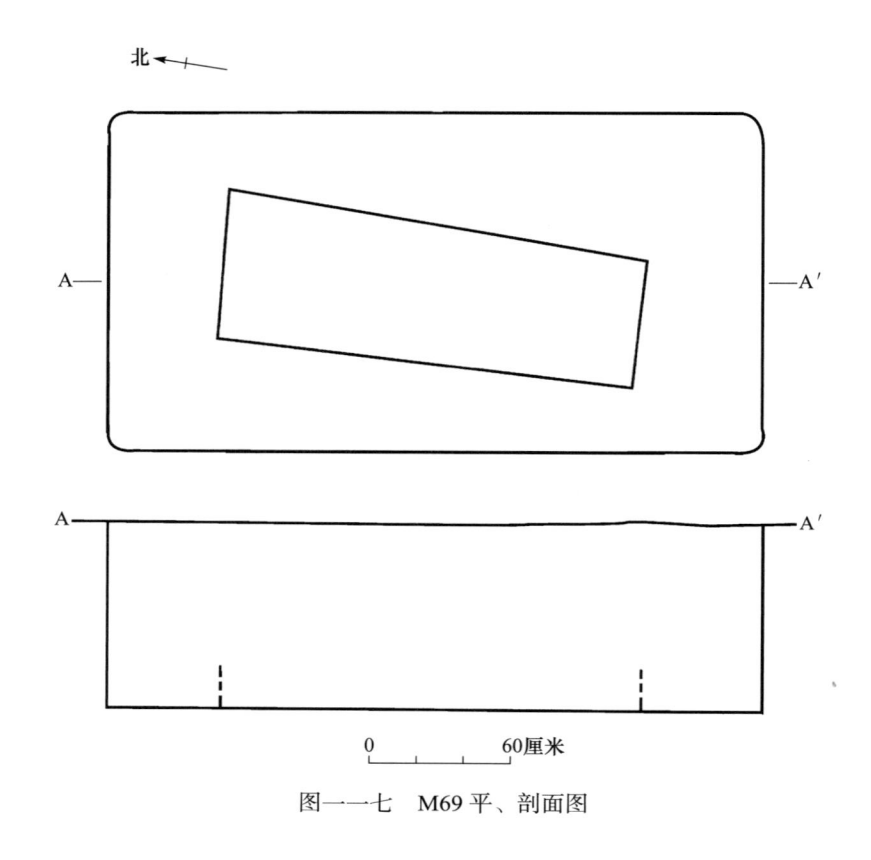

图一一七　M69 平、剖面图

2. 随葬品

未发现随葬品。

六八、M70

1. 墓葬形制

该墓位于发掘Ⅰ区西部，北邻 M71。开口于②层下，东西向，方向 75°。坐标为北纬 39° 51′ 33.4″，东经 116° 18′ 35″。

墓平面呈梯形，竖穴土圹双棺合葬墓。墓口距地表深 0.4 米，墓底距地表深 1.4 米。墓圹东西长 2.3 米，南北宽 1.56～1.7 米，深 1 米。内填花土，土质松软。内置双棺，棺木已朽：南棺痕长 1.7 米，宽 0.5～0.6 米；棺内骨架保存较差，头向东，面向南，仰身直肢，为女性。北棺痕长 1.7 米，宽 0.46～0.6 米；棺内骨架保存较好，头向东，面向南，仰身直肢，为男性（图一一八）。

图一一八　M70平、剖面图
1. 釉陶罐

2. 随葬品

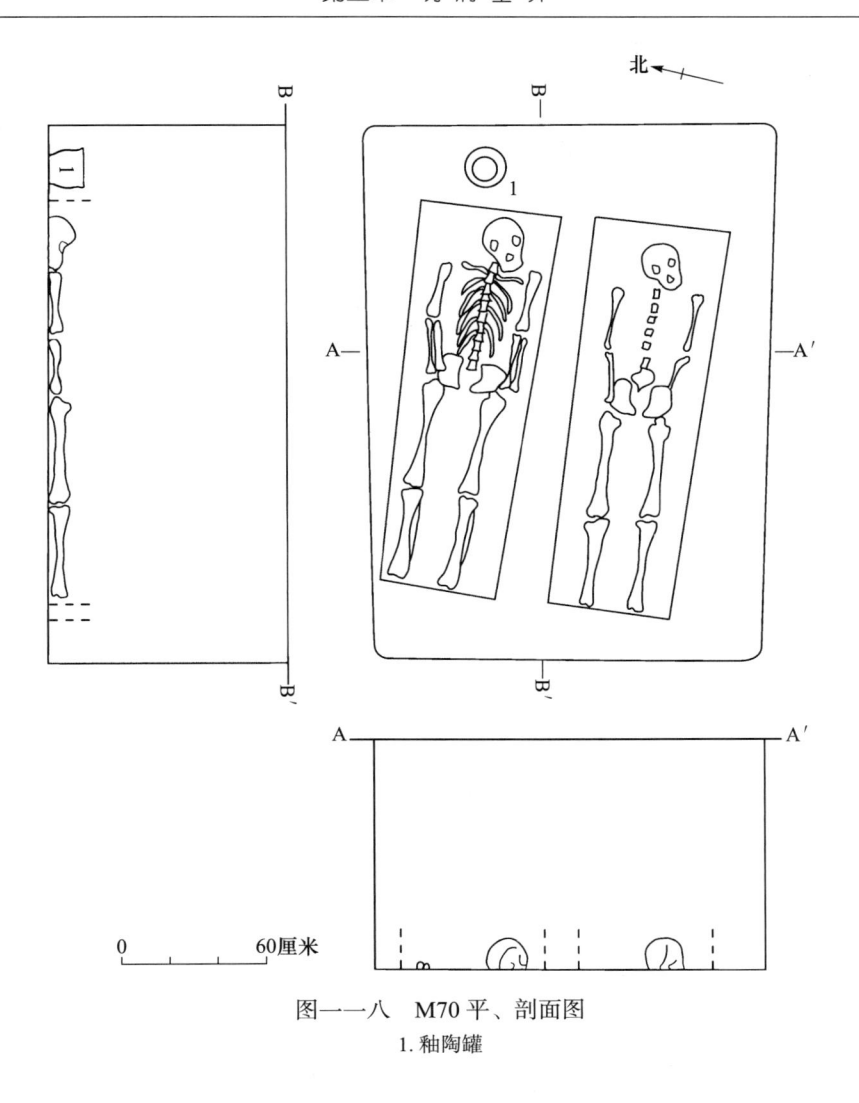

北棺外前方出土釉陶罐1件。

釉陶罐　1件。M70:1，直口，方唇，微束颈，斜直腹，平底内凹。上腹部及口沿内侧施酱黄色釉。轮制，体留有轮旋痕迹。口径10.4厘米，腹径10.2厘米，底径7.6厘米，高10.6厘米（图一一九；彩版三六，1）。

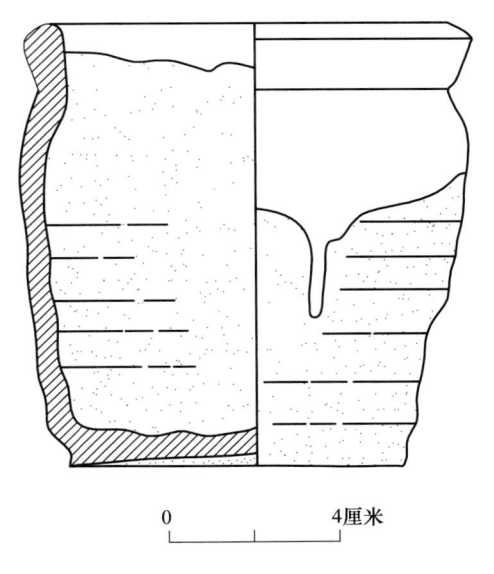

图一一九　M70出土釉陶罐（M70:1）

六九、M71

1. 墓葬形制

该墓位于发掘Ⅰ区西部，南邻M70。开口于②层下，东西向，方向80°。坐标为北纬39°51′33.5″，东经116°18′35.1″。

墓平面呈梯形，竖穴土圹单棺墓。墓口距地表深0.4米，墓底距地表深1.2米。墓圹东西长2.1米，南北宽0.88～0.94米，深0.8米。内填花土，土质松软。内置单棺，棺木已朽，棺痕长1.8米，宽0.55～0.65米；棺内骨架保存较差，头向东，面向南，葬式不明，为男性（图一二〇）。

图一二〇　M71平、剖面图
1. 釉陶罐

2. 随葬品

棺外前方出土釉陶罐1件。

釉陶罐　1件。M71:1，侈口，方唇，斜领，肩微弧，斜腹，平底微凹。腹上部及口沿内侧施酱黄色釉，遗有流釉痕迹。轮制，体留有轮旋痕迹。口径10.2厘米，腹径10.6厘米，底径7.6厘米，高11厘米（图一二一；彩版三六，2）。

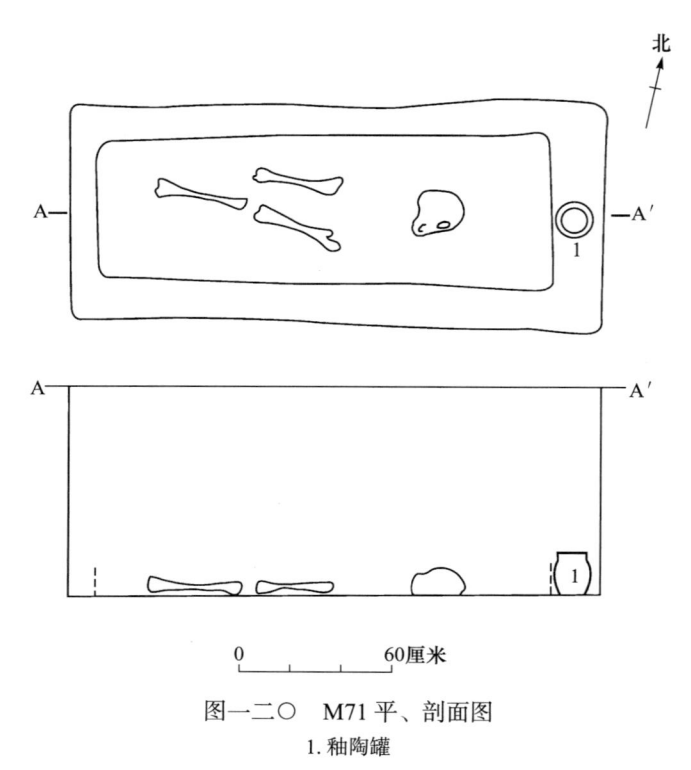

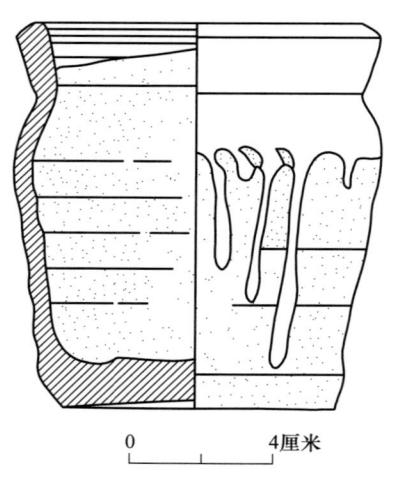

图一二一　M71出土釉陶罐（M71:1）

七〇、M72

1. 墓葬形制

该墓位于发掘Ⅰ区西部，东邻 M73。开口于②层下，南北向，方向 0°。坐标为北纬 39°51′33.6″，东经 116°18′35.5″。

墓平面呈长方形，竖穴土圹双棺合葬墓。墓口距地表深 0.4 米，墓底距地表深 1.4 米。墓圹南北长 2.6 米，东西宽 2.1 米，深 1 米。内填花土，土质松软。内置双棺，棺木已朽：东棺痕长 2.1 米，宽 0.56 米；棺内骨架保存稍差，头向北，面向东，仰身直肢，为男性。西棺痕长 2.06 米，宽 0.64 米；棺内骨架保存稍好，头向北，面向东，侧身屈肢，为女性（图一二二）。

2. 随葬品

未发现随葬品。

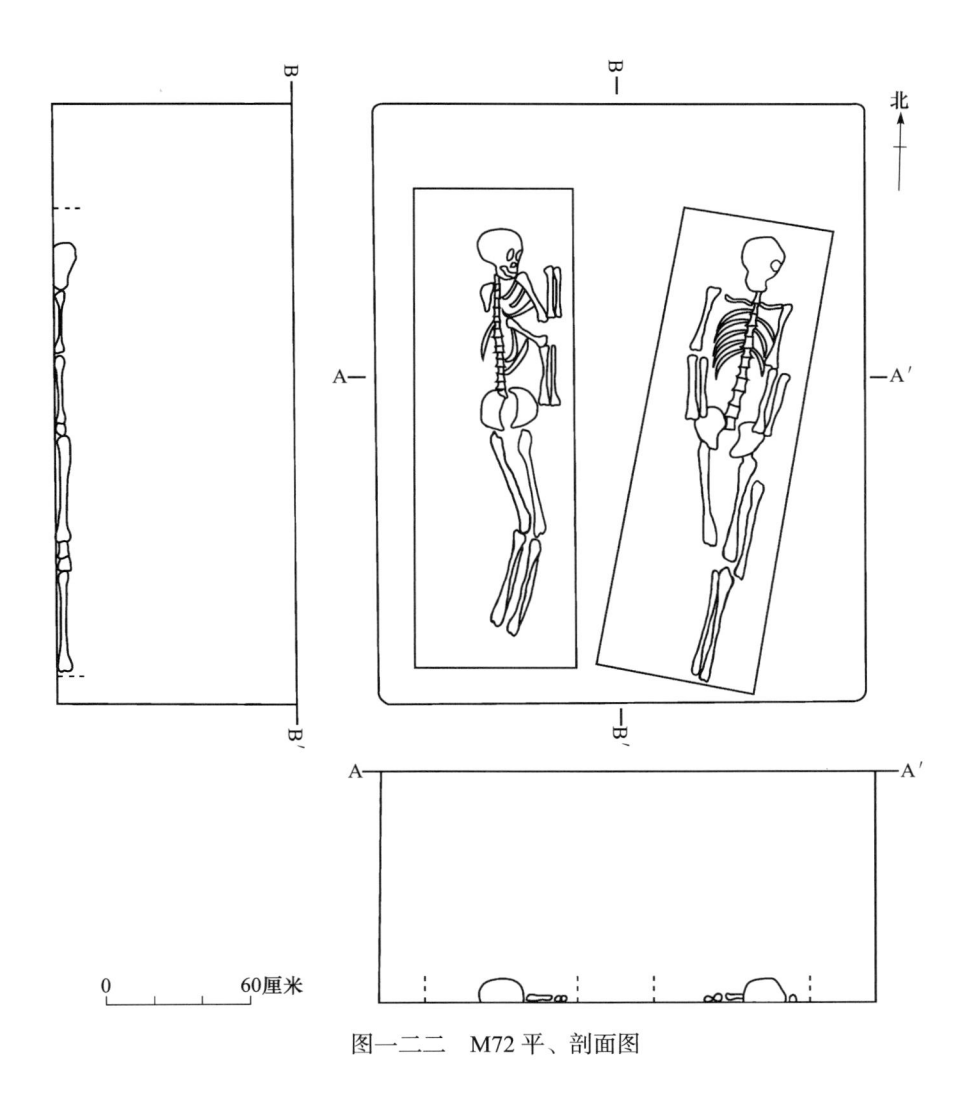

图一二二　M72 平、剖面图

七、M73

1. 墓葬形制

该墓位于发掘Ⅰ区西部，西邻 M72。开口于②层下，南北向，方向 0°。坐标为北纬 39° 51′ 33.6″，东经 116° 18′ 35.5″。

墓平面呈长方形，竖穴土圹单棺墓。墓口距地表深 0.4 米，墓底距地表深 1.2 米。墓圹南北长 2.2 米，东西宽 1 米，深 0.8 米。内填花土，土质松软。内置单棺，棺木已朽，棺痕长 1.8 米，宽 0.6 米；棺内骨架保存较好，头向北，面向上，仰身直肢，为女性（图一二三）。

2. 随葬品

未发现随葬品。

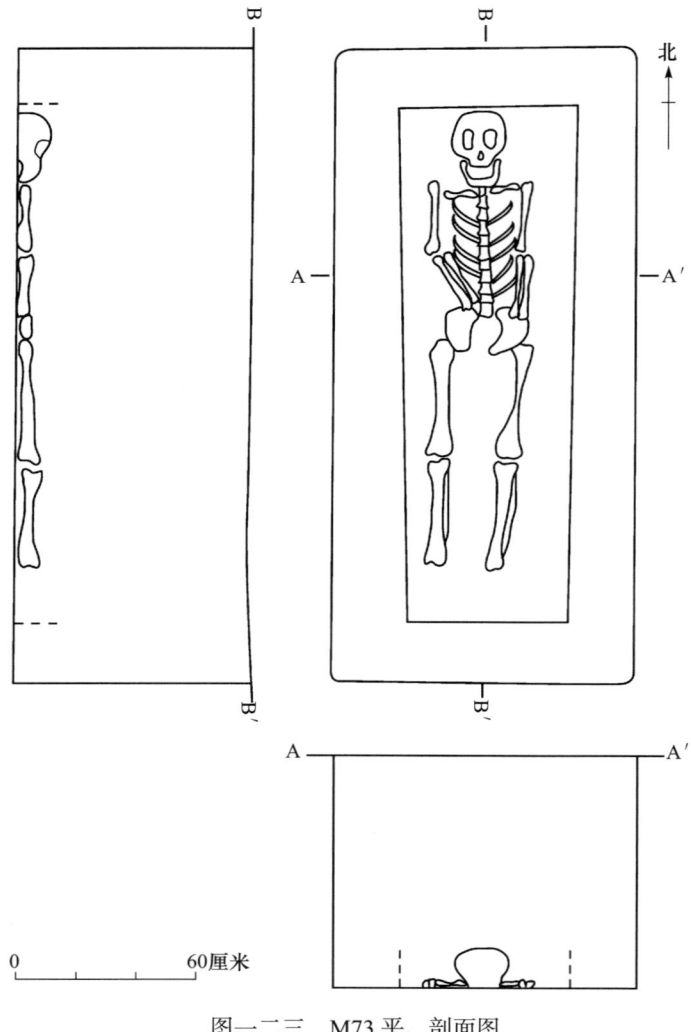

图一二三　M73 平、剖面图

七二、M74

1. 墓葬形制

该墓位于发掘 I 区中部，东邻 M75。开口于②层下，东西向，方向 260°。坐标为北纬 39° 51′ 33.6″，东经 116° 18′ 35.8″。

墓平面呈长方形，竖穴土圹单棺墓。墓口距地表深 0.5 米，墓底距地表深 1.4 米。墓圹东西长 2.3 米，南北宽 1 米，深 0.9 米。内填花土，土质松软。内置单棺，棺木已朽，棺痕长 1.9 米，宽 0.6 米；棺内骨架保存较差，头向西，面向北，仰身直肢，为女性（图一二四）。

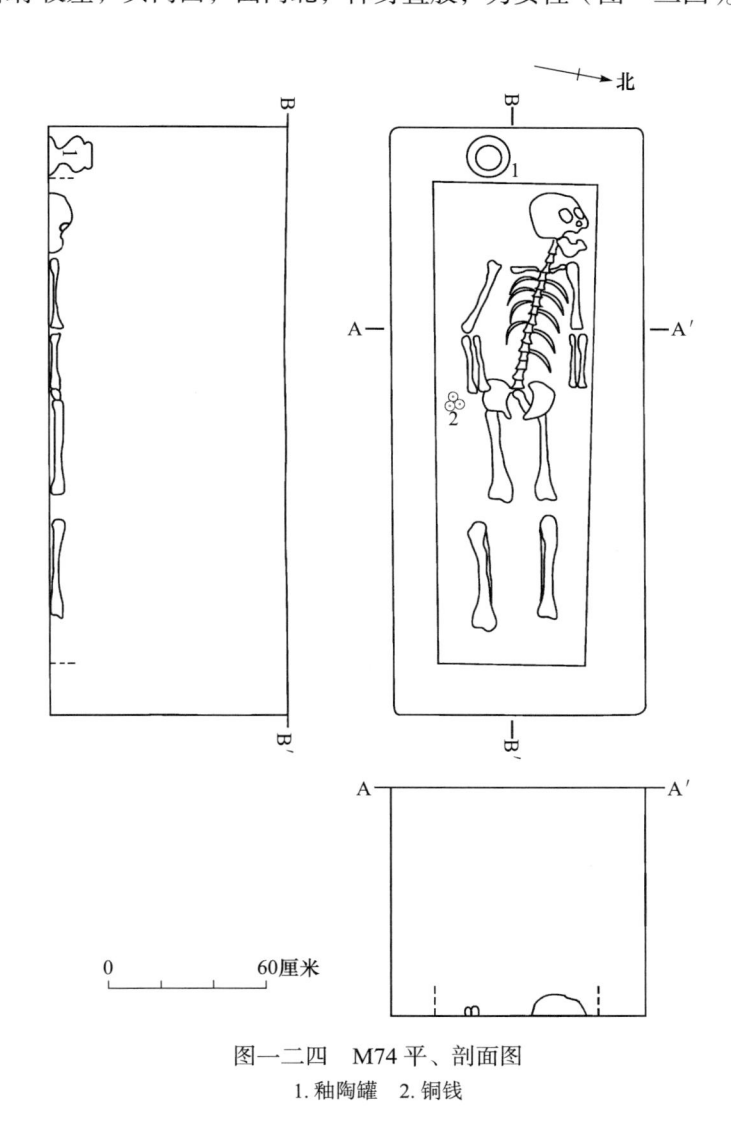

图一二四　M74 平、剖面图
1. 釉陶罐　2. 铜钱

2. 随葬品

棺外右前方出土釉陶罐 1 件，右上肢骨外侧下部出土铜钱 3 枚。

釉陶罐　1件。M74：1，直口，斜沿，尖圆唇，矮领，圆肩，圆鼓腹，下部弧收，底部外展，平底微凹。体施米黄色釉，下部遗有流釉痕迹。轮制。口径8.6厘米，腹径11厘米，底径8.2厘米，高12.4厘米（图一二五；彩版三六，3）。

铜钱　3枚。残锈严重，字迹不清。

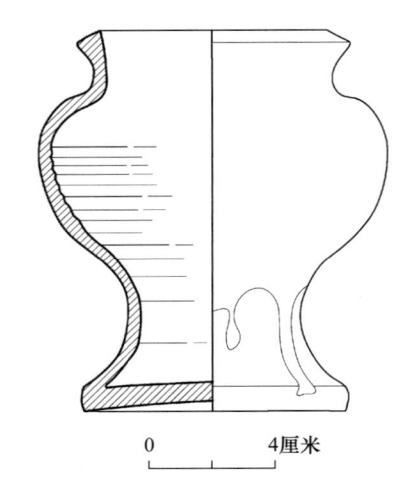

图一二五　M74出土釉陶罐（M74：1）

七三、M75

1. 墓葬形制

该墓位于发掘Ⅰ区西部，西邻M74。开口于②层下，南北向，方向0°。坐标为北纬39°51′33.6″，东经116°18′35.8″。

墓平面呈圆形，竖穴砖室瓮棺墓。墓口距地表深0.8米，墓底距地表深1.72米。墓圹直径0.92~1米，深0.92米。内填花土，土质松软。圆形墓室用残砖砌制，残高0.04~0.05米。底部南北排列平砖两块，砖长30、宽15、厚5厘米。砖上部放置瓷瓮1件，蘑菇形盖，内装骨灰，瓮口径18厘米，腹径35.6厘米，高34.4厘米（图一二六；彩版六，1）。

2. 随葬品

墓室中部置瓷瓮1件，瓷瓮西侧出土铜钱4枚。

瓷瓮　1件。M75：1，近直口，斜平唇，矮领，圆肩，鼓腹，圈足底。蘑菇状盖，荸荠形钮，宽折沿，敛口。体施黑色釉，圈足无釉。轮制。盖口径13.6厘米，罐口径18厘米，腹径35.6厘米，底径23.4厘米，通高34.4厘米（图一二七，1；彩版三五，2）。

康熙通宝　4枚。标本M75：2-1，大平钱，方穿，正背面郭缘较宽，正面楷书"康熙通寳"四字，直读，背穿左右为满文"宝泉"局名。钱径2.86厘米，穿径0.55厘米，郭厚0.14厘米（图一二七，2；彩版八一，2）。

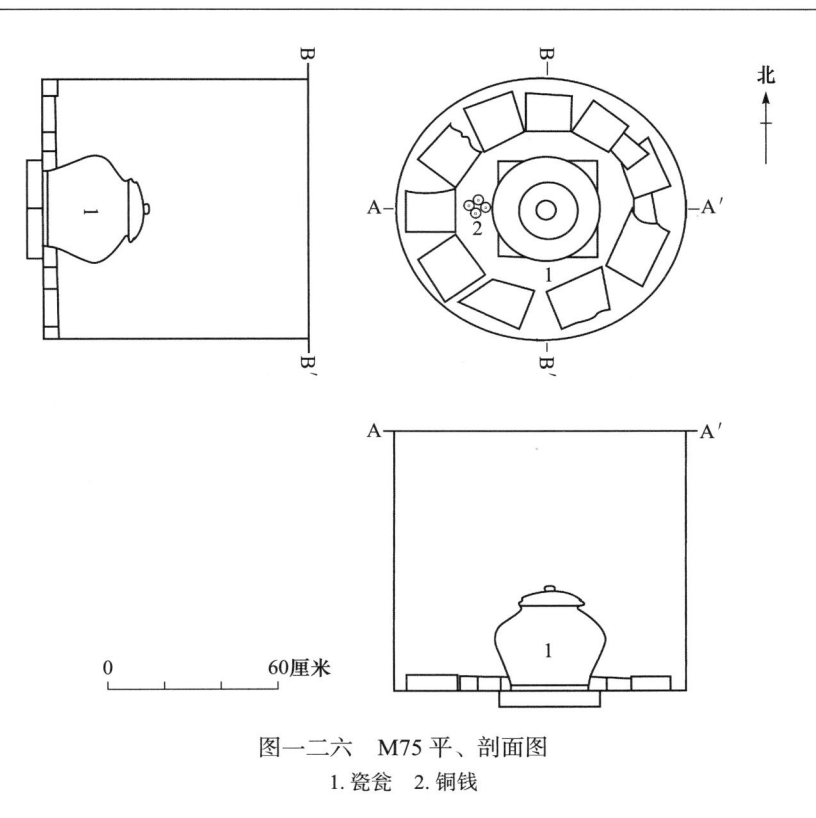

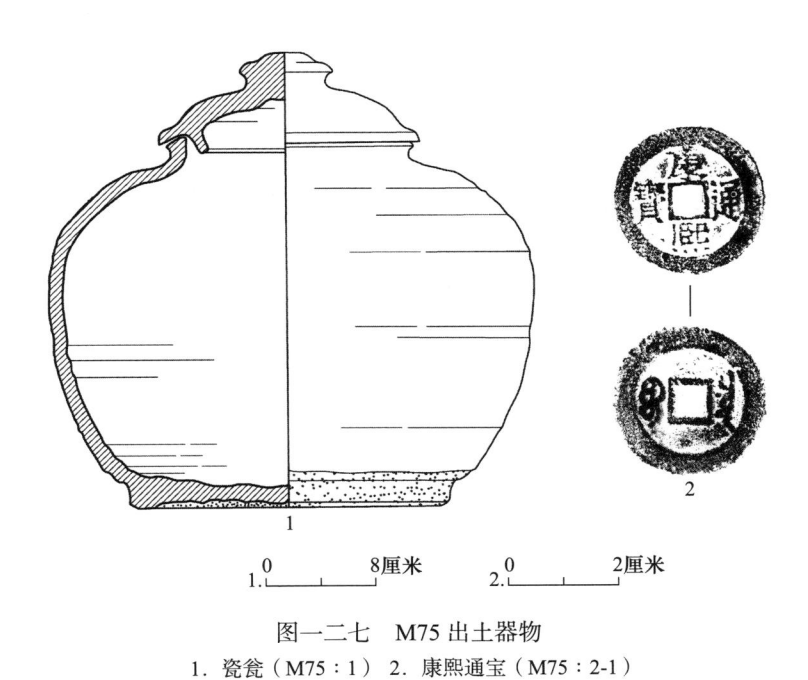

图一二六　M75 平、剖面图
1. 瓷瓮　2. 铜钱

图一二七　M75 出土器物
1. 瓷瓮（M75∶1）　2. 康熙通宝（M75∶2-1）

七四、M76

1. 墓葬形制

该墓位于发掘Ⅰ区西部，东邻M77。开口于②层下，南北向，方向0°。坐标为北纬39°51′

30.7″，东经 116° 18′ 37.1″。

墓平面呈长方形，竖穴土圹单棺墓。墓口距地表深 1 米，墓底距地表深 1.9 米。墓圹南北长 2.3 米，东西宽 1.2 米，深 0.9 米。内填花土，土质松软。内置单棺，棺木已朽，棺痕长 1.9 米，宽 0.7 米；棺内骨架保存较差，头向北，面向上，仰身屈肢，为男性（图一二八）。

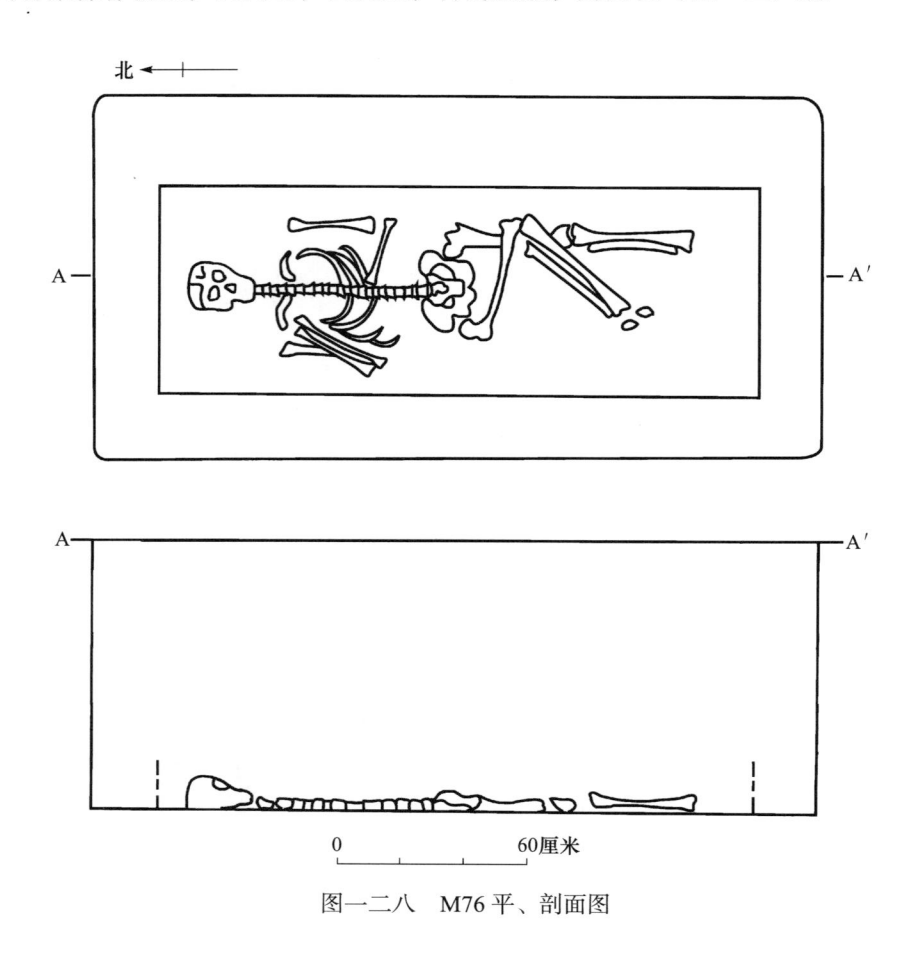

图一二八　M76 平、剖面图

2. 随葬品

未发现随葬品。

七五、M77

1. 墓葬形制

该墓位于发掘 I 区西部，西邻 M76。开口于②层下，东西向，方向 280°。坐标为北纬 39° 51′ 33″，东经 116° 18′ 36″。

墓平面呈长方形，竖穴土圹双棺合葬墓。墓口距地表深 0.4 米，墓底距地表深 1.2 米。墓圹东西长 2.1 米，南北宽 1.6 米，深 0.8 米。内填花土，土质松软。内置双棺，棺木已朽：南棺痕长

1.86米，宽0.56～0.62米；棺内骨架保存较差，头向西，面向上，葬式不明，为女性。北棺痕长1.88米，宽0.5～0.54米；棺内骨架保存稍差，头向西，面向上，仰身直肢，为男性（图一二九）。

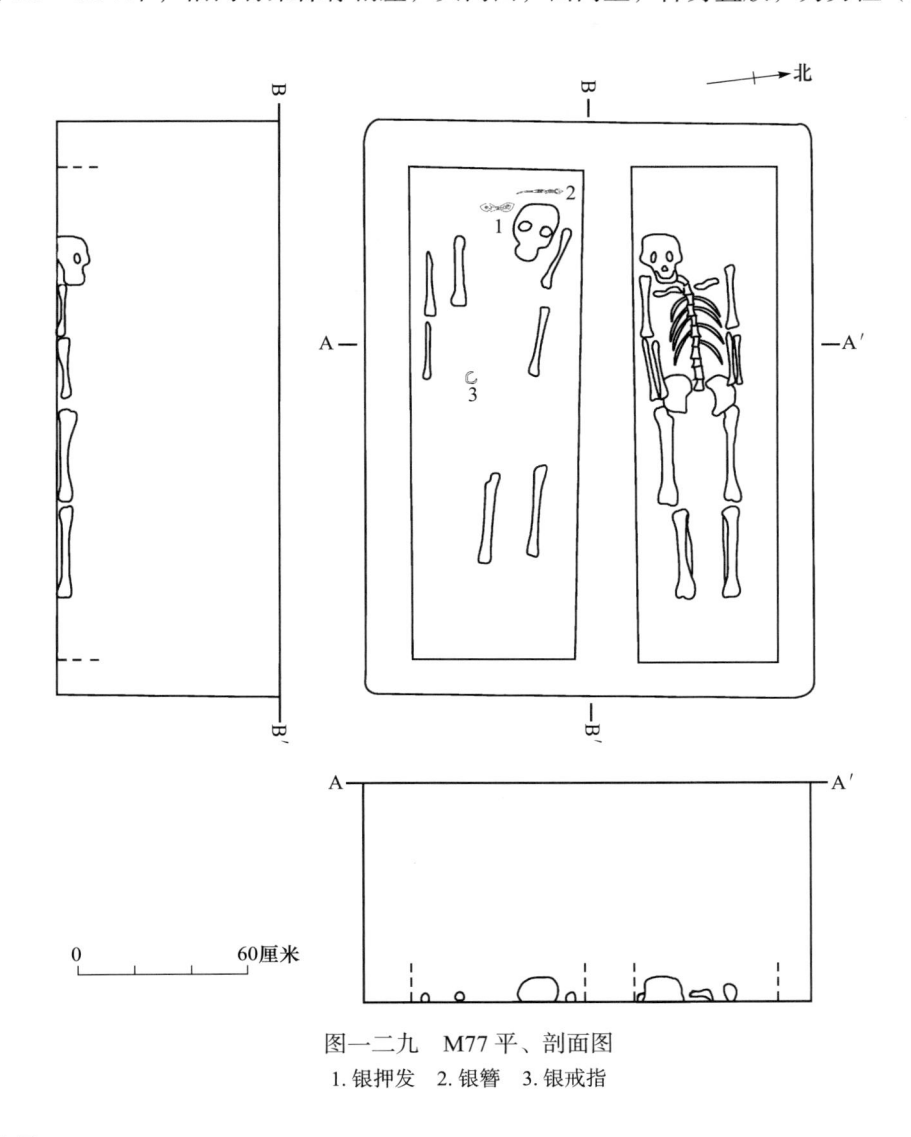

图一二九 M77平、剖面图
1. 银押发 2. 银簪 3. 银戒指

2. 随葬品

南棺头骨上部出土银押发1件、银簪1件，上肢骨下部内侧出土银戒指1件。

银押发 1件。M77:1，呈弓形，两端呈扁条叶状，上錾刻牡丹纹。长6.6厘米，宽0.5～1.3厘米（图一三〇，1；彩版六三，4）。

银簪 1件。M77:2，顶呈葫芦状，首残，中部呈柳叶形，上面铸花卉纹，末端呈圆锥状。长10.5厘米（图一三〇，3；彩版六三，5）。

银戒指 1件。M77:3，圆形，戒面近方形花朵状，上面錾刻两束对称梅花纹，两端呈扁锥形。直径2厘米（图一三〇，2；彩版六三，6）。

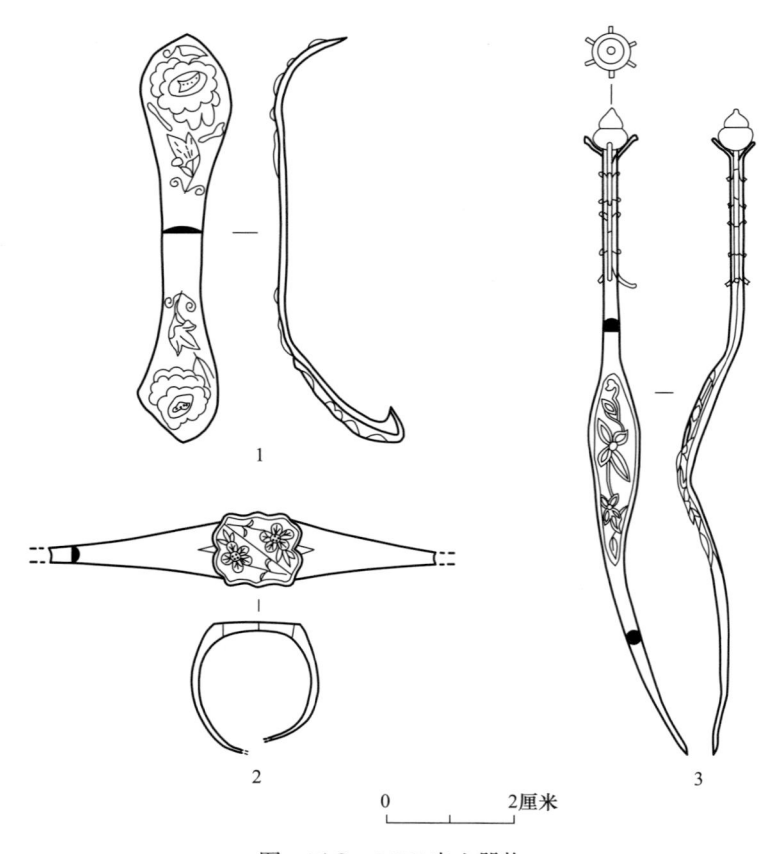

图一三〇　M77 出土器物
1. 银押发（M77：1）　2. 银戒指（M77：3）　3. 银簪（M77：2）

七六、M78

1. 墓葬形制

该墓位于发掘Ⅰ区西部，西邻 M77。开口于②层下，南北向，方向 0°。坐标为北纬 39°51′4.1″，东经 116°18′41.05″。

墓平面呈长方形，竖穴土圹双棺合葬墓。墓口距地表深 1.5 米，墓底距地表深 2.4 米。墓圹南北长 2.5 米，东西宽 2 米，深 0.9 米。内填花土，土质松软。内置双棺，棺木已朽：东棺痕长 1.8 米，宽 0.55～0.6 米；棺内骨架保存较差，头向北，面向上，仰身直肢，为男性。西棺痕长 1.7 米，宽 0.4～0.5 米；棺内骨架保存较差，头向北，面向上，仰身直肢，为女性（图一三一）。

2. 随葬品

东棺左上肢下部出土铜烟袋 1 件，左下肢骨外侧上部出土铜钱 25 枚；西棺头骨两侧各出土银耳环 1 件。

银耳环　2 件。圆环形，银条盘制。M78：1，直径 1.7 厘米（图一三二，1）。M78：2，直径 1.7 厘米（图一三二，2）。

第三章 明清墓葬

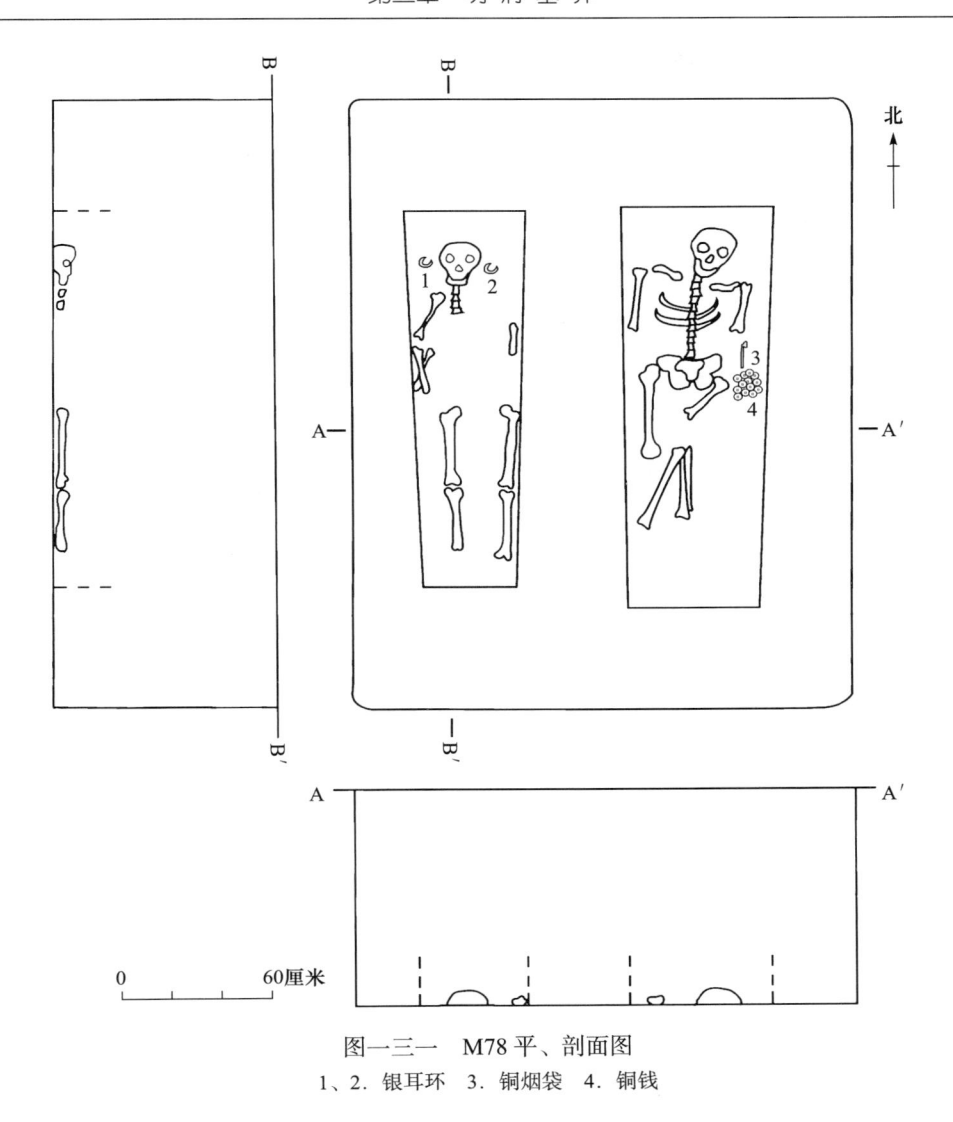

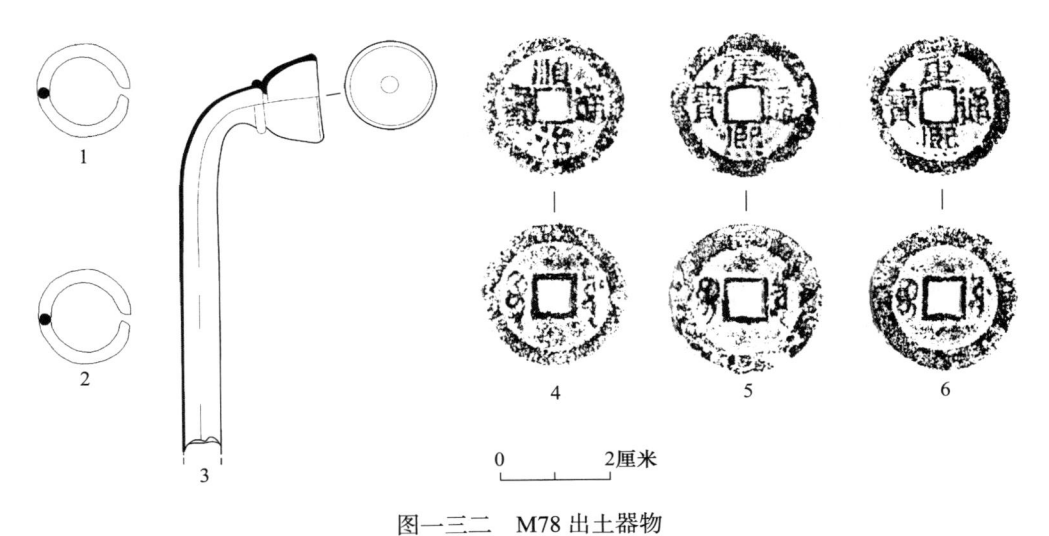

图一三一 M78平、剖面图
1、2. 银耳环 3. 铜烟袋 4. 铜钱

图一三二 M78出土器物
1、2. 银耳环（M78：1、M78：2） 3. 铜烟袋（M78：3） 4. 顺治通宝（M78：4-1） 5、6. 康熙通宝（M78：4-2、M78：4-3）

铜烟袋 1件。M78：3，烟锅呈圆形半球状，烟杆为圆筒状，烟嘴缺失。残长7.2厘米，锅径1.7厘米（图一三二，3）。

铜钱 25枚，有顺治通宝、康熙通宝。

顺治通宝 11枚。标本M78：4-1，大平钱，方穿，正背面郭缘较宽，正面楷书"顺治通寶"四字，直读，背穿左右为满文"宝源"局名。钱径2.72厘米，穿径0.52厘米，郭厚0.1厘米（图一三二，4）。

康熙通宝 14枚。大平钱，方穿，正背面郭缘较宽，正面楷书"康熙通寶"四字，直读。标本M78：4-2，背穿左右为满文"宝泉"局名。钱径2.73厘米，穿径0.55厘米，郭厚0.12米（图一三二，5）。标本M78：4-3，背穿左右为满文"宝源"局名。钱径2.82厘米，穿径0.56厘米，郭厚0.13厘米（图一三二，6）。

七七、M79

1. 墓葬形制

该墓位于发掘Ⅰ区西部，西邻M80。开口于②层下，南北向，方向350°。坐标为北纬39°51′33.8″，东经116°18′35.1″。

墓平面呈梯形，竖穴土圹双棺合葬墓。墓口距地表深0.4米，墓底距地表深1.8~2米。墓圹南北长3.6米，东西宽3~3.6米，深1.4~1.6米。内填花土，土质松软。内置双棺双椁：东椁长2.12米，宽0.8~0.84米，厚0.08~0.1米；东棺长2米，宽0.66米，残高0.56米，棺板、前封板、后封板厚0.06米，底板厚0.04米；棺内骨架保存较好，头向北，面向上，仰身直肢，为男性。西椁长2米，宽0.78米，厚0.04~0.08米；西棺长2.14米，宽0.66米，残高0.56米，棺板厚0.06~0.08米，前封板、后封板、底板厚0.06米；棺内骨架保存较好，头向北，面向上，仰身直肢，为女性。墓志2合，放置在棺外下方，竖靠墓壁（图一三三；彩版七，1、2）。

2. 随葬品

东椁外前方出土瓷罐1件，左上肢外侧下部出土铜钱6枚；西棺左下肢外侧上部出土铜钱6枚。

瓷罐 1件。M79：1，敛口，方圆唇，矮斜领，圆肩，弧腹，假圈足。粗瓷，外壁施乳白色釉，内壁及圈足内未施釉。轮制。口径10.2厘米，腹径17.8厘米，底径11厘米，高22.2厘米（图一三四，1；彩版三五，3）。

铜钱 12枚，有开元通宝、淳化元宝、咸平元宝、天禧通宝。

开元通宝 1枚。M79：2-1，平钱，方穿，正背面郭缘较窄，正面楷书"開元通寶"四字，直读。钱径2.52厘米，穿径0.66厘米，郭厚0.14厘米（图一三四，2）。

淳化元宝 2枚。标本M79：3-1，平钱，方穿，正背面郭缘略宽，正面楷书"淳化元寶"四字，旋读。钱径2.4厘米，穿径0.5厘米，郭厚0.09厘米（图一三四，3）。

咸平元宝 8枚。标本M79：3-2，平钱，方穿，正面郭缘略宽，背面郭不明显，正面楷书"咸平元寶"四字，旋读。钱径2.4厘米，穿径0.55厘米，郭厚0.09厘米（图一三四，4）。

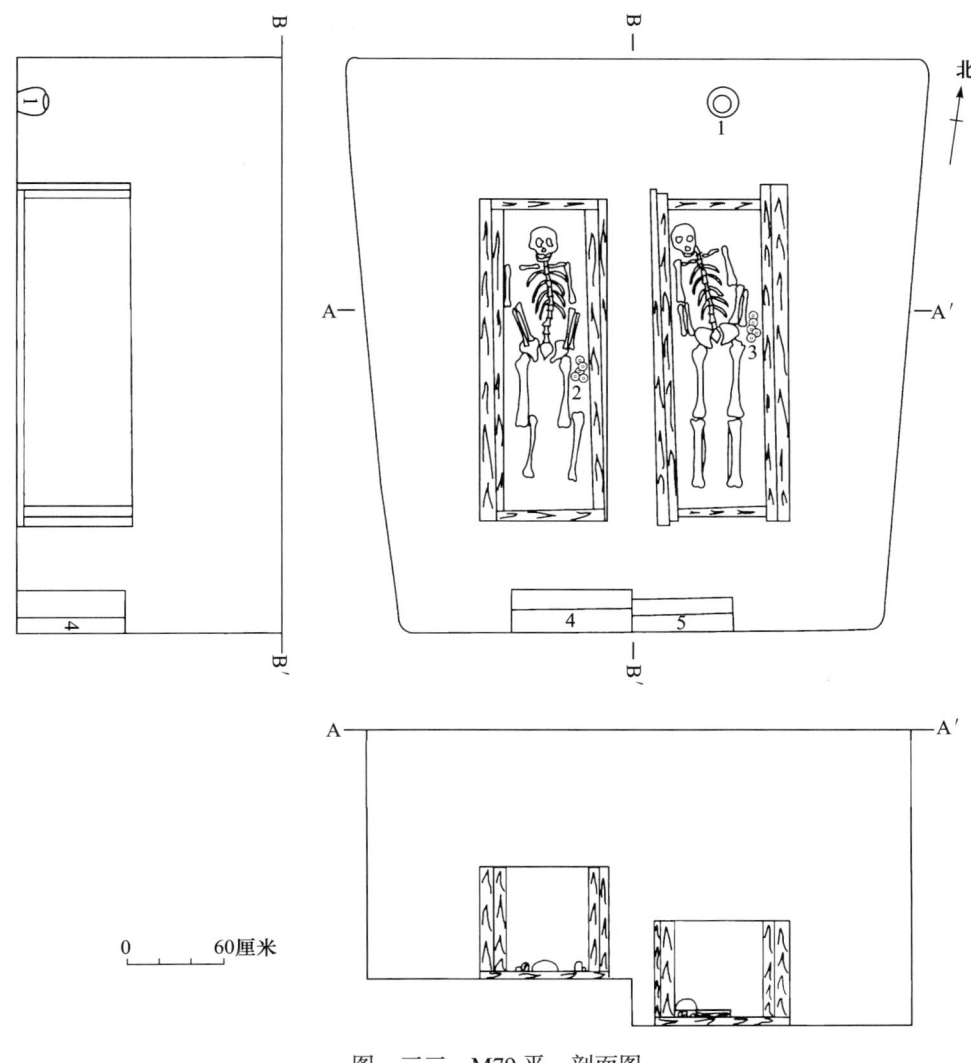

图一三三　M79 平、剖面图
1.瓷罐　2、3.铜钱　4、5.墓志铭

天禧通宝　1 枚。M79：2-2，平钱，方穿，正背面郭缘稍窄，正面楷书"天禧通寶"四字，旋读。钱径 2.38 厘米，穿径 0.54 厘米，郭厚 0.12 厘米（图一三四，5）。

墓志铭 1，方形，盖、墓志大小相同，汉白玉切割打磨而成，长 63、宽 63、厚 9 厘米。志盖篆书"大明故明威将军腾骧右卫指挥佥事徐公之墓"19 字，竖排 5 行，前 4 行 4 字，后 1 行 3 字（图一三五，1；彩版八四，1）；志文楷书，竖行，共 27 行，满行 29 字，全文 615 字（图一三五，2；彩版八四，2）。志文如下：

明故明威将军腾骧右卫指挥佥事徐公墓志铭 / 中顺大夫尚宝司卿太原乔宗撰文 / 中顺大夫太仆寺少卿东吴崔杰书丹 / 奉直大夫吏部员外郎古闽邵文恩篆盖 / 公讳通姓徐氏字贯之凤阳府宿州灵璧县仁义乡人曾祖小徐甲辰年归附 / 太祖高皇帝奉天征讨祖讳贵代后洪武三十五年历壁武成前卫副千户 / 考讳能袭职景泰七年卒天顺五年公承荫成化二年征荆襄南漳县 / 圪兜坡等处斩获贼级升腾骧右卫指挥佥事居官务存忠恕每凤兴 /

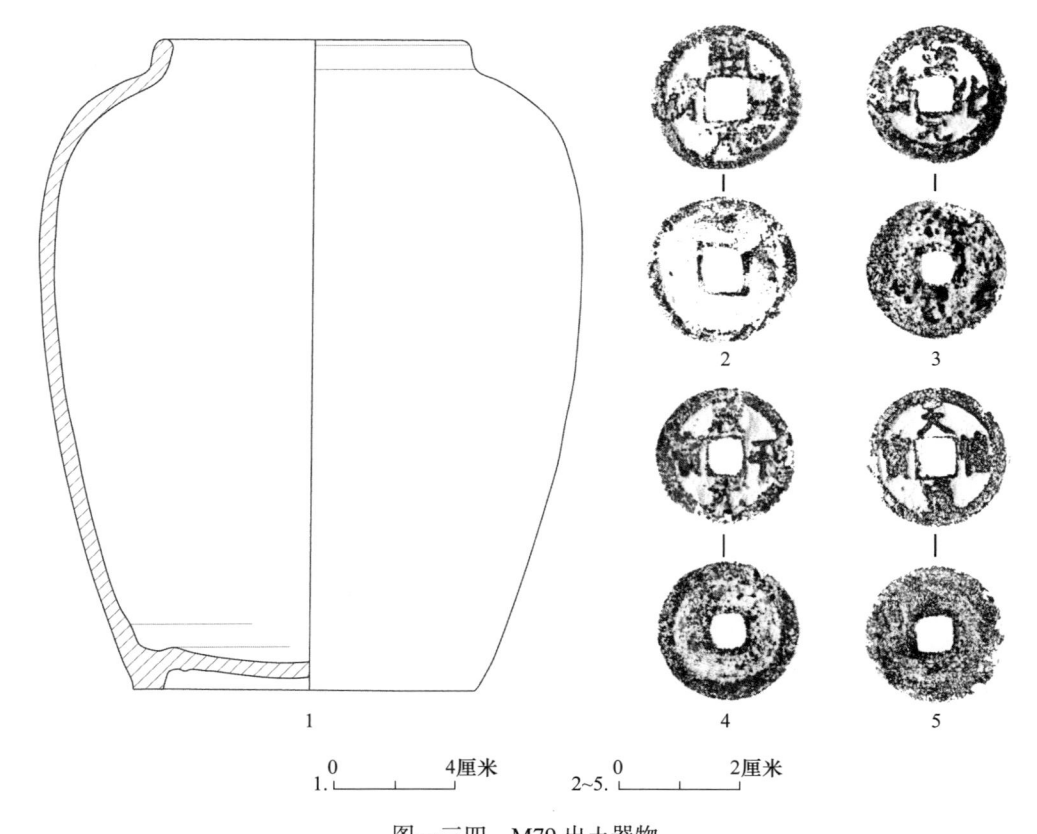

图一三四　M79 出土器物
1. 瓷罐（M79：1）　2. 开元通宝（M79：2-1）　3. 淳化元宝（M79：3-1）　4. 咸平元宝（M79：3-2）
5. 天禧通宝（M79：2-2）

孜孜竟日公事无留牍用是考核见称于司马部成化十八年承委直 / 隶定州管理屯粮事不劳而集累岁逋负咸告完结路经紫口山见神 / 祠倾圮遂洁诚修葺尝曰敬鬼神无私祈人服其正直处寮采必敬必 / 和军士悦服如怙恃下至臧获悉沾恩惠致仕教官丁璇以事来京师 / 公延致教子比卒为具棺殓丁无以报乃质其子公给路费遣母子还 / 乡刘弘者粥男陪补官钱粮母思之成疾以原价来赎拒不受亟遣其 / 子归其存心仁厚如此治家井井有法内外之闲甚肃性孝友处乡里 / 与物无忤虽贵至金紫服食如布素盖其性冲淡雅朴而初无所饰也 / 正德己卯九月十一日卯时以疾终于正寝寿七十有七距生正统癸 / 亥十二月二十八日亥时配董氏刑部尚书讳方之女封恭人先卒生 / 子一曰麒代公职娶荣禄大夫后军都督府都督同知郭公鉷之女女 / 二长适庆云侯周璋次适广东道监察御史张彧子一中孙女一长姐 / 尚幼麒卜以是年十一月初七日祖茔之次启董恭人之窀与公合葬 / 焉铭曰 / 华胄遥遥自灵璧腾骧凤注金闺籍蚪髯虎视干戈辑中山屯政稽充 / 实希年已过倦暇逸簪袍继嗣承平日养高笑傲烟霞匹玄圃仙游阆 / 双璧 / 禁城之南风水吉松楸丰茂嘉祥集勒铭爰考生平绩来世承之其无斁 /

墓志铭 2，方形，盖、墓志大小相同，汉白玉切割打磨而成，长 74、宽 74、厚 13 厘米。志盖篆书"明故诰封徐恭人董氏墓志铭"12 字，竖排 4 行，每行 3 字（图一三六，1；彩版八五，1）；志文楷书，竖行，共 23 行，满行 29 字，全文 569 字（图一三六，2；彩版八五，2）。志文如下：

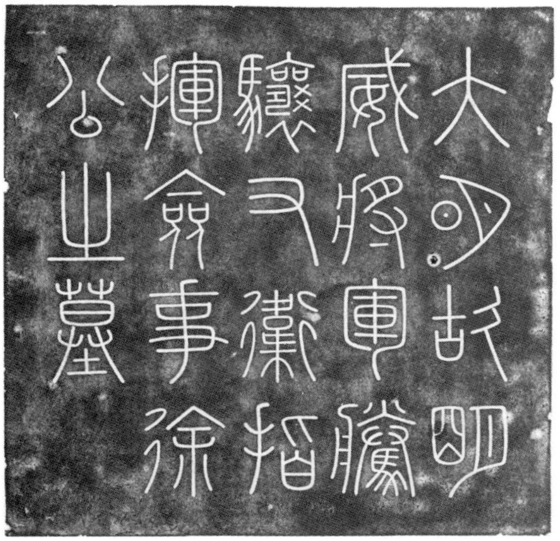
大明故明威將軍騰驤右衛指揮僉事徐公之墓

1

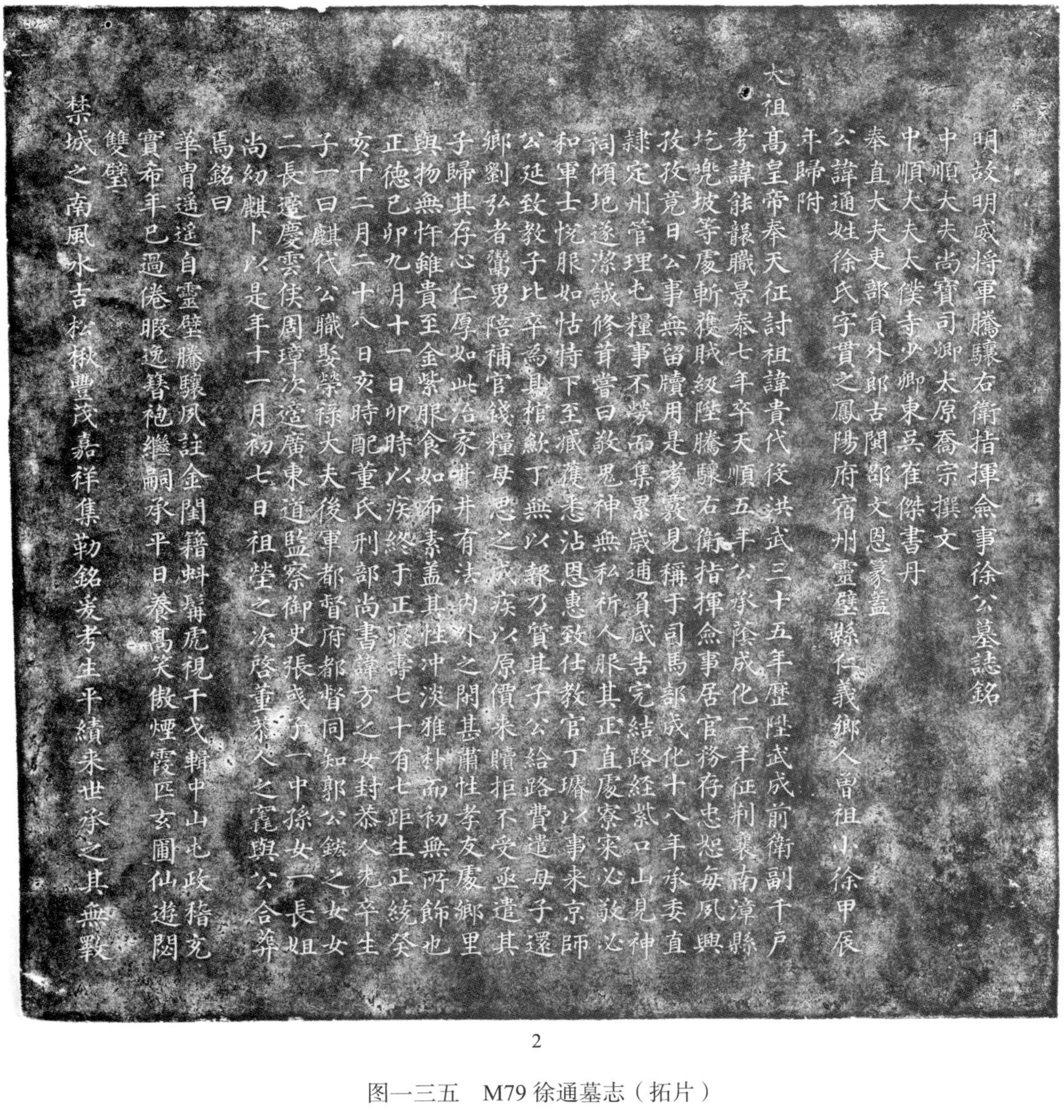
明故明威將軍騰驤右衛指揮僉事徐公墓誌銘
中順大夫尚寶司卿太原喬宗撰文
中順大夫太僕寺少卿東吳崔傑書丹
奉直大夫吏部員外郎古閩鄭文恩篆蓋
公諱通姓徐氏字貫之鳳陽府宿州靈壁縣仁義鄉人曾祖□徐甲辰
年歸附
太祖高皇帝奉天征討祖諱貴代役洪武三十五年陞武成前衛副千戶
考諱能襲職景泰七年辛□天順五年公承蔭成化二年征剿襄南漳縣
圪兒坡等處斬獲賊級陞騰驤右衛指揮僉事居官務存忠恕每夙興
孜孜竟日公事無留牘用是考績見稱于司馬部成化十八年承委直
隷定州管理屯糧事不勞而集累歲逋負咸吉完結路經懿口山見神
祠傾圮遂潔誠修葺嘗曰敬鬼神無私祈人服其正直處察寀必敬必
和軍士悅服如怙恃下至臧獲悉沾恩惠致仕教官丁璿以事來京師
公延致教子比卒爲具棺斂丁無以報乃質其子公給路費遣母子還
鄉劉弘者衛男陪補官錢糧母思之成疾以原價來贖拒不受亟遣其
子歸其存心仁厚如此治家井井有法內外之閑甚肅性孝友處鄉里
與物無忤雖貴至金紫服食如布素蓋其性沖淡雅朴而初無所飾也
正德己卯九月十一日卯時以疾終于正寢壽七十有七距生正統癸
亥十二月二十八日亥時配董氏刑部尚書諱方之女封恭人先卒生
子一曰麒代公職娶榮祿大夫後軍都督府都督同知郭公鉉之女女
二長適慶雲侯周瑋次適廣東道監察御史張□子一中孫女一長姐
尚幼麒卜以是年十一月初七日祖塋之次啓董恭人之窆與公合葬
焉銘曰
華冑遙遙自靈壁騰驤夙註金閨籍虯髯虎視干戈輯中山屯政稽充
實布年已過倦暇逸簪袍繼嗣承平日養高笑傲煙霞匹玄圃仙遊閟
雙璧
禁城之南風水吉松楸豐茂嘉祥集勒銘爰考生平績來世承之其無斁

2

图一三五　M79 徐通墓志（拓片）

1. 墓志盖（拓片）　2. 墓志文（拓片）

图一三六 M79 董氏墓志（拓片）

1. 墓志盖（拓片） 2. 墓志文（拓片）

诰封徐恭人董氏墓志铭 / 赐进士出身通议大夫户部左侍郎提督四夷馆溧阴李温撰 / 赐进士出身四川道监察御史安肃郑阳书 / 赐进士出身中顺大夫太常寺少卿太原乔宇篆 / 恭人姓董氏讳安其先山西忻州人迁于潮世有显德曾祖讳兴祖讳政 / 皆赠刑部尚书父讳方刑部尚书赠太子少保母张氏封夫人恭人幼而 / 聪慧能诵孝经列女传诸书父母甚钟爱之及笄名门求者踵相接尚书 / 公不忍远违皆不许乃选所宜归得今腾骧右卫指挥金事徐君通为婿 / 馆于家子视之恭人笃孝养晨昏匪懈上下宜之通始为副千户以军功 / 累升指挥金事恭人历宜人进今封恭人虽出贵族膺有 / 锡命凡服饰器用不尚华侈天性慈仁见有贫者孤鳌无所依者悯恻赒给 / 无少吝御仆婢以恩处亲戚尤重义轻利内外斩然有条序居恒以弗获 / 养舅姑为恨每祭祀必精洁丰腆如事生礼夫妇白首相敬如宾教子严 / 甚未尝假辞色朝夕训戒竟底有成人以是益贤之恭人生于正统六年 / 九月三十日卒于弘治十八年九月五日春秋六十有五子一人曰麒娶 / 于漕运总兵官都督郭公之女女二人曰美适太傅庆云侯周公子璋先 / 恭人卒日兰适监察御史张君子以中将以是年十月十六日卜葬于城 / 南新迁祖茔之侧恭人之弟按察金事君宁携其婿太常少卿乔宇所著 / 恭人状暨指挥君以温有乡里通家之雅求文以志之义不可辞其铭曰 / 坤德维何曰顺与贞婉婉恭人名称厥情翁姑弗逮克养所生实为孝女 / 妇道是征内则义方亦既有后命服在躬冠翟佩玖阴功淑行培植孔厚 / 国称令人家号慈母城南之原有崇丘坟载迁协吉以永厥存我铭恭人 / 爰叙宗亲求壸葬者视此刻文 /

徐通及夫人董氏墓志考释已另文发表[1]，不再赘述。

七八、M80

1. 墓葬形制

该墓位于发掘Ⅰ区西部，东邻M79。开口于②层下，南北向，方向0°。坐标为北纬39°51′31.4″，东经116°18′29.1″。

墓平面呈长方形，竖穴土圹单棺墓。墓口距地表深1.4米，墓底距地表深2.3米。墓圹南北长2.2米，东西宽1.1米，深0.9米。内填花土，土质松软。内置单棺，棺木已朽，棺痕长1.8米，宽0.5~0.6米；棺内骨架保存较好，头向北，面向上，仰身直肢，为男性（图一三七）。

2. 随葬品

棺内左下肢骨外侧出土铜烟袋1件。

铜烟袋 1件。M80:1，铜质烟锅，平面呈圆形；烟杆为木质圆筒状，中空，大部分已朽；铜质烟嘴，前为筒状，后端折收，顶端呈圆帽形。残长18.5厘米（图一三八）。

---

[1] 张智勇：《北京出土明代明威将军徐通及夫人董氏墓志考释》，《北方文物》2015年4期。

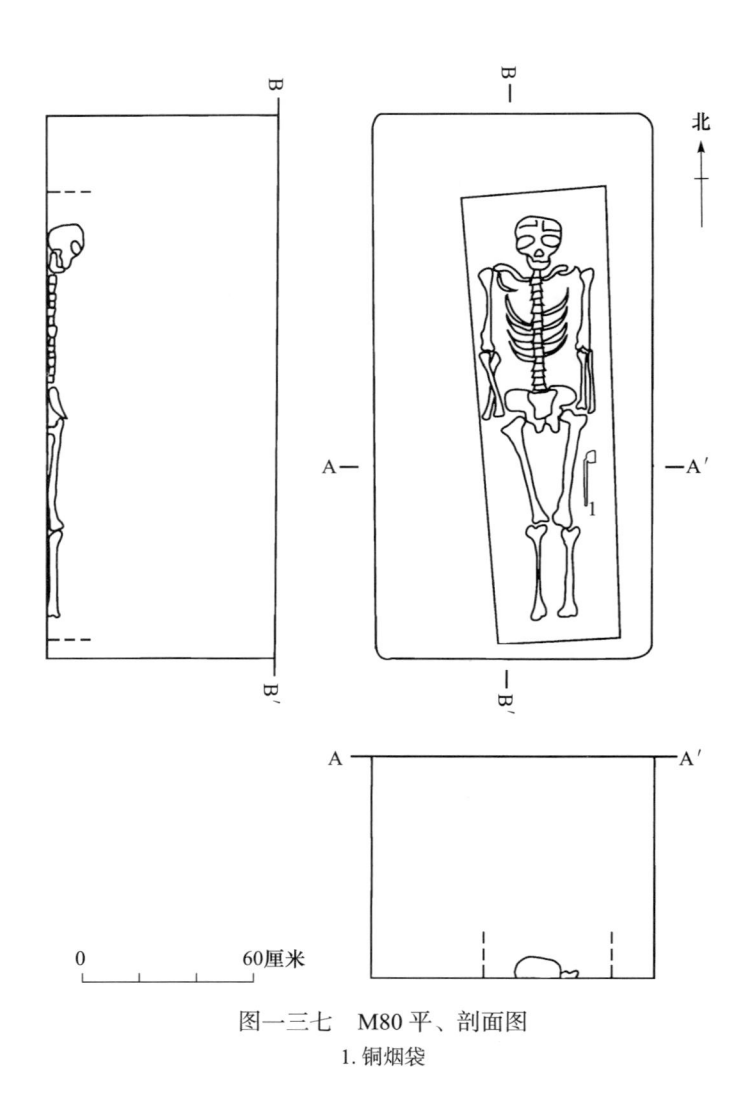

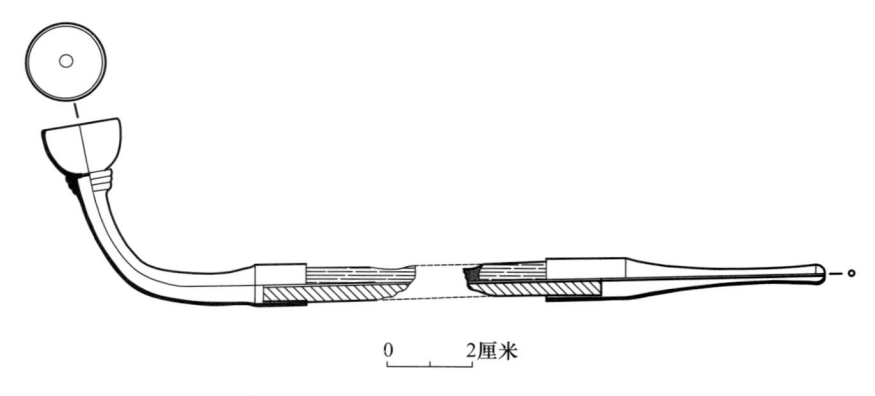

图一三七　M80 平、剖面图
1. 铜烟袋

图一三八　M80 出土铜烟袋（M80：1）

七九、M81

1. 墓葬形制

该墓位于发掘Ⅰ区西部，东邻 M80。开口于②层下，东西向，方向 90°。坐标为北纬 39° 51′ 33.7″，东经 116° 18′ 34.9″。

墓平面呈长方形，竖穴土圹单棺墓。墓口距地表深 0.4 米，墓底距地表深 1.2 米。墓圹东西长 2 米，南北宽 0.8 米，深 0.8 米。内填花土，土质松软。内置单棺，棺木已朽，棺痕长 1.7 米，宽 0.6 米；棺内骨架保存较差，头向东，面向下，仰身直肢，为女性（图一三九）。

2. 随葬品

未发现随葬品。

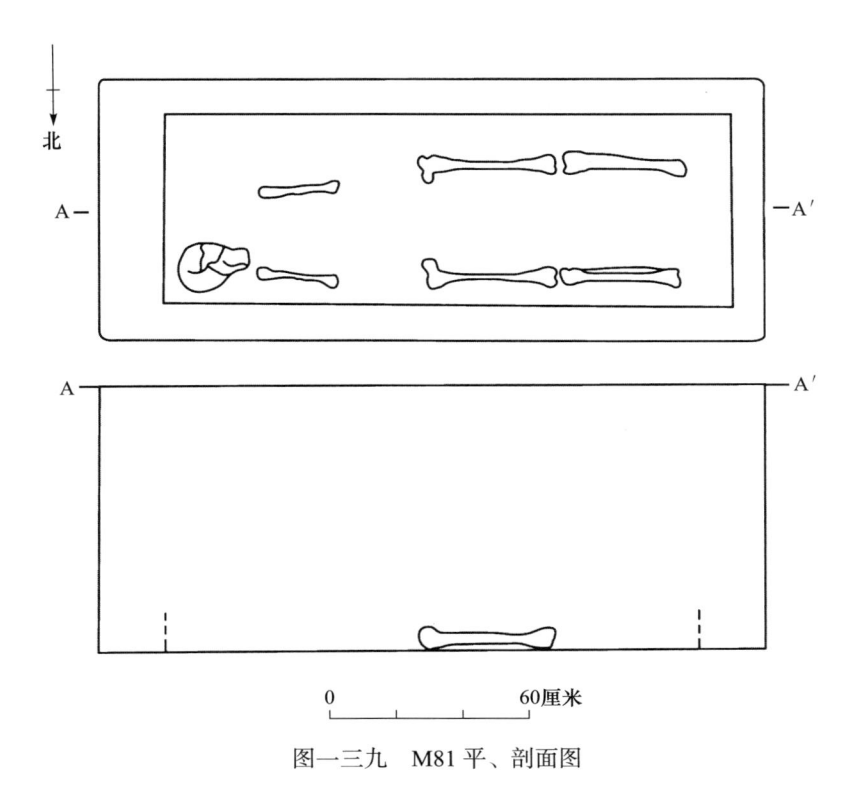

图一三九 M81 平、剖面图

八〇、M82

1. 墓葬形制

该墓位于发掘Ⅰ区西部，南邻 M72。开口于②层下，东西向，方向 120°。坐标为北纬 39° 51′

33.8″，东经 116°18′35″。

墓平面呈长方形，竖穴土圹单棺墓。墓口距地表深 0.4 米，墓底距地表深 1.3 米。墓圹东西长 2.2 米，南北宽 1.2 米，深 0.9 米。内填花土，土质松软。内置单棺，棺木已朽，棺痕长 2.2 米，宽 1.2 米；棺内骨架保存较好，头向东，面向南，仰身直肢，为女性（图一四〇；彩版六，2）。

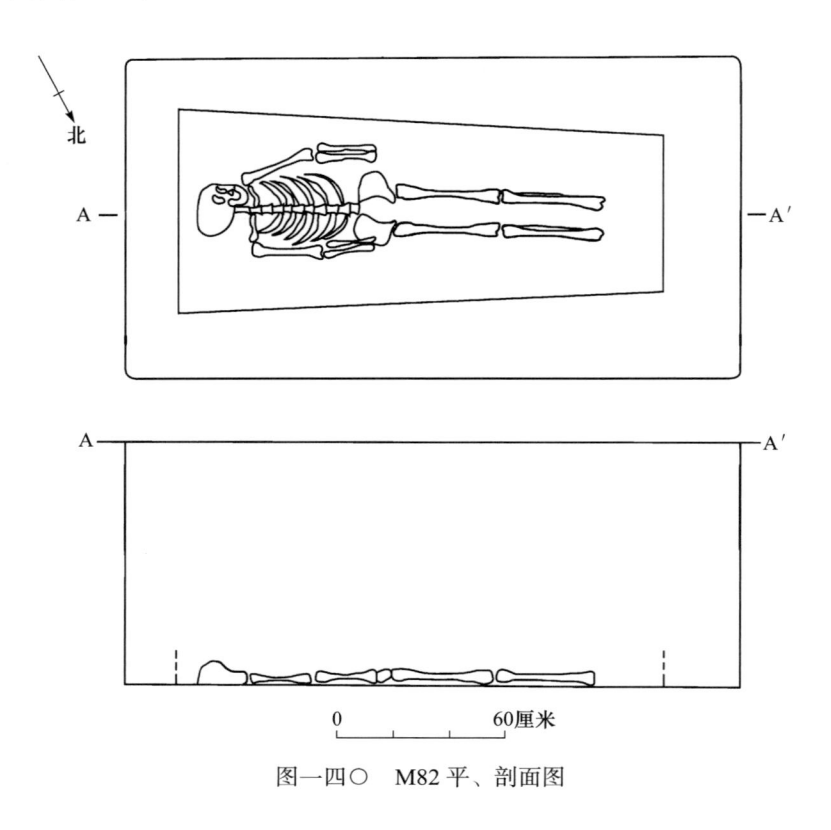

图一四〇　M82 平、剖面图

2. 随葬品

未发现随葬品。

八、M83

1. 墓葬形制

该墓位于发掘 I 区西部，南邻 M80。开口于②层下，南北向，方向 0°。坐标为北纬 39°51′33.7″，东经 116°18′35.5″。

墓平面呈长方形，竖穴土圹单棺墓。墓口距地表深 0.4 米，墓底距地表深 1.2 米。墓圹南北长 2.2 米，东西宽 1.1 米，深 0.8 米。内填花土，土质松软。内置单棺，棺木已朽，棺痕长 1.8 米，宽 0.6 米；棺内骨架保存稍差，头向北，面向上，仰身直肢，为男性（图一四一）。

图一四一　M83 平、剖面图

2. 随葬品

未发现随葬品。

八二、M84

1. 墓葬形制

该墓位于发掘Ⅰ区西北部。开口于②层下，东西向，方向80°。坐标为北纬39°51′34″，东经116°18′35″。

墓平面呈长方形，竖穴土圹单棺墓。墓口距地表深0.4米，墓底距地表深1.3米。墓圹东西长2米，南北宽0.8米，深0.9米。内填花土，土质松软。内置单棺，棺木已朽，棺痕长1.96米，宽0.7米；棺内骨架保存稍差，头向东，面向上，仰身直肢，为女性（图一四二）。

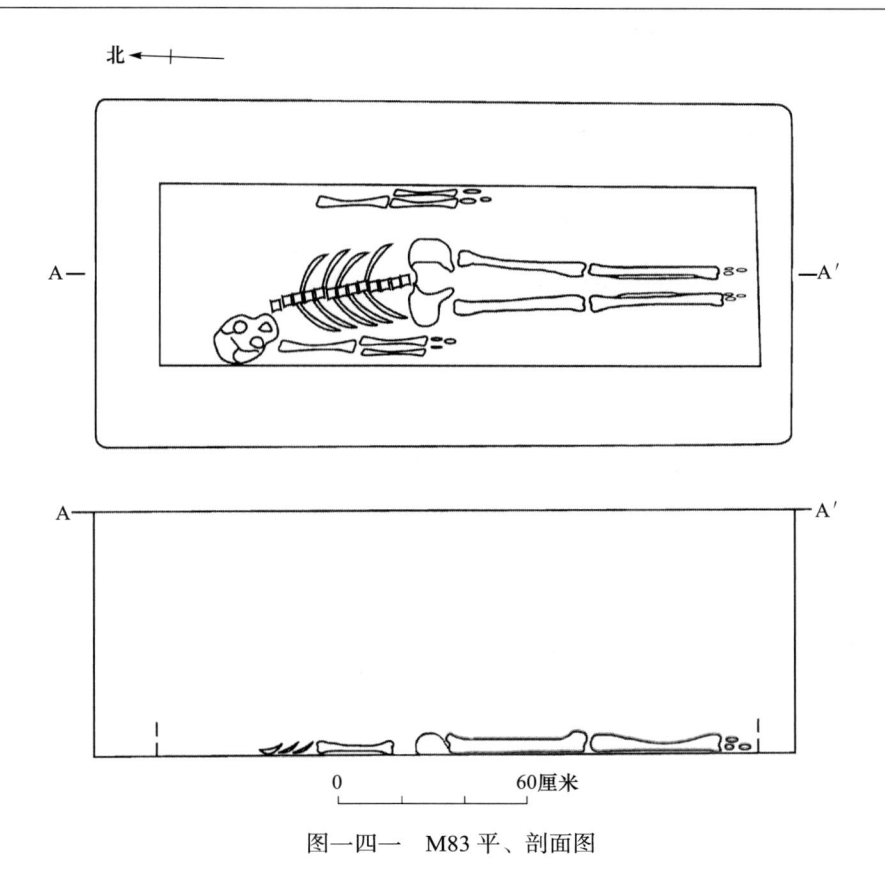

2. 随葬品

未发现随葬品。

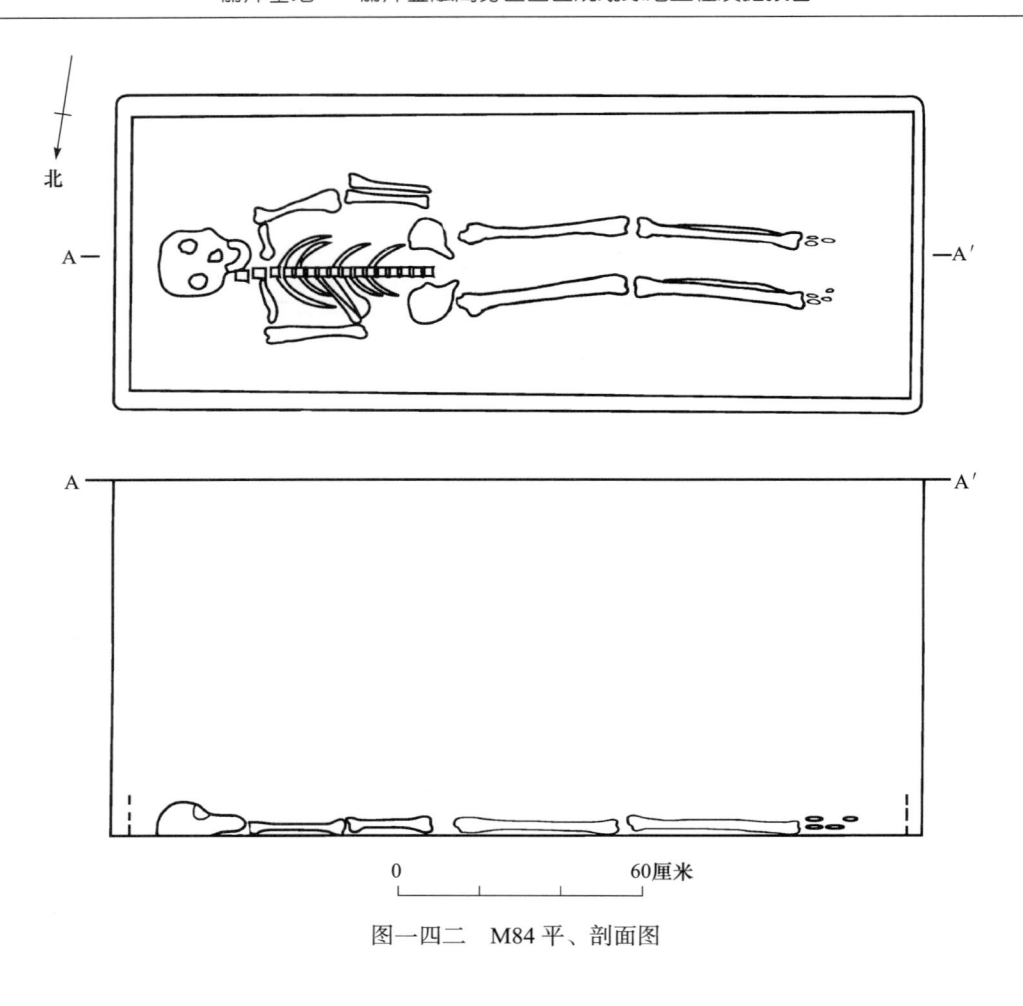

图一四二　M84 平、剖面图

八三、M85

1. 墓葬形制

该墓位于发掘 I 区西部，南邻 M78。开口于②层下，东西向，方向 50°。坐标为北纬 39° 51′ 30.4″，东经 116° 18′ 38.2″。

墓平面呈长方形，竖穴土圹单棺迁葬墓。墓口距地表深 1.2 米，墓底距地表深 2 米。墓圹东西长 2.8 米，南北宽 1.4 米，深 0.8 米。内填花土，土质松软。内置单棺，棺木已朽，棺痕长 1.8 米，宽 0.5~0.6 米；棺内未发现骨架，葬式、性别不明（图一四三）。

2. 随葬品

未发现随葬品。

图一四三　M85平、剖面图

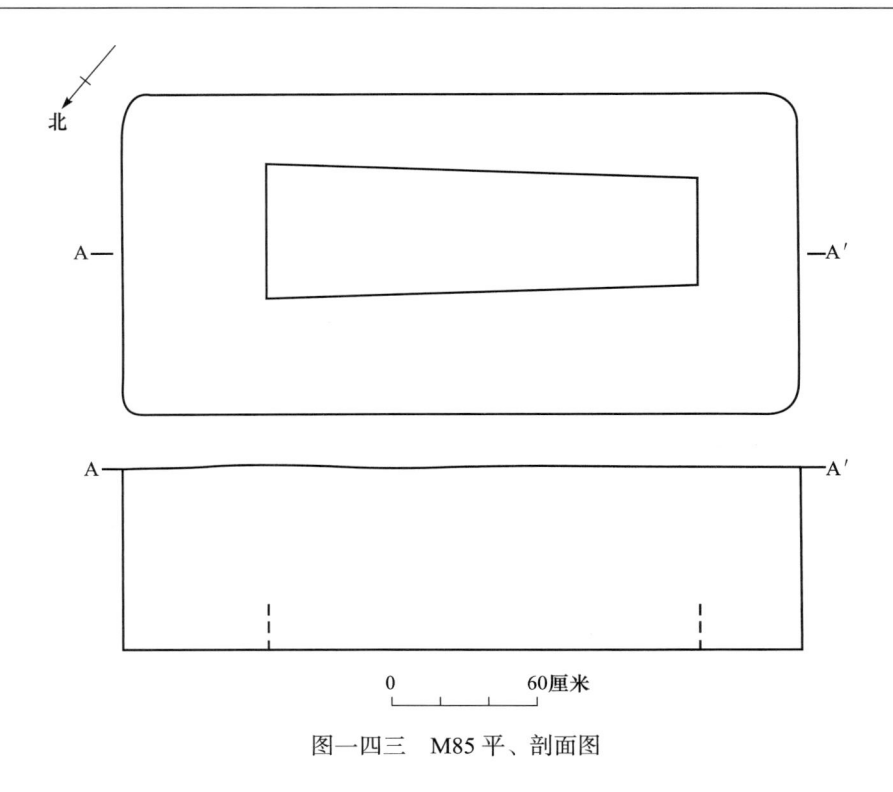

八四、M86

1. 墓葬形制

该墓位于发掘Ⅰ区西北部。开口于②层下，东西向，方向90°。坐标为北纬39°51′34.5″，东经116°18′35.8″。

墓平面近呈梯形，竖穴土圹四棺合葬墓。墓口距地表深2米，墓底距地表深2.8～3米。墓圹东西长2.3米，南北宽2.7～3.3米，深0.8～1米。内填花土，土质松软。内置四棺，由北至南分别编号为1～4号：1号棺长1.85米，宽0.5～0.6米，残高0.22米，棺板厚0.04米；棺内骨架保存较差，头向东，葬式不明，为女性。2号棺长2.1米，宽0.6～0.7米，残高0.4米，棺板厚0.06米；棺内骨架保存较差，葬式不明，为男性。3号棺痕长2.2米，宽0.8～0.9米；棺内2具骨架为迁葬，保存较差，头向东，葬式、性别不明。4号棺长2米，宽0.6～0.7米，残高0.18米，棺板厚0.06米；棺内骨架保存较差，葬式、性别不明（图一四四；彩版八，1）。

2. 随葬品

北棺右上肢骨下部出土铜钱3枚，均为乾隆通宝。

乾隆通宝　3枚。标本M86∶1-1，大平钱，方穿，正背面郭缘较宽，正面楷书"乾隆通寶"四字，直读，背穿左右为满文"宝泉"局名。钱径2.85厘米，穿径0.52厘米，郭厚0.15厘米（图一四五）。

图一四四　M86 平、剖面图
1. 铜钱

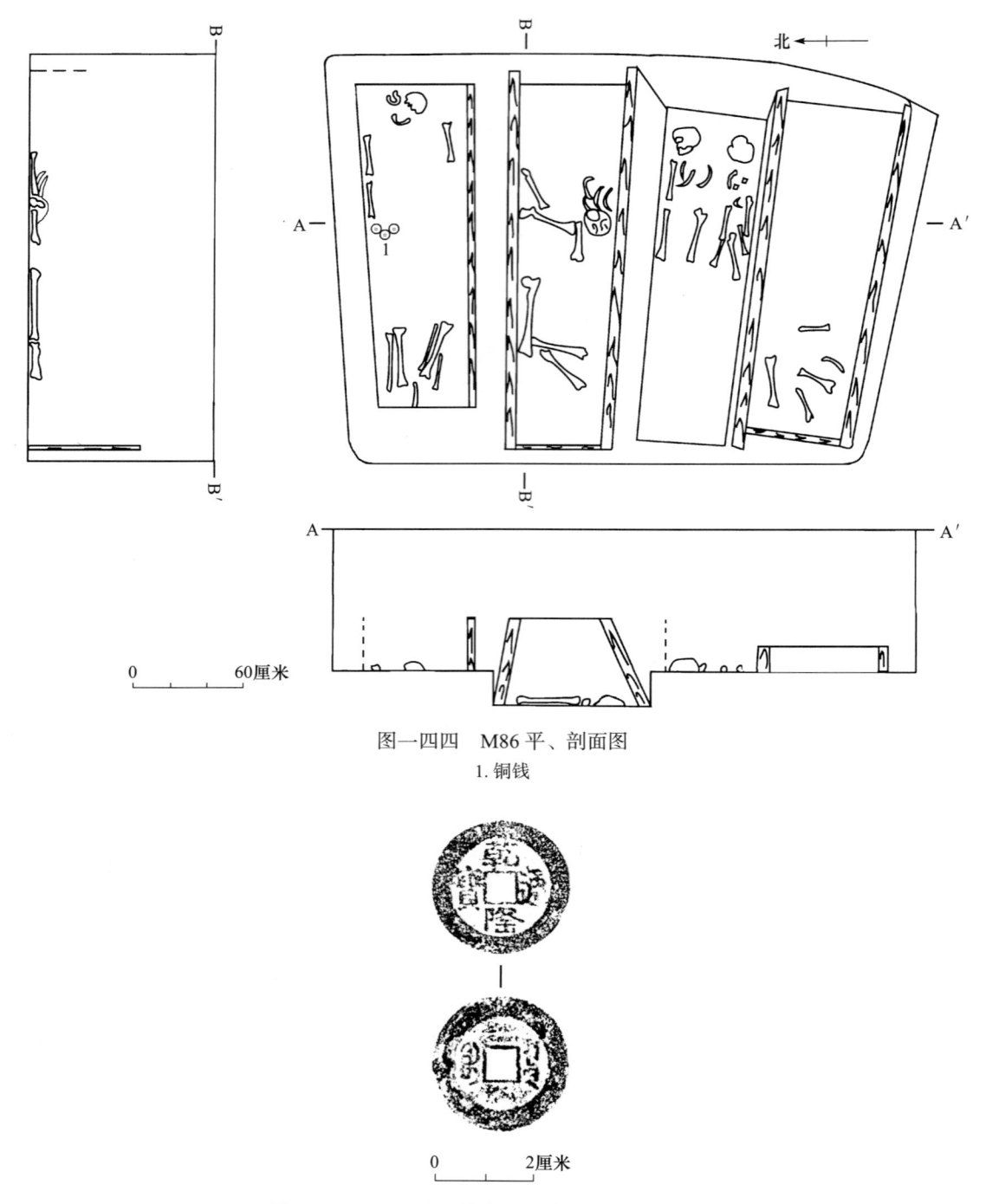

图一四五　M86 出土乾隆通宝（M86∶1-1）（拓片）

八五、M87

1. 墓葬形制

该墓位于发掘 I 区西部，南邻 M85。开口于②层下，南北向，方向 350°。坐标为北纬 39°51′19.1″，东经 116°18′40.1″。

墓平面呈长方形，竖穴土圹单棺墓。墓口距地表深 0.4 米，墓底距地表深 1.4 米。墓圹南北长 2.4 米，东西宽 1.2 米，深 1 米。内填花土，土质松软。内置单棺，棺木已朽，棺痕长 1.9 米，宽 0.6 米；棺内骨架保存稍差，头向北，面向上，仰身屈肢，为女性（图一四六）。

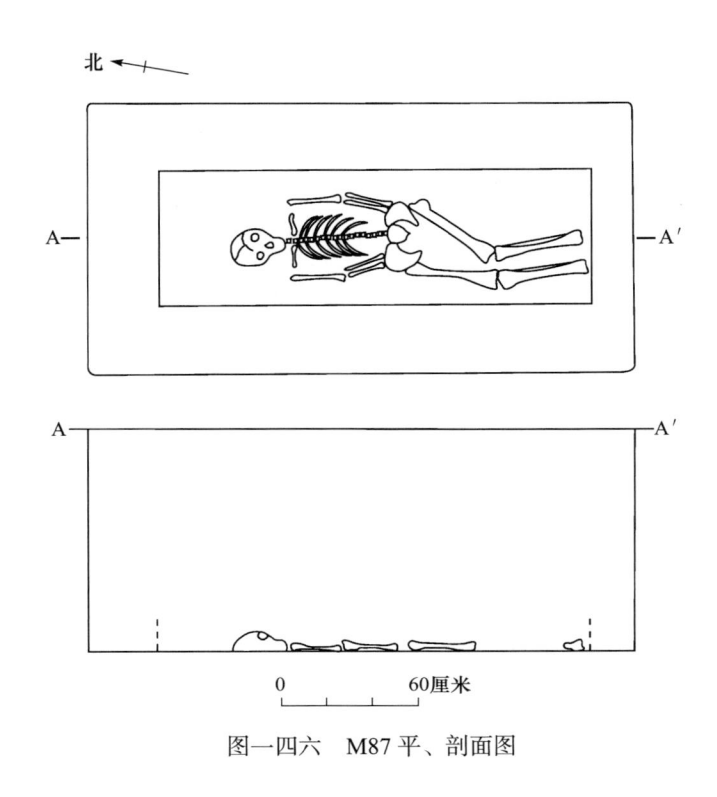

图一四六　M87 平、剖面图

2. 随葬品

未发现随葬品。

八六、M88

1. 墓葬形制

该墓位于发掘Ⅰ区西北部，西邻 M89。开口于②层下，南北向，方向 350°。坐标为北纬 39°51′33.1″，东经 116°18′39.07″。

墓平面呈长方形，竖穴土圹单棺墓。墓口距地表深 1.8 米，墓底距地表深 2.6 米。墓圹南北长 2.6 米，东西宽 1 米，深 0.8 米。内填花土，土质松软。内置单棺，棺长 1.8 米，宽 0.6~0.7 米，残高 0.28 米，棺板、底板厚 0.08 米；棺内骨架保存较差，头向南，面向上，仰身直肢，为女性（图一四七）。

2. 随葬品

棺外前方出土釉陶罐 1 件，右下肢骨外侧中部出土银镯 1 件、上部出土铜钱 6 枚。

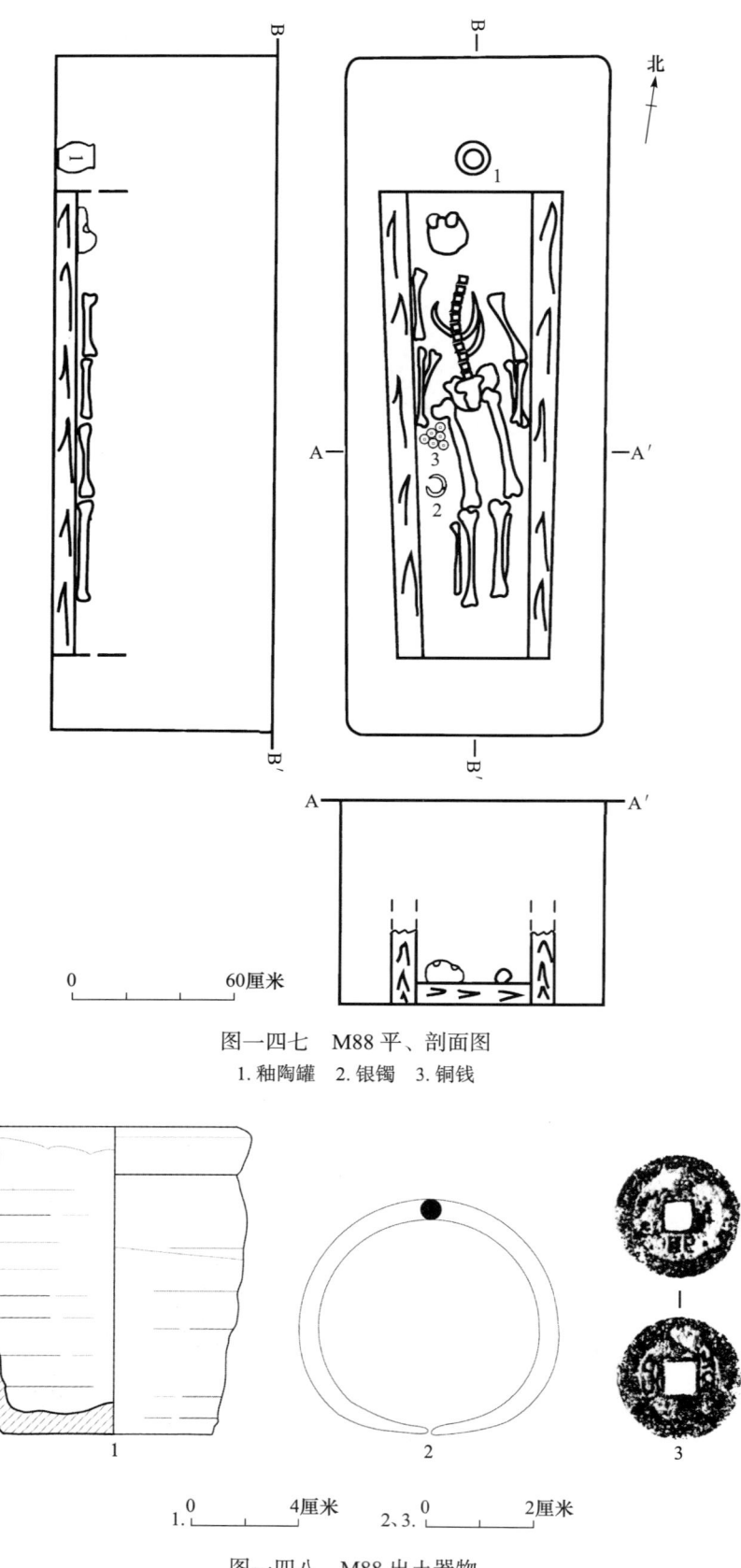

图一四七　M88 平、剖面图
1. 釉陶罐　2. 银镯　3. 铜钱

图一四八　M88 出土器物
1. 釉陶罐（M88：1）　2. 银镯（M88：2）　3. 康熙通宝（M88：3-1）

釉陶罐 1件。M88：1，直口，方唇，斜领，微束颈，斜肩，斜腹微弧，平底。腹上部及口沿施黄绿色釉。轮制，体留有轮旋痕迹。口径10厘米，腹径10.4厘米，底径7.6厘米，高11.6厘米（图一四八，1；彩版三六，4）。

银镯 1件。M88：2，圆环形，银条盘制而成，两端呈锥状。直径4.8厘米（图一四八，2；彩版六八，3）。

康熙通宝 6枚。标本M88：3-1，平钱，方穿，正背面郭缘略宽，正面楷书"康熙通寶"四字，直读，背穿左右为满文"宝泉"局名。钱径2.35厘米，穿径0.52厘米，郭厚0.09厘米（图一四八，3）。

八七、M89

1. 墓葬形制

该墓位于发掘Ⅰ区西北部，东邻M88。开口于②层下，南北向，方向15°。坐标为北纬39°51′38.1″，东经116°18′42.1″。

墓平面呈长方形，竖穴土圹单棺墓。墓口距地表深1.5米，墓底距地表深2.4米。墓圹南北长2.3米，东西宽1米，深0.9米。内填花土，土质松软。内置单棺，棺木已朽，棺痕长1.8米，宽0.6～0.7米；棺内骨架保存较差，头向北，面向上，仰身直肢，为男性（图一四九）。

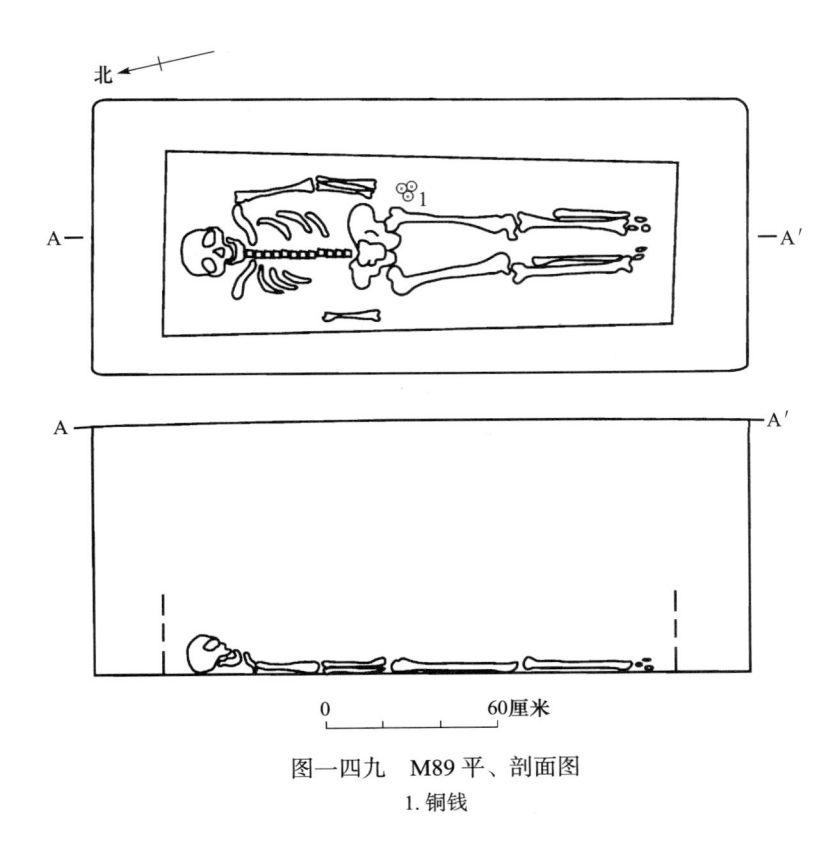

图一四九 M89平、剖面图
1. 铜钱

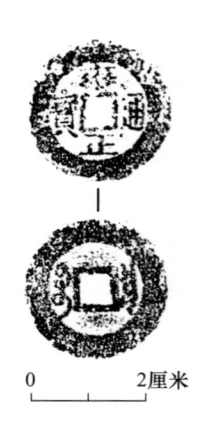

图一五〇　M89出土雍正通宝（M89:1-1）（拓片）

2. 随葬品

棺内左下肢骨外侧上部出土铜钱3枚，1枚为雍正通宝，另2枚锈蚀严重，字迹不清。

雍正通宝　1枚。M89:1-1，平钱，方穿，正背面郭缘较宽，正面楷书"雍正通寶"四字，直读，背穿左右为满文"宝泉"局名。钱径2.58厘米，穿径0.48厘米，郭厚0.13厘米（图一五〇）。

八八、M90

1. 墓葬形制

该墓位于发掘Ⅰ区西北部，北邻M89。开口于②层下，南北向，方向340°。坐标为北纬39°51′37.2″，东经116°18′35.1″。

墓平面呈长方形，竖穴土圹三棺合葬墓。墓口距地表深1.2米，墓底距地表深2.1米。墓圹南北长2.7米，东西宽2.5米，深0.9米。内填花土，土质松软。内置三棺：东棺棺木已朽，棺痕长1.8米，宽0.4~0.5米；棺内骨架保存较差，头向北，面向上，仰身直肢，为男性。中棺长1.9米，宽0.6~0.7米，残高0.24米，棺板厚0.04~0.08米；棺内骨架保存较差，头向北，葬式不明，为女性。西棺长1.8米，宽0.6~0.7米，残高0.18~0.22米，棺板厚0.06~0.08米，前封板厚0.05米，后封板厚0.04米；棺内骨架保存较差，头向北，面向西，葬式不明，为女性（图一五一；彩版八，2）。

2. 随葬品

中棺左上肢骨下部出土铜钱3枚，均为康熙通宝。

康熙通宝　3枚。标本M90:1-1，平钱，方穿，正背面郭缘略宽，正面楷书"康熙通寶"四字，直读，背穿左右为满文"宝泉"局名。钱径2.33厘米，穿径0.48厘米，郭厚0.1厘米（图一五二）。

图一五一　M90 平、剖面图
1. 铜钱

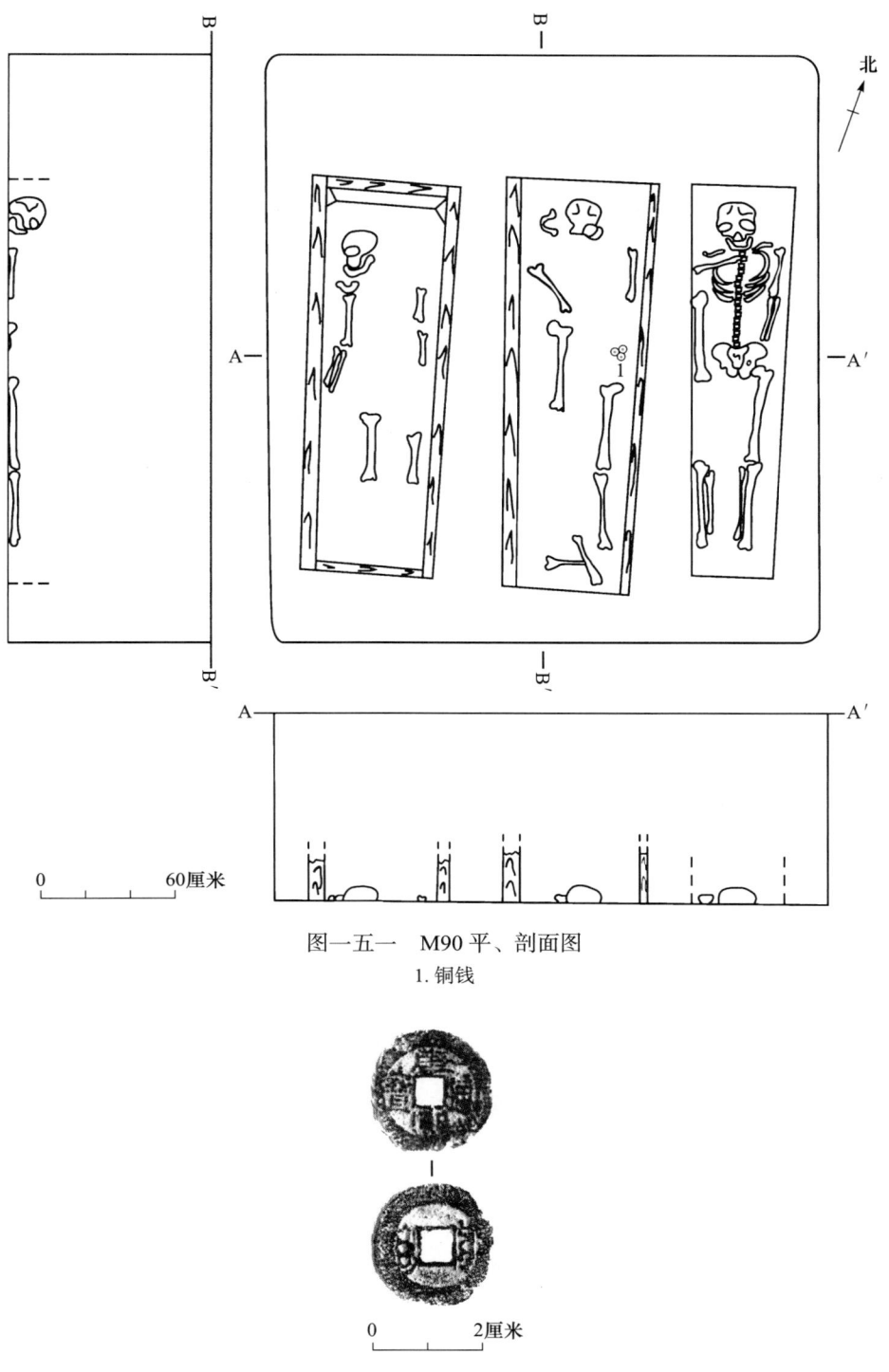

图一五二　M90 出土康熙通宝（M90∶1-1）（拓片）

八九、M91

1. 墓葬形制

该墓位于发掘Ⅰ区西北部，北邻 M92。开口于②层下，南北向，方向 350°。坐标为北纬

39°51′27.6″，东经116°18′41.1″。

墓平面呈梯形，竖穴土圹双棺合葬墓。墓口距地表深0.4米，墓底距地表深1.4米。墓圹南北长2.5米，东西宽1.6~1.7米，深1米。内填花土，土质松软。内置双棺，棺木已朽：东棺痕长2.1米，宽0.62米；棺内骨架保存较差，头向北，面向东，葬式不明，为女性。西棺痕长2.1米，宽0.64米；棺内骨架保存较差，头向北，面向东，仰身直肢，为男性（图一五三）。

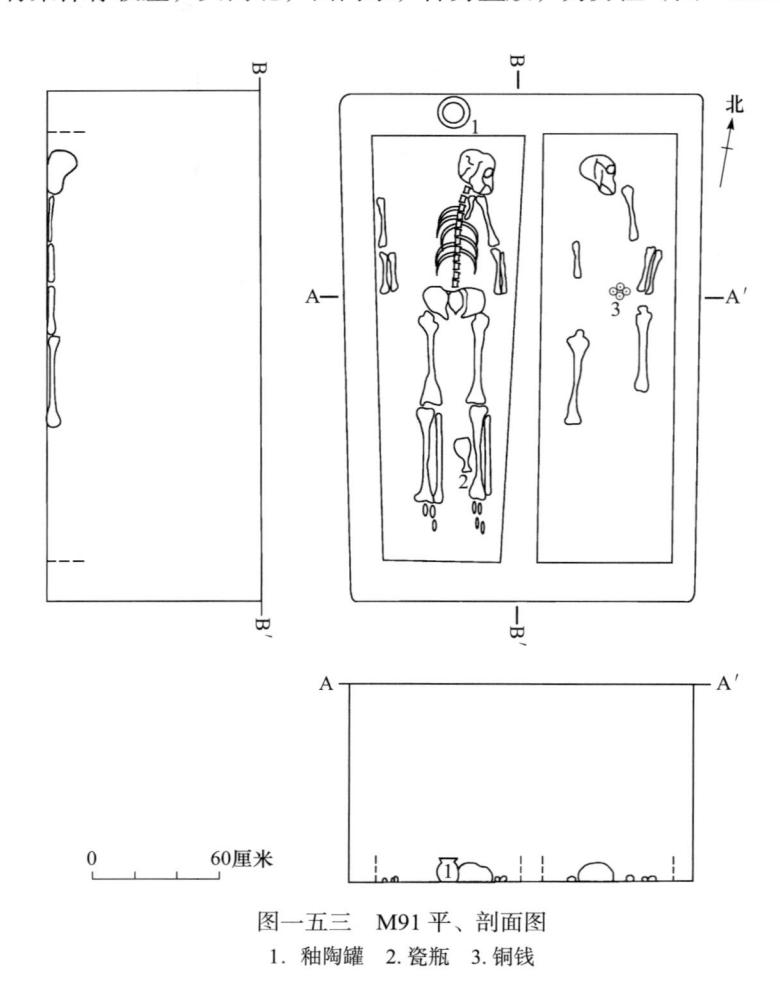

图一五三 M91平、剖面图
1. 釉陶罐 2. 瓷瓶 3. 铜钱

2. 随葬品

东棺左上肢骨内侧下部出土铜钱4枚；西棺外前方出土釉陶罐1件，左下肢骨内侧下部出土瓷瓶1件。

釉陶罐 1件。M91∶1，侈口，方唇，束颈，弧肩，斜直腹，平底微凹。上腹及口沿内侧施米黄色釉。轮制，体留有轮旋痕迹。口径10.8厘米，腹径10.2厘米，底径7.2厘米，高10.8厘米（图一五四，1；彩版三六，5）。

瓷瓶 1件。M91∶2，侈口，圆唇，长束颈，腹部呈梨状，矮圈足。颈部饰二组卷草纹及球状纹带一周，纹带上饰细弦纹一道，下饰二道，腹部饰折枝牡丹纹、假山及盆花纹。口径3.6厘米，腹径7厘米，底径3.6厘米，高14.6厘米（图一五四，2；彩版三七，1）。

铜钱 4枚。残锈严重，字迹不清。

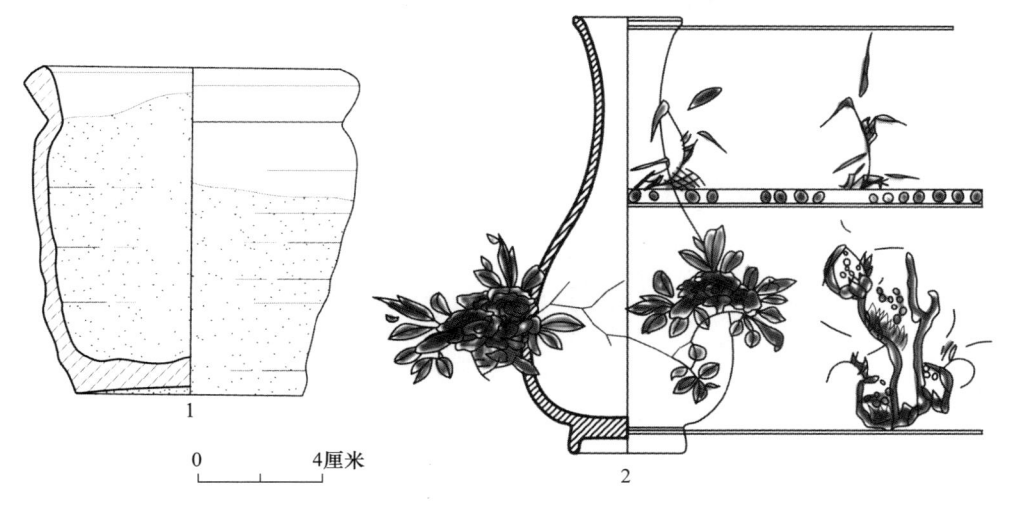

图一五四　M91出土器物
1. 釉陶罐（M91∶1）　2. 瓷瓶（M91∶2）

九〇、M92

1. 墓葬形制

该墓位于发掘Ⅰ区西北部，南邻 M91。开口于②层下，东西向，方向 260°。坐标为北纬 39°51′24″，东经 116°18′33.9″。

墓平面近呈梯形，竖穴土圹双棺合葬墓。墓口距地表深 0.4 米，墓底距地表深 1.6 米。墓圹东西长 3.1 米，南北宽 2.4~2.8 米，深 1.2 米。内填花土，土质松软。内置双棺：南棺长 2.22 米，宽 0.8 米，残高 0.4 米，棺板厚 0.08~0.1 米，前、后封板厚 0.06 米；棺内骨架保存较差，头向西，面向上，葬式不明，为男性。北棺长 2 米，宽 0.82 米，残高 0.4 米，棺板厚 0.1 米，前封板厚 0.05 米，后封板厚 0.06 米；棺内骨架保存稍好，头向西，面向上，仰身直肢，为女性（图一五五）。

2. 随葬品

南棺上肢骨下部出土铜钱 36 枚，有康熙通宝、道光通宝。

康熙通宝　21 枚。平钱，方穿，正背面郭缘略宽，正面楷书"康熙通寶"四字，直读。标本 M92∶1-1，背穿左右为满文"宝泉"局名。钱径 2.64 厘米，穿径 0.54 厘米，郭厚 0.14 厘米（图一五六，1）。标本 M92∶1-2，背穿左右为满文"宝源"局名。钱径 2.76 厘米，穿径 0.5 厘米，郭厚 0.13 厘米（图一五六，2）。

道光通宝　15 枚。标本 M92∶1-3，平钱，方穿，正背面郭缘较宽，正面楷书"道光通寶"四字，直读，背穿左右为满文"宝源"局名。钱径 2.36 厘米，穿径 0.55 厘米，郭厚 0.18 厘米（图一五六，3）。

图一五五　M92 平、剖面图
1. 铜钱

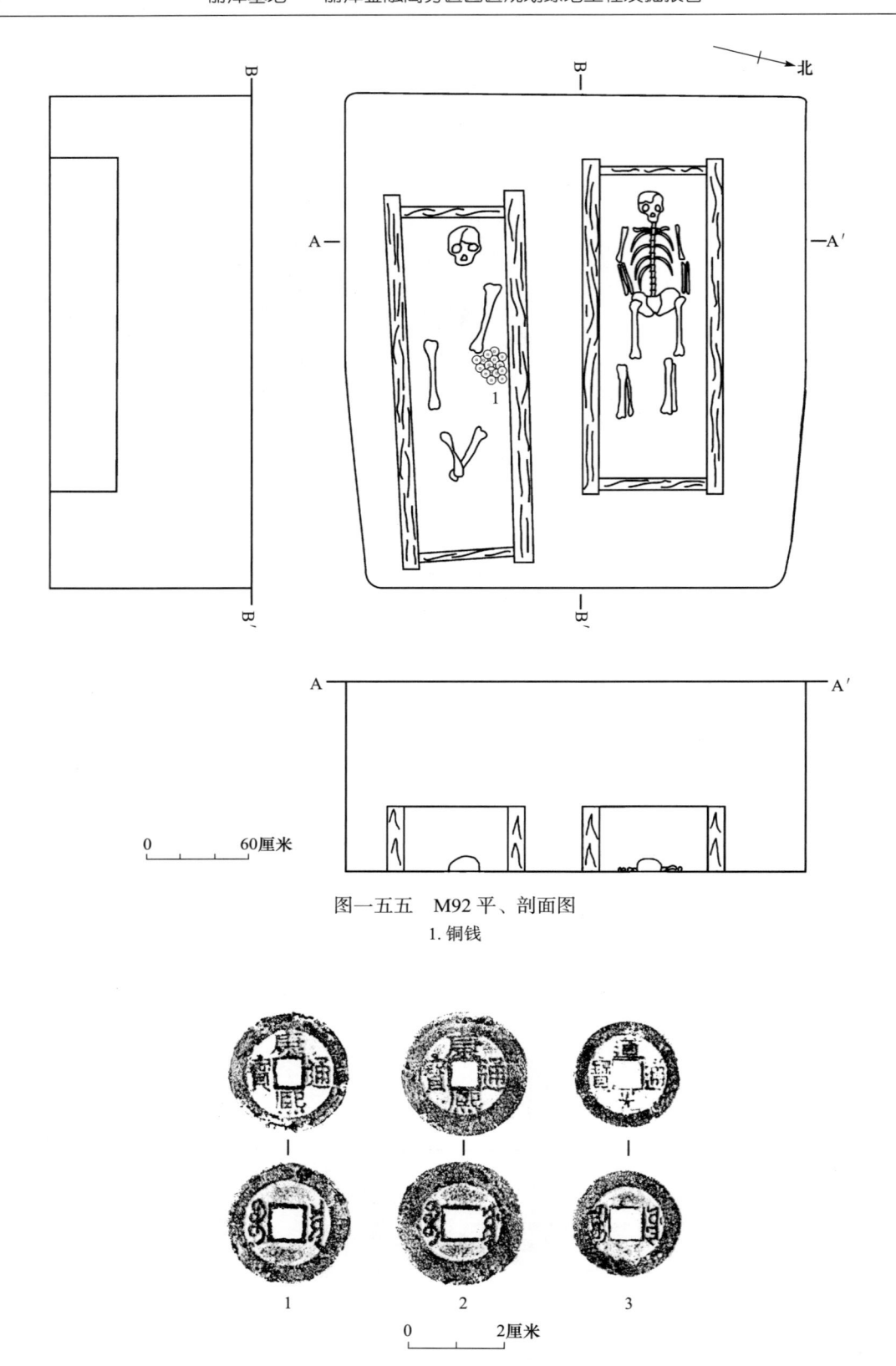

图一五六　M92 出土铜钱（拓片）
1、2. 康熙通宝（M92：1-1、M92：1-2）　3. 道光通宝（M92：1-3）

九一、M93

1. 墓葬形制

该墓位于发掘Ⅰ区西北部，北邻 M95。开口于②层下，南北向，方向 180°。坐标为北纬 39°51′34.3″，东经 116°18′34″。

墓平面近呈梯形，竖穴土圹双棺合葬墓。墓口距地表深 0.4 米，墓底距地表深 1.6 米。墓圹南北长 2.7 米，东西宽 1.9～2.2 米，深 1.2 米。内填花土，土质松软。内置双棺，棺木已朽：东棺痕长 2 米，宽 0.5～0.6 米；棺内骨架保存较差，头向南，面向上，葬式不明，为男性。西棺痕长 2 米，宽 0.54～0.6 米；棺内骨架保存较差，头向南，面向上，葬式不明，为女性（图一五七）。

2. 随葬品

未发现随葬品。

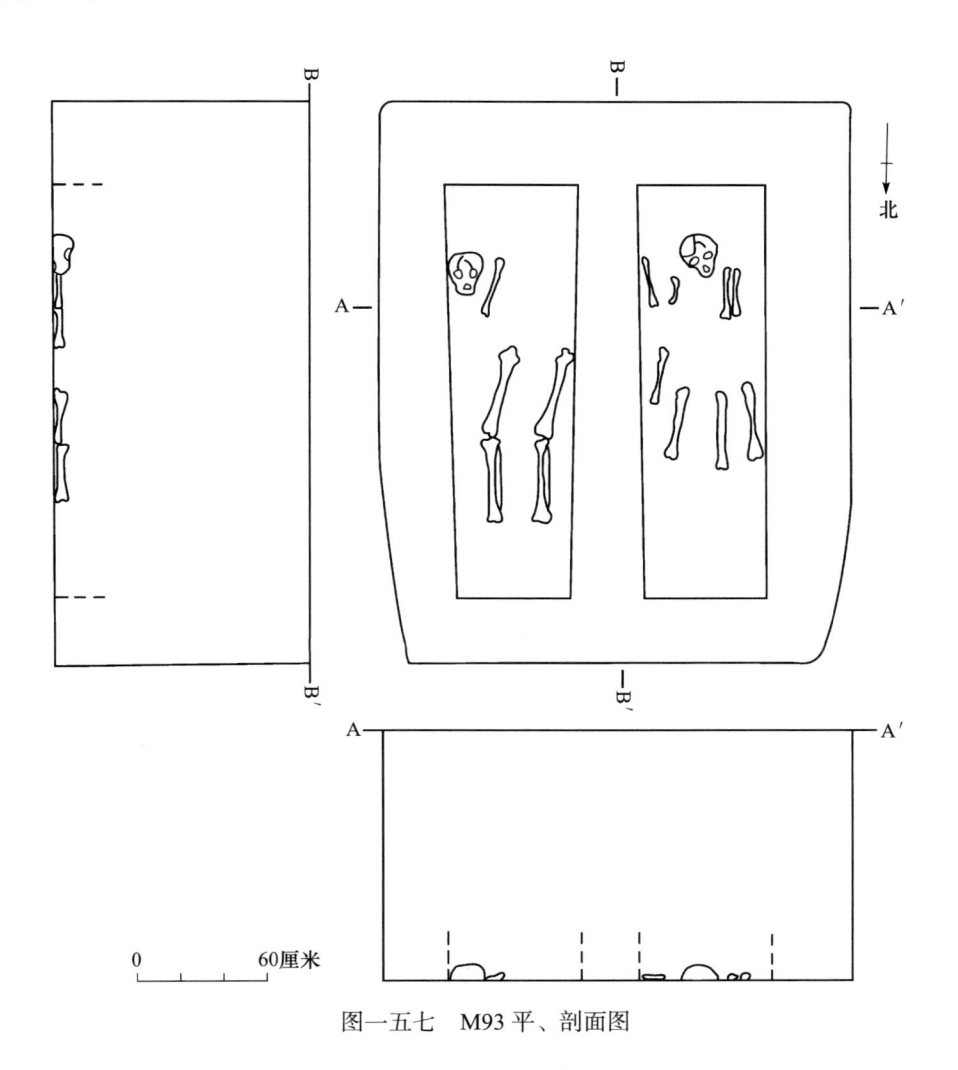

图一五七　M93 平、剖面图

九二、M94

1. 墓葬形制

该墓位于发掘Ⅰ区西北部。开口于②层下，南北向，方向0°。坐标为北纬39°51′34.6″，东经116°18′33.7″。

墓平面呈长方形，竖穴土圹双棺合葬墓。墓口距地表深0.4米，墓底距地表深1.6米。墓圹南北长2.8米，东西宽1.7米，深1.2米。内填花土，土质松软。内置双棺，棺木已朽：东棺痕长2.1米，宽0.54～0.68米；棺内骨架保存较好，头向南，面向上，仰身直肢，为女性。西棺痕长2.1米，宽0.5～0.64米；棺内骨架保存较差，头向北，面向上，葬式不明，为男性（图一五八）。

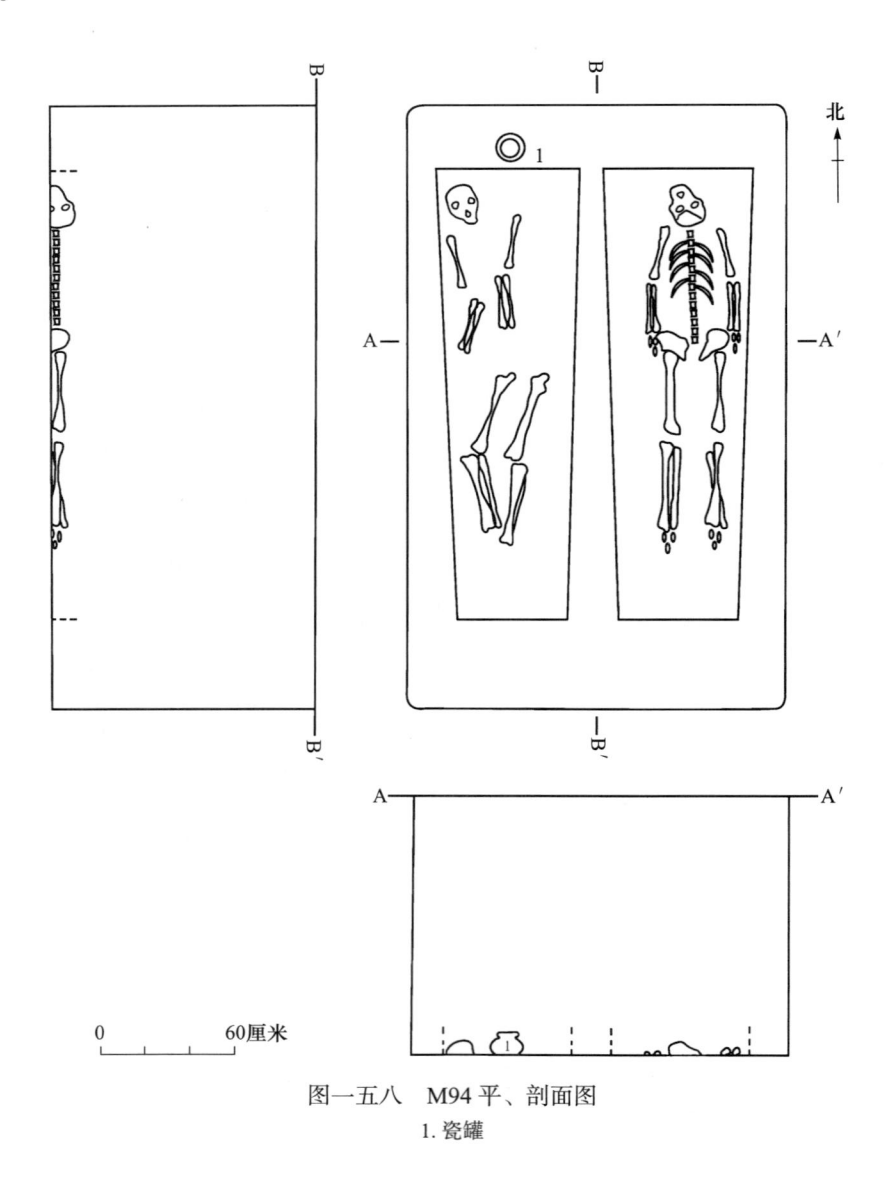

图一五八　M94平、剖面图
1. 瓷罐

2. 随葬品

西棺外前方出土瓷罐1件。

瓷罐 1件。M94：1，敛口，方唇，斜领，斜折肩，圆弧腹，矮圈足。缸胎，上腹部及口沿内侧施黑色釉，腹下部、唇及内壁未施釉。轮制。口径7.8厘米，腹径10.6厘米，底径6.4厘米，高9厘米（图一五九；彩版三五，4）。

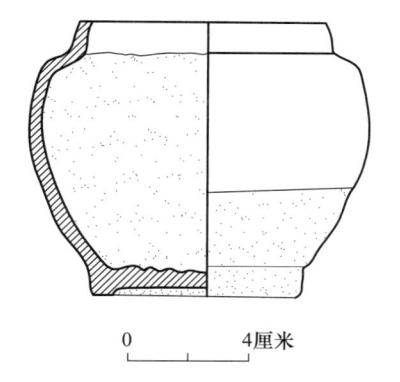

图一五九 M94出土瓷罐（M94：1）

九三、M95

1. 墓葬形制

该墓位于发掘I区西北部，北邻M96。开口于②层下，东西向，方向280°。坐标为北纬39°51′34.4″，东经116°18′34″。

墓平面呈长方形，竖穴土圹双棺合葬墓。墓口距地表深0.4米，墓底距地表深1.4米。墓圹东西长2.6米，南北宽2.4米，深1米。内填花土，土质松软。内置双棺，棺木已朽：南棺痕长1.9米，宽0.7米；棺内骨架保存稍差，头向西，面向上，仰身直肢，为女性。北棺痕长2米，宽0.6米；棺内骨架保存较好，头向西，面向上，仰身直肢，为男性（图一六〇）。

2. 随葬品

南棺头骨上方出土银簪7件；北棺外前方出土釉陶罐1件，头骨右侧出土铁镜1件，右上肢骨下部出土铜钱13枚。

釉陶罐 1件。M95：1，直口，圆唇，斜领，弧肩，斜直腹微弧，平底内凹。肩上部及口沿内侧施酱黄色釉。轮制，体留有轮旋痕迹。口径10.2厘米，腹径10.2厘米，底径8厘米，高10.4厘米（图一六一，1；彩版三六，6）。

银簪 7件。M95：3，首呈半圆形，上铸一孔，双股银丝镶嵌孔中，螺纹盘绕，体呈扁条锥形，下端残。残长5.2厘米（图一六一，3）。M95：4，龙头形首，簪体残。残长2.5厘米（图一六一，2）。M95：5，龙头形首，鎏金，体扁环纹龙身，下部残。残长9.3厘米（图一六一，4）。M95：6，龙头形首，鎏金，簪体扁环纹龙身，下部残。残长8厘米（图一六一，5）。M95：7，首残，体呈扁条锥状。残长13厘米（图一六一，6）。M95：8，首顶端残，下螺纹盘绕，体呈扁条锥状，下端残。残长10.5厘米（图一六一，7）M95：9，首呈半圆形，上铸一孔，双股银丝镶嵌孔中，螺纹盘绕，体呈扁条锥状。残长10.9厘米（图一六一，8）。

铁镜 1件。M95：2，圆形，平镜面，背面中部隆起呈半球形，锈蚀较甚。直径8厘米，厚1.5厘米（图一六一，9）。

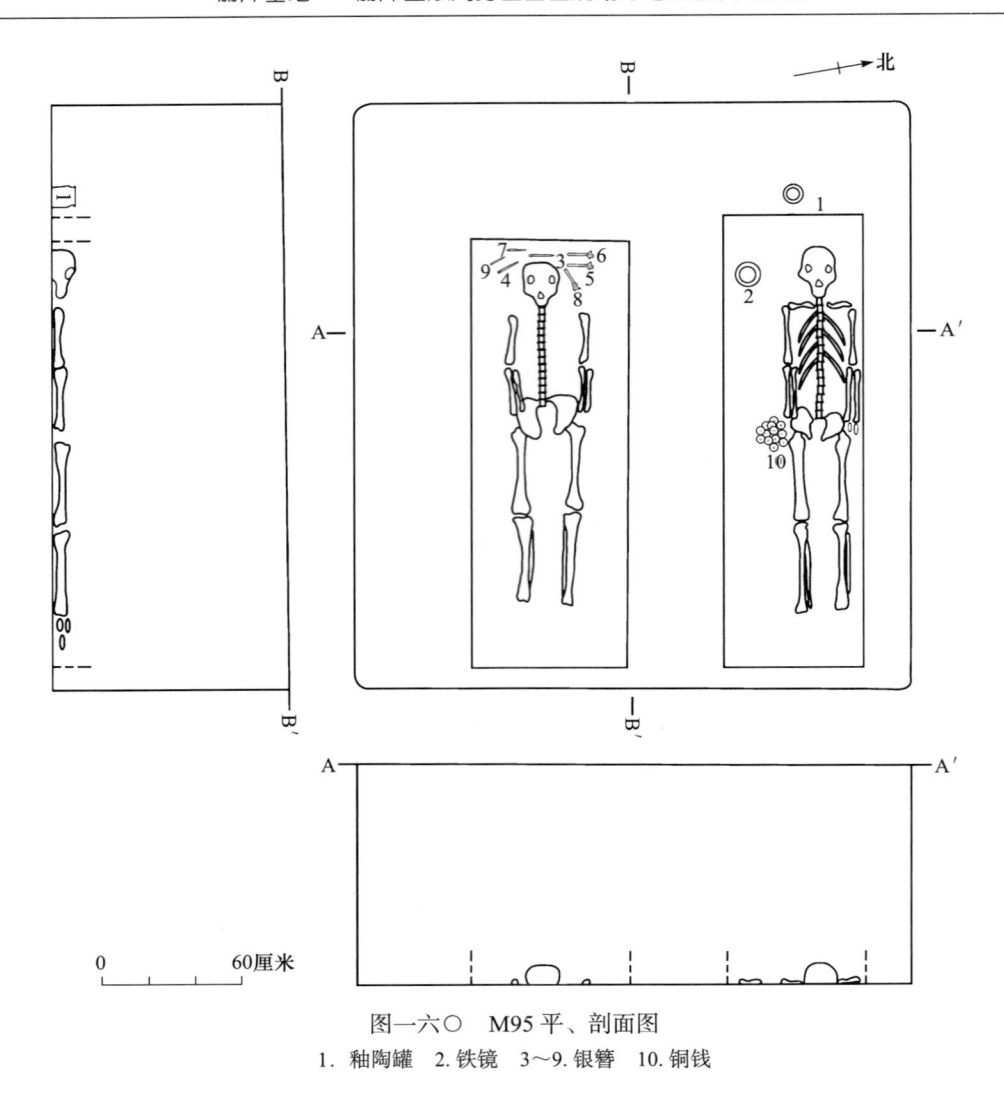

图一六〇　M95 平、剖面图
1. 釉陶罐　2. 铁镜　3～9. 银簪　10. 铜钱

铜钱　13 枚，有开元通宝、熙宁元宝、康熙通宝、雍正通宝、乾隆通宝。

开元通宝　1 枚。M95：10-1，平钱，方穿，正背面郭缘略宽，正面楷书"開元通寶"四字，直读。钱径 2.48 厘米，穿径 0.66 厘米，郭厚 0.12 厘米（图一六二，1；彩版八一，3）。

熙宁元宝　1 枚。M95：10-2，平钱，方穿，正背面郭缘较窄，正面楷书"熙寧元寶"四字，旋读。钱径 2.42 厘米，穿径 0.65 厘米，郭厚 0.11 厘米（图一六二，2；彩版八一，3）。

康熙通宝　4 枚。大平钱，方穿，正背面郭缘较宽，正面楷书"康熙通寶"四字，直读。标本 M95：10-3，背穿左右为满文"宝源"局名。钱径 2.75 厘米，穿径 0.58 厘米，郭厚 0.1 厘米（图一六二，3；彩版八一，3）。标本 M95：10-4，背穿左右为满文"宝泉"局名。钱径 2.6 厘米，穿径 0.56 厘米，郭厚 0.12 厘米（图一六二，4；彩版八一，3）。

雍正通宝　2 枚。标本 M95：10-5，平钱，方穿，正背面郭缘较宽，正面楷书"雍正通寶"四字，直读，背穿左右为满文"宝源"局名。钱径 2.56 厘米，穿径 0.52 厘米，郭厚 0.11 厘米（图一六二，5；彩版八一，3）。

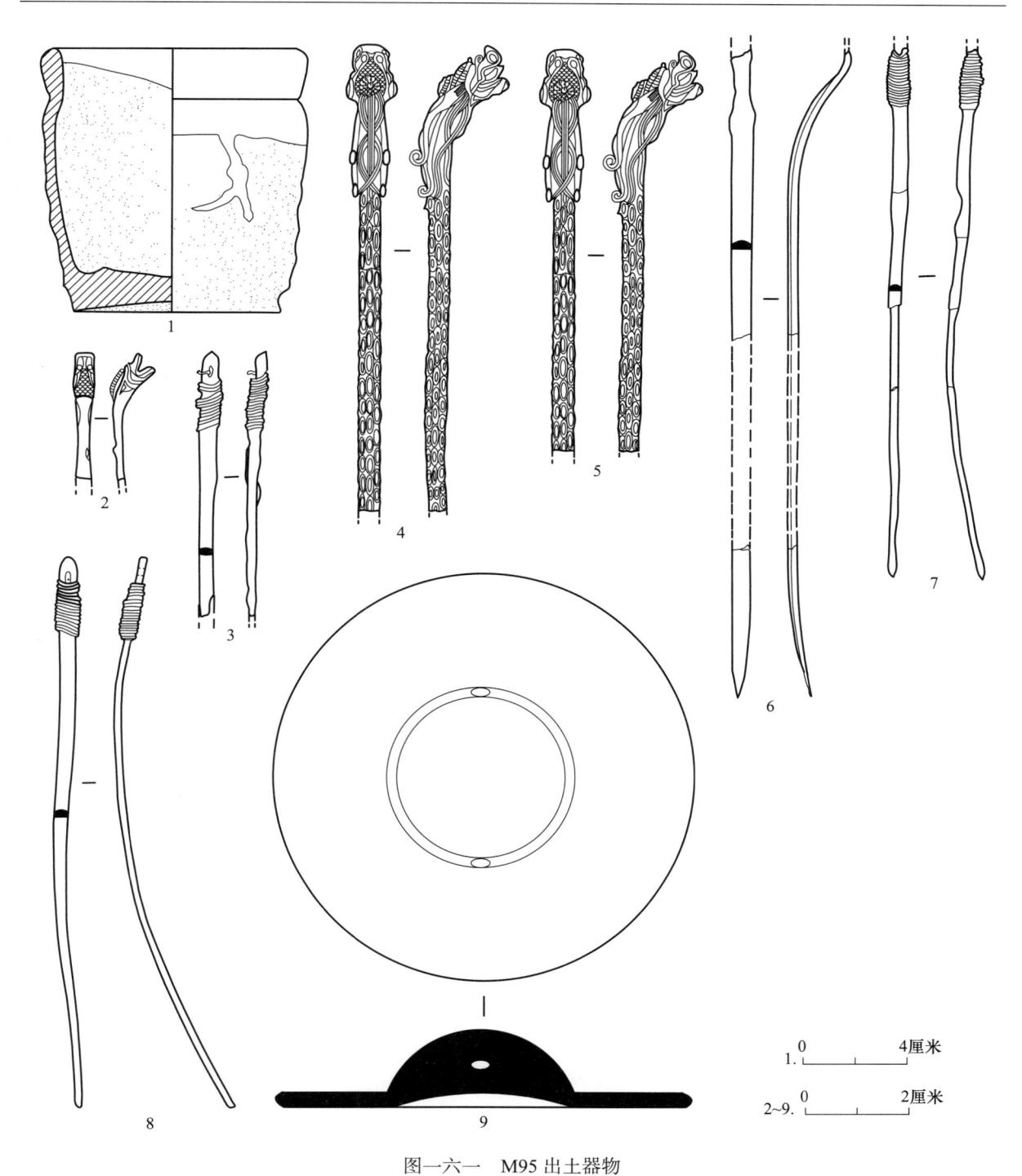

图一六一　M95 出土器物

1.釉陶罐（M95∶1）　2～8.银簪（M95∶4、M95∶3、M95∶5、M95∶6、M95∶7、M95∶8、M95∶9）
9.铁镜（M95∶2）

乾隆通宝　5枚。标本 M95∶10-6，平钱，方穿，正背面郭缘较宽，正面楷书"乾隆通寶"四字，直读，背穿左右为满文"宝泉"局名。钱径 2.55 厘米，穿径 0.55 厘米，郭厚 0.13 厘米（图一六二，6；彩版八一，3）。

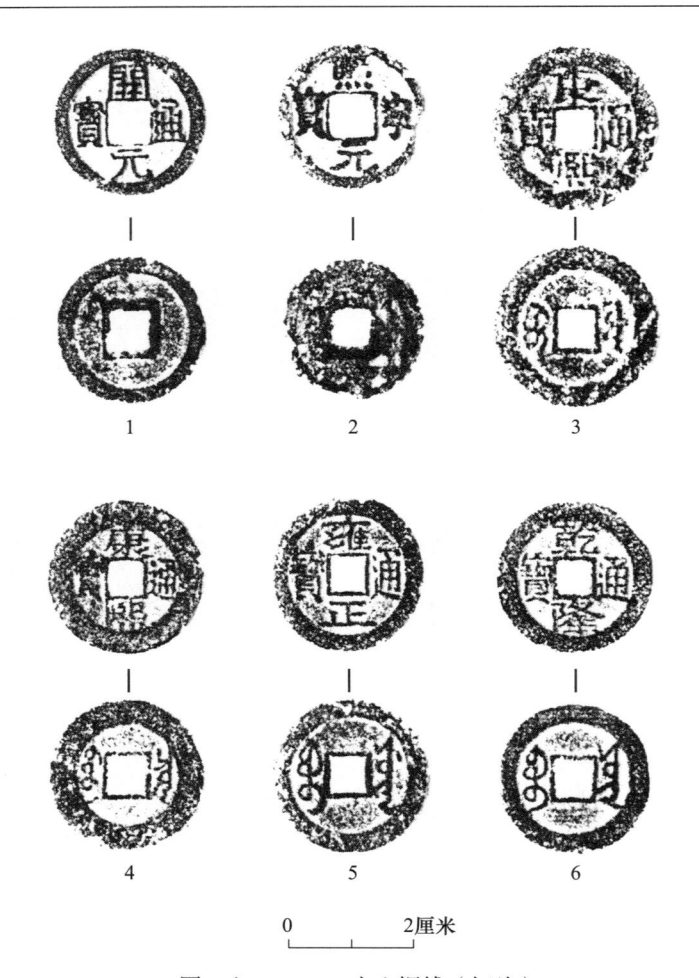

图一六二　M95 出土铜钱（拓片）
1. 开元通宝（M95：10-1） 2. 熙宁元宝（M95：10-2） 3、4. 康熙通宝（M95：10-3、M95：10-4） 5. 雍正通宝（M95：10-5） 6. 乾隆通宝（M95：10-6）

九四、M96

1. 墓葬形制

该墓位于发掘 I 区西北部，北邻 M97。开口于②层下，东西向，方向 230°。坐标为北纬 39°51′27.7″，东经 116°18′40″。

墓平面呈长方形，竖穴土圹单棺二人合葬墓。墓口距地表深 0.4 米，墓底距地表深 1.3 米。墓圹东西长 2.4 米，南北宽 0.96 米，深 0.9 米。内填花土，土质松软。内置单棺，棺木已朽，棺痕长 1.9 米，宽 0.42～0.6 米。棺内放置骨架两具，保存较差：南侧骨架头向西南，面向上，葬式不明，为男性；北侧骨架头向西南，面向上，葬式不明，为女性（图一六三）。

2. 随葬品

未发现随葬品。

图一六三 M96 平、剖面图

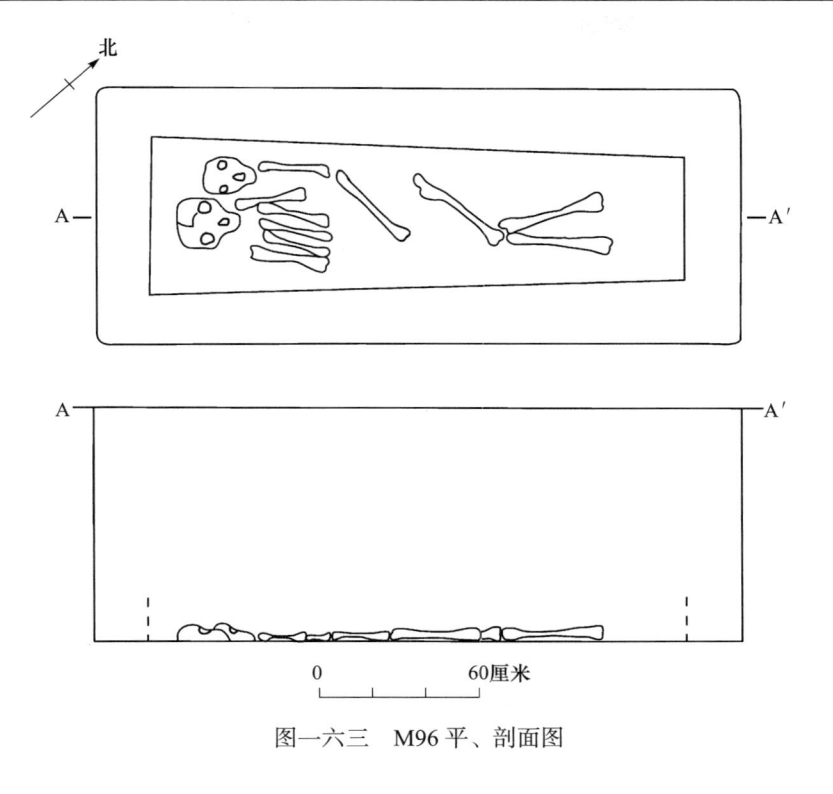

九五、M97

1. 墓葬形制

该墓位于发掘 I 区西北部，南邻 M96。开口于②层下，南北向，方向 150°。坐标为北纬 39°51′27.6″，东经 116°18′40.1″。

墓平面呈长方形，竖穴土圹单棺墓。墓口距地表深 0.4 米，墓底距地表深 1.2 米。墓圹南北长 2.7 米，东西宽 1.1 米，深 0.8 米。内填花土，土质松软。内置单棺，棺木已朽，棺痕长 2 米，宽 0.6 米；棺内骨架保存较差，头向东南，面向上，葬式不明，为女性（图一六四）。

2. 随葬品

棺内头骨上方出土银簪 5 件。

银簪　5 件。M97：1，首呈如意首状，下部錾刻梅花纹，体呈长条形，下端残。残长 10.1 厘米（图一六五，1）。M97：2，首残，颈向外弯曲，体呈长条弧形，上錾刻梅花纹。残长 9.6 厘米（图一六五，2）。M97：3，首呈圆帽形，体扁条锥状，下部残。残长 9 厘米（图一六五，3）。M97：4，首呈龙头形，体残。残长 3.1 厘米（图一六五，4）。M97：5，首呈圆帽形，体长条锥状，下部残。残长 4.4 厘米（图一六五，5）。

图一六四　M97 平、剖面图

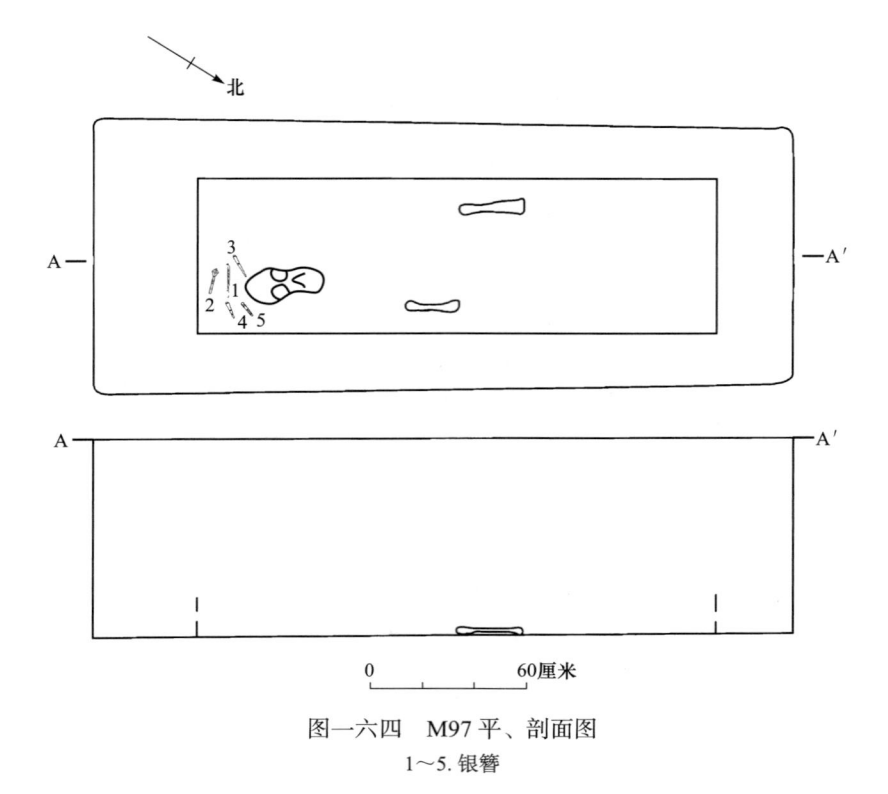

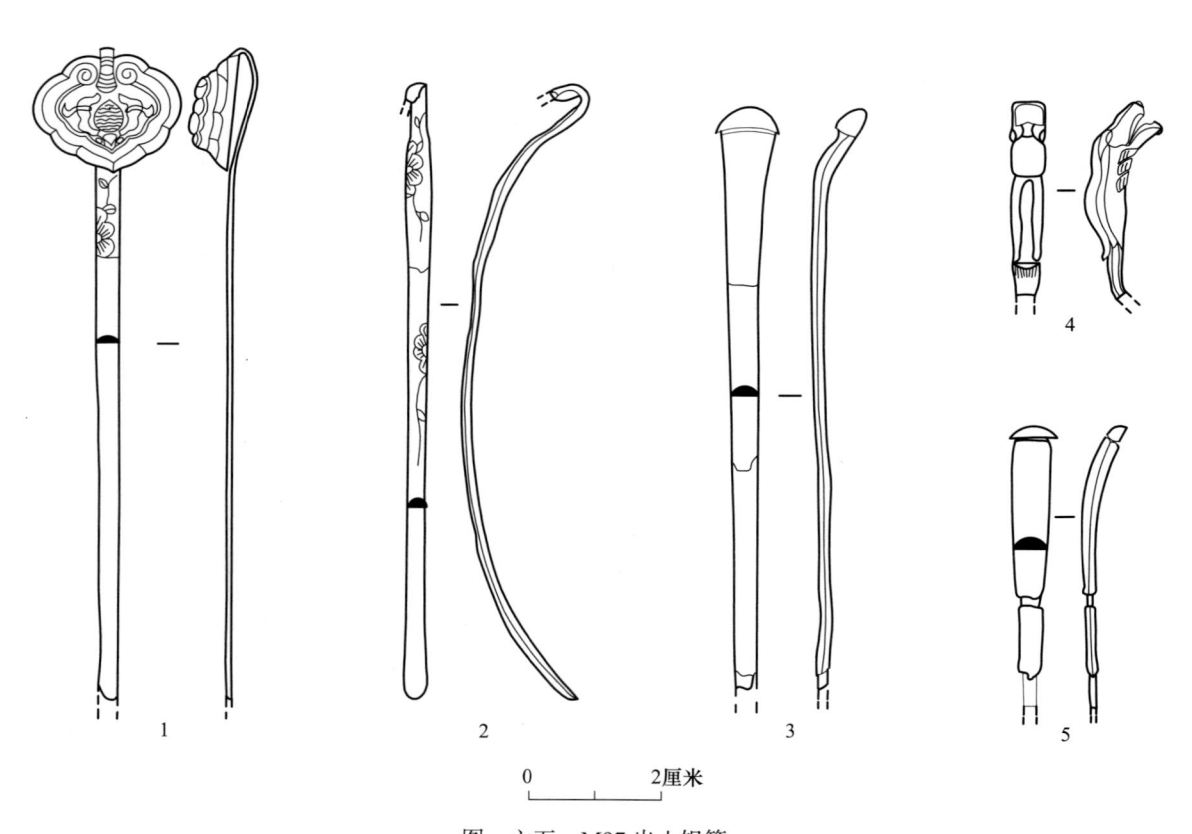

1～5. 银簪

图一六五　M97 出土银簪

1. M97∶1　2. M97∶2　3. M97∶3　4. M97∶4　5. M97∶5

九六、M98

1. 墓葬形制

该墓位于发掘Ⅰ区西北部，北邻 M99。开口于②层下，南北向，方向 0°。坐标为北纬 39°51′32.4″，东经 116°18′29.08″。

墓平面呈长方形，竖穴土圹双棺合葬墓。墓口距地表深 1 米，墓底距地表深 1.8~2.4 米。墓圹南北长 2.7 米，东西宽 2 米，深 0.8~1.4 米。内填花土，土质松软。内置双棺：东棺长 2.2 米，宽 0.7~0.8 米，残高 0.4 米，棺板厚 0.06~0.08 米，底板厚 0.07 米；棺内骨架保存较差，头向东南，面向上，葬式不明，为男性。西棺长 2 米，宽 0.7~0.8 米，残高 0.32 米，棺板、底板厚 0.06 米；棺内骨架保存较差，头向北，面向上，仰身直肢，为女性（图一六六）。

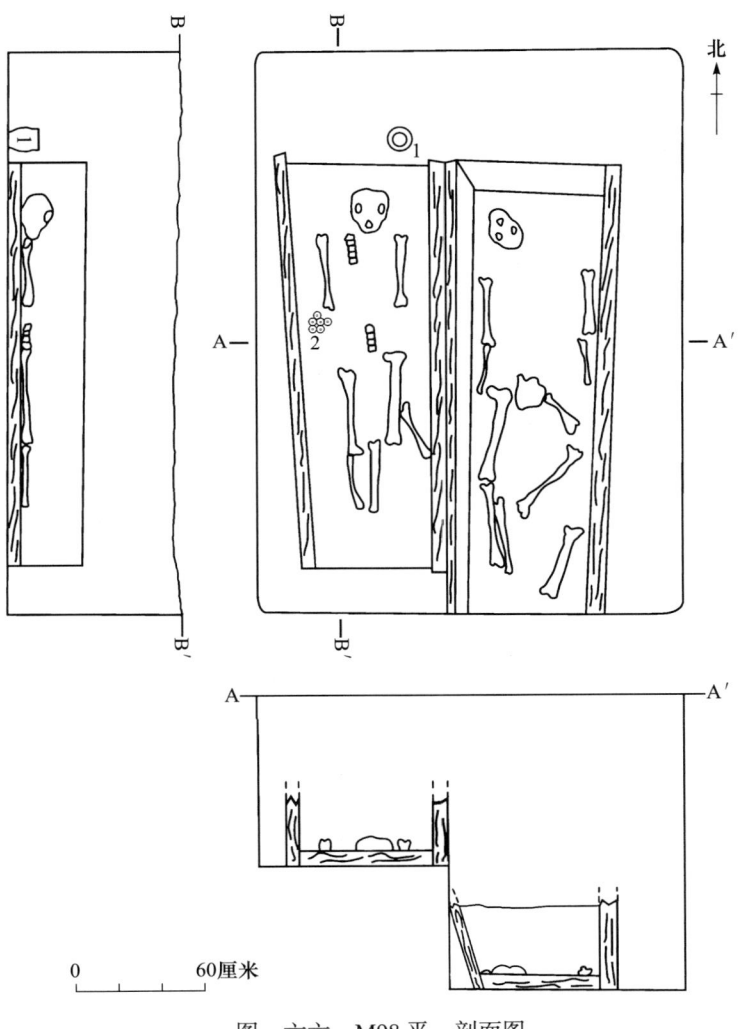

图一六六 M98 平、剖面图
1. 釉陶罐 2. 铜钱

2. 随葬品

西棺外左前方出土釉陶罐 1 件，右上肢骨外侧下部出土铜钱 6 枚。

釉陶罐　1 件。M98：1，直口，方圆唇，斜领，折肩，斜直腹，平底内凹。肩上部及口沿内侧施黑灰色釉。轮制，体留有轮旋痕迹。口径 10.6 厘米，腹径 10.5 厘米，底径 7 厘米，高 11 厘米（图一六七，1；彩版三八，1）。

铜钱　6 枚，有康熙通宝、雍正通宝、乾隆通宝。

康熙通宝　1 枚。M98：2-1，平钱，方穿，正背面郭缘较宽，正面楷书"康熙通寶"四字，直读，背穿左右为满文"宝泉"局名。钱径 2.56 厘米，穿径 0.54 厘米，郭厚 0.12 厘米（图一六七，2；彩版八一，4）。

雍正通宝　2 枚。标本 M98：2-2，平钱，方穿，正背面郭缘较宽，正面楷书"雍正通寶"四字，直读，背穿左右为满文"宝泉"局名。钱径 2.53 厘米，穿径 0.52 厘米，郭厚 0.12 厘米（图一六七，3；彩版八一，4）。

乾隆通宝　3 枚。标本 M98：2-3，平钱，方穿，正背面郭缘较宽，正面楷书"乾隆通寶"四字，直读，背穿左右为满文"宝泉"局名。钱径 2.58 厘米，穿径 0.55 厘米，郭厚 0.11 厘米（图一六七，4；彩版八一，4）。

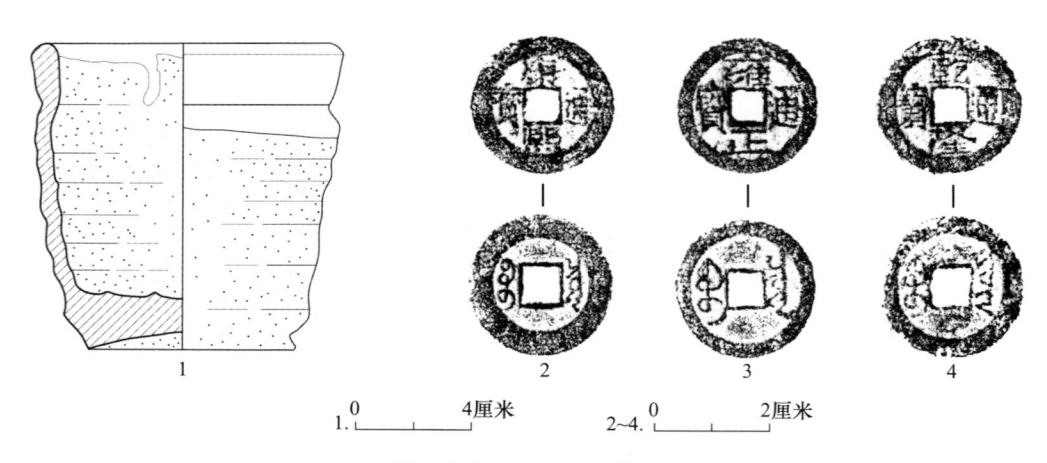

图一六七　M98 出土器物
1. 釉陶罐（M98：1）　2. 康熙通宝（M98：2-1）　3. 雍正通宝（M98：2-2）　4. 乾隆通宝（M98：2-3）

九七、M99

1. 墓葬形制

该墓位于发掘 I 区西北部，南邻 M98。开口于②层下，南北向，方向 350°。坐标为北纬 39°51′28.95″，东经 116°18′29.88″。

墓平面呈长方形，竖穴土圹单棺墓。墓口距地表深 1.5 米，墓底距地表深 2.3 米。墓圹南北长 2.3 米，东西宽 1.1 米，深 0.8 米。内填花土，土质松软。内置单棺，棺长 1.9 米，宽 0.7～0.8 米，残高 0.4 米，棺板、前封板厚 0.04 米，底板厚 0.05 米；棺内骨架保存较差，头向东，西向南葬式、性别不明（图一六八）。

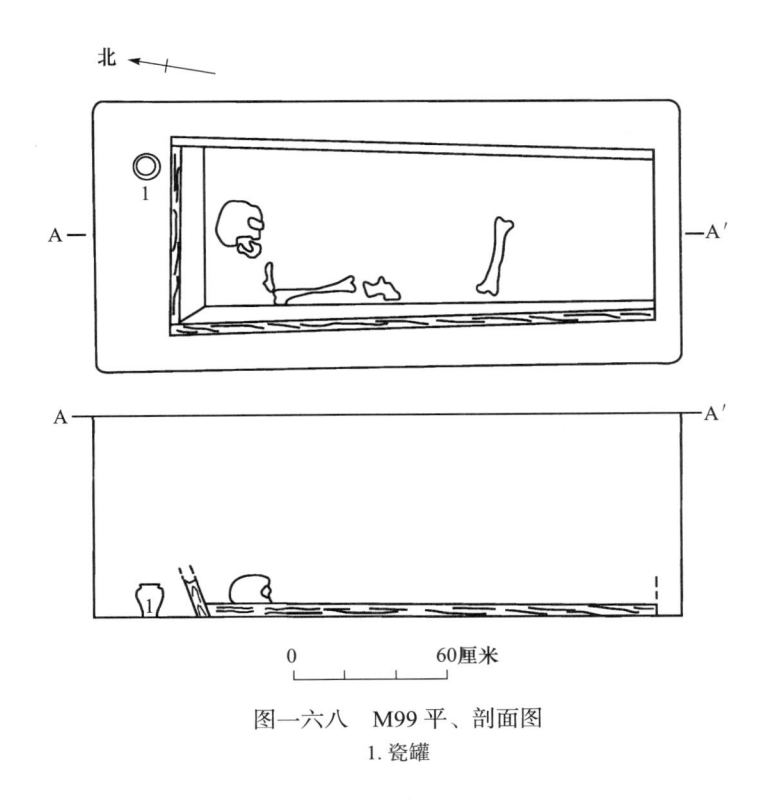

图一六八　M99 平、剖面图
1. 瓷罐

2. 随葬品

棺外左前方出土瓷罐 1 件。

瓷罐　1 件。M99∶1，侈口，尖圆唇，矮领，圆肩，弧腹内收，平底微凹。体施豆青色釉，底部无釉。轮制。口径 8 厘米，腹径 12 厘米，底径 8.6 厘米，高 14.4 厘米（图一六九；彩版三九，1）。

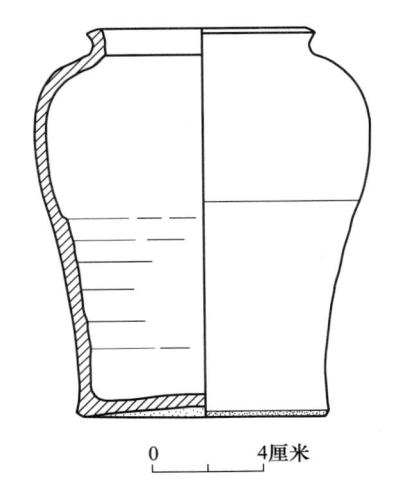

图一六九　M99 出土瓷罐（M99∶1）

九八、M100

1. 墓葬形制

该墓位于发掘Ⅰ区西北部，南邻M99。开口于②层下，东西向，方向270°。坐标为北纬39°51′35.5″，东经116°18′33.6″。

墓平面呈长方形，竖穴土圹双棺合葬墓。墓口距地表深1.5米，墓底距地表深2～2.4米。墓圹东西长2.5米，南北宽2米，深0.5～0.9米。内填花土，土质松软。内置双棺：南棺棺木已朽，棺痕长1.9米，宽0.6～0.7米；棺内骨架保存较差，头向西，面向北，葬式不明，为女性。北棺长2.1米，宽0.8～0.9米，残高0.4米，棺板厚0.06米，前、后封板厚0.03米，底板厚0.08米；棺内骨架保存较好，头向西，面向北，仰身直肢，为男性（图一七〇）。

2. 随葬品

北棺外前方出土瓷罐1件，右下肢骨上部出土铜钱35枚。

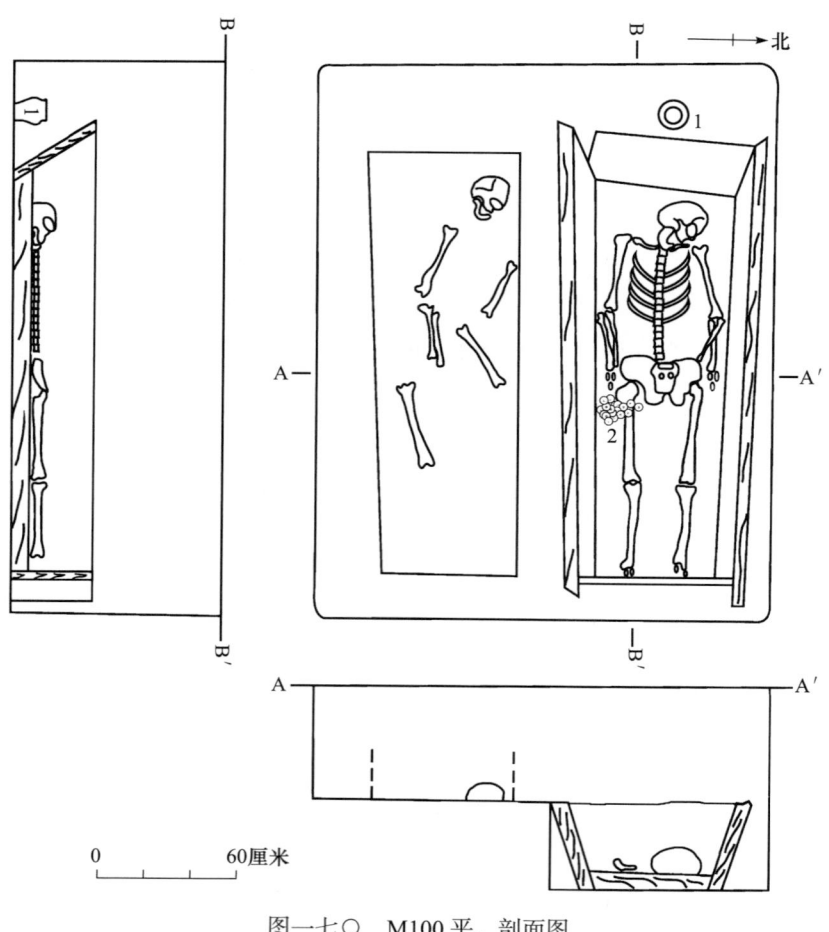

图一七〇　M100平、剖面图
1. 瓷罐　2. 铜钱

瓷罐　1件。M100∶1，盖呈蘑菇状，敛口，宽折沿；罐敛口，方唇，斜领，圆肩，弧腹，矮圈足。缸胎，腹部、口沿内侧及盖外壁施黑色釉，外腹下部流釉凸显，底部无釉。轮制。盖口径5.6厘米，罐口径8.2厘米，腹径12厘米，底径6.6厘米，通高15.4厘米（图一七一，1；彩版三五，5）。

铜钱　35枚，有顺治通宝、康熙通宝。

顺治通宝　4枚。平钱，方穿，正背面郭缘稍宽，正面楷书"顺治通寶"四字，直读。标本M100∶2-1，背穿左右为满文"宝泉"局名。钱径2.74厘米，穿径0.58厘米，郭厚0.1厘米（图一七一，2；彩版八一，5）。标本M100∶2-2，背穿左楷书"一厘"二字，右为"户"字。钱径2.42厘米，穿径0.54厘米，郭厚0.09厘米（图一七一，3；彩版八一，5）。

康熙通宝　31枚。大平钱，方穿，正背面郭缘稍宽，正面楷书"康熙通寶"四字，直读。标本M100∶2-3，背穿左为满文"宁"字，右楷书一"宁"字。钱径2.77厘米，穿径0.5厘米，郭厚0.12厘米（图一七一，4；彩版八一，5）。标本M100∶2-4，背穿左右为满文"宝泉"局名。钱径2.78厘

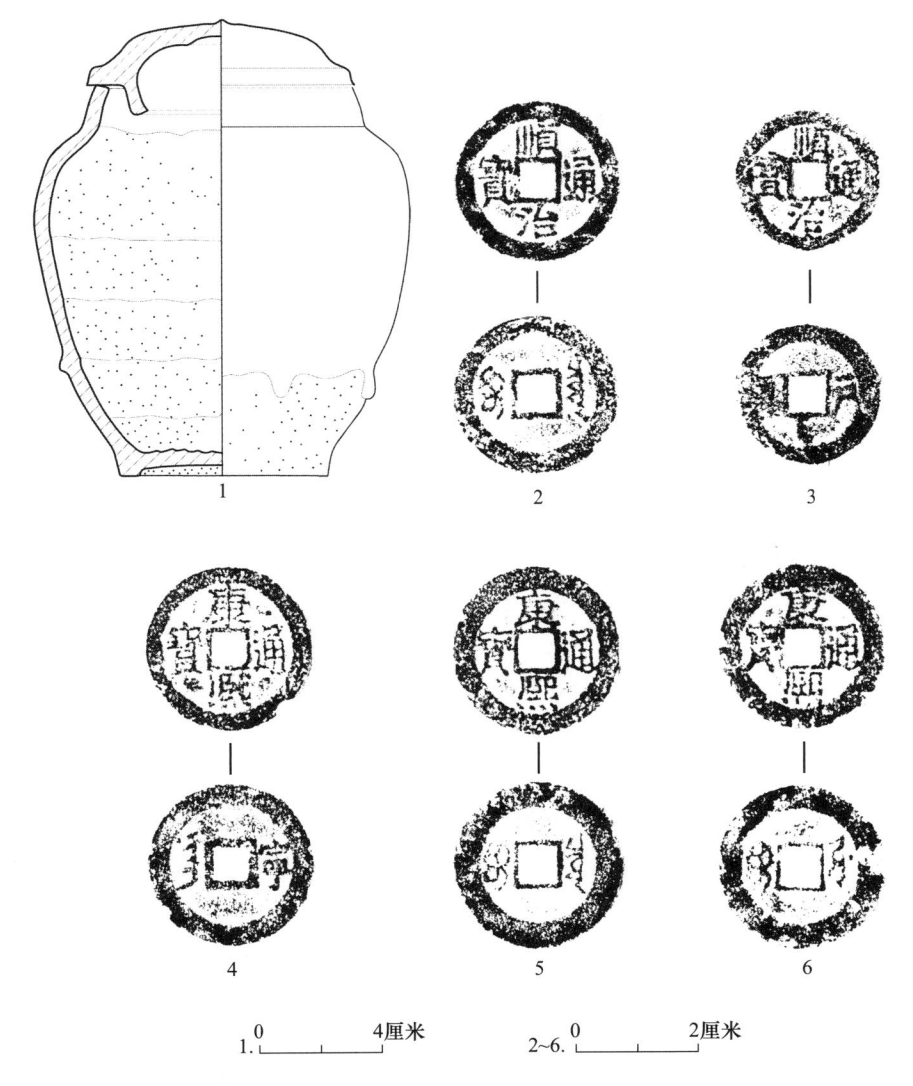

图一七一　M100出土器物
1. 瓷罐（M100∶1）　2、3. 顺治通宝（M100∶2-1、M100∶2-2）　4～6. 康熙通宝（M100∶2-3、M100∶2-4、M100∶2-5）

米，穿径 0.58 厘米，郭厚 0.1 厘米（图一七一，5；彩版八一，5）。标本 M100：2-5，背穿左右为满文"宝源"局名。钱径 2.77 厘米，穿径 0.58 厘米，郭厚 0.12 厘米（图一七一，6；彩版八一，5）。

九九、M101

1. 墓葬形制

该墓位于发掘 I 区西南部。开口于②层下，南北向，方向 5°。坐标为北纬 39° 51′ 31.9″，东经 116° 18′ 35.7″。

墓平面呈梯形，竖穴土圹双棺合葬墓。墓口距地表深 0.4 米，墓底距地表深 1.4 米。墓圹南北长 2.7 米，东西宽 1.56～1.7 米，深 1 米。内填花土，土质松软。内置双棺：东棺长 2.3 米，宽 0.72～0.88 米，残高 0.4 米，棺板厚 0.09 米，前封板厚 0.05 米，后封板厚 0.06 米；棺内骨架保存较差，头向北，面向上，仰身直肢，为男性。西棺棺木已朽，棺痕长 2.2 米，宽 0.6～0.7 米；棺内骨架保存较差，头向北，面向上，仰身直肢，为女性（图一七二）。

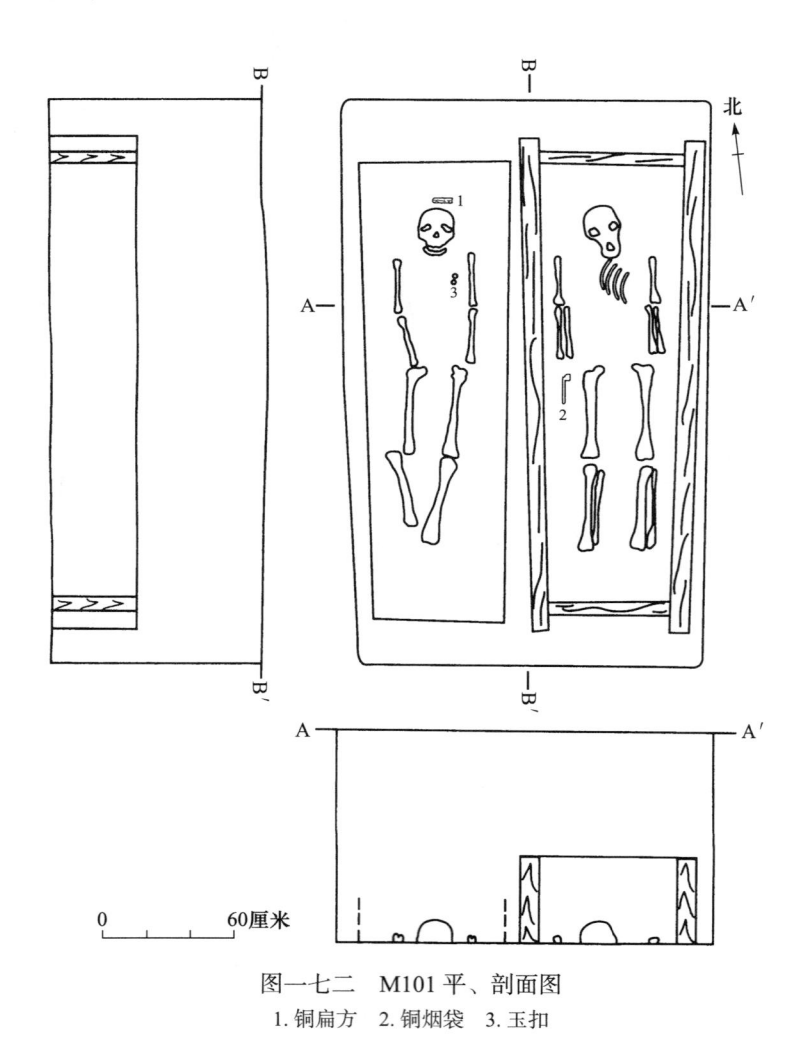

图一七二 M101 平、剖面图
1. 铜扁方 2. 铜烟袋 3. 玉扣

2. 随葬品

东棺右下肢骨外侧上部出土铜烟袋1件；西棺头骨上方出土铜扁方1件，左上肢骨内侧上部出土玉扣2颗。

铜扁方　1件。M101：1，上端残，体扁条状，末端呈圆弧形，正面錾刻牡丹花卉纹。宽1～1.1厘米，残长5.7厘米（图一七三，1）。

铜烟袋　1件。M101：2，烟锅圆形呈半球状，烟杆为圆筒状，烟嘴缺失。残长8.2厘米，锅口径2.2厘米（图一七三，2）。

玉扣　2颗。标本M101：3-1，白色，圆球形，钮残。直径1厘米（图一七三，3；彩版六六，1）。

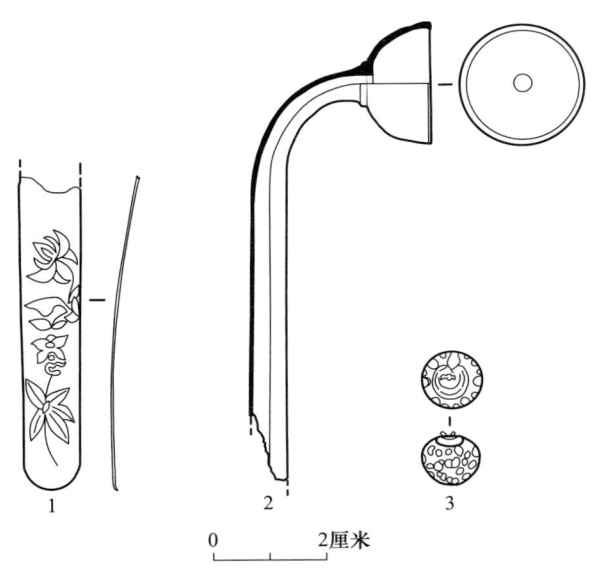

图一七三　M101出土器物

1. 铜扁方（M101：1）　2. 铜烟袋（M101：2）　3. 玉扣（M101：3-1）

一〇〇、M102

1. 墓葬形制

该墓位于发掘Ⅰ区西南部，南邻M103。开口于②层下，南北向，方向0°。坐标为北纬39°51′32.2″，东经116°18′36.1″。

墓平面呈长方形，竖穴土圹双棺合葬墓。墓口距地表深0.4米，墓底距地表深1.4米。墓圹南北长2.5米，东西宽1.8米，深1米。内填花土，土质松软。内置双棺：东棺长2.2米，宽0.7米，棺板厚0.1米，前、后封板厚0.07米，残高0.4米；棺内骨架保存较好，头向北，面向上，仰身直肢，为男性。西棺棺木已朽，棺痕长2米，宽0.6～0.7米；棺内骨架保存较差，头向北，面向下，葬式不明，为女性（图一七四）。

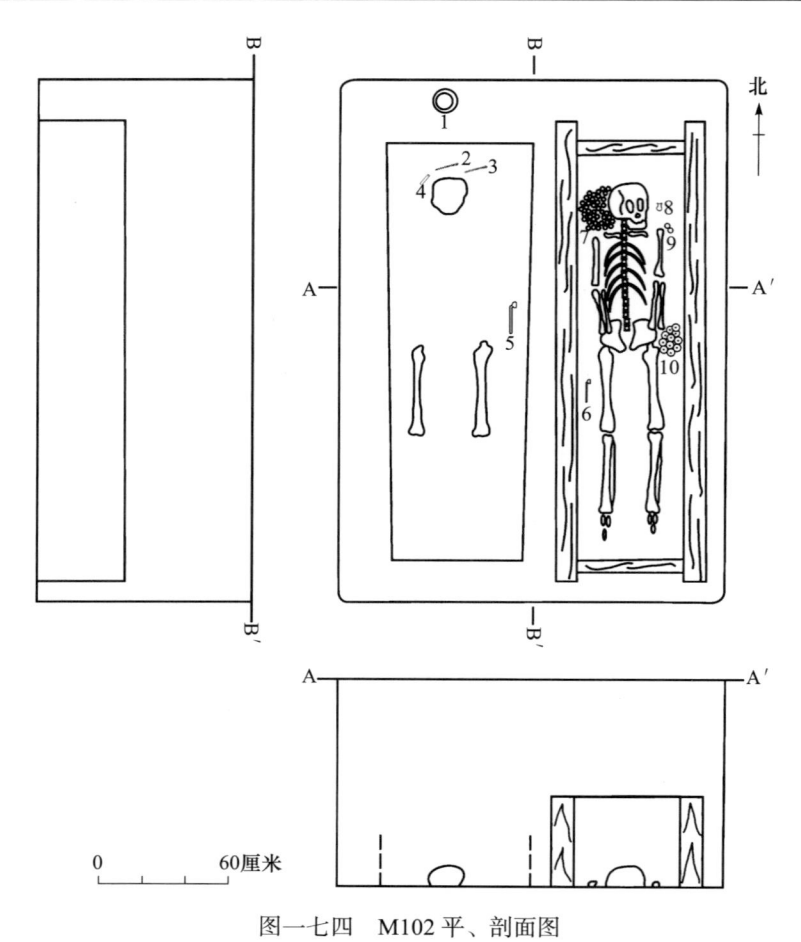

图一七四　M102 平、剖面图
1. 瓷罐　2、3. 金簪　4. 铜扁方　5、6. 铜烟袋　7. 料珠　8. 料坠　9. 玛瑙珠　10. 铜钱

2. 随葬品

东棺头骨左侧出土料坠 1 件、右侧出土料珠 64 颗，左上肢骨外侧上部出土玛瑙珠 2 颗、盆骨左侧出土铜钱 11 枚，右下肢骨外侧上部出土铜烟袋 1 件；西棺外右前方出土瓷罐 1 件，头骨上方出土金簪 2 件、铜扁方 1 件，左下肢骨外侧上部出土铜烟袋 1 件。

瓷罐　1 件。M102：1，侈口，圆唇，矮领，圆肩，弧腹内收，平底微凹。体施豆青色釉，底部无釉。轮制。口径 7.6 厘米，腹径 12.4 厘米，底径 7.2 厘米，高 12.8 厘米（图一七五，1；彩版三九，2）。

金簪　2 件。首呈圆帽形，体扁平，上宽下窄，上部錾刻枝叶梅花纹，背面上部錾刻"王華甲"三字，印为一"亦"字，下端为三角形尖状。M102：2，长 13.4 厘米（图一七五，3；彩版六五，1）。M102：3，长 13.4 厘米（图一七五，4；彩版六五，5）。

铜扁方　1 件。M102：4，首呈四棱状，体扁条形，末端残。宽 1.2~1.5 厘米，残长 11.7 厘米（图一七五，2）。

铜烟袋　2 件。M102：5，铜质烟锅，平面呈圆形；烟杆为木质圆筒状，内中空，大部分已朽；铜质烟嘴，前端为筒状，后端折收，末端呈圆帽形。残长 22 厘米，锅口径 2.5 厘米（图一七五，5）。M102：6，铜质烟锅，平面呈圆形；烟杆为木质圆筒状，内中空，大部分已朽；铜质烟嘴，前

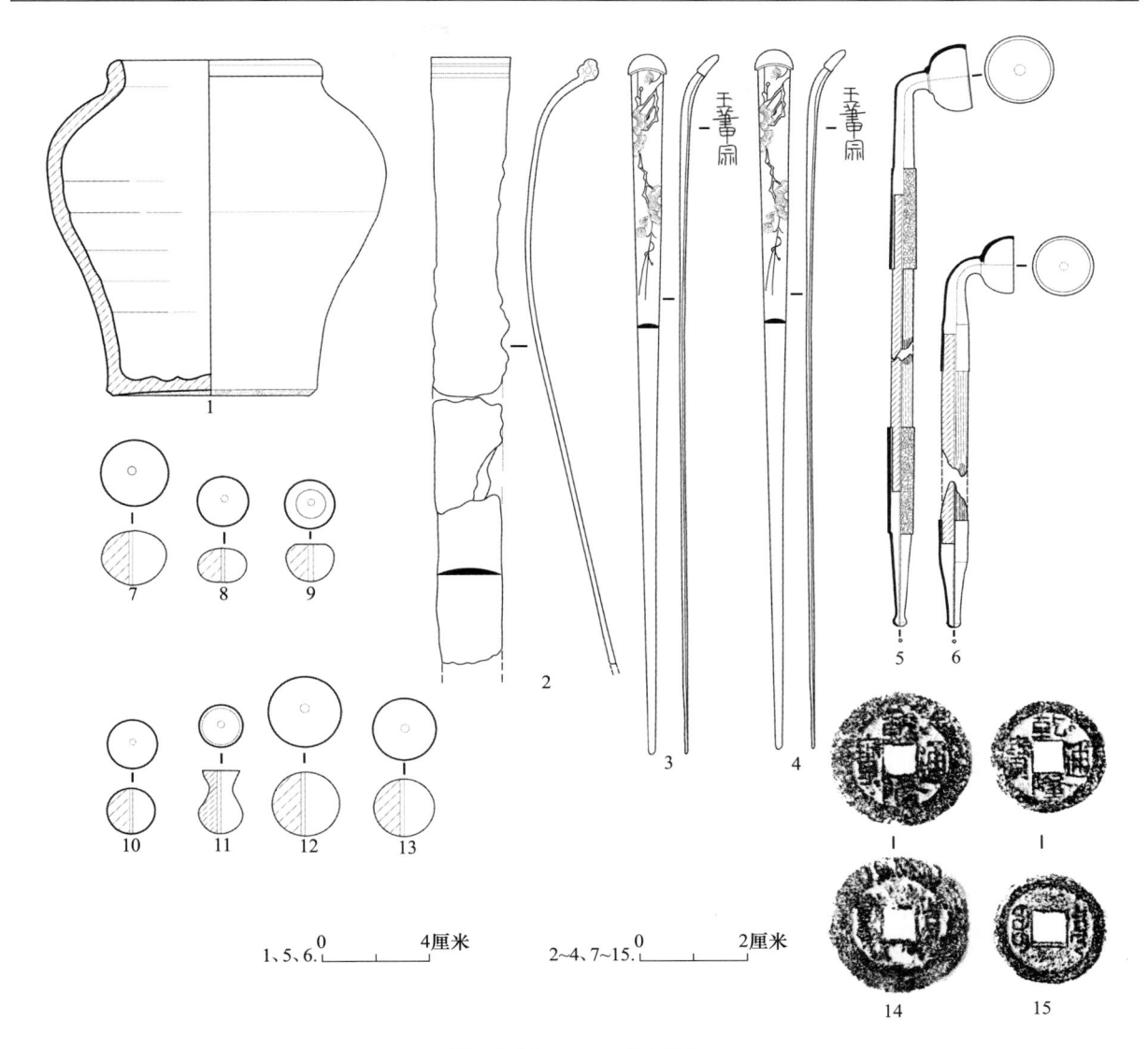

图一七五 M102 出土器物

1. 瓷罐（M102：1） 2. 铜扁方（M102：4） 3、4. 金簪（M102：2、M102：3） 5、6. 铜烟袋（M102：5、M102：6） 7～10. 料珠（M102：7-1、M102：7-2、M102：7-3、M102：7-4） 11. 料坠饰（M102：8） 12、13. 玛瑙珠（M102：9-1、M102：9-2） 14、15. 乾隆通宝（M102：10-1、M102：10-2）

端为筒状，后端折收，末端呈圆帽形。残长15厘米，锅口径2.1厘米（图一七五，6）。

料珠 64颗。标本M102：7-1，扁圆形，中间穿孔，深蓝色。直径1.2厘米，孔径0.15厘米（图一七五，7；彩版六六，2）。标本M102：7-2，圆球形，中间穿孔。直径1.2厘米，孔径0.15厘米（图一七五，8）。标本M102：7-3，扁圆形，中间穿孔，浅蓝色。直径0.9厘米，孔径0.15厘米（图一七五，9）。标本M102：7-4，圆球形，中间穿孔。直径0.9厘米，孔径0.1厘米（图一七五，10）。

料坠饰 1件。M102：8，葫芦形，平顶，束腰。通高1.2厘米（图一七五，11）。

玛瑙珠 2颗。圆球形，中间穿孔。M102：9-1，直径1.3厘米，孔径0.15厘米（图一七五，12）。M102：9-2，直径1.2厘米，孔径0.15厘米（图一七五，13）。

乾隆通宝 11枚。平钱，方穿，正背面郭缘较宽，正面楷书"乾隆通寶"四字，直读。标本M102：10-1，背穿左右为满文"宝源"局名。钱径2.68厘米，穿径0.48厘米，郭厚0.16厘米（图一七五，14）。标本 M102：10-2，背穿左右为满文"宝泉"局名。钱径 2.23 厘米，穿径 0.48 厘米，郭厚 0.18 厘米（图一七五，15）。

一〇一、M103

1. 墓葬形制

该墓位于发掘 I 区西南部，北邻 M102。开口于②层下，南北向，方向 10°。坐标为北纬 39°51′30″，东经 116°18′36.2″。

墓平面呈长方形，竖穴土圹双棺合葬墓。墓口距地表深 1.5 米，墓底距地表深 2.6 米。墓圹南北长 2.5 米，东西宽 1.8 米，深 1.1 米。内填花土，土质松软。内置双棺，棺木已朽：东棺痕长 2.1 米，宽 0.4~0.5 米；棺内骨架保存稍好，头向北，面向上，仰身直肢，为男性。西棺痕长 1.8 米，宽 0.6~0.7 米；棺内骨架保存较差，头向北，面向上，葬式不明，为女性（图一七六）。

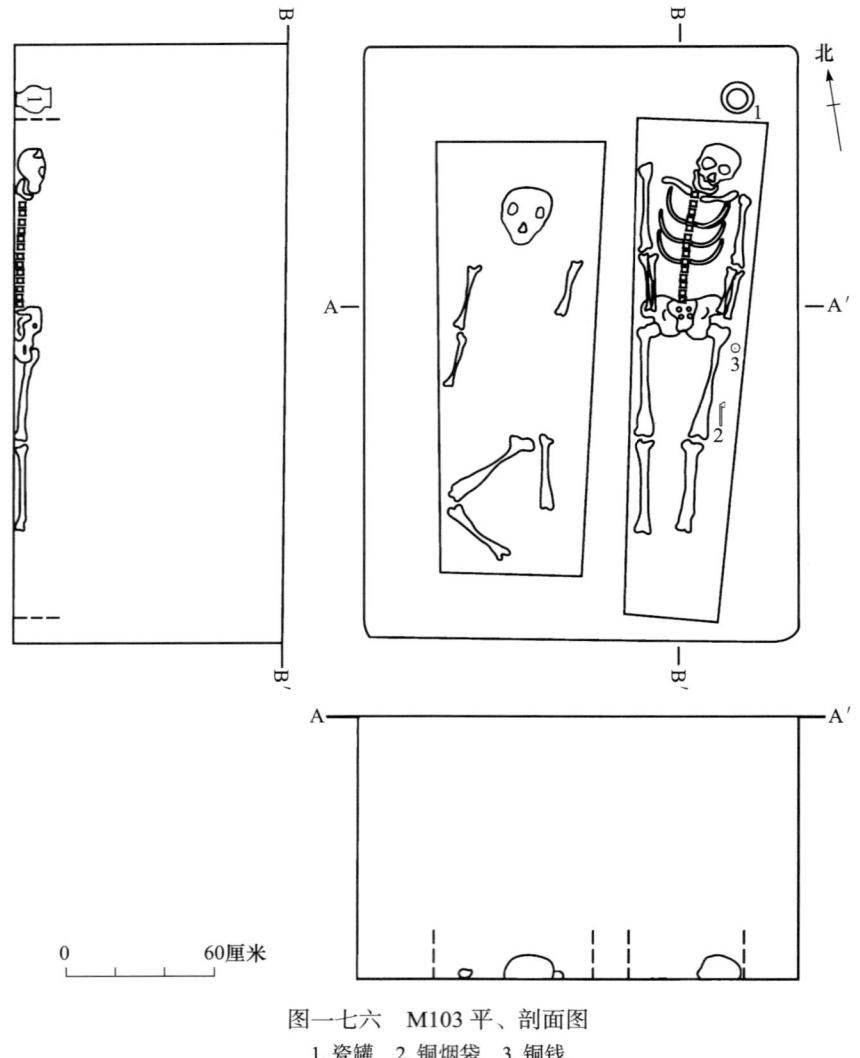

图一七六　M103 平、剖面图
1. 瓷罐　2. 铜烟袋　3. 铜钱

2. 随葬品

东棺外左前方出土瓷罐1件，右下肢骨外侧中部出土铜烟袋1件，右下肢骨外侧上部出土铜钱1枚。

瓷罐 1件。M103:1，直口微敛，方圆唇，矮领，圆肩，弧腹内收，平底微凹。体施豆青色釉，底部无釉。轮制。口径7.4厘米，腹径12.4厘米，底径7.2厘米，高13.4厘米（图一七七，1；彩版三九，3）。

铜烟袋 1件。M103:2，烟锅圆形呈半球状，烟杆为圆筒状，内中空，大部分已朽，烟嘴缺失。残长5.8厘米，锅口径2.2厘米（图一七七，2）。

铜钱 1枚。残锈严重，字迹不清。

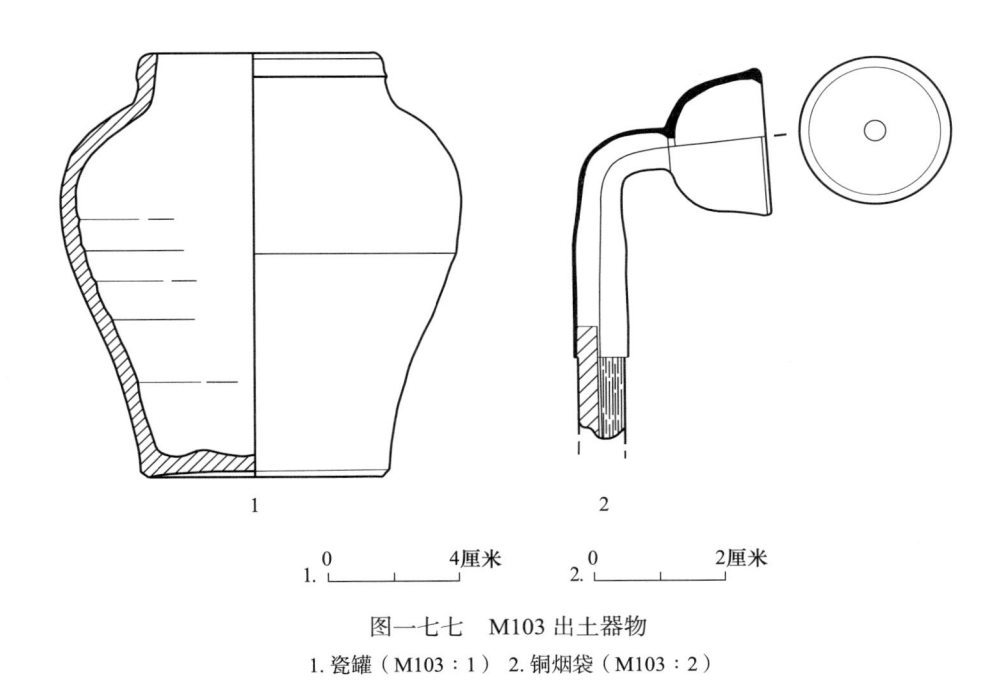

图一七七　M103出土器物
1.瓷罐（M103:1）　2.铜烟袋（M103:2）

一〇二、M104

1. 墓葬形制

该墓位于发掘Ⅰ区中部，北邻M105。开口于②层下，南北向，方向0°。坐标为北纬39°51′33.2″，东经116°18′44.6″。

墓平面呈长方形，竖穴土圹双棺合葬墓。墓口距地表深1.2米，墓底距地表深2米。墓圹南北长2.6米，东西宽1.8米，深0.8米。内填花土，土质松软。内置双棺，棺木已朽：东棺痕长1.9米，宽0.4~0.5米；棺内骨架保存稍差，头向北，面向上，仰身直肢，为女性。西棺痕长2米，宽0.5~0.6米；棺内骨架保存较差，头骨缺失，葬式、性别不明（图一七八）。

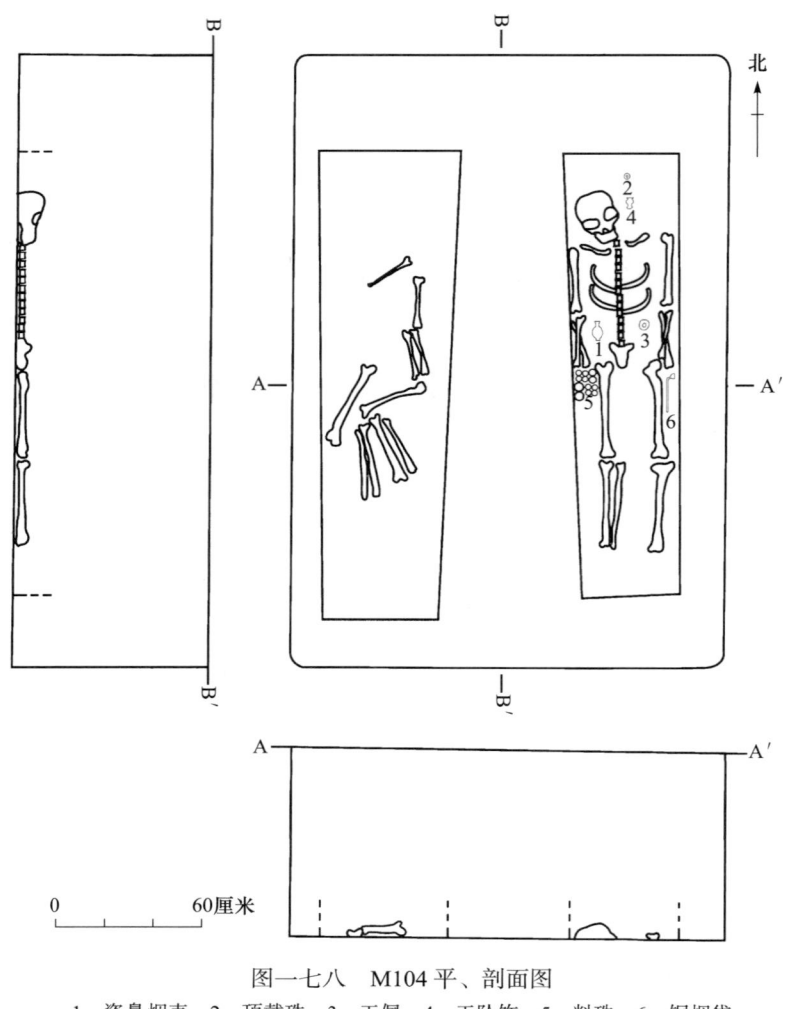

图一七八　M104平、剖面图
1. 瓷鼻烟壶　2. 顶戴珠　3. 玉佩　4. 玉坠饰　5. 料珠　6. 铜烟袋

2. 随葬品

东棺头骨左侧出土玉坠饰1件、上部出土顶戴珠1颗，左上肢骨内侧下部出土玉佩1件，左下肢骨外侧上部出土铜烟袋1件，右上肢骨内侧下部出土瓷鼻烟壶1件，右下肢骨外侧上部出土料珠8颗。

瓷鼻烟壶　1件。M104：1，直口，平沿，直颈，圆肩，弧腹，椭圆形圈足，扁圆形体，通体贴塑七条粉红色凸起鱼纹。盖顶镶嵌玛瑙珠一颗，内镶嵌骨质勺。口径1.3厘米，腹径4.2厘米，底径2.2厘米，壁厚0.3厘米，通高5.7厘米（图一七九，1；彩版六七）。

顶戴珠　1颗。M104：2，玻璃质，深蓝色，圆球形，中间穿孔。直径3厘米，孔径0.5厘米（图一七九，2；彩版六六，3）。

玉佩　1件。M104：3，圆形呈饼状，中间有圆孔。直径5.3厘米，内径1.5厘米，厚0.5厘米（图一七九，3；彩版六八，1）。

玉坠饰　1件。M104：4，浅蓝色，倒葫芦形，平顶内凹，下端圆弧，上下有一穿孔贯通。上部直径1.6厘米，通高2.4厘米（图一七九，4；彩版六八，2）。

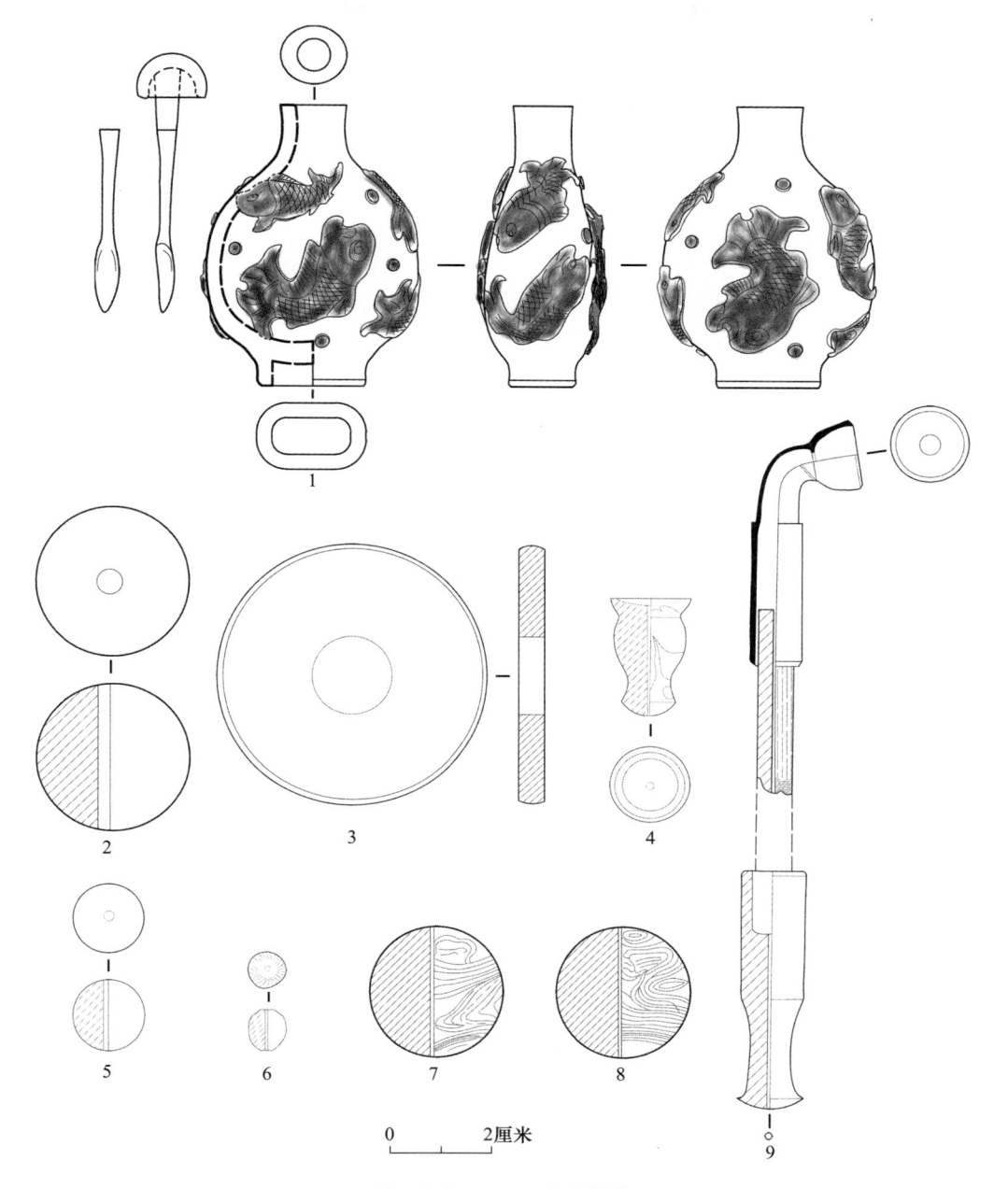

图一七九　M104 出土器物

1. 瓷鼻烟壶（M104：1）　2. 顶戴珠（M104：2）　3. 玉佩（M104：3）　4. 玉坠饰（M104：4）　5~8. 料珠（M104：5-1、M104：5-2、M104：5-3、M104：5-4）　9. 铜烟袋（M104：6）

料珠　8颗。标本M104：5-1，紫色，圆球形，中间穿孔。直径1.4厘米，孔径0.2厘米（图一七九，5；彩版六六，4）。标本M104：5-2，乳白色，不规则扁圆球形，中间穿孔。直径0.8厘米，孔径0.1厘米，高0.8厘米（图一七九，6；彩版六六，5）。标本M104：5-3、M104：5-4，形制相同。墨绿色，圆球形，体上留有纹理线纹，中间穿孔。直径2.6厘米，孔径0.2厘米（图一七九，7、8；彩版六六，6）。

铜烟袋　1件。M104：6，烟锅平面呈圆形；烟杆为木质圆筒状，内中空，大部分已朽；玉质烟嘴，前端为筒状，后端折收，顶端呈圆帽形。残长14厘米，锅口径1.6厘米（图一七九，9）。

一〇三、M105

1. 墓葬形制

该墓位于发掘Ⅰ区中部,北邻M106。开口于②层下,东西向,方向285°。坐标为北纬39°51′33.4″,东经116°18′44.6″。

墓平面呈长方形,竖穴土圹单棺迁葬墓。墓口距地表深1米,墓底距地表深2.1米。墓圹东西长2.6米,南北宽1.4米,深1.1米。内填花土,土质松软。内置单棺,棺木已朽,棺痕长2米,宽0.7~0.8米;棺内未发现骨架,葬式、性别不明(图一八〇)。

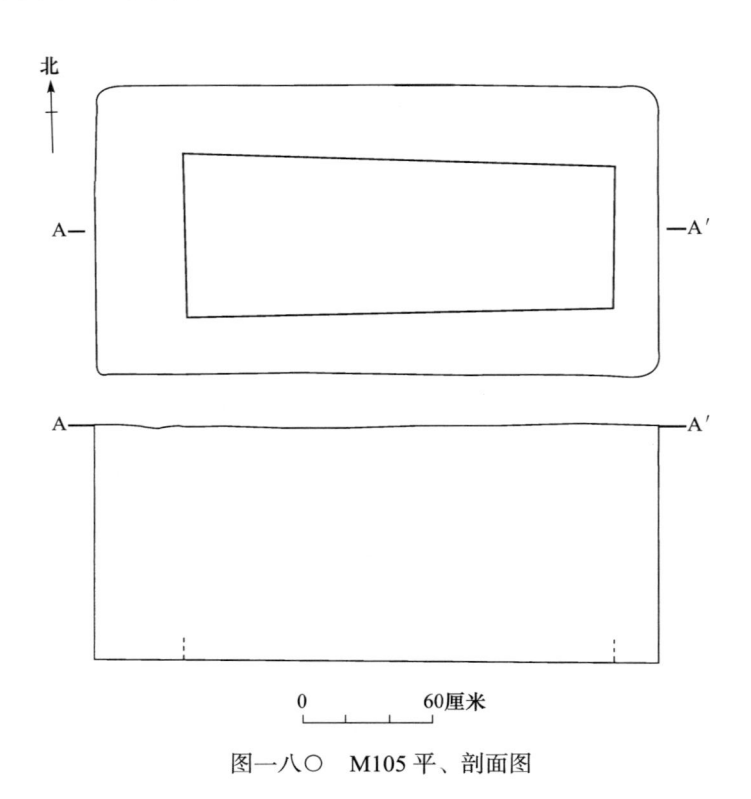

图一八〇 M105平、剖面图

2. 随葬品

未发现随葬品。

一〇四、M106

1. 墓葬形制

该墓位于发掘Ⅰ区中部,南邻M105,东邻M107。开口于②层下,南北向,方向0°。坐标为北纬39°51′33.5″,东经116°18′44.7″。

墓平面呈长方形，竖穴土圹单棺墓。墓口距地表深 1 米，墓底距地表深 1.9 米。墓圹南北长 2.7 米，东西宽 1.5 米，深 0.9 米。内填花土，土质松软。内置单棺，棺长 2.1 米，宽 0.8~0.9 米，残高 0.4 米，棺板厚 0.1 米，前、后封板厚 0.08 米，底板厚 0.07 米；棺内骨架保存较差，头向北，面向东，葬式、性别不明（图一八一）。

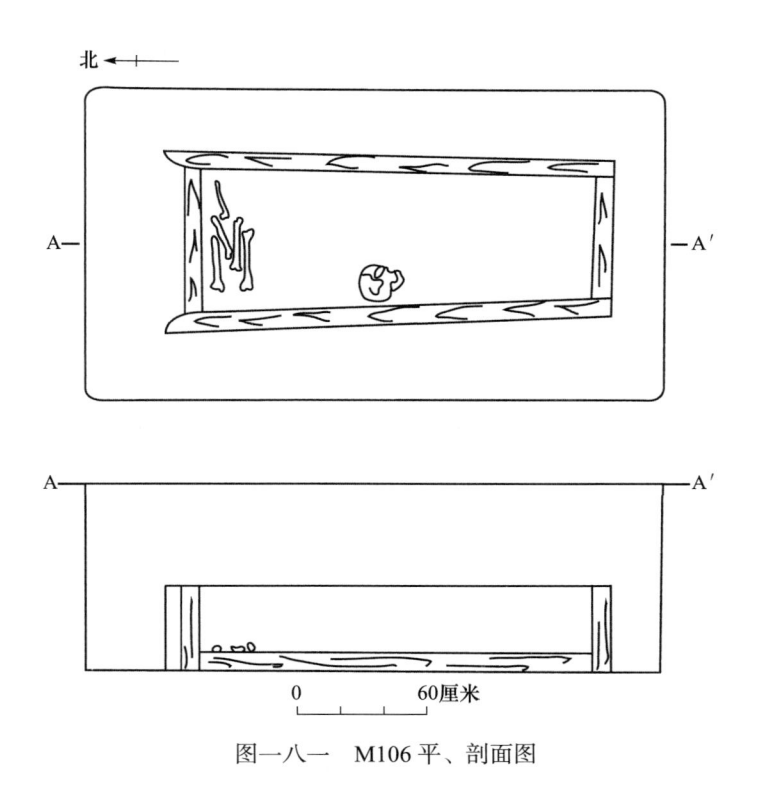

图一八一　M106 平、剖面图

2. 随葬品

未发现随葬品。

一〇五、M107

1. 墓葬形制

该墓位于发掘 I 区中部，西邻 M106。开口于②层下，南北向，方向 0°。坐标为北纬 39°51′33.5″，东经 116°18′44.9″。

墓平面呈长方形，竖穴土圹单棺墓。墓口距地表深 1 米，墓底距地表深 2.6 米。墓圹南北长 3 米，东西宽 1.5 米，深 1.6 米。内填花土，土质松软。内置单棺，棺长 2.1 米，宽 0.7~0.8 米，残高 0.45 米，棺板厚 0.08~0.1 米，前封板厚 0.1 米，后封板、底板厚 0.08 米；棺内骨架保存较差，头向北，面向上，葬式、性别不明（图一八二）。

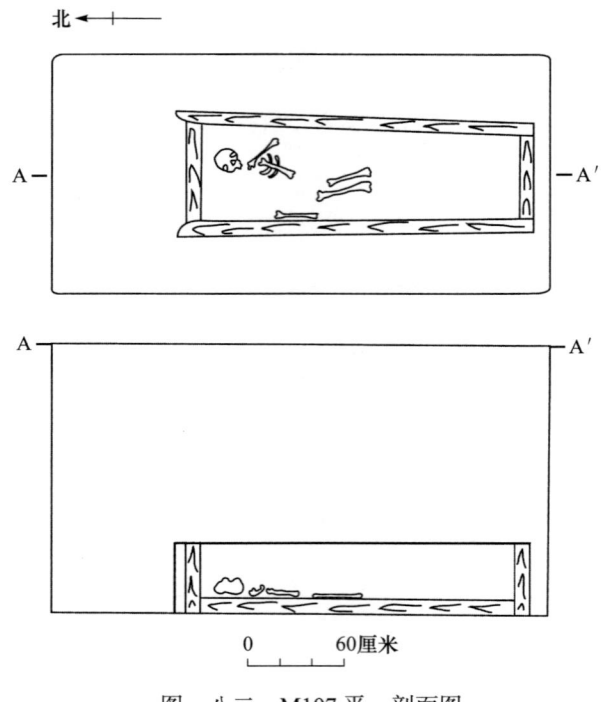

图一八二　M107平、剖面图

2. 随葬品

未发现随葬品。

一〇六、M108

1. 墓葬形制

该墓位于发掘Ⅰ区中部，西邻M109。开口于②层下，南北向，方向10°。坐标为北纬39°51′34.1″，东经116°18′44.5″。

墓平面呈长方形，竖穴土圹单棺墓。墓口距地表深1米，墓底距地表深2.6米。墓圹南北长2.7米，东西宽1.6米，深1.6米。内填花土，土质松软。内置单棺，棺木已朽，棺痕长2米，宽0.7~0.9米；棺内骨架保存较差，头向北，面向东，仰身直肢，为男性（图一八三）。

2. 随葬品

棺外前方出土釉陶罐1件。

釉陶罐　1件。M108：1，直口，方圆唇，斜领，溜肩，斜腹微弧，平底内凹。肩上部及口沿内侧施黄绿色釉。轮制，体留有轮旋痕迹。口径10.2厘米，腹径11.2厘米，底径7.8厘米，高11.8厘米（图一八四；彩版三八，2）。

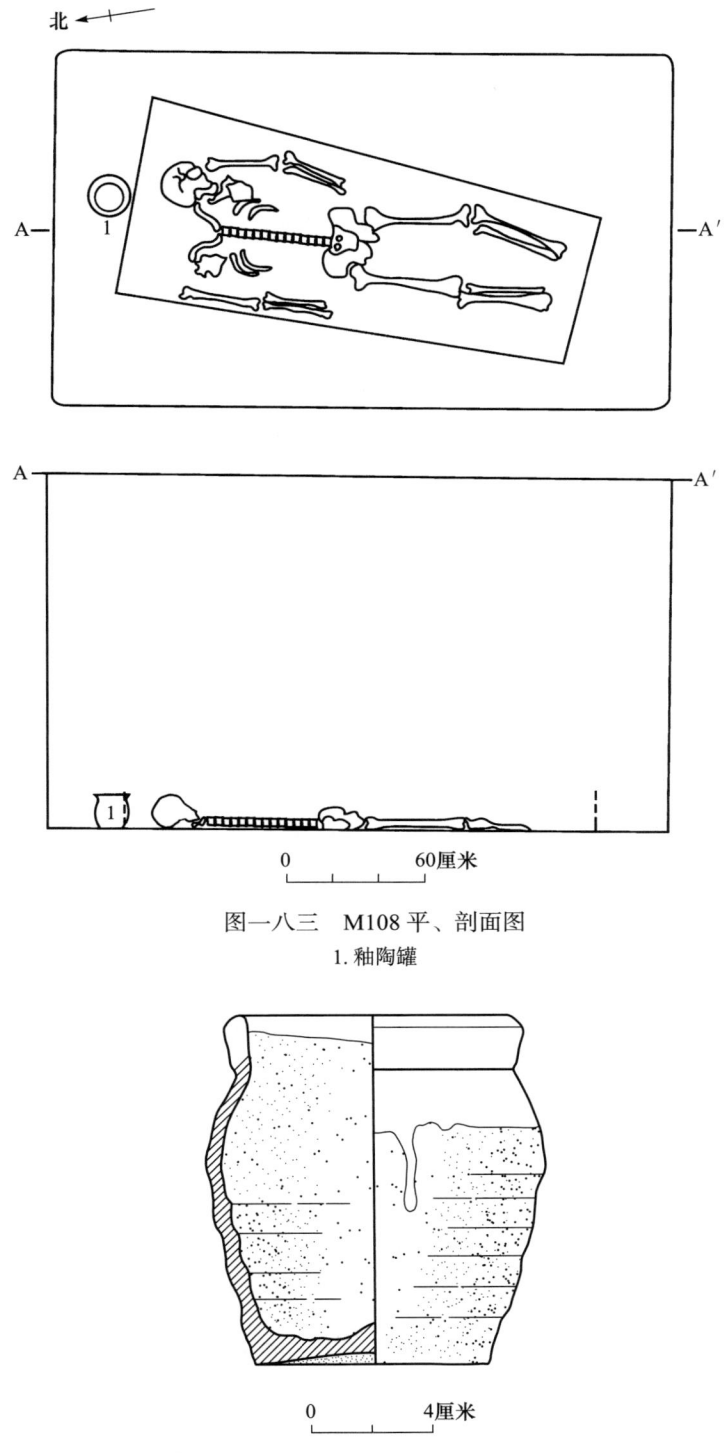

图一八三　M108 平、剖面图
1. 釉陶罐

图一八四　M108 出土釉陶罐（M108∶1）

一〇七、M109

1. 墓葬形制

该墓位于发掘 I 区中部，东邻 M108。开口于②层下，南北向，方向 0°。坐标为北纬 39° 51′ 33.7″，东经 116°18′44.3″。

墓平面呈长方形，竖穴土圹双棺合葬墓。墓口距地表深 1.5 米，墓底距地表深 3.1 米。墓圹南北长 2.7 米，东西宽 1.9 米，深 1.6 米。内填花土，土质松软。内置双棺：东棺长 2.2 米，宽 0.7~0.8 米，残高 0.4 米，棺板厚 0.08 米；棺内骨架保存稍差，头向北，面向上，仰身直肢，为男性。西棺长 2.2 米，宽 0.6~0.7 米，残高 0.4 米，棺板厚 0.06~0.08 米；棺内骨架保存较差，头向西，面向上，葬式不明，为女性（图一八五）。

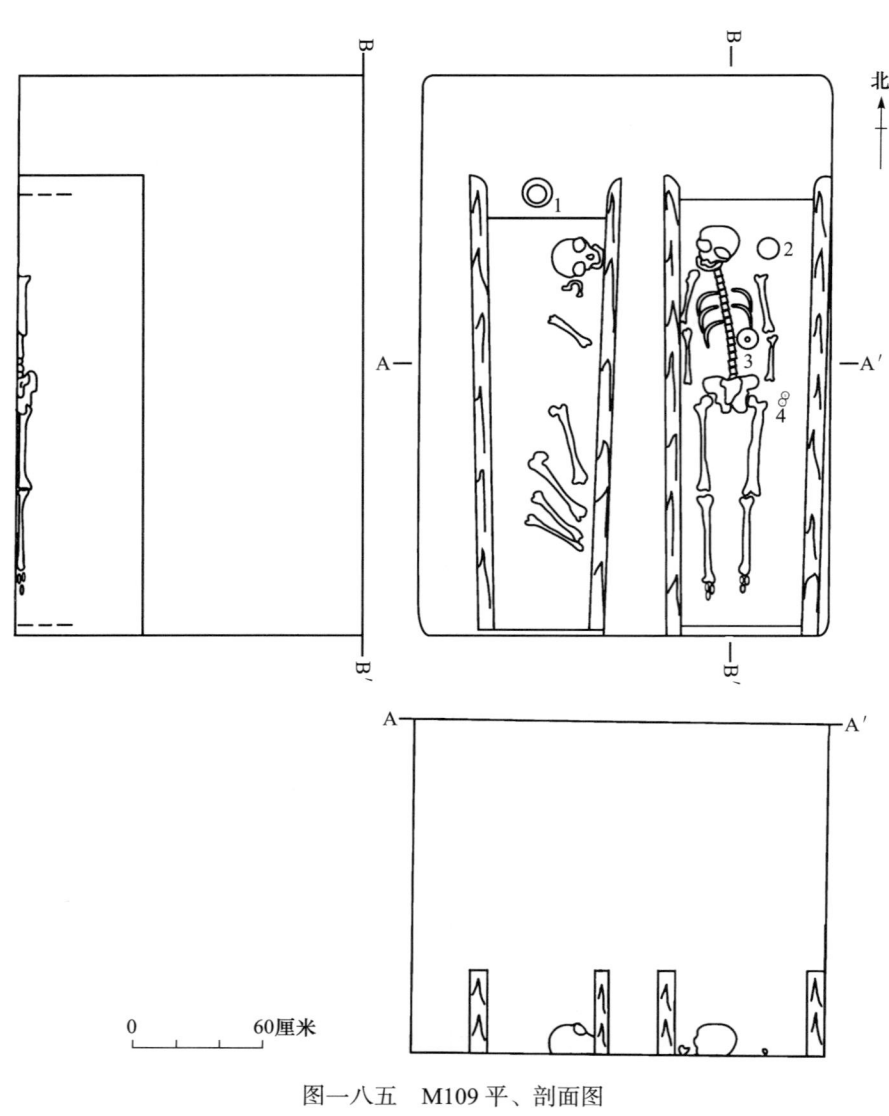

图一八五 M109 平、剖面图
1. 釉陶罐 2. 瓷碗 3. 铜镜 4. 铜钱

2. 随葬品

西棺外前方出土釉陶罐 1 件；东棺头骨左侧出土瓷碗 1 件，左上肢骨内侧中部出土铜镜 1 件，左下肢骨外侧上部出土铜钱 2 枚。

釉陶罐　1 件。M109：1，直口，方唇，斜领，弧肩，斜腹，平底微凹。肩上部及口沿内侧施黄绿色釉。轮制，体留有轮旋痕迹。口径9.6厘米，腹径11.2厘米，底径7.4厘米，高12厘米（图一八六，1；彩版三八，3）。

瓷碗　1件。M109：2，敞口，圆唇，弧腹内收，矮圈足。口沿内外侧各饰两道青色弦纹，内底饰虾纹，外腹部饰两组虾纹。口径12.6厘米，高5.2厘米，底径5.2厘米（图一八六，2，彩版三七，2）。

铜镜　1件。M109：3，圆形，镜面微弧，钮呈圆饼状，三角形穿孔。直径11厘米，高0.8厘米，镜面厚0.2厘米（图一八六，3；彩版六八，4）。

铜钱　2枚，有崇祯通宝、嘉庆通宝。

崇祯通宝　1枚。M109：4-1，大平钱，方穿，正背面郭缘略宽，正面楷书"崇祯通寳"四字，直读。钱径2.56厘米，穿径0.58厘米，郭厚0.14厘米（图一八六，4）。

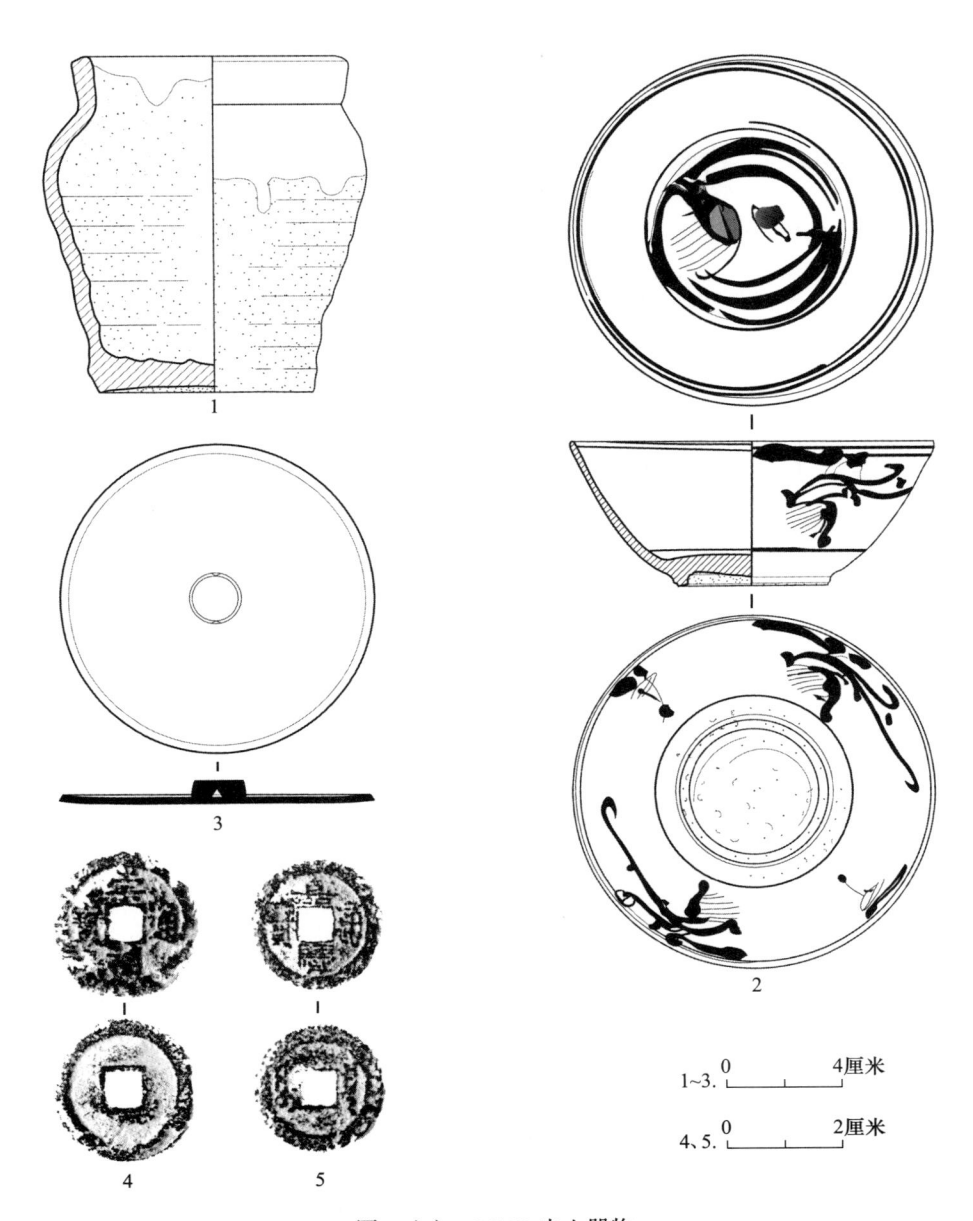

图一八六　M109出土器物
1. 釉陶罐（M109：1）　2. 瓷碗（M109：2）　3. 铜镜（M109：3）　4. 崇祯通宝（M109：4-1）　5. 嘉庆通宝（M109：4-2）

嘉庆通宝　1枚。M109：4-2，平钱，方穿，正背面郭缘较宽，正面楷书"嘉慶通寶"四字，直读，背穿左右为满文"宝泉"局名。钱径2.36厘米，穿径0.52厘米，郭厚0.12厘米（图一八六，5）。

一〇八、M110

1. 墓葬形制

该墓位于发掘Ⅰ区东北部。开口于②层下，南北向，方向0°。坐标为北纬39°51′35″，东经116°18′44.4″。

墓平面呈长方形，竖穴土圹双棺合葬墓。墓口距地表深1.7米，墓底距地表深2.9米。墓圹南北长2.8米，东西宽1.9米，深1.2米。内填花土，土质松软。内置双棺：东棺棺木已朽，棺痕长1.9米，宽0.5~0.6米；棺内骨架保存较差，头向北，面向上，仰身屈肢，为男性。西棺长2米，宽0.4~0.5米，残高0.4米，棺板厚0.04~0.05米；棺内骨架保存稍好，头向北，面向上，仰身直肢，为女性（图一八七）。

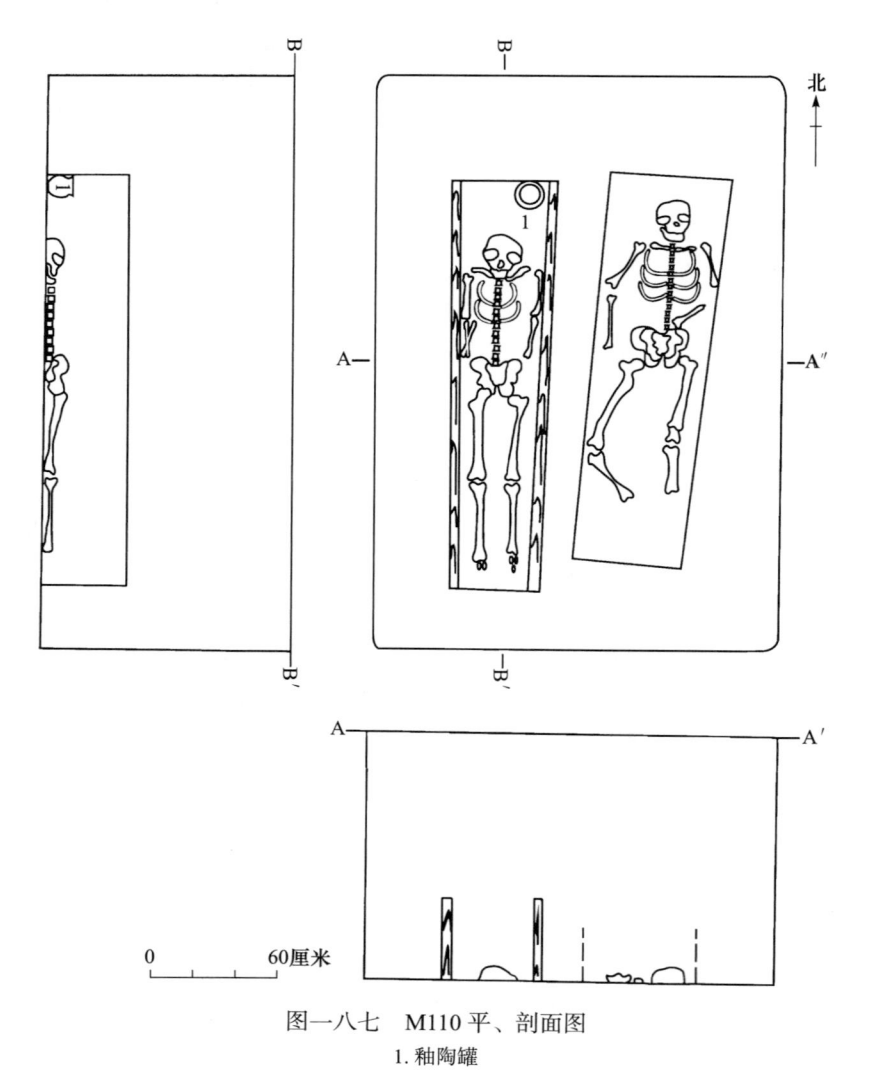

图一八七　M110平、剖面图
1. 釉陶罐

2. 随葬品

西棺内左上部出土釉陶罐 1 件。

釉陶罐 1 件。M110：1，敛口，斜沿，圆唇，矮领，溜肩，斜腹微弧，平底微凹。肩上部及口沿内侧施黄绿色釉。轮制，体留有轮旋痕迹。口径 9 厘米，腹径 12.2 厘米，底径 7 厘米，高 11.4 厘米（图一八八；彩版三八，4）。

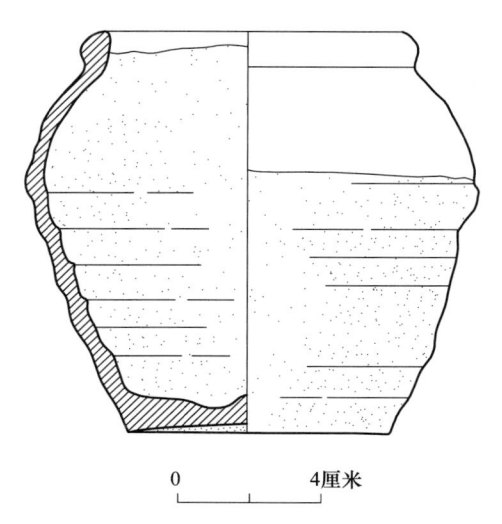

图一八八 M110 出土釉陶罐（M110：1）

一〇九、M111

1. 墓葬形制

该墓位于发掘Ⅰ区东北部。开口于②层下，南北向，方向 180°。坐标为北纬 39° 51′ 35.6″，东经 116° 18′ 45.5″。

墓平面呈长方形，竖穴土圹双棺合葬墓。墓口距地表深 0.4 米，墓底距地表深 1.6 米。墓圹南北长 2.9 米，东西宽 1.7 米，深 1.2 米。内填花土，土质松软。内置双棺，棺木已朽：东棺痕长 2 米，宽 0.66 米；棺内骨架保存较差，头向南，面向西，仰身屈肢，为女性。西棺痕长 2.06 米，宽 0.56～0.6 米；棺内骨架保存较差，头向北，面向上，仰身直肢，为男性（图一八九；彩版九，1）。

2. 随葬品

未发现随葬品。

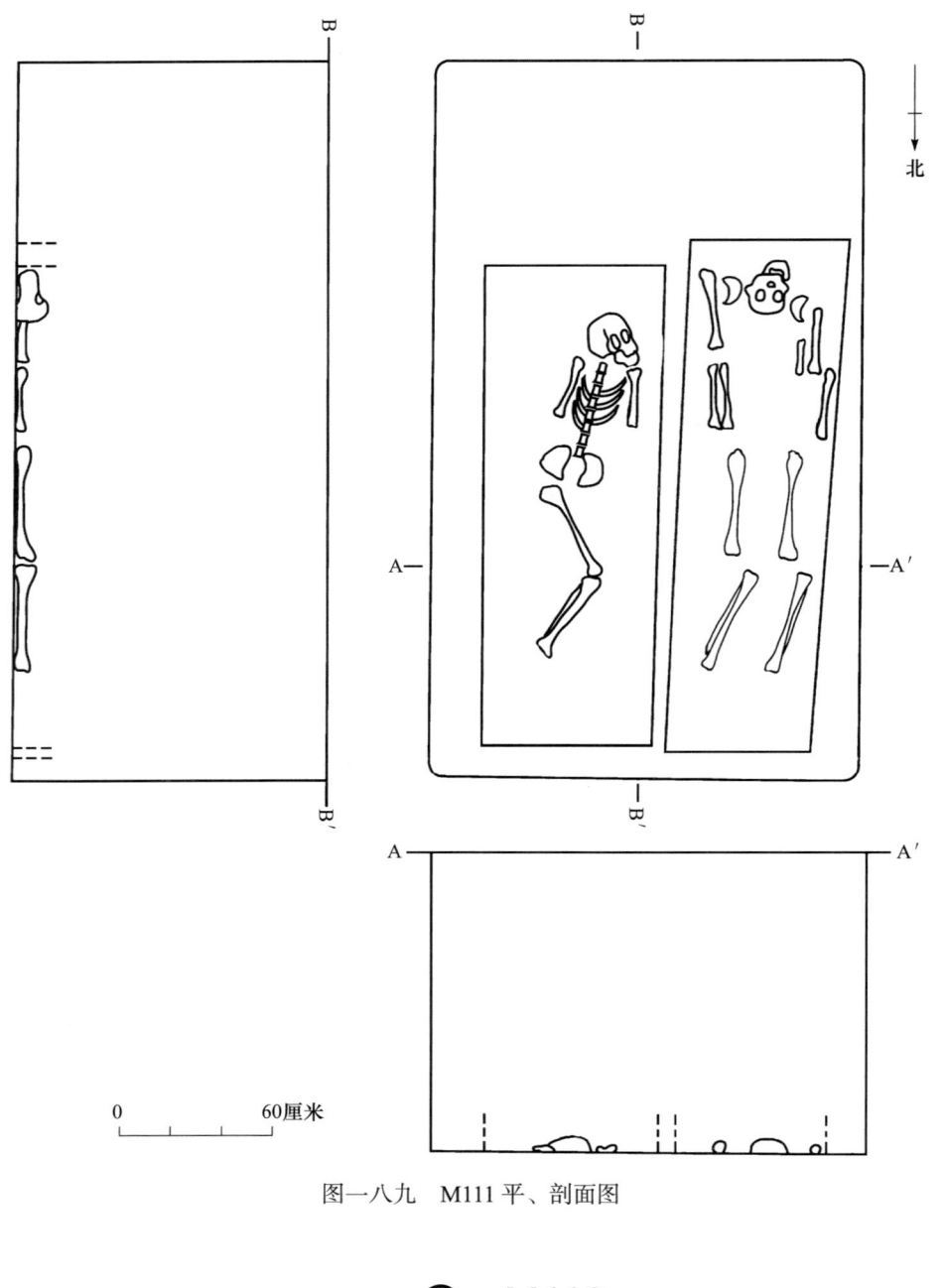

图一八九　M111 平、剖面图

一一〇、M112

1. 墓葬形制

该墓位于发掘 I 区东北部，南邻 M113。开口于②层下，东西向，方向 130°。坐标为北纬 39°51′35.9″，东经 116°18′47.7″。

墓平面呈梯形，竖穴土圹双棺合葬墓。墓口距地表深 0.4 米，墓底距地表深 1.2 米。墓圹东西长 2.4 米，南北宽 1.6~1.8 米，深 0.8 米。内填花土，土质松软。内置双棺，棺木已朽：南棺痕长 1.9 米，宽 0.7~0.8 米；棺内骨架保存较好，头向东南，面向上，仰身直肢，为男性。北棺痕长 1.9 米，宽 0.6~0.7 米；棺内骨架保存较好，头向东南，面向上，仰身直肢，为女性（图一九〇）。

2. 随葬品

南棺外前方出土釉陶罐 1 件；北棺外前方出土釉陶罐 1 件。

釉陶罐　2 件。M112：1，侈口，方圆唇，斜领，溜肩，斜直腹，下部折收，平底内凹。肩上部及口沿内侧施酱色釉，泛绿。轮制，体留有轮旋痕迹。口径 10.8 厘米，腹径 10.8 厘米，底径 6.8 厘米，高 12 厘米（图一九一，1；彩版三八，5）。M112：2，侈口，方圆唇，斜领，束颈，溜肩，斜直腹，平底内凹。肩上部及口沿内侧施淡黄色釉。轮制，体留有轮旋痕迹。口径 10.6 厘米，腹径 10.6 厘米，底径 7.8 厘米，高 10.6 厘米（图一九一，2；彩版三八，6）。

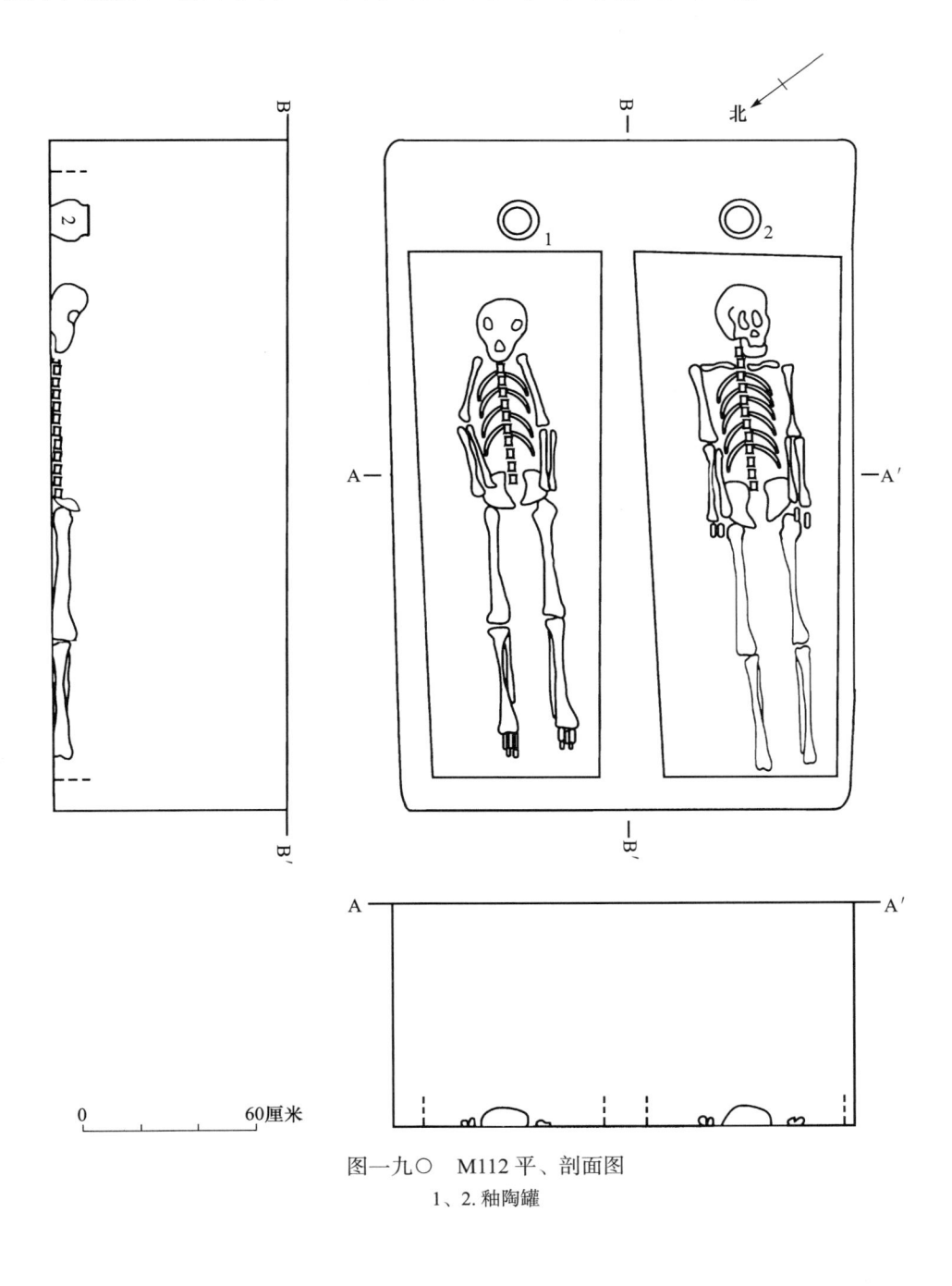

图一九〇　M112 平、剖面图
1、2. 釉陶罐

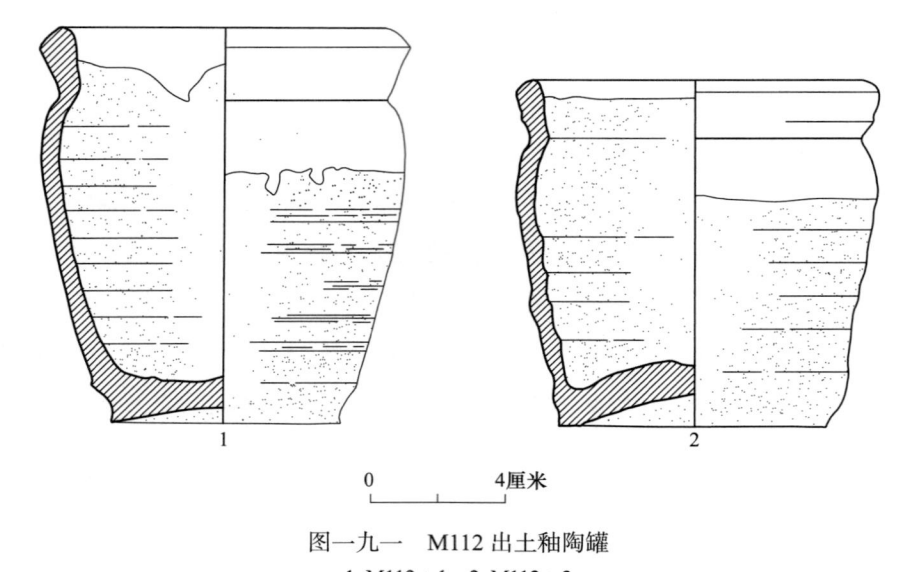

图一九一　M112 出土釉陶罐
1. M112：1　2. M112：2

一一一、M113

1. 墓葬形制

该墓位于发掘 I 区东北部，北邻 M112。开口于②层下，南北向，方向 0°。坐标为北纬 39°51′35.6″，东经 116°18′47.5″。

墓平面呈长方形，竖穴土圹单棺墓。墓口距地表深 0.4 米，墓底距地表深 1.6 米。墓圹南北长 2.4 米，东西宽 1.1 米，深 1.2 米。内填花土，土质松软。内置单棺，棺木已朽，棺痕长 2 米，宽 0.7 米；棺内骨架保存较差，头向北，面向上，仰身直肢，为男性（图一九二）。

2. 随葬品

棺外左前方出土釉陶罐 1 件，左上肢骨外侧下部、左下肢骨外侧上部出土铜钱 25 枚。

釉陶罐　1 件。M113：1，敛口，斜沿，方唇，溜肩，斜直腹，平底微凹。肩上部及口沿内侧施酱黄色釉。轮制，体留有轮旋痕迹。口径 9 厘米，腹径 12 厘米，底径 7.8 厘米，高 12 厘米（图一九三，1；彩版四〇，1）。

铜钱　25 枚，有万历通宝、道光通宝。

万历通宝　22 枚。标本 M113：2-1，平钱，方穿，正背面郭缘较宽，正面楷书"万曆通寳"四字，直读。钱径 2.5 厘米，穿径 0.52 厘米，郭厚 0.1 厘米（图一九三，2；彩版八一，6）。

道光通宝　3 枚。标本 M113：2-2，平钱，方穿，正背面郭缘略宽，正面楷书"道光通寳"四字，直读，背穿左右为满文"宝泉"局名。钱径 2.22 厘米，穿径 0.55 厘米，郭厚 0.16 厘米（图一九三，3；彩版八一，6）。

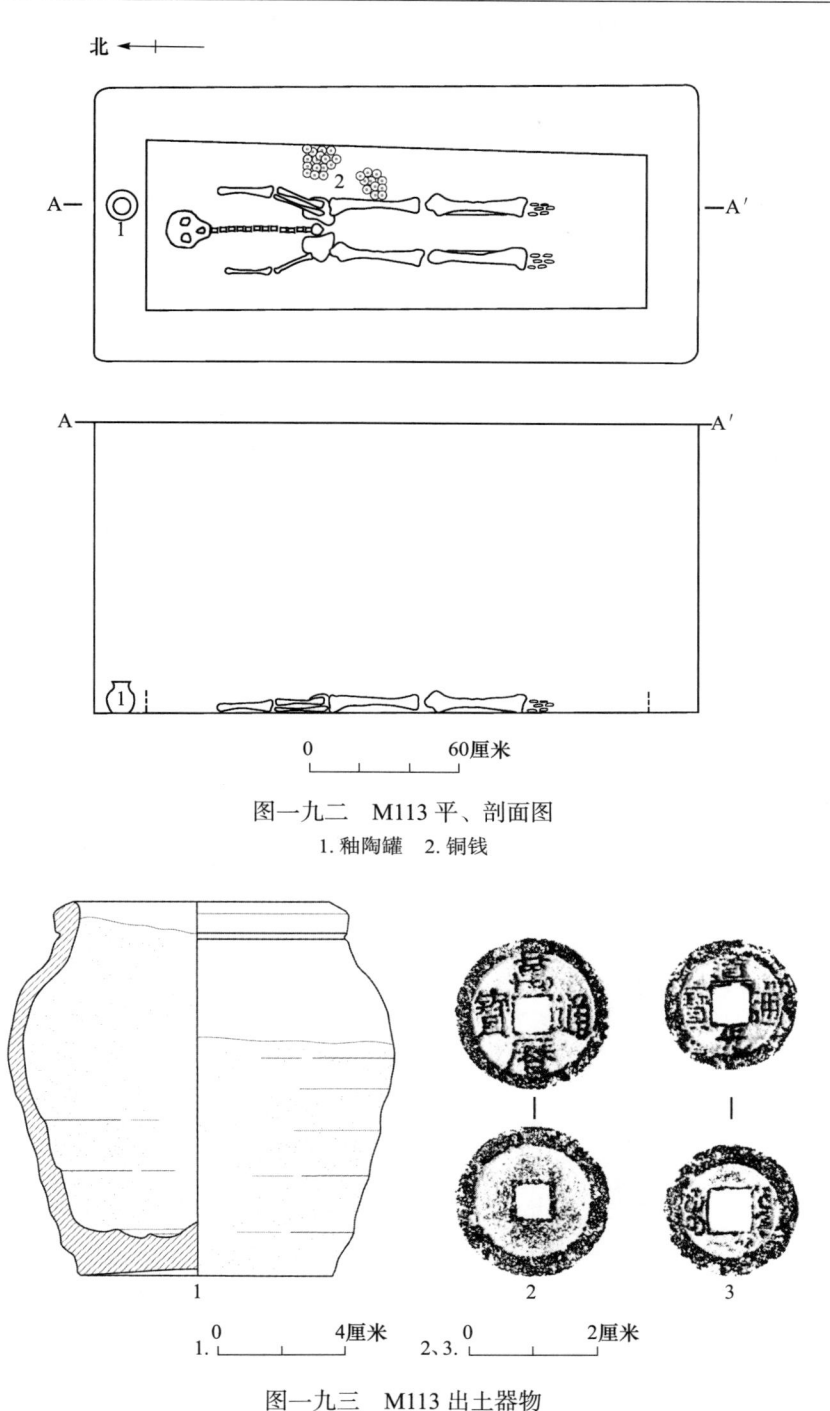

图一九二　M113 平、剖面图
1. 釉陶罐　2. 铜钱

图一九三　M113 出土器物
1. 釉陶罐（M113∶1）　2. 万历通宝（M113∶2-1）　3. 道光通宝（M113∶2-2）

一一二、M114

1. 墓葬形制

该墓位于发掘Ⅰ区东北部，北邻 M115。开口于②层下，南北向，方向 350°。坐标为北纬 39°51′35.6″，东经 116°18′47.7″。

墓平面呈梯形，竖穴土圹单棺迁葬墓。墓口距地表深 0.8 米，墓底距地表深 1.6 米。墓圹南北长 2.3 米，东西宽 0.8～1 米，深 0.8 米。内填花土，土质松软。内置单棺，棺木已朽，棺痕长 1.9 米，宽 0.6～0.7 米；棺内未发现骨架，葬式、性别不明（图一九四）。

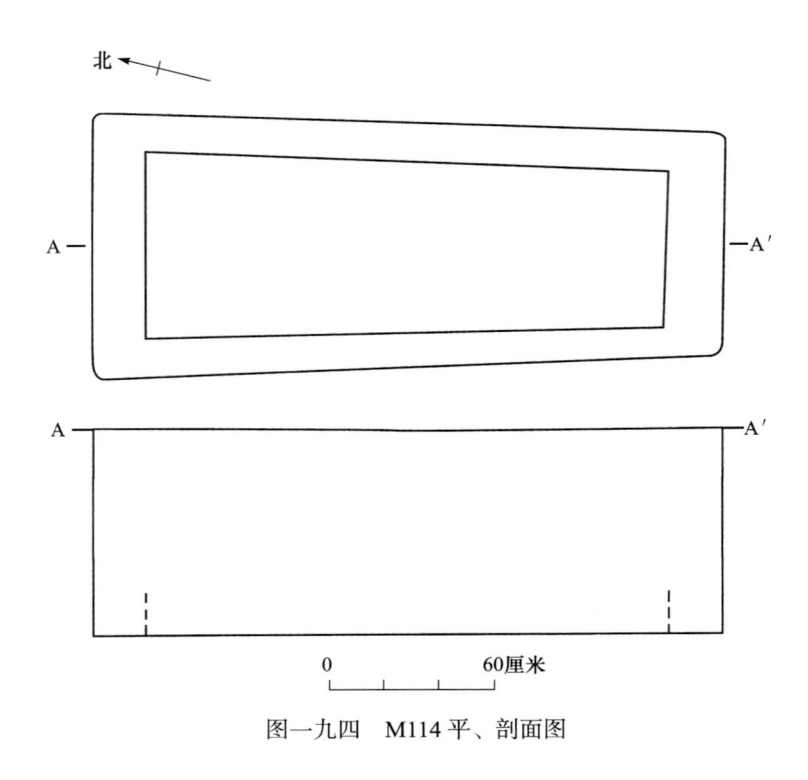

图一九四　M114 平、剖面图

2. 随葬品

未发现随葬品。

一一三、M115

1. 墓葬形制

该墓位于发掘 I 区东北部，南邻 M114。开口于②层下，南北向，方向 10°。坐标为北纬 39° 51′ 35.8″，东经 116° 19′ 47.9″。

墓平面呈梯形，竖穴土圹单棺墓。墓口距地表深 0.8 米，墓底距地表深 1.7 米。墓圹南北长 2.3 米，东西宽 1～1.2 米，深 0.9 米。内填花土，土质松软。内置单棺，棺木已朽，棺痕长 1.8 米，宽 0.58 米；棺内骨架保存稍好，头向北，面向上，仰身直肢，为女性（图一九五）。

2. 随葬品

棺外前方出土釉陶罐 1 件，头骨上方出土银押发 1 件。

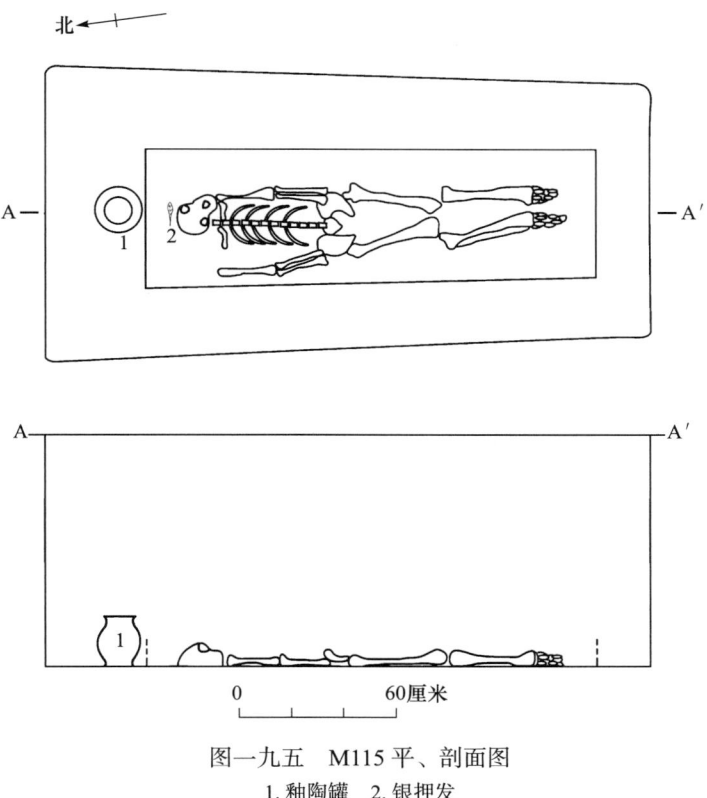

图一九五　M115 平、剖面图
1.釉陶罐　2.银押发

釉陶罐　1件。M115：1，直口，斜沿，圆唇，斜领，圆肩，弧腹斜收，底部外展，平底微凹。体施淡黄色釉，土黄色底釉，下部遗有流釉痕迹。轮制，体留有轮旋痕迹。口径9.8厘米，腹径12.4厘米，底径9厘米，高13.4厘米（图一九六，1；彩版四〇，2）。

银押发　1件。M115：2，首呈扁条柳叶状，正面錾刻花卉纹，背面錾刻四字模糊不清，体呈圆锥形。通长7厘米，上端宽0.9厘米（图一九六，2；彩版六五，2）。

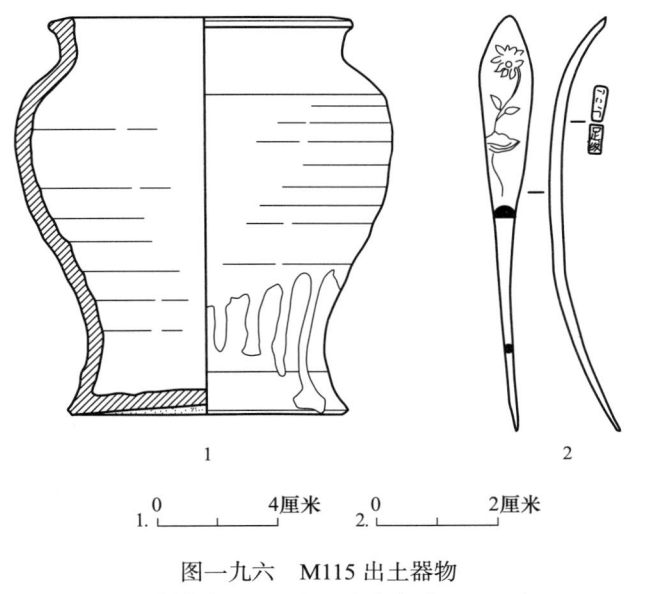

图一九六　M115 出土器物
1.釉陶罐（M115：1）　2.银押发（M115：2）

一一四、M116

1. 墓葬形制

该墓位于发掘Ⅰ区东北部,北邻 M114。开口于②层下,东西向,方向 270°。坐标为北纬 39°51′35.4″,东经 116°19′48.3″。

墓平面呈长方形,竖穴土圹三棺合葬墓。墓口距地表深 0.4 米,墓底距地表深 1.45~1.8 米。墓圹东西长 3 米,南北宽 2.6 米,深 1.05~1.4 米。内填花土,土质松软。内置三棺,棺木已朽:南棺痕长 1.82 米,宽 0.5~0.62 米;棺内骨架保存较差,头向东,面向上,仰身直肢,为女性。中棺痕长 2.2 米,宽 0.8~0.9 米;棺内骨架保存较差,头向西,面向南,侧身屈肢,为女性。北棺痕长 2.2 米,宽 0.6~0.8 米;棺内骨架保存较差,头向西,面向下,仰身直肢,为男性(图一九七;彩版九,2)。

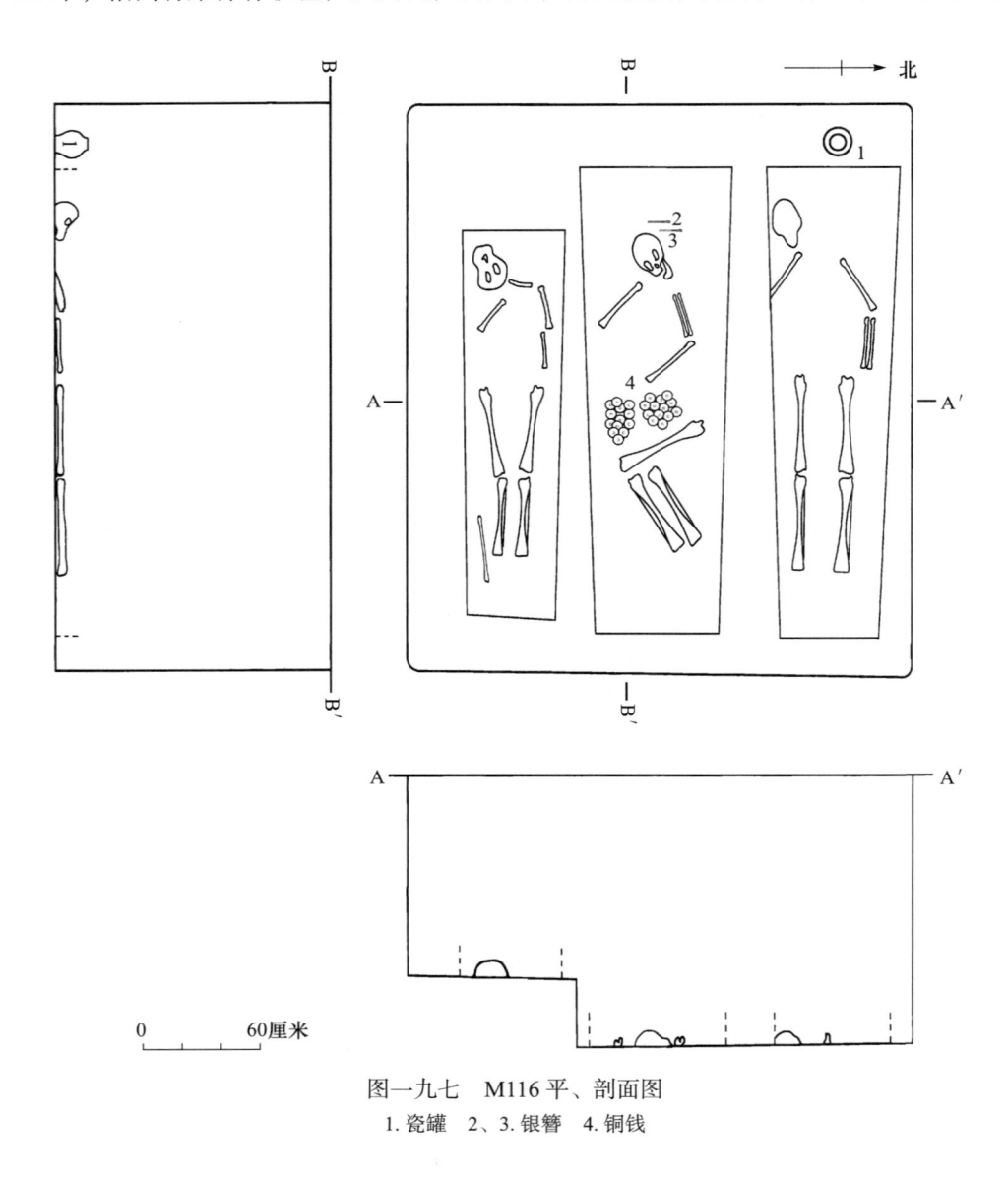

图一九七 M116 平、剖面图
1. 瓷罐 2、3. 银簪 4. 铜钱

2. 随葬品

北棺外前方出土瓷罐 1 件；中棺头骨左上方出土银簪 2 件，上肢骨下部出土铜钱 26 枚。

瓷罐　1 件。M116：1，敛口，平沿，斜领，溜肩，弧腹，内圈足。缸胎，上腹部施酱黑色釉，下腹部及底部无釉。轮制。口径 8.4 厘米，腹径 12.2 厘米，底径 6.6 厘米，高 13.2 厘米（图一九八，1；彩版四一，1）。

银簪　2 件。龙头形首，体呈扁条锥状，末端近三角形。通体鎏金。M116：2，通长 11.1 厘米（图一九八，2；彩版六五，3）。M116：3，通长 11.1 厘米（图一九八，3；彩版六五，4）。

康熙通宝　26 枚。大平钱，方穿，正背面郭缘较宽，正面楷书"康熙通寳"四字，直读。标本 M116：4-1，背穿左右为满文"宝泉"局名。钱径 2.65 厘米，穿径 0.63 厘米，郭厚 0.1 厘米（图一九八，4）。标本 M116：4-2，背穿左为满文"临"字，右楷书一"臨"字。钱径 2.68 厘米，穿径 0.5 厘米，郭厚 0.11 厘米（图一九八，5）。

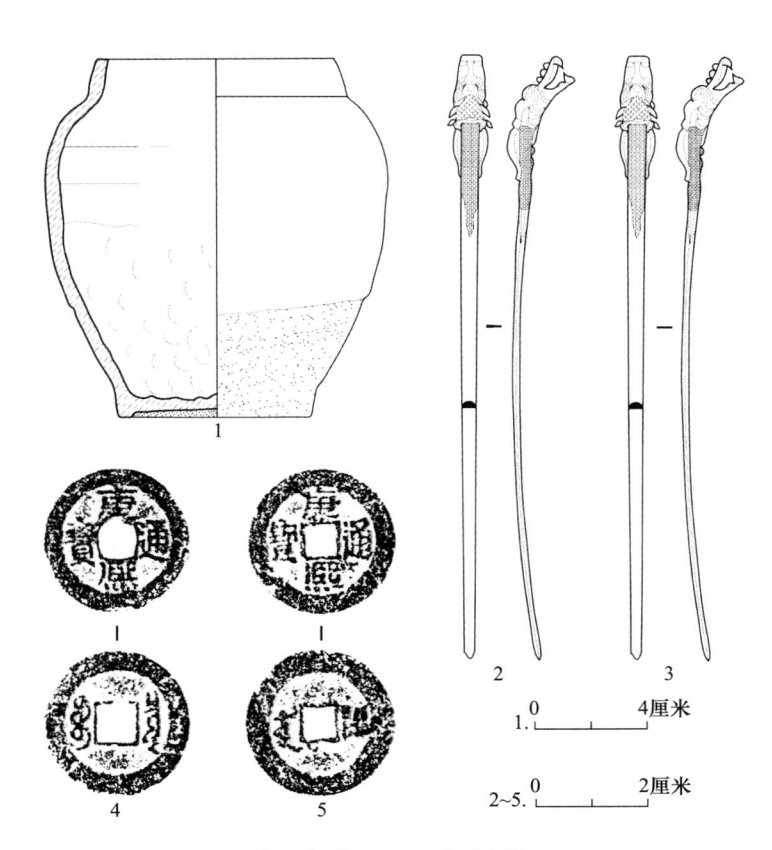

图一九八　M116 出土器物
1. 瓷罐（M116：1）　2、3. 银簪（M116：2、M116：3）　4、5. 康熙通宝（M116：4-1、M116：4-2）

一一五、M117

1. 墓葬形制

该墓位于发掘Ⅰ区东南部。开口于②层下，东西向，方向 80°。坐标为北纬 39°51′39.2″，东经 116°19′48″。

墓平面呈长方形，竖穴土圹双棺合葬墓。墓口距地表深 0.4 米，墓底距地表深 1.4 米。墓圹东西长 2.2 米，南北宽 2.4 米，深 1 米。内填花土，土质松软。内置双棺，棺木已朽：南棺痕长 2 米，宽 0.7 米；棺内骨架保存较差，头向东，面向上，仰身直肢，为男性。北棺痕长 2 米，宽 0.68 米；棺内骨架保存较好，头向东，面向上，仰身直肢，为女性（图一九九）。

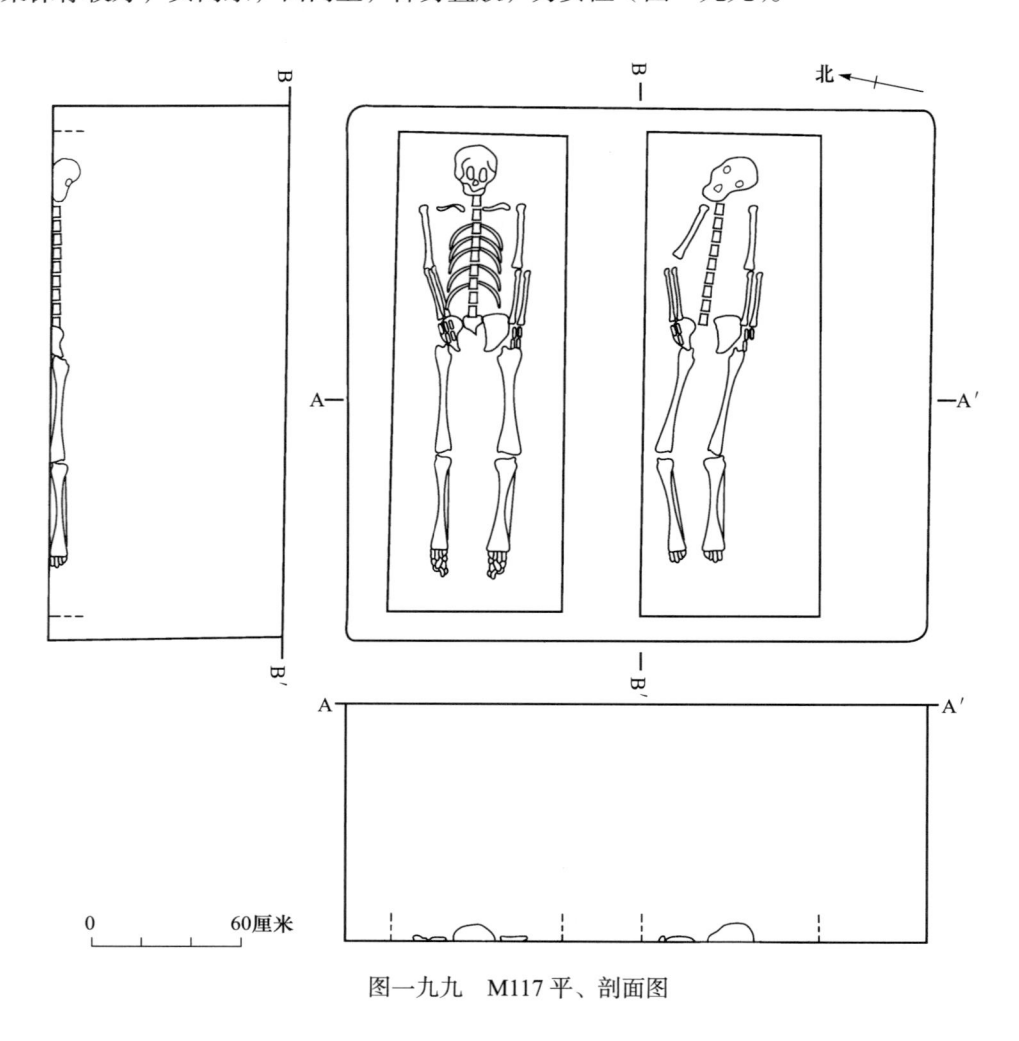

图一九九　M117 平、剖面图

2. 随葬品

未发现随葬品。

一一六、M118

1. 墓葬形制

该墓位于发掘 I 区中部，北邻 M119。开口于②层下，南北向，方向 10°。坐标为北纬 39°51′34.5″，东经 116°19′43.3″。

墓平面呈长方形，竖穴土圹双棺合葬墓。墓口距地表深2米，墓底距地表深2.8米。墓圹南北长2.5米，东西宽1.8米，深0.8米。内填花土，土质松软。内置双棺，棺木已朽：东棺痕长2.1米，宽0.5~0.6米；棺内骨架保存较好，头向北，面向上，仰身直肢，为男性。西棺痕长1.9米，宽0.5~0.6米；棺内骨架保存较好，头向北，面向上，仰身直肢，为女性（图二〇〇）。

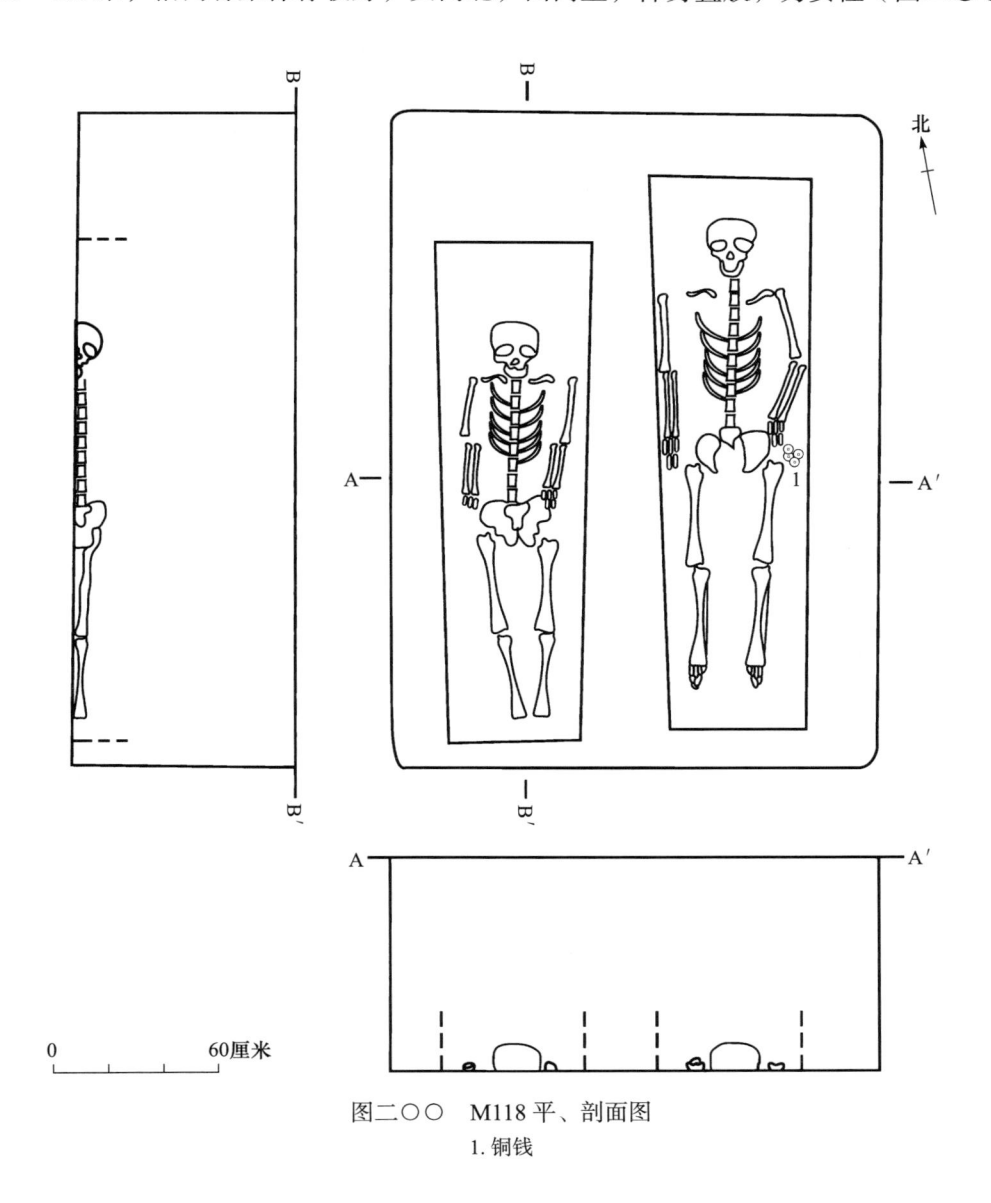

图二〇〇　M118平、剖面图
1.铜钱

2. 随葬品

东棺左上肢骨下部出土铜钱4枚，有天禧通宝、绍圣元宝。

天禧通宝　2枚。标本M118：1-1，平钱，方穿，正背面郭缘较窄，正面楷书"天禧通寶"四字，旋读。钱径2.38厘米，穿径0.58厘米，郭厚0.09厘米（图二〇一，1）。

绍圣元宝　2枚。标本M118：1-2，平钱，方穿，正背面郭缘较窄，正面楷书"绍聖元寶"四字，旋读。钱径2.42厘米，穿径0.68厘米，郭厚0.11厘米（图二〇一，2）。

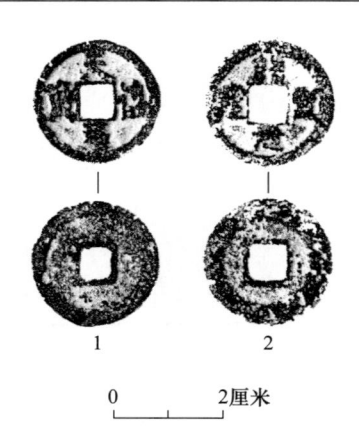

图二〇一　M118 出土铜钱（拓片）
1. 天禧通宝（M118：1-1）　2. 绍圣元宝（M118：1-2）

一一七、M119

1. 墓葬形制

该墓位于发掘 I 区中部，南邻 M118。开口于②层下，南北向，方向 0°。坐标为北纬 39°51′40.5″，东经 116°18′38.2″。

墓平面呈长方形，竖穴土圹单棺墓。墓口距地表深 1.2 米，墓底距地表深 2 米。墓圹南北长 2.2 米，东西宽 0.8 米，深 0.8 米。内填花土，土质松软。内置单棺，棺木已朽，棺痕长 1.8 米，宽 0.5~0.6 米；棺内骨架保存较差，未见头骨，仰身直肢，为女性（图二〇二）。

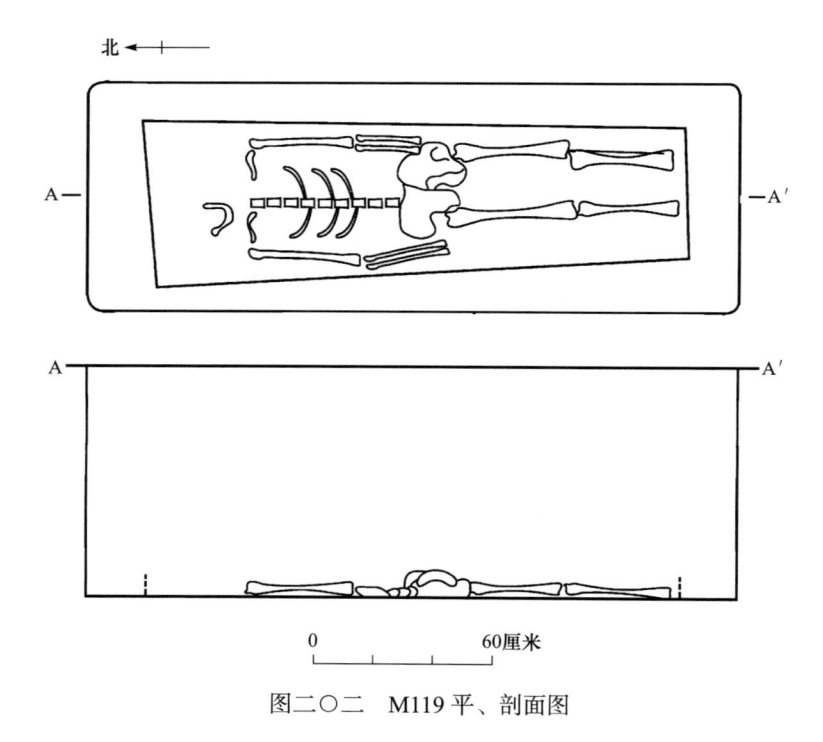

图二〇二　M119 平、剖面图

2. 随葬品

未发现随葬品。

一一八、M120

1. 墓葬形制

该墓位于发掘Ⅰ区中部，东邻 M119。开口于②层下，南北向，方向 10°。坐标为北纬 39°51′33″，东经 116°19′40.1″。

墓平面呈长方形，竖穴土圹单棺墓。墓口距地表深 0.7 米，墓底距地表深 1.6 米。墓圹南北长 2.6 米，东西宽 1 米，深 0.9 米。内填花土，土质松软。内置单棺，棺木已朽，棺痕长 1.7 米，宽 0.4~0.5 米；棺内骨架保存稍好，头向北，面向上，仰身直肢，为女性（图二〇三）。

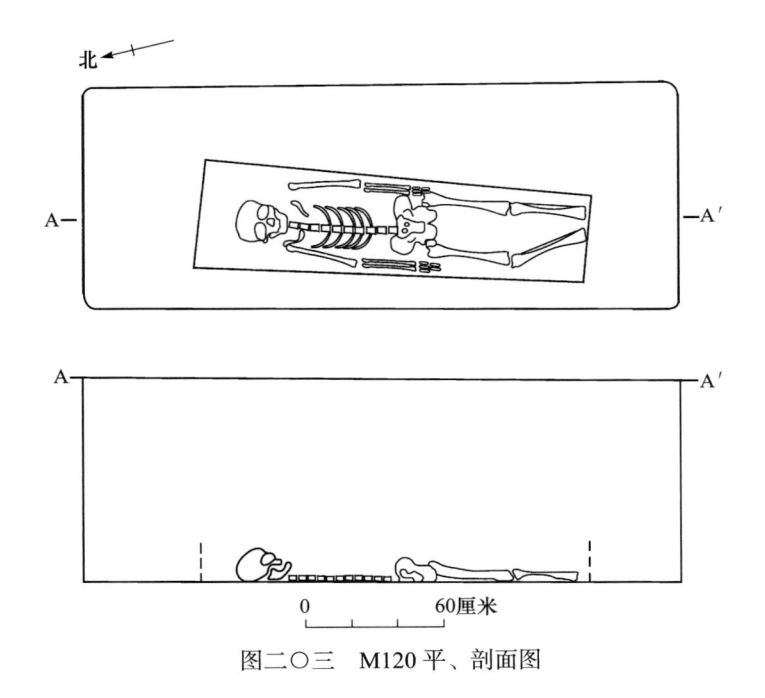

图二〇三　M120 平、剖面图

2. 随葬品

未发现随葬品。

一一九、M121

1. 墓葬形制

该墓位于发掘Ⅰ区西南部。开口于②层下，南北向，方向 20°。坐标为北纬 39°51′31.2″，东经 116°19′38.5″。

墓平面近长方形，竖穴土圹双棺合葬墓。墓口距地表深 1 米，墓底距地表深 2 米。墓圹南北长 2.7 米，东西宽 1.6~1.7 米，深 1 米。内填花土，土质松软。内置双棺，棺木已朽：东棺痕长 1 米，宽 0.5 米，为迁葬；棺内骨架保存较差，头向东，面向上，葬式不明，为女性。西棺痕长 1.9 米，宽 0.54~0.65 米；棺内骨架保存稍好，头向北，面向东，仰身屈肢，为男性（图二〇四）。

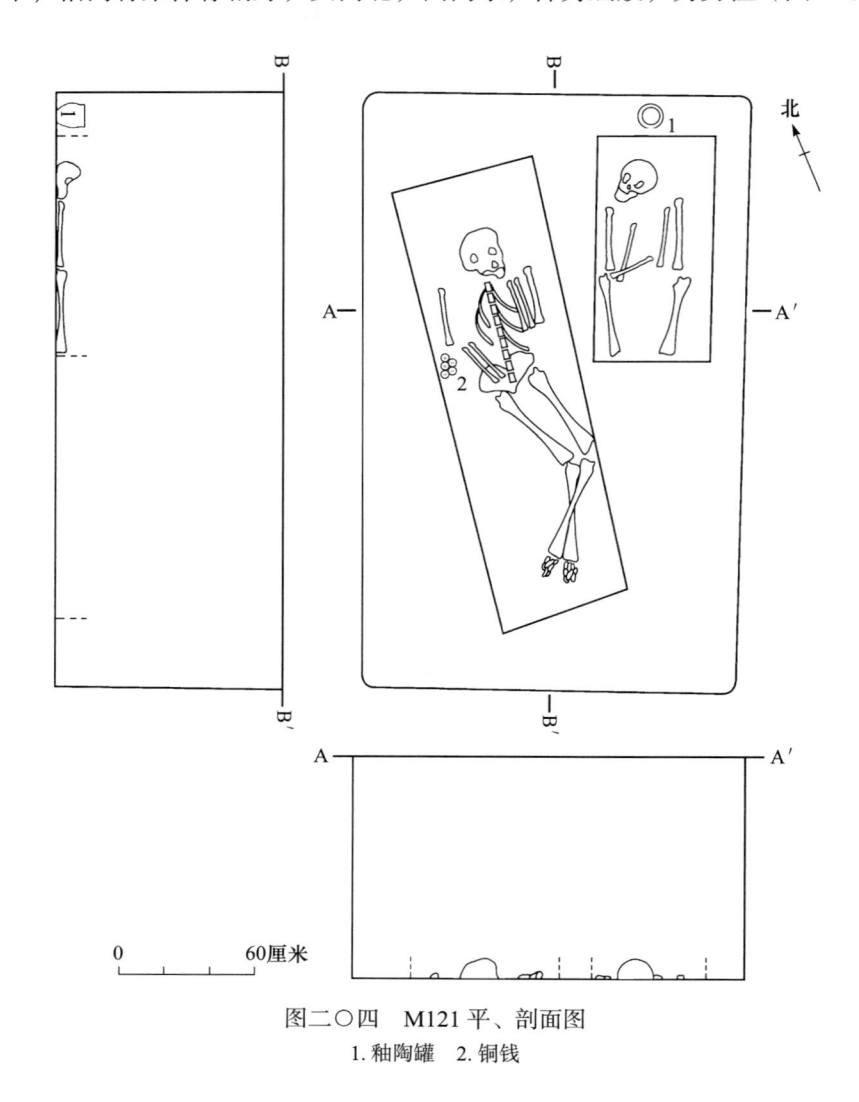

图二〇四　M121 平、剖面图
1. 釉陶罐　2. 铜钱

2. 随葬品

东棺外右前方出土釉陶罐 1 件；西棺右上肢骨外侧中部出土铜钱 5 枚。

釉陶罐　1 件。M121:1，直口，圆唇，斜领，束颈，溜肩，斜腹微弧，平底内凹。肩上部及口沿内侧施绿色釉。轮制，体留有轮旋痕迹。口径 10.6 厘米，腹径 11 厘米，底径 7.4 厘米，高 11.8 厘米（图二〇五，1；彩版四〇，3）。

铜钱　5 枚，有顺治通宝、康熙通宝。

顺治通宝　1 枚。M121:2-1，大平钱，方穿，正背面郭缘较宽，正面楷书"顺治通寶"四字，直读，背穿左右为满文"宝泉"局名。钱径 2.76 厘米，穿径 0.62 厘米，郭厚 0.13 厘米（图二〇五，2）。

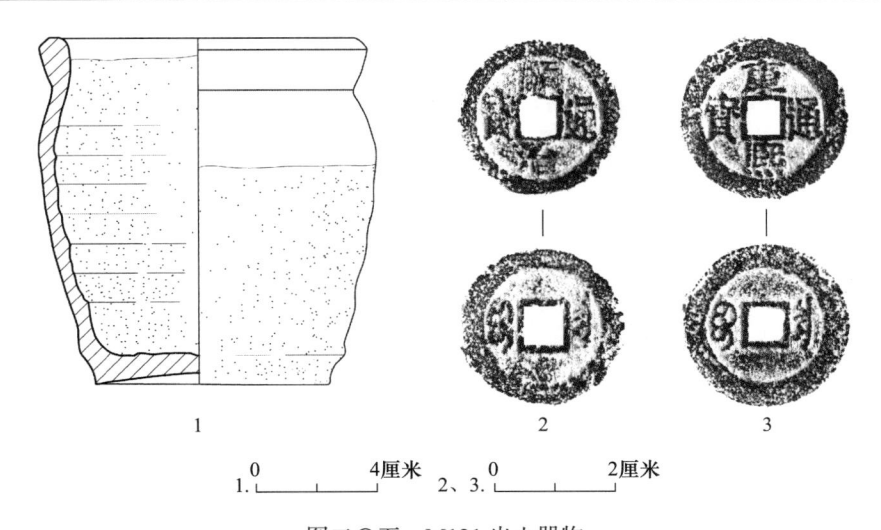

图二〇五　M121 出土器物
1. 釉陶罐（M121：1）　2. 顺治通宝（M121：2-1）　3. 康熙通宝（M121：2-2）

康熙通宝　4枚。标本 M121：2-2，大平钱，方穿，正背面郭缘较宽，正面楷书"康熙通寶"四字，直读，背穿左右为满文"宝泉"局名。钱径 2.78 厘米，穿径 0.55 厘米，郭厚 0.1 厘米（图二〇五，3）。

一二〇、M122

1. 墓葬形制

该墓位于发掘 I 区北部。开口于②层下，南北向，方向 5°。坐标为北纬 39°51′34.8″，东经 116°19′41.5″。

墓平面呈长方形，竖穴土圹双棺合葬墓。墓口距地表深 0.6 米，墓底距地表深 1.6 米。墓圹南北长 2.8 米，东西宽 1.72 米，深 1 米。内填花土，土质松软。内置双棺，棺木已朽：东棺痕长 2 米，宽 0.5～0.7 米；棺内骨架保存较好，头向北，面向下，仰身直肢，为男性。西棺痕长 2.2 米，宽 0.64 米；棺内骨架保存较好，头向北，面向上，仰身直肢，为女性（图二〇六）。

2. 随葬品

东棺外前方出土釉陶罐 1 件；西棺外前方出土釉陶罐 1 件。

釉陶罐　2件。M122：1，侈口，斜沿，尖圆唇，斜领，束颈，溜肩，斜腹微弧，平底内凹。上腹部及口沿内侧施酱色釉。轮制，体留有轮旋痕迹。口径 11.2 厘米，腹径 11 厘米，底径 8 厘米，高 12 厘米（图二〇七，1；彩版四〇，4）。M122：2，侈口，斜沿，尖圆唇，斜领，束颈，溜肩，斜腹微弧，平底内凹。上腹部及口沿内侧施淡黄色釉。轮制，体留有轮旋痕迹。口径 10.6 厘米，腹径 11 厘米，底径 8 厘米，高 11 厘米（图二〇七，2；彩版四〇，5）。

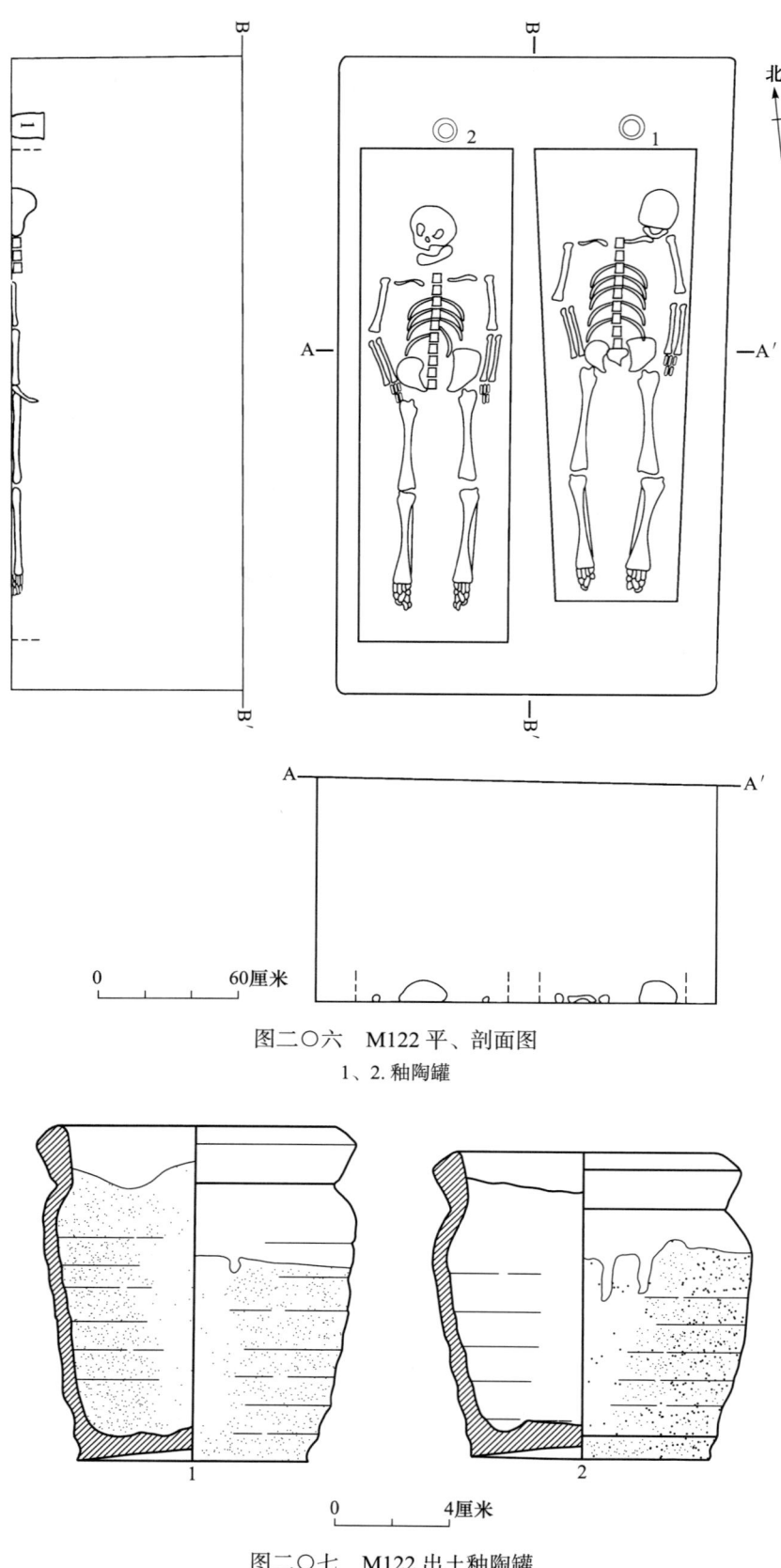

图二〇六 M122 平、剖面图
1、2. 釉陶罐

图二〇七 M122 出土釉陶罐
1. M122∶1 2. M122∶2

一二一、M123

1. 墓葬形制

该墓位于发掘 I 区北部，北邻 M124。开口于②层下，南北向，方向 180°。坐标为北纬 39° 58′ 30.4″，东经 116° 18′ 39.4″。

墓平面呈长方形，竖穴土圹三棺合葬墓。墓口距地表深 1.5 米，墓底距地表深 2.4 米。墓圹南北长 2.9 米，东西宽 2.6 米，深 0.9 米。内填花土，土质松软。内置三棺：东棺长 1 米，宽 0.35～0.4 米，残高 0.2 米，棺板厚 0.04～0.06 米，前、后封板厚 0.06 米，底板厚 0.05 米；棺内装有烧骨。中棺长 2.2 米，宽 0.8～1 米，残高 0.4 米，棺板厚 0.06～0.07 米，前封板厚 0.04 米，底板厚 0.05 米；棺内骨架保存较差，头向东南，面向上，仰身直肢，为男性。西棺长 2.2 米，宽 0.7～0.8 米，残高 0.4 米，棺板厚 0.08～0.1 米，前、后封板厚 0.04 米，底板厚 0.06 米；棺内骨架保存较差，头向南，面向上，仰身直肢，为女性（图二〇八；彩版一〇，1）。

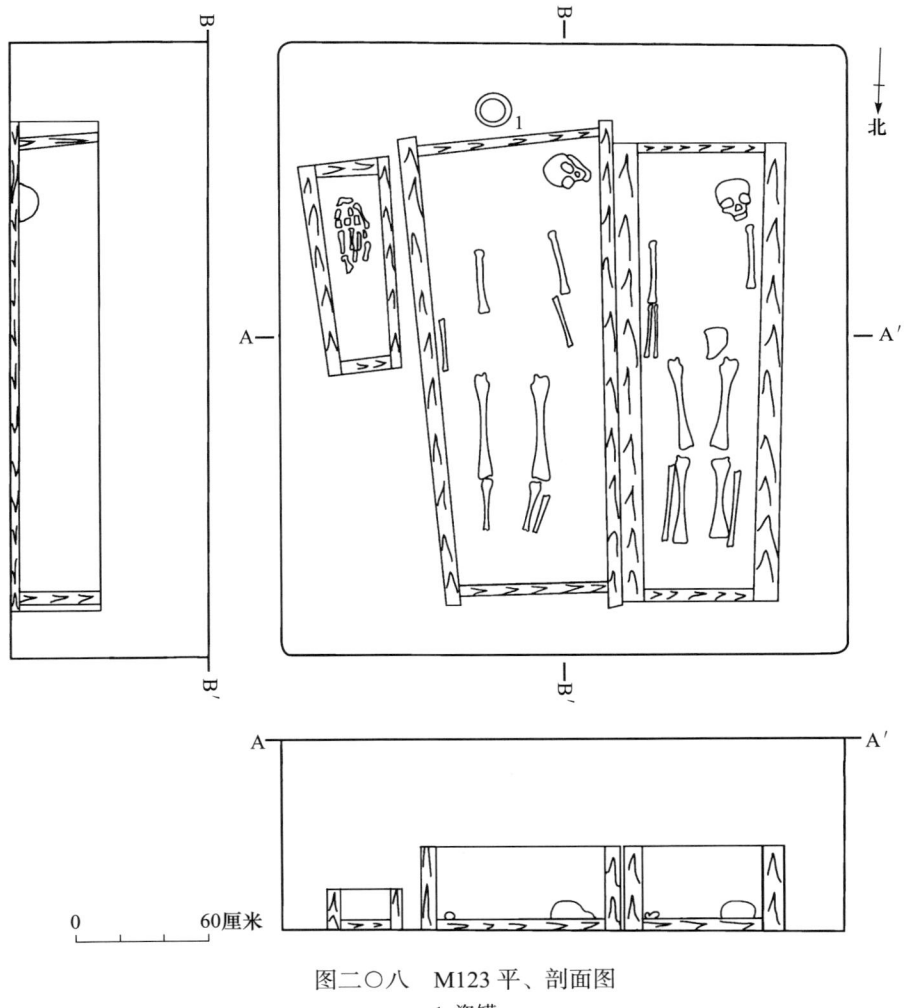

图二〇八 M123 平、剖面图
1. 瓷罐

2. 随葬品

中棺外前方出土瓷罐 1 件。

瓷罐　1 件。M123：1，敛口，圆唇，斜矮领，溜肩，弧腹，假圈足底。缸胎，腹部及内壁施酱黑色釉，唇部、腹下部及底部未施釉。轮制。口径 12.4 厘米，腹径 16.6 厘米，底径 9.6 厘米，高 15.6 厘米（图二〇九；彩版四一，2）。

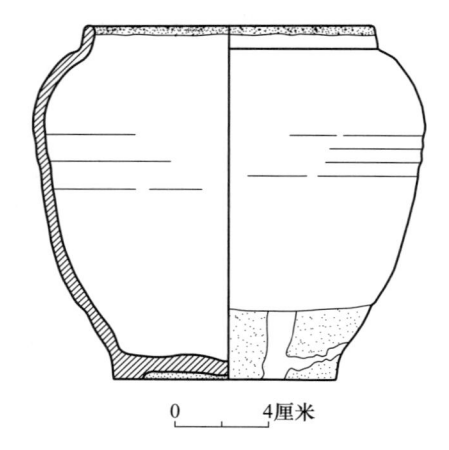

图二〇九　M123 出土瓷罐（M123：1）

一二二、M124

1. 墓葬形制

该墓位于发掘 I 区北部，南邻 M123。开口于②层下，南北向，方向 0°。坐标为北纬 39°51′30.1″，东经 116°18′38.1″。

墓平面呈长方形，竖穴土圹双棺合葬墓。墓口距地表深 1.9 米，墓底距地表深 2.9 米。墓圹南北长 2.7 米，东西宽 2.1 米，深 1 米。内填花土，土质松软。内置双棺：东棺长 2.2 米，宽 0.7~0.8 米，残高 0.3 米，棺板厚 0.08~0.1 米，前、后封板厚 0.04 米，底板厚 0.08 米；棺内骨架保存较差，头向西南，面向上，葬式不明，为女性。西棺长 2 米，宽 0.75~0.9 米，残高 0.4 米，棺板厚 0.06 米，前、后封板厚 0.04 米，底板厚 0.08 米；棺内骨架保存较好，头向北，面向上，仰身屈肢，为男性（图二一〇）。

2. 随葬品

西棺外前方出土瓷罐 1 件。

瓷罐　1 件。M124：1，敛口，斜平沿，高领，溜肩，弧腹，假圈足底。缸胎，腹部及内壁施酱黑色釉，外口沿、腹下部及底部未施釉。轮制。口径 8.8 厘米，腹径 12 厘米，底径 7 厘米，高 13.2 厘米（图二一一；彩版四一，3）。

第三章 明清墓葬

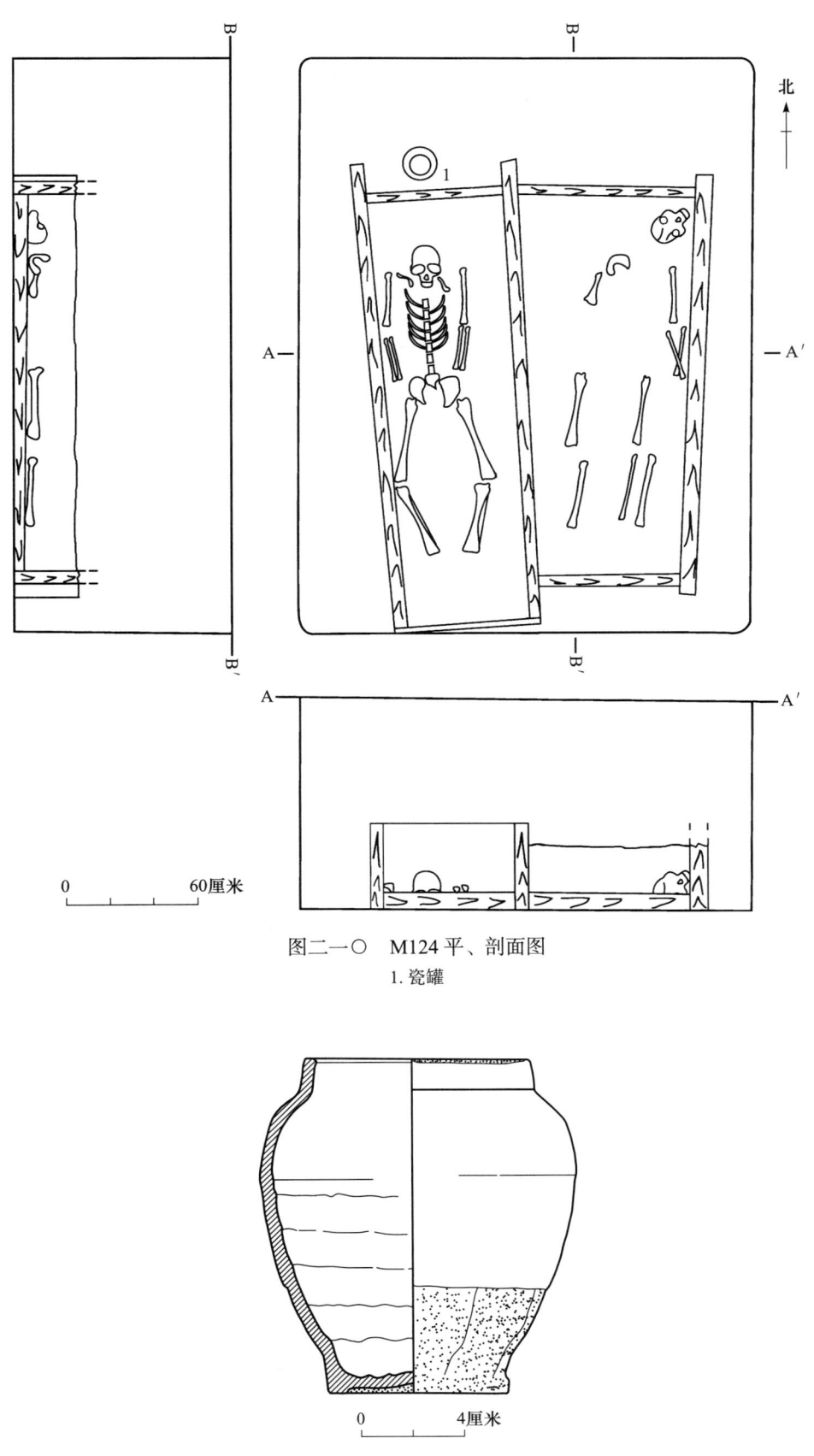

图二一〇 M124平、剖面图
1. 瓷罐

图二一一 M124出土瓷罐（M124∶1）

一二三、M125

1. 墓葬形制

该墓位于发掘Ⅰ区东南部，南邻 M126。开口于②层下，南北向，方向 0°。坐标为北纬 39°51′32.1″，东经 116°18′49″。

墓平面呈长方形，竖穴土圹双棺合葬墓。墓口距地表深 0.4 米，墓底距地表深 1.4 米。墓圹南北长 2.6 米，东西宽 1.4 米，深 1 米。内填花土，土质松软。内置双棺，棺木已朽：东棺痕长 2 米，宽 0.5 米；棺内未发现骨架，葬式、性别不明。西棺痕长 2.1 米，宽 0.6 米；棺内骨架保存较好，头向北，面向东，仰身直肢，为男性（图二一二）。

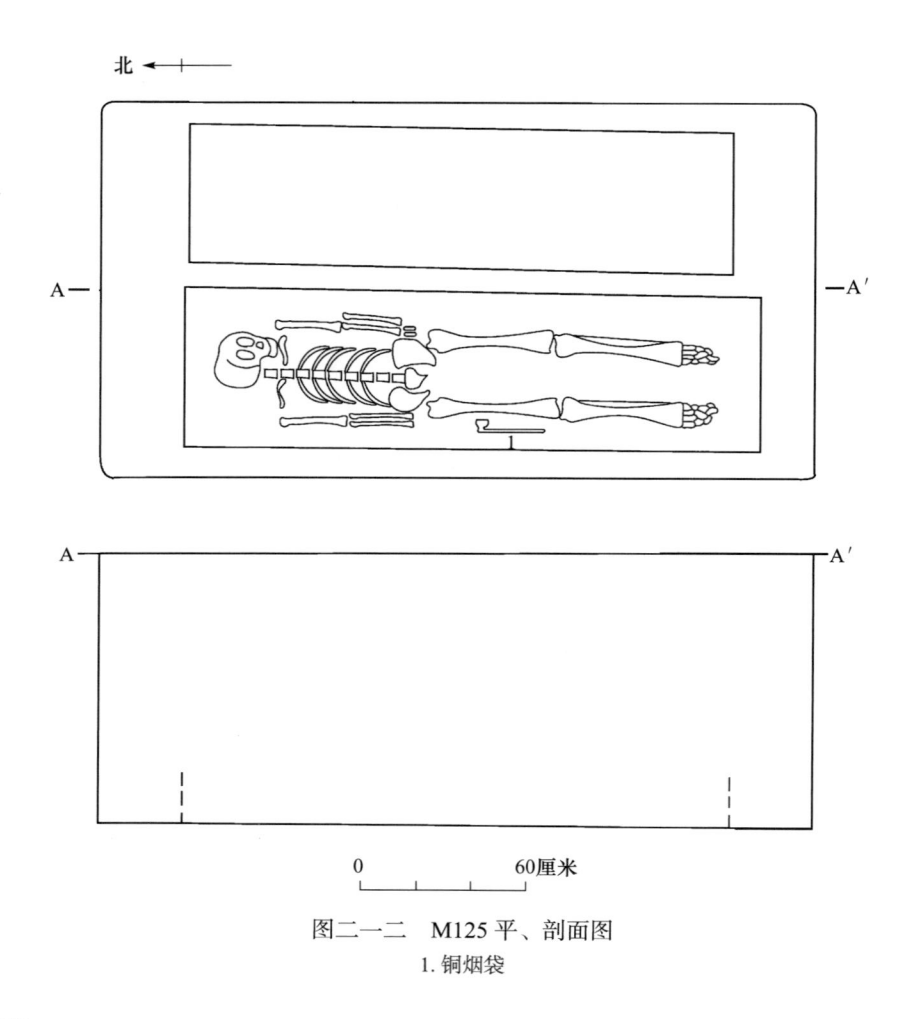

图二一二 M125 平、剖面图
1. 铜烟袋

2. 随葬品

西棺右下肢骨外侧上部出土铜烟袋 1 件。

铜烟袋 1 件。M125：1，铜质烟锅，平面呈圆形，烟锅外侧及下部饰花卉纹；烟杆为木质圆筒状，内中空，大部分已朽；铜质烟嘴，前端为筒状，饰一周花卉纹，后端折收，顶端呈圆帽形。通长32厘米，锅口径2厘米（图二一三）。

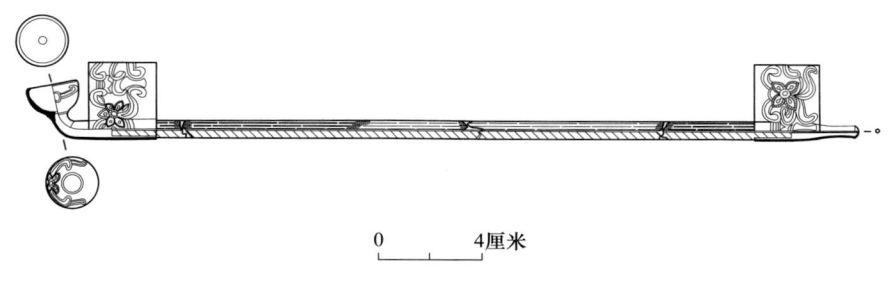

图二一三 M125出土铜烟袋（M125：1）

一二四、M126

1. 墓葬形制

该墓位于发掘Ⅰ区东南部，北邻M125。开口于②层下，南北向，方向0°。坐标为北纬39°51′32″，东经116°18′49.1″。

墓平面呈长方形，竖穴土圹双棺合葬墓。墓口距地表深0.4米，墓底距地表深1.4米。墓圹南北长2.3米，东西宽1.6米，深1米。内填花土，土质松软。内置双棺：东棺棺木已朽，棺痕长2.02米，宽0.54~0.6米；棺内骨架保存较好，头向北，面向东，仰身直肢，为女性。西棺长2.1米，宽0.8米，残高0.4米，棺板厚0.09~0.11米，前封板厚0.07米，后封板厚0.03米；棺内骨架保存较好，头向北，面向东，仰身直肢，为男性（图二一四）。

2. 随葬品

东棺外右前方出土瓷罐1件，右上肢骨外侧下部出土料珠19颗；西棺右下肢骨内侧中部出土铜烟袋1件，左下肢骨外侧上部出土铜钱13枚。

瓷罐 1件。M126：1，直口，圆唇，矮领，圆肩，下腹弧收，平底内凹。体施青白色釉，底部无釉。轮制，内壁留有轮旋痕迹。口径7.6厘米，腹径11.6厘米，底径7.8厘米，高10.8厘米（图二一五，1；彩版三九，4）。

料珠 19颗。标本M126：3-1，圆球形，中间穿孔，浅粉红色。直径2.2厘米，孔径0.2厘米（图二一五，2）。标本M126：3-2，圆球形，中间穿孔，绿色。直径1厘米，孔径0.15厘米（图二一五，3）。

铜烟袋 1件。M126：2，铜质烟锅，平面呈圆形；烟杆为木质圆筒状，内中空，大部分已朽；铜质烟嘴，前端为筒状，后端折收，顶端呈圆帽形。残长21厘米（图二一五，4）。

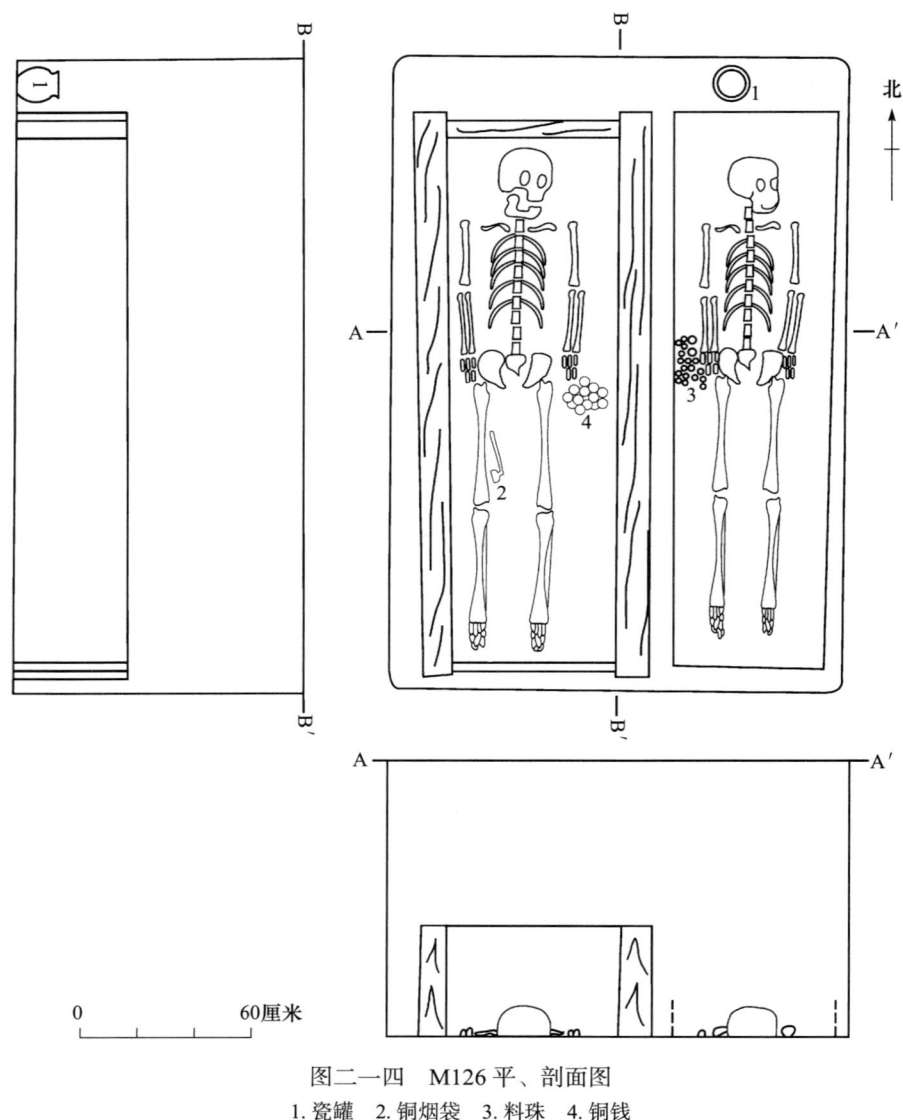

图二一四　M126 平、剖面图
1. 瓷罐　2. 铜烟袋　3. 料珠　4. 铜钱

铜钱　13 枚，有康熙通宝、乾隆通宝。

康熙通宝　10 枚。标本 M126∶4-1，大平钱，方穿，正背面郭缘较宽，正面楷书"康熙通寶"四字，直读，背穿左右为满文"宝泉"局名。钱径 2.64 厘米，穿径 0.54 厘米，郭厚 0.12 厘米（图二一五，5）。

乾隆通宝　3 枚。标本 M126∶4-2，平钱，方穿，正背面郭缘稍窄，正面楷书"乾隆通寶"四字，直读，背穿左右为满文"宝泉"局名。钱径 2.32 厘米，穿径 0.55 厘米，郭厚 0.13 厘米（图二一五，6）。

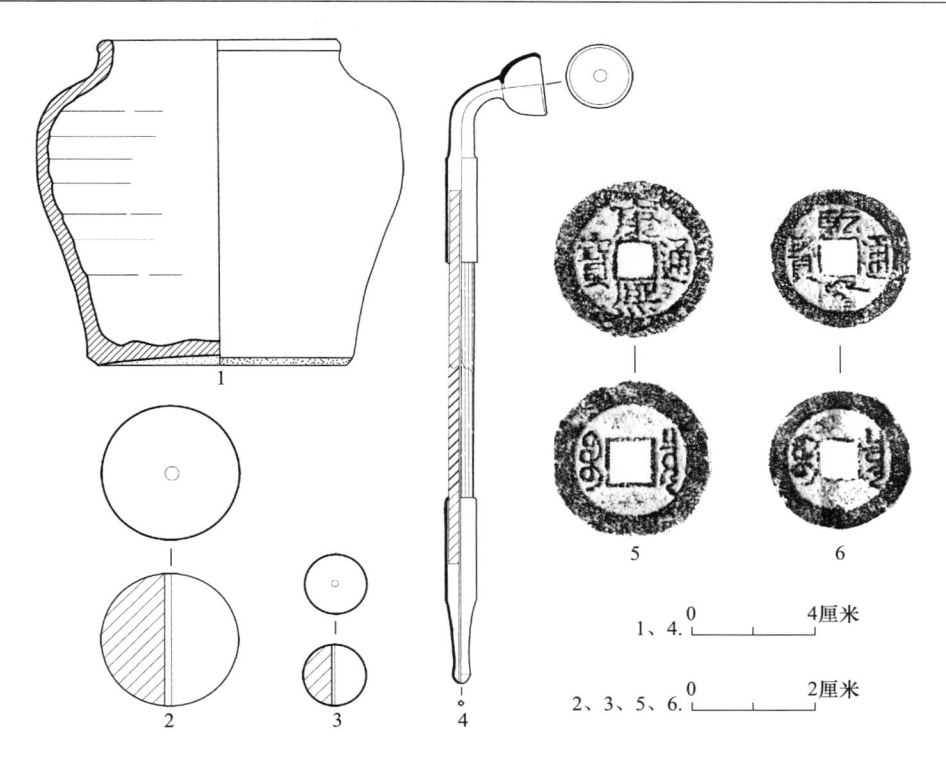

图二一五　M126 出土器物

1. 瓷罐（M126：1）　2、3. 料珠（M126：3-1、M126：3-2）　4. 铜烟袋（M126：2）　5. 康熙通宝（M126：4-1）
6. 乾隆通宝（M126：4-2）

一二五、M127

1. 墓葬形制

该墓位于发掘 I 区东南部，西邻 M126。开口于②层下，南北向，方向 0°。坐标为北纬 39° 51′ 32.2″，东经 116° 18′ 48.5″。

墓平面呈梯形，竖穴土圹三棺合葬墓。墓口距地表深 0.4 米，墓底距地表深 1.6 米。墓圹南北长 2.4 米，东西宽 2.4～2.8 米，深 1.2 米。内填花土，土质松软。内置三棺：东棺长 2 米，宽 0.7 米，残高 0.4 米，棺板厚 0.1～0.12 米，前、后封板厚 0.06 米；棺内骨架保存较好，头向北，面向上，仰身直肢，为男性。中棺棺木已朽，棺痕长 2 米，宽 0.6 米；棺内骨架保存较差，未见头骨，仰身直肢，葬式、性别不明。西棺棺木已朽，棺痕长 2 米，宽 0.6 米；棺内骨架保存较差，头向北，面向上，仰身直肢，为女性（图二一六）。

2. 随葬品

东棺外右前方出土瓷罐 1 件；西棺头骨上方出土银扁方 1 件、银押发 1 件。

瓷罐　1 件。M127：1，敛口，方圆唇有折棱，斜矮领，圆肩，下腹弧收，平底内凹。体施青白色釉，底部无釉。轮制，内壁留有轮旋痕迹。口径 7.8 厘米，腹径 12.2 厘米，底径 7.2 厘米，高 13.6 厘米（图二一七，1；彩版三九，5）。

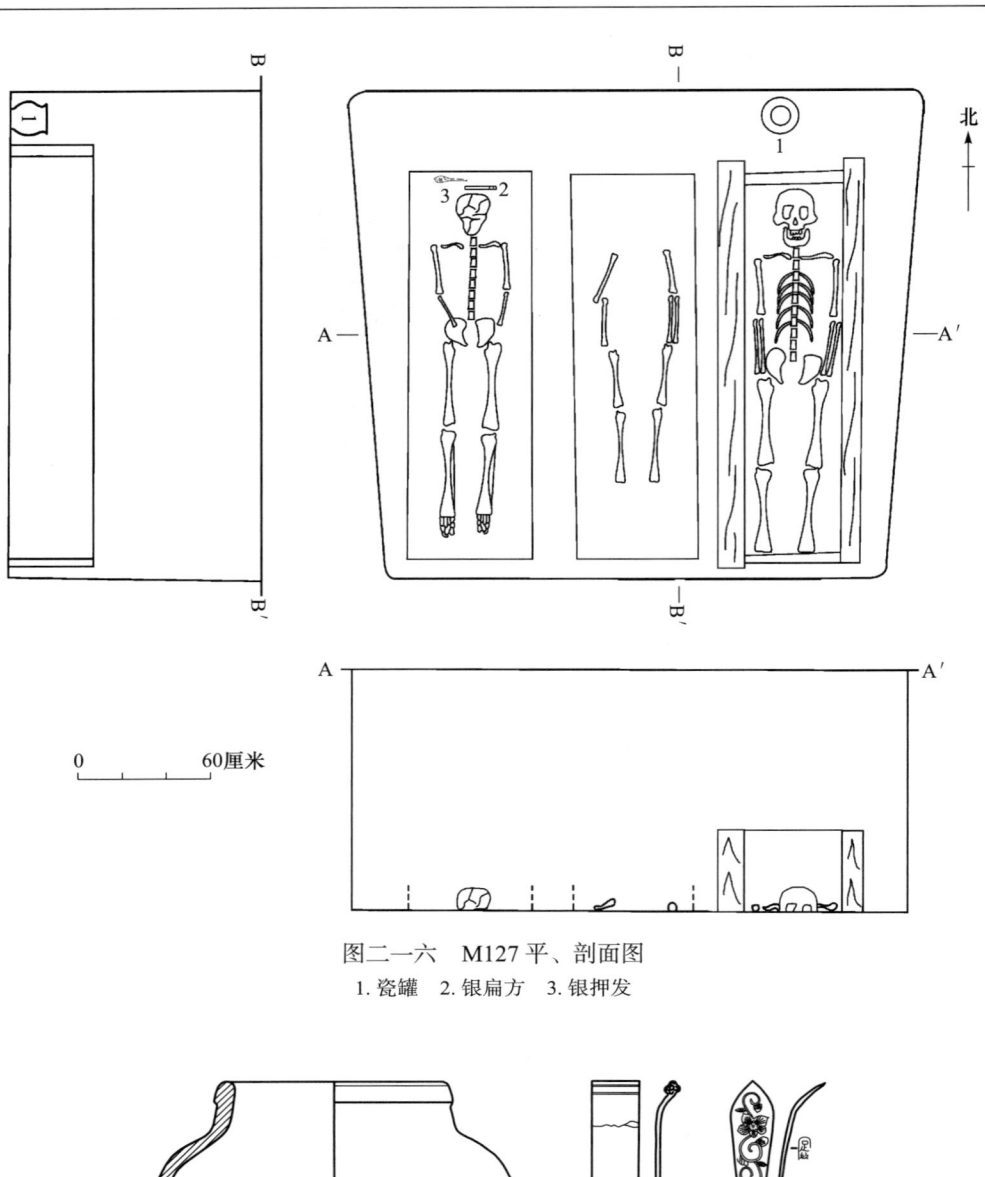

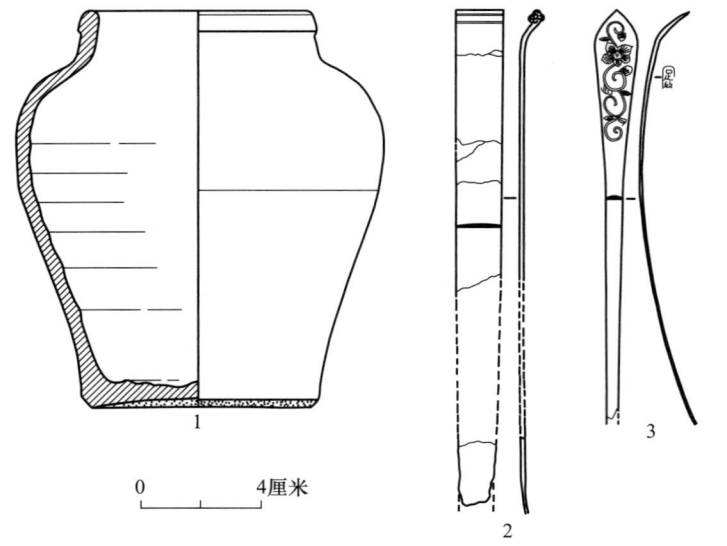

图二一六　M127平、剖面图
1. 瓷罐　2. 银扁方　3. 银押发

图二一七　M127出土器物
1. 瓷罐（M127:1）　2. 银扁方（M127:2）　3. 银押发（M127:3）

银扁方　1件。M127：2，首呈四棱状，体扁条形，末端残。残长17厘米，宽1.6厘米（图二一七，2）。

银押发　1件。M127：3，首较宽呈叶状，上部饰梅花纹，背面上部錾刻"足纹"二字，体扁条锥形，末端残。残长14厘米，上端宽1.4厘米（图二一七，3；彩版六九，1）。

一二六、M128

1. 墓葬形制

该墓位于发掘Ⅰ区东南部，南邻M129。开口于②层下，南北向，方向0°。坐标为北纬39°51′32.3″，东经116°18′47.6″。

墓平面呈梯形，竖穴土圹单棺墓。墓口距地表深0.4米，墓底距地表深1.2米。墓圹南北长2.5米，东西宽1.04～1.2米，深0.8米。内填花土，土质松软。内置单棺，棺木已朽，棺痕长2米，宽0.52米；棺内骨架保存较好，头向北，面向东，仰身直肢，为男性（图二一八）。

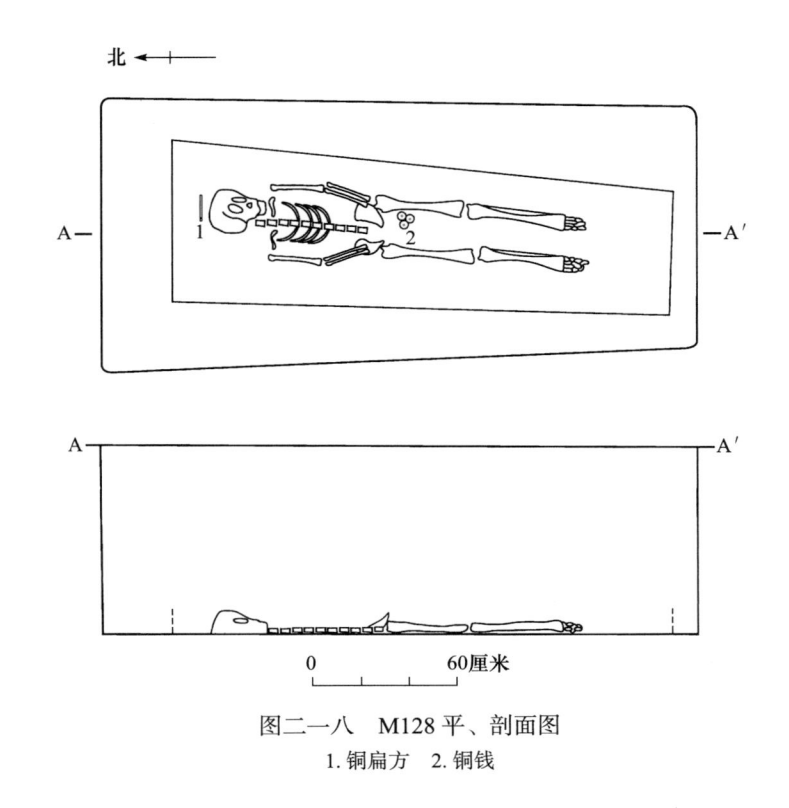

图二一八　M128平、剖面图
1. 铜扁方　2. 铜钱

2. 随葬品

棺内头骨上方出土铜扁方1件，下肢骨内侧上部出土铜钱3枚。

铜扁方　1件。M128：1，首呈四棱状，体扁条形，下端呈圆弧状。宽2.1～2.2厘米，通长16.3厘米（图二一九，1）。

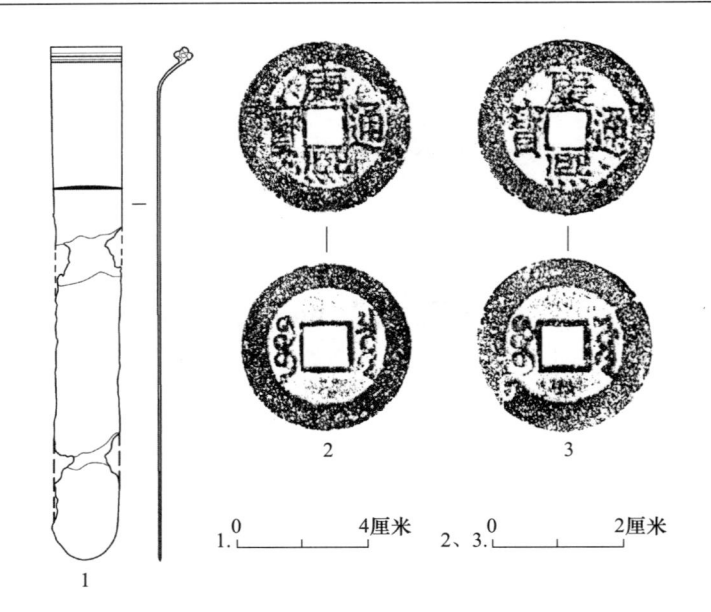

图二一九　M128 出土器物
1. 铜扁方（M128：1）　2、3. 康熙通宝（M128：2-1、M128：2-2）

康熙通宝　3 枚。大平钱，方穿，正背面郭缘较宽，正面楷书"康熙通寶"四字，直读。标本 M128：2-1，背穿左右为满文"宝泉"局名。钱径 2.68 厘米，穿径 0.52 厘米，郭厚 0.13 厘米（图二一九，2）。标本 M128：2-2，背穿左右为满文"宝源"局名。钱径 2.75 厘米，穿径 0.54 厘米，郭厚 0.13 厘米（图二一九，3）。

一二七、M129

1. 墓葬形制

该墓位于发掘 I 区东南部，北邻 M128。开口于②层下，南北向，方向 0°。坐标为北纬 39°51′32.1″，东经 116°18′48″。

墓平面呈不规则形，竖穴土圹双棺合葬墓。墓口距地表深 0.4 米，墓底距地表深 1.3 米。墓圹南北长 2.2 米，东西宽 1.4~1.5 米，深 0.9 米。内填花土，土质松软。内置双棺，棺木已朽：东棺痕长 1.82 米，宽 0.63 米；棺内骨架保存较差，葬式、性别不明。西棺痕长 1.9 米，宽 0.66 米；棺内骨架保存较差，葬式、性别不明（图二二〇）。

2. 随葬品

东棺外前方出土釉陶罐 1 件；西棺外前方出土陶罐 1 件，右上肢骨外侧中部出土铜钱 1 枚。

陶罐　1 件。M129：1，泥质灰陶。直口，斜沿，尖圆唇，矮领，斜折肩，弧腹，平底内凹。轮制，体留有轮旋痕迹。口径 10.6 厘米，腹径 12 厘米，底径 7.2 厘米，高 10.2 厘米（图二二一，1；彩版四一，4）。

第三章　明清墓葬

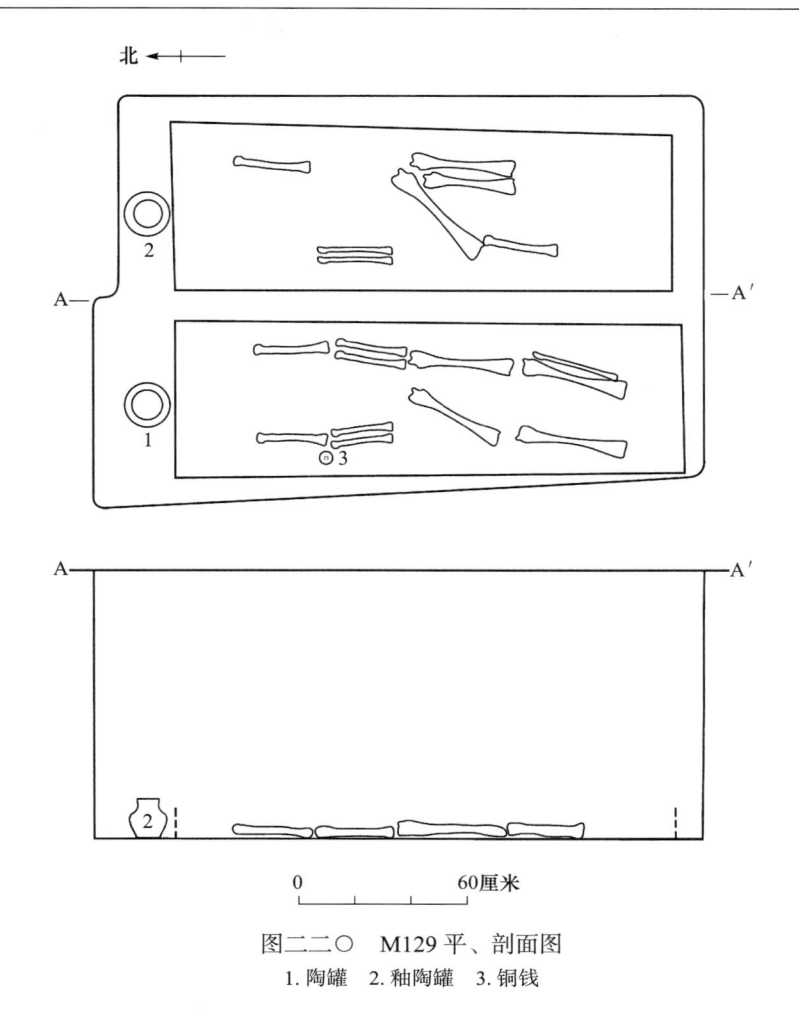

图二二〇　M129 平、剖面图
1. 陶罐　2. 釉陶罐　3. 铜钱

釉陶罐　1件。M129：2，直口，平沿，圆唇，矮领，溜肩，斜腹，平底内凹。上腹至口部施淡黄色釉，下腹部及底部未施釉，遗有流釉痕迹。轮制。口径9.2厘米，腹径13.4厘米，底径9.2厘米，高11.8厘米（图二二一，2；彩版四〇，6）。

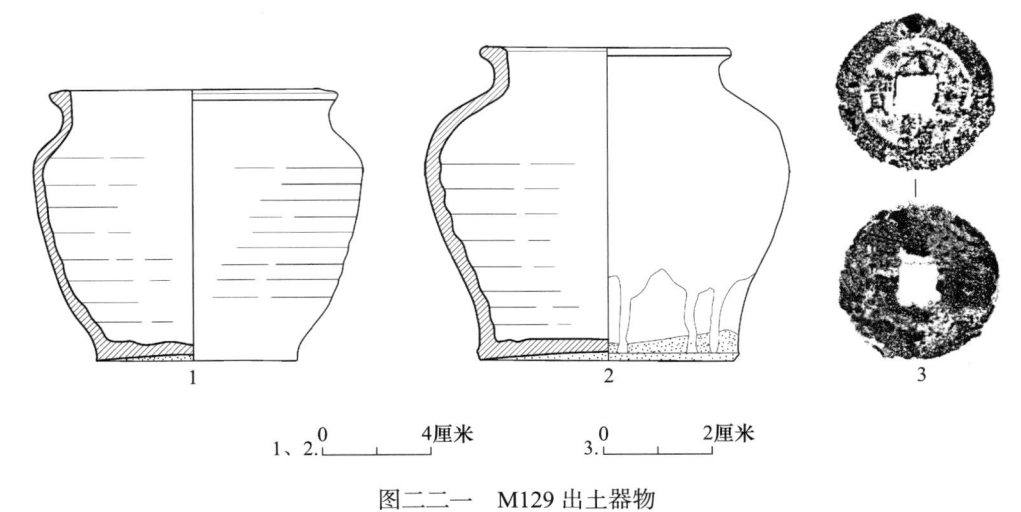

图二二一　M129 出土器物
1. 陶罐（M129：1）　2. 釉陶罐（M129：2）　3. 光绪重宝（M129：3）

光绪重宝 1 枚。M129：3，大平钱，方穿，正背面郭缘较宽，正面楷书"光緒重寶"四字，直读，背穿左右满文锈蚀不清。钱径 3.06 厘米，穿径 0.64 厘米，郭厚 0.16 厘米（图二二一，3）。

一二八、M130

1. 墓葬形制

该墓位于发掘Ⅲ区西部，南邻 M131。开口于②层下，南北向，方向 0°。坐标为北纬 39° 51′ 19.5″，东经 116° 18′ 53.9″。

墓平面呈长方形，竖穴土圹双棺合葬墓。墓口距地表深 1.4 米，墓底距地表深 2.4 米。墓圹南北长 2.9 米，东西宽 2 米，深 1 米。内填花土，土质松软。内置双棺，棺木已朽：东棺痕长 2.1 米，宽 0.46～0.52 米；棺内骨架保存稍好，头向北，面向上，仰身直肢，为男性。西棺痕长 2 米，宽 0.5～0.7 米；棺内骨架保存较差，头向北，面向上，仰身直肢，为女性（图二二二；彩版一〇，2）。

2. 随葬品

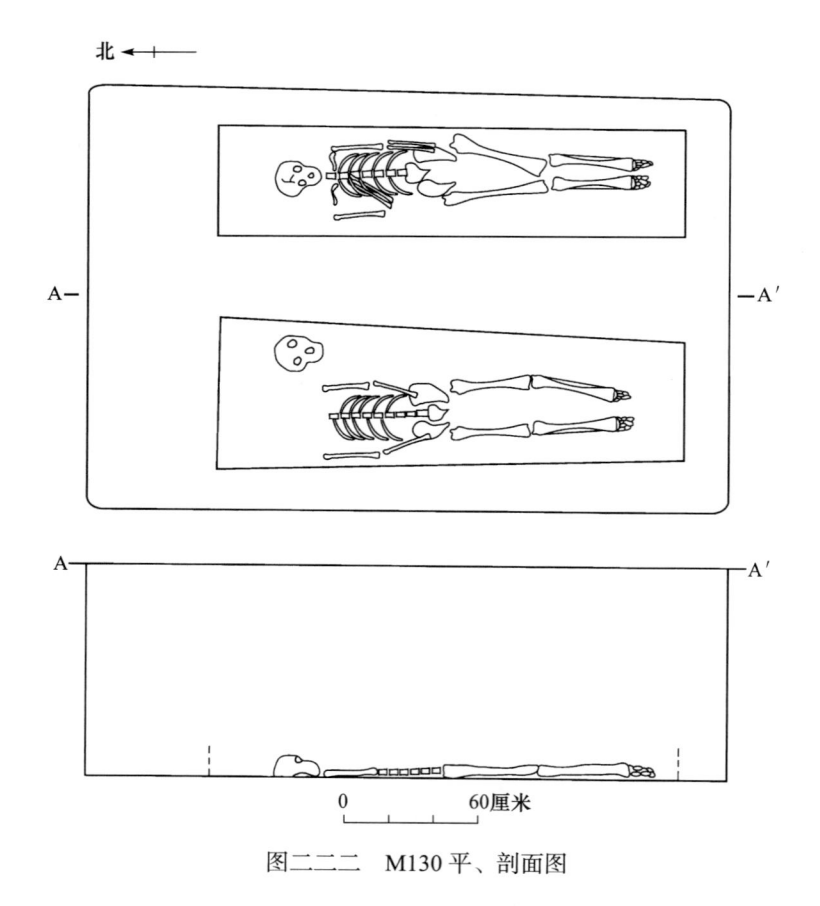

未发现随葬品。

图二二二 M130 平、剖面图

一二九、M131

1. 墓葬形制

该墓位于发掘Ⅲ区西部，北邻 M130。开口于②层下，南北向，方向340°。坐标为北纬39°51′19.2″，东经116°18′53.7″。

墓平面呈长方形，竖穴土圹双棺合葬墓。墓口距地表深1.5米，墓底距地表深2.3~2.5米。墓圹南北长2.6米，东西宽1.6米，深0.8~1米。内填花土，土质松软。内置双棺：东棺长1.9米，宽0.5~0.6米，残高0.12米，棺板厚0.05米；棺内骨架保存较差，头向北，面向西，仰身直肢，为男性。西棺棺木已朽，棺痕长1.9米，宽0.5~0.6米；棺内骨架保存较差，头向东，面向上，仰身直肢，为女性（图二二三）。

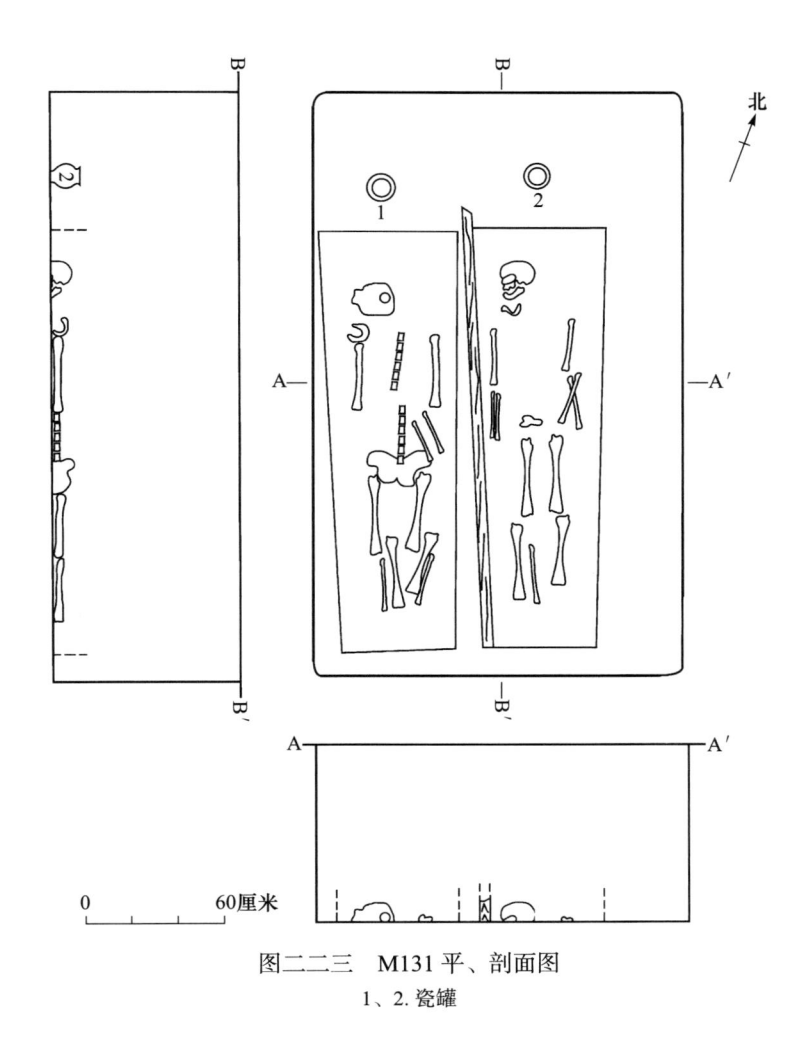

图二二三 M131 平、剖面图
1、2. 瓷罐

2. 随葬品

东棺外前方出土瓷罐1件；西棺外前方出土瓷罐1件。

瓷罐　2件。M131：1，直口微敛，平沿，圆唇，领稍高，圆肩，斜腹弧收，平底微凹。腹部有接胎痕迹，体施青白色釉，底部无釉。轮制，内壁留有轮旋痕迹。口径8.2厘米，腹径13.2厘米，底径9厘米，高14厘米（图二二四，1；彩版四六，1）。M131：2，直口，平沿，方唇，矮领，圆肩，斜腹弧收，平底微凹。腹部有接胎痕迹，体施青白色釉，底部无釉。轮制，内壁留有轮旋痕迹。口径7.8厘米，腹径13厘米，底径8.4厘米，高15.2厘米（图二二四，2；彩版三九，6）。

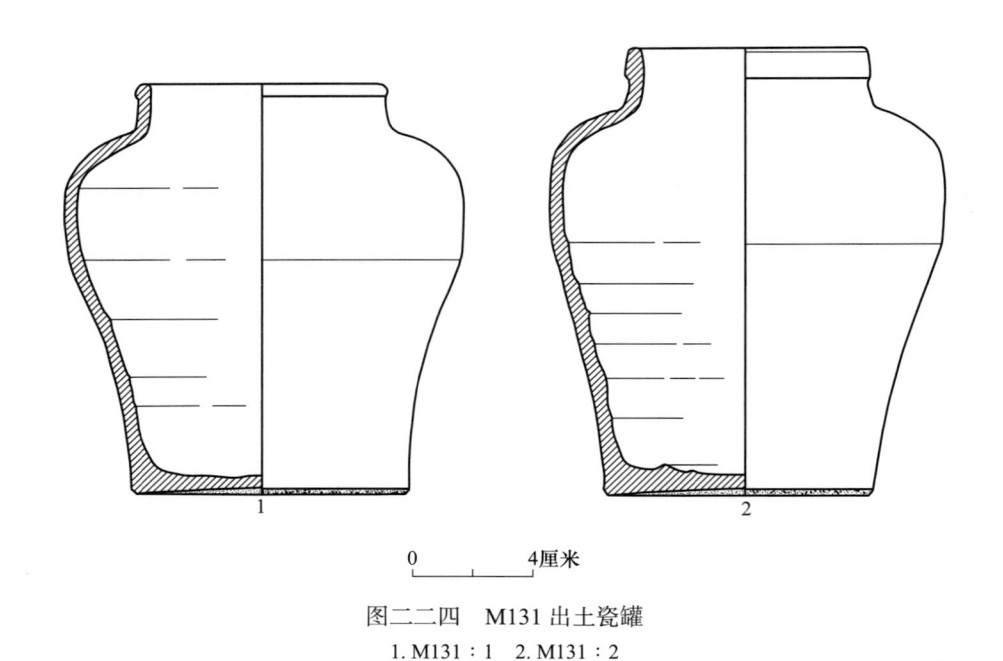

图二二四　M131出土瓷罐
1. M131：1　2. M131：2

一三〇、M132

1. 墓葬形制

该墓位于发掘Ⅲ区西部，南邻M133。开口于②层下，南北向，方向0°。坐标为北纬39°51′19.2″，东经116°18′53.8″。

墓平面呈长方形，竖穴土圹双棺迁葬墓。墓口距地表深1.4米，墓底距地表深2.2~2.4米。墓圹南北长2.8米，东西宽2.3米，深0.8~1米。内填花土，土质松软。内置双棺：东棺长2.2米，宽0.65~0.8米，残高0.4米，棺板厚0.1~0.12米，前封板厚0.03米，后封板厚0.07米，底板厚0.04米；棺内未发现骨架，葬式、性别不明。西棺棺木已朽，棺痕长2.1米，宽0.5米；棺内未发现骨架，葬式、性别不明（图二二五）。

2. 随葬品

未发现随葬品。

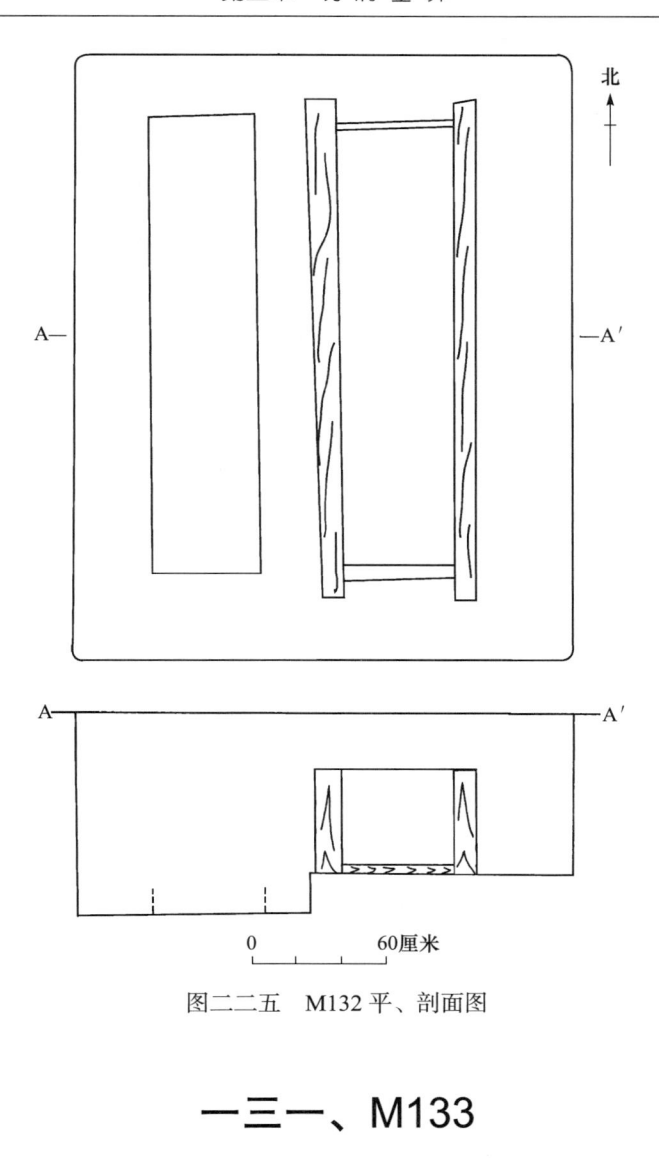

图二二五 M132 平、剖面图

一三一、M133

1. 墓葬形制

该墓位于发掘Ⅲ区西部，北邻 M132。开口于②层下，南北向，方向 345°。坐标为北纬 39°51′18.9″，东经 116°18′54″。

墓平面呈长方形，竖穴土圹单棺墓。墓口距地表深 1.4 米，墓底距地表深 2.26 米。墓圹南北长 2.6 米，东西宽 1.32 米，深 0.86 米。内填花土，土质松软。内置单棺，棺长 1.7 米，宽 1.6 米，残高 0.5 米，棺板厚 0.08~0.09 米，前封板厚 0.08 米，后封板厚 0.11 米，底板厚 0.06 米；棺内骨架保存稍好，头向北，面向上，仰身直肢，为男性（图二二六）。

2. 随葬品

未发现随葬品。

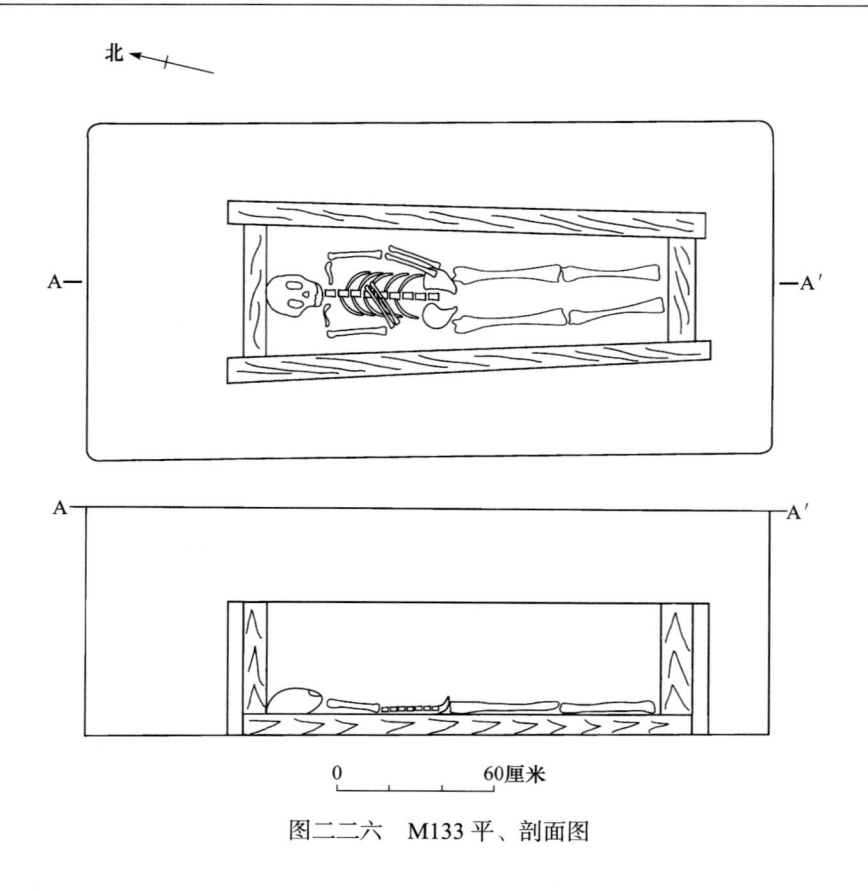

图二二六　M133 平、剖面图

一三二、M134

1. 墓葬形制

该墓位于发掘Ⅲ区东南部，东邻M135。开口于②层下，南北向，方向180°。坐标为北纬39°51′14.8″，东经116°19′3.2″。

墓平面呈长方形，竖穴土圹双棺合葬墓。墓口距地表深1.2米，墓底距地表深2米。墓圹南北长2.6米，东西宽1.9米，深0.8米。内填花土，土质松软。内置双棺：东棺痕长1.9米，宽0.6~0.7米，残高0.4米，棺板厚0.06~0.08米，底板厚0.03米；棺内骨架保存较差，头向西，面向南，葬式不明，为女性。西棺棺木已朽，棺痕长1.9米，宽0.4~0.6米；棺内骨架保存较差，葬式、性别不明（图二二七）。

2. 随葬品

未发现随葬品。

图二二七　M134 平、剖面图

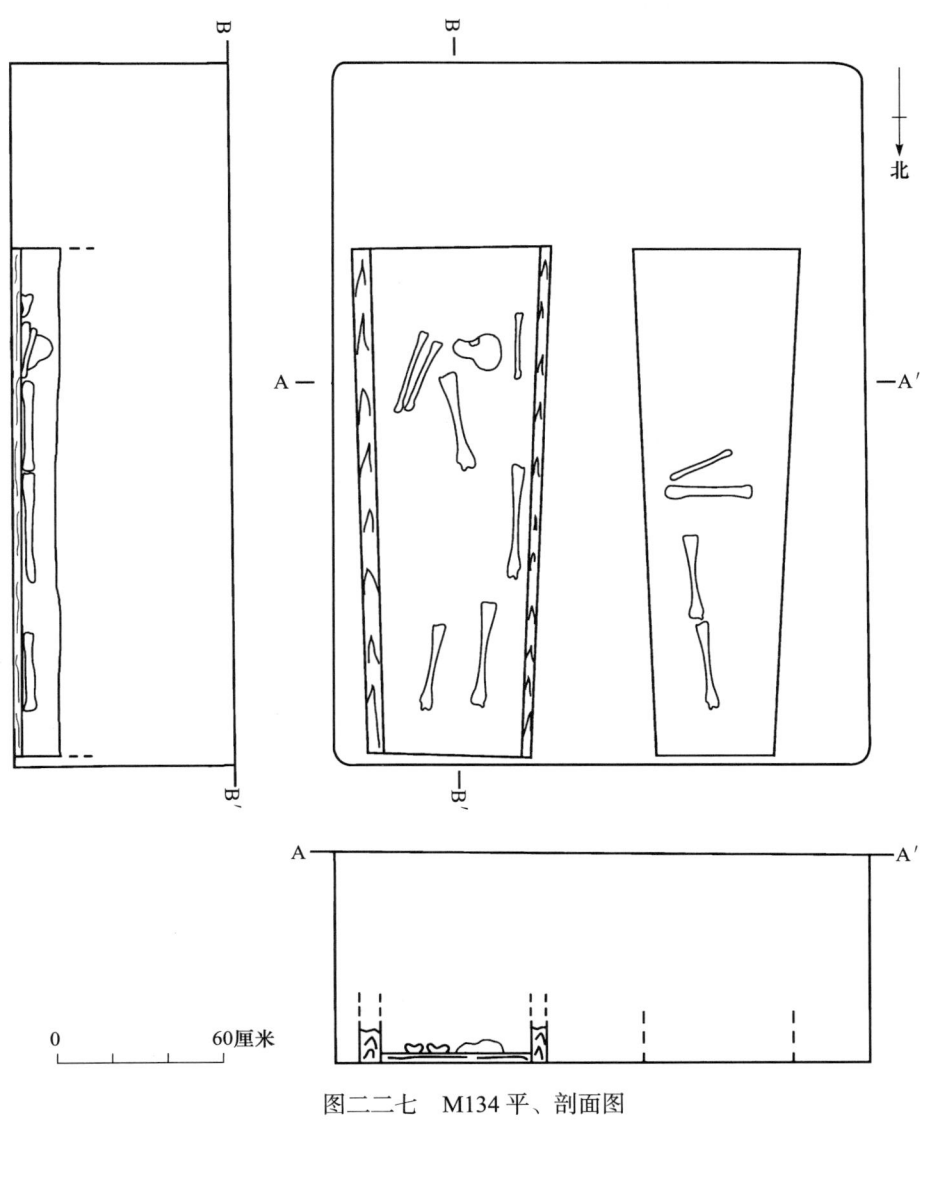

一三三、M135

1. 墓葬形制

该墓位于发掘Ⅲ区东南部，西邻 M134。开口于②层下，南北向，方向 0°。坐标为北纬 39°51′14.9″，东经 116°19′3.3″。

墓平面呈长方形，竖穴土圹单棺墓。墓口距地表深 1.6 米，墓底距地表深 2.6 米。墓圹南北长 2.5 米，东西宽 1.6 米，深 1 米。内填花土，土质松软。内置单棺，棺木已朽，棺痕长 1.8 米，宽 0.4~0.5 米；棺内骨架保存较好，头向北，面向东，头骨上方放置长 28、宽 12、厚 1 厘米板瓦 1 块，仰身直肢，为男性（图二二八）。

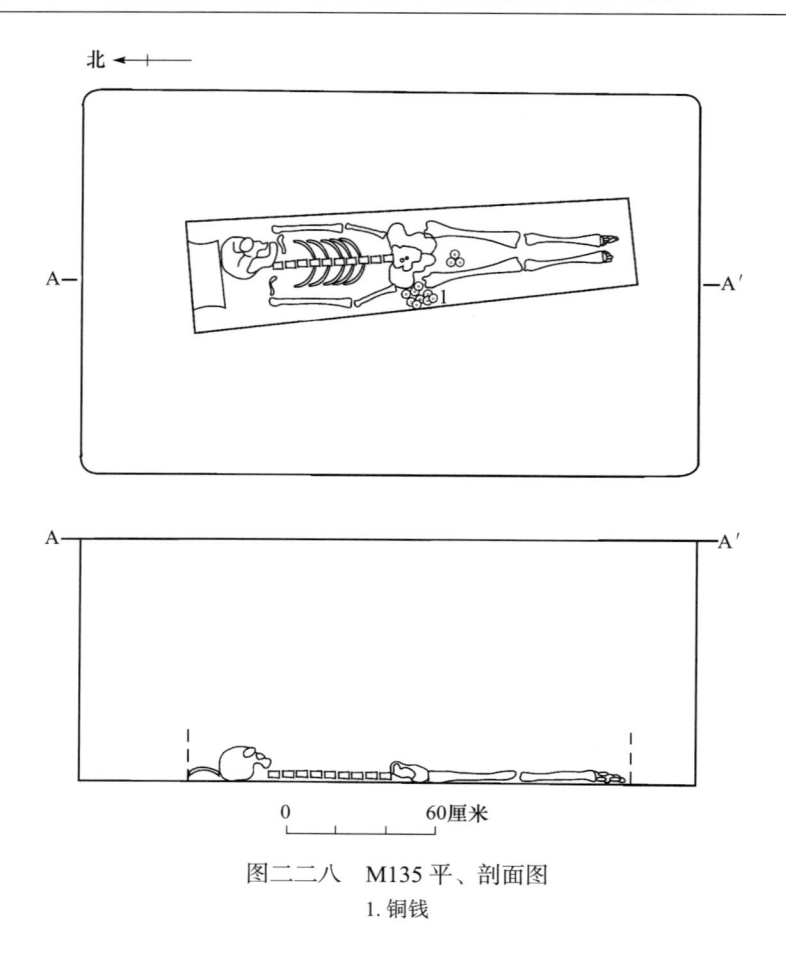

图二二八　M135 平、剖面图
1. 铜钱

2. 随葬品

棺内盆骨右侧及右下肢骨内侧上部出土铜钱12枚，有崇宁重宝、崇宁通宝、熙宁重宝，圣宋元宝、元丰通宝、咸平元宝（彩版八二，1）。

崇宁重宝　6枚。标本M135：1-1，大平钱，方穿，正背面郭缘较窄，正面隶书"崇寧重寶"四字，旋读。钱径3.4厘米，穿径0.78厘米，郭厚0.18厘米（图二二九，1）。

崇宁通宝　1枚。M135：1-2，大平钱，方穿，正背面郭缘较窄，正面瘦金体"崇寧通寶"四字，旋读。钱径3.48厘米，穿径0.73厘米，郭厚0.26厘米（图二二九，2）。

熙宁重宝　1枚。M135：1-3，大平钱，方穿，正背面郭缘较窄，正面隶书"熙寧重寶"四字，旋读。钱径3.08厘米，穿径0.7厘米，郭厚0.12厘米（图二二九，3）。

圣宋元宝　1枚。M135：1-4，平钱，方穿，正背面郭缘较宽，正面篆书"聖宋元寶"四字，旋读。钱径3.02厘米，穿径0.56厘米，郭厚0.16厘米（图二二九，4）。

元丰通宝　2枚。标本M135：1-5，平钱，方穿，正背面郭缘较宽，正面篆书"元豐通寶"四字，旋读。钱径2.85厘米，穿径0.72厘米，郭厚0.14厘米（图二二九，5）。

咸平元宝　1枚。M135：1-6，平钱，方穿，正背面郭缘稍宽，正面楷书"咸平元寶"四字，旋读。钱径2.46厘米，穿径0.56厘米，郭厚0.11厘米（图二二九，6）。

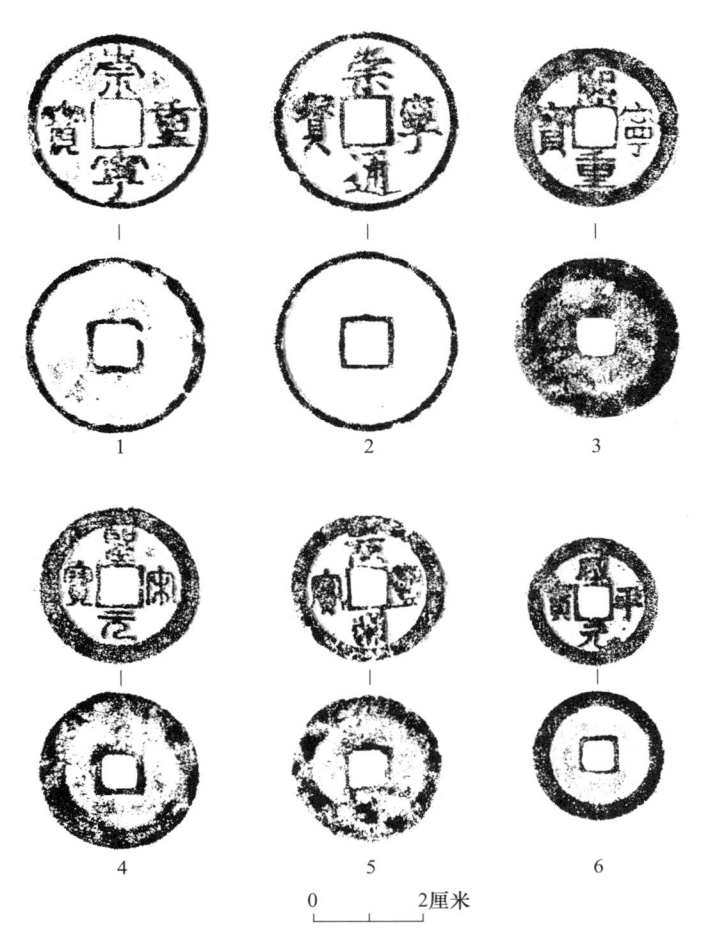

图二二九 M135出土铜钱（拓片）
1. 崇宁重宝（M135:1-1） 2. 崇宁通宝（M135:1-2） 3. 熙宁重宝（M135:1-3） 4. 圣宋元宝（M135:1-4） 5. 元丰通宝（M135:1-5） 6. 咸平元宝（M135:1-6）

一三四、M136

1. 墓葬形制

该墓位于发掘Ⅲ区东南部，南邻M134。开口于②层下，南北向，方向200°。坐标为北纬39°51′14.7″，东经116°19′3.1″。

墓平面呈长方形，竖穴土圹双棺合葬墓。墓口距地表深1.5米，墓底距地表深2.4米。墓圹南北长2米，东西宽1.5米，深0.9米。内填花土，土质松软。内置双棺，棺木已朽：东棺痕长1.7米，宽0.5~0.6米；棺内骨架保存较差，头骨移位，仰身直肢，为女性。西棺痕长1.7米，宽0.5~0.6米；棺内骨架保存较差，头向南，面向东，侧身屈肢，为男性（图二三〇）。

2. 随葬品

西棺外右前方出土瓷罐1件，左上肢骨下部出土铜钱13枚。

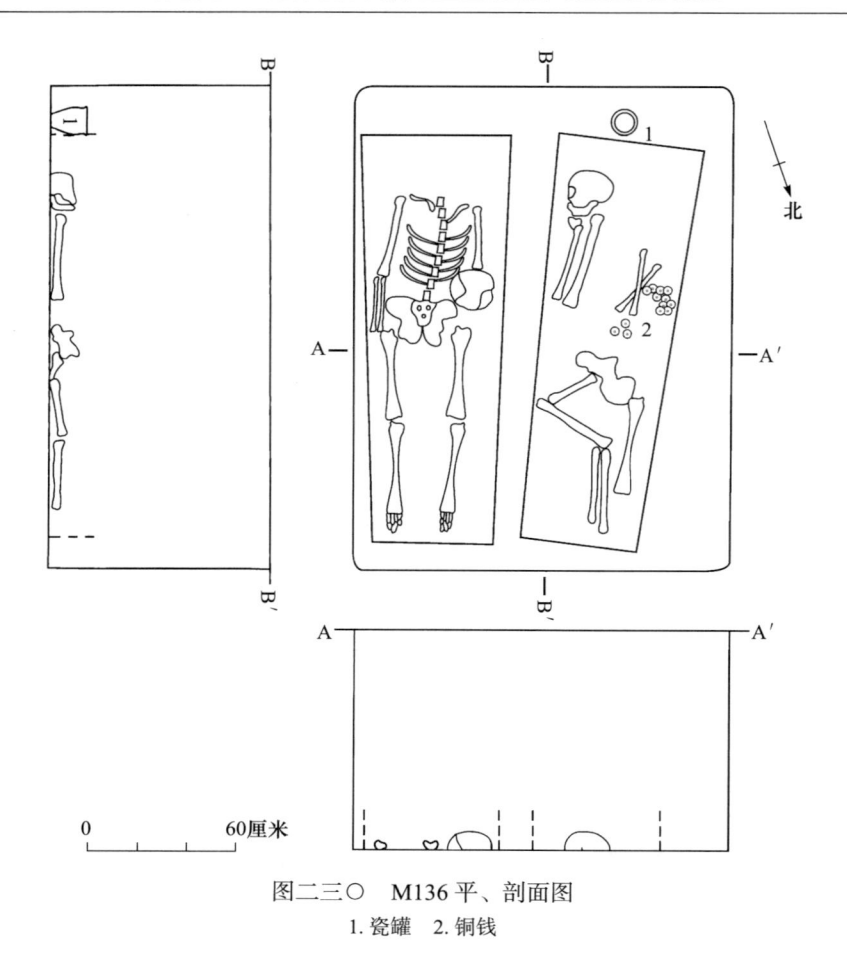

图二三〇　M136 平、剖面图
1. 瓷罐　2. 铜钱

瓷罐　1件。M136：1，侈口，斜沿，尖圆唇，弧腹，平底。缸胎，腹部及口沿内侧施酱色釉，底部及内壁未施釉。轮制，体留有轮旋痕迹。口径8.4厘米，腹径10.4厘米，底径5.8厘米，高11厘米（图二三一，1；彩版四一，5）。

铜钱　13枚，有嘉庆通宝、道光通宝。

嘉庆通宝　2枚。残锈严重，字迹不清。

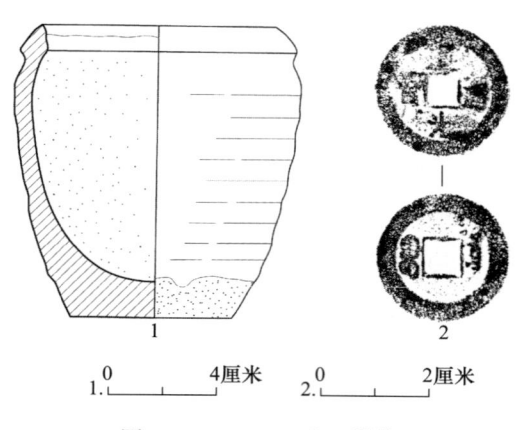

图二三一　M136 出土器物
1. 瓷罐（M136：1）　2. 道光通宝（M136：2-1）

道光通宝　1枚。M136：2-1，平钱，方穿，正背面郭缘较宽，正面楷书"道光通寳"四字，直读，背穿左右为满文"宝泉"局名。钱径2.51厘米，穿径0.55厘米，郭厚0.13厘米（图二三一，2）。

一三五、M137

1. 墓葬形制

该墓位于发掘Ⅰ区南部，东邻M139。开口于②层下，南北向，方向10°。坐标为北纬39°51′32.4″，东经116°18′42.4″。

墓平面呈长方形，竖穴土圹双棺合葬墓。墓口距地表深1.2米，墓底距地表深2.4米。墓圹南北长2.8米，东西宽1.9米，深1.2米。内填花土，土质松软。内置双棺，棺木已朽：东棺痕长1.8米，宽0.4～0.5米；棺内骨架保存较差，头向北，面向上，仰身直肢，为男性。西棺痕长1.7米，宽0.4～0.5米；棺内骨架保存较差，头向北，面向上，仰身直肢，为女性（图二三二；彩版一一，1）。

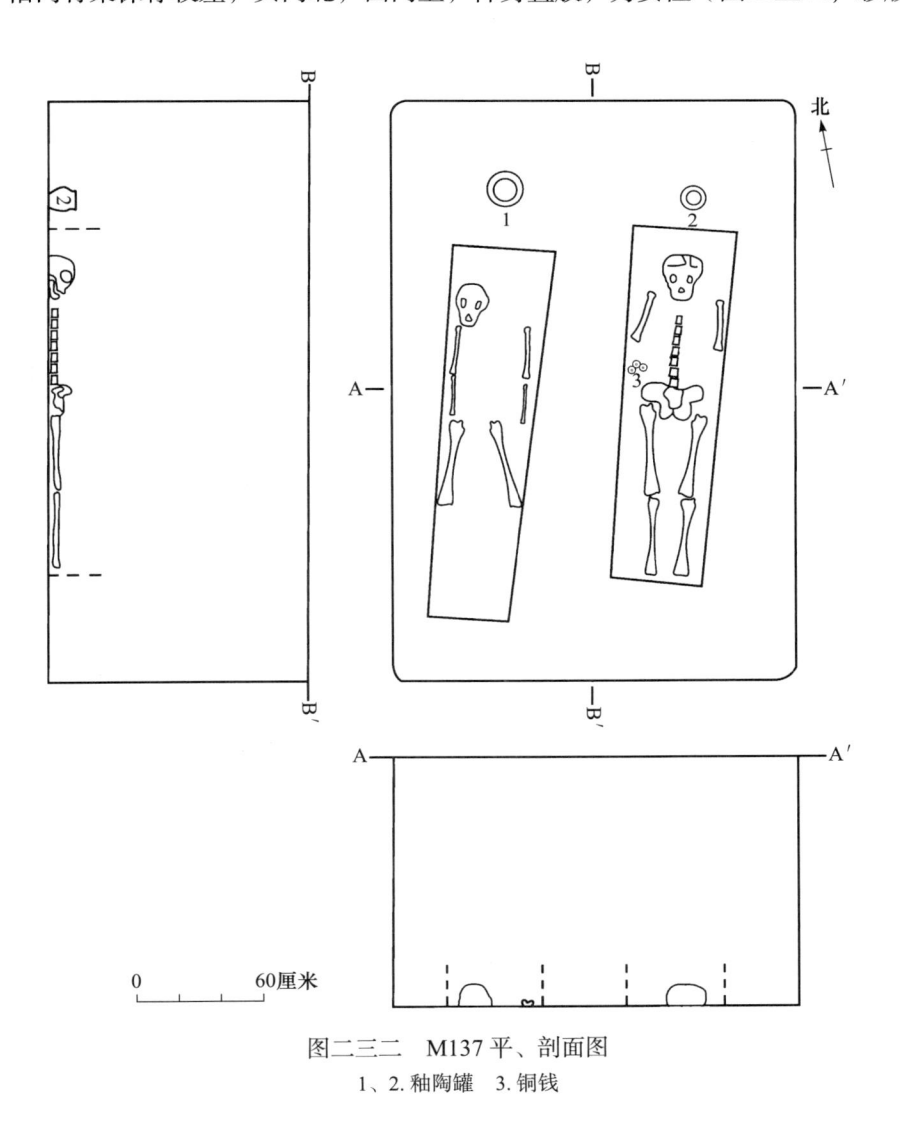

图二三二　M137平、剖面图
1、2. 釉陶罐　3. 铜钱

2. 随葬品

东棺外前方出土釉陶罐1件，右上肢骨下部出土铜钱3枚；西棺外前方出土釉陶罐1件。

釉陶罐 2件。M137：1，直口，方唇，斜领，圆肩，弧腹，平底微凹。肩上部及口沿内侧施酱色釉。轮制。口径8.4厘米，腹径13.4厘米，底径7厘米，高12.6厘米（图二三三，1；彩版四二，1）。M137：2，侈口，圆唇，斜矮领，圆肩，鼓腹，圈足。肩上部及口沿内侧施黄绿色釉。轮制，体留有轮旋痕迹。口径9厘米，腹径16.2厘米，底径7.2厘米，高14.8厘米（图二三三，2；彩版四二，2）。

铜钱 3枚。残锈严重，字迹不清。

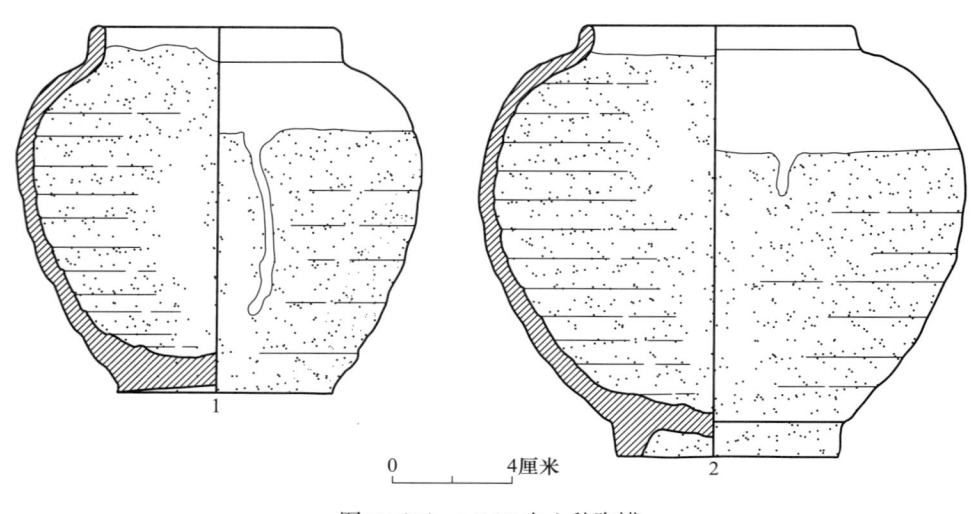

图二三三 M137出土釉陶罐
1. M137：1　2. M137：2

一三六、M138

1. 墓葬形制

该墓位于发掘Ⅰ区南部，西邻M139。开口于②层下，南北向，方向0°。坐标为北纬39°51′32.5″，东经116°18′42.7″。

墓平面呈长方形，竖穴土圹单棺二人合葬墓。墓口距地表深0.4米，墓底距地表深1.6米。墓圹南北长2.9米，东西宽1.4米，深1.2米。内填花土，土质松软。内置单棺，棺木已朽，棺痕长1.4米，宽0.54米；棺内骨架两具，均头向北，面向东，仰身直肢，东边为女性，西边为男性（图二三四）。

2. 随葬品

未发现随葬品。

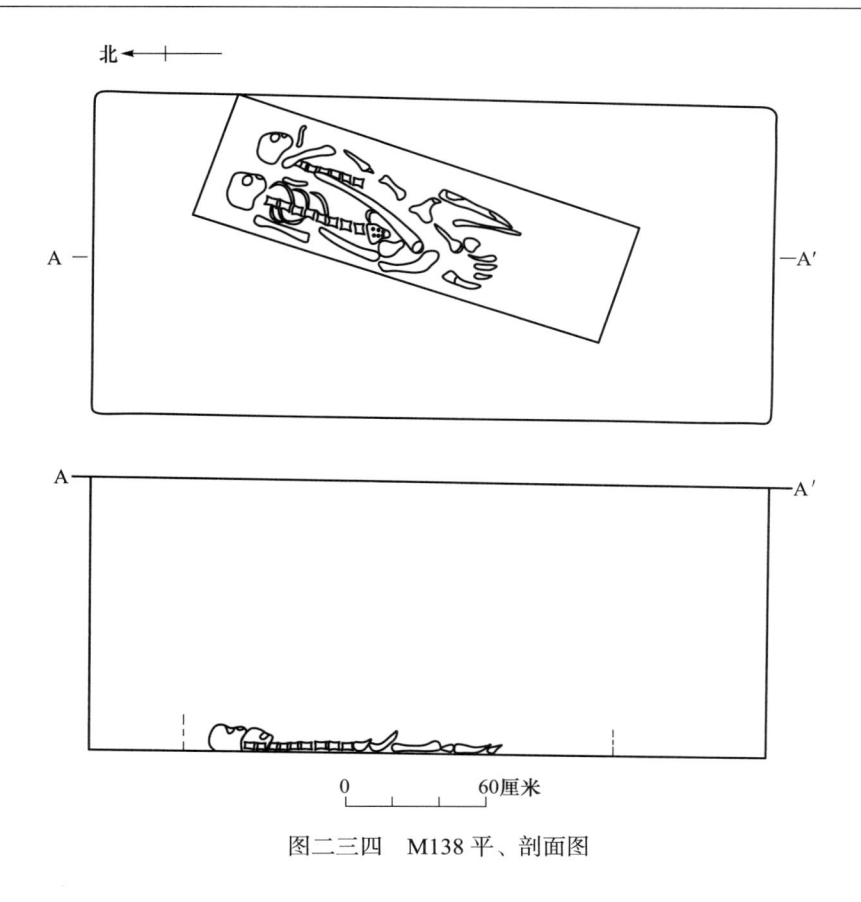

图二三四　M138 平、剖面图

一三七、M139

1. 墓葬形制

该墓位于发掘 I 区南部，西邻 M137。开口于②层下，南北向，方向 0°。坐标为北纬 39° 51′ 32.5″，东经 116° 18′ 43.4″。

墓平面呈长方形，竖穴土圹双棺合葬墓。墓口距地表深 0.4 米，墓底距地表深 1.3 米。墓圹南北长 2.9 米，东西宽 2.2 米，深 0.9 米。内填花土，土质松软。内置双棺，棺木已朽：东棺痕长 2.2 米，宽 0.68 米；棺内骨架保存较差，头向北，面向东，仰身直肢，为女性。西棺痕长 2.2 米，宽 0.62 米；棺内骨架保存较差，头向北，面向下，仰身直肢，为男性（图二三五）。

2. 随葬品

东棺头骨上方及左侧出土银扁方 1 件、银簪 4 件，头骨右侧出土银耳环 1 件，左上肢骨下部出土铜钱 9 枚。

银扁方　1 件。M139：1，首呈梅花棱状，下部斜折，体扁条形，上宽下窄，末端呈圆弧状。通长 15.5 厘米，宽 0.6~0.9 厘米（图二三六，1；彩版六九，2）。

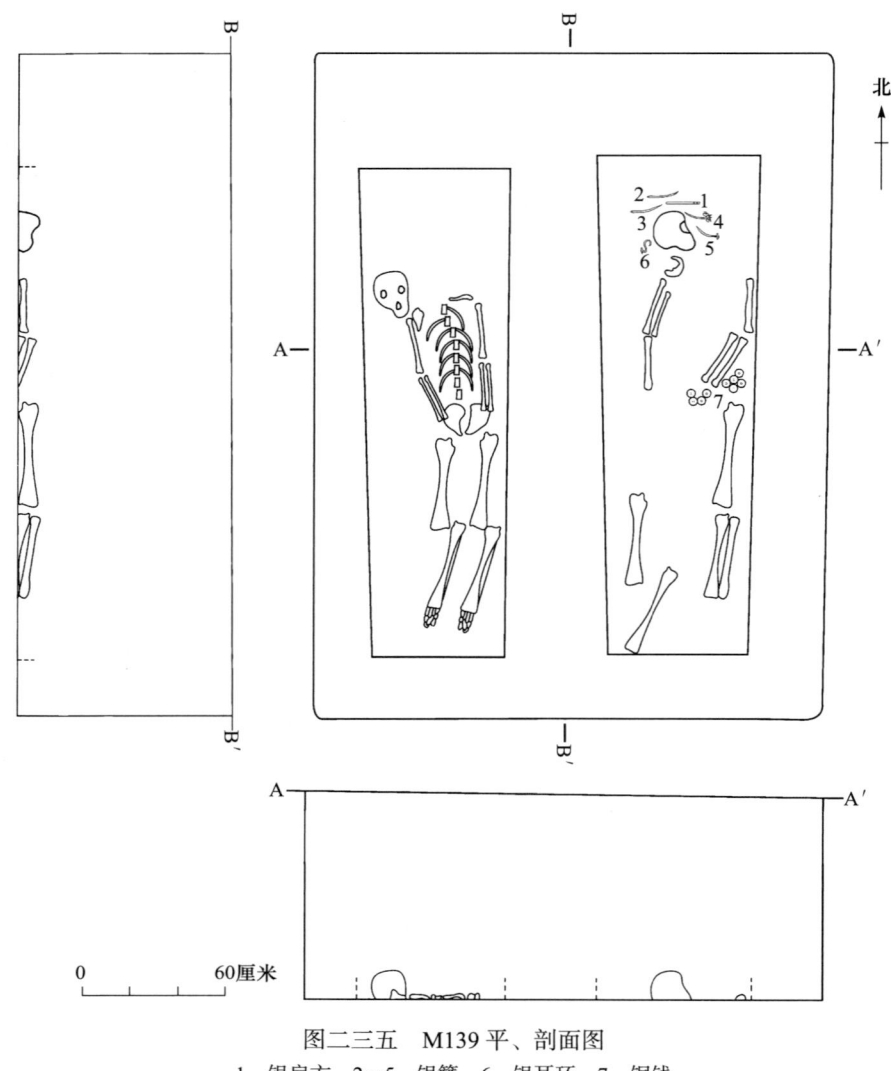

图二三五 M139平、剖面图
1. 银扁方 2~5. 银簪 6. 银耳环 7. 铜钱

银簪 4件。M139：2，梅花包珠形首，珠子残缺，倒莲花做托，体呈圆锥形，下部弯曲。残长9.2厘米（图二三六，4；彩版六九，3）。M139：3，首呈圆形花瓣状，圆环内用银丝掐成一"寿"字，体呈圆锥形，下部弯曲。残长10.7厘米（图二三六，5；彩版六九，4）。M139：4，首残，体呈圆锥形。残长11.7厘米（图二三六，2）。M139：5，首残，体呈圆锥形。残长12厘米（图二三六，3）。

银耳环 1件。M139：6，呈"S"形，一端尖细呈钩状，一端呈圆饼形。通长2.8厘米，饼径0.7厘米（图二三六，6）。

铜钱 9枚，有乾隆通宝、嘉庆通宝。

乾隆通宝 8枚。标本M139：7-1，平钱，方穿，正背面郭缘较宽，正面楷书"乾隆通寶"四字，直读，背穿左右为满文"宝源"局名。钱径2.48厘米，穿径0.55厘米，郭厚0.11厘米（图二三六，7）。

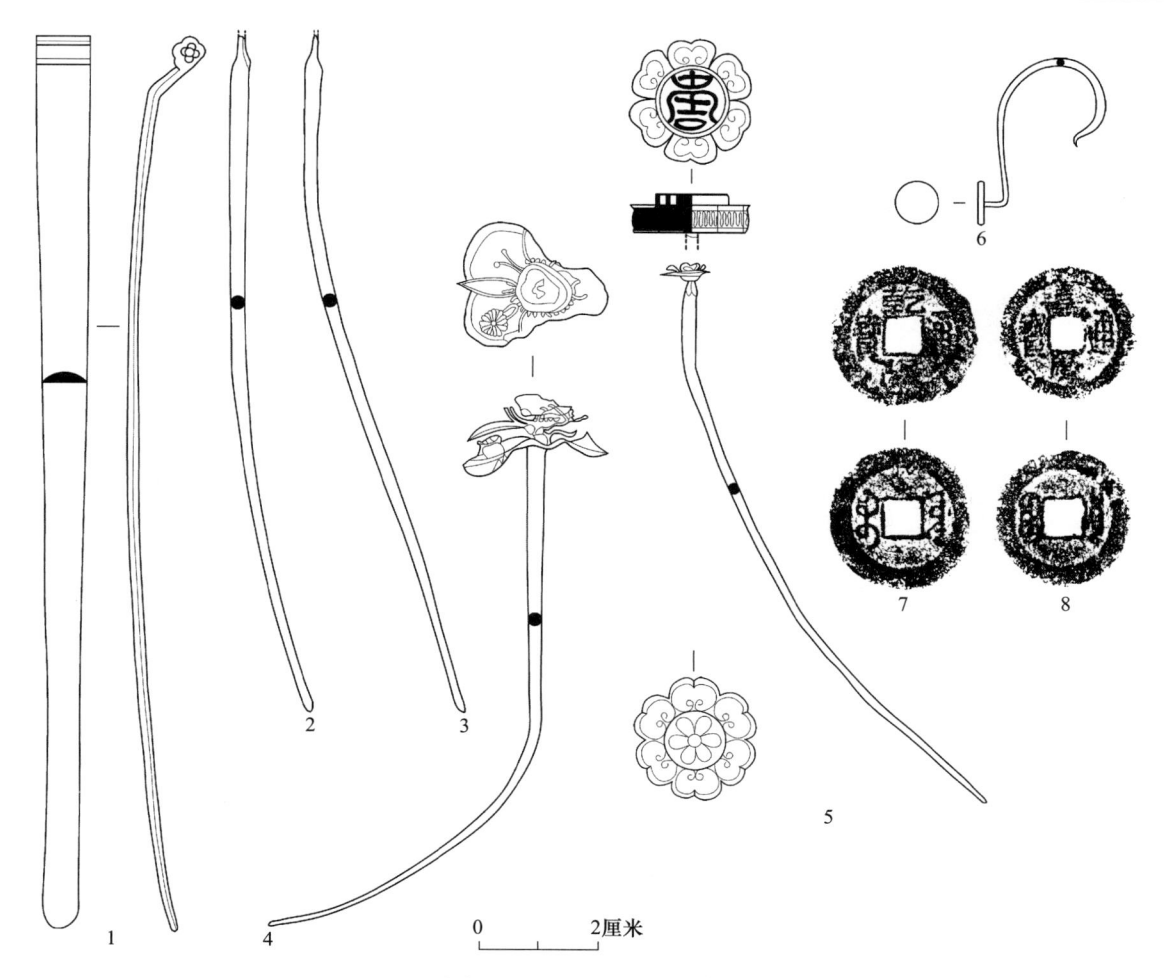

图二三六　M139 出土器物

1. 银扁方（M139：1）　2～5. 银簪（M139：4、M139：5、M139：2、M139：3）　6. 银耳环（M139：6）　7. 乾隆通宝（M139：7-1）　8. 嘉庆通宝（M139：7-2）

嘉庆通宝　1枚。M139：7-2，平钱，方穿，正背面郭缘较宽，正面楷书"嘉慶通寶"四字，直读，背穿左右为满文"宝泉"局名。钱径2.36厘米，穿径0.52厘米，郭厚0.14厘米（图二三六，8）。

一三八、M140

1. 墓葬形制

该墓位于发掘Ⅲ区北部，西邻M61。开口于②层下，南北向，方向350°。坐标为北纬39°51′16.4″，东经116°19′51.7″。

墓平面呈梯形，竖穴土圹双棺合葬墓。墓口距地表深1米，墓底距地表深1.9米。墓圹南北长2.3米，东西宽1.6～1.7米，深0.9米。内填花土，土质松软。内置双棺，棺木已朽：东棺痕长1.9米，宽0.6米；棺内骨架保存稍好，头向北，面向西，仰身直肢，为男性。西棺痕长1.92米，宽0.51米；棺内骨架保存稍差，头向北，面向上，仰身直肢，为女性（图二三七）。

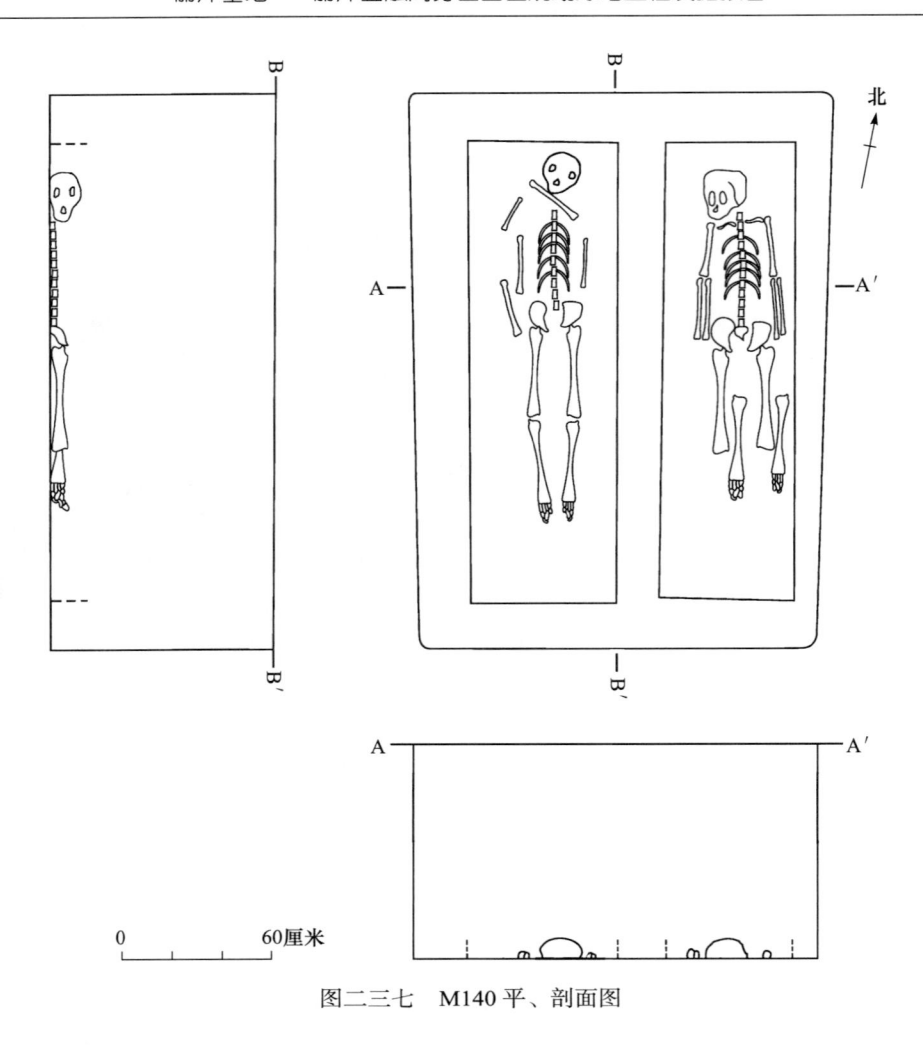

图二三七　M140 平、剖面图

2. 随葬品

未发现随葬品。

一三九、M141

1. 墓葬形制

该墓位于发掘Ⅲ区南部，西邻 M142。开口于②层下，南北向，方向 0°。坐标为北纬 39°51′15.4″，东经 116°18′58.3″。

墓平面呈长方形，竖穴土圹双棺合葬墓。墓口距地表深 1.6 米，墓底距地表深 2.6 米。墓圹南北长 2.4 米，东西宽 2 米，深 1 米。内填花土，土质松软。内置双棺，棺木已朽：东棺痕长 1.8 米，宽 0.5~0.6 米；棺内骨架保存较好，头向北，面向上，仰身直肢，为男性。西棺痕长 1.6 米，宽 0.4~0.6 米；棺内骨架保存较好，头向北，面向上，仰身直肢，为女性（图二三八；彩版一一，2）。

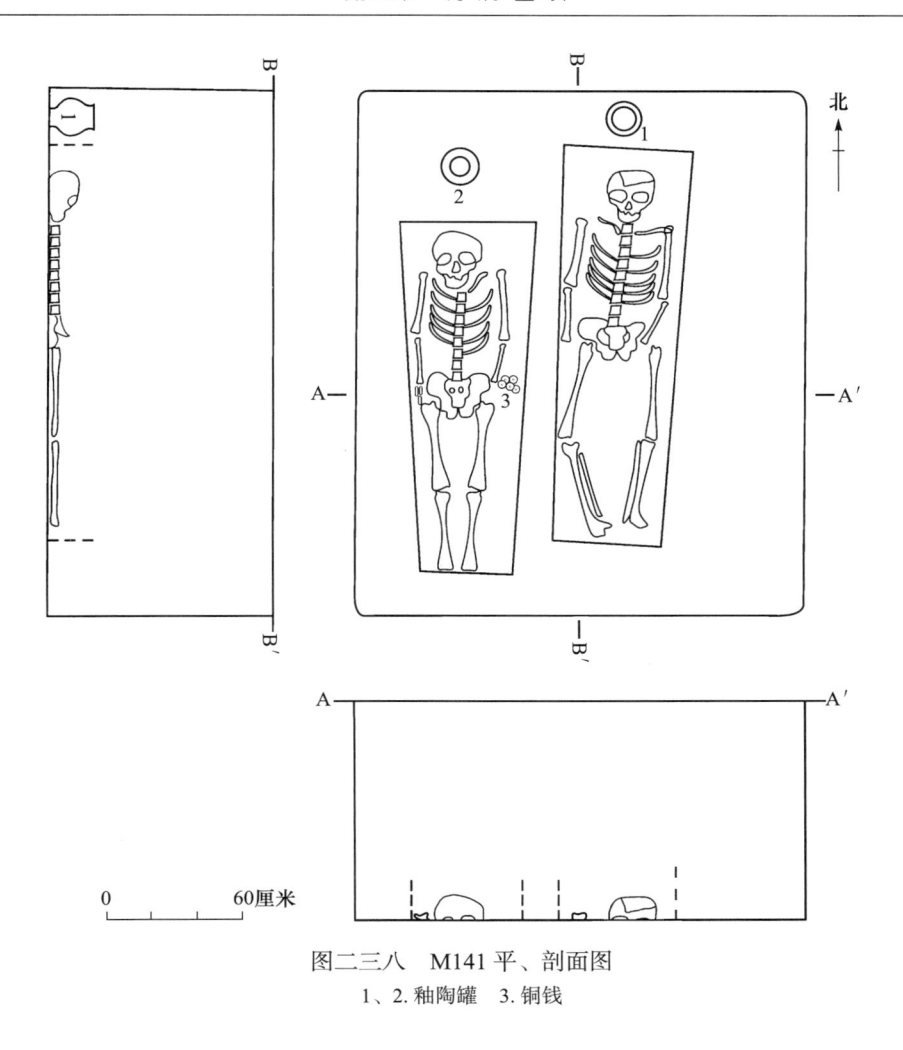

图二三八　M141 平、剖面图
1、2.釉陶罐　3.铜钱

2. 随葬品

东棺外前方出土釉陶罐 1 件；西棺外前方出土釉陶罐 1 件，左上肢骨外侧下部出土铜钱 5 枚。

釉陶罐　2 件。M141：1，直口，圆唇，矮领，圆鼓腹，矮圈足。腹上部及口沿内侧施浅黄色釉。轮制，体留有轮旋痕迹。口径 8.2 厘米，腹径 15 厘米，底径 8 厘米，高 13.2 厘米（图二三九，1；彩版四二，3）。M141：2，直口，圆唇，溜肩，弧腹，高圈足。上腹部及口沿内侧施黑色釉。轮制。口径 9.4 厘米，腹径 16.2 厘米，底径 9.8 厘米，高 16 厘米（图二三九，2；彩版四二，4）。

铜钱　5 枚，有开元通宝、景德元宝、元丰通宝。

开元通宝　1 枚。M141：3-1，平钱，方穿，正背面郭缘稍窄，正面楷书"開元通寳"四字，直读。钱径 2.38 厘米，穿径 0.58 厘米，郭厚 0.13 厘米（图二三九，3）。

景德元宝　2 枚。标本 M141：3-2，平钱，方穿，正背面郭缘较宽，正面楷书"景德元寳"四字，旋读。钱径 2.48 厘米，穿径 0.55 厘米，郭厚 0.1 厘米（图二三九，4）。

元丰通宝　2 枚。标本 M141：3-3，平钱，方穿，正背面郭缘稍宽，正面楷书"元豐通寳"四字，旋读。钱径 2.42 厘米，穿径 0.66 厘米，郭厚 0.1 厘米（图二三九，5）。

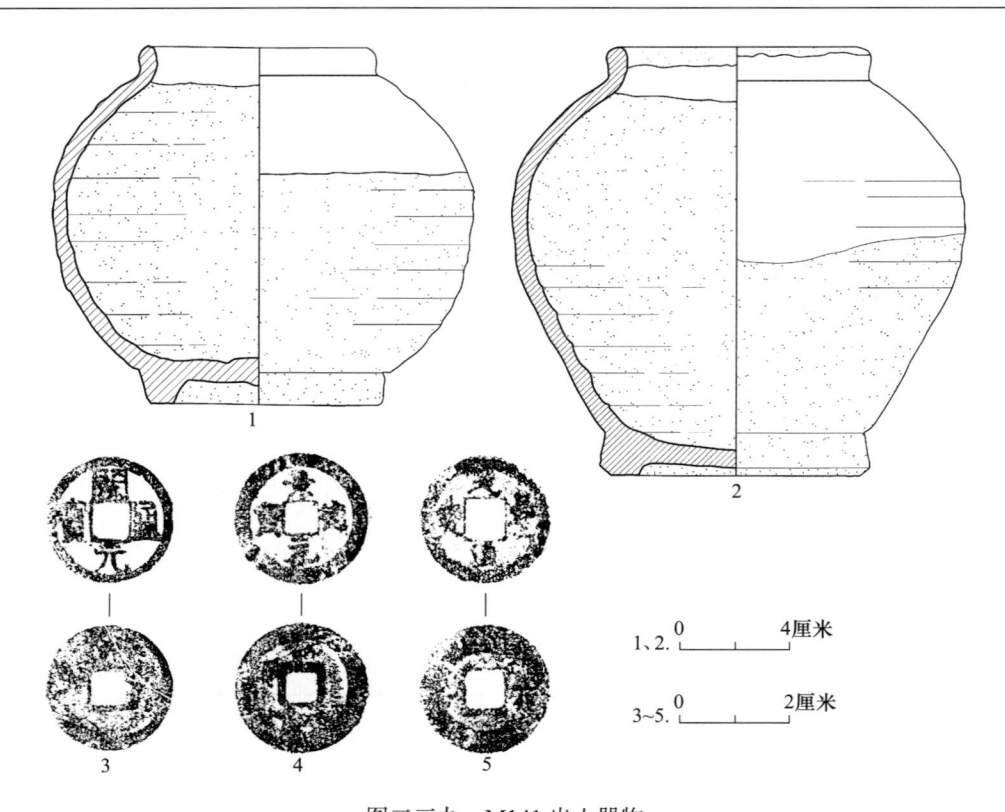

图二三九　M141 出土器物
1、2. 釉陶罐（M141：1、M141：2）　3. 开元通宝（M141：3-1）　4. 景德元宝（M141：3-2）
5. 元丰通宝（M141：3-3）

一四〇、M142

1. 墓葬形制

该墓位于发掘Ⅲ区南部，东邻 M141。开口于②层下，南北向，方向 0°。坐标为北纬 39°51′15.5″，东经 116°18′58.1″。

墓平面呈梯形，竖穴土圹单棺合葬墓。墓口距地表深 1.2 米，墓底距地表深 2.4 米。墓圹南北长 2.8 米，东西宽 1.5~1.6 米，深 1.2 米。内填花土，土质松软。内置单棺，棺木已朽，棺痕长 1.9 米，宽 0.4~0.6 米。棺内放置骨架两具：西侧骨架保存较好，头向北，面向西，仰身直肢，为男性；东侧为二次葬，四肢叠放在头骨下方，头向北，面向上，葬式不明，为女性（图二四〇）。

2. 随葬品

棺外左前方出土釉陶罐 2 件，东侧骨架肢骨下部外侧、西侧骨架下肢骨上部内外侧出土铜钱 40 枚。

釉陶罐　2 件。M142：1，敛口，平沿，斜领，溜肩，斜直腹，平底微凹。口沿及肩部置对称双系。颈部及内壁施酱色釉。手轮兼制。口径 11.2 厘米，腹径 13.6 厘米，底径 7.2 厘米，高 13.4

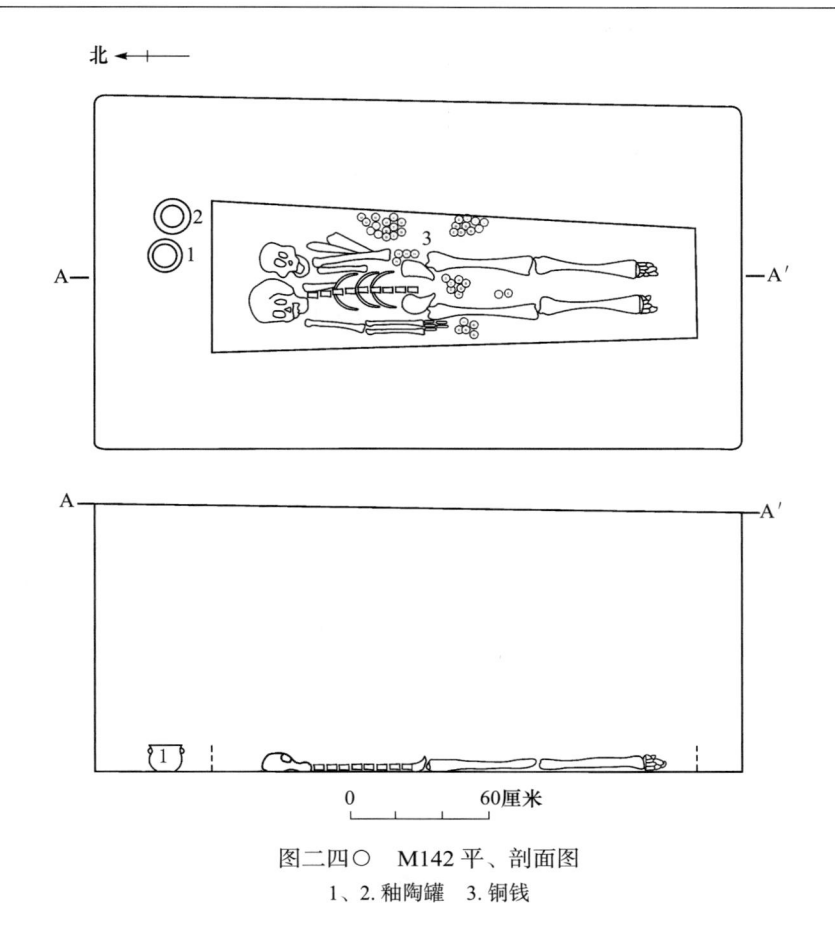

图二四〇 M142 平、剖面图
1、2. 釉陶罐 3. 铜钱

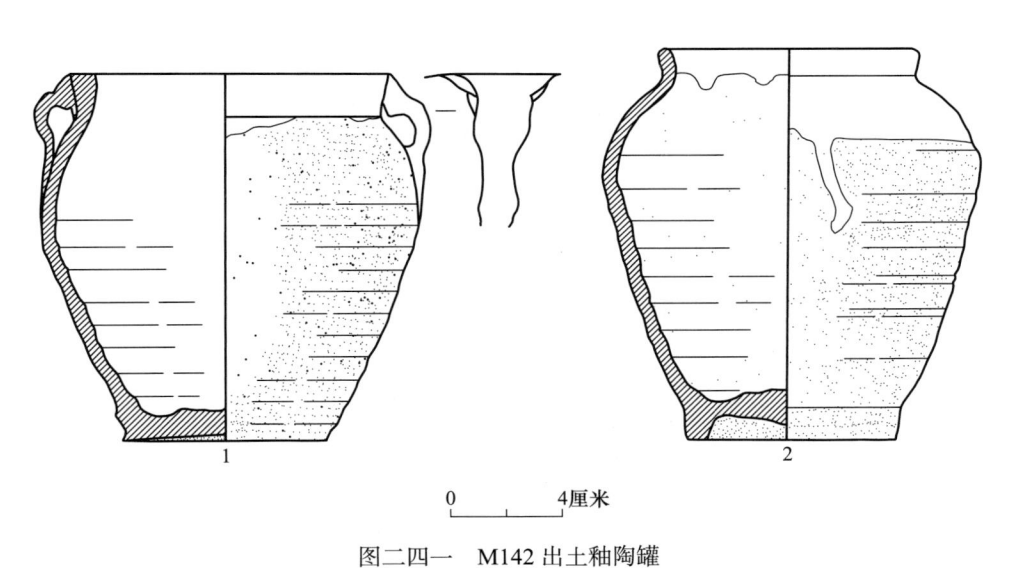

图二四一 M142 出土釉陶罐
1. M142∶1 2. M142∶2

厘米（图二四一，1；彩版四二，5）。M142∶2，侈口，圆唇，溜肩，斜腹微弧，内圈足。肩部及口沿内侧施酱色釉。轮制，体留有轮旋痕迹。口径9.2厘米，腹径13.4厘米，底径7.4厘米，高14.4厘米（图二四一，2；彩版四二，6）。

铜钱 40枚，有开元通宝、景祐元宝、熙宁元宝、元祐通宝、万历通宝、顺治通宝、康熙通宝、乾隆通宝、宣统通宝（彩版八二，2）。

开元通宝　1枚。M142：3-1，平钱，方穿，正背面郭缘较窄，正面楷书"開元通寶"四字，直读。钱径2.47厘米，穿径0.62厘米，郭厚0.13厘米（图二四二，1）。

景祐元宝　1枚。M142：3-2，平钱，方穿，正背面郭缘较窄，正面篆书"景祐元寶"四字，旋读。钱径2.46厘米，穿径0.66厘米，郭厚0.12厘米（图二四二，2）。

熙宁元宝　1枚。M142：3-3，平钱，方穿，正背面郭缘稍窄，正面楷书"熙寧元寶"四字，旋读。钱径2.43厘米，穿径0.68厘米，郭厚0.12厘米（图二四二，3）。

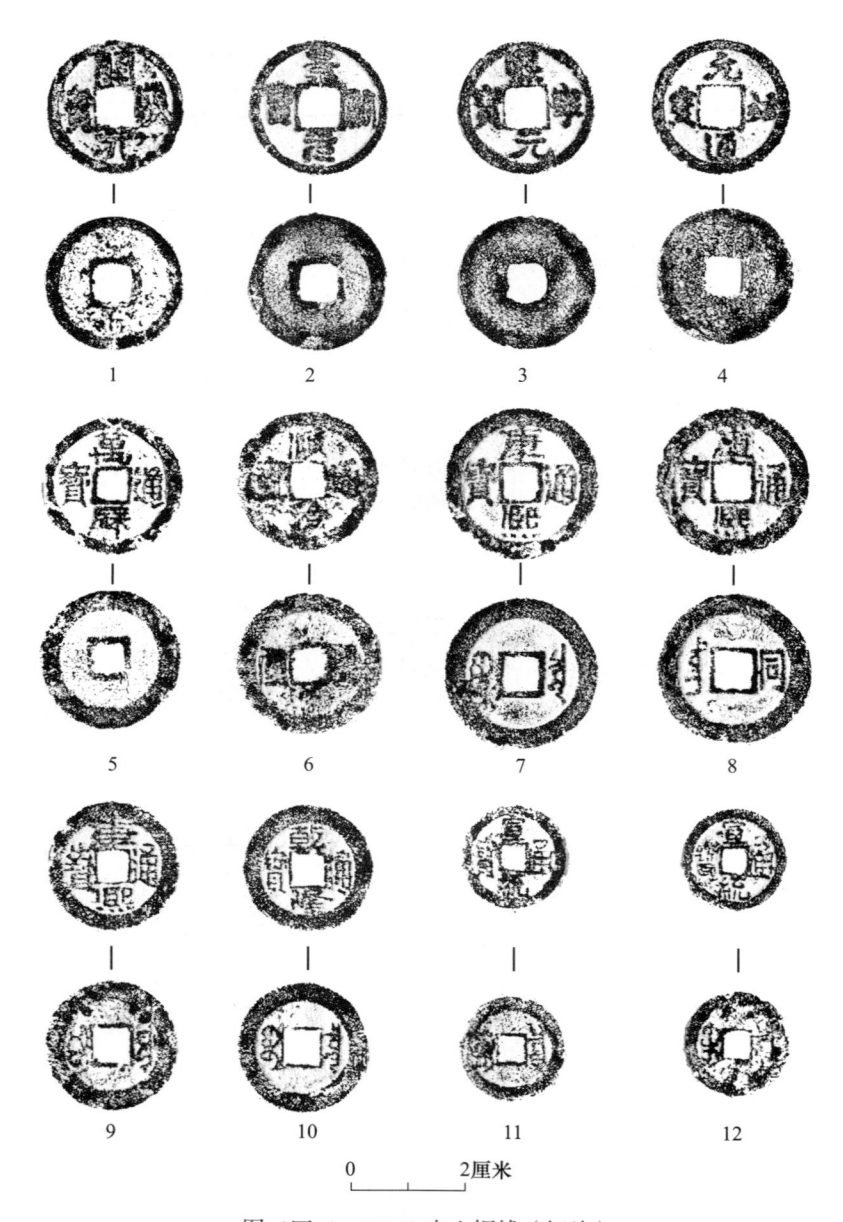

图二四二　M142出土铜钱（拓片）

1.开元通宝（M142：3-1）　2.景祐元宝（M142：3-2）　3.熙宁元宝（M142：3-3）　4.元祐通宝（M142：3-4）　5.万历通宝（M142：3-5）　6.顺治通宝（M142：3-6）　7～9.康熙通宝（M142：3-7、M142：3-8、M142：3-9）　10.乾隆通宝（M142：3-10）　11、12.宣统通宝（M142：3-11、M142：3-12）

元祐通宝　1枚。M142:3-4，平钱，方穿，正面郭缘稍窄，背面郭缘不明显，正面行书"元祐通寶"四字，旋读。钱径2.48厘米，穿径0.66厘米，郭厚0.11厘米（图二四二，4）。

万历通宝　2枚。标本M142:3-5，大平钱，方穿，正背面郭缘稍宽，正面楷书"万曆通寶"四字，直读。钱径2.53厘米，穿径0.48厘米，郭厚0.13厘米（图二四二，5）。

顺治通宝　3枚。标本M142:3-6，大平钱，方穿，正背面郭缘较宽，正面楷书"顺治通宝"四字，直读，背穿左楷书"一厘"二字，右楷书"户"字。钱径2.56厘米，穿径0.5厘米，郭厚0.13厘米（图二四二，6）。

康熙通宝　11枚。平钱，方穿，正背面郭缘较宽，正面楷书"康熙通寶"四字，直读。标本M142:3-7，背穿左右为满文"宝泉"局名。钱径2.74厘米，穿径0.54厘米，郭厚0.13厘米（图二四二，7）。标本M142:3-8，背穿左为满文"同"字，右楷书"同"字。钱径2.78厘米，穿径0.58厘米，郭厚0.12厘米（图二四二，8）。标本M142:3-9，背穿左右为满文"宝源"局名。钱径2.34厘米，穿径0.54厘米，郭厚0.1厘米（图二四二，9）。

乾隆通宝　5枚。标本M142:3-10，平钱，方穿，正背面郭缘较宽，正面楷书"乾隆通寶"四字，直读，背穿左右为满文"宝泉"局名。钱径2.36厘米，穿径0.51厘米，郭厚0.14厘米（图二四二，10）。

宣统通宝　15枚。小平钱，方穿，正背面郭缘稍宽，正面楷书"宣统通寶"四字，直读。标本M142:3-11，背穿左右为满文"宝泉"局名。钱径1.88厘米，穿径0.36厘米，郭厚0.12厘米（图二四二，11）。标本M142:3-12，背穿左右为满文"宝源"局名。钱径1.88厘米，穿径0.32厘米，郭厚0.1厘米（图二四二，12）。

一四一、M143

1. 墓葬形制

该墓位于发掘Ⅲ区西南部。开口于②层下，南北向，方向0°。坐标为北纬39°51′15″，东经116°18′58″。

墓平面呈梯形，竖穴土圹双棺合葬墓。墓口距地表深1.2米，墓底距地表深2.2米。墓圹南北长2.6米，东西宽2.04~2.2米，深1米。内填花土，土质松软。内置双棺，棺木已朽：东棺痕长1.92米，宽0.4~0.5米；棺内骨架保存较差，头向北，面向西，仰身直肢，为男性。西棺痕长1.94米，宽0.46~0.5米；棺内骨架保存较差，头向北，面向上，仰身直肢，为女性（图二四三；彩版一二，1）。

2. 随葬品

东棺外前方出土釉陶罐1件，左下肢骨上部内外侧出土铜钱20枚；西棺头骨上方出土银扁方1件、两侧出土银簪3件，左上肢骨外侧上部、内侧下部出土铜钱10枚。

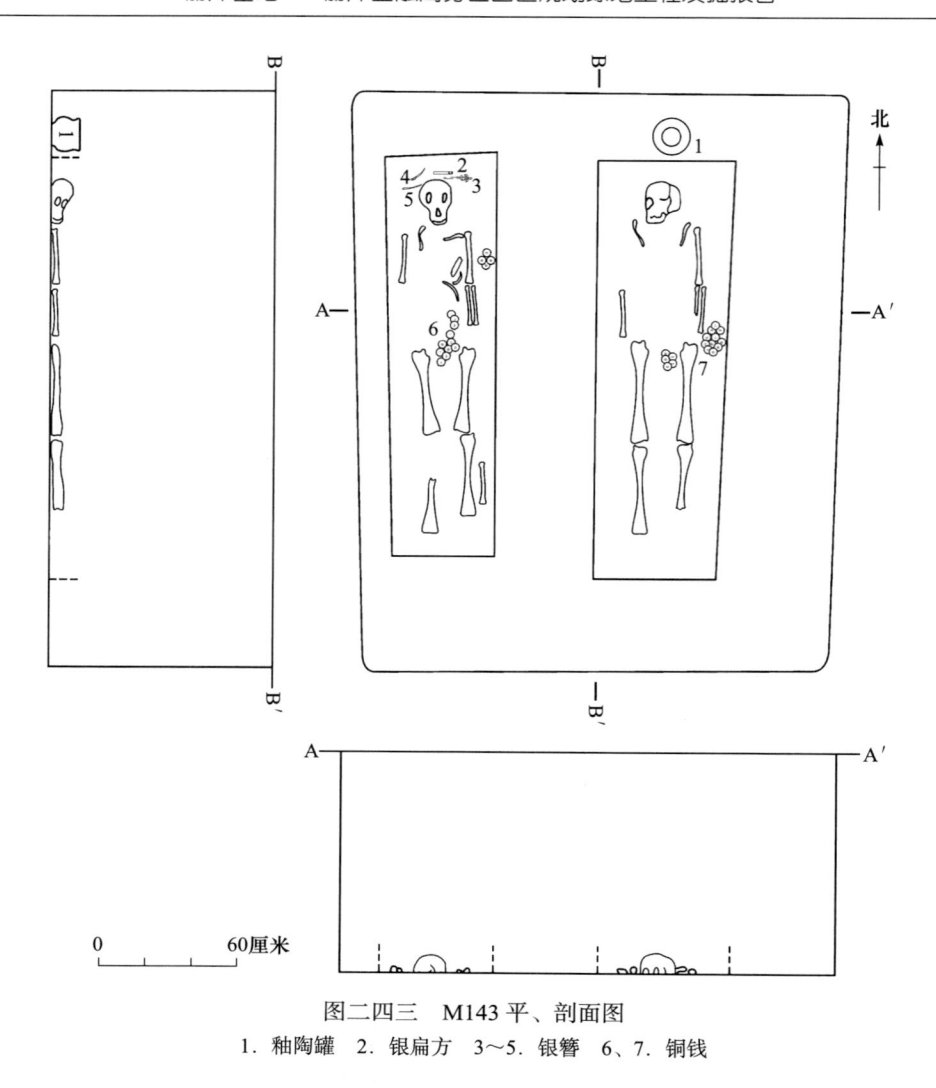

图二四三　M143 平、剖面图
1. 釉陶罐　2. 银扁方　3～5. 银簪　6、7. 铜钱

釉陶罐　1件。M143：1，直口，方圆唇，矮领，溜肩，弧腹，矮圈足。肩部及口沿内侧施酱黄色釉。轮制，体留有轮旋痕迹。口径8.2厘米，腹径12.6厘米，底径6.4厘米，高10.6厘米（图二四四，1；彩版四三，1）。

银扁方　1件。M143：2，首圆卷，錾刻蝙蝠纹，两端镶嵌梅花铆钉，下部饰一圆形"寿"字；体呈扁条形，下部饰蝙蝠纹，背面錾刻"德源""足纹"四字，末端呈圆弧形。长13.2厘米（图二四四，2；彩版六九，5）。

银簪　3件。M143：3，首呈铲状，圆弧形，上部镂铸瓶装花卉纹，体呈扁条锥状。长16厘米（图二四四，3；彩版六九，6）。M143：4，首残，体呈圆锥形。残长13.4厘米（图二四四，4）。M143：5，首残，体呈圆锥形。残长8.9厘米（图二四四，5）。

铜钱　30枚，有开元通宝、淳化元宝、天禧通宝、至道元宝、嘉祐通宝、熙宁元宝、大观通宝、政和通宝、至正通宝、康熙通宝、乾隆通宝、宣统通宝。

开元通宝　2枚。标本M143：6-1，平钱，方穿，正背面郭缘较窄，正面楷书"開元通寳"四字，直读。钱径2.4厘米，穿径0.72厘米，郭厚0.11厘米（图二四五，1；彩版八二，3）。

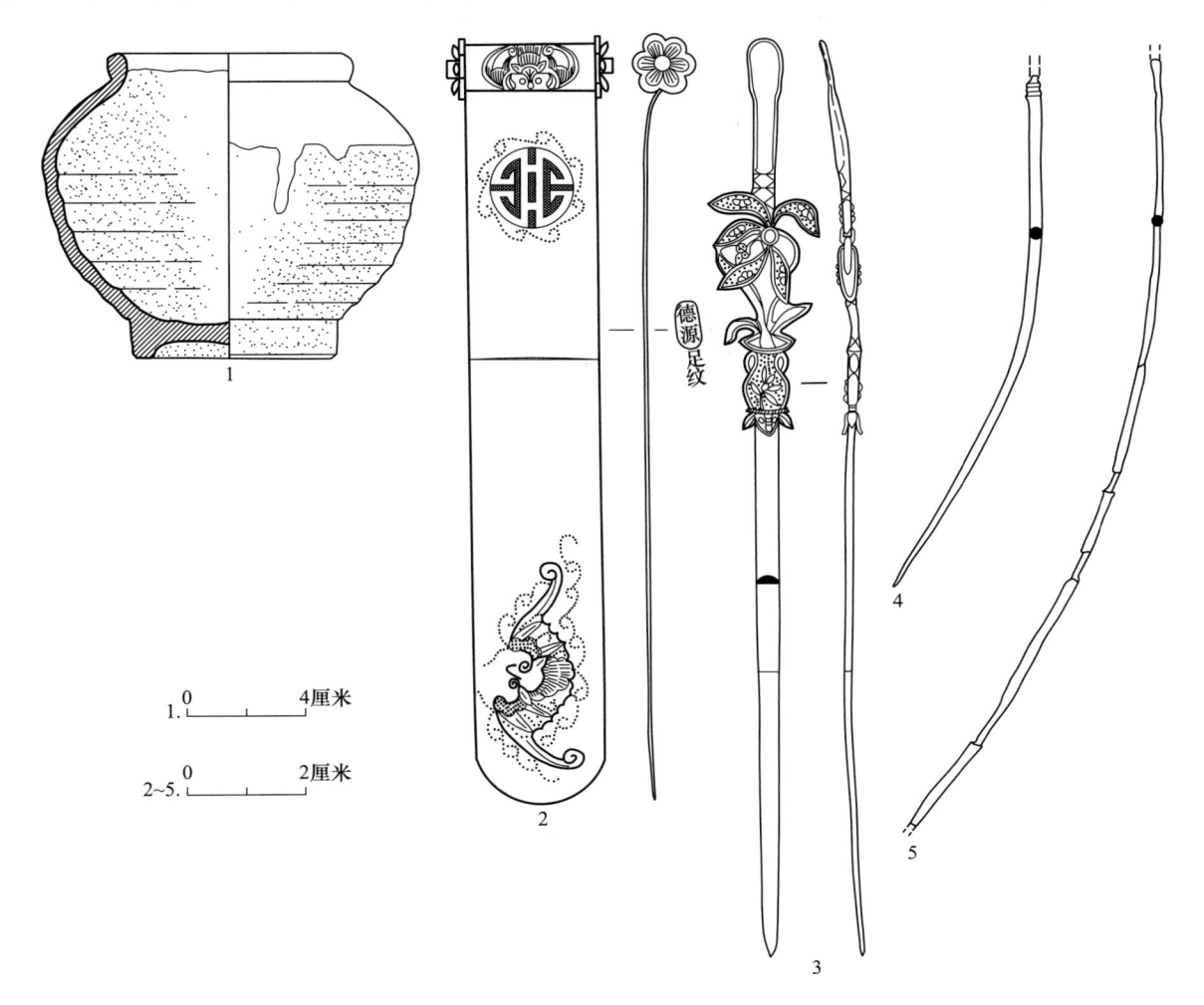

图二四四 M143 出土器物
1.釉陶罐（M143∶1） 2.银扁方（M143∶2） 3~5.银簪（M143∶3、M143∶4、M143∶5）

淳化元宝 1 枚。M143∶6-2，平钱，方穿，正面郭缘较窄，背面无郭，正面行书"淳化元寶"四字，旋读。钱径 2.38 厘米，穿径 0.58 厘米，郭厚 0.12 厘米（图二四五，2；彩版八二，3）。

天禧通宝 3 枚。标本 M143∶6-3，平钱，方穿，正背面郭缘较宽，正面楷书"天禧通寶"四字，旋读。钱径 2.4 厘米，穿径 0.54 厘米，郭厚 0.1 厘米（图二四五，3）。

至道元宝 1 枚。M143∶6-4，平钱，方穿，正背面郭缘较宽，正面行书"至道元寶"四字，旋读。钱径 2.44 厘米，穿径 0.56 厘米，郭厚 0.13 厘米（图二四五，4）。

嘉祐通宝 4 枚。标本 M143∶6-5，平钱，方穿，正面郭缘较宽，背面无郭，正面篆书"嘉祐通寶"四字，直读。钱径 2.52 厘米，穿径 0.72 厘米，郭厚 0.1 厘米（图二四五，5）。

熙宁元宝 5 枚。标本 M143∶6-6，平钱，方穿，正背面郭缘较宽，正面篆书"熙寧元寶"四字，旋读。钱径 2.46 厘米，穿径 0.56 厘米，郭厚 0.14 厘米（图二四五，6）。

大观通宝 1 枚。M143∶6-7，平钱，方穿，正背面郭缘较窄，正面楷书"大觀通寶"四字，直读。钱径 2.45 厘米，穿径 0.56 厘米，郭厚 0.13 厘米（图二四五，7）。

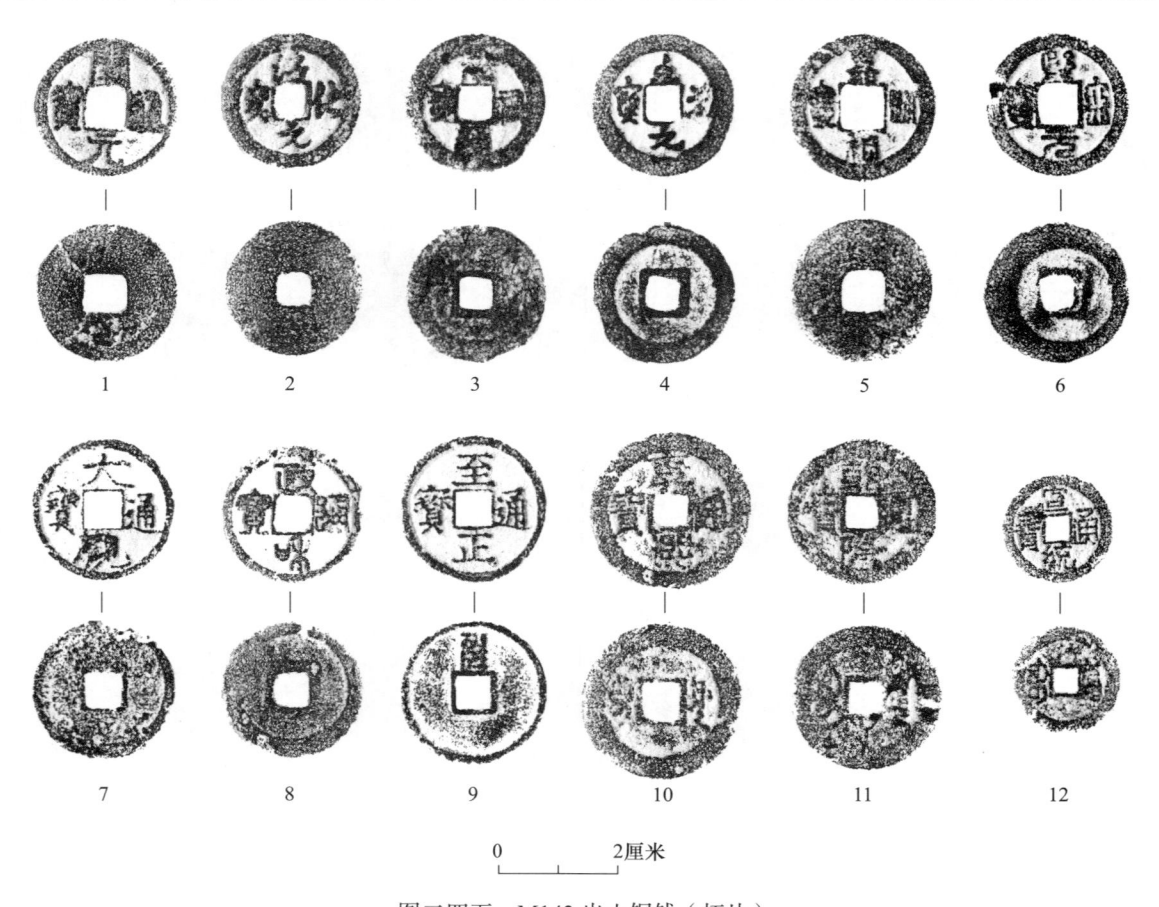

图二四五　M143 出土铜钱（拓片）

1. 开元通宝（M143：6-1）　2. 淳化元宝（M143：6-2）　3. 天禧通宝（M143：6-3）　4. 至道元宝（M143：6-4）　5. 嘉祐通宝（M143：6-5）　6. 熙宁元宝（M143：6-6）　7. 大观通宝（M143：6-7）　8. 政和通宝（M143：6-8）　9. 至正通宝（M143：6-9）　10. 康熙通宝（M143：7-1）　11. 乾隆通宝（M143：7-2）　12. 宣统通宝（M143：7-3）

政和通宝　4 枚。标本 M143：6-8，平钱，方穿，正面郭缘较窄，背面郭缘较宽，正面篆书"政和通寶"四字，直读。钱径 2.38 厘米，穿径 0.58 厘米，郭厚 0.09 厘米（图二四五，8；彩版八二，3）。

至正通宝　1 枚。M143：6-9，平钱，方穿，正背面郭缘较窄，正面楷书"至正通寶"四字，直读，背穿上部为巴斯巴文"蒙"字。钱径 2.52 厘米，穿径 0.56 厘米，郭厚 0.11 厘米（图二四五，9）。

康熙通宝　2 枚。标本 M143：7-1，大平钱，方穿，正背面郭缘较宽，正面楷书"康熙通寶"四字，直读，背穿左右为满文"宝源"局名。钱径 2.74 厘米，穿径 0.54 厘米，郭厚 0.1 厘米（图二四五，10；彩版八二，3）。

乾隆通宝　2 枚。标本 M143：7-2，大平钱，方穿，正背面郭缘较宽，正面楷书"乾隆通寶"四字，直读，背穿左右为满文"宝源"局名。钱径 2.55 厘米，穿径 0.48 厘米，郭厚 0.14 厘米（图二四五，11；彩版八二，3）。

宣统通宝　4 枚。标本 M143：7-3，小平钱，方穿，正背面郭缘略宽，正面楷书"宣统通寶"四字，直读，背穿左右为满文"宝泉"局名。钱径 1.88 厘米，穿径 0.37 厘米，郭厚 0.08 厘米（图二四五，12；彩版八二，3）。

一四二、M144

1. 墓葬形制

该墓位于发掘Ⅱ区东北部，北邻M145。开口于②层下，南北向，方向170°。坐标为北纬39°51′30.1″，东经116°18′47.7″。

墓平面呈梯形，竖穴土圹单棺墓。墓口距地表深0.4米，墓底距地表深1.4米。墓圹南北长2.3米，东西宽1.1~1.3米，深1米。内填花土，土质松软。内置单棺，棺木已朽，棺痕长1.8米，宽0.6~0.8米；棺内骨架保存稍好，头向南，面向东，仰身直肢，为女性（图二四六）。

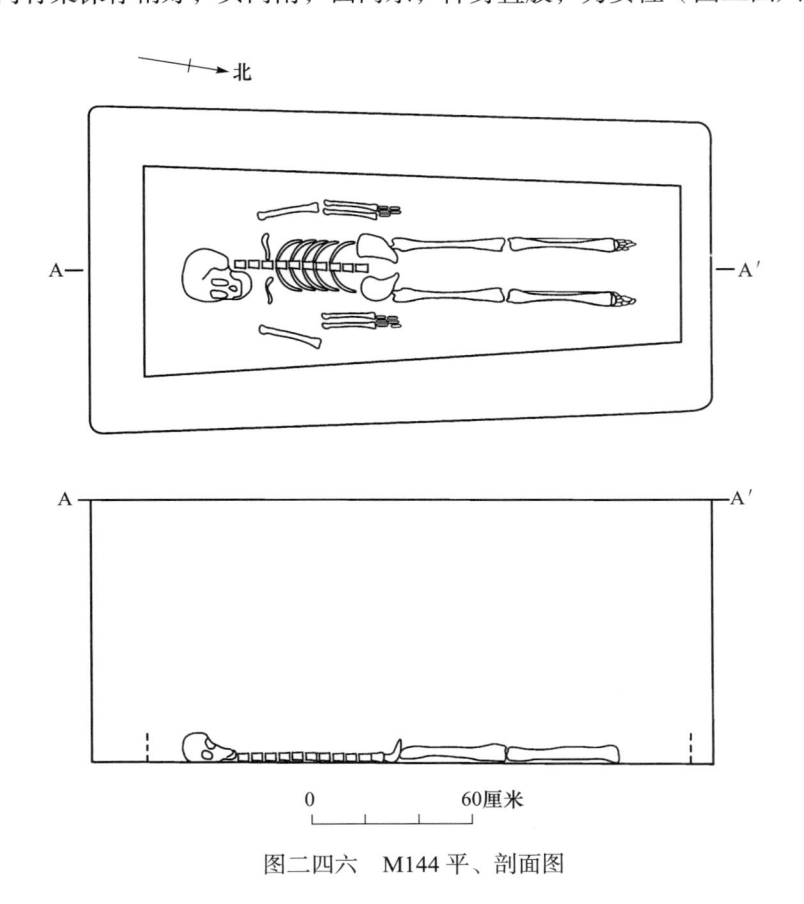

图二四六 M144平、剖面图

2. 随葬品

未发现随葬品。

一四三、M145

1. 墓葬形制

该墓位于发掘Ⅱ区东北部，南邻M144。开口于②层下，南北向，方向10°。坐标为北纬

39°51′30.3″，东经116°18′47.9″。

墓平面呈梯形，竖穴土圹单棺墓。墓口距地表深0.4米，墓底距地表深1.5米。墓圹南北长2.2米，东西宽0.9~1.1米，深1.1米。内填花土，土质松软。内置单棺，棺木已朽，棺痕长1.9米，宽0.54~0.68米；棺内骨架保存较好，头向北，面向上，仰身直肢，为男性（图二四七）。

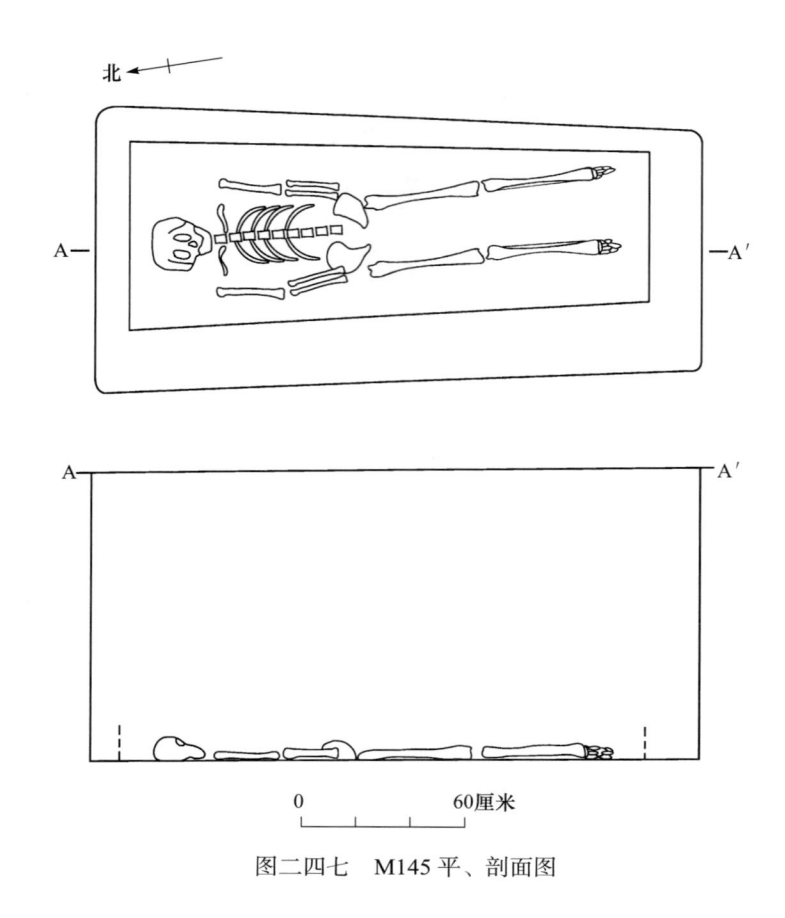

图二四七　M145平、剖面图

2. 随葬品

未发现随葬品。

一四四、M146

1. 墓葬形制

该墓位于发掘Ⅱ区东北部，东邻M144。开口于②层下，东西向，方向270°。坐标为北纬39°51′30.2″，东经116°18′47.5″。

墓平面呈长方形，竖穴土圹单棺墓。墓口距地表深0.4米，墓底距地表深1.2米。墓圹东西长2米，南北宽0.9米，深0.8米。内填花土，土质松软。内置单棺，棺木已朽，棺痕长1.8米，宽0.7米；棺内骨架保存较好，头向西，面向上，仰身直肢，为女性（图二四八）。

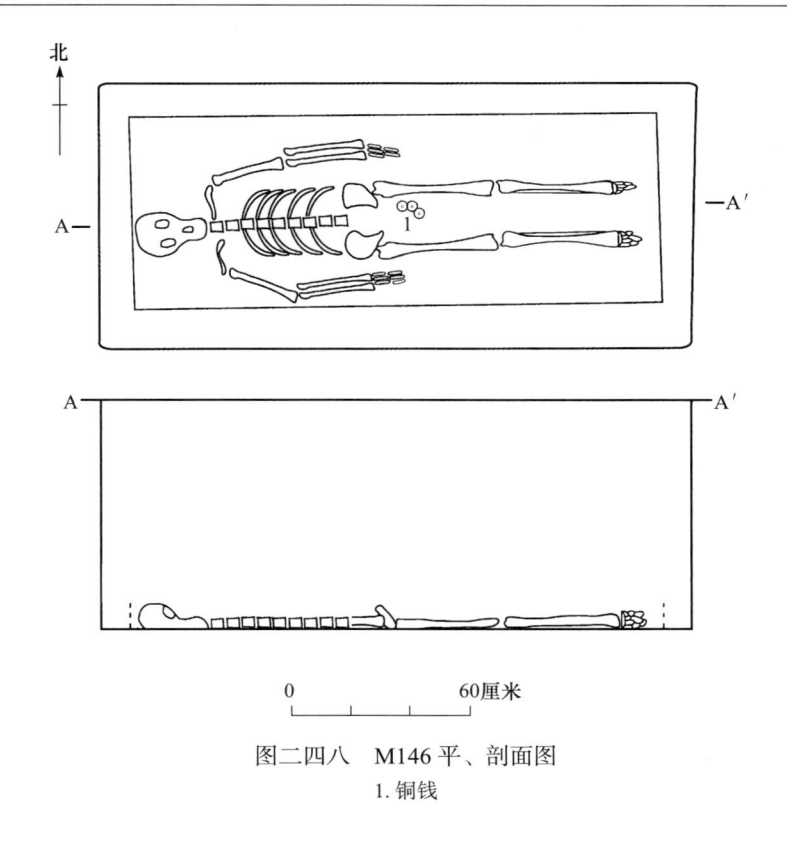

图二四八　M146 平、剖面图
1. 铜钱

2. 随葬品

棺内左下肢骨内侧上部出土铜钱 3 枚，有雍正通宝、乾隆通宝。

雍正通宝　1 枚。M146：1-1，平钱，方穿，正背面郭缘稍宽，正面楷书"雍正通寶"四字，直读，背穿左右为满文"宝源"局名。钱径 2.6 厘米，穿径 0.54 厘米，郭厚 0.13 厘米（图二四九，1）。

乾隆通宝　2 枚。标本 M146：1-2，平钱，方穿，正背面郭缘较宽，正面楷书"乾隆通寶"四字，直读，背穿左右为满文"宝泉"局名。钱径 2.55 厘米，穿径 0.54 厘米，郭厚 0.12 厘米（图二四九，2）。

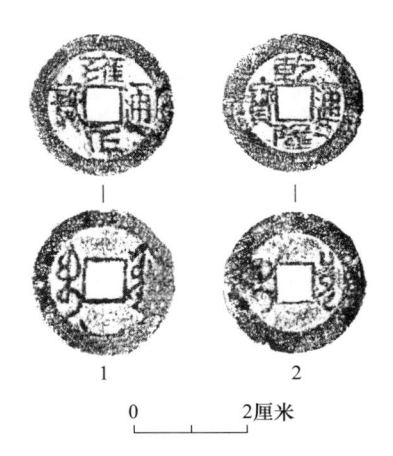

图二四九　M146 出土铜钱（拓片）
1. 雍正通宝（M146：1-1）　2. 乾隆通宝（M146：1-2）

一四五、M147

1. 墓葬形制

该墓位于发掘Ⅲ区东南部。开口于②层下，南北向，方向0°。坐标为北纬39°51′14.3″，东经116°18′3.4″。

墓平面呈梯形，竖穴土圹双棺合葬墓。墓口距地表深0.4米，墓底距地表深2米。墓圹南北长2.2米，东西宽1.4~1.7米，深1.6米。内填花土，土质松软。内置双棺，棺木已朽：东棺痕长1.8米，宽0.7米；棺内骨架保存稍差，头向北，面向东，仰身直肢，为女性。西棺痕长1.9米，宽0.6米；棺内骨架保存较稍差，头向北，面向上，仰身屈肢，为男性（图二五〇；彩版一二，2）。

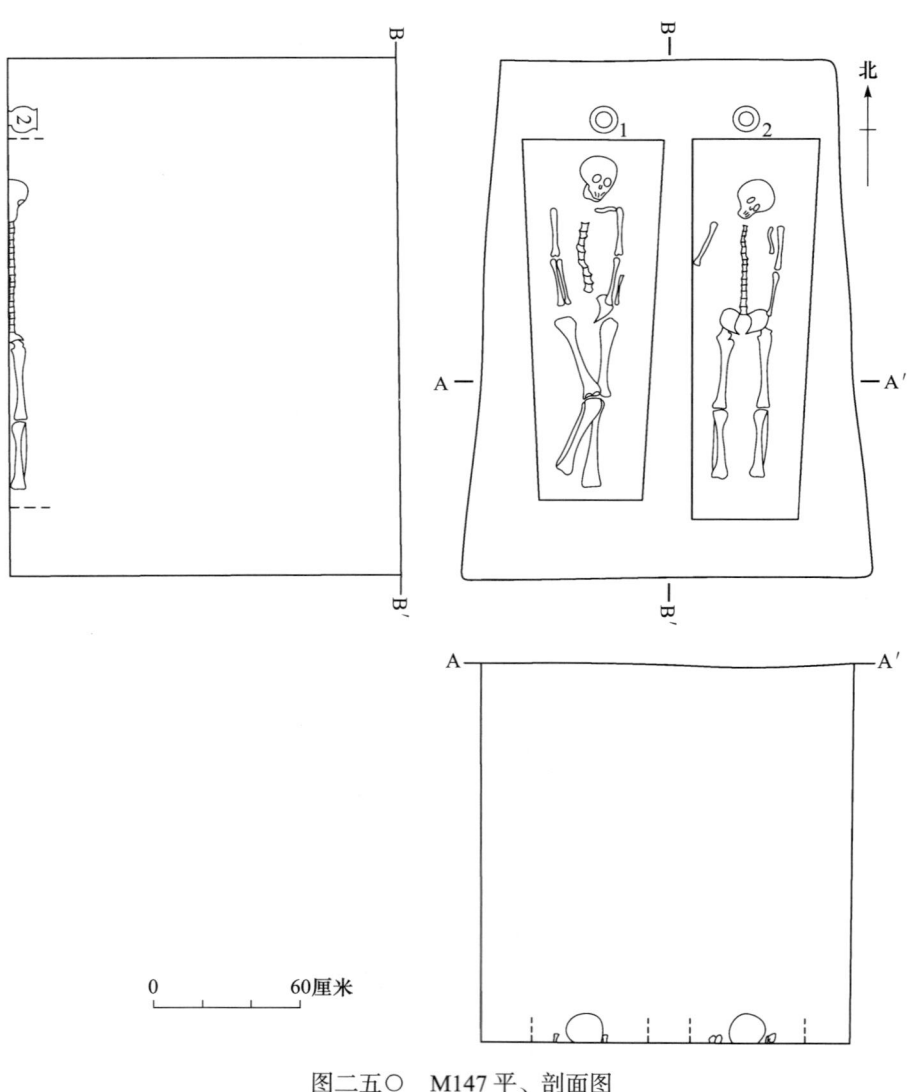

图二五〇 M147平、剖面图
1、2.釉陶罐

2. 随葬品

东棺外前方出土釉陶罐 1 件；西棺外前方出土釉陶罐 1 件。

釉陶罐　2 件。M147∶1，直口，圆唇，斜领，溜肩，斜直腹，平底内凹。肩部及口沿内侧施黄绿色釉。轮制，体留有轮旋痕迹。口径 8.6 厘米，腹径 13 厘米，底径 8.2 厘米，高 12.6 厘米（图二五一，1；彩版四三，2）。M147∶2，敛口，平沿，方唇，束颈，斜折肩，斜直腹，平底微凹。肩部及口沿内侧施酱黄色釉。轮制，体留有轮旋痕迹。口径 8.8 厘米，腹径 12.4 厘米，底径 8 厘米，高 11.6 厘米（图二五一，2；彩版四三，3）。

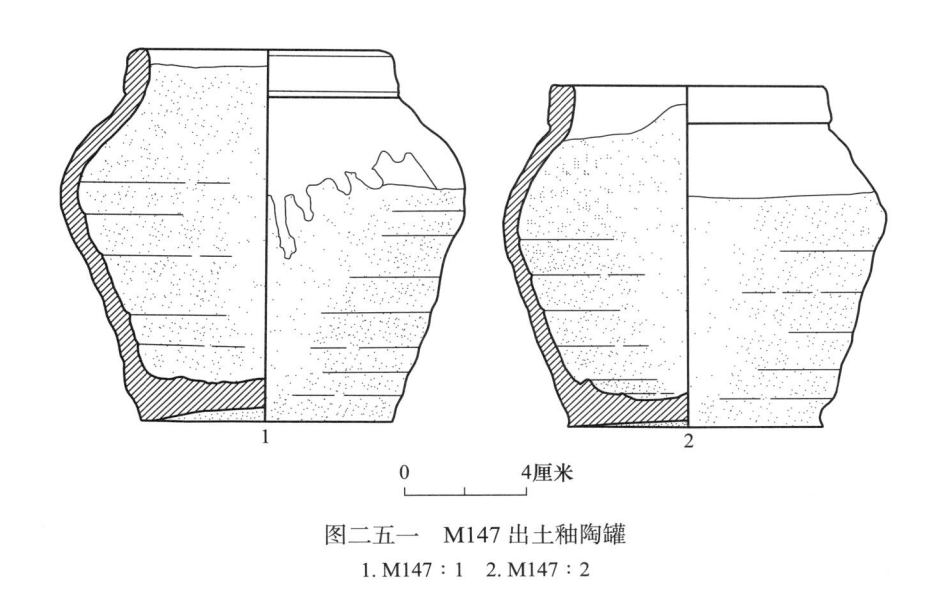

图二五一　M147 出土釉陶罐
1. M147∶1　2. M147∶2

一四六、M148

1. 墓葬形制

该墓位于发掘Ⅲ区中部，东邻 M149。开口于②层下，南北向，方向 200°。坐标为北纬 39°51′17.6″，东经 116°18′56″。

墓平面呈长方形，竖穴土圹单棺墓。墓口距地表深 0.4 米，墓底距地表深 1.6 米。墓圹南北长 2.5 米，东西宽 1.1 米，深 1.2 米。内填花土，土质松软。内置单棺，棺木已朽，棺痕长 2.1 米，宽 0.4~0.6 米；棺内骨架保存较差，头向南，面向上，仰身直肢，为男性（图二五二；彩版一三，1）。

2. 随葬品

未发现随葬品。

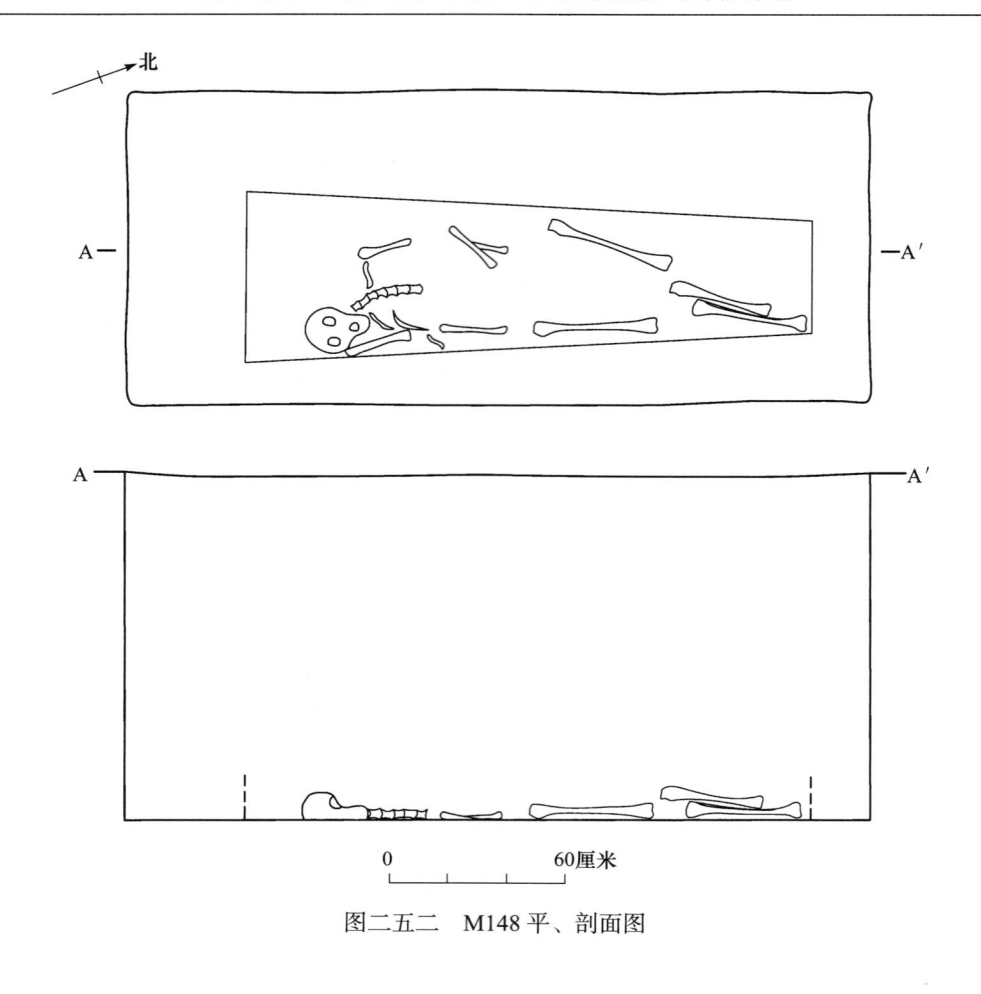

图二五二　M148平、剖面图

一四七、M149

1. 墓葬形制

该墓位于发掘Ⅲ区中部，西邻M148。开口于②层下，东西向，方向100°。坐标为北纬39°51′17.8″，东经116°18′56.4″。

墓平面近呈长方形，竖穴土圹双棺合葬墓。墓口距地表深0.4米，墓底距地表深1.8米。墓圹东西长2.4米，南北宽1.54～1.6米，深1.4米。内填花土，土质松软。内置双棺，棺木已朽：南棺痕长1.8米，宽0.52～0.6米；棺内骨架保存较好，头向东，面向上，仰身直肢，为男性。北棺痕长1.8米，宽0.6米；棺内骨架保存较好，头向东，面向上，仰身直肢，为女性（图二五三）。

2. 随葬品

北棺头骨上方及左侧出土银簪4件、铜扁方1件。

第三章　明清墓葬

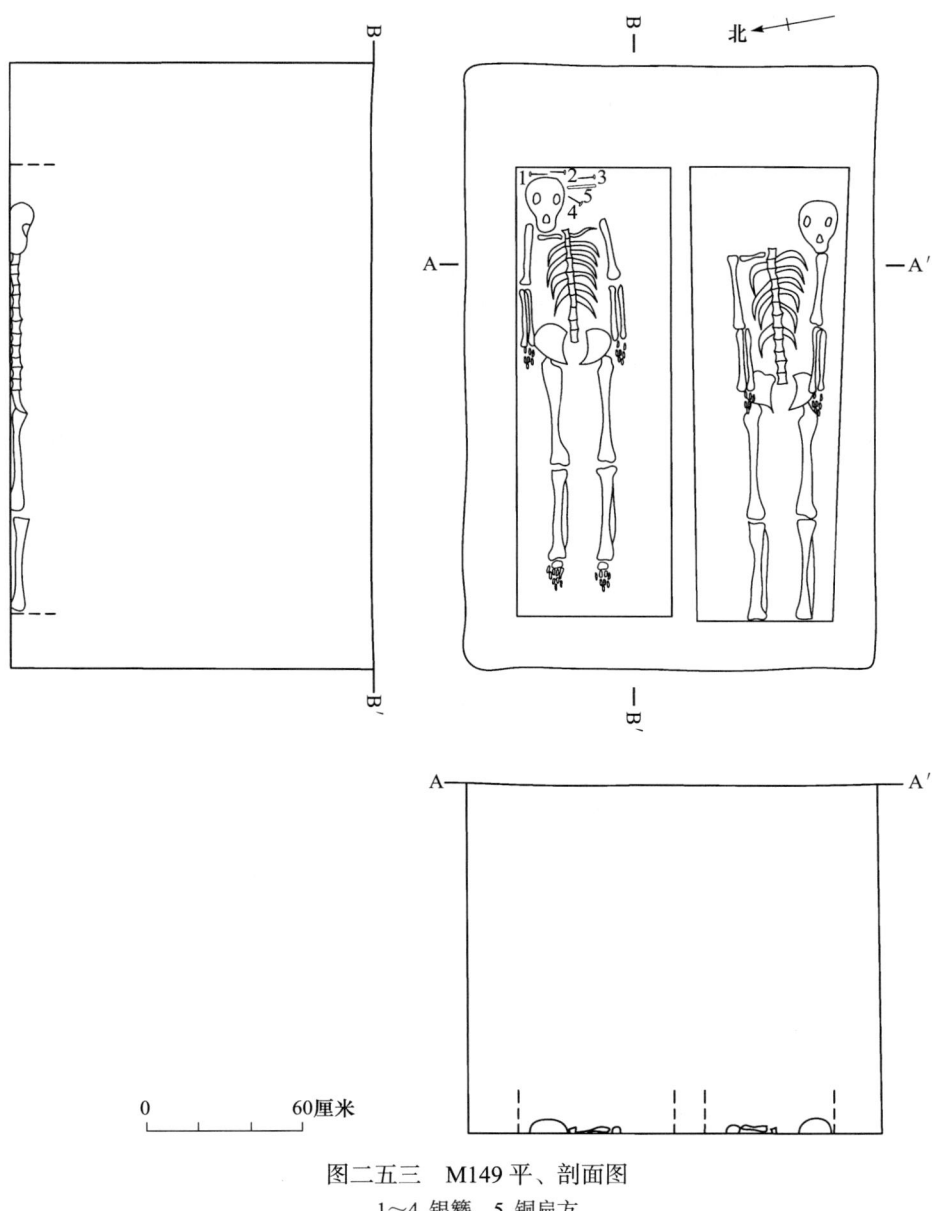

图二五三　M149 平、剖面图
1~4. 银簪　5. 铜扁方

银簪　4件。M149：1，首扁平花瓣状，中部凸起呈圆环形，内镶嵌"福"字纹，背面刻有"義""足纹"三字，体呈圆锥形。通长11.4厘米（图二五四，1；彩版七〇，1）。M149：2，首扁平花瓣状，中部凸起呈圆环形，内镶嵌"寿"字纹，背面刻有"義""足纹"三字，体呈圆锥形。通长11.8厘米（图二五四，2；彩版七〇，2）。M149：3，首呈花朵状，花蕊包珠，珠子缺失，体呈圆锥形。残长12.9厘米（图二五四，3；彩版七〇，3）。M149：4，鎏金，首残，体呈圆锥形。残长22.9厘米（图二五四，4）。

铜扁方　1件。M149：5，首圆卷，两侧镶嵌铆钉，上部錾刻蝙蝠纹，下部錾刻"寿"字纹，体扁条形，末端残。残长9厘米，宽1.8厘米（图二五四，5）。

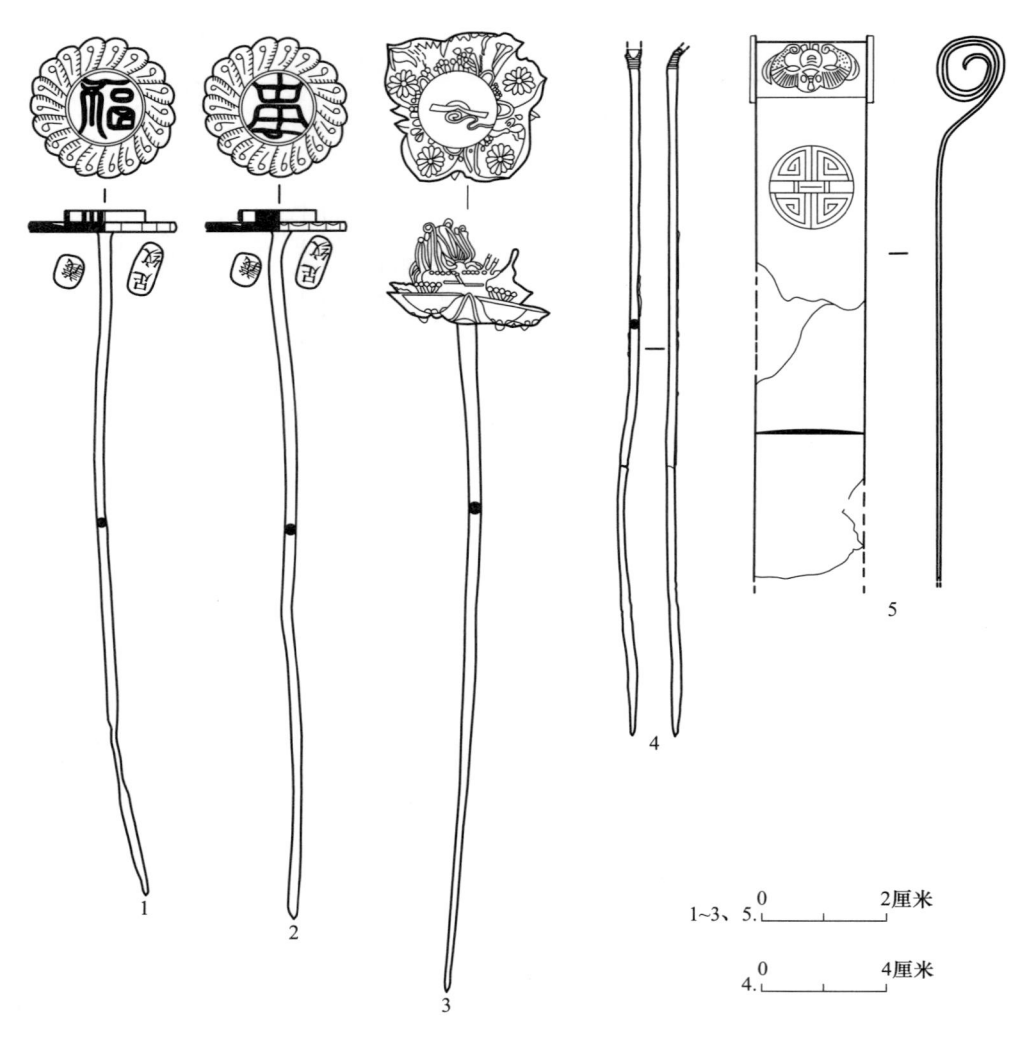

图二五四　M149 出土器物
1～4. 银簪（M149：1、M149：2、M149：3、M149：4）　5. 铜扁方（M149：5）

一四八、M150

1. 墓葬形制

该墓位于发掘Ⅲ区北部，西邻 M151。开口于②层下，南北向，方向 350°。坐标为北纬 39°51′25.3″，东经 116°18′57.8″。

墓平面呈长方形，竖穴土圹单棺墓。墓口距地表深 1 米，墓底距地表深 1.9 米。墓圹南北长 2.4 米，东西宽 1.4 米，深 0.9 米。内填花土，土质松软。内置单棺，棺木已朽，棺痕长 2 米，宽 0.5～0.6 米；棺内骨架保存较差，头向西北，面向上，仰身直肢，为女性（图二五五）。

2. 随葬品

棺内头骨上方及左侧出土银簪 4 件、铜簪 1 件，头骨右上侧出土铜头饰 2 件，右上肢骨外侧下部出土铜钱 8 枚。

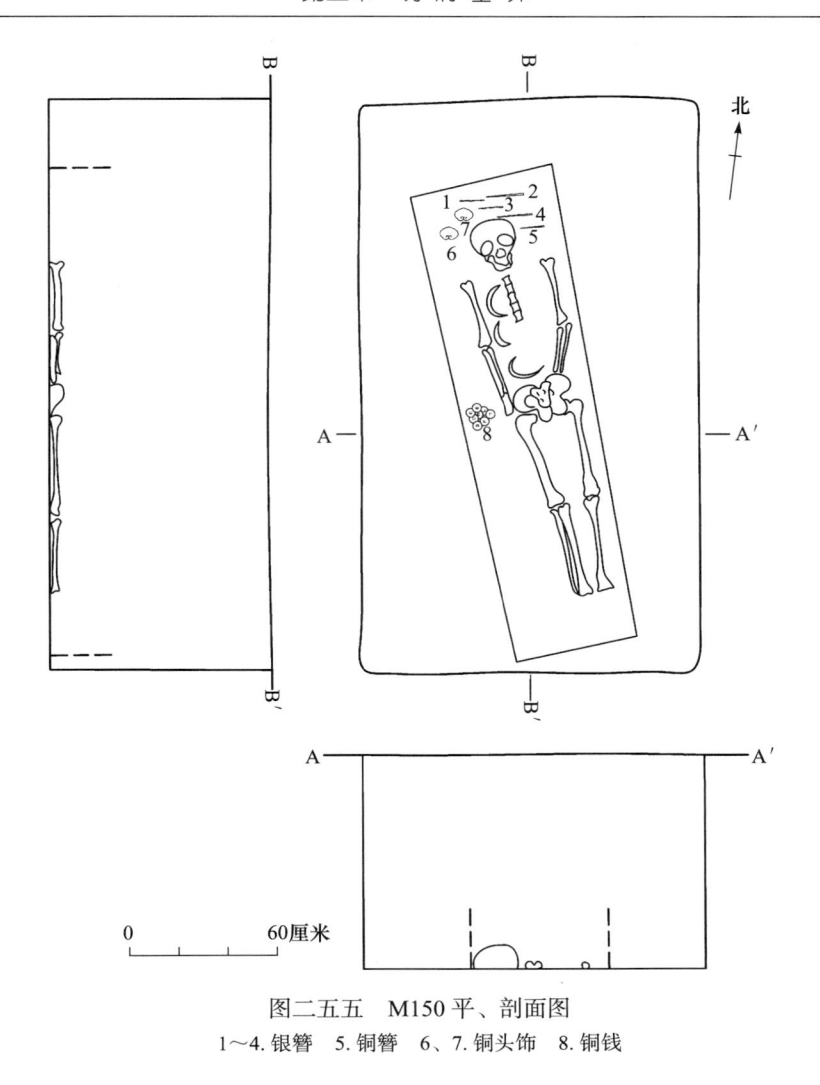

图二五五　M150平、剖面图
1~4.银簪　5.铜簪　6、7.铜头饰　8.铜钱

银簪　4件。M150：1、M150：2，首呈圆弧形，中间一孔，双股银丝穿入孔内缠绕扁节状，长条形体，末端呈三角状。M150：1，通长14.8厘米，宽0.3~0.5厘米（图二五六，1；彩版七〇，4）。M150：2，通长14.8厘米，宽0.4~0.6厘米（图二五六，2；彩版七〇，5）。M150：3，首卷曲残，体呈扁条状，上宽下窄，向后弯曲，末端呈圆弧形。残长16.5厘米，宽0.4~0.6厘米（图二五六，3；彩版七〇，6）。M150：4，首残，体呈长条形，向后弯曲，上宽下窄，末端呈圆弧形。残长12.2厘米，宽0.4~0.5厘米（图二五六，4）。

铜簪　1件。M150：5，鎏金，龙头形首，体残。残长5.3厘米（图二五六，5）。

铜头饰　2件。M150：6，铜质鎏金。长条蝶状，锤碟成莲蓬纹，中心凸起椭圆形托，内镶嵌珠子缺失，背面中部錾刻"庆华"二字。残长14.8厘米（图二五六，6）。M150：7，铜质鎏金，如意首形，上面饰如意花纹，中间凸起圆形托，内镶嵌珠子缺失。通长6.1厘米，高4.5厘米（图二五六，7；彩版七一，1）。

嘉庆通宝　8枚。标本M150：8-1，平钱，方穿，正背面郭缘较宽，正面楷书"嘉慶通寳"四字，直读，背穿左右为满文"宝源"局名。钱径2.44厘米，穿径0.45厘米，郭厚0.13厘米

（图二五六，8）。

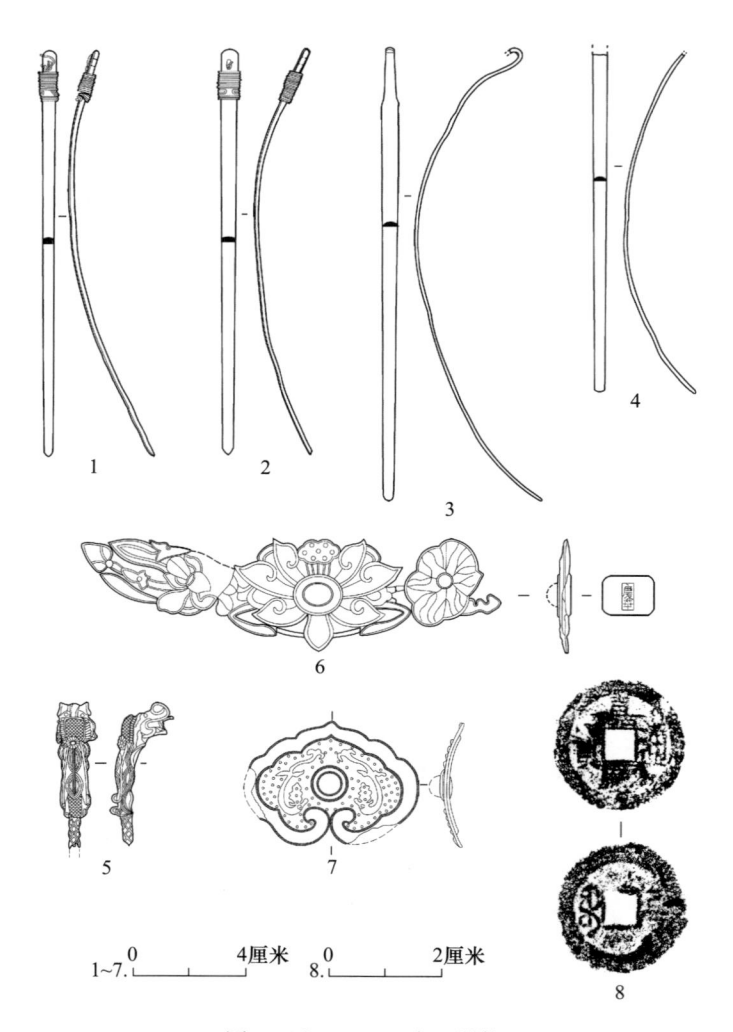

图二五六　M150 出土器物

1～4. 银簪（M150：1、M150：2、M150：3、M150：4）　5. 铜簪（M150：5）　6、7. 铜头饰（M150：6、M150：7）　8. 嘉庆通宝（M150：8-1）

一四九、M151

1. 墓葬形制

该墓位于发掘Ⅲ区北部，东邻 M150，西邻 M152。开口于②层下，南北向，方向 340°。坐标为北纬 39°51′25.4″，东经 116°18′57.3″。

墓平面呈长方形，竖穴土圹单棺墓。墓口距地表深 1 米，墓底距地表深 1.8 米。墓圹南北长 2.6 米，东西宽 1.4 米，深 0.8 米。内填花土，土质松软。内置单棺，棺长 2.1 米，宽 1～1.1 米，残高 0.4 米，棺板厚 0.07 米，前封板、后封板、底板厚 0.08 米；棺内骨架保存较差，头向西北，面向上，仰身直肢，为男性（图二五七）。

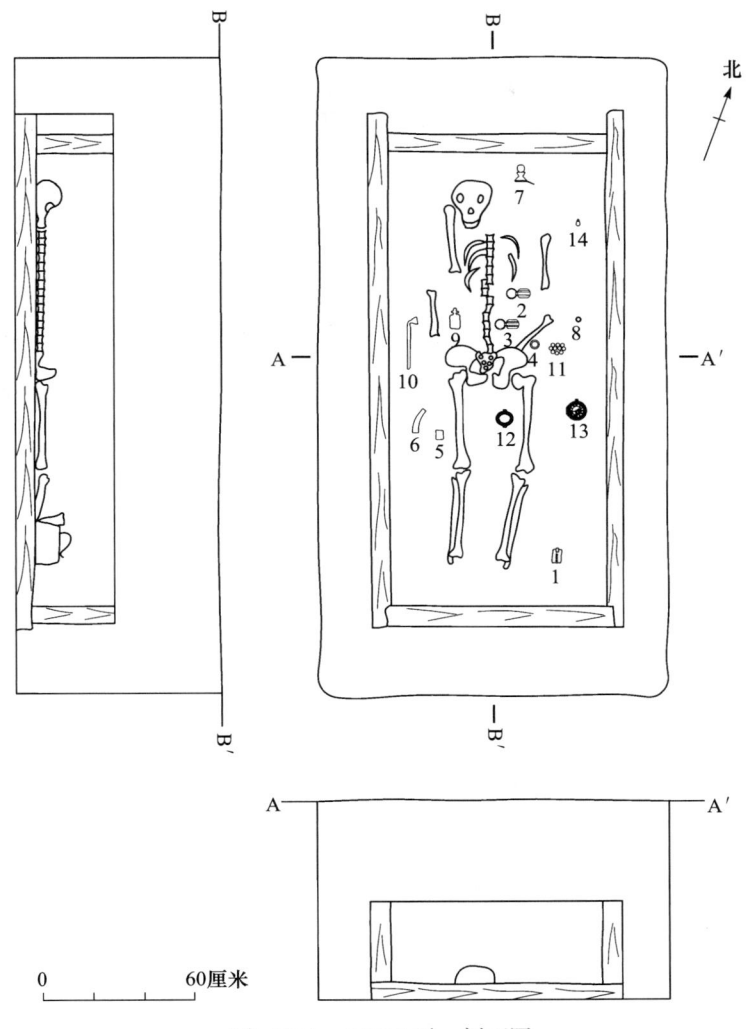

图二五七　M151 平、剖面图
1. 瓷虎子　2、3. 银带饰　4. 玉扳指　5、6. 角饰　7. 铜顶戴　8. 玉珠　9. 玉鼻烟壶　10. 铜烟袋　11. 料珠　12. 银挂饰
13. 铜怀表　14. 料坠饰

2. 随葬品

棺内头骨左上方出土铜顶戴1件，左上肢骨外侧上部出土料坠饰1件，下部内侧出土银带饰2件，外侧出土玉珠1颗、玉扳指1件、料珠10颗，左下肢骨外侧上部出土铜怀表1件，下部出土瓷虎子1件，内侧上部出土银挂饰1件。右上肢骨下部外侧出土铜烟袋1件，内侧出土玉鼻烟壶1件，右下肢骨外侧上部出土角饰2件。

瓷虎子　1件。M151：1，漏斗形方口，圆唇，器体呈倒斗状，衔接扁条拱形提手，涩底。口、颈部饰兰花纹，器体两侧饰缠枝藤纹，前侧饰折枝牡丹纹，后侧饰竹纹。顶部长14.4厘米，宽7.2厘米；底部长19.2厘米，宽11.2厘米，通高15.3厘米（图二五八；彩版四四，1、2）。

银带饰　2件。M151：2、M151：3，形制相同，通体鎏金。圆角长方形，上面隆起呈龟壳状，錾刻如意头纹，中间饰"寿"字纹，周围錾刻凤尾状纹，一端置一活环，底部平置两个"Π"形铆扣。M151：2，长9.4厘米，宽3.6厘米，高2.2厘米；环外直径4.1厘米，内径3.6厘米；M151：3，

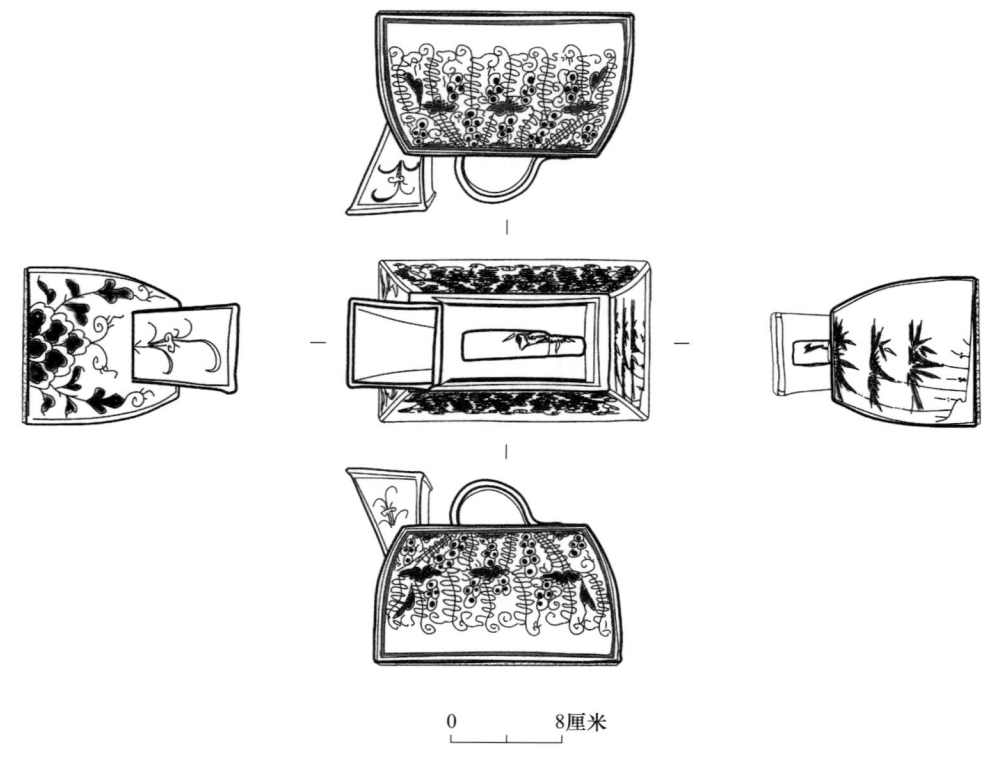

图二五八　M151 出土瓷虎子（M151∶1）

长 8.4 厘米，宽 3.6 厘米，高 2.2 厘米；外环直径 4.2 厘米，内环直径 3.6 厘米（图二五九，1、2；彩版七一，3、4）。

玉扳指　1 件。M151∶4，呈筒状，上端外斜唇，下端内斜唇。上口外径 2.9 厘米，内径 2 厘米；下口外径 3.1 厘米，内径 2.1 厘米，高 2.6 厘米（图二五九，5；彩版七二，1）。

角饰　2 件。M151∶5，鹿角切割而成，两端平齐，中间弯曲，上细下粗。直径 1.9~2.8 厘米，长 12 厘米（图二五九，3；彩版七二，2）。M151∶6，鹿角切割而成，两端平齐，上细下粗。直径 2~2.2 厘米，高 2.7 厘米（图二五九，4；彩版七二，3）。

铜顶戴　1 件。M151∶7，铜质莲花形座，内镶嵌圆形绿色料珠，中空，顶部用圆弧形铜帽铆制，中部收束呈覆盆形，錾刻乳钉纹，一侧置扁条圆环，为系花翎所用，下部残。残高 7.7 厘米（图二六○，1；彩版七一，2）。

银挂饰　1 件。M151∶12，椭圆形，呈片状，外缘为银质，錾刻如意头形纹带，中部镶嵌绿色饰物，质地不明，上下焊接椭圆形挂环。长 5.3 厘米，宽 4.6 厘米，厚 0.6 厘米（图二六○，2；彩版七二，5）。

玉鼻烟壶　1 件。M151∶9，直口，尖圆唇，束颈，圆肩，弧腹，体呈扁圆状，椭圆形平底。盖顶镶嵌红玛瑙珠一颗，器体呈翠绿色。口径 2.5 厘米，腹径 4 厘米，底径 1.8 厘米，壁厚 0.3 厘米，通高 6.8 厘米（图二六○，3；彩版四五，1）。

料珠　10 颗。标本 M151∶11-1，圆球形，中间穿孔。直径 1 厘米，孔径 0.15 厘米（图二六○，4；彩版七二，4）。

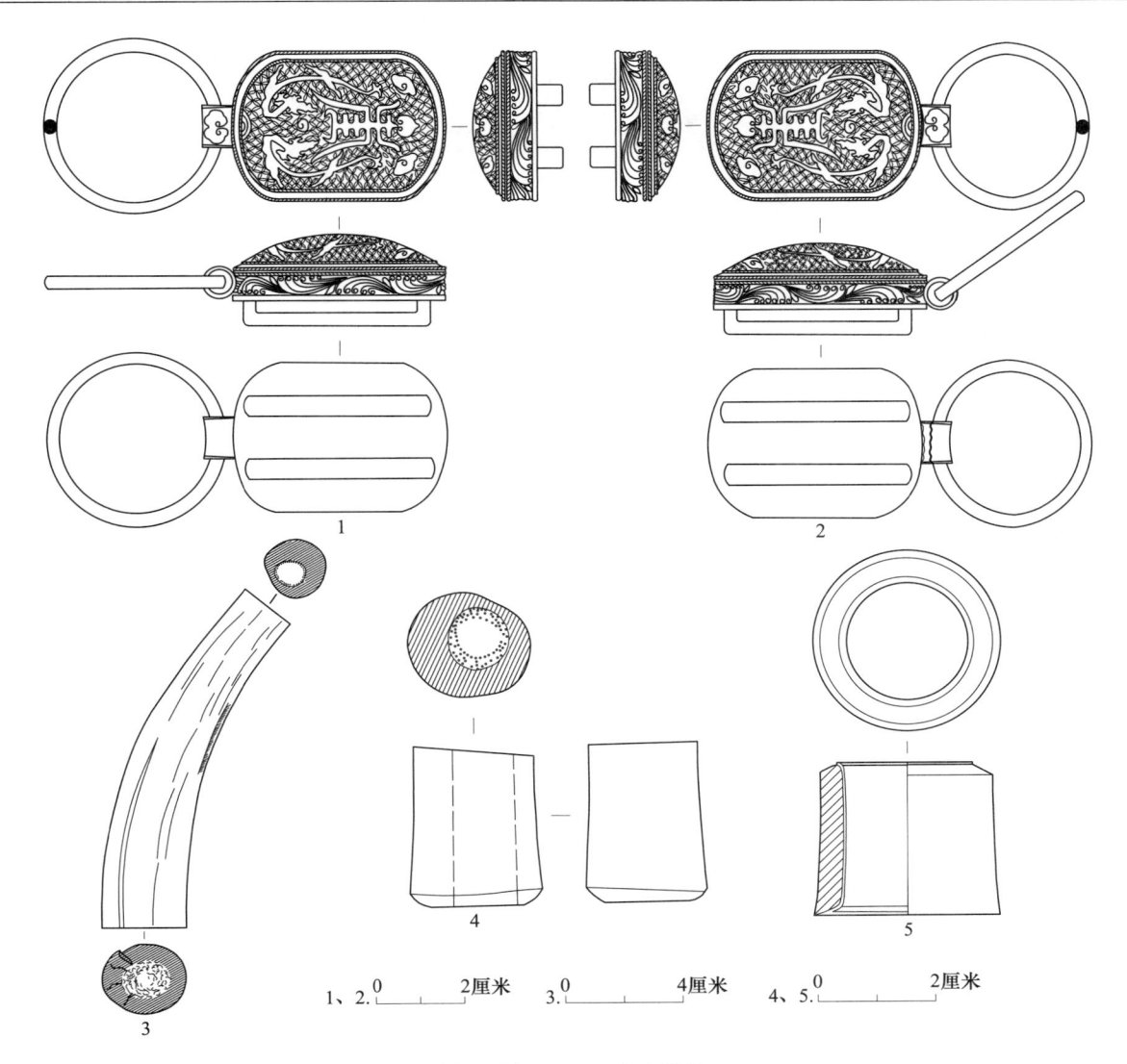

图二五九　M151出土器物

1、2. 银带饰（M151：2、M151：3）　3、4. 角饰（M151：5、M151：6）　5. 玉扳指（M151：4）

玉珠　1颗。M151：8，豆青色，圆球形，中间穿孔。直径2.6厘米，孔径0.2厘米（图二六〇，6）。

料坠饰　1件。M151：14，呈扁葫芦状，顶端平齐，上部穿孔。通高3.3厘米，孔径0.15厘米（图二六〇，7）。

铜烟袋　1件。M151：10，铜质烟锅，圆形喇叭状；烟杆为木质圆筒状，内中空，大部分已朽；烟嘴缺失。残长13.4厘米，锅径1.8厘米（图二六〇，5）。

铜怀表　1件。M151：13，圆饼状，表盘一周有圆珠形凸棱纹带，背面表壳微弧，表盘内有时针、分针、秒针，指针所指时间为六点四十三分七秒，表盘内饰一松树纹。玻璃表盖微凸，上部有一弦钮，表壳鎏金，局部脱落。直径6.4厘米，厚3厘米（图二六〇，8；彩版七二，6）。

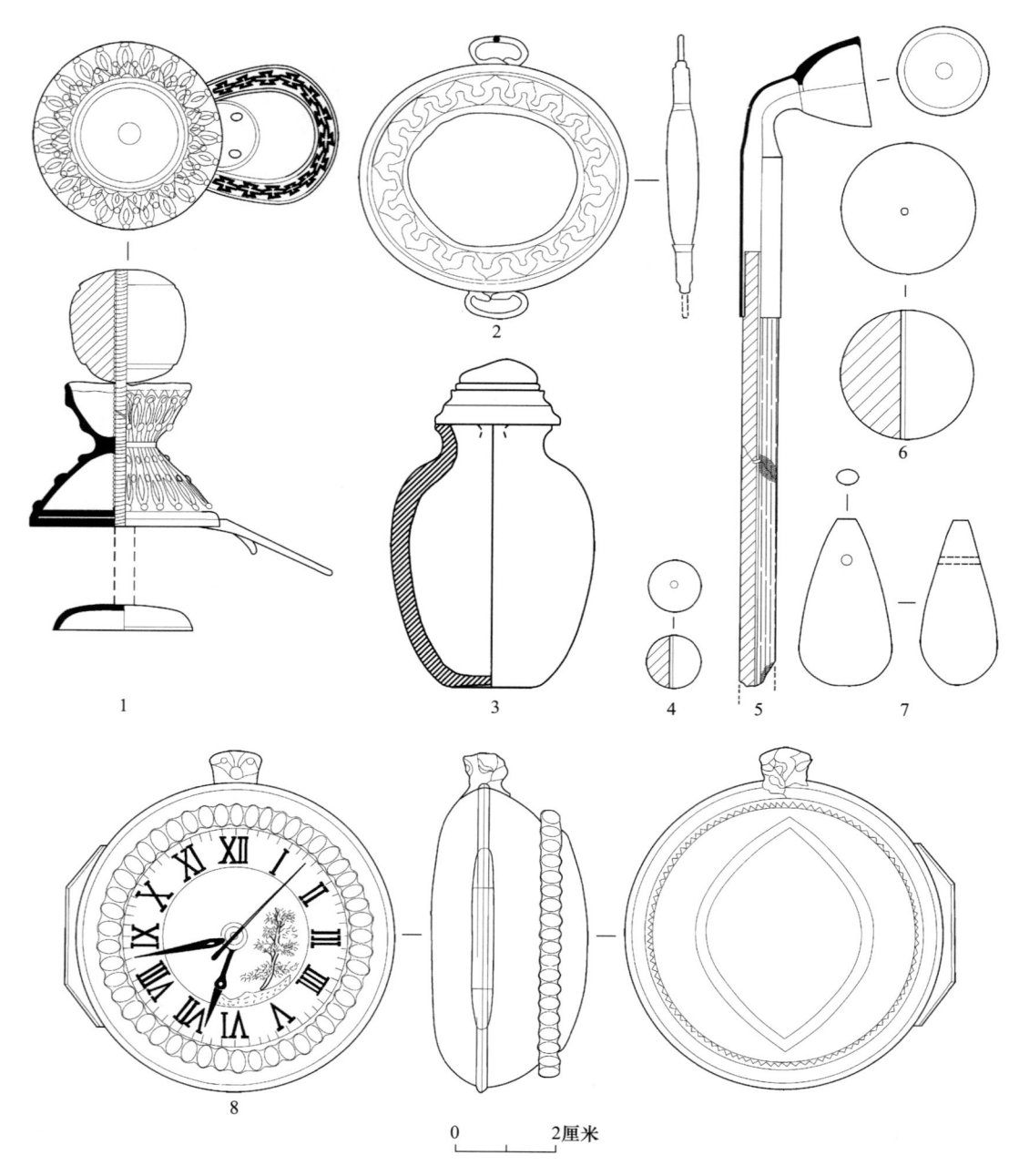

图二六〇　M151 出土器物

1. 铜顶戴（M151∶7） 2. 银挂饰（M151∶12） 3. 玉鼻烟壶（M151∶9） 4. 料珠（M151∶11-1） 5. 铜烟袋（M151∶10） 6. 玉珠（M151∶8） 7. 料坠饰（M151∶14） 8. 铜怀表（M151∶13）

一五〇、M152

1. 墓葬形制

该墓位于发掘Ⅲ区北部，东邻 M151。开口于②层下，东西向，方向 270°。坐标为北纬 39°51′25.4″，东经 116°18′57.4″。

墓平面呈长方形，竖穴土圹双棺合葬墓。墓口距地表深 1.2 米，墓底距地表深 1.9~2.1 米。墓圹东西长 2.3 米，南北宽 1.6 米，深 0.7~0.9 米。内填花土，土质松软。内置双棺：南棺棺木已朽，棺痕长 1.8 米，宽 0.65~0.7 米；棺内骨架保存稍差，头向西，面向南，仰身屈肢，为男性。北棺长 1.9 米，宽 0.7~0.76 米，残高 0.28 米，棺板厚 0.08 米；棺内骨架保存稍差，头向西，面向上，仰身直肢，为女性（图二六一）。

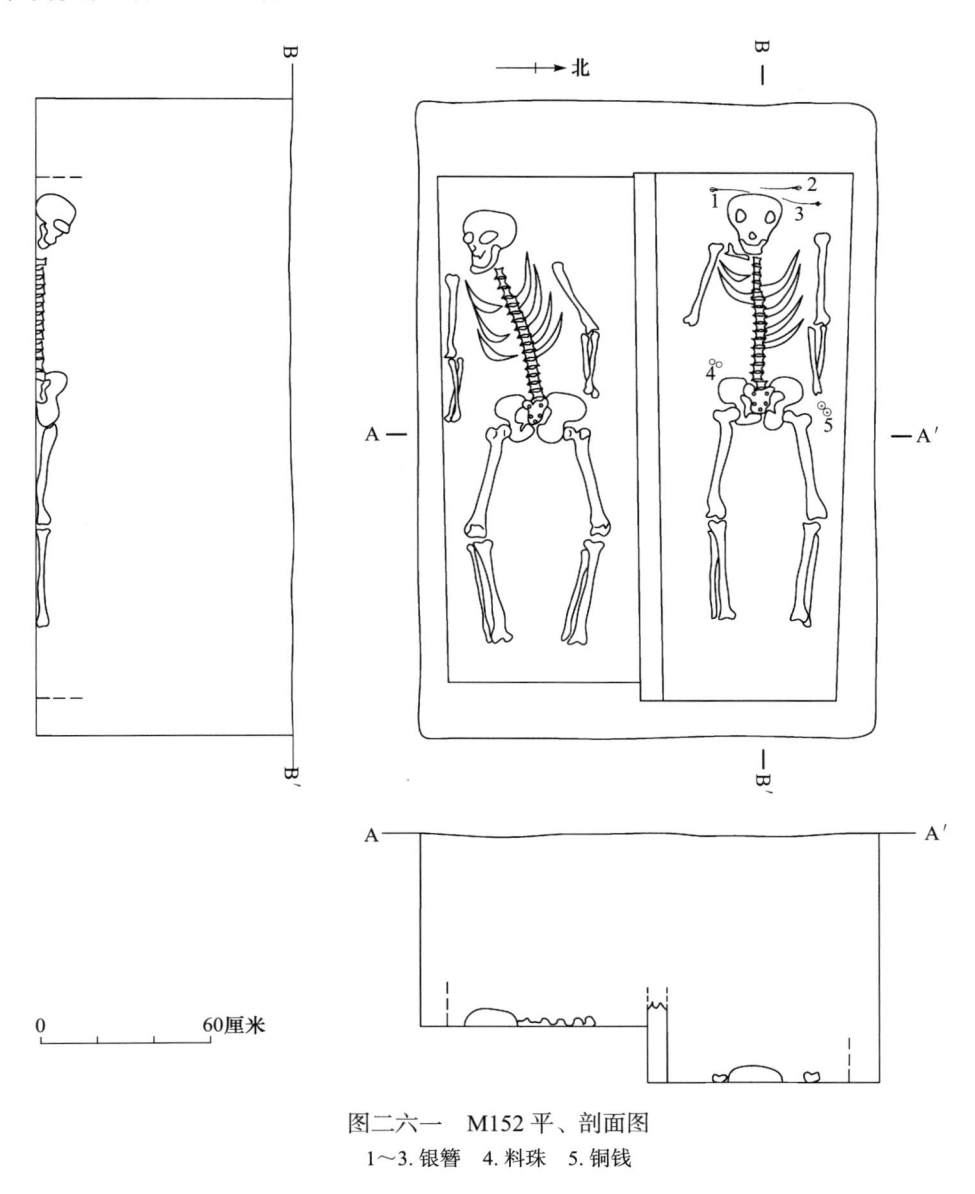

图二六一　M152 平、剖面图
1~3. 银簪　4. 料珠　5. 铜钱

2. 随葬品

北棺头骨上方出土银簪 3 件，左上肢骨下部出土铜钱 2 枚，右上肢骨下部出土料珠 2 颗。

银簪　3 件。形制相同，均为莲花包珠。M152:1，梅花座，下部呈节状，珠子顶部铆钉已脱落，体呈圆锥形。残长 11.7 厘米（图二六二，1）。M152:2，莲花座，下部呈节状，珠子顶部用梅花铆钉铆制，体呈圆锥形。残长 11.4 厘米（图二六二，2）。M152:3，莲花座，下部呈节状，珠子缺失，体呈圆锥形，下部弯曲。残长 11 厘米（图二六二，3）。

料珠 2颗。标本M152：4，圆球形，中间穿孔，黑褐色。直径0.8厘米，孔径0.15厘米（图二六二，4）。

乾隆通宝 2枚。标本M152：5-1，平钱，方穿，正背面郭缘稍宽，正面楷书"乾隆通寶"四字，直读，背穿左右为满文"宝泉"局名。钱径2.45厘米，穿径0.57厘米，郭厚0.12厘米（图二六二，5）。

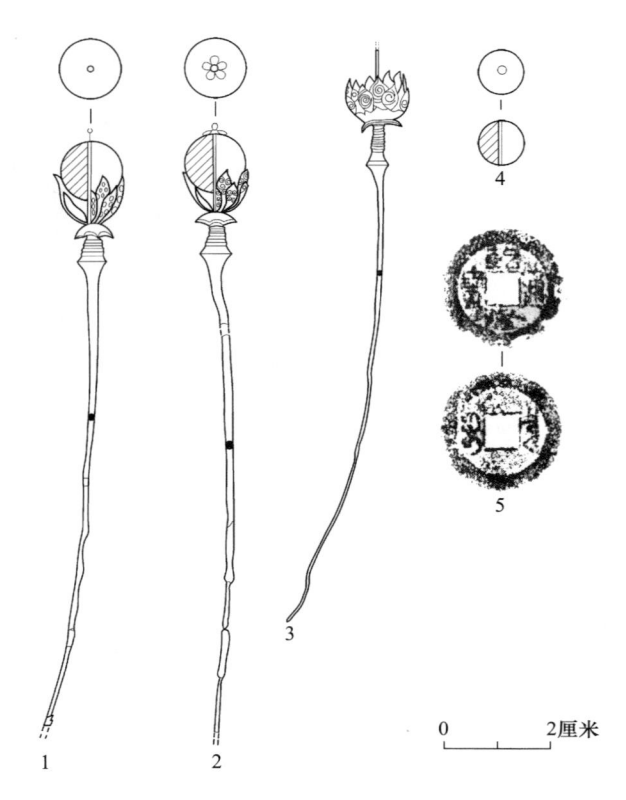

图二六二 M152出土器物
1～3. 银簪（M152：1、M152：2、M152：3） 4. 料珠（M152：4） 5. 乾隆通宝（M152：5-1）

一五一、M153

1. 墓葬形制

该墓位于发掘Ⅲ区东北部，北邻M154。开口于②层下，东西向，方向240°。坐标为北纬39°51′25″，东经116°19′1.2″。

墓平面呈长方形，竖穴土圹双棺合葬墓。墓口距地表深0.5米，墓底距地表深1.3米。墓圹东西长2.8米，南北宽1.8米，深0.8米。内填花土，土质松软。内置双棺：南棺长2米，宽0.6～0.7米，残高0.14米，棺板厚0.08米，前封板厚0.04米，后封板厚0.06米；棺内骨架保存较差，头向西南，面向上，葬式不明，为女性。北棺长2.2米，宽0.7～0.8米，棺板高0.5、厚0.06～0.08米，前封板厚0.04米，后封板、底板厚0.06米；棺内骨架保存较差，头向西南，面向上，仰身直肢，为男性（图二六三）。

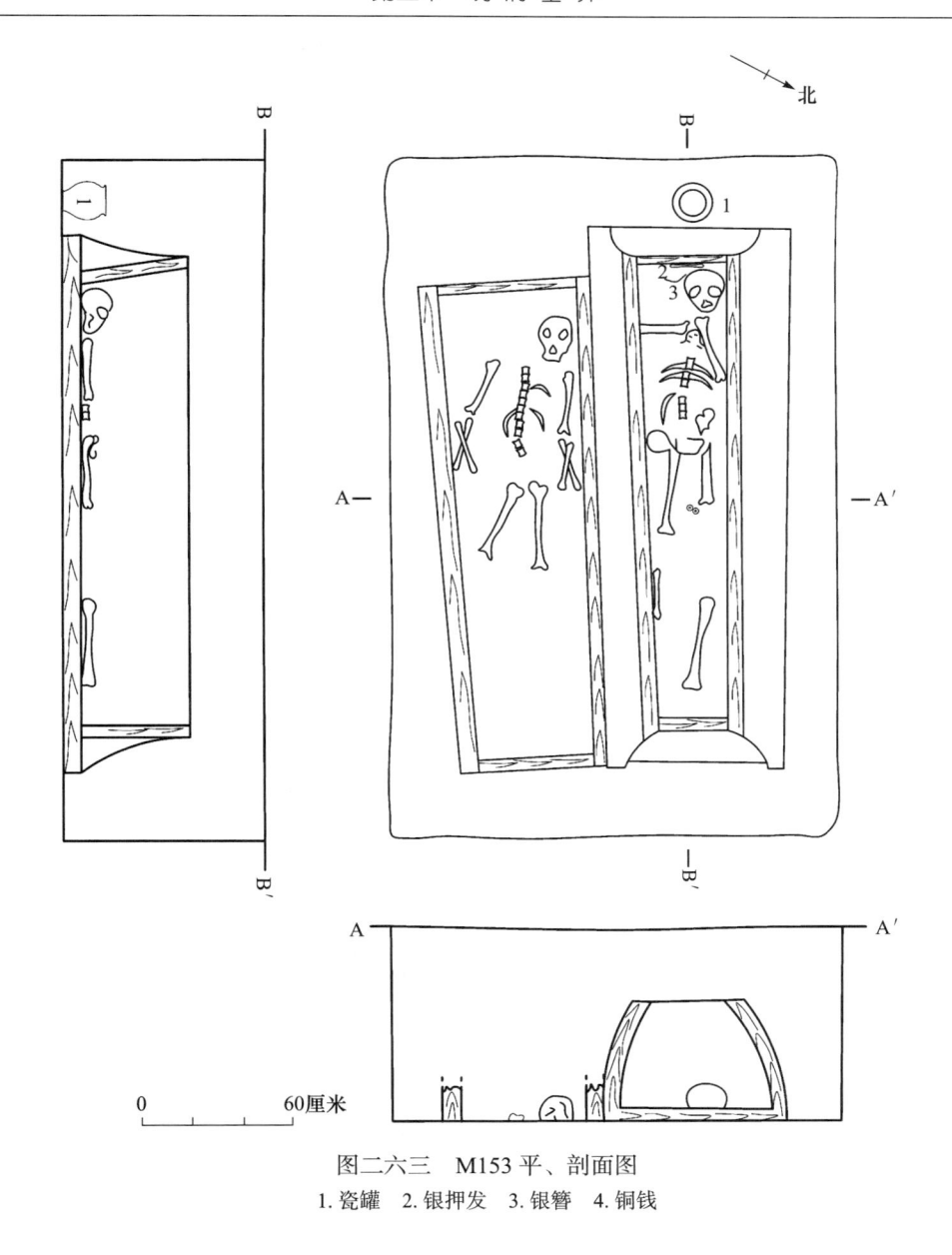

图二六三　M153 平、剖面图
1. 瓷罐　2. 银押发　3. 银簪　4. 铜钱

2. 随葬品

北棺外前方出土瓷罐 1 件，头骨上方出土银押发 1 件、银簪 1 件，左下肢骨内侧中部出土铜钱 2 枚。

瓷罐　1 件。M153∶1，敛口，圆唇，斜领，圆肩，斜弧腹，平底。体施豆青色釉，底部无釉。轮制。口径 7.8 厘米，腹径 12 厘米，底径 7.8 厘米，高 11.4 厘米（图二六四，1；彩版四六，2）。

银押发　1 件。M153∶2，呈弓形，两端较宽呈三角形，饰三条细线叶脉纹，中部略窄，饰二组花卉纹，背面錾刻一"德"字。通长 14.8 厘米，宽 0.8~1.5 厘米（图二六四，2；彩版七三，1）。

银簪　1 件。M153∶3，首残，下部呈节状，体为圆锥形。残长 7.6 厘米（图二六四，3）。

铜钱　2 枚，有嘉庆通宝、同治重宝。

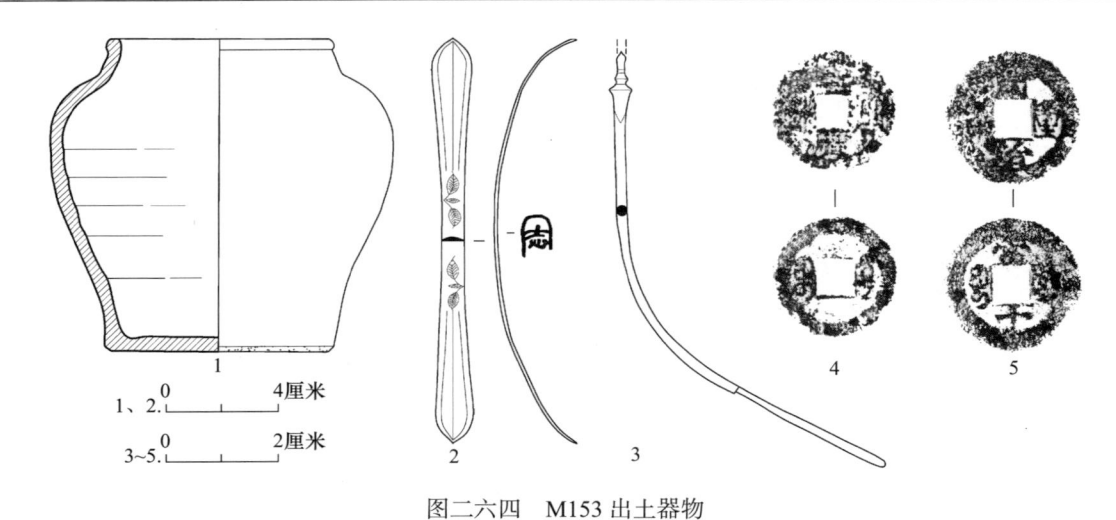

图二六四　M153 出土器物
1. 瓷罐（M153：1）　2. 银押发（M153：2）　3. 银簪（M153：3）　4. 嘉庆通宝（M153：4-1）
5. 同治重宝（M153：4-2）

嘉庆通宝　1枚。M153：4-1，平钱，方穿，正背面郭缘稍宽，正面楷书"嘉慶通寶"四字，直读，背穿左右为满文"宝泉"局名。钱径2.38厘米，穿径0.52厘米，郭厚0.18厘米（图二六四，4）。

同治重宝　1枚。M153：4-2，平钱，方穿，正背面郭缘稍宽，正面楷书"同治重寶"四字，直读，背穿左右为满文"宝泉"局名，上下楷书"當十"二字。钱径2.48厘米，穿径0.64厘米，郭厚0.09厘米（图二六四，5）。

一五二、M154

1. 墓葬形制

该墓位于发掘Ⅲ区东北部，南邻M153。开口于②层下，南北向，方向190°。坐标为北纬39°51′25″，东经116°19′1.2″。

墓平面呈长方形，竖穴土圹双棺合葬墓。墓口距地表深1米，墓底距地表深2.4米。墓圹南北长2.7米，东西宽1.7米，深1.4米。内填花土，土质松软。内置双棺：东棺长2.1米，宽0.65～0.8米，残高0.2米，棺板厚0.7米，前封板、后封板、底板厚0.06米；棺内骨架保存较差，头向南，面向上，仰身直肢，为女性。西棺为二次葬，长1.05米，宽0.4～0.5米，残高0.18米，棺板厚0.05米，前封板、后封板、底板厚0.04米；棺内骨架保存较差，头向南，面向上，葬式不明，为男性（图二六五）。

2. 随葬品

东棺外右前方出土瓷罐1件，头骨上方出土银簪1件，左右两侧出土金耳环2件，左上肢骨下部出土银戒指3件、铜钱3枚，右上肢骨下部出土银镯1件。

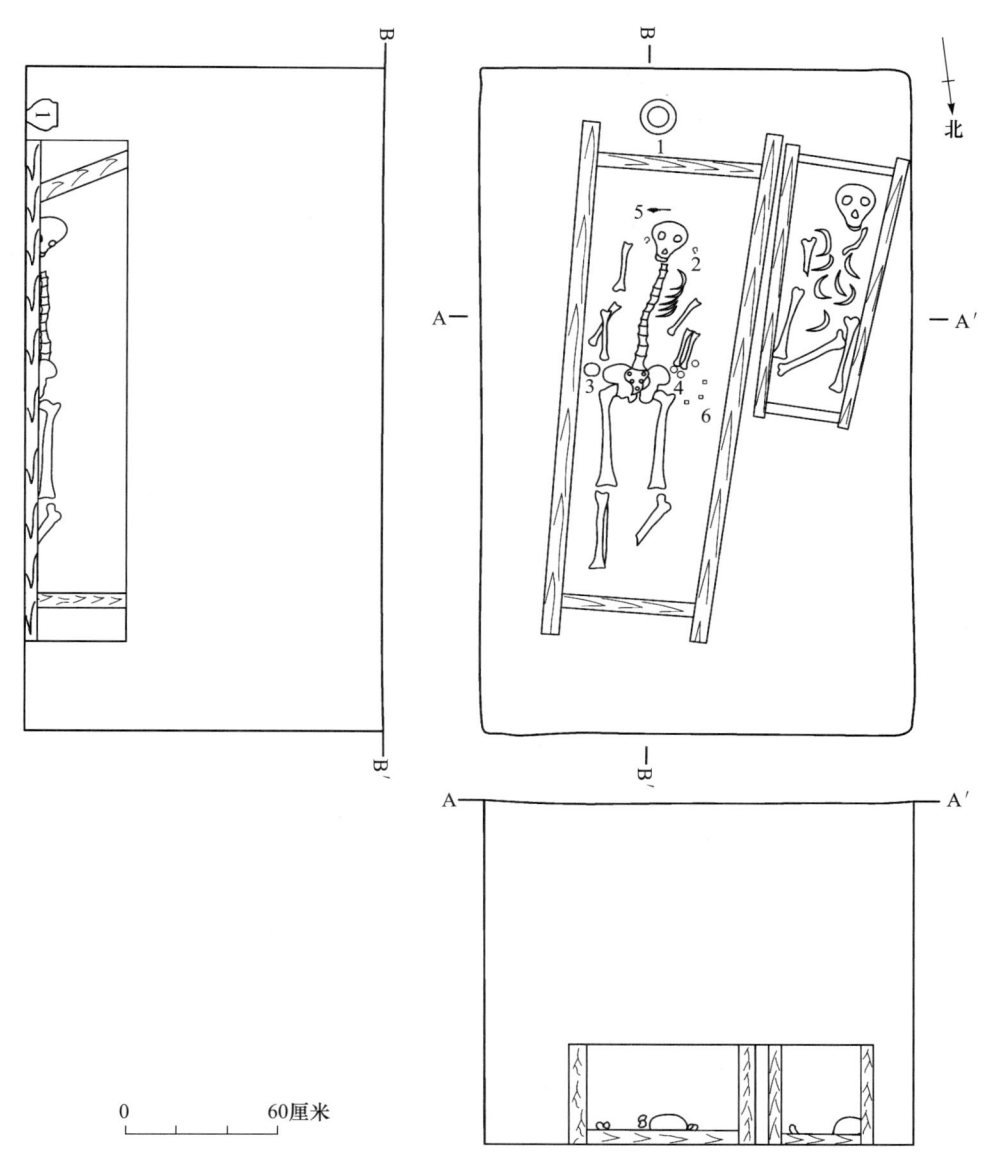

图二六五　M154平、剖面图
1.瓷罐　2.金耳环　3.银镯　4.银戒指　5.银簪　6.铜钱

瓷罐　1件。M154：1，直口微敛，方折唇，矮斜领，圆肩，斜腹微弧，平底内凹。体施豆青色釉，底部无釉。轮制。口径7厘米，腹径12.6厘米，底径7.8厘米，高12.8厘米（图二六六，1；彩版四六，3）。

金耳环　2件。形制、大小相同。M154：2-1、M152：2-2，呈"S"形，一端呈锥状，一端为圆饼形。通高2厘米，饼径0.7厘米（图二六六，7、8；彩版七三，2）。

银镯　1件。M154：3，椭圆形，接口平齐。直径7.2厘米，内径6.2厘米，厚0.8厘米（图二六六，2；彩版七三，3）。

银簪　1件。M154：5，九连环禅杖形，顶呈葫芦状，圆锥形体，下部残。残长8.5厘米（图二六六，3）。

银戒指　3件。圆环形，戒面呈扁鼓状（彩版七三，4）。M154：4-1，直径2厘米，宽0.6厘米（图二六六，4）。M154：4-2，直径 2 厘米，宽 0.7 厘米（图二六六，5）。M154：4-3，直径 1.9 厘米，宽 0.4 厘米（图二六六，6）。

乾隆通宝　3 枚。标本 M154：6-1，平钱，方穿，正背面郭缘较宽，正面楷书"乾隆通寶"四字，直读，背穿左右为满文"宝泉"局名。钱径 2.32 厘米，穿径 0.53 厘米，郭厚 0.12 厘米（图二六六，9）。

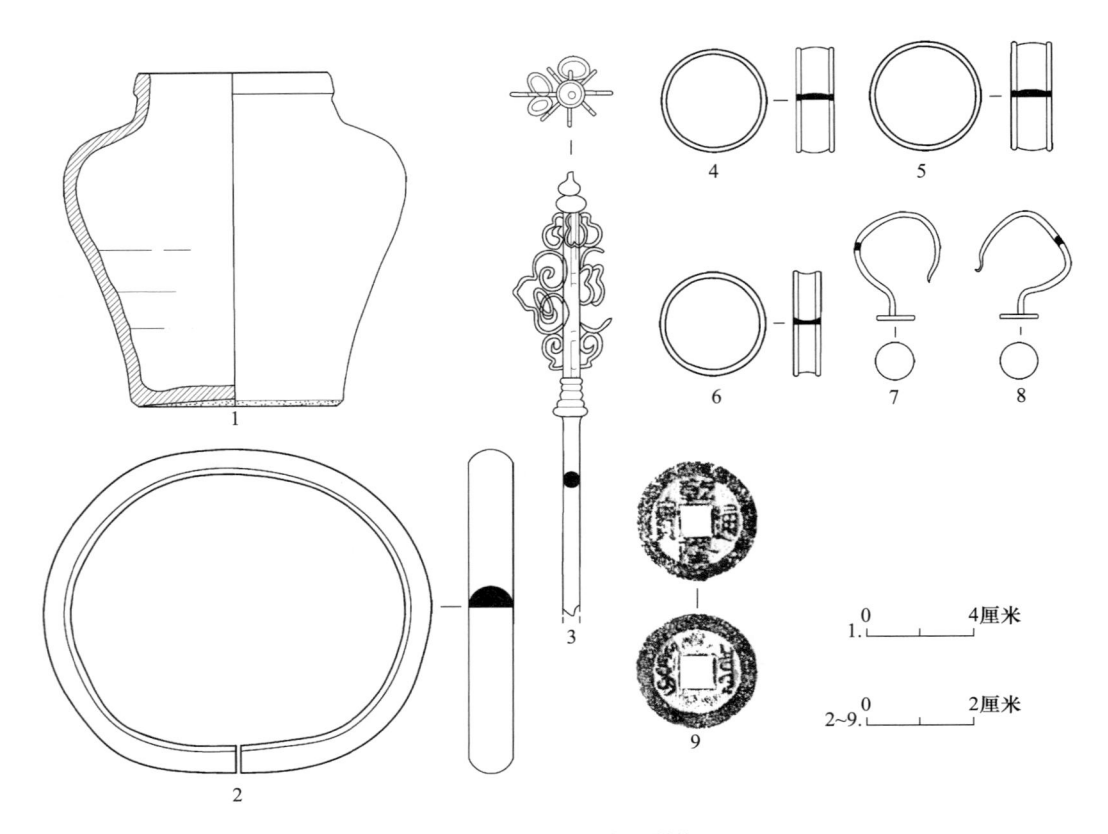

图二六六　M154 出土器物
1. 瓷罐（M154：1）　2. 银镯（M154：3）　3. 银簪（M154：5）　4～6. 银戒指（M154：4-1、M154：4-2、M154：4-3）
7、8. 金耳环（M154：2-1、M154：2-2）　9. 乾隆通宝（M154：6-1）

一五三、M155

1. 墓葬形制

该墓位于发掘Ⅲ区东北部，北邻 M156。开口于②层下，东西向，方向 120°。坐标为北纬 39°51′25.4″，东经 116°19′1″。

墓平面呈长方形，竖穴土圹双棺迁葬墓。墓口距地表深 1.1 米，墓底距地表深 2.1 米。墓圹东西长 2.4 米，南北宽 2 米，深 1 米。内填花土，土质松软。内置双棺，棺木已朽：南棺痕长 1.6 米，宽 0.5～0.6 米；棺内未发现骨架，葬式、性别不明。北棺痕长 1.7 米，宽 0.5～0.6 米；棺内未发现骨架，葬式、性别不明（图二六七）。

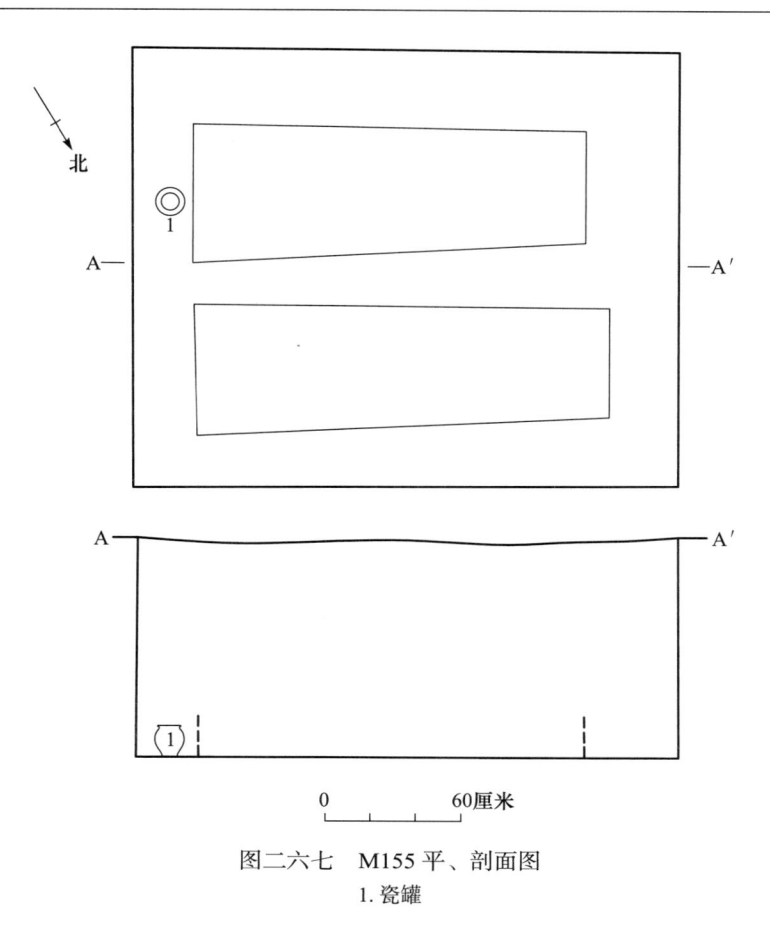

图二六七　M155 平、剖面图
1. 瓷罐

2. 随葬品

南棺外前方出土瓷罐 1 件。

瓷罐　1 件。M155：1，近直口，平沿，方圆唇，束颈，斜肩，腹微弧，内圈足。体施酱色釉，底部无釉。轮制。口径 8 厘米，腹径 10.8 厘米，底径 7.8 厘米，高 13.8 厘米（图二六八；彩版四一，6）。

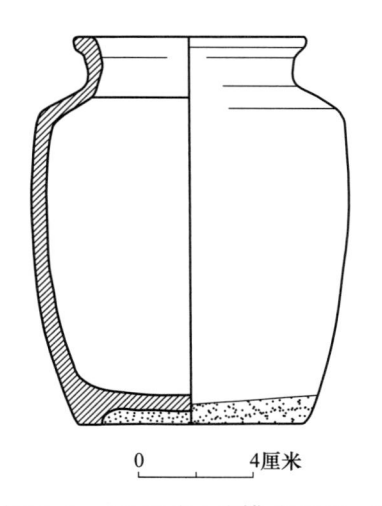

图二六八　M155 出土瓷罐（M155：1）

一五四、M156

1. 墓葬形制

该墓位于发掘Ⅲ区东北部，南邻 M155。开口于②层下，南北向，方向 200°。坐标为北纬 39°51′25.6″，东经 116°19′1.1″。

墓平面呈长方形，竖穴土圹双棺合葬墓。墓口距地表深 1 米，墓底距地表深 1.9 米。墓圹南北长 2.3 米，东西宽 1.7 米，深 0.9 米。内填花土，土质松软。内置双棺，棺木已朽：东棺痕长 1.8 米，宽 0.5~0.6 米；棺内骨架保存较差，头向东，面向上，葬式不明，为女性。西棺痕长 1.9 米，宽 0.5~0.6 米；棺内骨架保存较差，头向西南，面向上，仰身屈肢，为男性（图二六九）。

2. 随葬品

西棺外前方出土瓷罐 1 件，头骨上方出土银簪 2 件。

瓷罐　1件。M156：1，直口，方唇，束颈，溜肩，弧腹斜收，内圈足，涩底。肩部饰四道弦纹，内饰一周几何纹带，腹部饰三组缠枝莲纹。口径 8.9 厘米，腹径 15.6 厘米，底径 11.2 厘米，高 15.2 厘

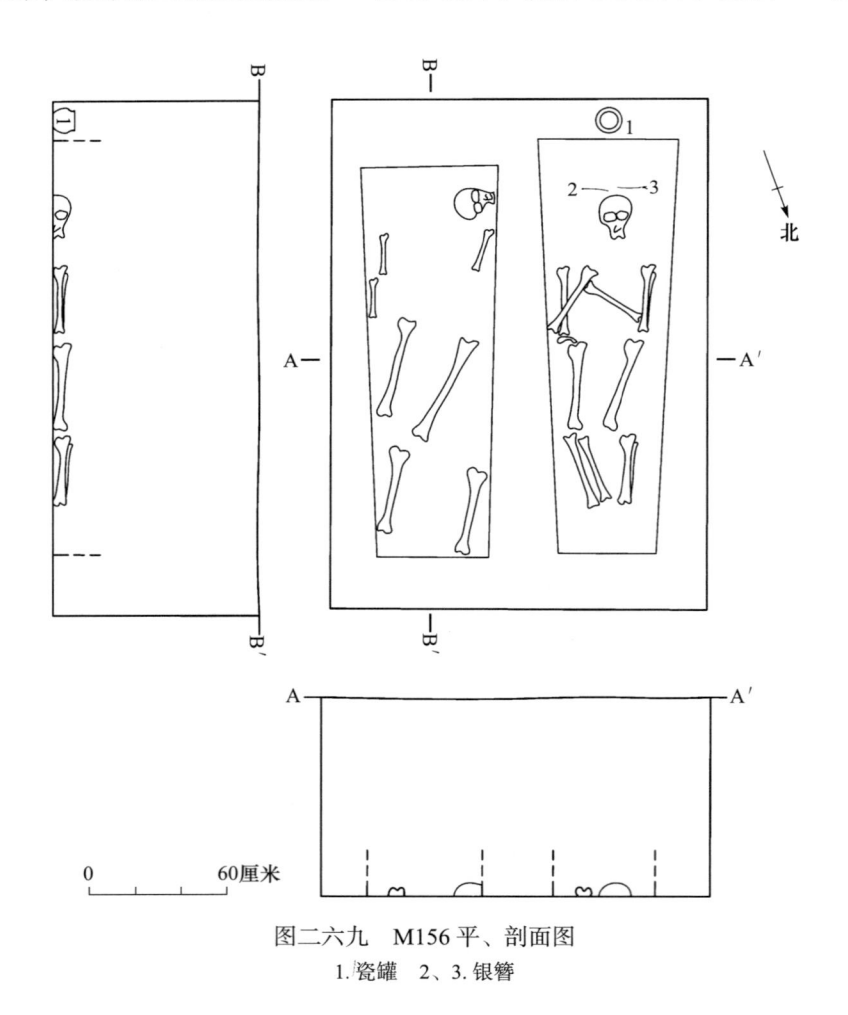

图二六九　M156 平、剖面图
1. 瓷罐　2、3. 银簪

米（图二七〇，1；彩版四七）。

银簪　2件。M156:2，簪首呈佛手形，下部饰"Z"字形竹节状纹，簪体呈圆锥形。通长10.3厘米（图二七〇，2）。M156:3，簪首残，呈节状，簪体呈圆锥形。残长9.6厘米（图二七〇，3）。

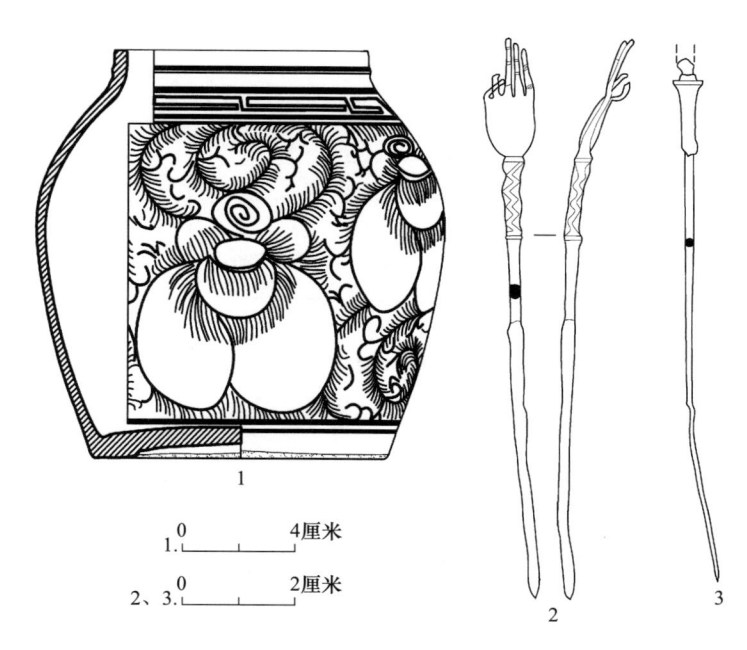

图二七〇　M156出土器物
1. 瓷罐（M156:1）　2、3. 银簪（M156:2、M156:3）

一五五、M157

1. 墓葬形制

该墓位于发掘Ⅲ区东北部，西邻M34。开口于②层下，南北向，方向185°。坐标为北纬39°51′25.6″，东经116°19′0.7″。

墓平面呈长方形，竖穴土圹双棺合葬墓。墓口距地表深1米，墓底距地表深1.9米。墓圹南北长2.5米，东西宽1.8米，深0.9米。内填花土，土质松软。内置双棺，棺木已朽：东棺痕长1.8米，宽0.6~0.7米；棺内骨架保存较差，头向南，面向上，仰身直肢，为男性。西棺痕长1.8米，宽0.5~0.6米；棺内骨架保存较差，头向南，面向上，葬式不明，为女性（图二七一）。

2. 随葬品

西棺头骨上方出土银押发3件，头骨左侧出土银耳环1件。

银押发　3件。M157:1，通体鎏金。体呈弓形，两端较宽呈柳叶状，上面饰梅花纹，中部收束，背面錾刻一"足"字。通长7.4厘米，宽0.6~1.2厘米（图二七二，1；彩版七三，5）。M157:2，通体鎏金。首呈柳叶状，顶端向后弯曲，正面饰梅花纹，体呈圆锥状。通长7.2厘米，上端宽1.3厘米（图二七二，2）。M157:3，首呈柳叶状，上面饰花卉纹，体呈圆锥状。通长6厘

图二七一　M157 平、剖面图

1~3. 银押发　4. 银耳环

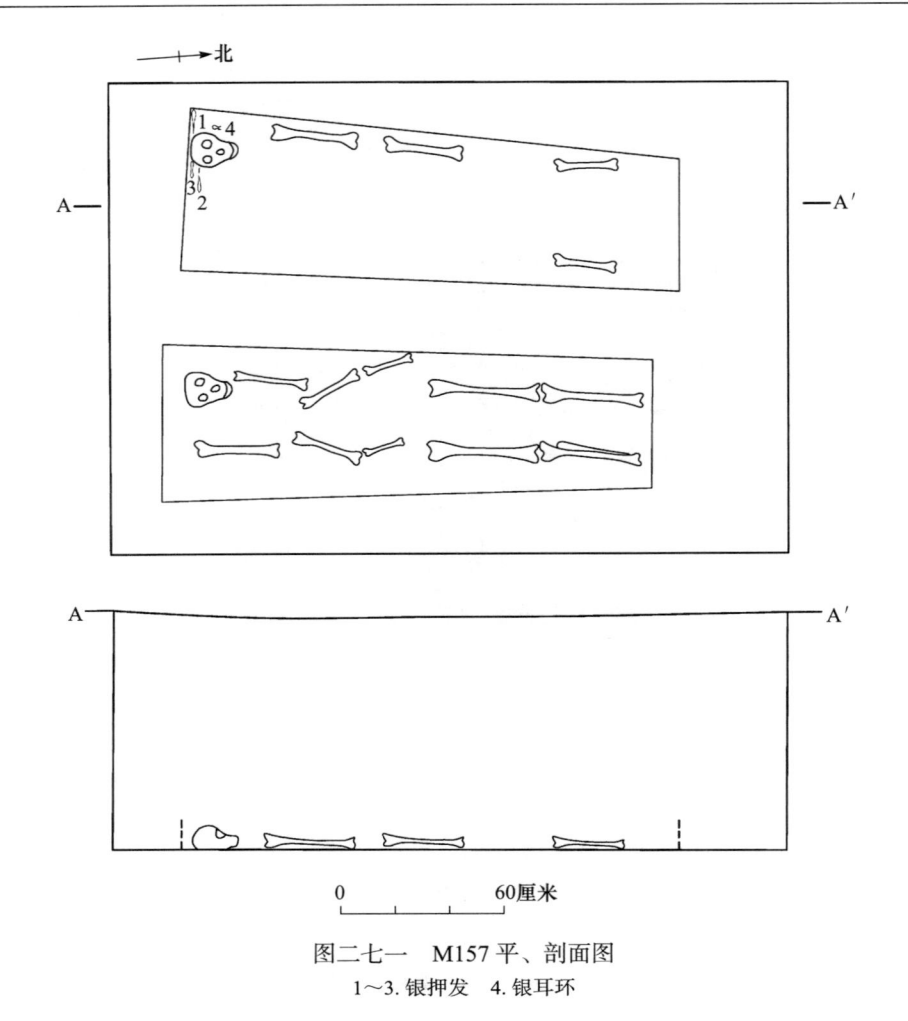

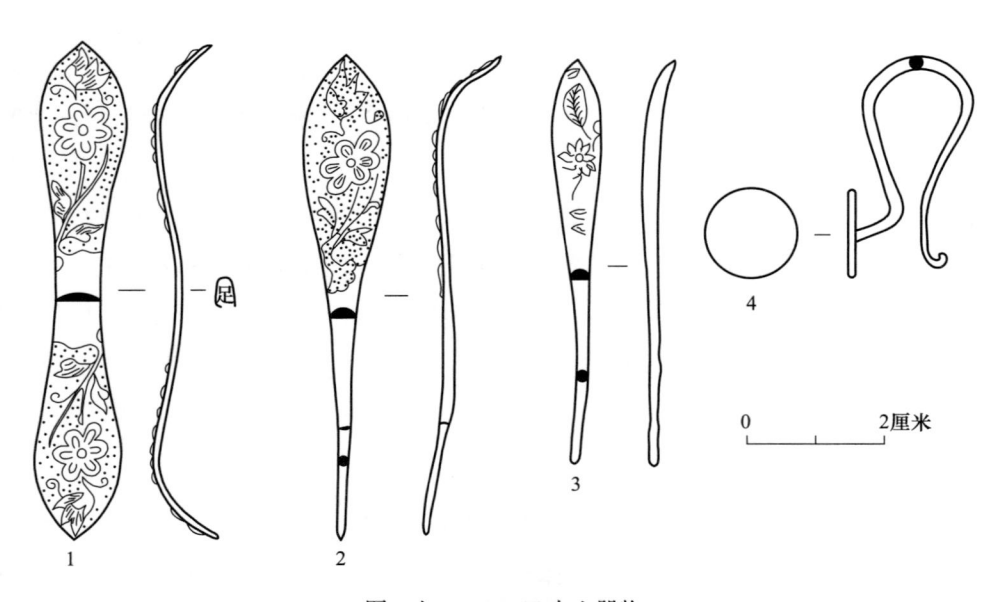

图二七二　M157 出土器物

1~3. 银押发（M157:1、M157:2、M157:3）　4. 银耳环（M157:4）

米，上端宽 0.6 厘米（图二七二，3）。

银耳环　1件。M157：4，呈"S"形，一端尖锐呈钩状，一端为圆饼状。通高3.5厘米，饼径1.2厘米（图二七二，4；彩版七三，6）。

一五六、M158

1. 墓葬形制

该墓位于发掘Ⅲ区东北部，北邻M159。开口于②层下，东西向，方向310°。坐标为北纬39°51′24.3″，东经116°19′1.4″。

墓平面呈长方形，竖穴土圹单棺墓。墓口距地表深1米，墓底距地表深1.8米。墓圹东西长2.5米，南北宽1.16米，深0.8米。内填花土，土质松软。内置单棺，棺木已朽，棺痕长1.8米，宽0.6~0.7米；棺内骨架保存较差，头向西北，面向上，葬式不明，为男性（图二七三）。

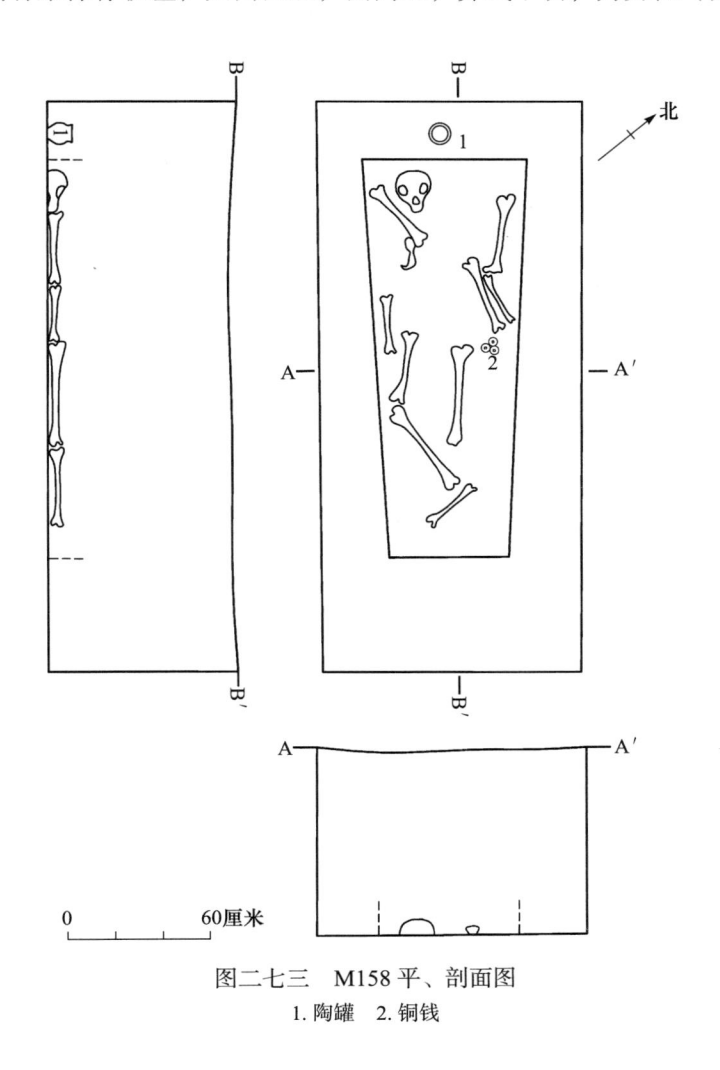

图二七三　M158平、剖面图
1. 陶罐　2. 铜钱

2. 随葬品

棺外前方出土陶罐1件，左上肢骨下部出土铜钱3枚。

陶罐　1件。M158：1，泥质灰陶。直口，平沿，矮领，溜肩，斜腹微弧，平底内凹。轮制，体留有轮旋痕迹。口径9厘米，腹径12.6厘米，底径8.4厘米，高12.4厘米（图二七四，1）。

光绪重宝　3枚。平钱，方穿，正背面郭缘较宽，正面楷书"光緒重寶"四字，直读。标本M158：2-1，背穿左右为满文"宝泉"局名，上下楷书"當拾"二字。钱径2.74厘米，穿径0.52厘米，郭厚0.18厘米（图二七四，2）。标本M158：2-2，背穿左右为满文"宝泉"局名，上下楷书"當十"二字。钱径2.7厘米，穿径0.62厘米，郭厚0.15厘米（图二七四，3）。

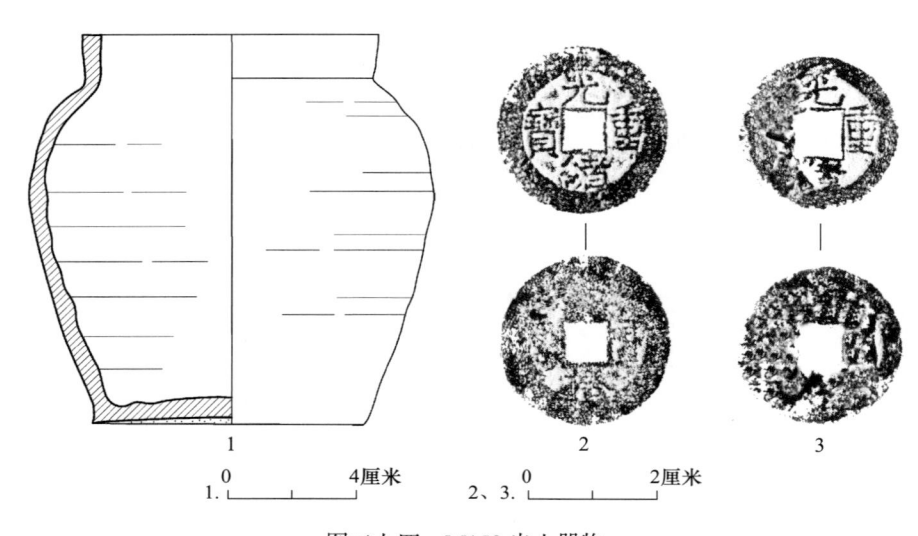

图二七四　M158出土器物
1. 陶罐（M158：1）　2、3. 光绪重宝（M158：2-1、M158：2-2）

一五七、M159

1. 墓葬形制

该墓位于发掘Ⅲ区东北部，东邻M160。开口于②层下，南北向，方向160°。坐标为北纬39°51′24.4″，东经116°18′1.2″。

墓平面呈长方形，竖穴土圹单棺墓。墓口距地表深1.1米，墓底距地表深2.4米。墓圹南北长2.5米，东西宽1.1米，深1.3米。内填花土，土质松软。内置单棺，棺木已朽，棺痕长1.9米，宽0.5~0.6米；棺内骨架保存较差，头向东南，面向上，葬式不明，为男性（图二七五）。

2. 随葬品

未发现随葬品。

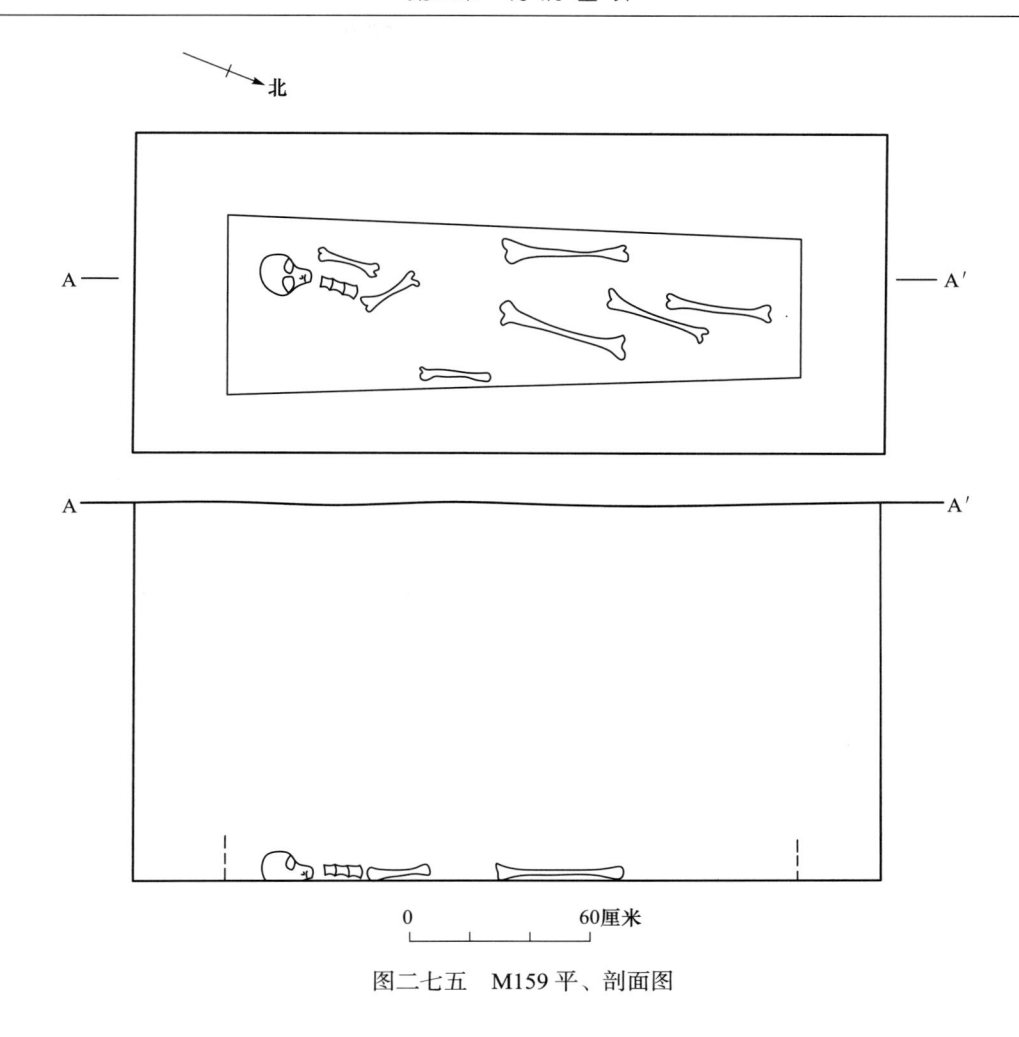

图二七五　M159 平、剖面图

一五八、M160

1. 墓葬形制

该墓位于发掘Ⅲ区东北部，西邻 M159。开口于②层下，东西向，方向 240°。坐标为北纬 39°51′24.4″，东经 116°18′1.2″。

墓平面呈长方形，竖穴土圹单棺迁葬墓。墓口距地表深 0.8 米，墓底距地表深 1.7 米。墓圹东西长 2.5 米，南北宽 1.6 米，深 0.9 米。内填花土，土质松软。内置单棺，棺木已朽，棺痕长 1.8 米，宽 0.5～0.6 米；棺内未发现骨架，葬式、性别不明（图二七六）。

2. 随葬品

未发现随葬品。

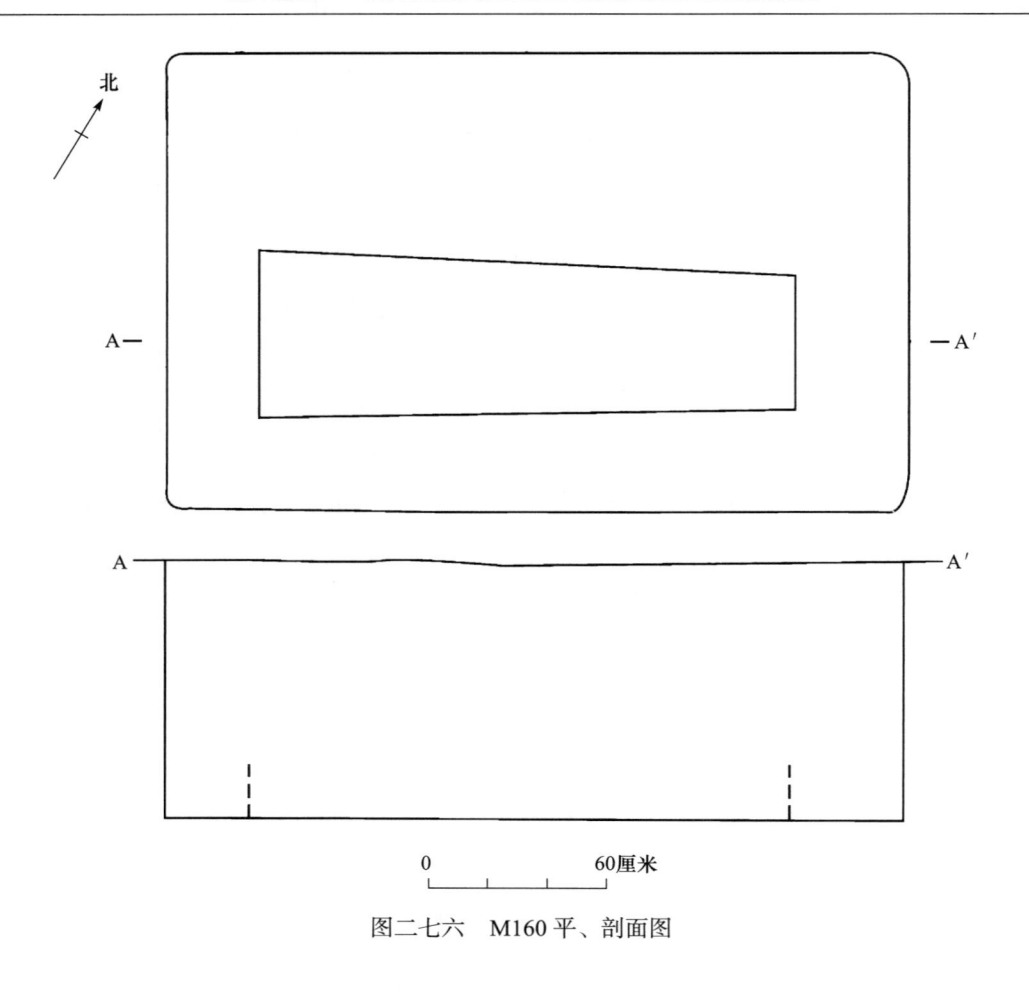

图二七六　M160 平、剖面图

一五九、M161

1. 墓葬形制

该墓位于发掘Ⅲ区东北部，北邻 M162。开口于②层下，南北向，方向 220°。坐标为北纬 39° 51′ 35.2″，东经 116° 19′ 33.1″。

墓平面呈梯形，竖穴土圹单棺墓。墓口距地表深 1 米，墓底距地表深 1.9 米。墓圹南北长 2.6 米，东西宽 1~1.1 米，深 0.9 米。内填花土，土质松软。内置单棺，棺长 2.1 米，宽 0.7~0.8 米，残高 0.4 米，棺板厚 0.1 米，前封板厚 0.06 米，后封板厚 0.04 米；棺内骨架保存较差，头向西，面向上，仰身直肢，为男性（图二七七）。

2. 随葬品

未发现随葬品。

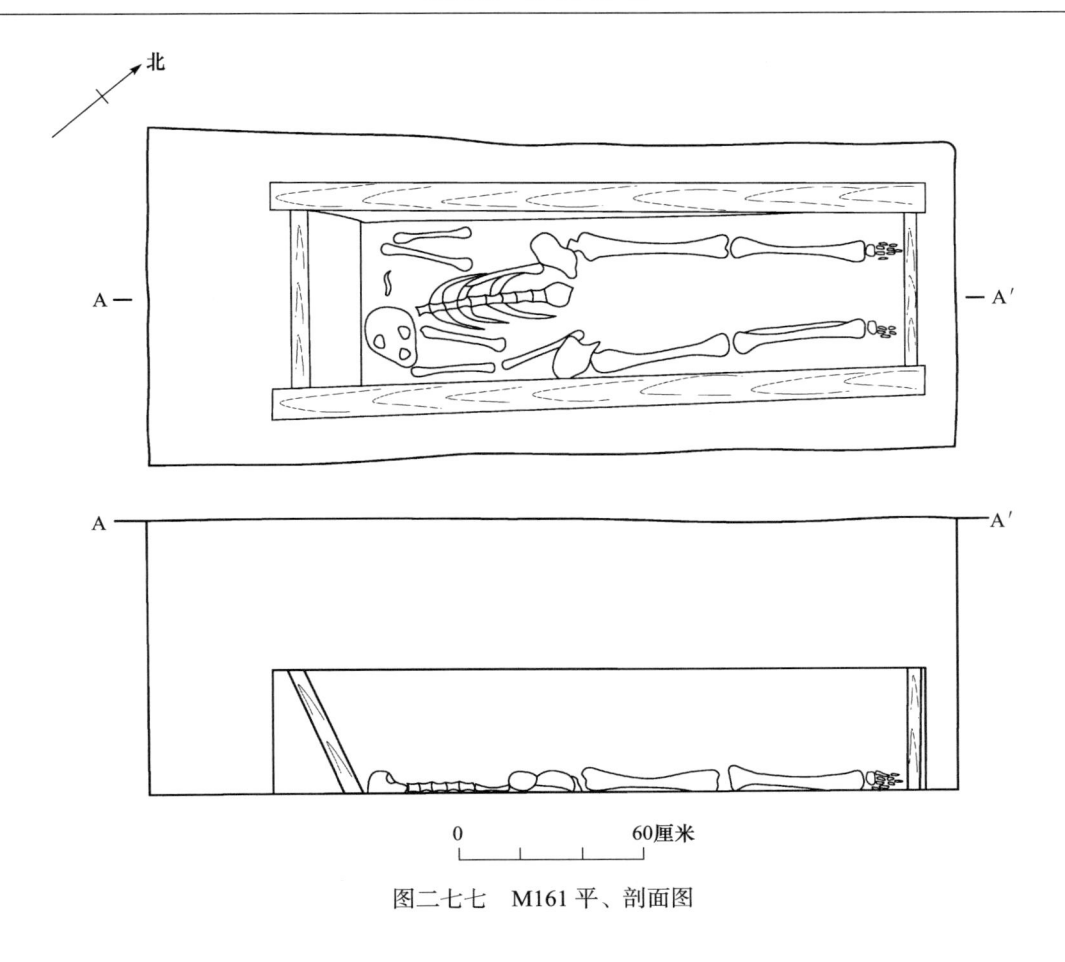

图二七七　M161平、剖面图

一六〇、M162

1. 墓葬形制

该墓位于发掘Ⅲ区东北部，南邻M161。开口于②层下，南北向，方向220°。坐标为北纬39°51′25.4″，东经116°19′3.2″。

墓平面呈长方形，竖穴土圹单棺墓。墓口距地表深1米，墓底距地表深1.9米。墓圹南北长2.6米，东西宽1.6米，深0.9米。内填花土，土质松软。内置单棺，棺木已朽，棺痕长2米，宽0.7~0.8米；棺内骨架保存稍差，头向西，面向上，仰身直肢，为女性（图二七八）。

2. 随葬品

未发现随葬品。

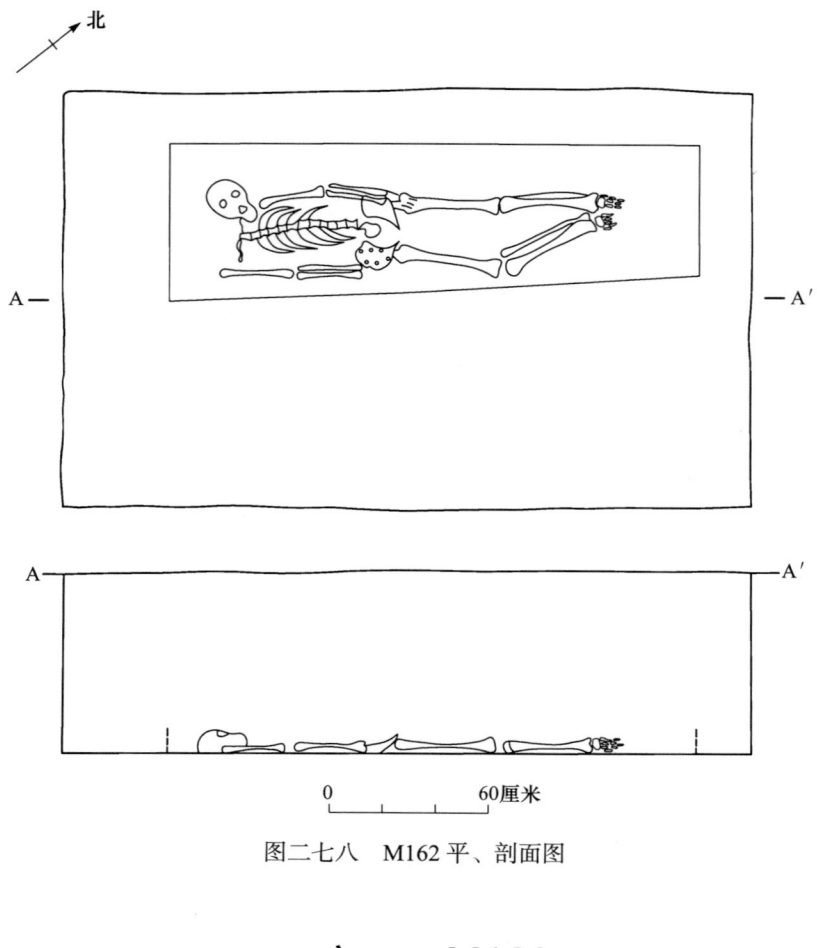

图二七八　M162 平、剖面图

一六一、M163

1. 墓葬形制

该墓位于发掘Ⅲ区东北部，北邻 M164。开口于②层下，南北向，方向 150°。坐标为北纬 39°51′25.8″，东经 116°19′3.3″。

墓平面呈长方形，竖穴土圹双棺合葬墓。墓口距地表深 1 米，墓底距地表深 2.2 米。墓圹南北长 2.3 米，东西宽 1.4 米，深 1.2 米。内填花土，土质松软。内置双棺，棺木已朽：东棺痕长 1.8 米，宽 0.5~0.6 米；棺内骨架保存稍差，头向东南，面向上，头骨下置长 32、宽 14、厚 6 厘米青砖 1 块，仰身直肢，为男性。西棺痕长 2 米，宽 0.5~0.6 米；棺内骨架保存较差，头向东南，面向下，头骨下置长 32、宽 14、厚 6 厘米青砖 1 块，仰身直肢，为女性（图二七九）。

2. 随葬品

东棺外前方出土釉陶罐 1 件，左下肢骨外侧上部出土铜钱 13 枚；西棺外左前方出土釉陶罐 1 件。

釉陶罐　2 件。M163∶1，直口，斜沿，尖圆唇，高领，圆肩，斜弧腹，下部外展，平底内凹。

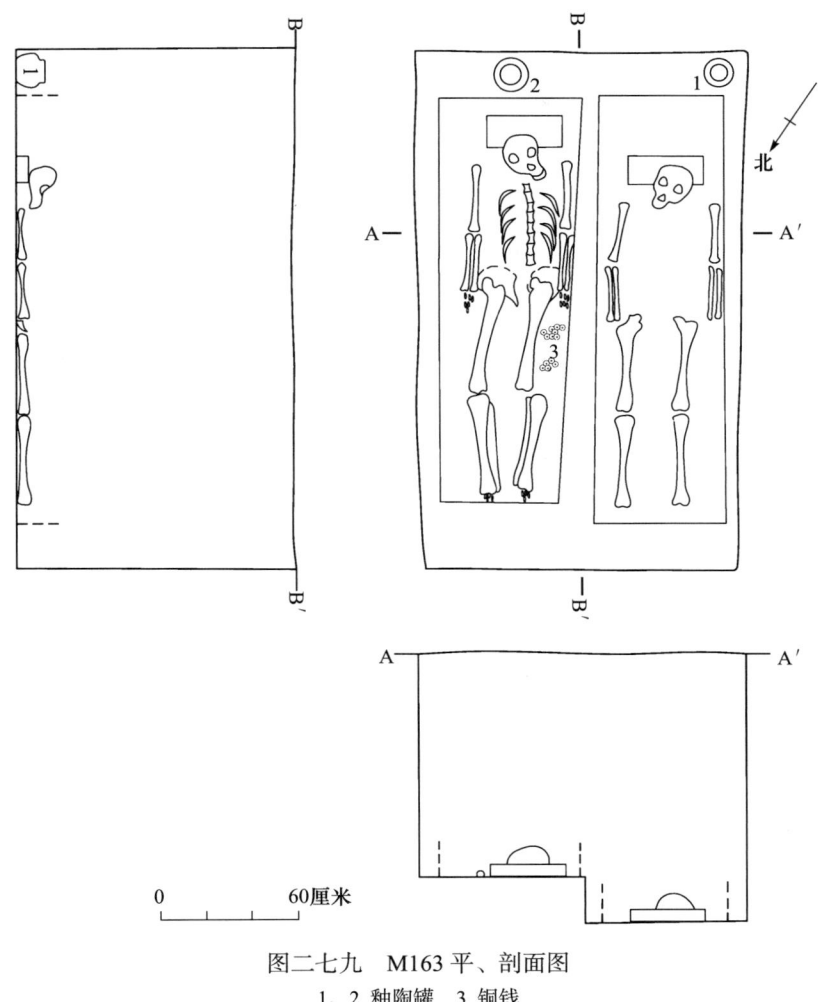

图二七九　M163 平、剖面图
1、2.釉陶罐　3.铜钱

体施黄色釉，部分釉已脱落。轮制。口径9.6厘米，腹径11.8厘米，底径9厘米，高13厘米（图二八○，1；彩版四三，4）。M163：2，侈口，斜沿，尖圆唇，束颈，圆肩，斜腹，平底内凹。体施米黄色釉。轮制，体留有轮旋痕迹。口径9.4厘米，腹径13.4厘米，底径9.6厘米，高13.4厘米（图二八○，2；彩版四三，5）。

铜钱　13枚，有同治重宝、光绪重宝。

同治重宝　7枚。大平钱，方穿，正背面郭缘较宽，正面楷书"同治重寶"四字，直读。标本M163：3-1，背穿左右为满文"宝源"局名，上下楷书"當十"二字。钱径3.06厘米，穿径0.58厘米，郭厚0.2厘米（图二八○，3）。标本M163：3-2，背穿左右为满文"宝泉"局名，上下楷书"當十"二字。钱径2.7厘米，穿径0.68厘米，郭厚0.14厘米（图二八○，4）。

光绪重宝　6枚。大平钱，方穿，正背面郭缘较宽，正面楷书"光緒重寶"四字，直读。标本M163：3-3，背穿左右为满文"宝泉"局名，上下楷书"當十"二字。钱径3.01厘米，穿径0.58厘米，郭厚0.22厘米（图二八○，5）。标本M163：3-4，背穿左右为满文"宝源"局名，上下楷书"當十"二字。钱径2.94厘米，穿径0.52厘米，郭厚0.2厘米（图二八○，6）。

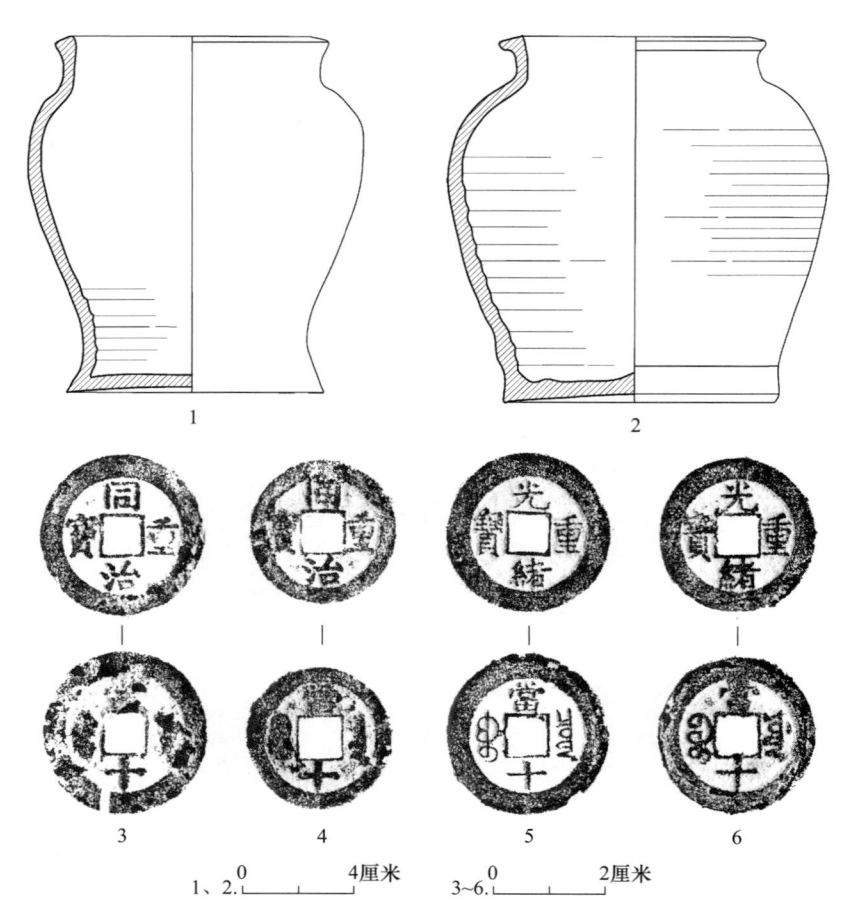

图二八〇 M163 出土器物

1、2. 釉陶罐（M163：1、M163：2） 3、4. 同治重宝（M163：3-1、M163：3-2） 5、6. 光绪重宝（M163：3-3、M163：3-4）

一六二、M164

1. 墓葬形制

该墓位于发掘Ⅲ区东北部，南邻 M163。开口于②层下，南北向，方向 220°。坐标为北纬 39°51′26″，东经 116°19′3.1″。

墓平面呈长方形，竖穴土圹三棺合葬墓。墓口距地表深 1 米，墓底距地表深 2.2 米。墓圹南北长 2.7 米，东西宽 2.6 米，深 1.2 米。内填花土，土质松软。内置三棺，棺木已朽：东棺痕长 2.1 米，宽 0.66 米；棺内未发现骨架，葬式、性别不明。中棺痕长 1.7 米，宽 0.8 米；棺内骨架保存较差，葬式、性别不明。西棺痕长 2 米，宽 0.7 米；棺内骨架保存较差，头向西南，面向上，仰身直肢，为女性（图二八一）。

2. 随葬品

中棺外右前方出土釉陶罐 1 件，右上肢骨内侧中部出土铜钱 3 枚。

釉陶罐 1 件。M164：1，敛口，斜平沿，圆唇，矮领，圆肩，斜腹微弧，平底内凹。腹上部

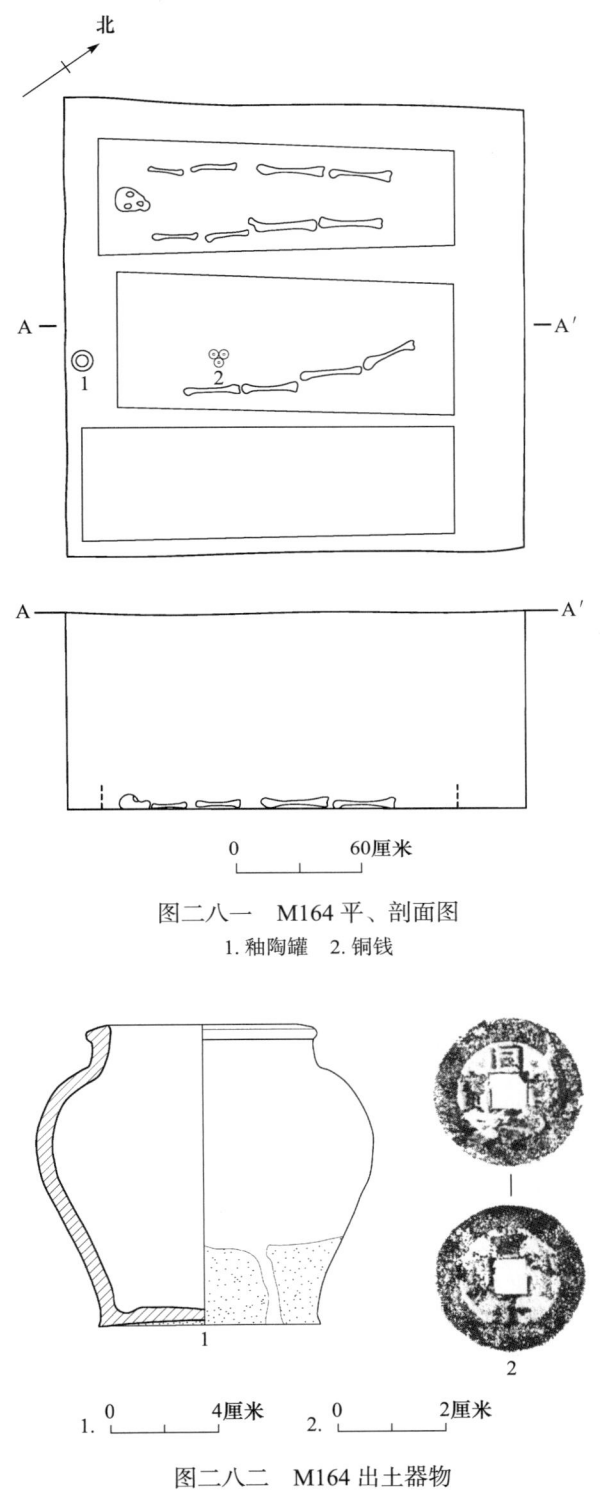

图二八一　M164平、剖面图
1. 釉陶罐　2. 铜钱

图二八二　M164出土器物
1. 釉陶罐（M164：1）　2. 同治重宝（M164：2-1）

及内壁施黄白色釉。轮制。口径8.6厘米，腹径12.4厘米，底径8.2厘米，高11.4厘米（图二八二，1；彩版四三，6）。

同治重宝　3枚。标本M164：2-1，大平钱，方穿，正背面郭缘较宽，正面楷书"同治重寳"四字，直读，背穿左右为满文"宝泉"局名，上下楷书"當十"二字。钱径2.9厘米，穿径0.52厘米，郭厚 0.16 厘米（图二八二，2）。

一六三、M165

1. 墓葬形制

该墓位于发掘Ⅲ区东南部。开口于②层下，东西向，方向 285°。坐标为北纬 39° 51′ 40.78″，东经 116° 18′ 49.08″。

墓平面呈长方形，竖穴土圹单棺墓。墓口距地表深 1.6 米，墓底距地表深 3.1 米。墓圹东西长 2.4 米，南北宽 1.5 米，深 1.5 米。内填花土，土质松软。内置单棺，棺长 1.9 米，宽 0.55～0.65 米，残高 0.4 米，棺板厚 0.06 米，前封板厚 0.05 米，后封板、底板厚 0.07 米；棺内骨架保存较差，头向西，面向上，葬式、性别不明（图二八三）。

2. 随葬品

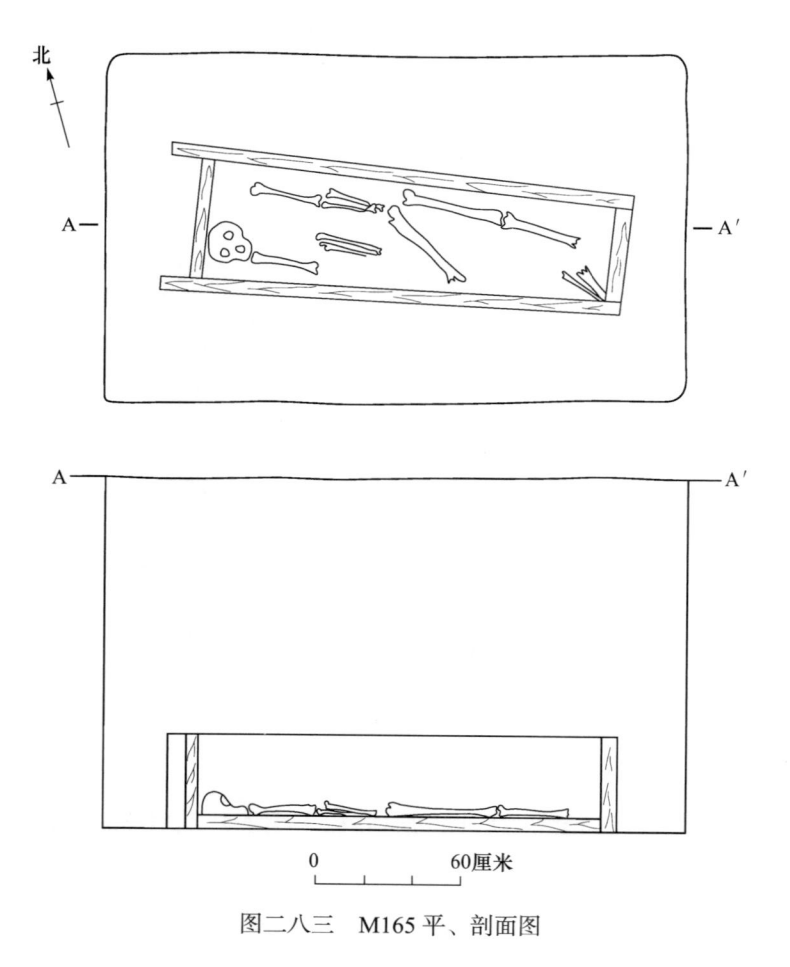

未发现随葬品。

图二八三　M165 平、剖面图

一六四、M166

1. 墓葬形制

该墓位于发掘I区中部，西邻M107。开口于②层下，南北向，方向0°。坐标为北纬39°51′33.3″，东经116°18′44.8″。

墓平面呈梯形，竖穴土圹单棺墓。墓口距地表深0.4米，墓底距地表深1.2米。墓圹南北长2.2米，东西宽1~1.2米，深0.8米。内填花土，土质松软。内置单棺，棺木已朽，棺痕长1.8米，宽0.6~0.7米；棺内骨架保存较差，头向北，面向上，仰身直肢，为男性（图二八四）。

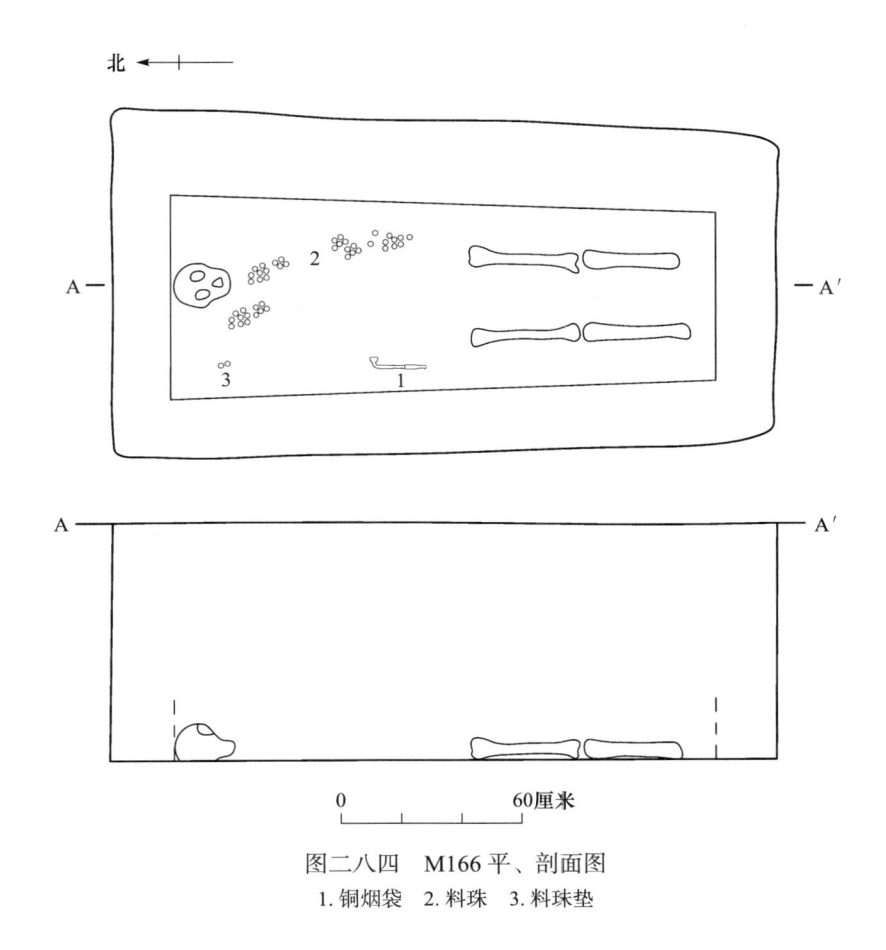

图二八四 M166平、剖面图
1. 铜烟袋 2. 料珠 3. 料珠垫

2. 随葬品

棺内头骨下方出土料珠45颗、料珠垫3件，右下肢骨外侧上部出土铜烟袋1件。

铜烟袋 1件。M166:1，铜质烟锅，平面呈圆形；烟杆为木质圆筒状，内中空，大部分已朽；玉质烟嘴，前端为筒状，后端折收，顶端呈圆帽形。残长15厘米，锅径2.3厘米（图二八五，1）。

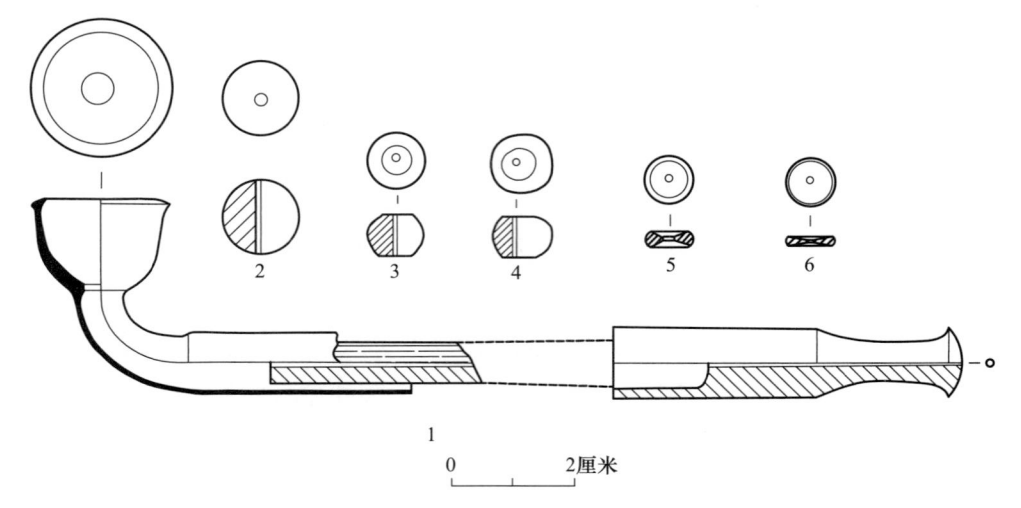

图二八五　M166 出土器物

1. 铜烟袋（M166：1）　2～4. 料珠（M166：2-1、M166：2-2、M166：2-3）　5、6. 料珠垫（M166：3-1、M166：3-2）

料珠　45 颗。标本 M166：2-1，棕褐色，圆球形，中间穿孔。直径 1.3 厘米，孔径 0.15 厘米（图二八五，2；彩版七四，1）。标本 M166：2-2、M166：2-3，形制相同。白色，扁圆形，呈算珠状，中间穿孔。标本 M166：2-2，直径 0.8 厘米，高 0.7 厘米，孔径 0.15 厘米（图二八五，3；彩版七四，1）。标本 M166：2-3，直径 0.85 厘米，高 0.7 厘米，孔径 0.15 厘米（图二八五，4；彩版七四，1）。

料珠垫　3 件。呈圆饼状，中间穿孔，截面近似哑铃状。标本 M166：3-1，直径 0.8 厘米，孔径 0.15 厘米，厚 0.3 厘米（图二八五，5；彩版七四，2）。标本 M166：3-2，直径 0.8 厘米，孔径 0.15 厘米，厚 0.15 厘米（图二八五，6；彩版七四，2）。

一六五、M167

1. 墓葬形制

该墓位于发掘Ⅰ区东北部。开口于②层下，南北向，方向 320°。坐标为北纬 39°51′34.1″，东经 116°18′45.2″。

墓平面呈长方形，竖穴土圹单棺墓。墓口距地表深 0.3 米，墓底距地表深 1.3 米。墓圹南北长 2.2 米，东西宽 1 米，深 1 米。内填花土，土质松软。内置单棺，棺木已朽，棺痕长 1.8 米，宽 0.6 米；棺内骨架保存较好，头向西北，面向上，仰身直肢，为女性（图二八六）。

2. 随葬品

棺内下肢骨内侧上部出土铜钱 5 枚，有顺治通宝、咸丰重宝、咸丰通宝。

顺治通宝　1 枚。M167：1-1，平钱，方穿，正背面郭缘较宽，正面楷书"顺治通寶"四字，直读，背穿左右为满文"宝泉"局名。钱径 2.71 厘米，穿径 0.49 厘米，郭厚 0.11 厘米（图二八七，1）。

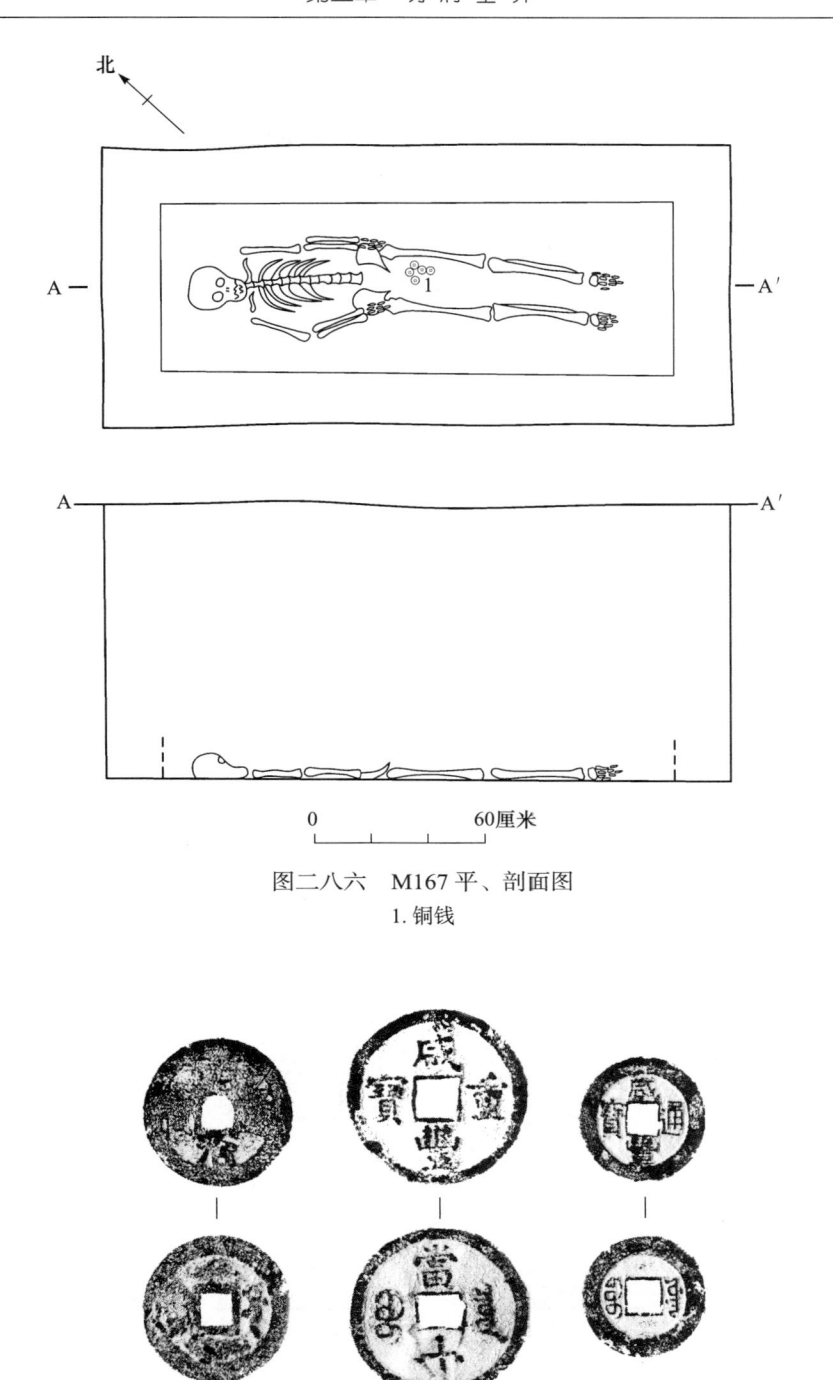

图二八六　M167平、剖面图
1.铜钱

图二八七　M167出土铜钱（拓片）
1. 顺治通宝（M167：1-1）　2. 咸丰重宝（M167：1-2）　3. 咸丰通宝（M167：1-3）

咸丰重宝　1枚。M167：1-2，大平钱，方穿，正背面郭缘稍窄，正面楷书"咸豐重寳"四字，直读，背穿左右为满文"宝泉"局名，上下楷书"當十"二字。钱径3.3厘米，穿径0.58厘米，郭厚0.28厘米（图二八七，2）。

咸丰通宝　3枚。标本 M167：1-3，平钱，方穿，正背面郭缘稍宽，正面楷书"咸豐通寶"四字，直读，背穿左右为满文"宝源"局名。钱径 2.32 厘米，穿径 0.5 厘米，郭厚 0.16 米（图二八七，3）。

一六六、M168

1. 墓葬形制

该墓位于发掘Ⅲ区西南部，西邻 M170。开口于②层下，南北向，方向 340°。坐标为北纬 39°51′14.8″，东经 116°18′56.3″。

墓平面呈长方形，竖穴土圹单棺墓。墓口距地表深 1.5 米，墓底距地表深 2.4 米。墓圹南北长 2.2 米，东西宽 1 米，深 0.9 米。内填花土，土质松软。内置单棺，棺木已朽，棺痕长 1.8 米，宽 0.5～0.6 米；棺内骨架保存较好，头向西北，面向上，仰身直肢，为男性（图二八八）。

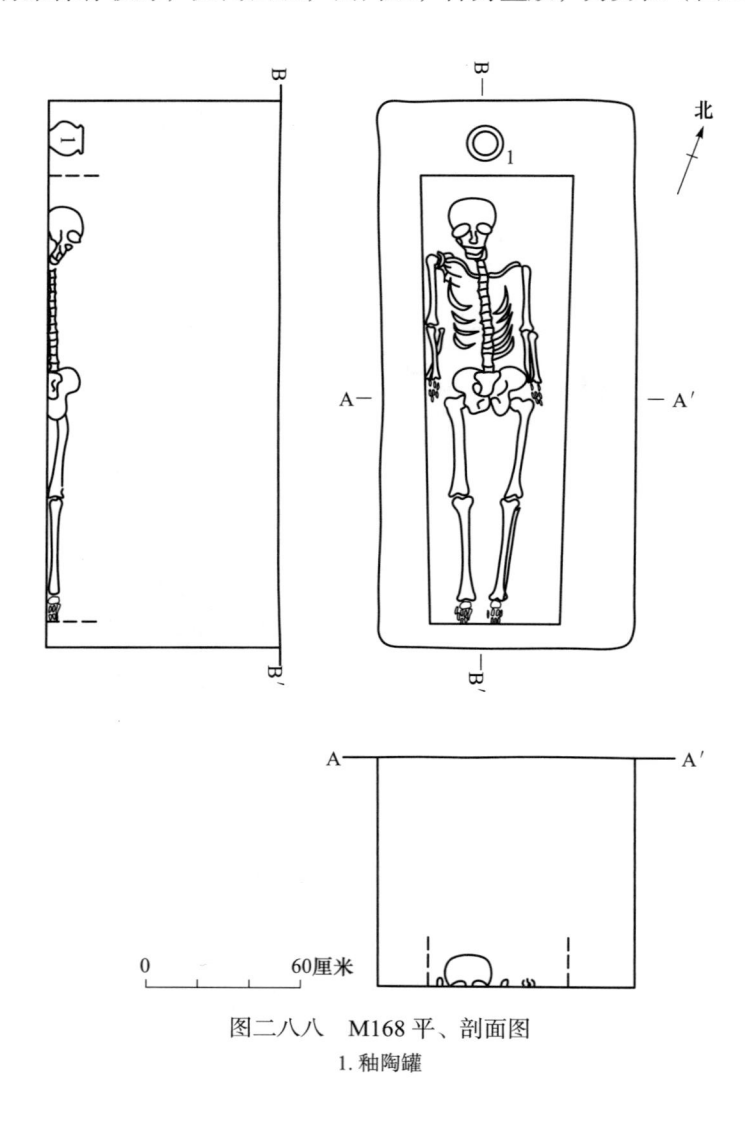

图二八八　M168 平、剖面图
1. 釉陶罐

2. 随葬品

棺外前方出土釉陶罐1件。

釉陶罐 1件。M168：1，敛口，方唇，圆肩，斜直腹，平底内凹。肩部及口沿内侧施黄绿色釉。罐内放置一铁钉，与罐壁连为一体。口径8.4厘米，腹径11.6厘米，底径8.2厘米，高12厘米（图二八九；彩版四八，1）。

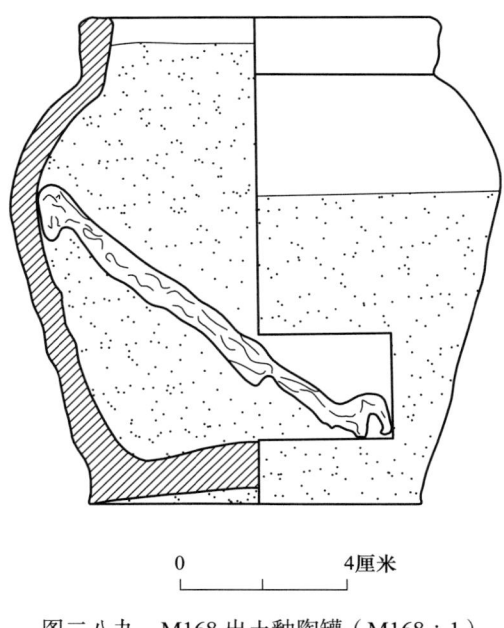

图二八九 M168出土釉陶罐（M168：1）

一六七、M169

1. 墓葬形制

该墓位于发掘Ⅲ区西南部，南邻M170。开口于②层下，南北向，方向355°。坐标为北纬39°51′14.8″，东经116°18′56.5″。

墓平面呈长方形，竖穴土圹双棺合葬墓。墓口距地表深1.4米，墓底距地表深2.3~2.6米。墓圹南北长2.2米，东西宽1.4米，深0.9~1.2米。内填花土，土质松软。内置双棺，棺木已朽：东棺痕长1.7米，宽0.6~0.7米；棺内骨架保存稍好，头向北，面向东，仰身直肢，为男性。西棺痕长1.8米，宽0.4~0.6米；棺内骨架保存稍好，头向北，面向上，仰身直肢，为女性（图二九〇）。

2. 随葬品

东棺外前方出土釉陶罐1件，盆骨左侧出土铜钱3枚；西棺外前方出土釉陶罐1件。

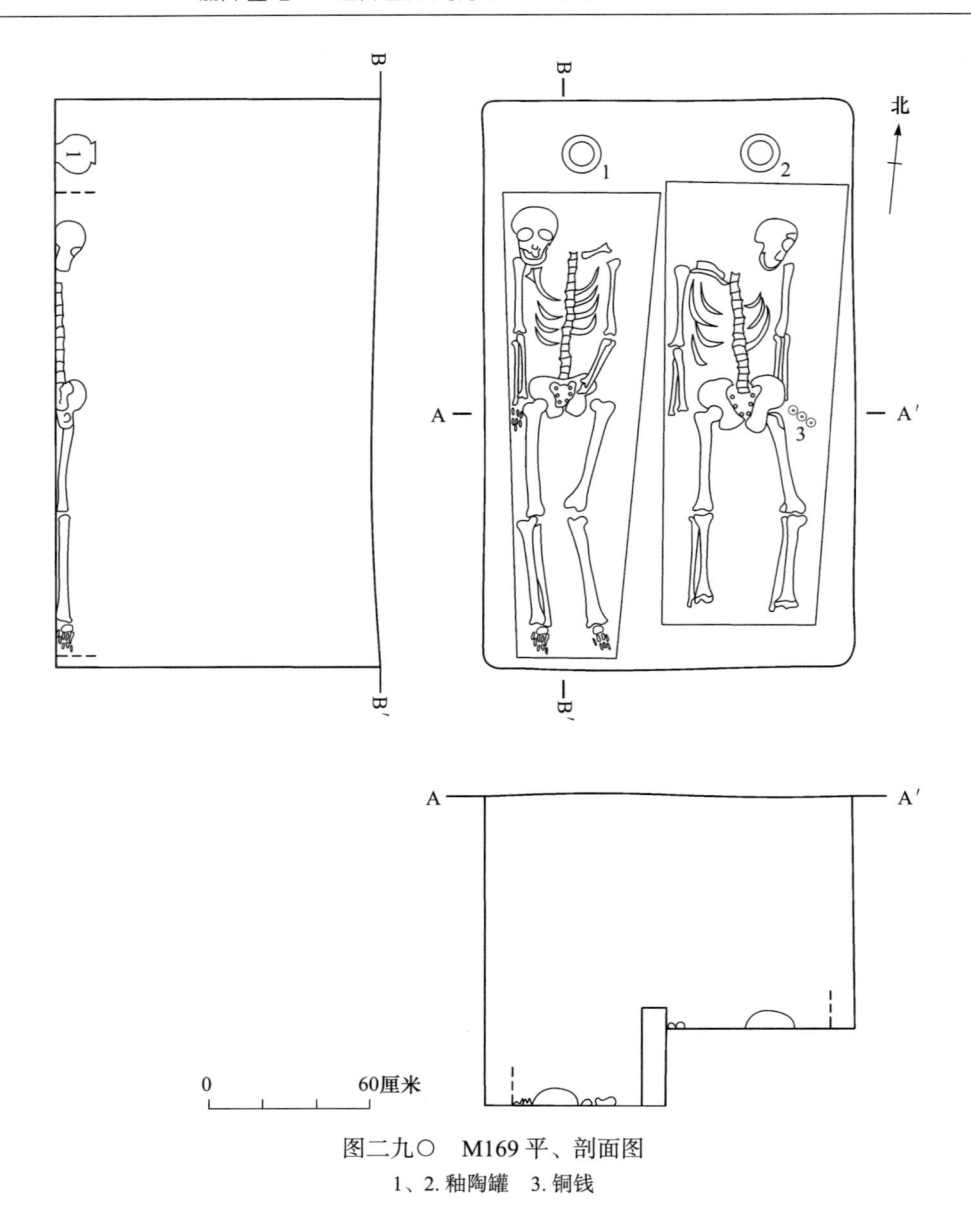

图二九〇　M169平、剖面图
1、2.釉陶罐　3.铜钱

釉陶罐　2件。M169：1，直口，方圆唇，斜领，弧肩，圆鼓腹，矮圈足。肩上部及口沿内侧施绿釉，泛蓝。轮制。口径7厘米，腹径12厘米，底径6.6厘米，高11.6厘米（图二九一，1；彩版四八，2）。M169：2，近直口，圆唇，矮领，圆肩，弧腹，圈足。腹上部及口沿内侧施酱色釉。轮制，体留有轮旋痕迹。口径10.8厘米，腹径14厘米，底径7.4厘米，高12.2厘米（图二九一，2；彩版四八，3）。

铜钱　3枚，有开元通宝、皇宋通宝、元丰通宝。

开元通宝　1枚。M169：3-1，平钱，方穿，正面郭缘稍窄，背面无郭，正面楷书"開元通寶"四字，直读。钱径2.38厘米，穿径0.66厘米，郭厚0.11厘米（图二九一，3；彩版八二，4）。

皇宋通宝　1枚。M169：3-2，平钱，方穿，正面郭缘稍宽，背面无郭，正面书"皇宋通寶"四字，直读，"皇宋"二字为篆书，"通寶"二字为楷书。钱径2.43厘米，穿径0.63厘米，郭厚0.09厘米（图二九一，4）。

元丰通宝　1枚。M169：3-3，平钱，方穿，正面郭缘稍窄，背面无郭，正面行书"元豐通寶"四字，旋读。钱径2.45厘米，穿径0.66厘米，郭厚0.11厘米（图二九一，5）。

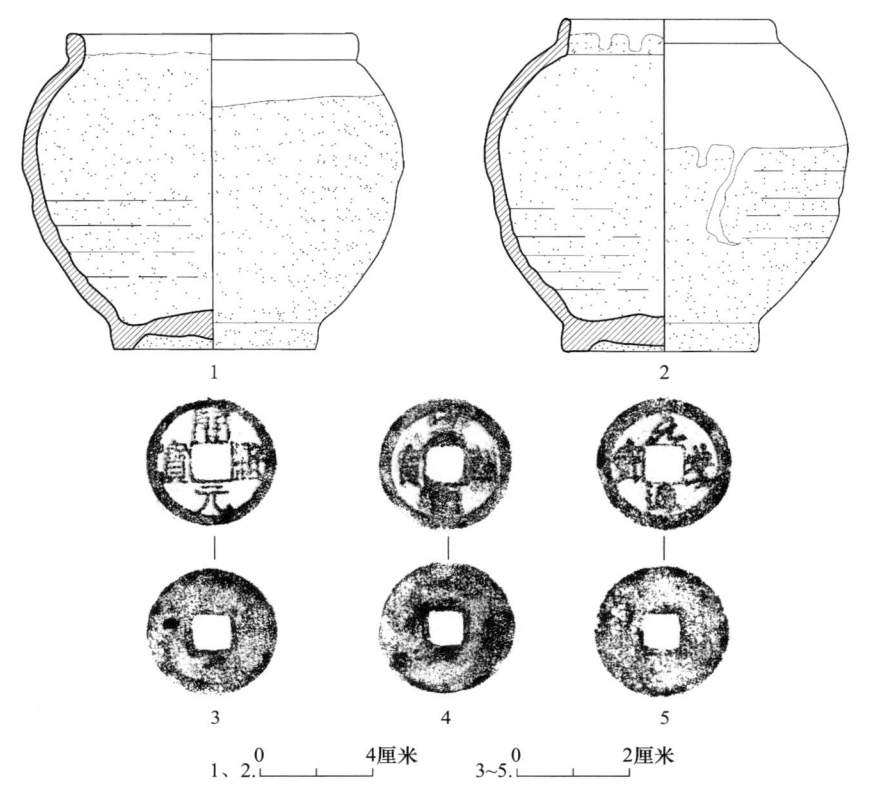

图二九一　M169出土器物
1、2. 釉陶罐（M169：1、M169：2）　3. 开元通宝（M169：3-1）　4. 皇宋通宝（M169：3-2）　5. 元丰通宝（M169：3-3）

一六八、M170

1. 墓葬形制

该墓位于发掘Ⅲ区西南部，北邻M169。开口于②层下，南北向，方向350°。坐标为北纬39°51′14.8″，东经116°18′56.4″。

墓平面呈长方形，竖穴土圹双棺合葬墓。墓口距地表深1.5米，墓底距地表深2.22～2.6米。墓圹南北长2.4米，东西宽1.4米，深0.72～1.1米。内填花土，土质松软。内置双棺，棺木已朽：东棺痕长1.9米，宽0.5～0.6米；棺内骨架保存稍好，头向北，面向上，仰身直肢，为男性。西棺痕长1.8米，宽0.5～0.6米；棺内骨架保存较差，头向北，面向西，侧身屈肢，为女性（图二九二）。

2. 随葬品

未发现随葬品。

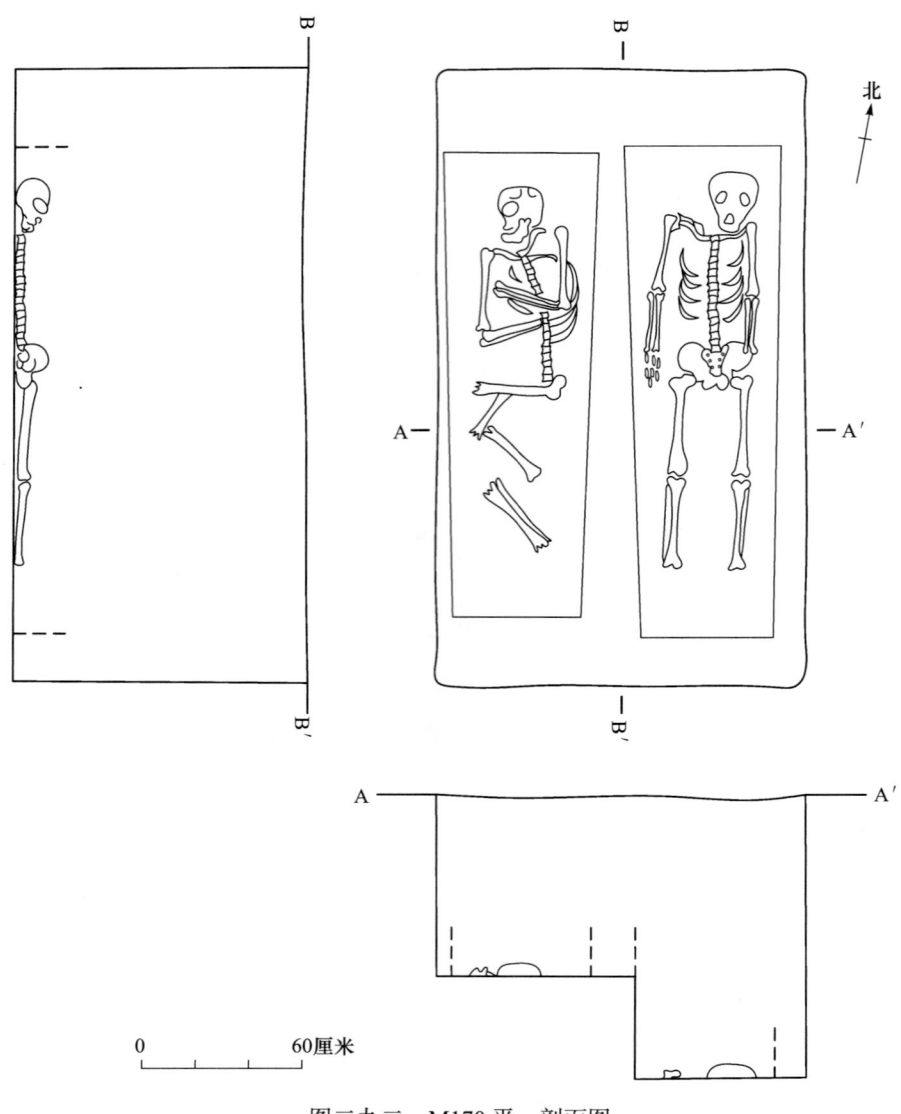

图二九二　M170 平、剖面图

一六九、M171

1. 墓葬形制

该墓位于发掘Ⅲ区西南部，东邻 M168。开口于②层下，南北向，方向 335°。坐标为北纬 39°51′15.2″，东经 116°18′55.7″。

墓平面呈梯形，竖穴土圹双棺合葬墓。墓口距地表深 0.4 米，墓底距地表深 2 米。墓圹南北长 2.4 米，东西宽 1.3~1.4 米，深 1.6 米。内填花土，土质松软。内置双棺，棺木已朽：东棺痕长 1.9 米，宽 0.54 米；棺内骨架保存较差，头向西北，面向上，仰身直肢，为男性。西棺痕长 1.9 米，宽 0.5 米；棺内骨架保存较差，头向西北，面向上，仰身直肢，为女性（图二九三；彩版一三，2）。

图二九三　M171平、剖面图
1. 釉陶罐　2. 铜钱

2. 随葬品

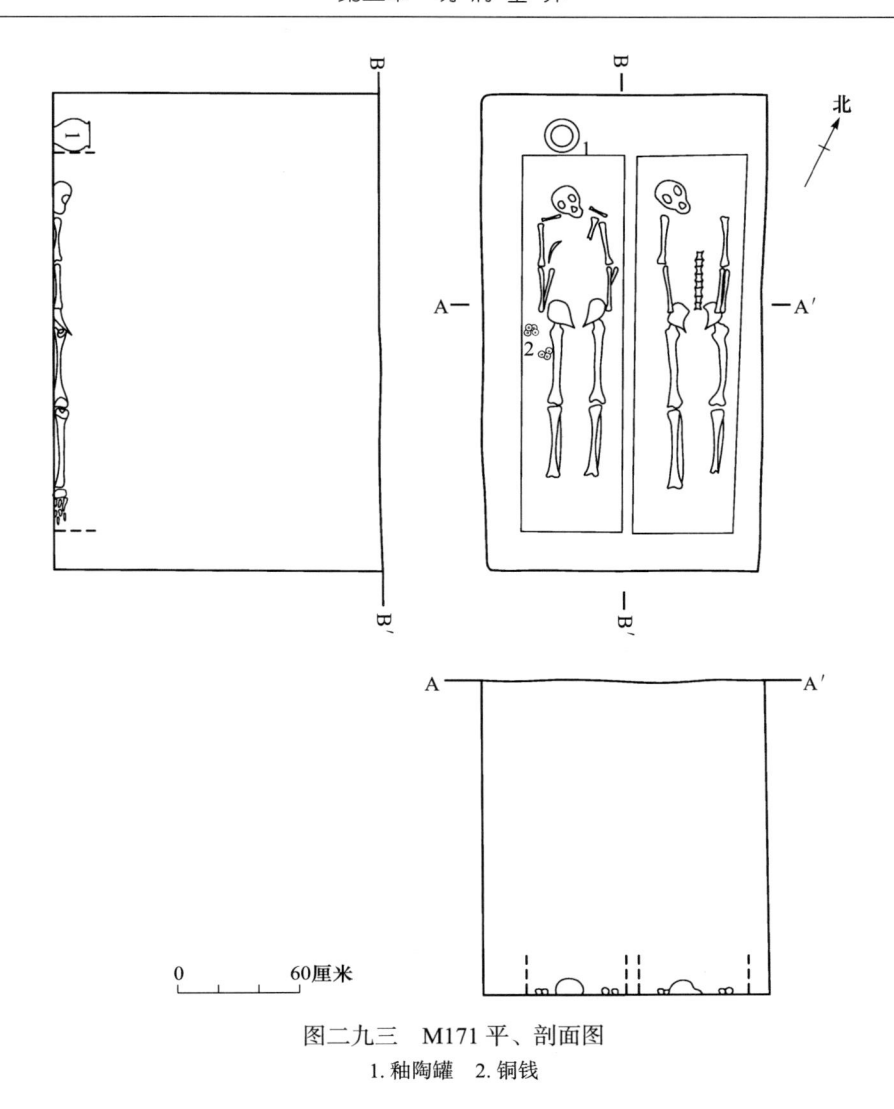

西棺外右前方出土釉陶罐1件，右下肢骨外侧上部出土铜钱7枚。

釉陶罐　1件。M171：1，敛口，圆唇，斜领，弧肩，圆腹，高圈足。肩部及口沿内侧施深绿色釉。轮制，体留有轮旋痕迹。口径9厘米，腹径13.6厘米，底径7.2厘米，高13.4厘米（图二九四，1；彩版四八，4）。

铜钱　7枚，有祥符元宝、宣德通宝、嘉靖通宝。

祥符元宝　1枚。M171：2-1，平钱，方穿，正面郭缘较宽，背面无郭，正面行书"祥符元寶"四字，旋读。钱径2.45厘米，穿径0.58厘米，郭厚0.15厘米（图二九四，2；彩版八二，5）。

宣德通宝　1枚。M171：2-2，平钱，方穿，正背面郭缘稍宽，正面楷书"宣德通寶"四字，直读。钱径2.42厘米，穿径0.44厘米，郭厚0.15厘米（图二九四，3；彩版八二，5）。

嘉靖通宝　5枚。标本M171：2-3，平钱，方穿，正背面郭缘稍窄，正面楷书"嘉靖通寶"四字，直读。钱径2.52厘米，穿径0.53厘米，郭厚0.13厘米（图二九四，4；彩版八二，5）。

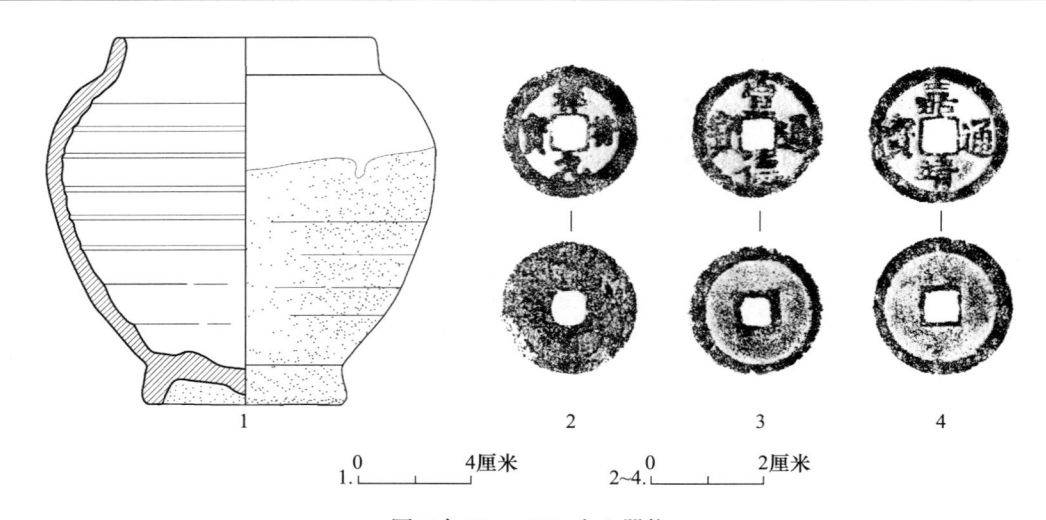

图二九四　M171 出土器物

1. 釉陶罐（M171：1）　2. 祥符元宝（M171：2-1）　3. 宣德通宝（M171：2-2）　4. 嘉靖通宝（M171：2-3）

一七〇、M172

1. 墓葬形制

该墓位于发掘Ⅲ区西部，东邻 M173。开口于②层下，南北向，方向 340°。坐标为北纬 39° 51′ 23.5″，东经 116° 18′ 52.99″。

墓平面呈长方形，竖穴土圹单棺墓。墓口距地表深 1.3 米，墓底距地表深 2.1 米。墓圹南北长 2.5 米，东西宽 0.9 米，深 0.8 米。内填花土，土质松软。内置单棺，棺木已朽，棺痕长 1.9 米，宽 0.5~0.6 米；棺内骨架保存较差，头向北，面向上，仰身直肢，为男性（图二九五）。

2. 随葬品

棺外前方出土瓷罐 1 件，头骨上方出土银押发 1 件，左上肢骨外侧下部出土铜钱 3 枚。

瓷罐　1 件。M172：1，敛口，圆唇，斜领，弧肩，圆腹，矮圈足，肩部置倒鼻形对称双系。缸胎，肩上部及内壁施酱色釉。手轮兼制。口径 8.2 厘米，腹径 10.8 厘米，底径 6.6 厘米，高 9.4 厘米（图二九六，1；彩版四八，5）。

银押发　1 件。M172：2，一端呈弯曲叶状，錾刻"寿"字纹，寿字上下部錾刻蝙蝠纹、花卉纹，一端呈圆锥状。通长 6.8 厘米，上端宽 1.2 厘米（图二九六，2；彩版七四，3）。

同治重宝　3 枚。大平钱，方穿，正背面郭缘较宽，正面楷书"同治重寶"四字，直读。标本 M172：3-1，背穿左右为满文"宝泉"局名，上下楷书"当十"二字。钱径 2.84 厘米，穿径 0.58 厘米，郭厚 0.12 厘米（图二九六，3）。标本 M172：3-2，背穿左右为满文"宝源"局名，上下楷书"当十"二字。钱径 2.48 厘米，穿径 0.62 厘米，郭厚 0.12 厘米（图二九六，4）。

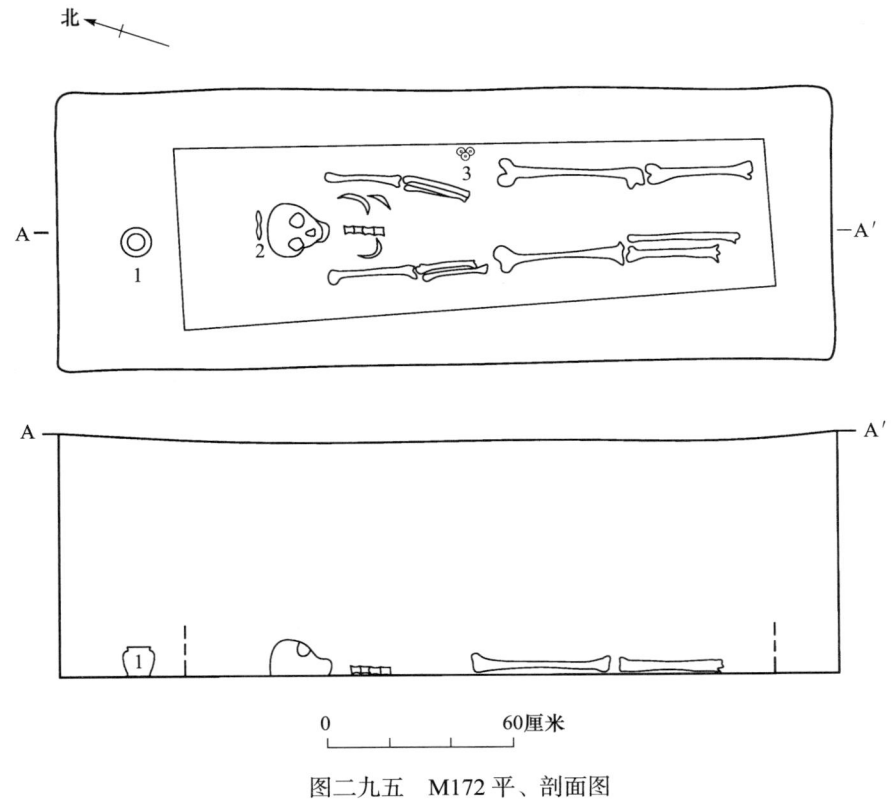

图二九五　M172平、剖面图
1. 瓷罐　2. 银押发　3. 铜钱

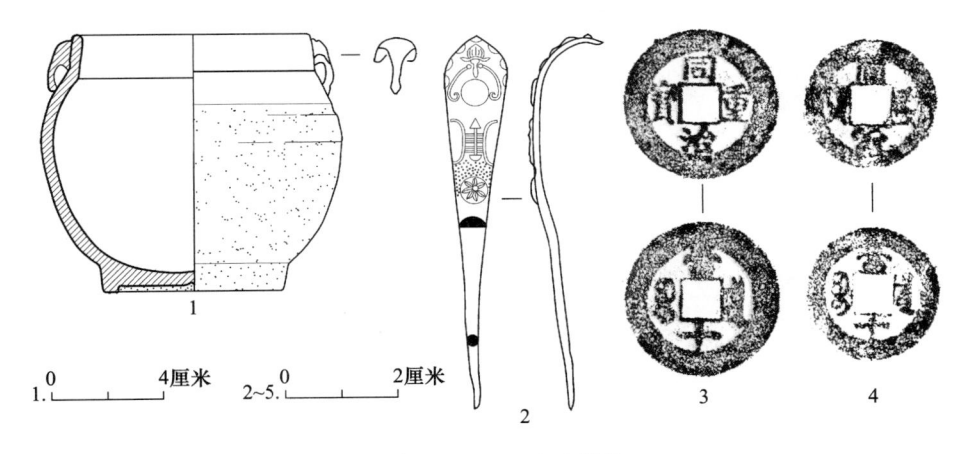

图二九六　M172出土器物
1. 瓷罐（M172：1）　2. 银押发（M172：2）　3、4. 同治重宝（M172：3-1、M172：3-2）

一七一、M173

1. 墓葬形制

该墓位于发掘Ⅲ区西部，西邻M172。开口于②层下，南北向，方向330°。坐标为北纬39°51′

20.7″，东经 116°18′53.4″。

墓平面呈梯形，竖穴土圹单棺迁葬墓。墓口距地表深 1.4 米，墓底距地表深 2.3 米。墓圹南北长 2.12 米，东西宽 1~1.1 米，深 0.9 米。内填花土，土质松软。内置单棺，棺木已朽，棺痕长 1.8 米，宽 0.5~0.6 米；棺内未发现骨架，葬式、性别不明（图二九七）。

图二九七　M173 平、剖面图
1. 釉陶罐

2. 随葬品

棺外前方出土釉陶罐 1 件。

釉陶罐　1 件。M173：1，直口，平沿，尖圆唇，圆肩，斜腹微弧，平底内凹。腹上部施米黄色釉，下部遗有流釉痕迹，底部无釉。轮制。口径 9 厘米，腹径 12.4 厘米，底径 8.8 厘米，高 12.2 厘米（图二九八；彩版四八，6）。

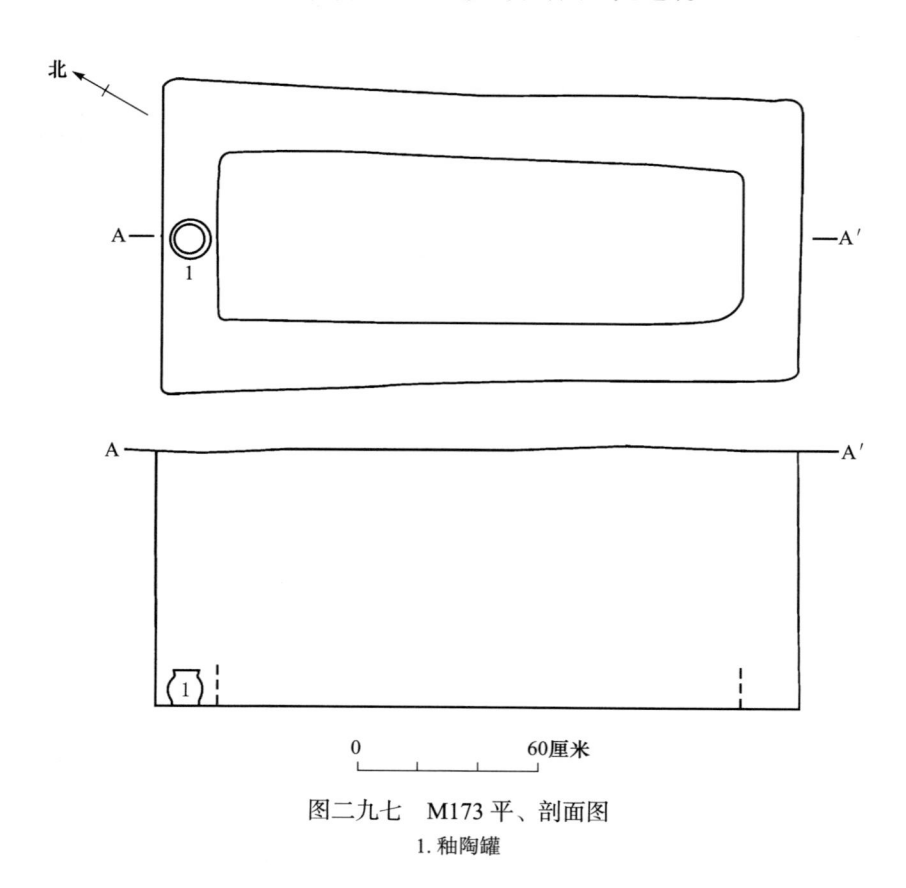

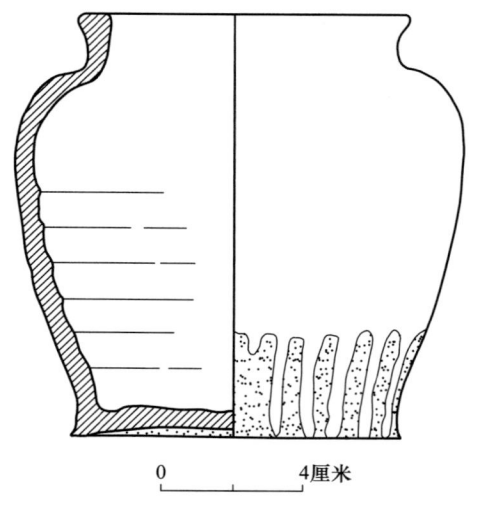

图二九八　M173 出土釉陶罐
（M173：1）

一七二、M174

1. 墓葬形制

该墓位于发掘Ⅰ区中部，南邻 M175。开口于②层下，南北向，方向 15°。坐标为北纬 39° 51′ 33.6″，东经 116° 18′ 43.8″。

墓平面呈梯形，竖穴土圹双棺合葬墓。墓口距地表深 0.3 米，墓底距地表深 1.05~1.5 米。墓圹南北长 2.6 米，东西宽 2.1~2.2 米，深 0.75~1.2 米。内填花土，土质松软。内置双棺，棺木已朽：东棺痕长 1.8 米，宽 0.7 米；棺内骨架保存稍好，头向北，面向上，仰身直肢，为女性。西棺痕长 1.7 米，宽 0.6 米；棺内骨架保存较差，头向西，面向下，葬式不明，为男性（图二九九）。

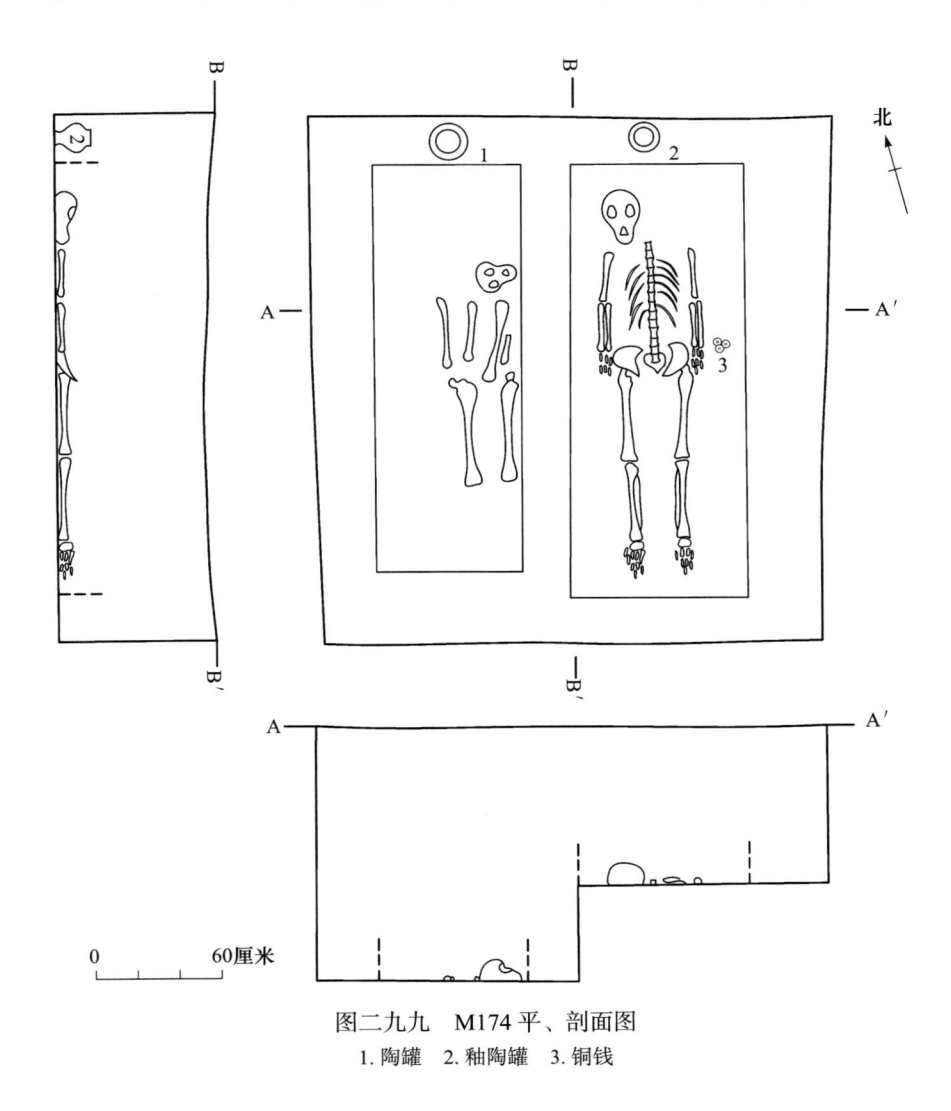

图二九九 M174 平、剖面图
1. 陶罐 2. 釉陶罐 3. 铜钱

2. 随葬品

东棺外前方出土陶罐 1 件，左上肢骨外侧下部出土铜钱 3 枚；西棺外前方出土釉陶罐 1 件。

陶罐　1件。M174：1，泥质灰陶。敛口，平沿，尖圆唇，束颈，斜肩，腹微弧，平底内凹。轮制，体留有轮旋痕迹。口径6.8厘米，腹径12厘米，底径7.8厘米，高11.6厘米（图三〇〇，1；彩版四九，1）。

釉陶罐　1件。M174：2，直口微侈，斜沿，尖圆唇，束颈，圆肩，弧腹内收，底部外展，平底内凹。体施米黄色釉。轮制。口径10.6厘米，腹径12厘米，底径8.6厘米，高14厘米（图三〇〇，2；彩版四九，2）。

铜钱　3枚，有道光通宝、咸丰通宝、咸丰重宝。

道光通宝　1枚。M174：3-1，平钱，方穿，正背面郭缘较宽，正面楷书"道光通寶"四字，直读，背穿左右为满文"宝源"局名。钱径2.26厘米，穿径0.55厘米，郭厚0.16厘米（图三〇〇，3）。

咸丰通宝　1枚。M174：3-2，平钱，方穿，正背面郭缘稍宽，正面楷书"咸豐通寶"四字，直读，背穿左右为满文"宝源"局名。钱径2.3厘米，穿径0.5厘米，郭厚0.16厘米（图三〇〇，4）。

咸丰重宝　1枚。M174：3-3，大平钱，方穿，正背面郭缘稍宽，正面楷书"咸豐重寶"四字，直读，背穿左右为满文"宝泉"局名，上下楷书"當十"二字。钱径3.32厘米，穿径0.73厘米，郭厚0.29厘米（图三〇〇，5）。

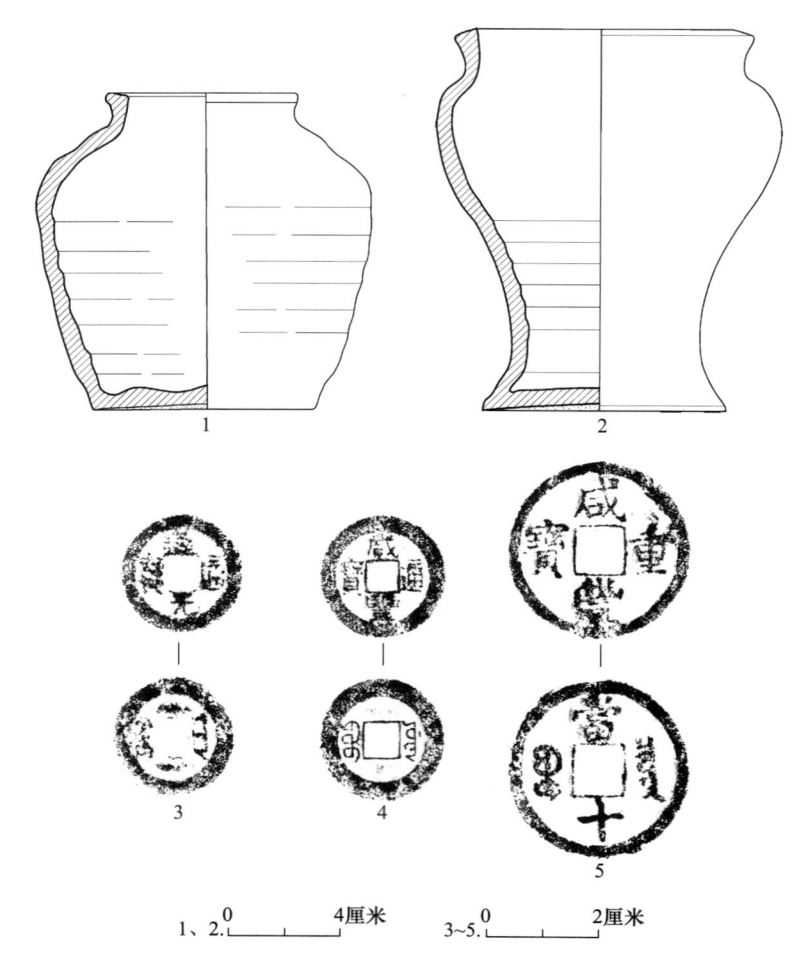

图三〇〇　M174出土器物
1. 陶罐（M174：1）　2. 釉陶罐（M174：2）　3. 道光通宝（M174：3-1）　4. 咸丰通宝（M174：3-2）
5. 咸丰重宝（M174：3-3）

一七三、M175

1. 墓葬形制

该墓位于发掘Ⅰ区中部,北邻 M174。开口于②层下,南北向,方向 0°。坐标为北纬 39° 51′ 33.6″,东经 116° 18′ 43.8″。

墓平面呈梯形,竖穴土圹双棺合葬墓。墓口距地表深 0.3 米,墓底距地表深 1.32~1.5 米。墓圹南北长 2.8 米,东西宽 1.6~1.8 米,深 1.02~1.2 米。内填花土,土质松软。内置双棺,棺木已朽:东棺痕长 1.9 米,宽 0.7 米;棺内骨架保存较差,头向西北,面向西,仰身直肢,为女性。西棺痕长 1.9 米,宽 0.7 米;棺内骨架保存较差,头向北,面向上,仰身直肢,为男性(图三○一;彩版一四,1)。

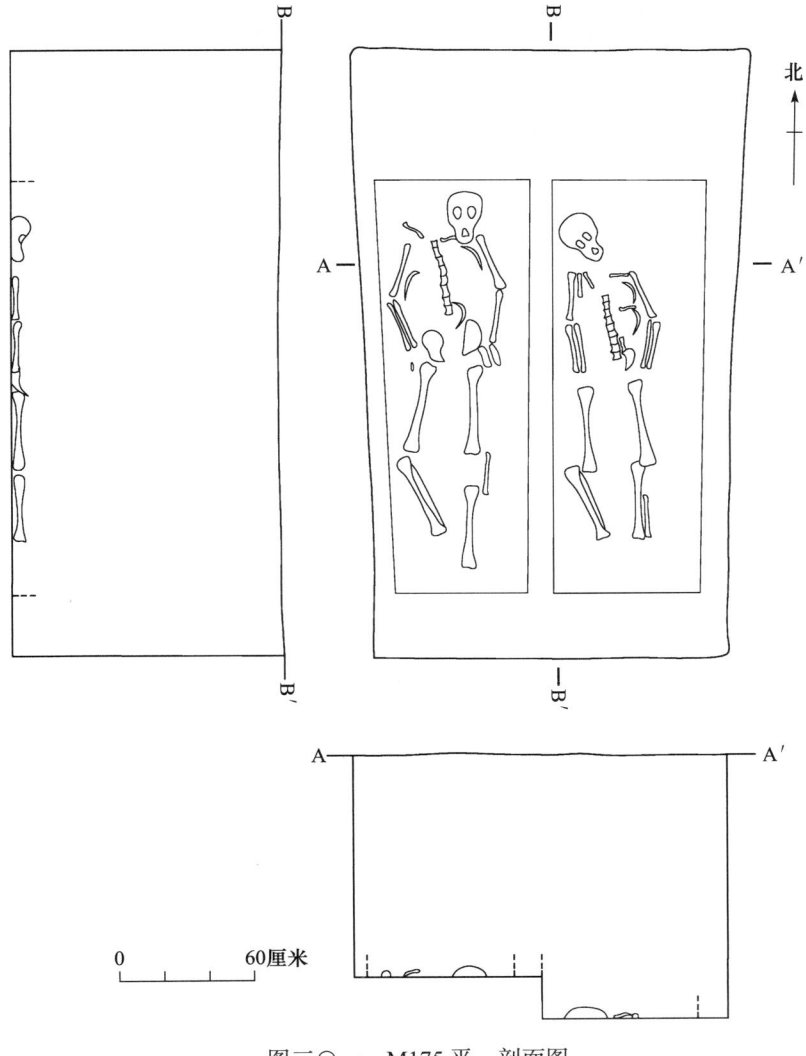

图三○一 M175 平、剖面图

2. 随葬品

未发现随葬品。

一七四、M176

1. 墓葬形制

该墓位于发掘Ⅰ区东北部。开口于②层下,东西向,方向270°。坐标为北纬39°51′36.4″,东经116°18′48.5″。

墓平面呈长方形,竖穴土圹单棺迁葬墓。墓口距地表深0.6米,墓底距地表深1.4米。墓圹东西长2.4米,南北宽1.4米,深0.8米。内填花土,土质松软。内置单棺,棺木已朽,棺痕长2米,宽0.6米;棺内未发现骨架,葬式、性别不明(图三○二)。

2. 随葬品

未发现随葬品。

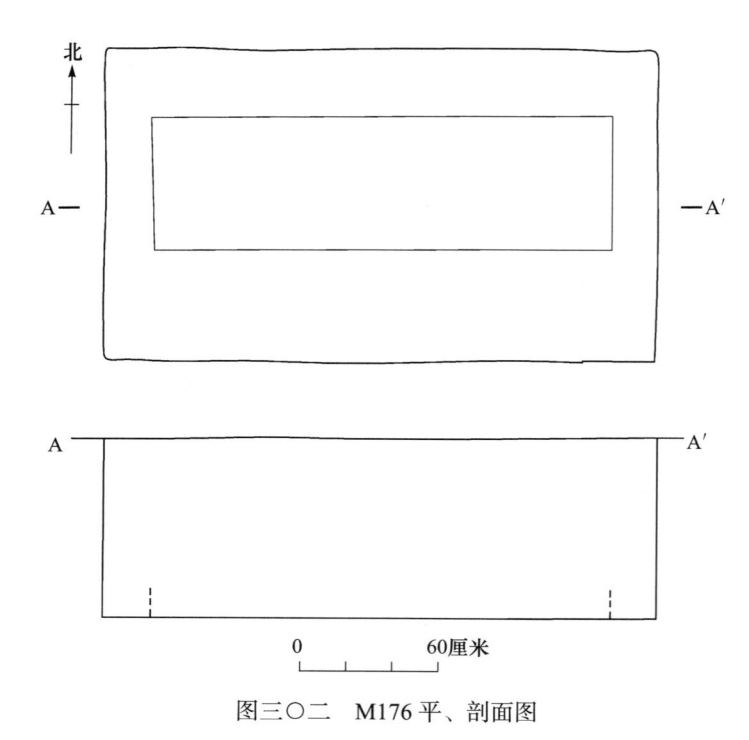

图三○二　M176平、剖面图

一七五、M177

1. 墓葬形制

该墓位于发掘 I 区东北部，西邻 M178。开口于②层下，东西向，方向 270°。坐标为北纬 39°51′35.7″，东经 116°18′48.9″。

墓平面呈长方形，竖穴土圹三棺合葬墓。墓口距地表深 0.6 米，墓底距地表深 1.6 米。墓圹东西长 2.7 米，南北宽 2.94 米，深 1 米。内填花土，土质松软。内置三棺，棺木已朽：南棺痕长 1.9 米，宽 0.8 米；棺内骨架保存较好，头向西，面向北，仰身直肢，为男性。中棺痕长 1.86 米，宽 0.72 米；棺内骨架保存较差，头向西，面向上，仰身直肢，为女性。北棺痕长 1.84 米，宽 0.58 米；棺内骨架保存较差，头向西，面向上，仰身屈肢，为女性（图三〇三）。

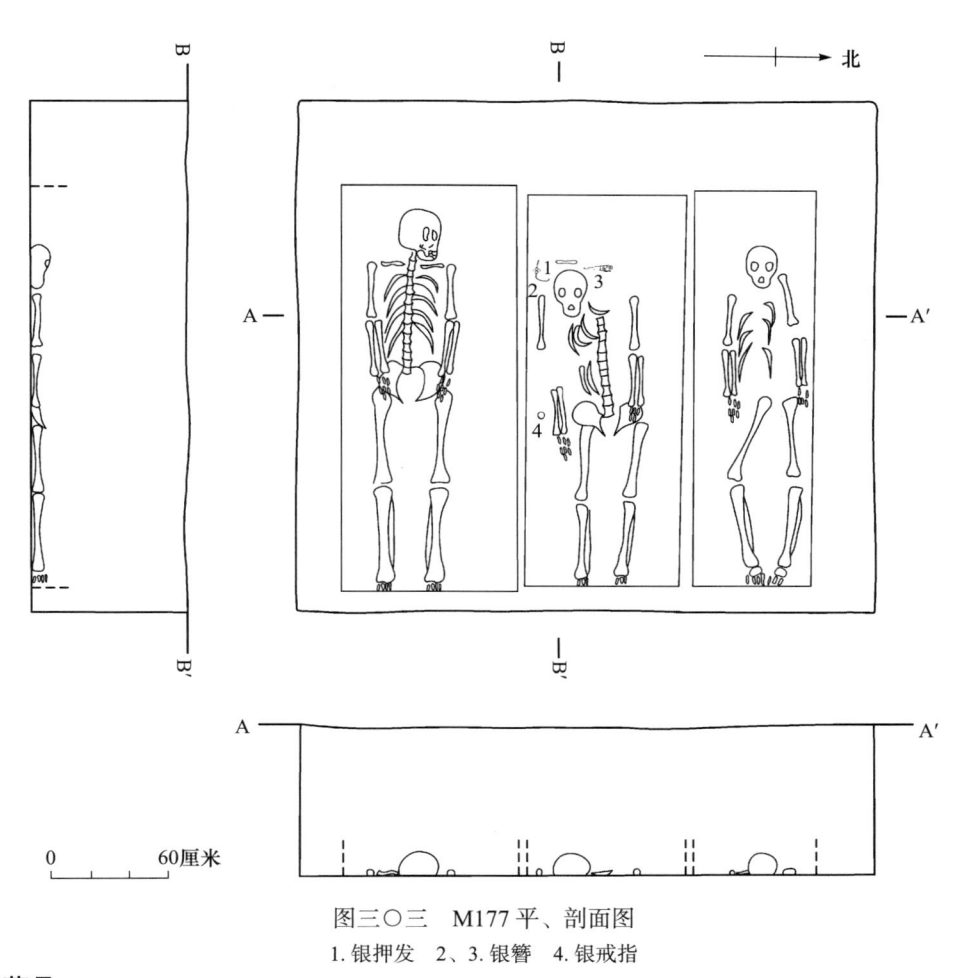

图三〇三　M177 平、剖面图
1. 银押发　2、3. 银簪　4. 银戒指

2. 随葬品

中棺头骨上方出土银簪 2 件、银押发 1 件，右上肢骨外侧下部出土银戒指 1 件。

银押发　1 件。M177：1，呈弓形，两端较宽呈叶状，正面饰枝叶梅花纹，中部收束，背面錾刻"同合足纹"四字。通长 8.9 厘米，宽 0.8~1.7 厘米（图三〇四，1；彩版七四，4）。

银簪　2件。M177∶2，首残，中部镂铸梅花盆景，末端呈扁条锥状。残长9厘米（图三〇四，2）。M177∶3，首残，中部铸梅花纹，体呈圆锥状，下部弯折。残长5.1厘米（图三〇四，3）。

银戒指　1件。M177∶4，圆环形，戒面呈椭圆形，内铸蝙蝠纹，两端呈扁条状，錾刻花卉纹。直径2厘米（图三〇四，4；彩版七四，5）。

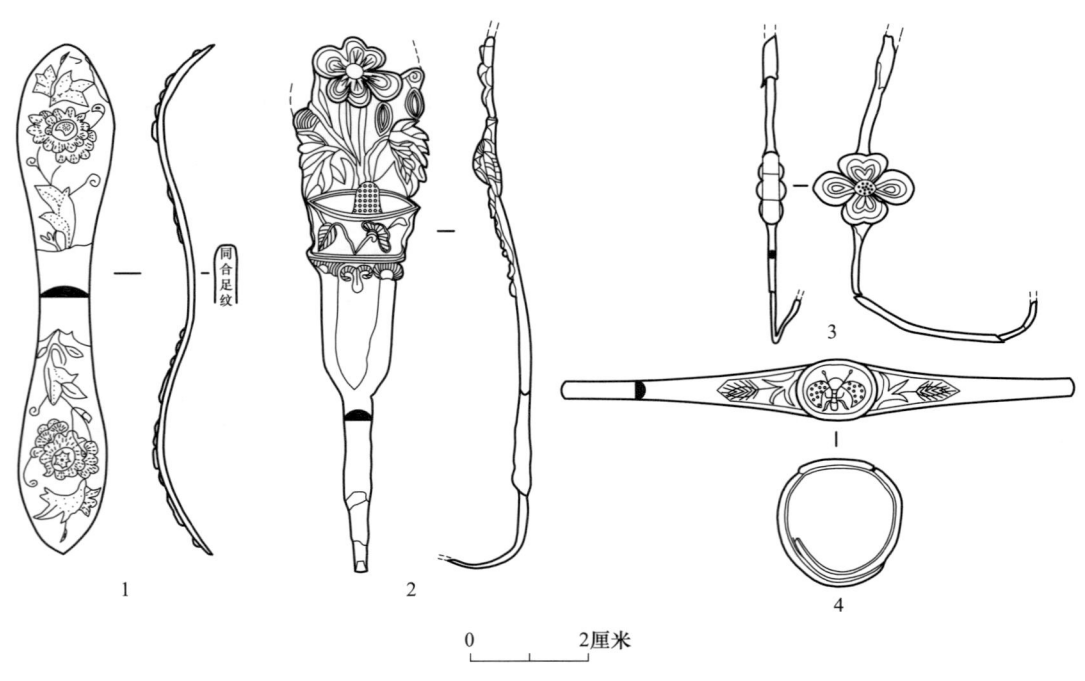

图三〇四　M177出土器物
1. 银押发（M177∶1）　2、3. 银簪（M177∶2、M177∶3）　4. 银戒指（M177∶4）

一七六、M178

1. 墓葬形制

该墓位于发掘Ⅰ区东北部，东邻M177。开口于②层下，东西向，方向275°。坐标为北纬39°51′35.4″，东经116°18′48.4″。

墓平面呈长方形，竖穴土圹单棺墓。墓口距地表深0.6米，墓底距地表深1.4米。墓圹东西长2.8米，南北宽1.2米，深0.8米。内填花土，土质松软。内置单棺，棺木已朽，棺痕长2.1米，宽0.8米；棺内骨架保存较差，头向西，面向上，葬式不明，为女性（图三〇五）。

2. 随葬品

棺内头骨上方出土银簪3件。

银簪　3件。M178∶1，九连环禅杖形，顶呈葫芦状，首残缺，体呈圆锥形，下部弯曲。通长12.8厘米（图三〇六，1）。M178∶2，首残，体呈圆锥形，下端残。残长10.3厘米（图三〇六，2）。M178∶3，两端残，中部镂铸花卉纹。残长6.1厘米（图三〇六，3）。

第三章 明清墓葬

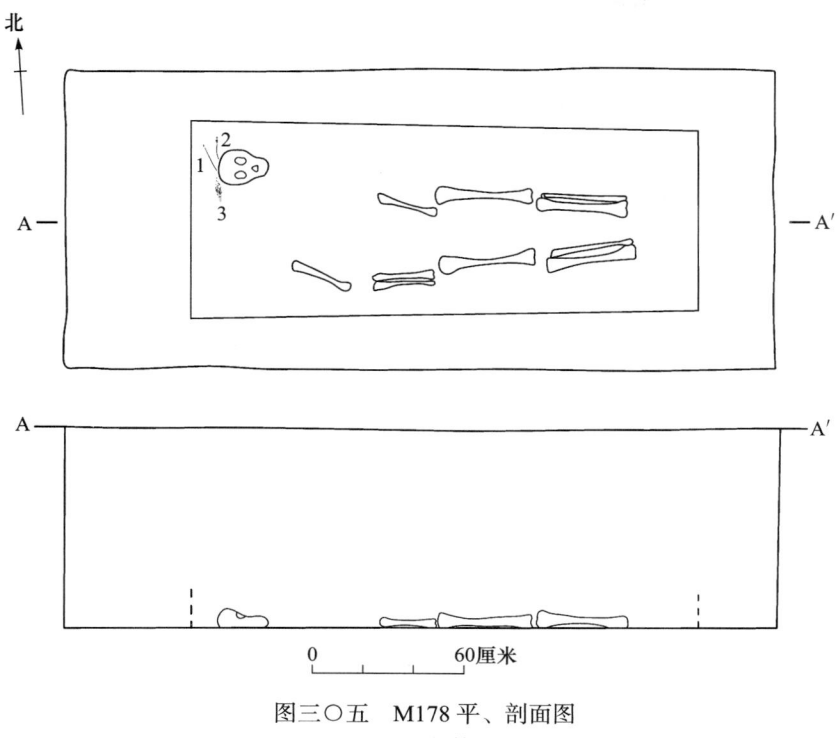

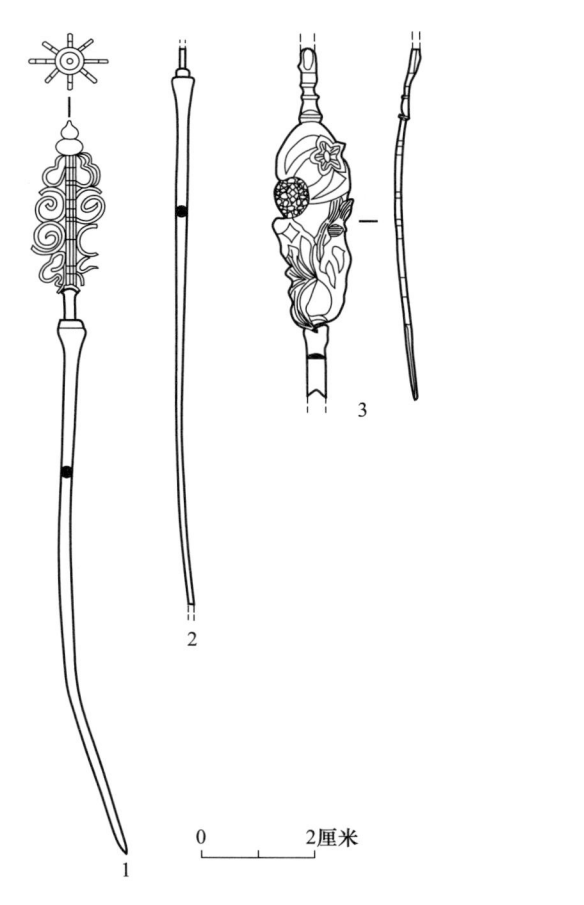

图三〇五 M178平、剖面图
1~3.银簪

图三〇六 M178出土银簪
1.M178:1 2.M178:2 3.M178:3

一七七、M179

1. 墓葬形制

该墓位于发掘 I 区东北部，东邻 M180。开口于②层下，东西向，方向290°。坐标为北纬39°51′35″，东经116°18′48.5″。

墓平面呈长方形，竖穴土圹单棺墓。墓口距地表深0.6米，墓底距地表深1.5米。墓圹东西长2.1米，南北宽0.8米，深0.9米。内填花土，土质松软。内置单棺，棺木已朽，棺痕长1.85米，宽0.48米；棺内骨架保存稍差，头向西，面向上，仰身屈肢，为女性（图三〇七）。

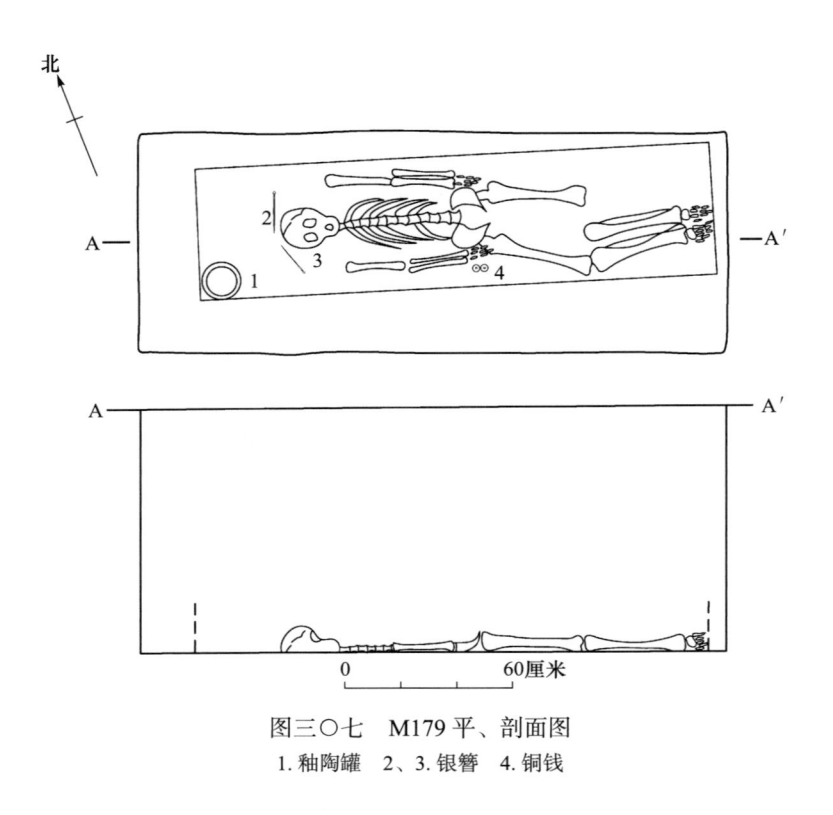

图三〇七　M179平、剖面图
1. 釉陶罐　2、3. 银簪　4. 铜钱

2. 随葬品

棺内右前方出土釉陶罐1件，头骨上方出土银簪2件，右上肢骨外侧下部出土铜钱2枚。

釉陶罐　1件。M179：1，直口，方圆唇，弧肩，斜腹微弧，平底内凹。肩部及口沿内侧施酱黄色釉。轮制，体留有轮旋痕迹。口径11厘米，腹径11厘米，底径8.2厘米，高11.6厘米（图三〇八，1；彩版四九，3）。

银簪　2件。M179：2，九连环禅杖形，顶呈葫芦状，首残缺，体呈圆锥形，下端残。残长5.4厘米（图三〇八，2）。M179：3，首残，体呈圆锥形，上部浮铸梅花鹿纹。残长11.5厘米（图三〇八，3）。

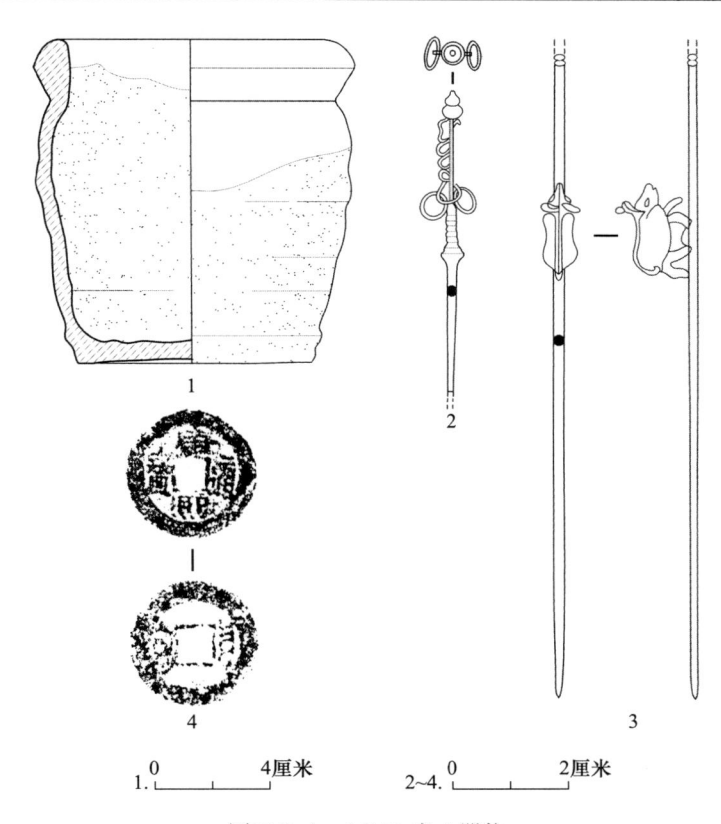

图三〇八　M179出土器物
1. 釉陶罐（M179：1）　2、3. 银簪（M179：2、M179：3）　4. 康熙通宝（M179：4-1）

康熙通宝　2枚。标本M179：4-1，平钱，方穿，正背面郭缘稍宽，正面楷书"康熙通寶"四字，直读，背穿左右为满文"宝泉"局名。钱径2.29厘米，穿径0.48厘米，郭厚0.09厘米（图三〇八，4）。

一七八、M180

1. 墓葬形制

该墓位于发掘Ⅰ区东北部，西邻M179。开口于②层下，东西向，方向250°。坐标为北纬39°51′35.3″，东经116°18′48.6″。

墓平面呈长方形，竖穴土圹双棺合葬墓。墓口距地表深0.6米，墓底距地表深1.6米。墓圹东西长2.3米，南北宽1.7米，深1米。内填花土，土质松软。内置双棺，棺木已朽：南棺痕长1.8米，宽0.7米；棺内骨架保存较好，头向西，面向上，仰身直肢，为女性。北棺痕长1.75米，宽0.6米；棺内骨架保存稍差，头移位向东，面向下，仰身直肢，为男性（图三〇九；彩版一四，2）。

图三〇九　M180 平、剖面图
1、2. 银簪

2. 随葬品

南棺头骨上方出土银簪 2 件。

银簪　2 件。M180：1，耳勺形首，下部呈节状，体呈圆锥状。通长 8.3 厘米（图三一〇，1）。M180：2，耳勺形首，下部呈节状，体呈四棱锥状，通体鎏金。通长 9.2 厘米（图三一〇，2）。

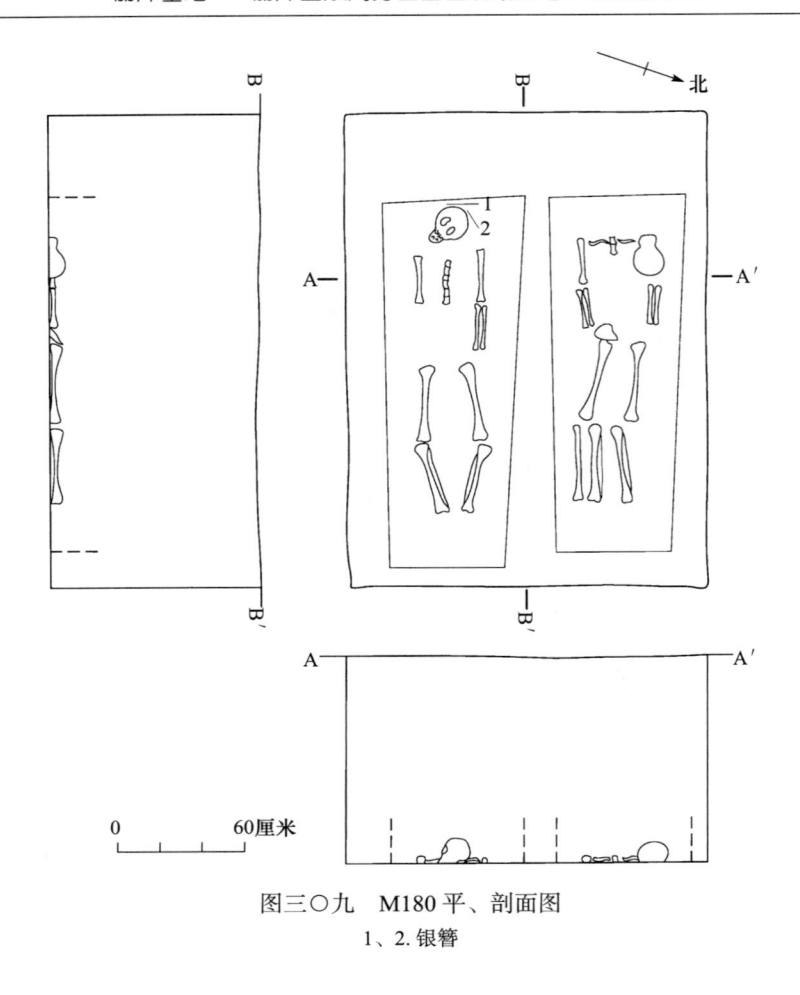

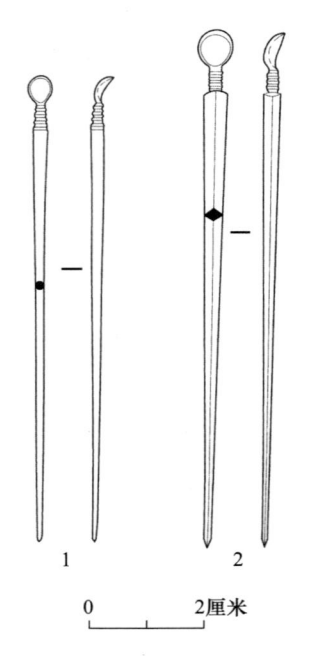

图三一〇　M180 出土银簪
1. M180：1　2. M180：2

一七九、M181

1. 墓葬形制

该墓位于发掘Ⅰ区东部。南邻M183。开口于②层下，东西向，方向275°。坐标为北纬39°51′35″，东经116°18′48.9″。

墓平面呈梯形，竖穴土圹单棺迁葬墓。墓口距地表深0.6米，墓底距地表深1.4米。墓圹东西长2.4米，南北宽1~1.1米，深0.8米。内填花土，土质松软。内置单棺，棺长1.8米，宽0.7米，残高0.2米，棺板厚0.1~0.11米，前封板厚0.05米，后封板厚0.04米；棺内未发现骨架，葬式、性别不明（图三一一）。

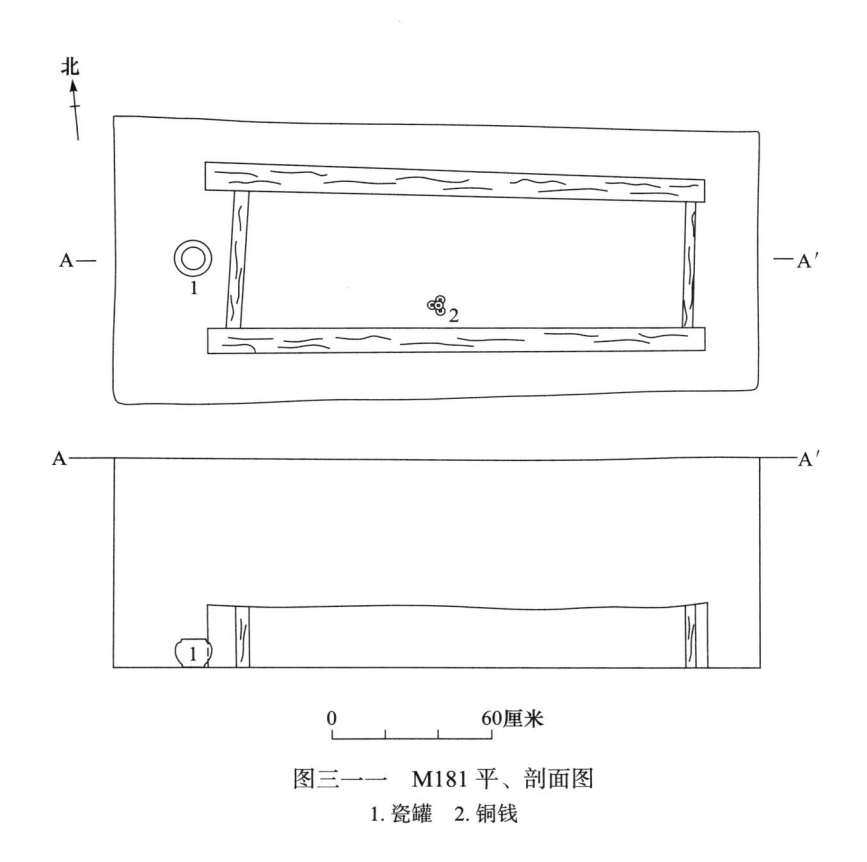

图三一一　M181平、剖面图
1. 瓷罐　2. 铜钱

2. 随葬品

棺外前方出土瓷罐1件，棺内右侧中部出土铜钱4枚。

瓷罐　1件。M181:1，敛口，方唇，圆肩，弧腹，矮圈足。缸胎，腹上部及口沿内侧施黑色釉，唇及下腹部无釉。轮制。口径8.8厘米，腹径13厘米，底径7.8厘米，高10.4厘米（图三一二，1；彩版五二，1）。

康熙通宝　4枚。标本M181:2-1，平钱，方穿，正背面郭缘较窄，正面楷书"康熙通寶"

四字，直读，背穿左右为满文"宝泉"局名。钱径 2.67 厘米，穿径 0.56 厘米，郭厚 0.13 厘米（图三一二，2）。

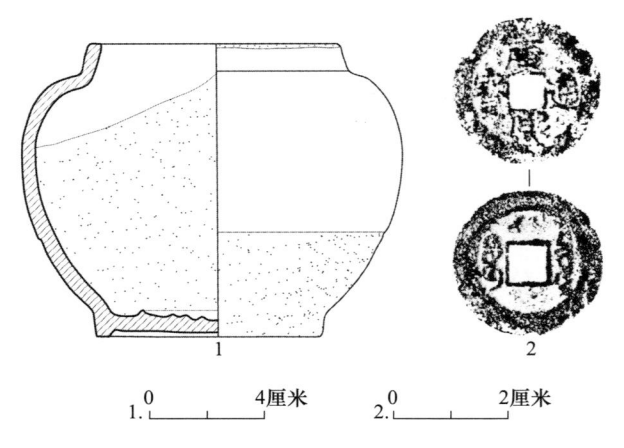

图三一二　M181 出土器物
1. 瓷罐（M181∶1）　2. 康熙通宝（M181∶2-1）

一八〇、M182

1. 墓葬形制

该墓位于发掘 I 区东部，东邻 M183。开口于②层下，东西向，方向 270°。坐标为北纬 39°51′34.8″，东经 116°18′48.7″。

墓平面呈长方形，竖穴土圹双棺合葬墓。墓口距地表深 0.4 米，墓底距地表深 1.6 米。墓圹东西长 2.4 米，南北宽 1.8 米，深 1.2 米。内填花土，土质松软。内置双棺，棺木已朽：南棺痕长 1.9 米，宽 0.6 米；棺内骨架保存较好，头向西，面向南，仰身直肢，为女性。北棺痕长 1.7 米，宽 0.5 米；棺内骨架保存较好，头向西，面向上，仰身直肢，为男性（图三一三）。

2. 随葬品

北棺外右前方出土釉陶罐 1 件，左上肢骨外侧下部出土铜钱 4 枚。

釉陶罐　1 件。M182∶1，侈口，方唇，矮领，斜折肩，斜直腹，平底内凹。肩部以上及口沿内侧施黄绿色釉。轮制，体留有轮旋痕迹。口径 9.4 厘米，腹径 11.2 厘米，底径 7.2 厘米，高 12 厘米（图三一四，1；彩版四九，4）。

铜钱　4 枚，有至道元宝、祥符通宝、天禧通宝、永乐通宝。

至道元宝　1 枚。M182∶2-1，平钱，方穿，正背面郭缘较宽，正面行书"至道元寶"四字，旋读。钱径 2.46 厘米，穿径 0.58 厘米，郭厚 0.09 厘米（图三一四，2）。

祥符通宝　1 枚。M182∶2-2，平钱，方穿，正背面郭缘稍宽，正面楷书"祥符通寶"四字，旋读。钱径 2.4 厘米，穿径 0.62 厘米，郭厚 0.08 厘米（图三一四，3）。

第三章 明清墓葬

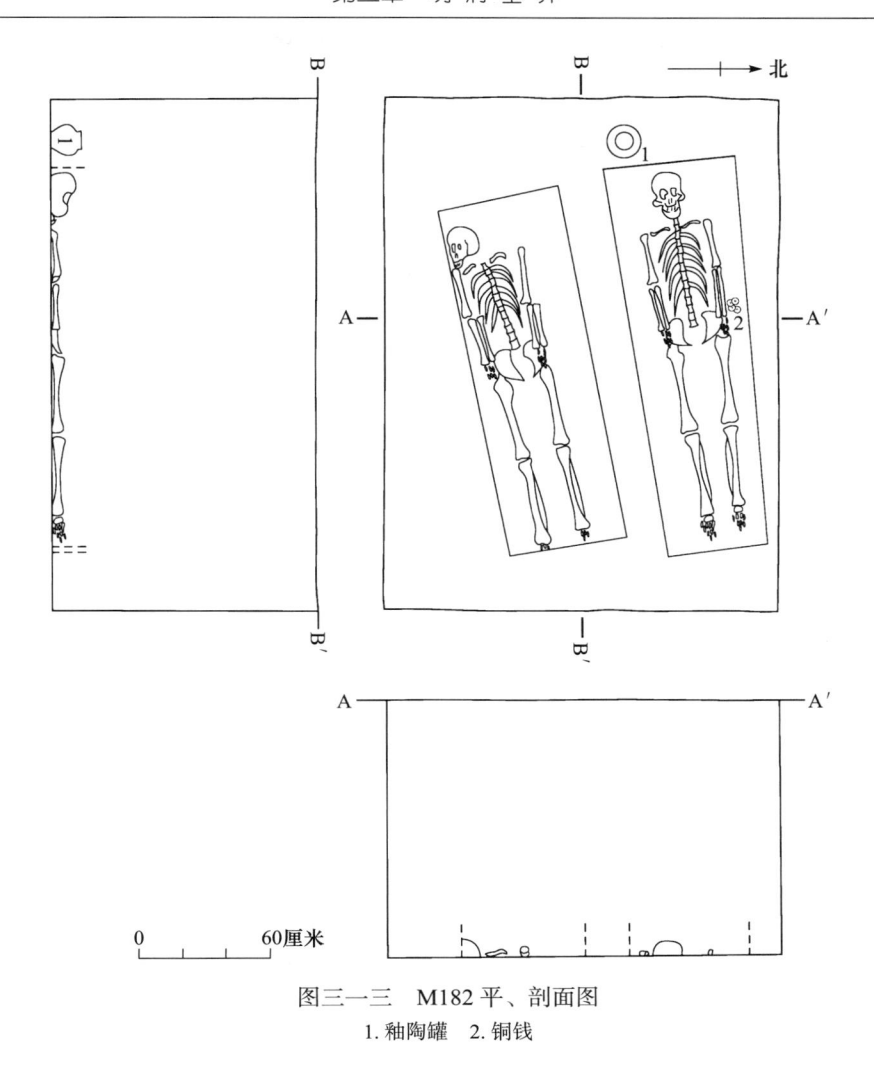

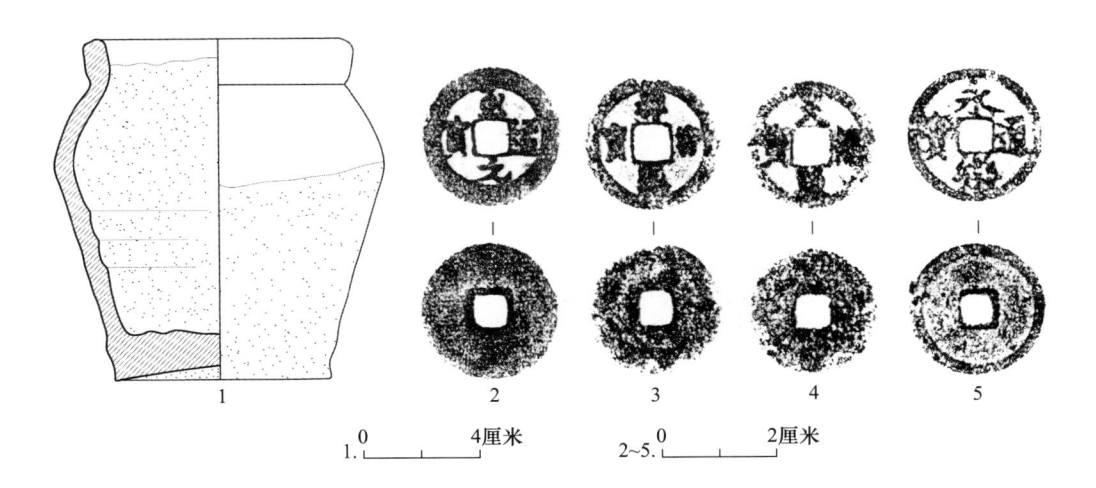

图三一三 M182 平、剖面图
1. 釉陶罐　2. 铜钱

图三一四 M182 出土器物
1. 釉陶罐（M182∶1）　2. 至道元宝（M182∶2-1）　3. 祥符通宝（M182∶2-2）　4. 天禧通宝（M182∶2-3）
5. 永乐通宝（M182∶2-4）

天禧通宝　1 枚。M182：2-3，平钱，方穿，正面郭缘稍宽，背面无郭，正面楷书"天禧通寶"四字，旋读。钱径 2.3 厘米，穿径 0.58 厘米，郭厚 0.07 厘米（图三一四，4）。

永乐通宝　1 枚。M182：2-4，平钱，方穿，正背面郭缘较窄，正面楷书"永樂通寶"四字，直读。钱径 2.44 厘米，穿径 0.52 厘米，郭厚 0.1 厘米（图三一四，5）。

一八一、M183

1. 墓葬形制

该墓位于发掘 I 区东部，西邻 M182。开口于②层下，东西向，方向 260°。坐标为北纬 39° 51′ 34.8″，东经 116° 18′ 48.6″。

墓平面呈梯形，竖穴土圹单棺墓。墓口距地表深 0.6 米，墓底距地表深 1.4 米。墓圹东西长 2.3 米，南北宽 0.8～0.9 米，深 0.8 米。内填花土，土质松软。内置单棺，棺木已朽，棺痕长 1.9 米，宽 0.55～0.6 米；棺内骨架保存较好，头向西，面向北，仰身直肢，为男性（图三一五）。

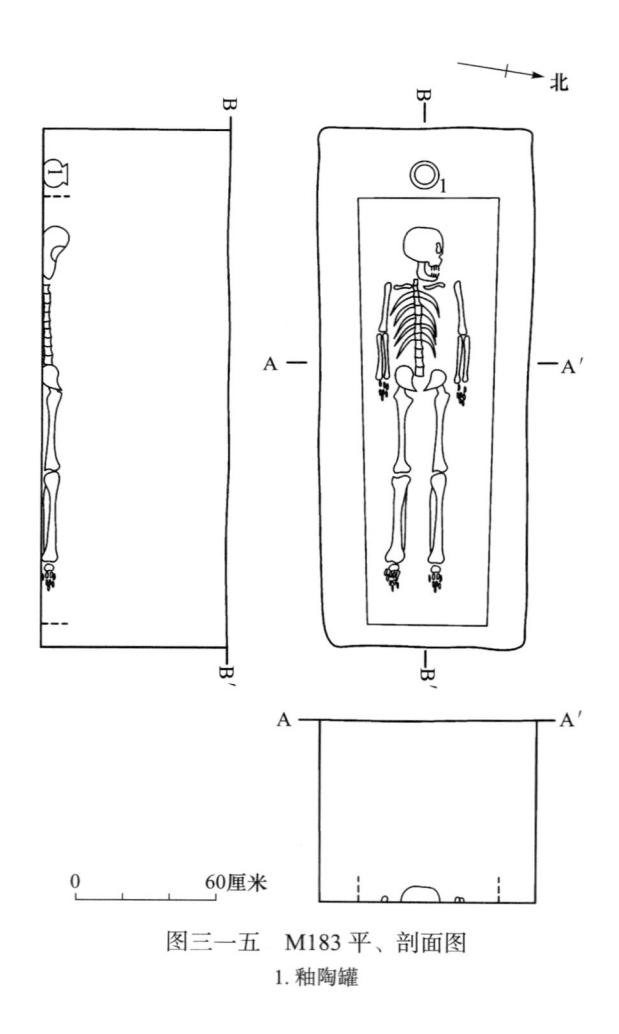

图三一五　M183 平、剖面图
1. 釉陶罐

2. 随葬品

棺外前方出土釉陶罐 1 件。

釉陶罐　1 件。M183：1，敞口，圆唇，束颈，圆肩，弧腹，平底。上腹部及口沿内侧施绿色釉。轮制。口径 7.2 厘米，腹径 8.4 厘米，底径 4.8 厘米，高 8 厘米（图三一六；彩版四九，5）。

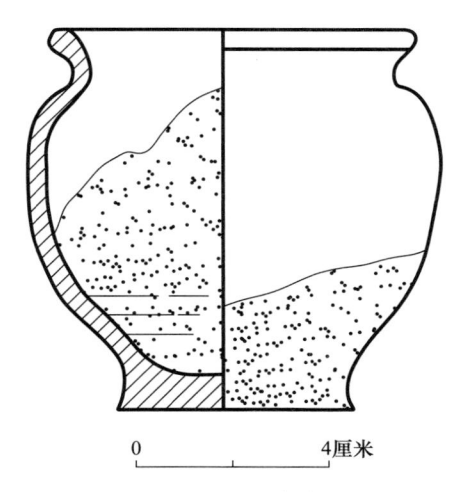

图三一六　M183 出土釉陶罐（M183：1）

一八二、M184

1. 墓葬形制

该墓位于发掘 I 区东部，西邻 M185。开口于②层下，东西向，方向 265°。坐标为北纬 39°51′34.7″，东经 116°18′48.1″。

墓平面呈长方形，竖穴土圹单棺墓。墓口距地表深 0.6 米，墓底距地表深 1.6 米。墓圹东西长 2.5 米，南北宽 1.3 米，深 1 米。内填花土，土质松软。内置单棺，棺木已朽，棺痕长 1.9 米，宽 0.6~0.7 米；棺内骨架保存稍差，头向西，面向上，仰身直肢，为男性（图三一七）。

2. 随葬品

棺外左前方出土瓷罐 1 件，左上肢外侧下部出土铜钱 3 枚。

瓷罐　1 件。M184：1，敛口，方唇，斜领，溜肩，圆鼓腹，矮圈足，颈、肩部置倒鼻形对称双系。粗瓷胎，肩上部及口沿内侧施酱色釉，下腹及底部无釉。手轮兼制。口径 9 厘米，腹径 12.2 厘米，底径 7.2 厘米，高 10.8 厘米（图三一八，1，彩版四九，6）。

光绪重宝　3 枚。标本 M184：2-1，大平钱，方穿，正背面郭缘较宽，正面楷书"光绪重寶"四字，直读，背穿左右为满文"宝源"局名，上下楷书"当拾"二字。钱径 2.6 厘米，穿径 0.55 厘米，郭厚 0.18 厘米（图三一八，2）。

图三一七　M184 平、剖面图
1. 瓷罐　2. 铜钱

图三一八　M184 出土器物
1. 瓷罐（M184：1）　2. 光绪重宝（M184：2-1）

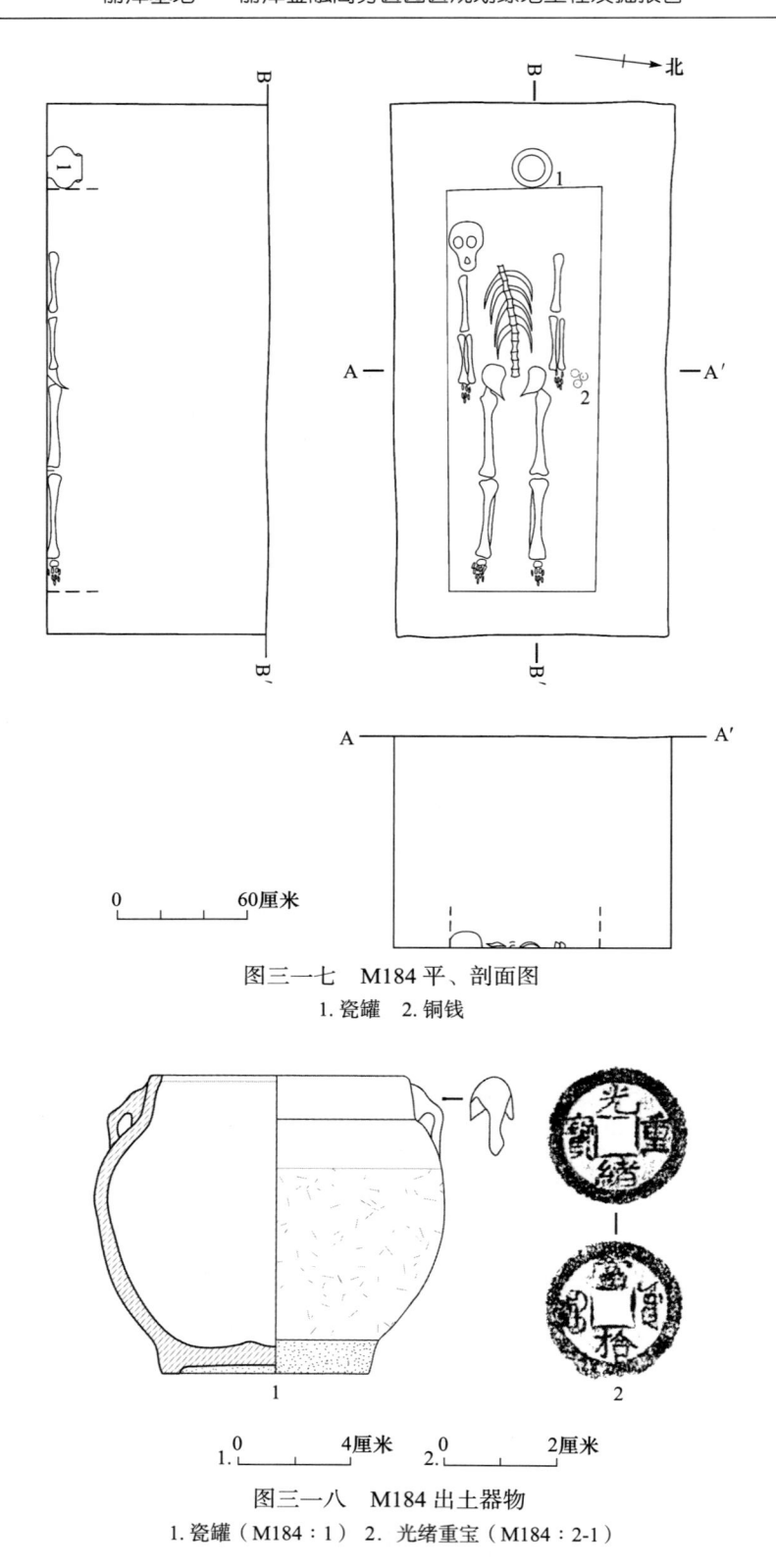

一八三、M185

1. 墓葬形制

该墓位于发掘Ⅰ区东部，东邻 M184。开口于②层下，东西向，方向 270°。坐标为北纬 39°51′34.7″，东经116°18′49″。

墓平面呈长方形，竖穴土圹双棺合葬墓。墓口距地表深1.1米，墓底距地表深1.9米。墓圹东西长2.6米，南北宽1.8米，深0.8米。内填花土，土质松软。内置双棺：南棺长2米，宽0.6~0.7米，残高0.1米，棺板厚0.04~0.06米；棺内骨架保存较差，头向西，面向南，仰身屈肢，为女性。北棺棺木已朽，棺痕长2米，宽0.5~0.6米；棺内骨架保存较差，头向西南，面向北，仰身直肢，为男性（图三一九；彩版一五，1）。

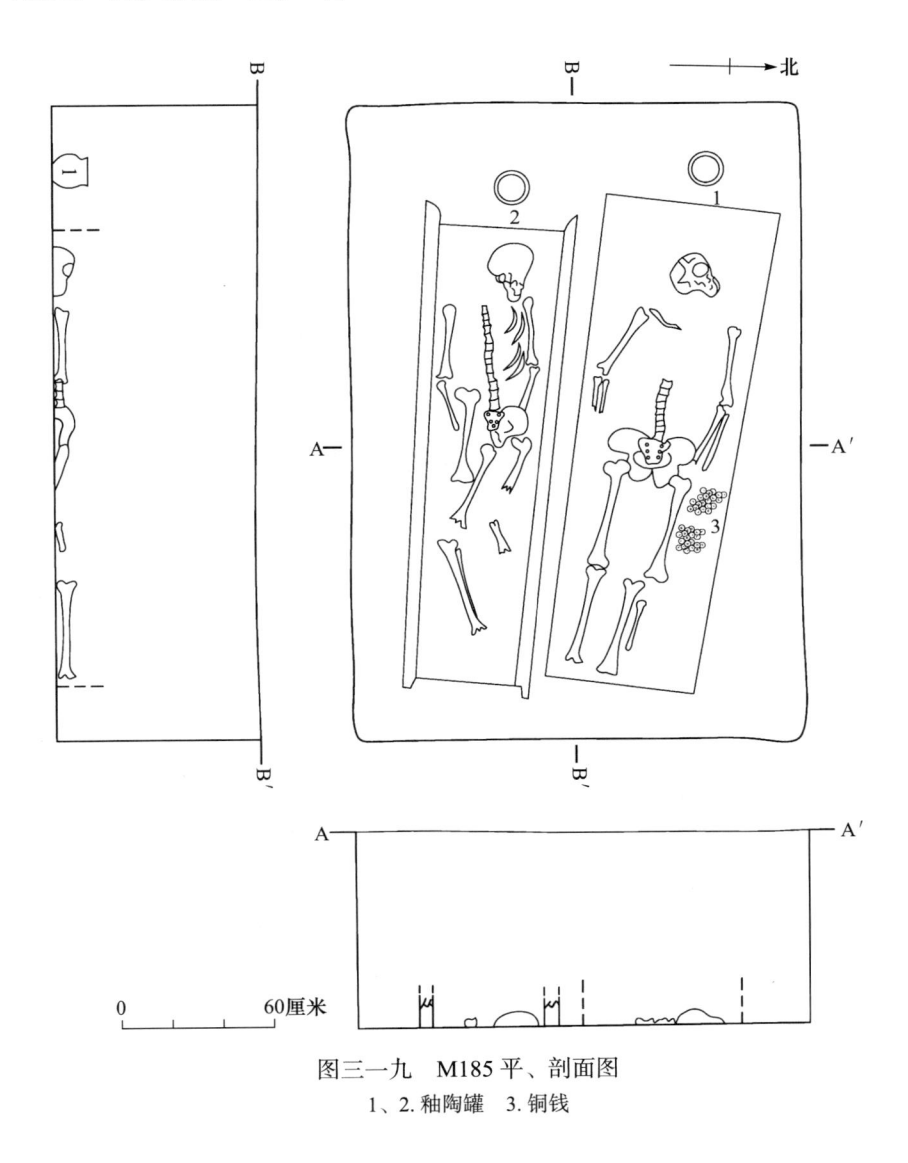

图三一九　M185平、剖面图
1、2.釉陶罐　3.铜钱

2. 随葬品

南棺外前方出土釉陶罐1件；北棺外前方出土釉陶罐1件，左下肢骨外侧上部出土铜钱40枚。

釉陶罐　2件。M185：1，侈口，方圆唇，束颈，溜肩，斜腹微弧，平底内凹。肩上部及口沿内侧施米黄色釉，下腹及底部无釉。轮制。口径11厘米，腹径10.6厘米，底径7.6厘米，高11厘米（图三二〇，1；彩版五〇，1）。M185：2，侈口，方圆唇，束颈，溜肩，斜腹微弧，平底内凹。肩上部及口沿内侧施米黄色釉，下腹无釉。轮制。口径10.6厘米，腹径10.8厘米，底径7.4厘米，高 10.8 厘米（图三二〇，2；彩版五〇，2）。

铜钱　40 枚，有康熙通宝、雍正通宝、乾隆通宝（彩版八二，6）。

康熙通宝　1 枚。M185∶3-1，平钱，方穿，正背面郭缘较宽，正面楷书"康熙通寶"四字，直读，背穿左右为满文"宝泉"局名。钱径 2.58 厘米，穿径 0.48 厘米，郭厚 0.15 厘米（图三二〇，3）。

雍正通宝　27 枚。平钱，方穿，正背面郭缘较宽，正面楷书"雍正通寶"四字，直读。标本 M185∶3-2，背穿左右为满文"宝源"局名。钱径 2.6 厘米，穿径 0.53 厘米，郭厚 0.12 厘米（图三二〇，4）。标本 M185∶3-3，背穿左右为满文"宝泉"局名。钱径 2.54 厘米，穿径 0.52 厘米，郭厚 0.11 厘米（图三二〇，5）。

乾隆通宝　12 枚。标本 M185∶3-4，平钱，方穿，正背面郭缘较宽，正面楷书"乾隆通寶"四字，直读，背穿左右为满文"宝泉"局名。钱径 2.58 厘米，穿径 0.52 厘米，郭厚 0.12 厘米（图三二〇，6）。

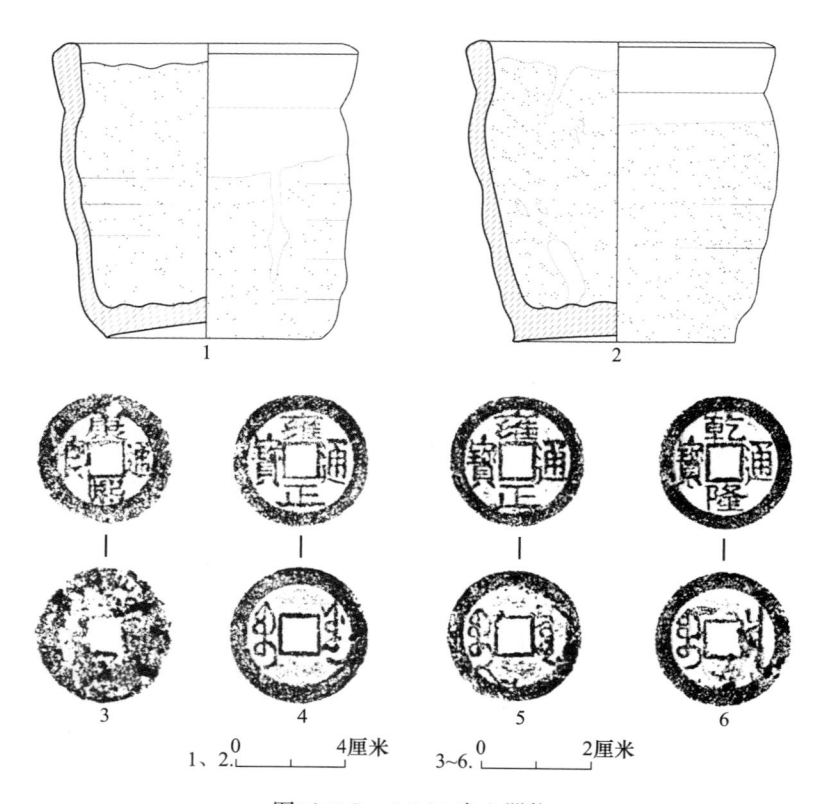

图三二〇　M185 出土器物
1、2. 釉陶罐（M185∶1、M185∶2）　3. 康熙通宝（M185∶3-1）　4、5. 雍正通宝（M185∶3-2、M185∶3-3）　6. 乾隆通宝（M185∶3-4）

一八四、M186

1. 墓葬形制

该墓位于发掘 I 区东部，东邻 M190。开口于②层下，东西向，方向 290°。坐标为北纬 39° 51′ 34.7″，东经 116° 18′ 48.7″。

墓平面呈长方形，竖穴土圹单棺墓。墓口距地表深 1 米，墓底距地表深 1.9 米。墓圹东西长 2.4 米，南北宽 0.8 米，深 0.9 米。内填花土，土质松软。内置单棺，棺木已朽，棺痕长 1.8 米，宽 0.5~0.6 米；棺内骨架保存稍差，头向西，面向北，仰身直肢，为男性（图三二一）。

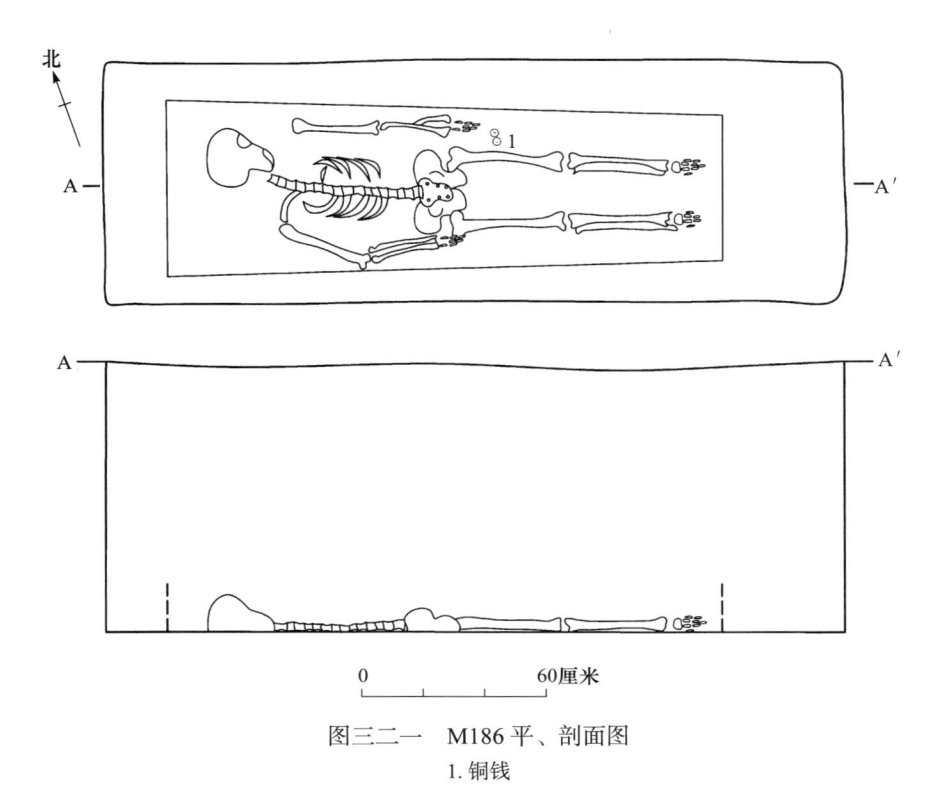

图三二一　M186 平、剖面图
1. 铜钱

2. 随葬品

棺内左下肢骨外侧上部出土铜钱 2 枚，均为同治重宝。

同治重宝　2 枚。标本 M186∶1-1，大平钱，方穿，正背面郭缘较宽，正面楷书"同治重寶"四字，直读，背穿左右为满文"宝泉"局名，上下楷书"當十"二字。钱径 2.76 厘米，穿径 0.6 厘米，郭厚 0.12 厘米（图三二二）。

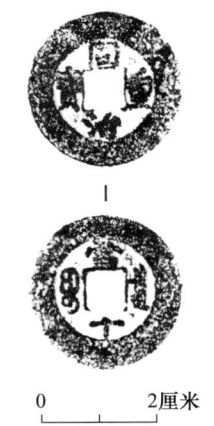

图三二二　M186 出土同治重宝（M186∶1-1）（拓片）

一八五、M187

1. 墓葬形制

该墓位于发掘 I 区东部，南邻 M188。开口于②层下，东西向，方向 270°。坐标为北纬 39°51′34.8″，东经 116°18′48.6″。

墓平面呈长方形，竖穴土圹单棺墓。墓口距地表深1米，墓底距地表深1.8米。墓圹东西长2.4米，南北宽1.1米，深0.8米。内填花土，土质松软。内置单棺，棺木已朽，棺痕长2米，宽0.6~0.7米；棺内骨架保存较差，头向西，面向上，侧身屈肢，为男性（图三二三）。

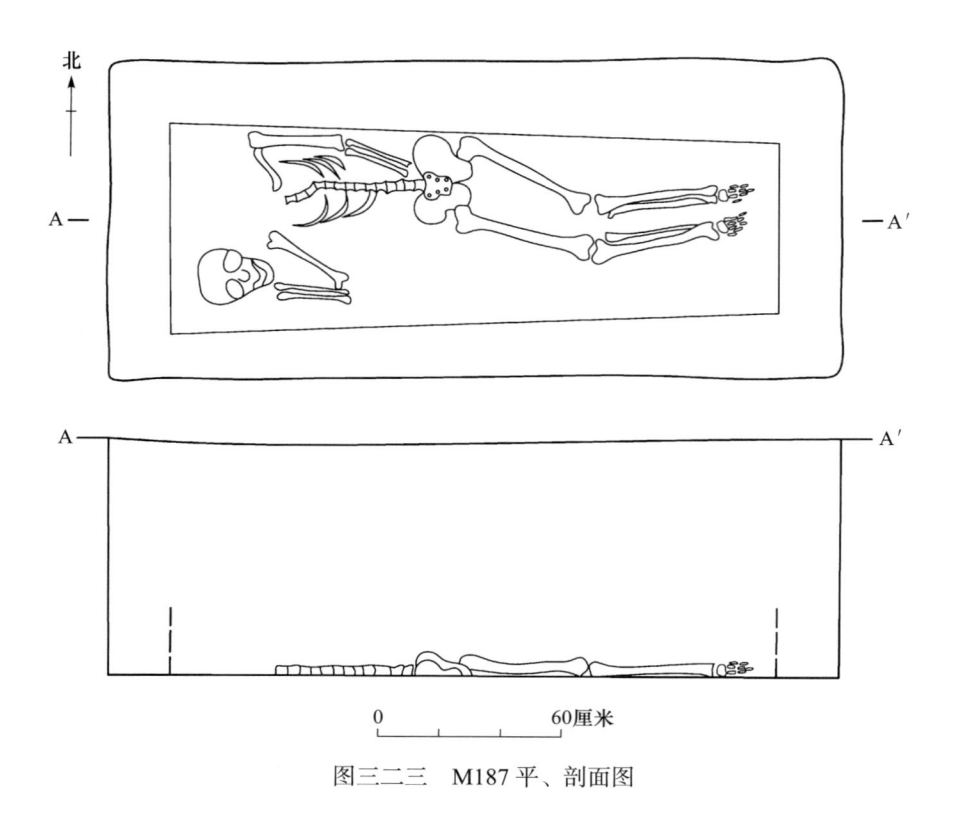

图三二三　M187平、剖面图

2. 随葬品

未发现随葬品。

一八六、M188

1. 墓葬形制

该墓位于发掘Ⅰ区东部，北邻M187。开口于②层下，东西向，方向270°。坐标为北纬39°51′48.6″，东经116°18′34.7″。

墓平面呈长方形，竖穴土圹单棺迁葬墓。墓口距地表深1米，墓底距地表深1.9米。墓圹东西长2.3米，南北宽0.7米，深0.9米。内填花土，土质松软。内置单棺，棺木已朽，棺痕长1.8米，宽0.4~0.5米；棺内未发现骨架，葬式、性别不明（图三二四）。

2. 随葬品

未发现随葬品。

图三二四　M188 平、剖面图

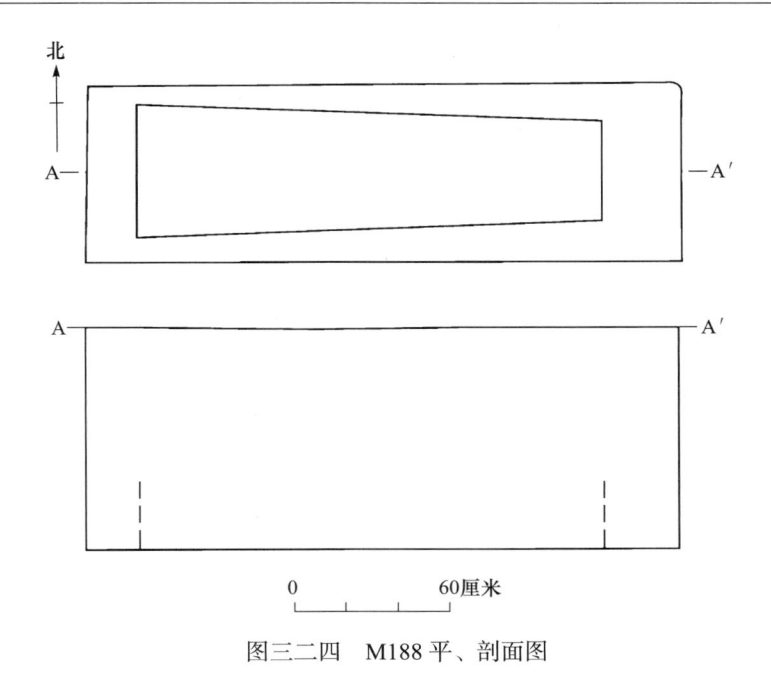

一八七、M189

1. 墓葬形制

该墓位于发掘Ⅰ区东部，北邻M190。开口于②层下，南北向，方向320°。坐标为北纬39°51′34.4″，东经116°18′48.7″。

墓平面呈长方形，竖穴土圹双棺合葬墓。墓口距地表深0.8米，墓底距地表深1.6米。墓圹南北长2.6米，东西宽1.5米，深0.8米。内填花土，土质松软。内置双棺，棺木已朽：东棺痕长1.8米，宽0.4～0.5米；棺内骨架保存稍差，头向东南，面向上，仰身直肢，为男性。西棺痕长1.9米，宽0.5～0.6米；棺内骨架保存稍差，头向南，面向上，仰身直肢，为女性（图三二五）。

2. 随葬品

东棺左下肢骨外侧上部出土铜钱3枚，有康熙通宝、嘉庆通宝、光绪重宝。

康熙通宝　1枚。M189：1-1，大平钱，方穿，正背面郭缘稍宽，正面楷书"康熙通寶"四字，直读，背穿左右为满文"宝泉"局名。钱径2.76厘米，穿径0.55厘米，郭厚0.1厘米（图三二六，1）。

嘉庆通宝　1枚。M189：1-2，大平钱，方穿，正背面郭缘稍宽，正面楷书"嘉慶通寶"四字，直读，背穿左右为满文"宝泉"局名。钱径2.96厘米，穿径0.62厘米，郭厚0.18厘米（图三二六，2）。

光绪重宝　1枚。M189：1-3，大平钱，方穿，正背面郭缘稍宽，正面楷书"光緒重寶"四字，直读，背穿左右为满文"宝泉"局名，上下楷书"當拾"二字。钱径2.86厘米，穿径0.48厘米，郭厚0.16厘米（图三二六，3）。

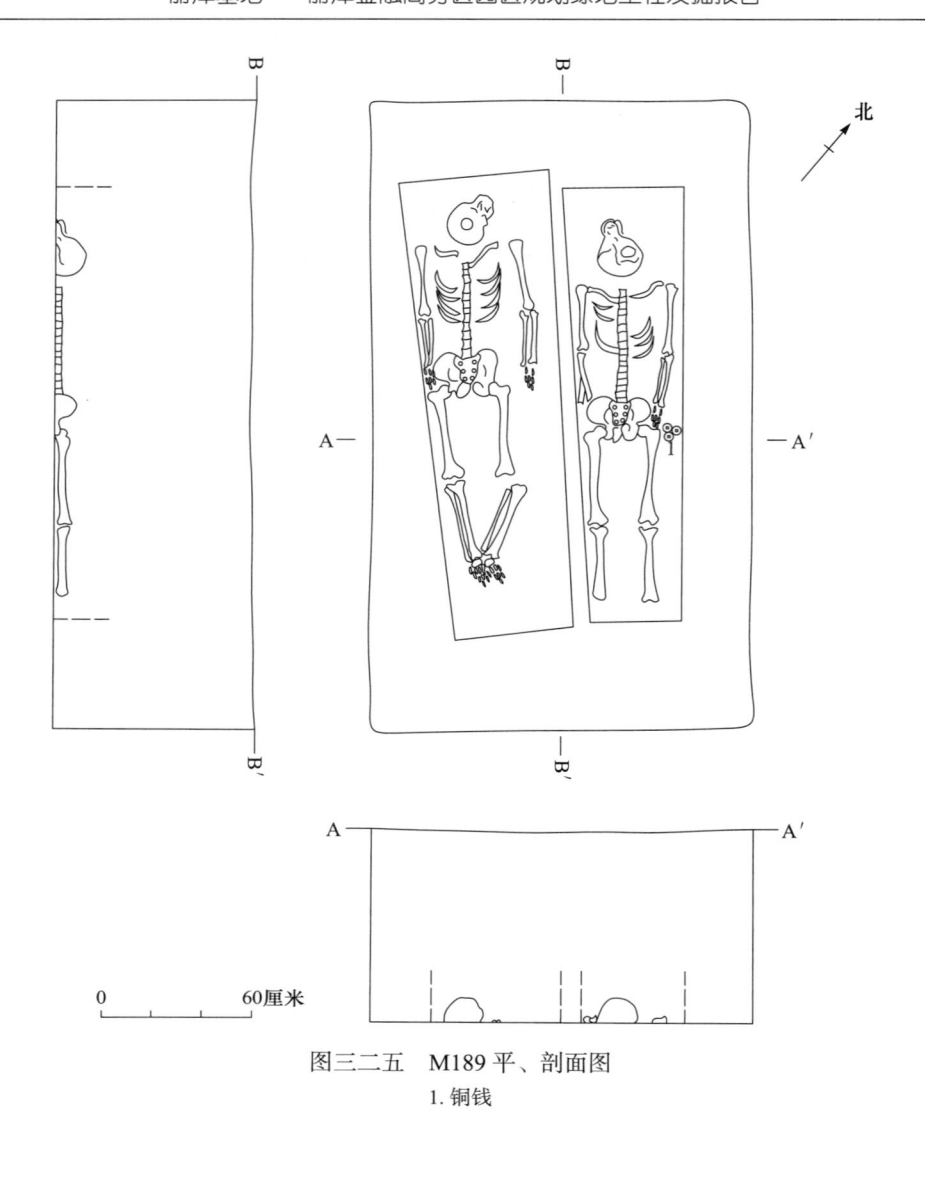

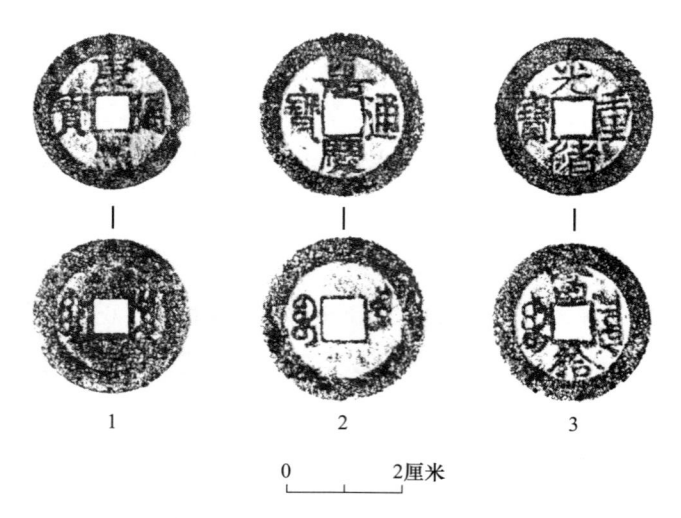

图三二五　M189 平、剖面图
1. 铜钱

图三二六　M189 出土铜钱（拓片）
1. 康熙通宝（M189：1-1）　2. 嘉庆通宝（M189：1-2）　3. 光绪重宝（M189：1-3）

一八八、M190

1. 墓葬形制

该墓位于发掘 I 区东部，南邻 M189。开口于②层下，东西向，方向 270°。坐标为北纬 39°51′40.1″，东经 116°18′39.8″。

墓平面呈长方形，竖穴土圹双棺合葬墓。墓口距地表深 1 米，墓底距地表深 1.8 米。墓圹东西长 2.4 米，南北宽 1.6 米，深 0.8 米。内填花土，土质松软。内置双棺，棺木已朽：南棺痕长 1.9 米，宽 0.56~0.7 米；棺内骨架保存较差，头向西，面向北，仰身直肢，为女性。北棺痕长 1.9 米，宽 0.5~0.6 米；棺内骨架保存较差，头向西，面向南，侧身屈肢，为男性（图三二七）。

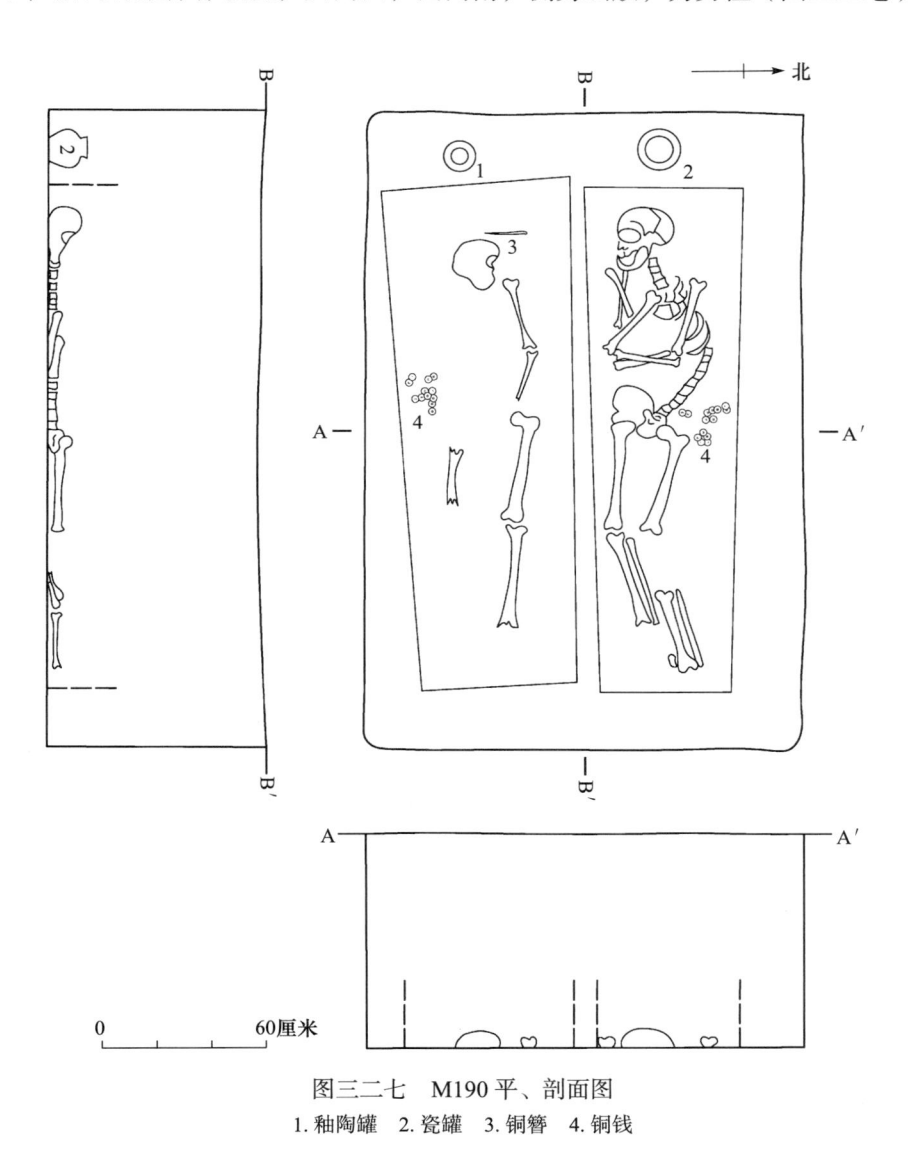

图三二七　M190 平、剖面图
1. 釉陶罐　2. 瓷罐　3. 铜簪　4. 铜钱

2. 随葬品

南棺外前方出土釉陶罐1件，头骨上方出土铜簪1件，右下肢骨上部出土铜钱12枚；北棺外前方出土瓷罐1件，左下肢骨外侧上部出土铜钱14枚。

釉陶罐　1件。M190：1，侈口，方唇，高领，束颈，溜肩，斜腹微弧，平底内凹。肩上部及口沿内侧施黑色釉。轮制，体留有轮旋痕迹。口径10.4厘米，腹径10.4厘米，底径8厘米，高11.4厘米（图三二八，1；彩版五〇，3）。

瓷罐　1件。M190：2，敛口，平沿，斜领，圆肩，鼓腹，矮圈足。缸胎，腹上部及口沿内侧施黑色釉，下腹及底部无釉。轮制。口径8.4厘米，腹径13厘米，底径7.6厘米，高10.4厘米（图三二八，2；彩版五二，2）。

铜簪　1件。M190：3，首呈圆帽形，上部弯曲，体呈扁条锥状。通长9.5厘米（图三二八，3；彩版七四，6）。

铜钱　26枚，有康熙通宝、乾隆通宝。

康熙通宝　24枚。标本M190：4-1，平钱，方穿，正背面郭缘较宽，正面楷书"康熙通寳"四字，直读，背穿左右为满文"宝泉"局名。钱径2.32厘米，穿径0.52厘米，郭厚0.09厘米（图三二八，4；彩版八三，1）。

乾隆通宝　2枚。标本M190：4-2，平钱，方穿，正背面郭缘较宽，正面楷书"乾隆通寳"四字，直读，背穿左右为满文"宝泉"局名。钱径2.5厘米，穿径0.48厘米，郭厚0.13厘米（图三二八，5；彩版八三，1）。

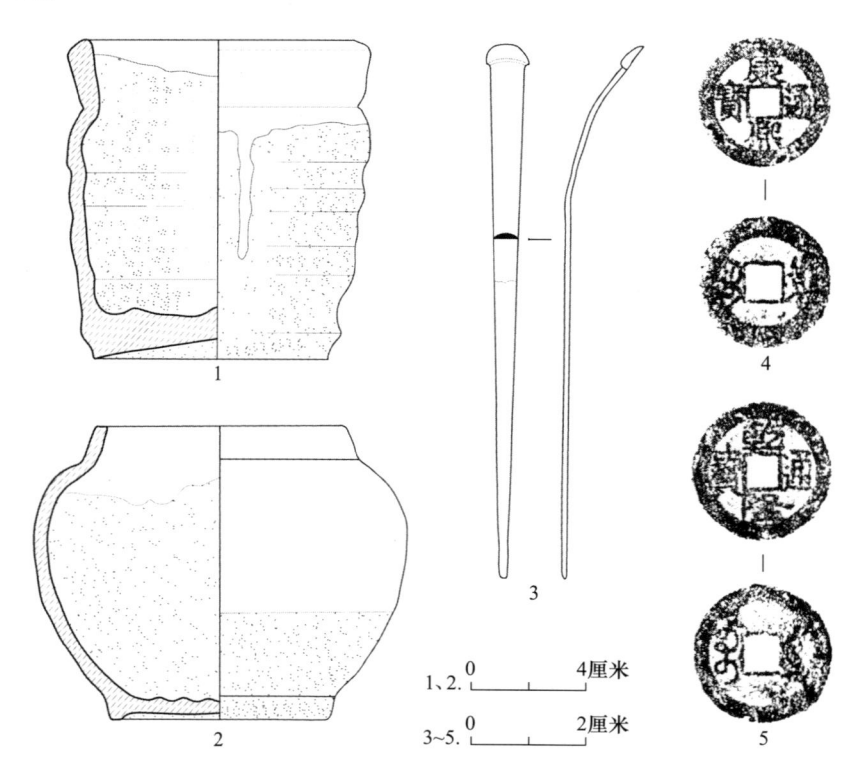

图三二八　M190出土器物
1. 釉陶罐（M190：1）　2. 瓷罐（M190：2）　3. 铜簪（M190：3）　4. 康熙通宝（M190：4-1）　5. 乾隆通宝（M190：4-2）

一八九、M191

1. 墓葬形制

该墓位于发掘Ⅰ区东部，南邻 M192。开口于②层下，东西向，方向 270°。坐标为北纬 39°51′34.1″，东经 116°18′48.4″。

墓平面呈长方形，竖穴土圹双棺合葬墓。墓口距地表深 0.6 米，墓底距地表深 1.6 米。墓圹东西长 2.5 米，南北宽 1.6 米，深 1 米。内填花土，土质松软。内置双棺：南棺棺木已朽，棺痕长 1.8 米，宽 0.4~0.5 米；棺内骨架保存较差，头向南，面向上，仰身直肢，为男性。北棺长 2 米，宽 0.6~0.7 米，残高 0.4 米，棺板厚 0.05 米，底板厚 0.04 米；棺内骨架保存较差，头向西，面向不明，头下部置长 32、宽 16、厚 6 厘米青砖 2 块，仰身直肢，为女性（图三二九）。

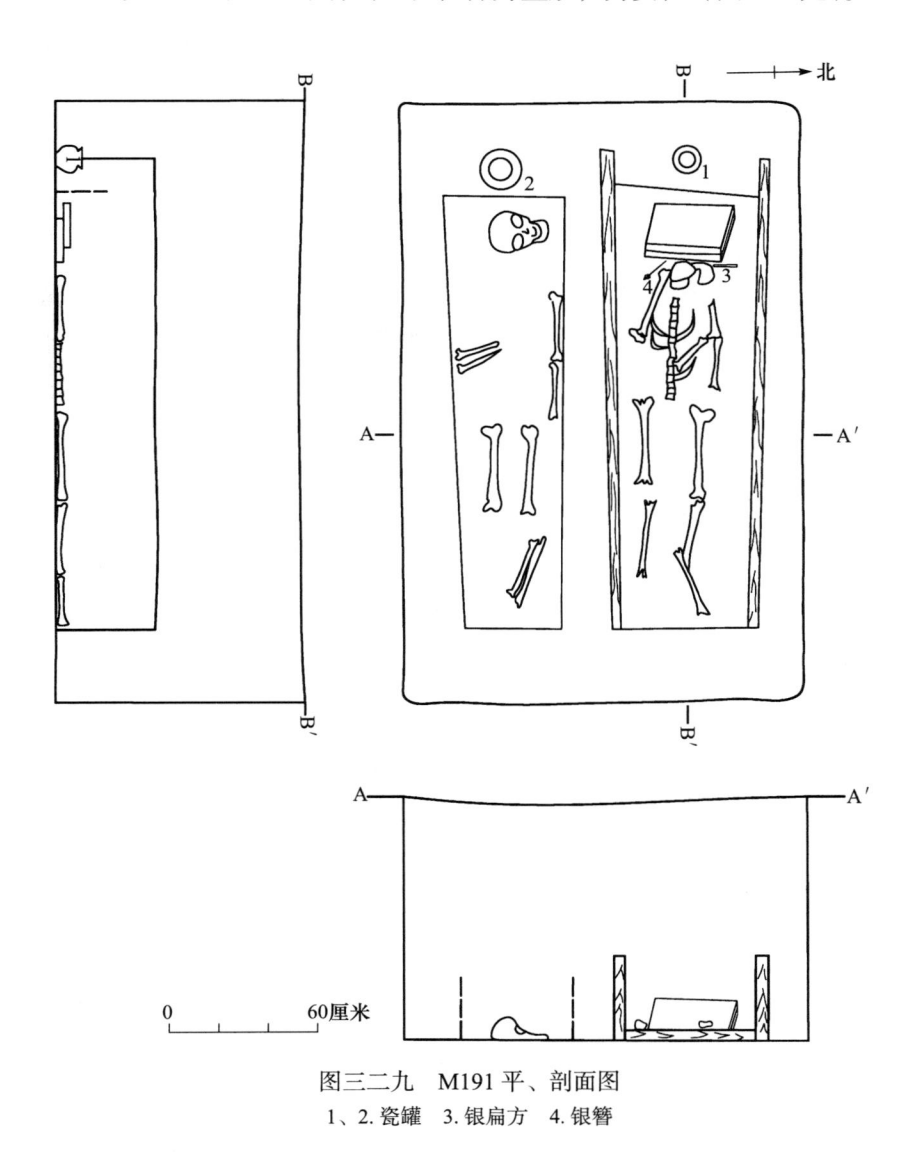

图三二九　M191 平、剖面图
1、2. 瓷罐　3. 银扁方　4. 银簪

2. 随葬品

南棺外前方出土瓷罐 1 件；北棺外前方出土瓷罐 1 件，头骨上方出土银扁方、银簪各 1 件。

瓷罐　2 件。M191：1，直口微敛，方折唇，矮领，圆肩，鼓腹，下腹弧收，平底内凹。体施豆青色釉，底部无釉。轮制，内壁下部有按压指窝纹一周。口径 7.2 厘米，腹径 11 厘米，底径 7.2 厘米，高 10 厘米（图三三〇，1；彩版四六，4）。M191：2，直口，方折唇，领稍高，溜肩，鼓腹，下腹弧收，平底内凹。体施豆青色釉，底部无釉。轮制。口径 8.6 厘米，腹径 13.8 厘米，底径 8 厘米，高 12.6 厘米（图三三〇，2；彩版四六，5）。

银扁方　1 件。M191：3，首呈圆卷棱状，体扁条形，末端呈圆弧状。通长 17 厘米，宽 1.6～1.8 厘米（图三三〇，3；彩版七五，1）。

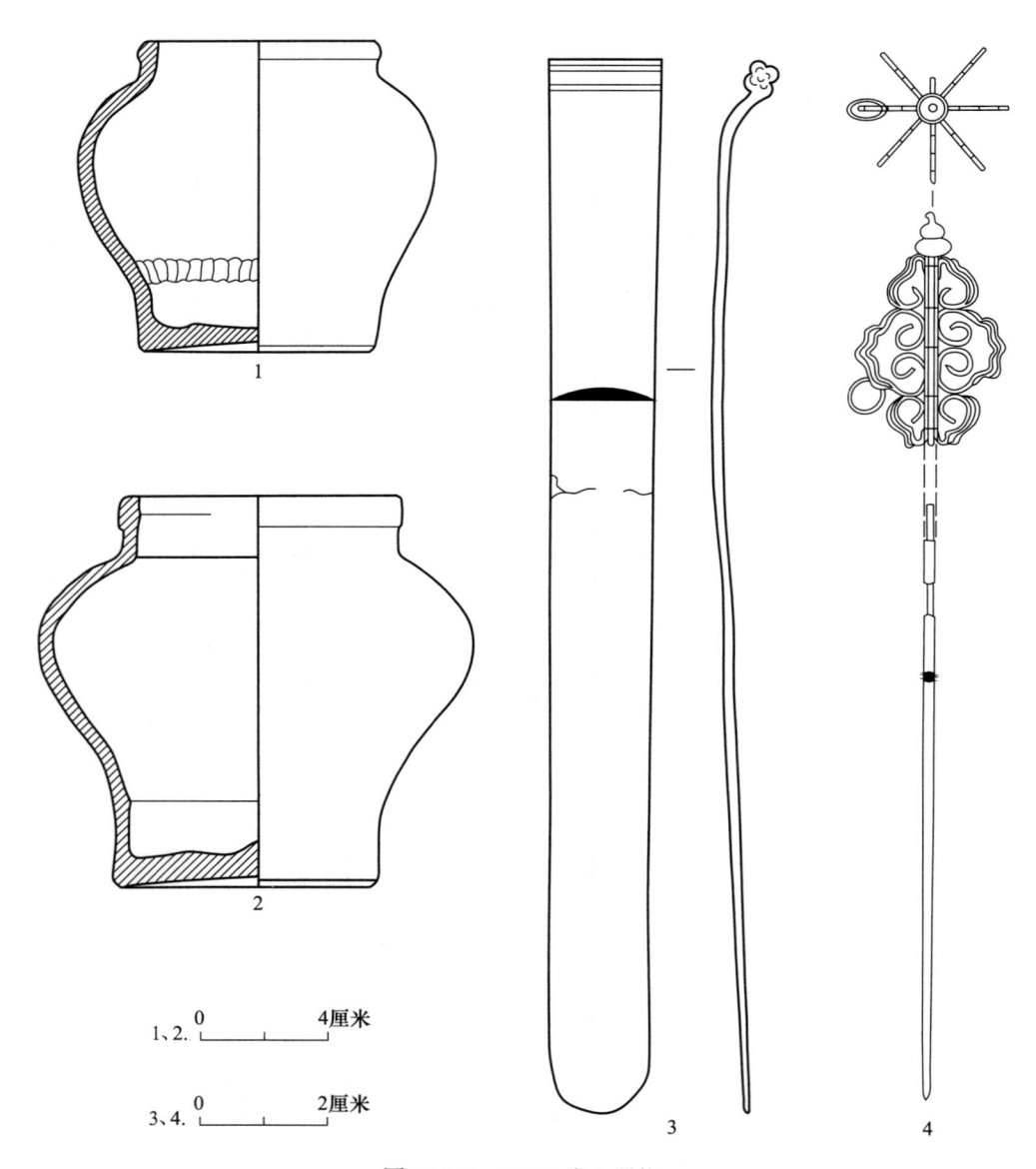

图三三〇　M191 出土器物
1、2. 瓷罐（M191：1、M191：2）　3. 银扁方（M191：3）　4. 银簪（M191：4）

银簪　1件。M191：4，九连环禅杖形，顶呈葫芦状，体呈圆锥形。残长14.3厘米（图三三〇，4；彩版七五，2）。

一九〇、M192

1. 墓葬形制

该墓位于发掘Ⅰ区东部，北邻M191。开口于②层下，东西向，方向270°。坐标为北纬39°51′34.1″，东经116°18′48.9″。

墓平面呈长方形，竖穴土圹双棺合葬墓。墓口距地表深0.6米，墓底距地表深1.6米。墓圹东西长2.9米，南北宽1.9米，深1米。内填花土，土质松软。内置双棺：南棺棺木已朽，棺痕长1.8米，宽0.5~0.6米；棺内骨架保存较差，头向西，面向上，仰身直肢，为女性。北棺长1.9米，宽0.6~0.7米，残高0.4米，棺板厚0.05米，前、后封板厚0.04米，底板厚0.06米；棺内骨架保存较好，头向西，面向上，仰身直肢，为男性（图三三一）。

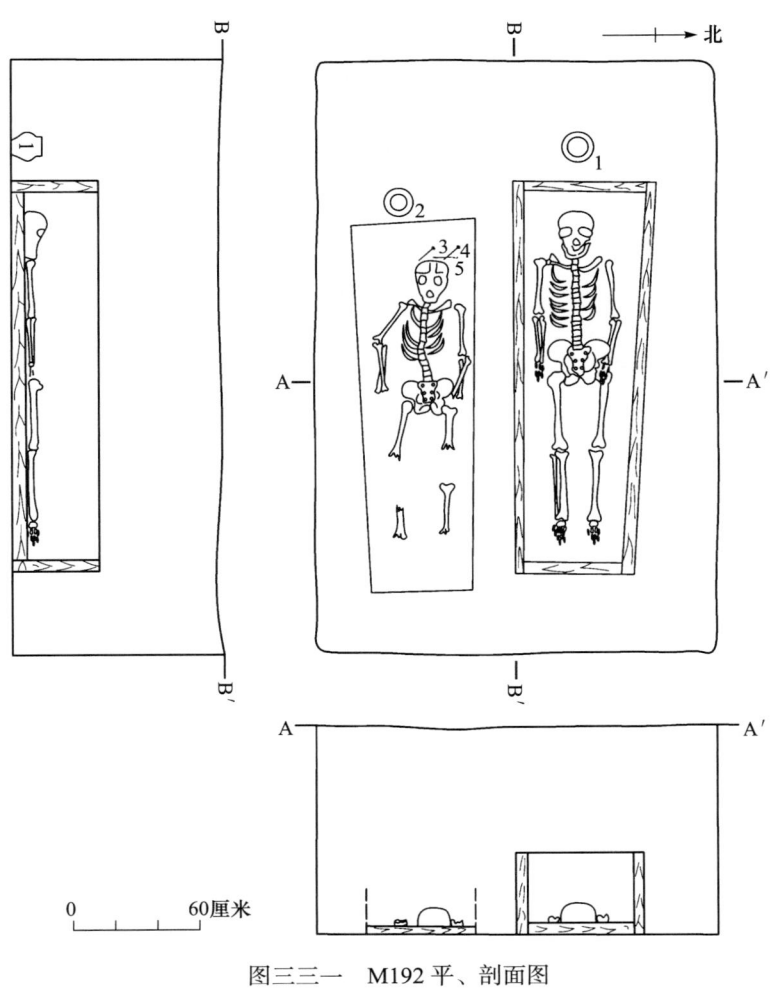

图三三一　M192平、剖面图
1、2. 瓷罐　3、4. 银簪　5. 铜扁方

2. 随葬品

南棺外右前方出土瓷罐 1 件，头骨上方出土银簪 2 件、铜扁方 1 件；北棺外前方出土瓷罐 1 件。

瓷罐　2 件。M192：1，直口，方折唇，矮领，圆肩，鼓腹，下腹弧收，平底内凹。体施豆青色釉，底部无釉。轮制，内壁留有轮旋痕迹。口径 7.6 厘米，腹径 12.6 厘米，底径 8.4 厘米，高 13.8 厘米（图三三二，1；彩版五一，1）。M192：2，直口，方折唇，矮领，圆肩，鼓腹，下腹弧收，平底内凹。体施豆青色釉，底部无釉。轮制，内壁留有轮旋痕迹。口径 8.4 厘米，腹径 12.4 厘米，底径 9.2 厘米，高 14.2 厘米（图三三二，2；彩版五一，2）。

银簪　2 件。如意头形首，体呈扁条形，上部錾刻花卉纹，末端呈圆弧状，背面上部铸"天禧"二字。M192：3，通长 11.7 厘米（图三三二，3）。M192：4，通长 11.7 厘米（图三三二，4）。

铜扁方　1 件。M192：5，首呈方棱状，体扁条形，末端呈圆弧状。通长 12.6 厘米（图三三二，5）。

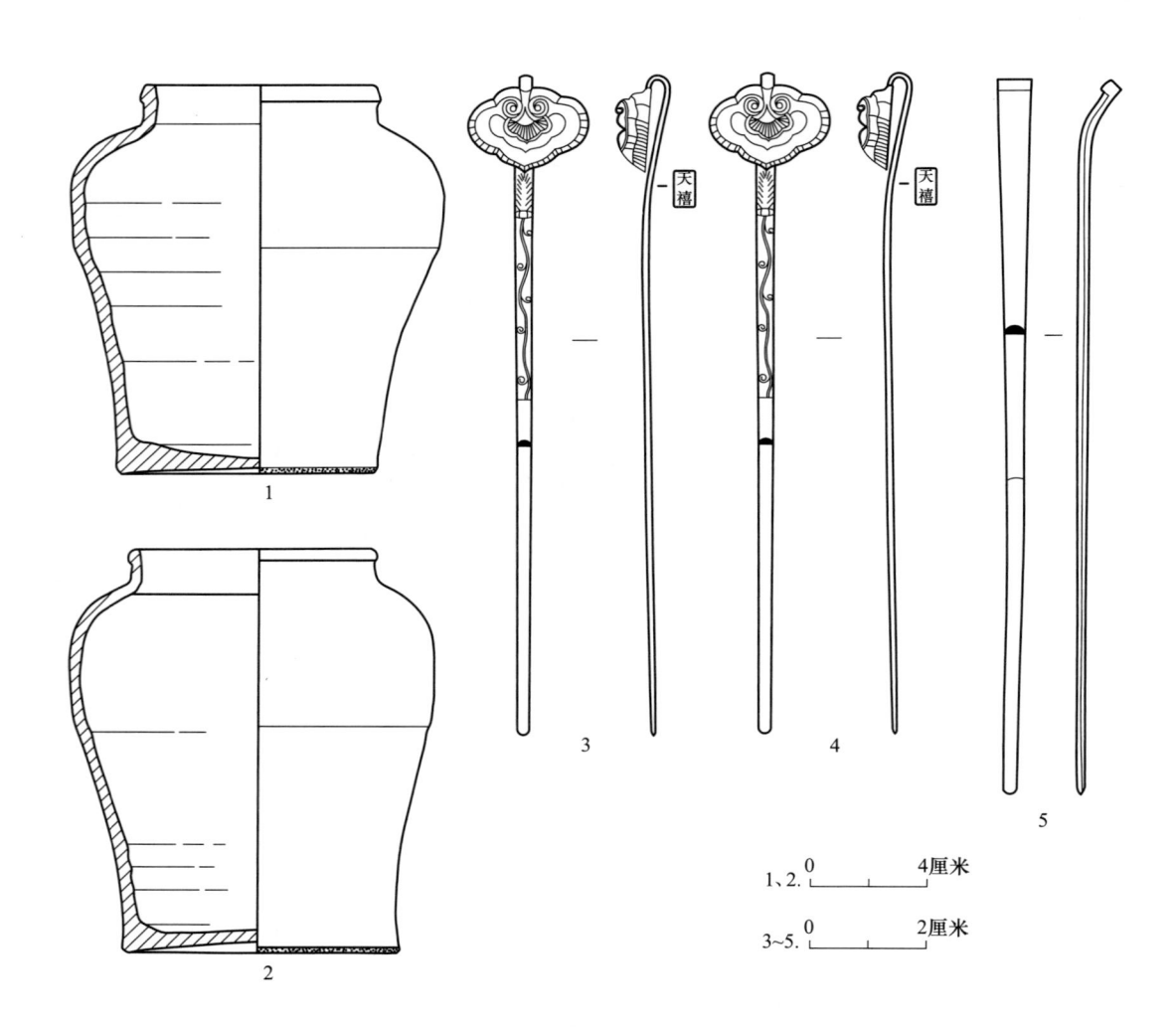

图三三二　M192 出土器物
1、2.瓷罐（M192：1、M192：2）　3、4.银簪（M192：3、M192：4）　5.铜扁方（M192：5）

一九一、M193

1. 墓葬形制

该墓位于发掘Ⅰ区东部，西邻 M192。开口于②层下，东西向，方向 250°。坐标为北纬 39°51′34.1″，东经 116°18′49.2″。

墓平面呈长方形，竖穴土圹单棺墓。墓口距地表深 0.5 米，墓底距地表深 1.3 米。墓圹东西长 2.6 米，南北宽 0.9 米，深 0.8 米。内填花土，土质松软。内置单棺，棺木已朽，棺痕长 1.7 米，宽 0.5~0.6 米；棺内骨架保存较差，头向西南，面向上，仰身直肢，为女性（图三三三；彩版一五，2）。

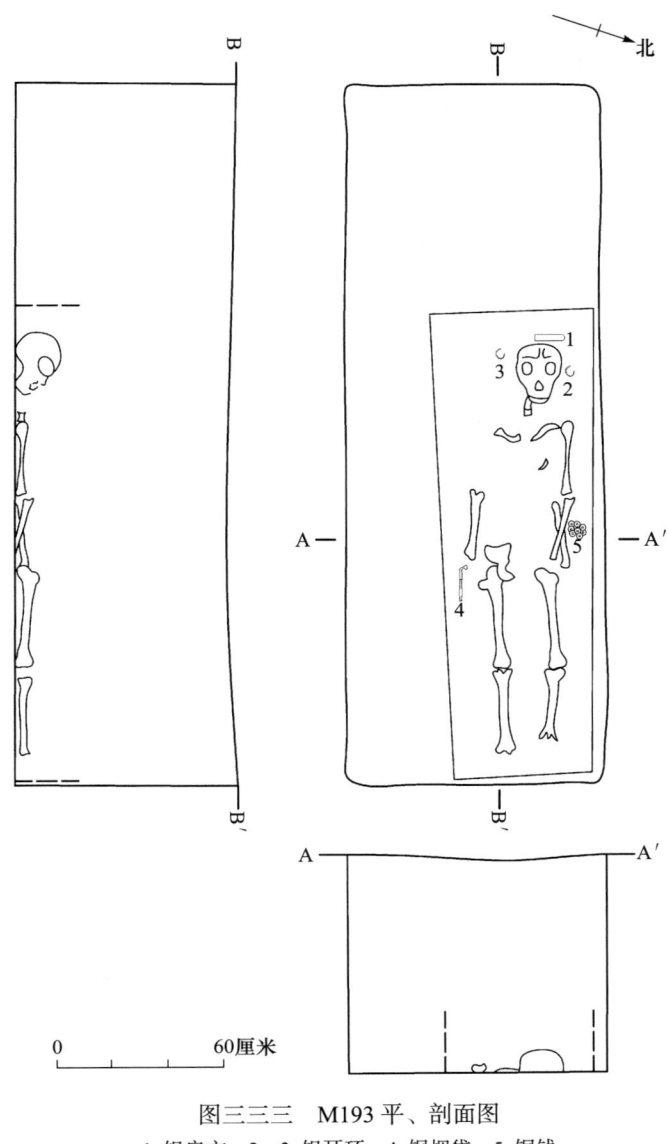

图三三三　M193 平、剖面图
1. 银扁方　2、3. 银耳环　4. 铜烟袋　5. 铜钱

2. 随葬品

棺内头骨上方出土银扁方1件，头骨左右两侧各出土银耳环1件，右下肢骨外侧上部出土铜烟袋1件，左上肢骨外侧下部出土铜钱8枚。

银扁方 1件。M193:1，首端残，体宽扁，末端呈圆弧状，正面錾刻5个圆形"寿"字纹，通体鎏金。宽2.1厘米，残长9.8厘米（图三三四，1）。

银耳环 2件。体呈"C"形，一端为圆锥状，中部呈如意首形，錾刻蝙蝠纹，一端呈长条形，通体鎏金。M193:2，直径2.8厘米（图三三四，2；彩版七五，5）。M193:3，直径2.8厘米（图三三四，3；彩版七五，5）。

铜烟袋 1件。M193:4，铜质烟锅，平面呈圆形；烟杆为木质圆筒状，内中空，大部分已朽；玉质烟嘴，前端为筒状，后端折收，顶端呈圆帽形。残长14.6厘米（图三三四，4）。

咸丰重宝 8枚。标本M193:5-1，大平钱，方穿，正背面郭缘稍宽，正面楷书"咸豐重寶"四字，直读，背穿左右为满文"宝泉"局名，上下楷书"當十"二字。钱径3.22厘米，穿径0.7厘米，郭厚0.28厘米（图三三四，5）。

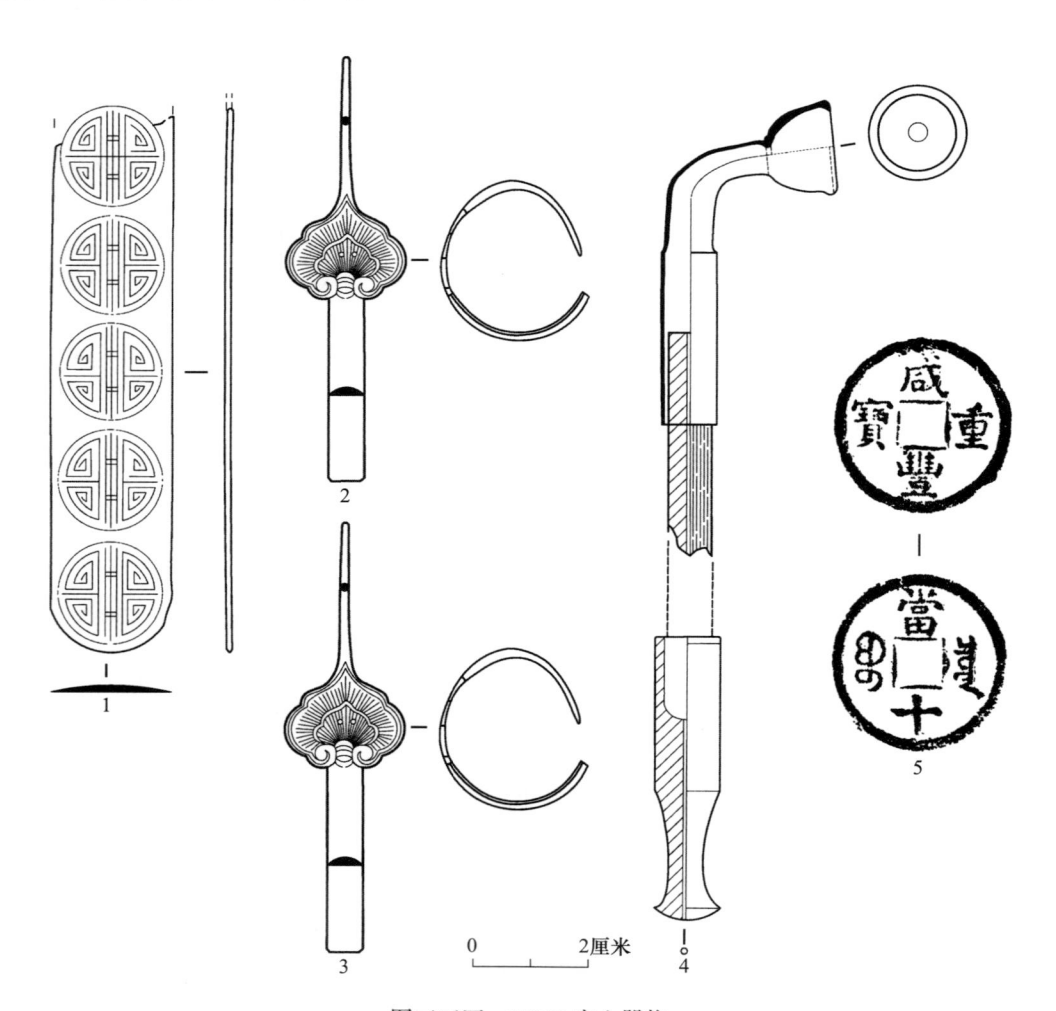

图三三四　M193出土器物
1. 银扁方（M193:1） 2、3. 银耳环（M193:2、M193:3） 4. 铜烟袋（M193:4） 5. 咸丰重宝（M193:5-1）

一九二、M194

1. 墓葬形制

该墓位于发掘Ⅰ区南部。开口于②层下，南北向，方向20°。坐标为北纬39°51′31.7″，东经116°18′44.4″。

墓平面呈长方形，竖穴土圹单棺迁葬墓。墓口距地表深0.4米，墓底距地表深1.6米。墓圹南北长2.4米，东西宽1.4米，深1.2米。内填花土，土质松软。内置单棺，棺木已朽，棺痕长1.9米，宽0.4~0.5米；棺内未发现骨架，葬式、性别不明（图三三五）。

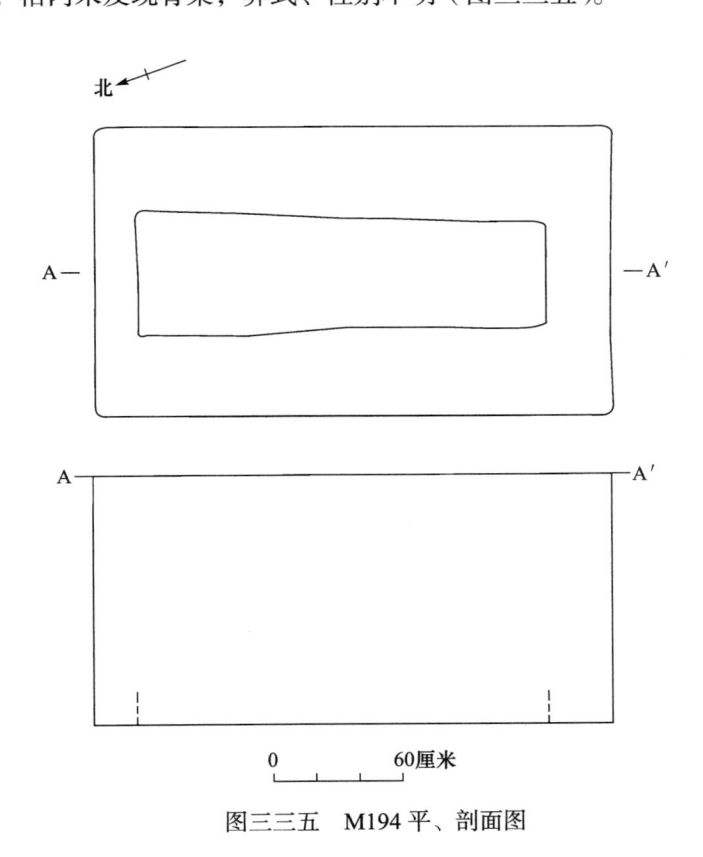

图三三五　M194平、剖面图

2. 随葬品

未发现随葬品。

一九三、M195

1. 墓葬形制

该墓位于发掘Ⅰ区南部，西邻M196。开口于②层下，南北向，方向0°。坐标为北纬39°51′31.7″，东经 116°18′42.4″。

墓平面呈长方形，竖穴土圹单棺墓。墓口距地表深 0.4 米，墓底距地表深 1.8 米。墓圹南北长 2.4 米，东西宽 1 米，深 1.4 米。内填花土，土质松软。内置单棺，棺木已朽，棺痕长 1.9 米，宽 0.3～0.4 米；棺内骨架保存较好，头向北，面向上，仰身直肢，为女性（图三三六）。

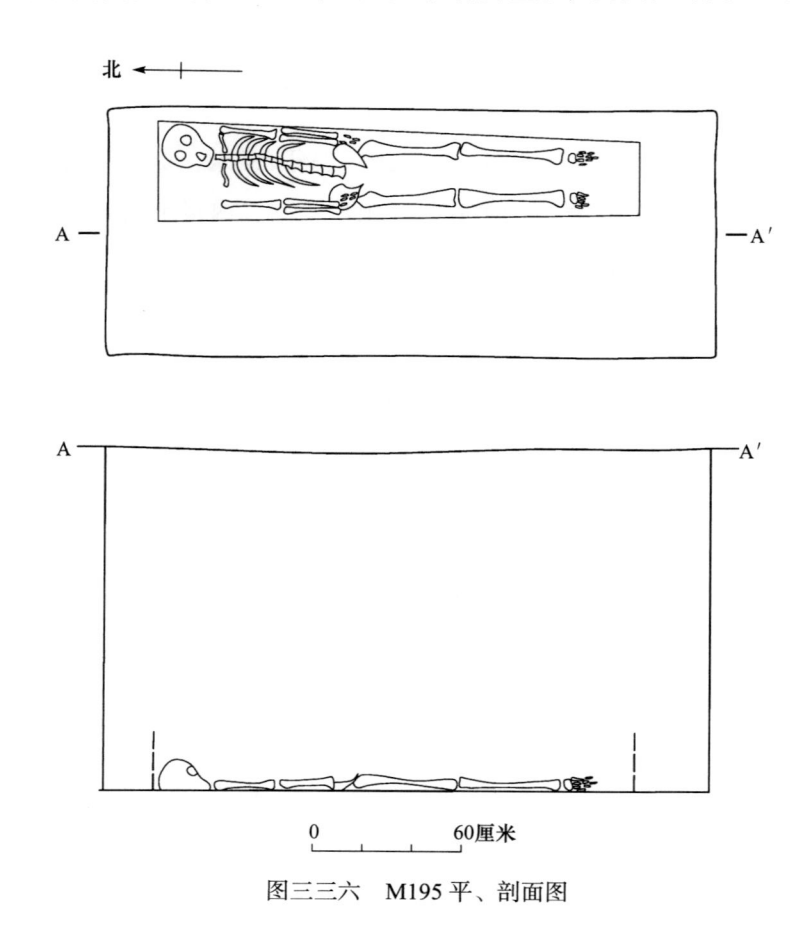

图三三六　M195 平、剖面图

2. 随葬品

未发现随葬品。

一九四、M196

1. 墓葬形制

该墓位于发掘Ⅰ区南部，西邻 M197。开口于②层下，南北向，方向 5°。坐标为北纬 39°51′31.8″，东经 116°18′42.2″。

墓平面呈不规则形，竖穴土圹三棺合葬墓。墓口距地表深 1.5 米，墓底距地表深 2.6 米。墓圹南北长 2.5 米，东西宽 2.1～2.3 米，深 1.1 米。内填花土，土质松软。内置三棺，棺木已朽：东棺痕长 1.8 米，宽 0.5～0.6 米；棺内骨架保存较差，头向北，面向上，仰身直肢，为女性。中棺痕长1.7米，宽0.4~0.5米；棺内骨架保存稍差，头向北，面向上，仰身直肢，为女性。西棺痕长1.7米，宽0.5~0.6米；棺内骨架保存较好，头向北，面向上，仰身直肢，为男性（图三三七）。

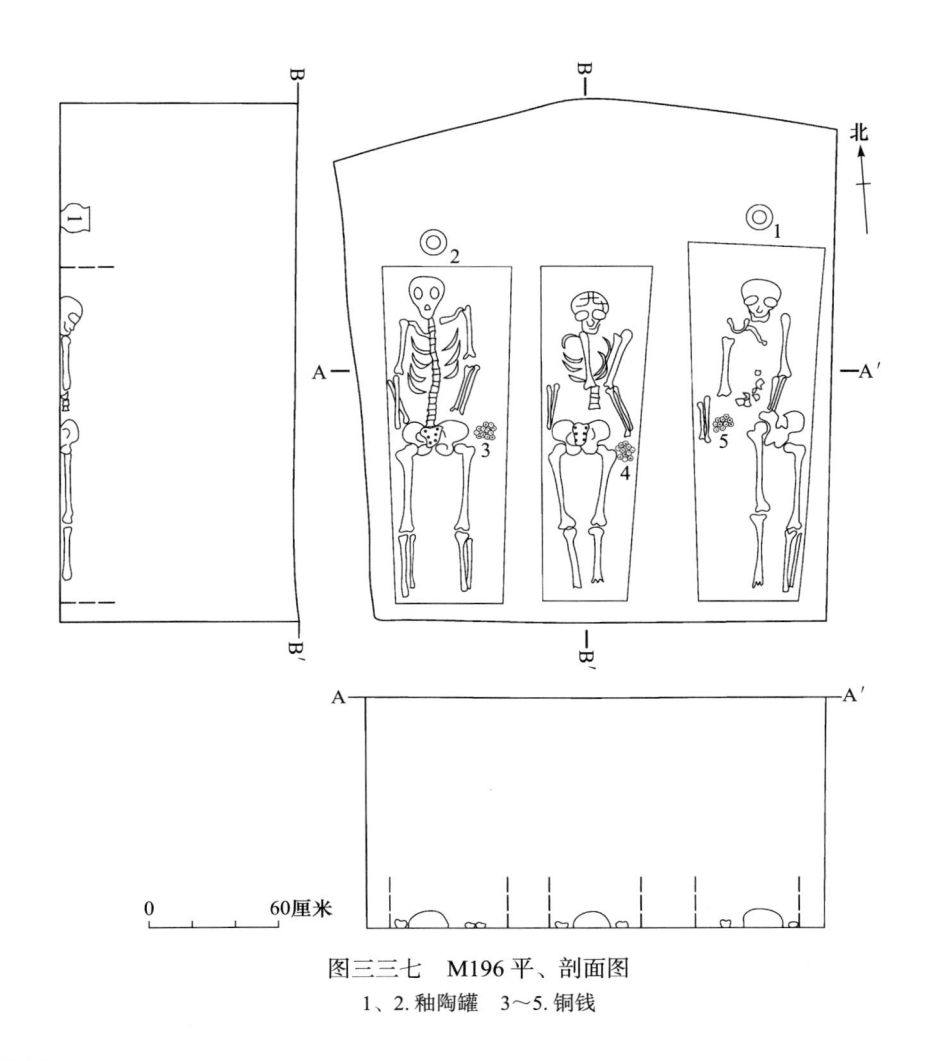

图三三七 M196平、剖面图
1、2.釉陶罐 3~5.铜钱

2. 随葬品

东棺外前方出土釉陶罐1件，右上肢骨内侧下部出土铜钱10枚；中棺左上肢骨下部出土铜钱11枚；西棺外右前方出土釉陶罐1件，盆骨左侧出土铜钱12枚。

釉陶罐 2件。M196：1，侈口，方圆唇，束颈，圆肩，斜直腹微弧，平底内凹。腹上部及口沿内侧施米黄色釉。轮制，体留有轮旋痕迹。口径9厘米，腹径12厘米，底径7.6厘米，高12.2厘米（图三三八，1；彩版五〇，4）。M196：2，敛口，方圆唇，矮领，圆肩，斜腹微弧，平底内凹。腹上部及口沿内侧施米黄色釉。轮制，体留有轮旋痕迹。口径9厘米，腹径13.4厘米，底径7.6厘米，高12.6厘米（图三三八，2；彩版五〇，5）。

铜钱 33枚，有天禧通宝、皇宋通宝、治平元宝、元丰通宝、嘉靖通宝、万历通宝。

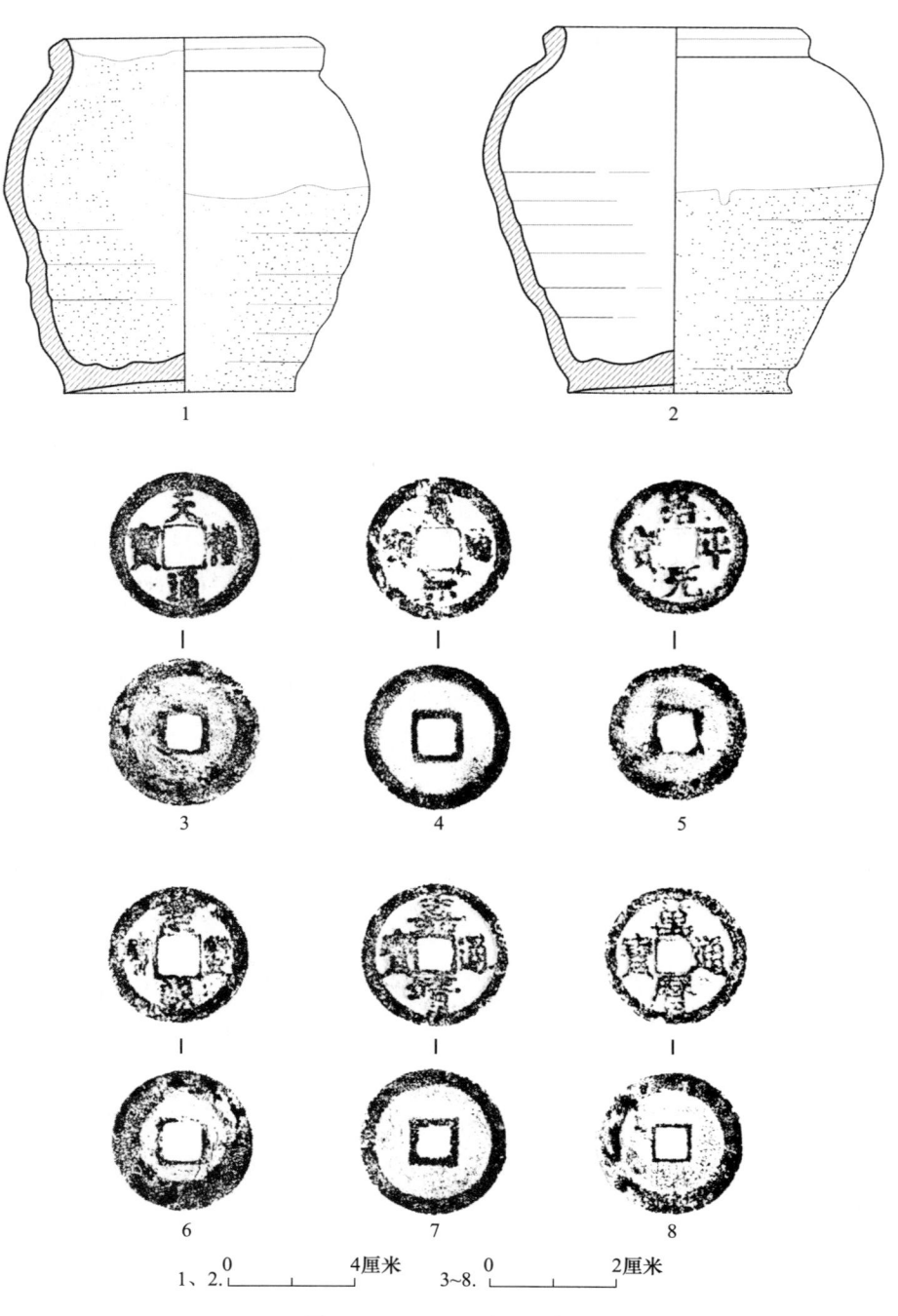

图三三八　M196 出土器物

1、2. 釉陶罐（M196：1、M196：2）　3. 天禧通宝（M196：3-1）　4. 皇宋通宝（M196：3-2）　5. 治平元宝（M196：3-3）
6. 元丰通宝（M196：3-4）　7. 嘉靖通宝（M196：3-5）　8. 万历通宝（M196：3-6）

　　天禧通宝　2 枚。标本 M196：3-1，平钱，方穿，正背面郭缘稍宽，正面楷书"天禧通寶"四字，旋读。钱径 2.6 厘米，穿径 0.58 厘米，郭厚 0.11 厘米（图三三八，3；彩版八三，2）。

　　皇宋通宝　2 枚。标本 M196：3-2，平钱，方穿，正背面郭缘稍宽，正面楷书"皇宋通寶"四字，直读。钱径 2.53 厘米，穿径 0.65 厘米，郭厚 0.14 厘米（图三三八，4；彩版八三，2）。

　　治平元宝　1 枚。M196：3-3，平钱，方穿，正背面郭缘稍宽，正面楷书"治平元寶"四字，旋读。钱径 2.38 厘米，穿径 0.62 厘米，郭厚 0.13 厘米（图三三八，5；彩版八三，2）。

元丰通宝　1枚。M196：3-4，平钱，方穿，正背面郭缘稍宽，正面篆书"元豐通寶"四字，旋读。钱径2.43厘米，穿径0.66厘米，郭厚0.13厘米（图三三八，6；彩版八三，2）。

嘉靖通宝　7枚。标本M196：3-5，平钱，方穿，正背面郭缘稍窄，正面楷书"嘉靖通寶"四字，直读。钱径2.54厘米，穿径0.48厘米，郭厚0.13厘米（图三三八，7；彩版八三，2）。

万历通宝　5枚。标本M196：3-6，平钱，方穿，正背面郭缘稍宽，正面楷书"萬曆通寶"四字，直读。钱径2.48厘米，穿径0.52厘米，郭厚0.12厘米（图三三八，8；彩版八三，2）。

另有15枚锈蚀严重，字迹不清。

一九五、M197

1. 墓葬形制

该墓位于发掘Ⅰ区南部，东邻M196。开口于②层下，南北向，方向20°。坐标为北纬39°51′31.7″，东经116°18′42″。

墓平面呈长方形，竖穴土圹单棺墓。墓口距地表深1.5米，墓底距地表深2.3米。墓圹南北长2.5米，东西宽1.2米，深0.8米。内填花土，土质松软。内置单棺，棺木已朽，棺痕长2米，宽0.5~0.6米；棺内骨架保存稍好，头向北，面向上，仰身直肢，为女性（图三三九）。

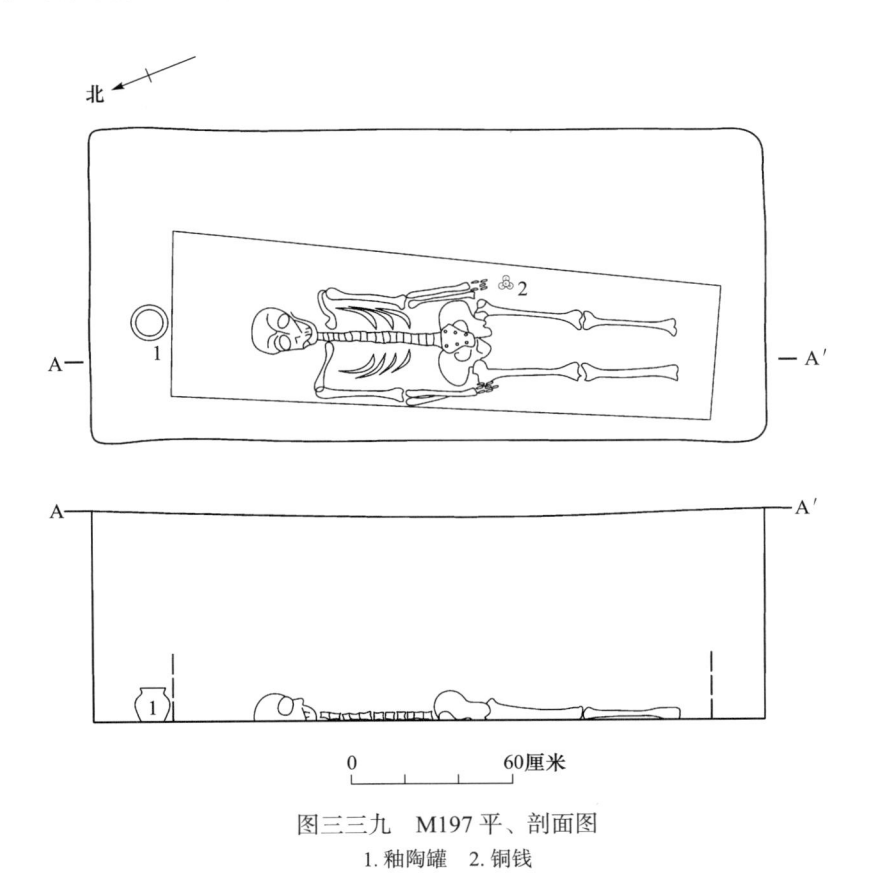

图三三九　M197平、剖面图
1. 釉陶罐　2. 铜钱

2. 随葬品

棺外右前方出土釉陶罐1件，左下肢骨外侧上部出土铜钱4枚。

釉陶罐　1件。M197:1，侈口，方唇，矮领，圆肩，鼓腹，圈足。外口沿下遗留黑色釉，腹上部及口沿内侧施酱黄色釉。轮制，体留有轮旋痕迹。口径8.4厘米，腹径14.8厘米，底径7.2厘米，高14厘米（图三四〇，1；彩版五〇，6）。

铜钱　4枚，有万历通宝、天启通宝、崇祯通宝（彩版八三，3）。

万历通宝　2枚。标本M197:2-1，平钱，方穿，正背面郭缘较宽，正面楷书"万曆通寶"四字，直读。钱径2.58厘米，穿径0.49厘米，郭厚0.11厘米（图三四〇，2）。

天启通宝　1枚。M197:2-2，平钱，方穿，正背面郭缘较宽，正面楷书"天啓通寶"四字，直读，背穿上部楷书"户"字。钱径2.62厘米，穿径0.52厘米，郭厚0.13厘米（图三四〇，3）。

崇祯通宝　1枚。M197:2-3，平钱，方穿，正背面郭缘较宽，正面楷书"崇禎通寶"四字，直读。钱径2.46厘米，穿径0.52厘米，郭厚0.1厘米（图三四〇，4）。

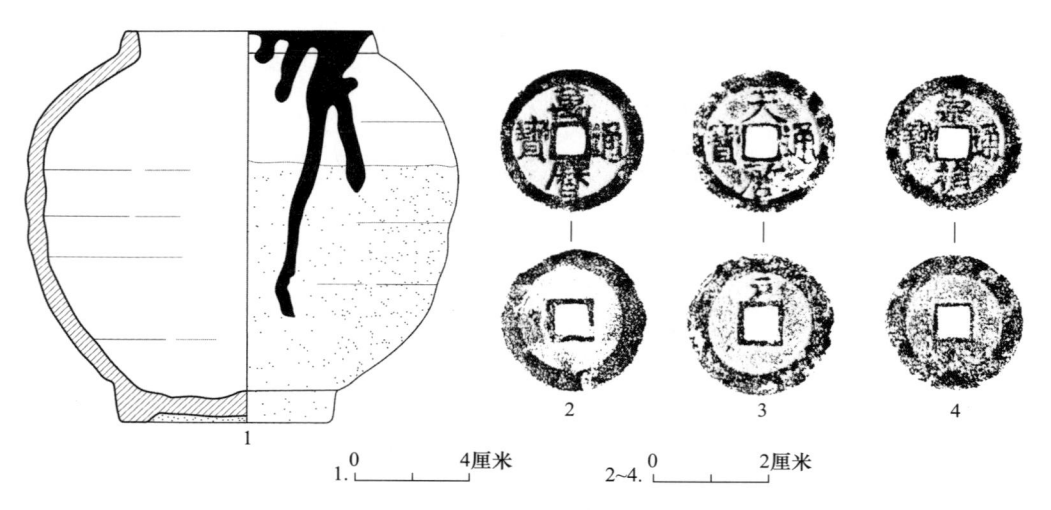

图三四〇　M197出土器物

1.釉陶罐（M197:1）　2.万历通宝（M197:2-1）　3.天启通宝（M197:2-2）　4.崇祯通宝（M197:2-3）

一九六、M198

1. 墓葬形制

该墓位于发掘Ⅲ区西北部，西邻M60。开口于②层下，东西向，方向120°。坐标为北纬39°51′25″，东经116°18′55.2″。

墓平面呈梯形，竖穴土圹双棺合葬墓。墓口距地表深0.4米，墓底距地表深1.2米。墓圹东西长2.4米，南北宽1.3～1.6米，深0.8米。内填花土，土质松软。内置双棺，棺木已朽：南棺痕长1.8米，宽0.6米；棺内骨架保存较差，头向东南，面向下，仰身直肢，为男性。北棺痕长1.8米，宽0.5～0.7米；棺内骨架保存较好，头向东南，面向上，仰身直肢，为女性（图三四一）。

图三四一　M198 平、剖面图
1、2. 釉陶罐　3. 银簪

2. 随葬品

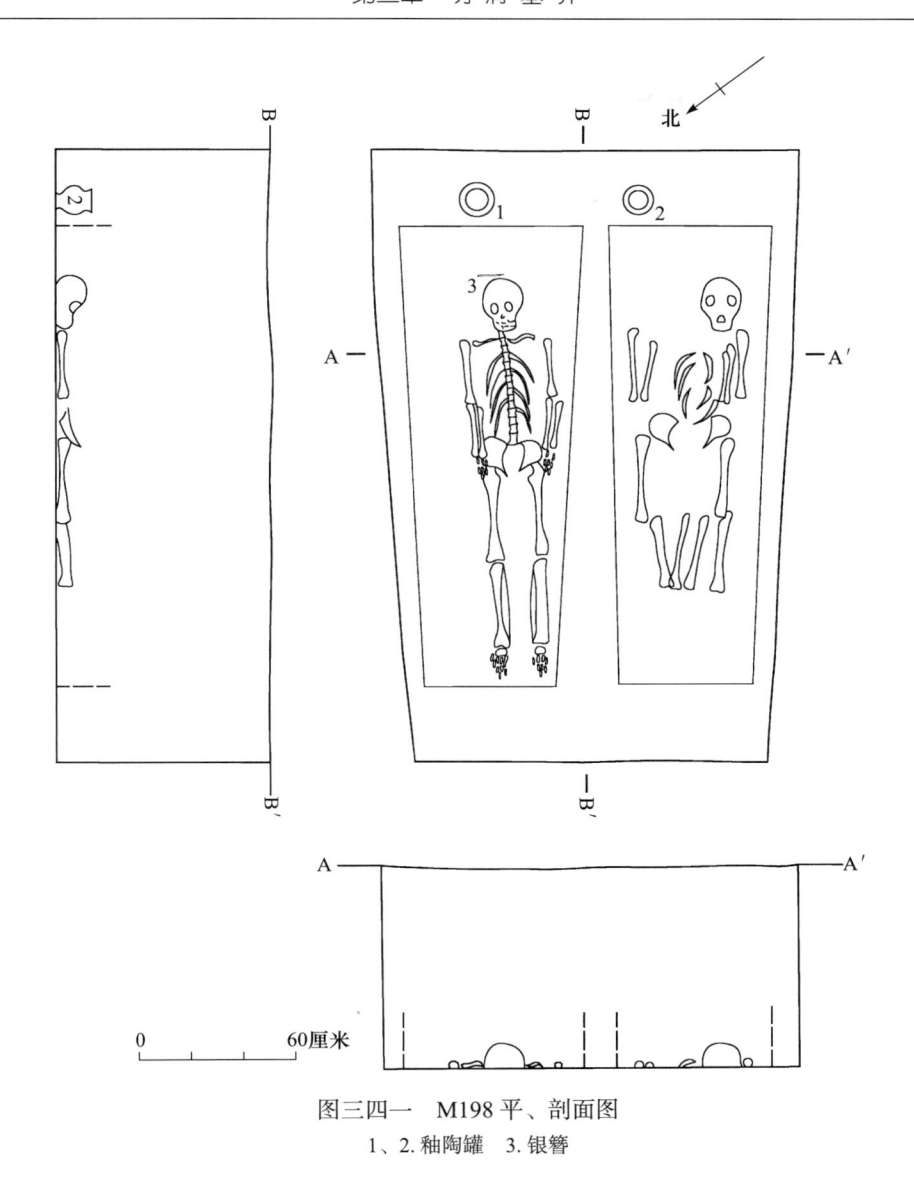

南棺外右前方出土釉陶罐 1 件；北棺外右前方出土釉陶罐 1 件，头骨上方出土银簪 1 件。

釉陶罐　2 件。M198:1，侈口，圆唇，矮领，圆肩，鼓腹，底部稍外展，平底内凹。外壁及口沿内侧施深绿色釉，底无釉。外壁一侧压印"北京京酱园"五字，另一侧压印"清河太聖號"五字。轮制。口径 9 厘米，腹径 12.8 厘米，底径 8.2 厘米，高 11 厘米（图三四二，1）。M198:2，侈口，尖圆唇，高领，圆肩，圆鼓腹，下腹弧收，底部外展，平底。体施灰绿色釉，泛黄。轮制，体留有轮旋痕迹。口径 9.8 厘米，腹径 12.2 厘米，底径 10.4 厘米，高 14 厘米（图三四二，2；彩版五三，1）。

银簪　1 件。M198:3，首残，体呈圆锥形，上部饰菱形纹带，纹带上下部呈竹节状。残长 8.3 厘米（图三四二，3；彩版七五，3）。

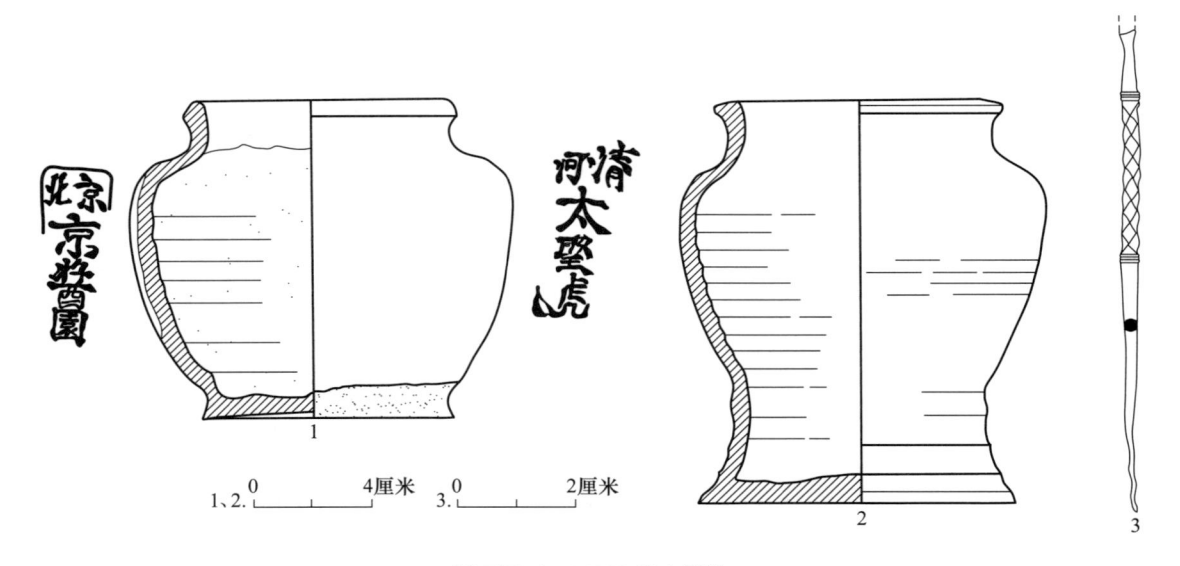

图三四二　M198 出土器物
1、2. 釉陶罐（M198：1、M198：2）　3. 银簪（M198：3）

一九七、M199

1. 墓葬形制

该墓位于发掘Ⅲ区北部，东邻 M200。开口于②层下，东西向，方向120°。坐标为北纬39°51′25″，东经116°18′55.1″。

墓平面呈长方形，竖穴土圹双棺合葬墓。墓口距地表深0.4米，墓底距地表深1.5米。墓圹东西长2.5米，南北宽1.7米，深1.1米。内填花土，土质松软。内置双棺：南棺长1.9米，宽0.8米，残高0.4米，棺板厚0.1米，前封板厚0.04米，后封板厚0.03米；棺内骨架保存较差，头向东南，面向东北，葬式不明，为男性。北棺棺木已朽，棺痕长1.9米，宽0.6米；棺内骨架保存较差，头向东南，面向下，葬式不明，为女性（图三四三）。

2. 随葬品

南棺外右前方出土釉陶罐1件；北棺外右前方出土釉陶罐1件。

釉陶罐　2件。M199：1，敞口，平沿，尖圆唇，矮领，圆折肩，弧腹，下腹弧收，底部外展，平底内凹。体施浅绿色釉，泛蓝。轮制。口径8.8厘米，腹径11.2厘米，底径8厘米，高13厘米（图三四四，1；彩版五三，2）。M199：2，侈口，平沿，尖圆唇，斜折肩，圆鼓腹，下腹弧收，底部外展，平底内凹。体施黄白色釉，底无釉。轮制。口径8厘米，腹径10.2厘米，底径8.4厘米，高13.6厘米（图三四四，2；彩版五三，3）。

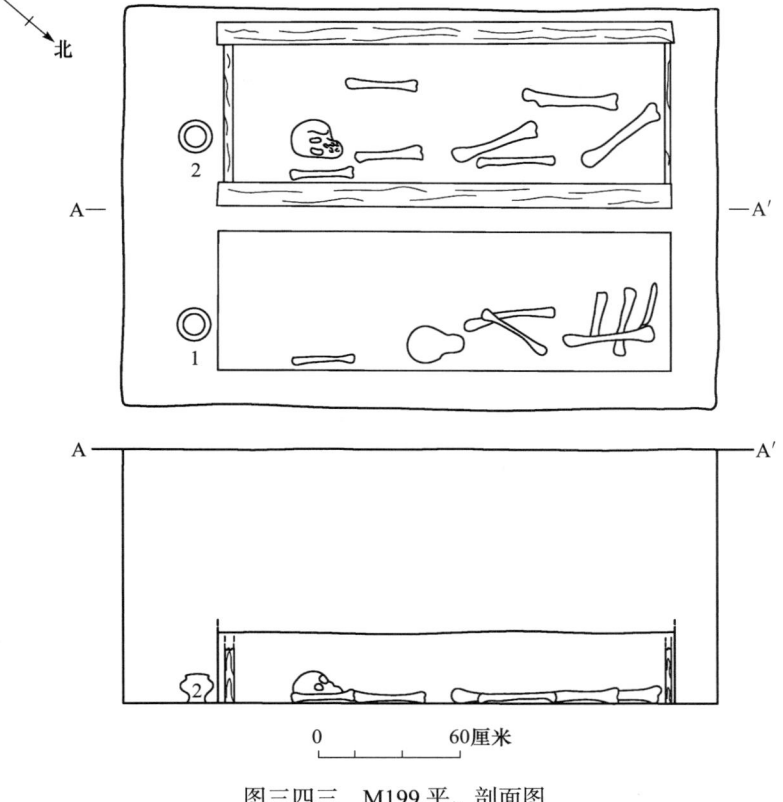

图三四三　M199 平、剖面图
1、2. 釉陶罐

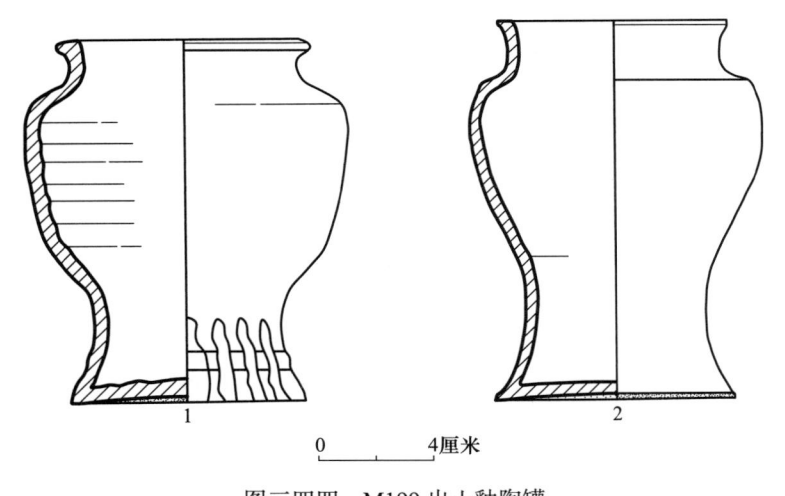

图三四四　M199 出土釉陶罐
1. M199∶1　2. M199∶2

一九八、M200

1. 墓葬形制

该墓位于发掘Ⅲ区北部，西邻 M199。开口于②层下，东西向，方向 120°。坐标为北纬 39°51′24.5″，东经 116°18′53.1″。

墓平面呈长方形，竖穴土圹单棺墓。墓口距地表深 0.4 米，墓底距地表深 1.3 米。墓圹东西长 2.6 米，南北宽 0.8 米，深 0.9 米。内填花土，土质松软。内置单棺，棺木已朽，棺痕长 1.8 米，宽 0.5～0.7 米；棺内骨架保存较好，头向东南，面向北，仰身直肢，为女性（图三四五）。

图三四五　M200 平、剖面图
1. 银簪　2. 铜钗

2. 随葬品

棺内头骨上方出土银簪 1 件、铜钗 1 件。

银簪　1 件。M200：1，首残，体呈圆锥形。残长 8.1 厘米（图三四六，1；彩版七五，4）。

铜钗　1 件。M200：2，体呈长条"U"形，铜丝制作而成。通长 4.5 厘米（图三四六，2）。

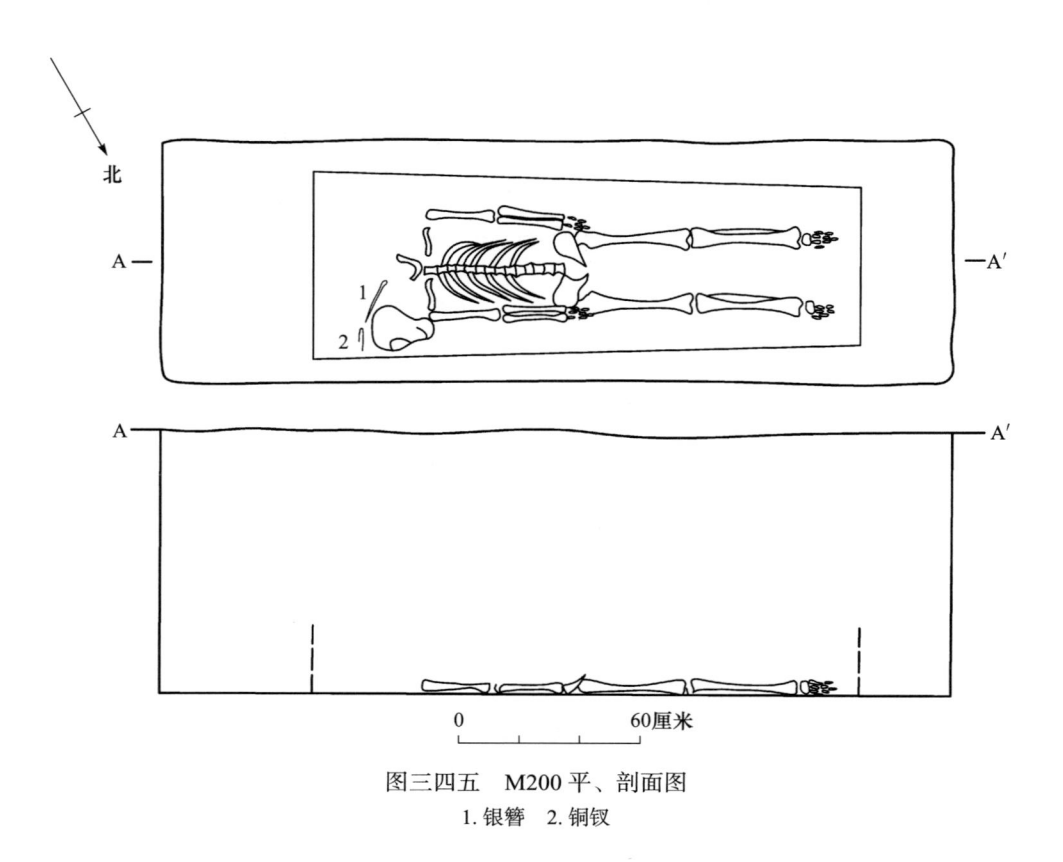

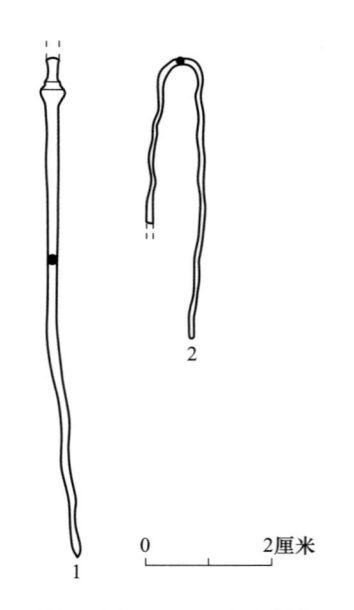

图三四六　M200 出土器物
1. 银簪（M200：1）　2. 铜钗（M200：2）

一九九、M201

1. 墓葬形制

该墓位于发掘Ⅲ区东南部。开口于②层下，南北向，方向23°。坐标为北纬39°51′24.8″，东经116°19′35.8″。

墓平面呈梯形，竖穴土圹双棺迁葬墓。墓口距地表深1.1米，墓底距地表深2.1米。墓圹南北长2.5米，东西宽1.7~1.9米，深1米。内填花土，土质松软。内置双棺，棺木已朽：东棺痕长1.9米，宽0.5~0.6米；棺内未发现骨架，葬式、性别不明。西棺痕长1.9米，宽0.6~0.7米；棺内未发现骨架，葬式、性别不明（图三四七）。

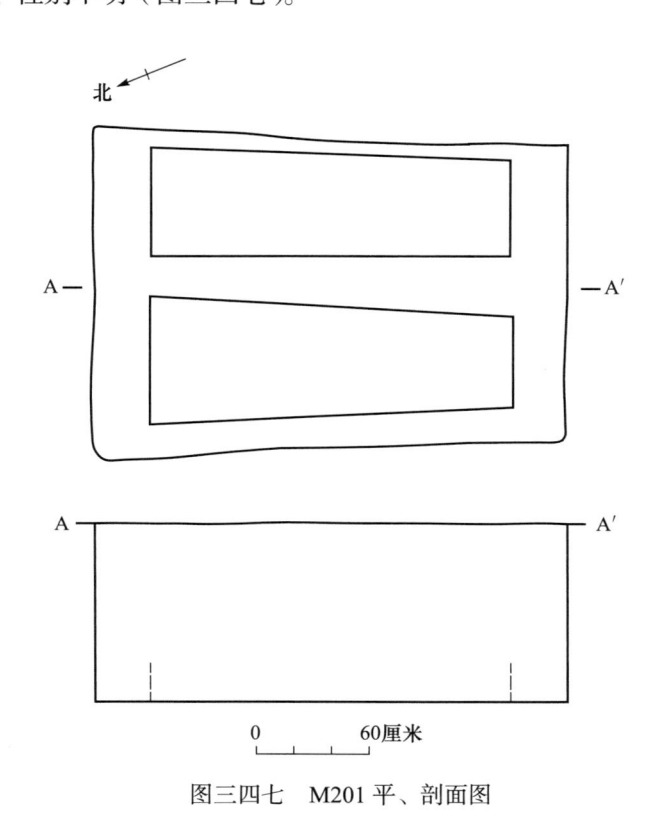

图三四七 M201平、剖面图

2. 随葬品

未发现随葬品。

二〇〇、M202

1. 墓葬形制

该墓位于发掘Ⅲ区北部，南邻M203。开口于②层下，南北向，方向340°。坐标为北纬39°51′23.8″，东经 116°18′55.9″。

墓平面呈长方形，竖穴土圹双棺合葬墓。墓口距地表深 0.8 米，墓底距地表深 1.7 米。墓圹南北长 2.4 米，东西宽 1.3 米，深 0.9 米。内填花土，土质松软。内置双棺，棺木已朽：东棺痕长 1.8 米，宽 0.5~0.6 米；棺内骨架保存较差，头向西，面向北，仰身直肢，为男性。西棺痕长 1.9 米，宽 0.5~0.6 米；棺内骨架保存较差，头向北，面向上，仰身直肢，为女性（图三四八；彩版一六，1）。

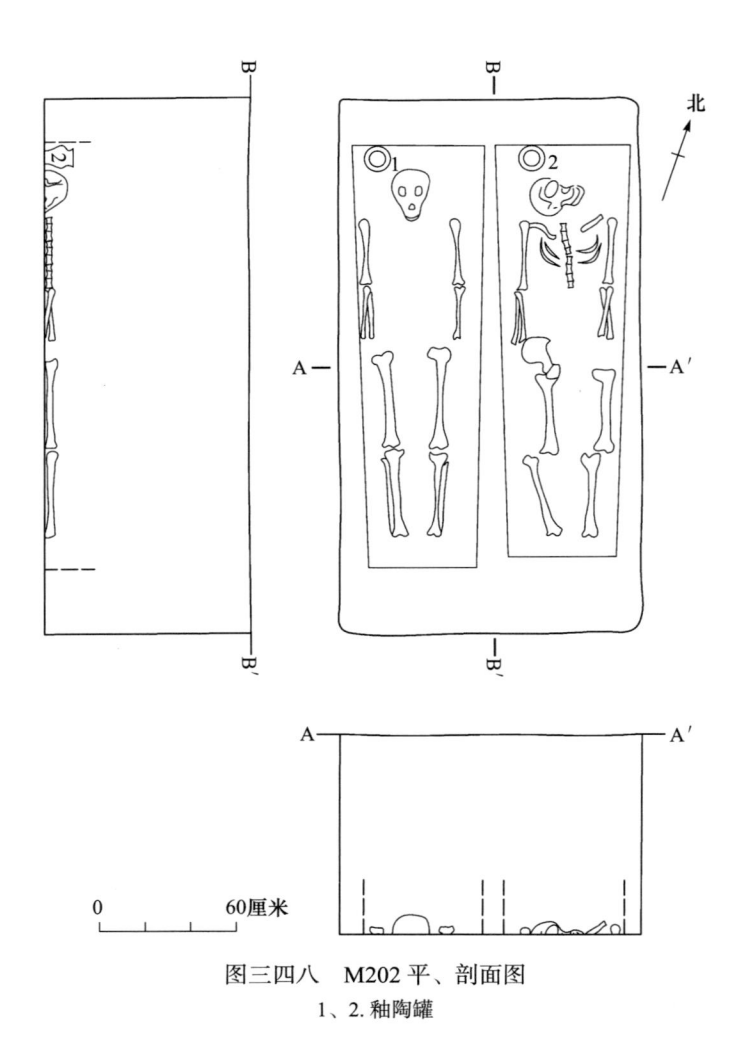

图三四八　M202 平、剖面图
1、2. 釉陶罐

2. 随葬品

东棺内右前方出土釉陶罐 1 件；西棺内右前方出土釉陶罐 1 件。

釉陶罐　2 件。M202：1，直口，斜沿，尖唇，矮领，圆肩，弧腹下收，底部外展，平底内凹。体施米黄色釉，底部未施釉。轮制，内壁留有轮旋痕迹。口径 8.4 厘米，腹径 10.4 厘米，底径 7.6 厘米，高 12.2 厘米（图三四九，1；彩版五三，4）。M202：2，直口，斜沿，尖唇，矮领，斜折肩，弧腹下收，底部外展，平底内凹。体施黄绿色釉。轮制，体留有轮旋痕迹。口径 8.4 厘米，腹径 10.2 厘米，底径 8.8 厘米，高 13.2 厘米（图三四九，2；彩版五三，5）。

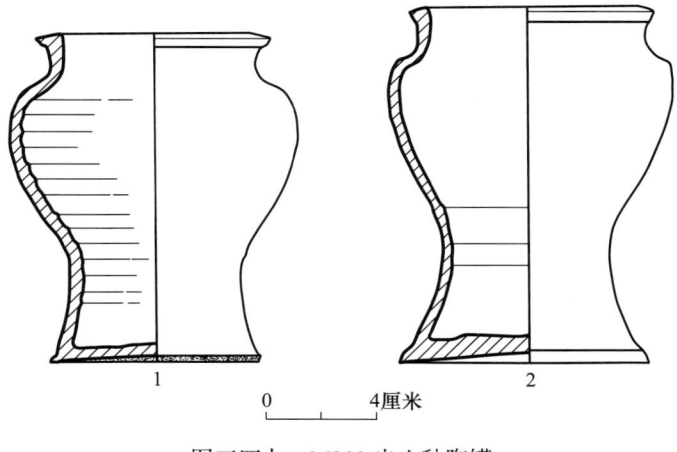

图三四九　M202 出土釉陶罐
1. M202：1　2. M202：2

二〇一、M203

1. 墓葬形制

该墓位于发掘Ⅲ区北部，北邻 M202。开口于②层下，南北向，方向 15°。坐标为北纬 39°51′23.9″，东经 116°18′55.5″。

墓平面呈长方形，竖穴土圹单棺墓。墓口距地表深 1 米，墓底距地表深 1.8 米。墓圹南北长 2.4 米，东西宽 1 米，深 0.8 米。内填花土，土质松软。内置单棺，棺长 2.1 米，宽 0.65~0.75 米，残高 0.36 米，棺板、前封板、后封板及底板厚 0.06 米；棺内骨架保存稍好，头向北，面向上，仰身直肢，为男性（图三五〇）。

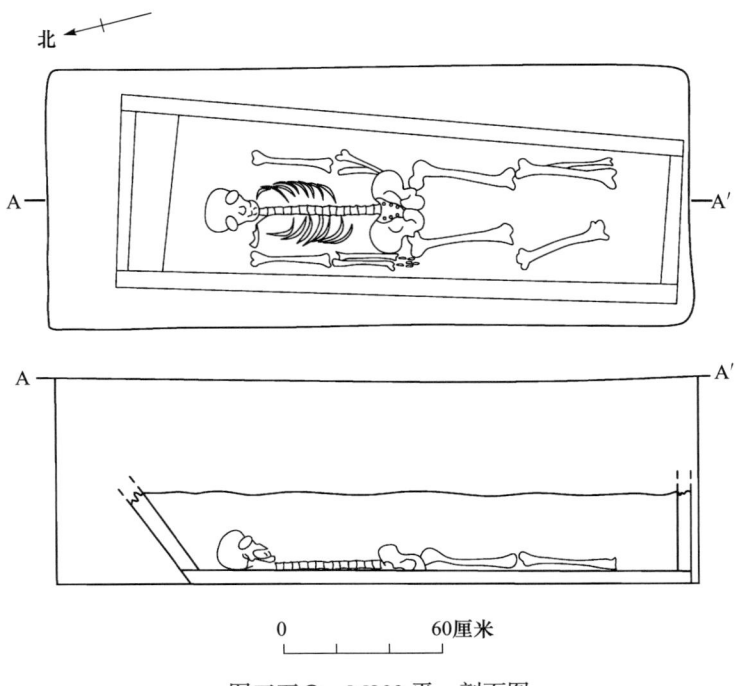

图三五〇　M203 平、剖面图

2. 随葬品

未发现随葬品。

二〇二、M204

1. 墓葬形制

该墓位于发掘Ⅰ区西南部，东邻M205。开口于②层下，南北向，方向5°。坐标为北纬39°51′24.8″，东经116°19′35.8″。

墓平面呈梯形，竖穴土圹双棺合葬墓。墓口距地表深0.8米，墓底距地表深2.4米。墓圹南北长2.8米，东西宽1.7～1.8米，深1.6米。内填花土，土质松软。内置双棺，棺木已朽：东棺痕长1.9米，宽0.55～0.6米；棺内骨架保存较差，头向北，面向上，仰身直肢，为男性。西棺痕长1.9米，宽0.6～0.7米；棺内骨架保存较差，头向北，面向上，仰身直肢，为女性（图三五一）。

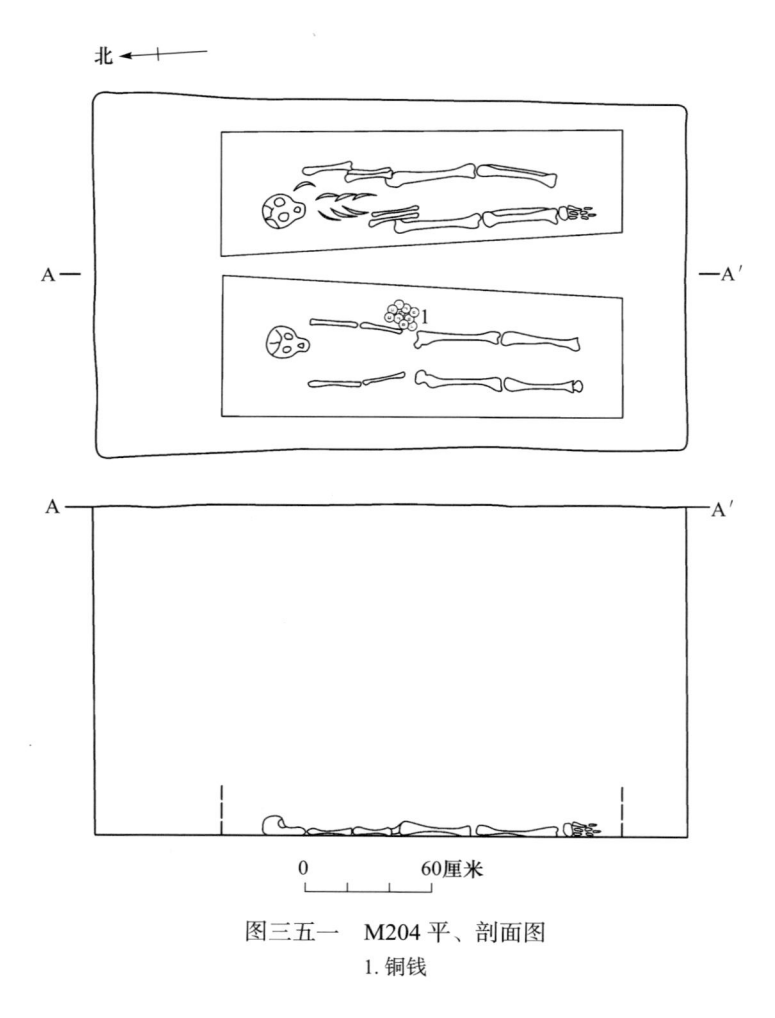

图三五一 M204平、剖面图
1. 铜钱

2. 随葬品

西棺左上肢骨外侧下部出土铜钱10枚，均为康熙通宝。

康熙通宝 10枚。标本M204：1-1，大平钱，方穿，正背面郭缘较宽，正面楷书"康熙通寶"四字，直读，背穿左右为满文"宝泉"局名。钱径2.78厘米，穿径0.56厘米，郭厚0.09厘米（图三五二）。

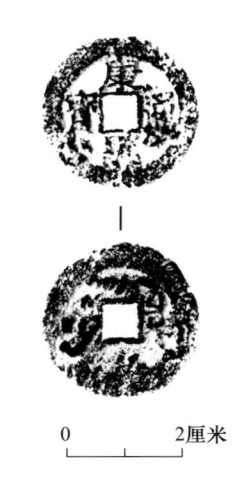

图三五二 M204出土康熙通宝（M204：1-1）（拓片）

二〇三、M205

1. 墓葬形制

该墓位于发掘Ⅰ区西南部，西邻M204。开口于②层下，南北向，方向30°。坐标为北纬39°51′32.5″，东经116°18′36″。

墓平面呈正方形，竖穴土圹三棺合葬墓。墓口距地表深0.8米，墓底距地表深1.8米。墓圹南北长3.2米，东西宽3.2米，深1米。内填花土，土质松软。内置三棺，棺木已朽：东棺痕长2.3米，宽0.7~0.8米；棺内骨架保存稍好，头向北，面向上，仰身直肢，为女性。中棺痕长2米，宽0.7~0.9米；棺内骨架保存稍好，头向北，面向上，仰身直肢，为女性。西棺痕长2.2米，宽0.6~0.8米；棺内骨架保存稍好，头向北，面向上，仰身直肢，为男性（图三五三）。

2. 随葬品

东棺外前方出土瓷罐1件，头骨上方出土银簪1件，左下肢骨外侧上部出土铜钱6枚；中棺头骨上方出土银簪6件，左下肢骨外侧上部出土银饰1件，盆骨右侧出土铜扣1颗。

瓷罐 1件。M205：1，敛口，方唇，斜领，溜肩，弧腹，矮圈足。缸胎，体施黑色釉，口沿内侧、下腹部及底部未施釉。轮制。口径9.2厘米，腹径12.2厘米，底径7.4厘米，高12.8厘米（图三五四，1；彩版五二，3）。

银簪 7件。M205：2，首残呈节状，体呈四棱锥状。残长16厘米（图三五四，2）。M205：3，耳勺形首，体呈四棱锥状。通长9.3厘米（图三五四，3）。M205：4，耳勺形首，体呈圆锥状，末端残。残长7厘米（图三五四，4）。M205：5，耳勺形首，体呈圆锥状，末端残。残长5.2厘米（图三五四，5）。M205：6，八棱锤形首，体呈圆锥状，末端残。残长4.6厘米（图三五四，6）。

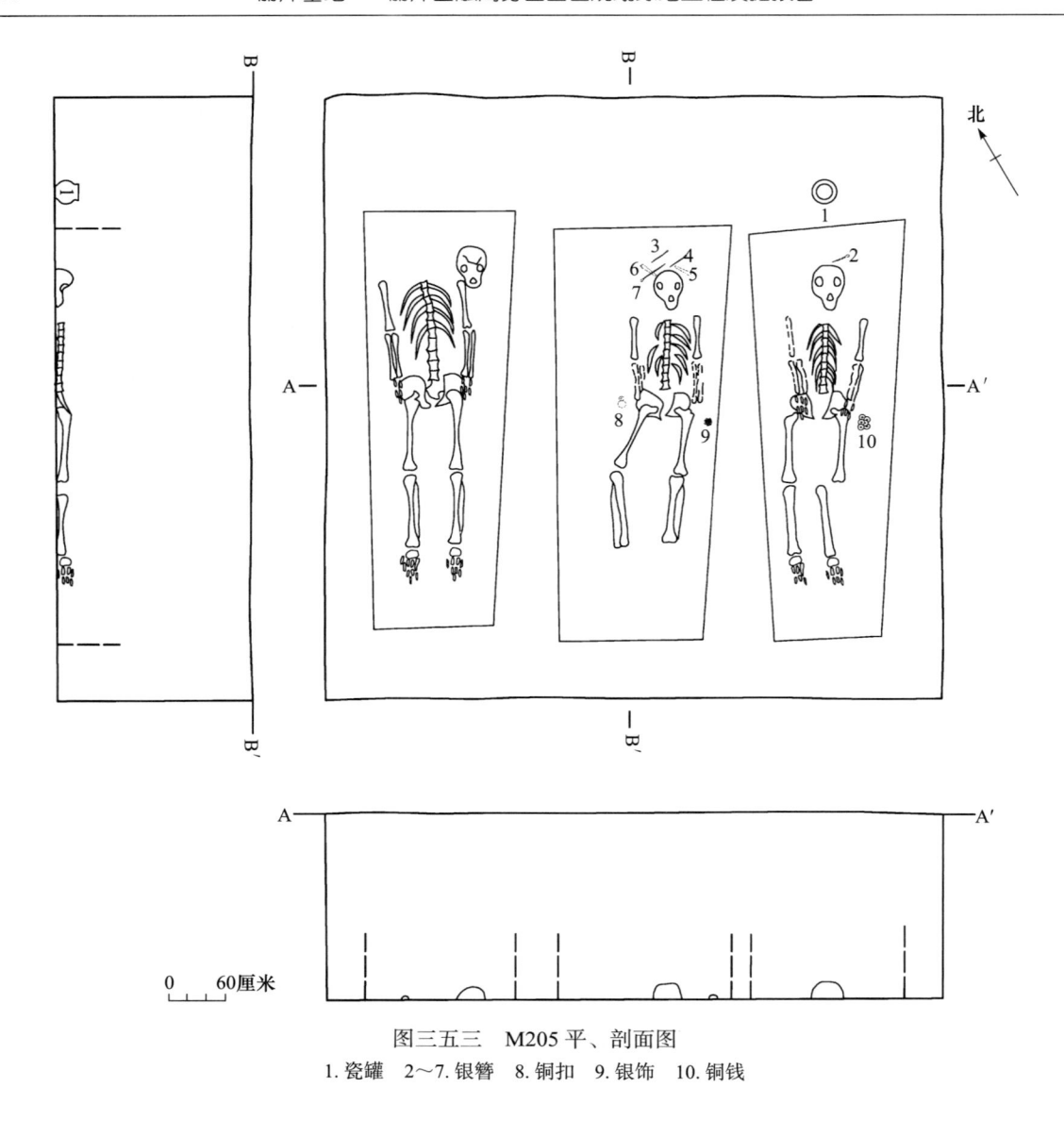

图三五三　M205 平、剖面图
1. 瓷罐　2~7. 银簪　8. 铜扣　9. 银饰　10. 铜钱

M205：7，龙头形首，体残，通体鎏金。残长5.1厘米（图三五四，7）。M205：8，龙头形首，体残，通体鎏金。残长4.3厘米（图三五四，8）。

铜扣　1颗。M205：9，体呈"8"形，死环，下部为圆球状。球径0.7厘米，通高1厘米（图三五四，9）。

银饰　1件。M205：10，圆弧形，中间锤碟十字形，四周錾刻"西方接引"四字。直径3.2厘米，厚0.06厘米（图三五四，10）。

康熙通宝　6枚。标本M205：11-1，平钱，方穿，正背面郭缘较宽，正面楷书"康熙通寶"四字，直读，背穿左右为满文"宝泉"局名。钱径2.28厘米，穿径0.55厘米，郭厚0.12厘米（图三五四，11）。

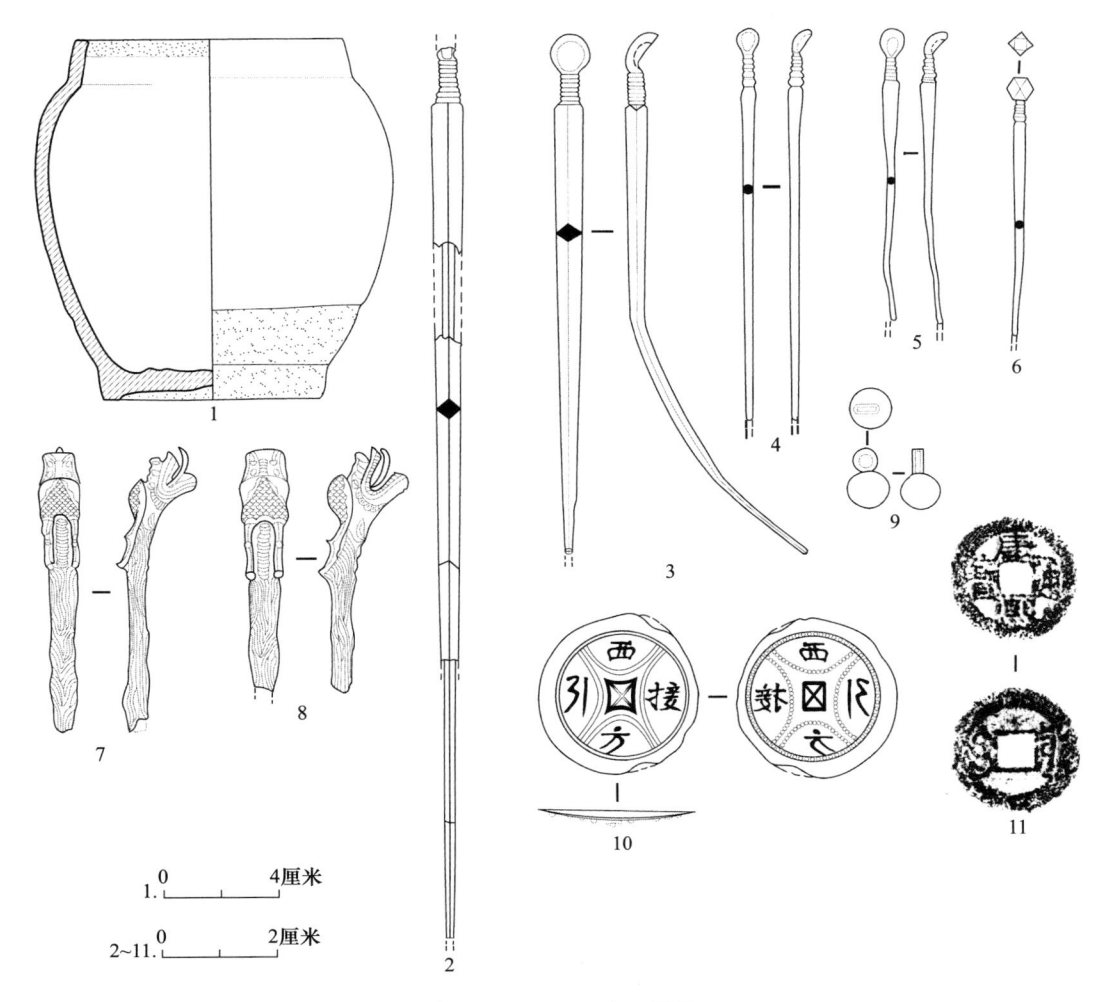

图三五四　M205 出土器物

1. 瓷罐（M205：1）　2～8. 银簪（M205：2、M205：3、M205：4、M205：5、M205：6、M205：7、M205：8）
9. 铜扣（M205：9）　10. 银饰（M205：10）　11. 康熙通宝（M205：11-1）

二〇四、M206

1. 墓葬形制

该墓位于发掘Ⅰ区东南部，北邻 M207。开口于②层下，南北向，方向 325°。坐标为北纬 39°51′31.8″，东经 116°19′48.1″。

墓平面呈长方形，竖穴土圹单棺墓。墓口距地表深 1.1 米，墓底距地表深 2 米。墓圹南北长 2.4 米，东西宽 1.18 米，深 0.9 米。内填花土，土质松软。内置单棺，棺木已朽，棺痕长 1.7 米，宽 0.6～0.7 米；棺内骨架保存较差，头骨移位向西北，面向上，仰身直肢，为女性（图三五五）。

2. 随葬品

棺外前方出土釉陶罐 1 件。

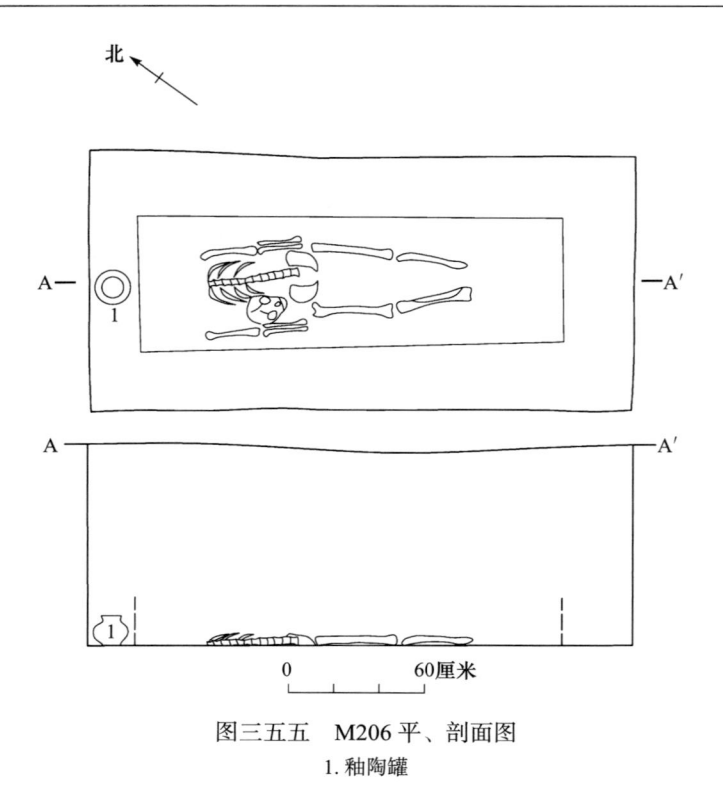

图三五五　M206 平、剖面图
1. 釉陶罐

釉陶罐　1件。M206：1，直口，平沿，圆唇，矮领，圆肩，弧腹，下部弧收，底部外展，平底内凹。体施黄绿色釉。轮制，体留有轮旋痕迹。口径8.2厘米，腹径11.8厘米，底径8.8厘米，高10.2厘米（图三五六；彩版五三，6）。

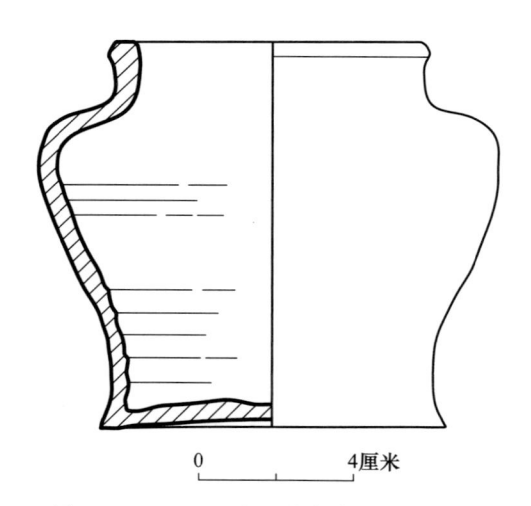

图三五六　M206 出土釉陶罐（M206：1）

二〇五、M207

1. 墓葬形制

该墓位于发掘Ⅰ区东南部，南邻M206。开口于②层下，南北向，方向340°。坐标为北纬

39°51′32″，东经116°18′48.2″。

墓平面呈梯形，竖穴土圹双棺合葬墓。墓口距地表深0.3米，墓底距地表深1.8米。墓圹南北长2.5米，东西宽1.6～2米，深1.5米。内填花土，土质松软。内置双棺，棺木已朽：东棺痕长1.8米，宽0.6米；棺内骨架保存较差，头向西，面向上，仰身直肢，为男性。西棺痕长1.8米，宽0.6米；棺内骨架保存较差，头向西北，面向上，仰身直肢，为女性（图三五七；彩版一六，2）。

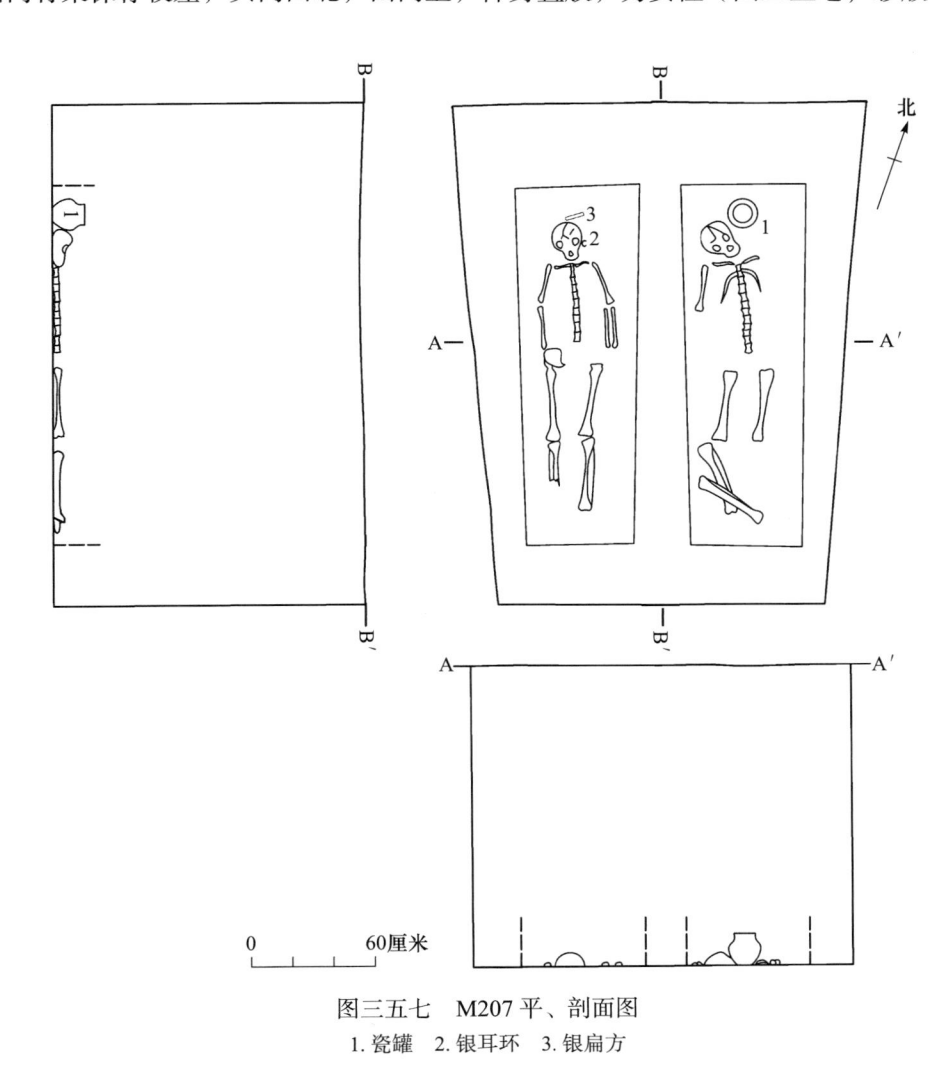

图三五七　M207平、剖面图
1. 瓷罐　2. 银耳环　3. 银扁方

2. 随葬品

东棺内头骨左上方出土瓷罐1件；西棺头骨上方出土银扁方1件，头骨左侧出土银耳环1件。

瓷罐　1件。M207：1，直口，方唇，矮领，圆肩，斜弧腹，平底内凹。体施灰白色釉。轮制，内壁留有轮旋痕迹，口径8厘米，腹径12厘米，底径8厘米，高11厘米（图三五八，1；彩版五一，3）。

银耳环　1件。M207：2，圆环形，一端呈圆锥形，中部锤碟面錾刻花卉纹，中间凸起椭圆形托，已残，一端呈长条形，镶嵌如意纹。直径2.5厘米（图三五八，2；彩版七五，6）。

银扁方　1件。M207：3，首呈四棱状，体宽扁，末端呈圆弧状。残长13.5厘米，宽1.8～2厘米（图三五八，3）。

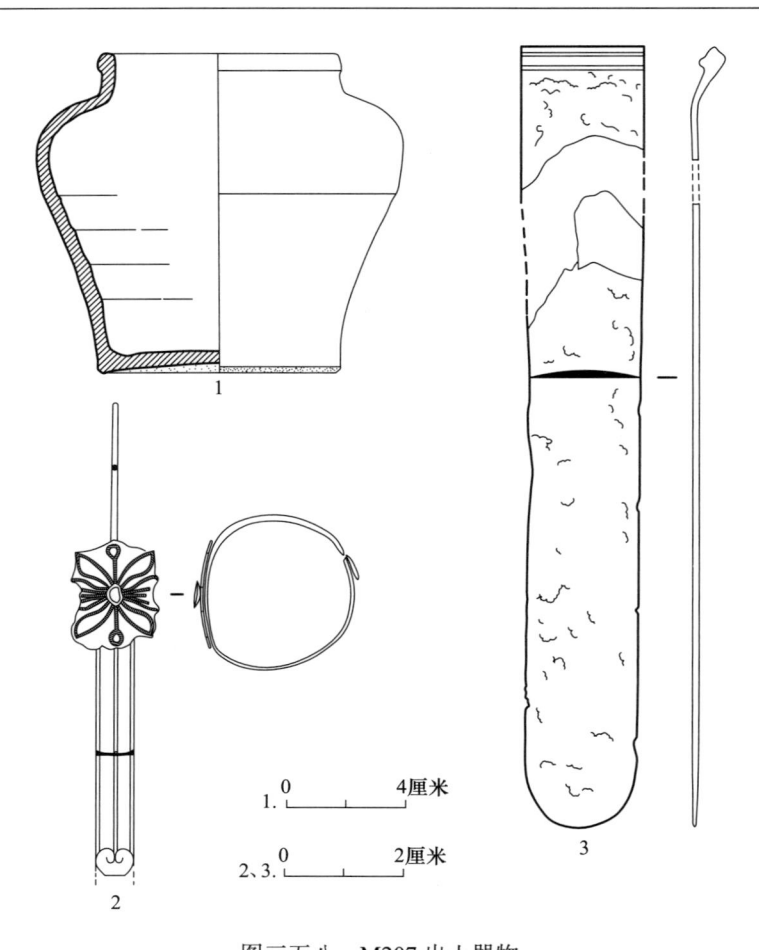

图三五八　M207 出土器物
1. 瓷罐（M207：1）　2. 银耳环（M207：2）　3. 银扁方（M207：3）

二〇六、M208

1. 墓葬形制

该墓位于发掘Ⅰ区东南部，东邻 M206。开口于②层下，南北向，方向150°。坐标为北纬 39°51′30.6″，东经 116°18′42.3″。

墓平面呈梯形，竖穴土圹双棺合葬墓。墓口距地表深 0.4 米，墓底距地表深 1.4 米。墓圹南北长 2.5 米，东西宽 1.6~1.7 米，深 1 米。内填花土，土质松软。内置双棺：东棺长 1.7 米，宽 0.7 米，残高 0.4 米，前封板厚 0.03 米，棺板、后封板厚 0.04 米；棺内骨架保存较差，头向东南，面向上，仰身直肢，为女性。西棺长 2 米，宽 0.6~0.7 米，残高 0.4 米，棺板厚 0.1 米，前、后封板厚 0.06 米；棺内骨架保存较好，头向东北，面向上，仰身直肢，为男性（图三五九）。

2. 随葬品

未发现随葬品。

图三五九　M208 平、剖面图

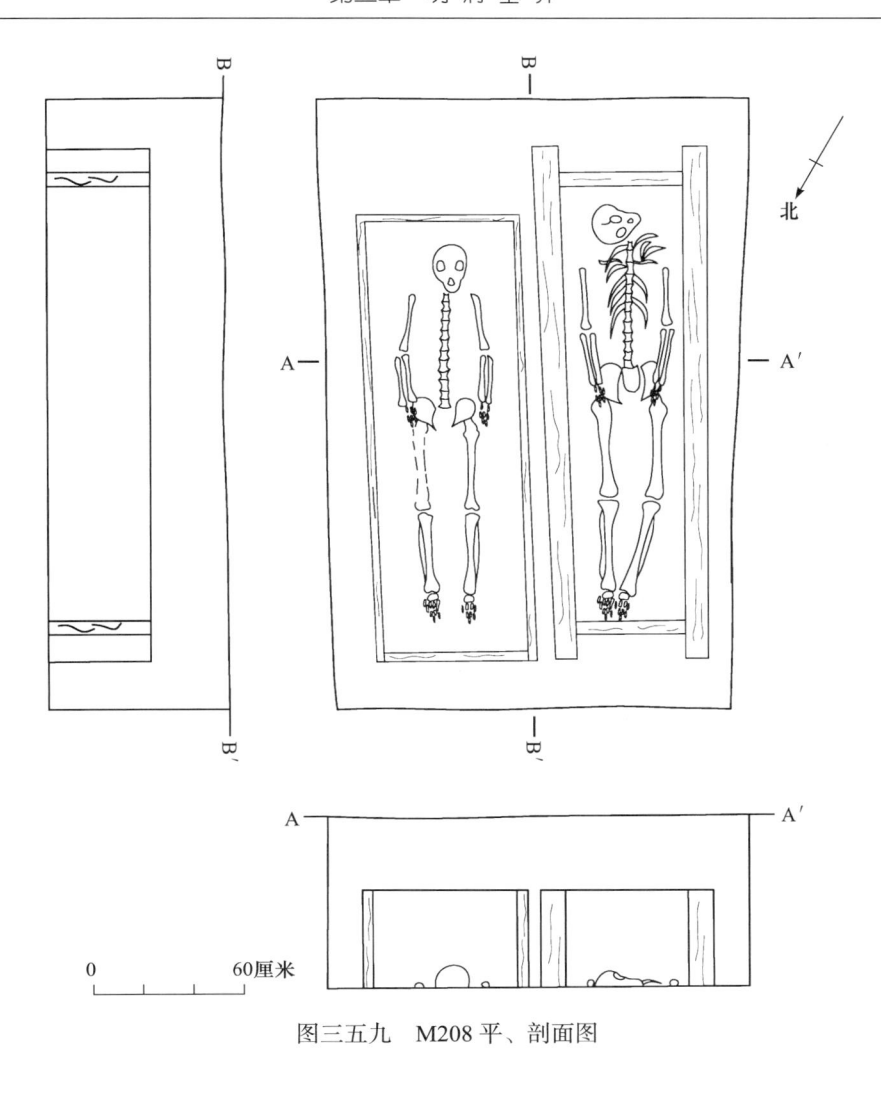

二〇七、M209

1. 墓葬形制

该墓位于发掘Ⅲ区中部，南邻 M210。开口于②层下，南北向，方向170°。坐标为北纬39°51′18.1″，东经116°18′58″。

墓平面呈长方形，竖穴土圹单棺墓。墓口距地表深1.5米，墓底距地表深2.4米。墓圹南北长2.1米，东西宽1.2米，深0.9米。内填花土，土质松软。内置单棺，棺木已朽，棺痕长1.9米，宽0.6~0.7米；棺内骨架保存较好，头向南，面向上，仰身直肢，为女性（图三六〇）。

2. 随葬品

棺内头骨左上方出土银簪1件，左下肢骨外侧上部出土铜钱1枚。

银簪　1件。M209：1，九连环禅杖形，顶呈葫芦状，首残，体呈圆锥形，下部弯曲。通长12厘米（图三六一，1）。

乾隆通宝 1枚。M209：2，平钱，方穿，正背面郭缘较宽，正面楷书"乾隆通寶"四字，直读，背穿左右为满文"宝泉"局名。钱径2.46厘米，穿径0.46厘米，郭厚0.13厘米（图三六一，2）。

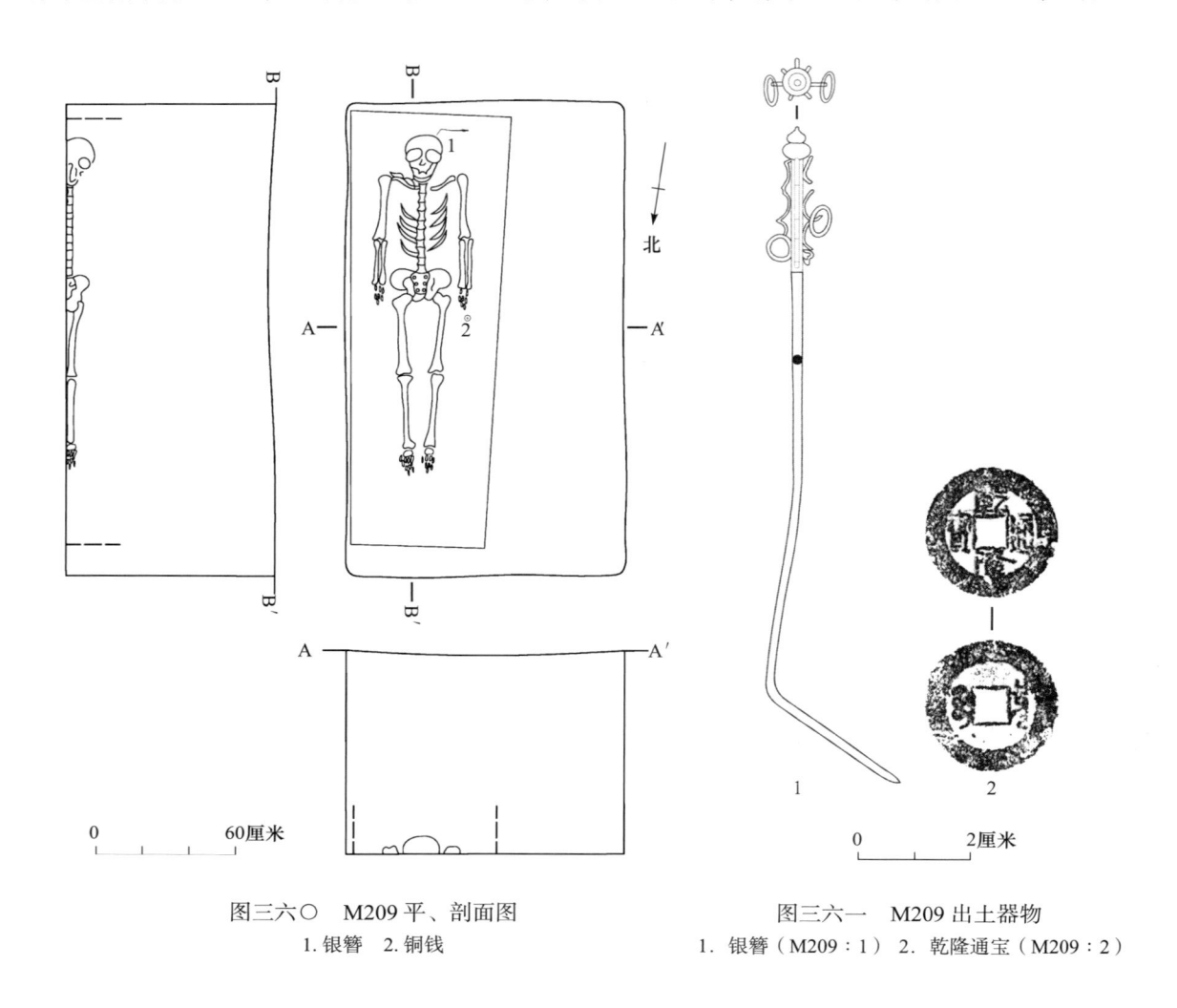

图三六〇 M209 平、剖面图
1. 银簪 2. 铜钱

图三六一 M209 出土器物
1. 银簪（M209：1） 2. 乾隆通宝（M209：2）

二〇八、M210

1. 墓葬形制

该墓位于发掘Ⅲ区中部，北邻M209，南邻M211。开口于②层下，南北向，方向180°。坐标为北纬39°51′18″，东经116°19′59″。

墓平面呈长方形，竖穴土圹双棺合葬墓。墓口距地表深1.5米，墓底距地表深2.3米。墓圹南北长2.6米，东西宽1.8米，深0.8米。内填花土，土质松软。内置双棺：东棺长2米，宽0.6~0.7米，残高0.4米，棺板、前封板、后封板厚0.07米，底板厚0.06米；棺内骨架保存较差，头向南，面向上，仰身直肢，为女性。西棺长2米，宽0.6~0.7米，残高0.4米，棺板厚0.07米，前封板、后封板、底板厚0.06米；棺内骨架保存较差，头向南，面向上，仰身直肢，为男性（图三六二）。

第三章　明清墓葬

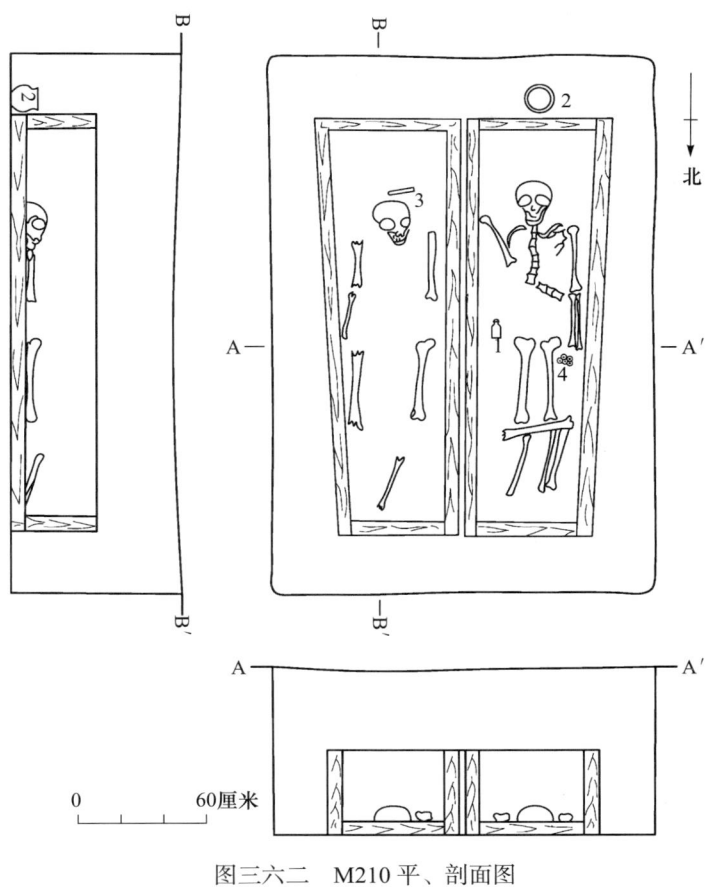

图三六二　M210平、剖面图
1.瓷鼻烟壶　2.瓷罐　3.银扁方　4.铜钱

2. 随葬品

东棺头骨上方出土银扁方1件；西棺外前方出土瓷罐1件，右下肢骨外侧上部出土瓷鼻烟壶1套，左下肢骨外侧上部出土铜钱5枚。

瓷鼻烟壶　1套。M210：1，直口，方圆唇，束颈，折肩，直腹下内收，内圈足。外口部饰如意纹，颈、肩部饰蕉叶纹，腹部饰粉彩菊花纹。盖顶镶嵌玛瑙珠一颗，内镶嵌骨质烟勺。口径2.2厘米，腹径3.5厘米，底径2.5厘米，壁厚0.35厘米，通高8.8厘米。底托为青花瓷碟，敞口，浅弧腹，矮圈足，内饰山水屋宇纹，体饰青白釉。口径4.1厘米，底径2.6厘米，高1.1厘米（图三六三，1；彩版四五，2）。

瓷罐　1件。M210：2，直口，圆唇，束颈，溜肩，弧腹，内圈足，涩底。颈、肩部饰弦纹五道，弦纹中间饰一周几何纹，腹部饰三组缠枝莲纹，下部饰两道弦纹。口径7.6厘米，腹径16厘米，底径11.6厘米，高17.6厘米（图三六三，2；彩版五四）。

银扁方　1件。M210：3，首圆卷，上部斜折，下端扁条锥状。通长9.7厘米（图三六三，3；彩版七六，1）。

铜钱　5枚，有同治重宝、光绪重宝。

同治重宝　4枚。标本M210：4-1，大平钱，方穿，正背面郭缘较宽，正面楷书"同治重寳"

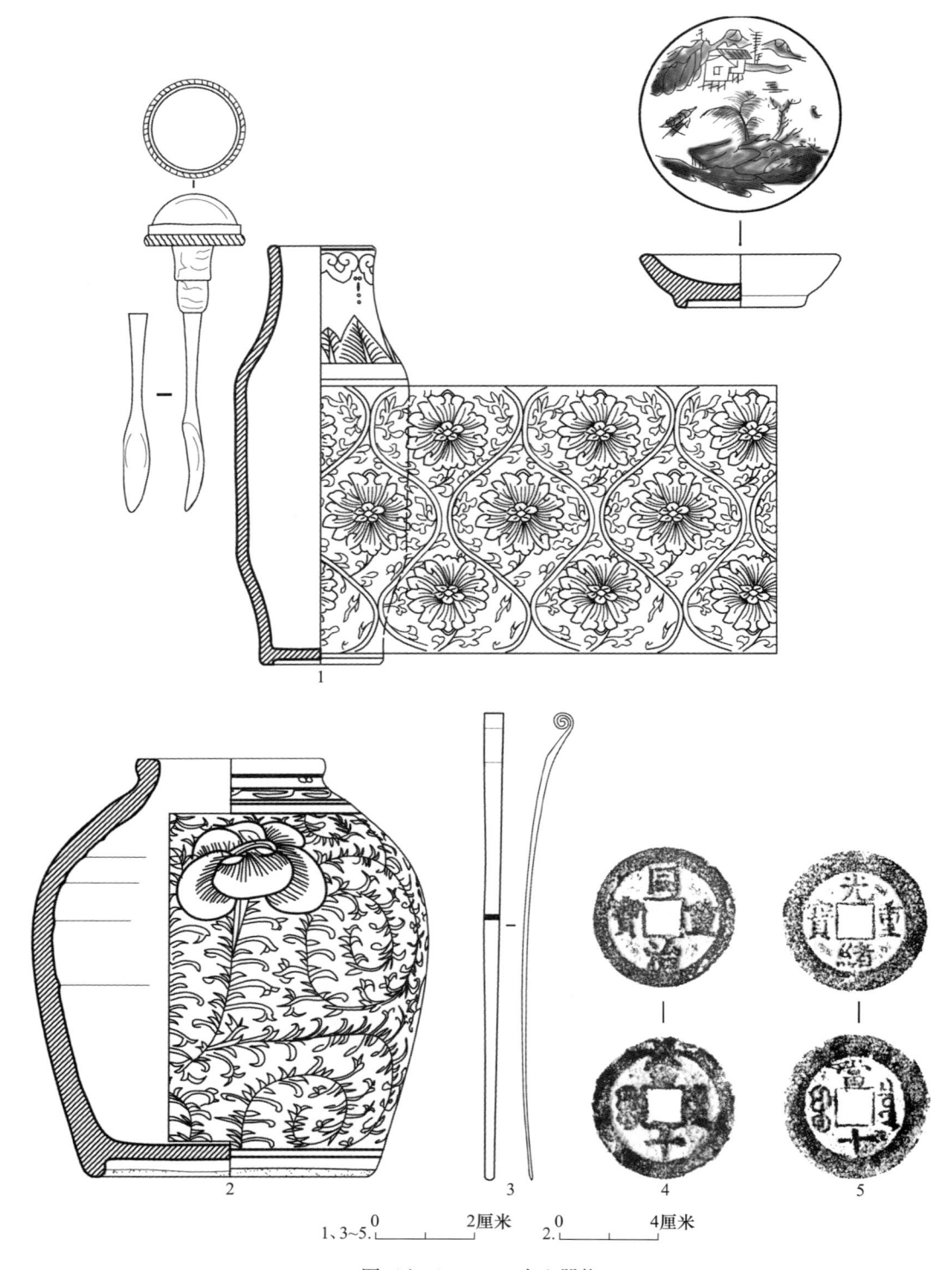

图三六三　M210 出土器物

1. 瓷鼻烟壶（M210：1）　2. 瓷罐（M210：2）　3. 银扁方（M210：3）　4. 同治重宝（M210：4-1）　5. 光绪重宝（M210：4-2）

四字，直读，背穿左右为满文"宝泉"局名，上下楷书"当十"二字。钱径 3.06 厘米，穿径 0.54 厘米，郭厚 0.24 厘米（图三六三，4）。

　　光绪重宝　1 枚。M210：4-2，大平钱，方穿，正背面郭缘较宽，正面楷书"光緒重寳"四字，直读，背穿左右为满文"宝泉"局名，上下楷书"當十"二字。钱径3.06厘米，穿径0.52厘米，郭厚0.18厘米（图三六三，5）。

二〇九、M211

1. 墓葬形制

该墓位于发掘Ⅲ区中部，北邻M210。开口于②层下，南北向，方向180°。坐标为北纬39°51′18.2″，东经116°19′59″。

墓平面呈长方形，竖穴土圹双棺合葬墓。墓口距地表深1.5米，墓底距地表深2.3米。墓圹南北长2.3米，东西宽2米，深0.8米。内填花土，土质松软。内置双棺：东棺长1.9米，宽0.7~0.8米，残高0.4米，棺板厚0.06米，前封板厚0.07米，后封板厚0.03米；棺内骨架保存较差，头向南，面向上，仰身直肢，为男性。西棺棺木已朽，棺痕长1.9米，宽0.7~0.8米；棺内骨架保存较差，头向南，面向上，仰身直肢，为女性（图三六四）。

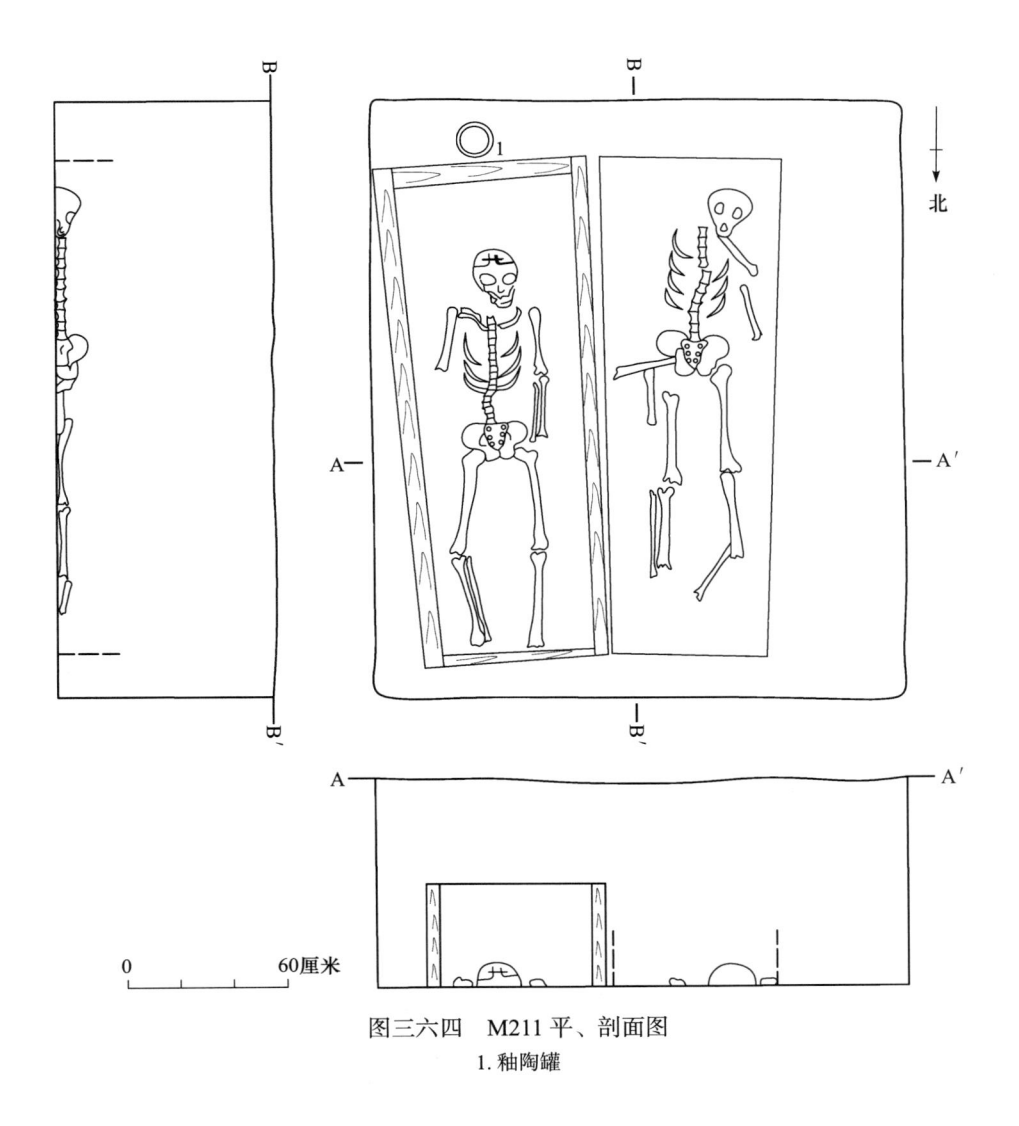

图三六四 M211平、剖面图
1. 釉陶罐

2. 随葬品

东棺外前方出土釉陶罐1件。

釉陶罐 1件。M211：1，直口，平沿，圆唇，矮领，圆肩，斜腹弧收，平底内凹。体施浅黄色釉。轮制，内壁留有轮旋痕迹。口径9.2厘米，腹径13厘米，底径9.2厘米，高12.6厘米（图三六五；彩版五五，1）。

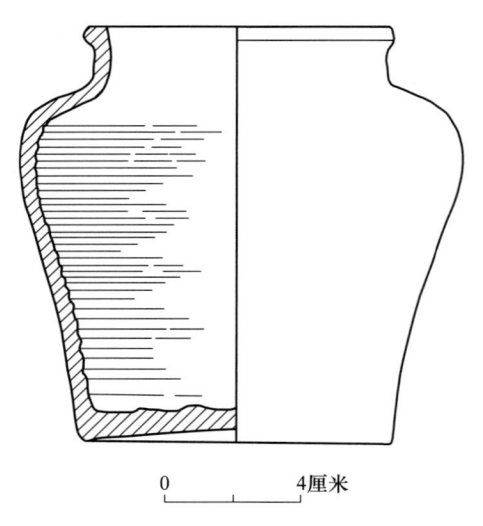

图三六五 M211出土釉陶罐（M211：1）

二一〇、M212

1. 墓葬形制

该墓位于发掘Ⅲ区东南部。开口于②层下，南北向，方向176°。坐标为北纬39°51′18.1″，东经116°19′58.6″。

墓平面近呈长方形，竖穴土圹双棺合葬墓。墓口距地表深0.4米，墓底距地表深1.4米。墓圹南北长2.3米，东西宽1.3～1.4米，深1米。内填花土，土质松软。内置双棺，棺木已朽：东棺痕长2.1米，宽0.54米；棺内骨架保存较差，头向南，面向上，仰身直肢，为女性。西棺痕长1.8米，宽0.6米；棺内骨架保存较好，头向北，面向上，仰身直肢，为男性（图三六六）。

2. 随葬品

东棺外右前方出土釉陶罐1件；西棺外右前方出土釉陶罐1件。

釉陶罐 2件。M212：1，直口，圆唇，矮领，圆肩，斜腹弧收，平底内凹。体施黄白色釉，内壁施浅黄色釉。轮制，体留有轮旋痕迹。口径8.2厘米，腹径13厘米，底径8.8厘米，高12厘米（图三六七，1；彩版五五，2）。M212：2，直口，平沿，方圆唇，矮领，肩部微折，鼓腹，

第三章 明清墓葬

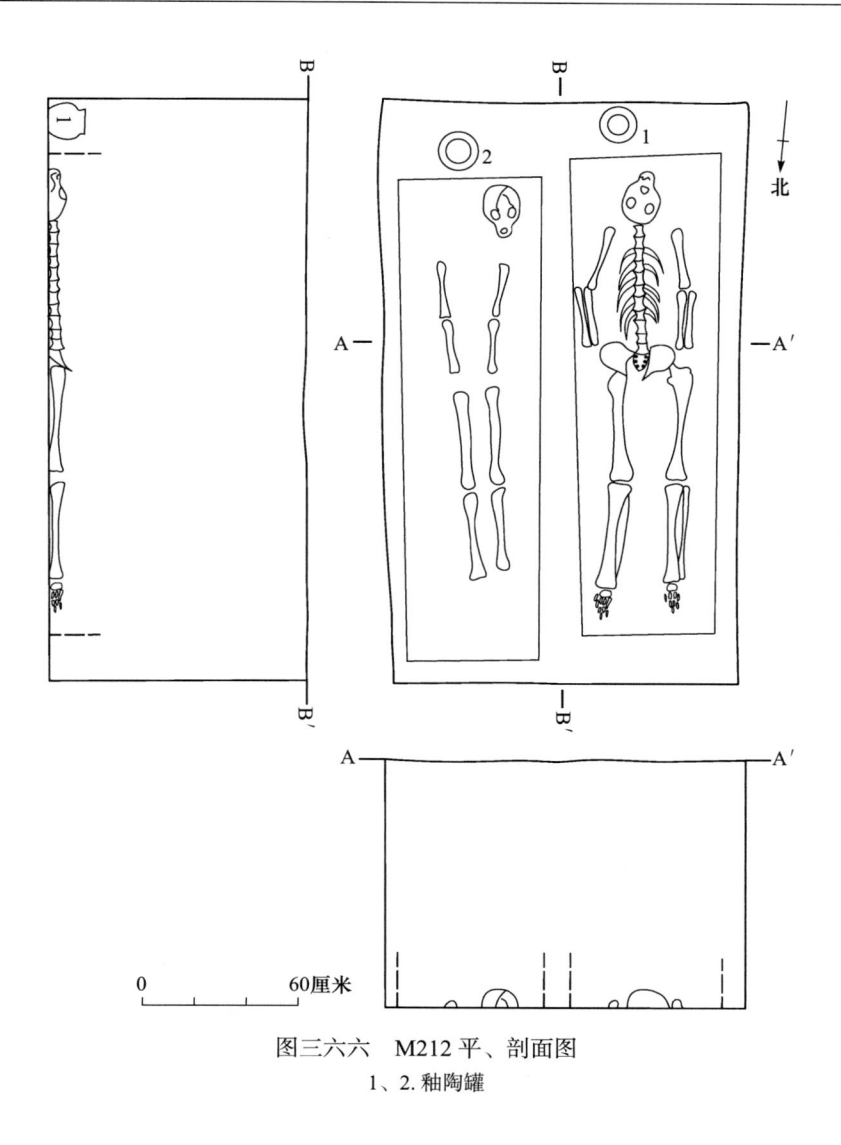

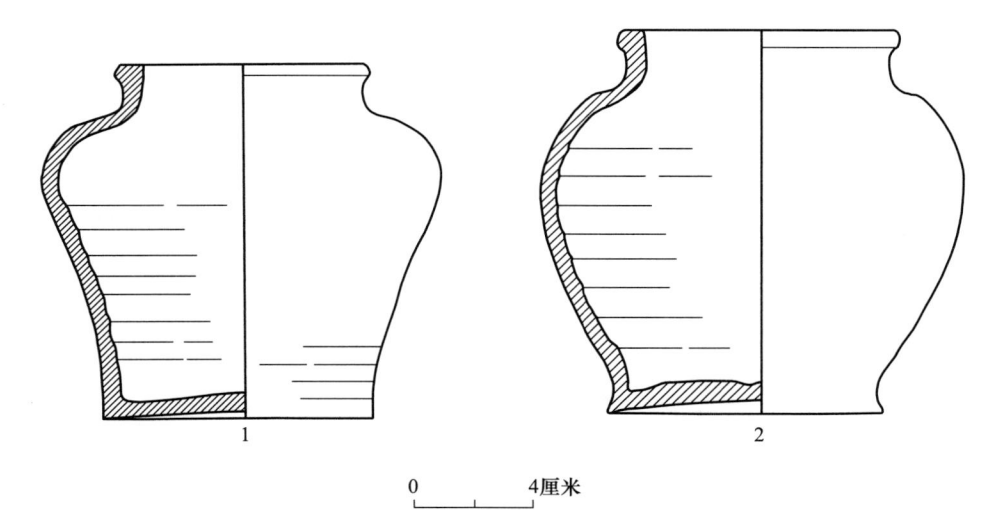

图三六六 M212 平、剖面图
1、2.釉陶罐

图三六七 M212 出土釉陶罐
1. M212：1 2. M212：2

平底内凹。体施浅黄色釉。轮制。口径9厘米，腹径13.8厘米，底径9厘米，高13厘米（图三六七，2；彩版五五，3）。

二一一、M213

1. 墓葬形制

该墓位于发掘Ⅲ区中部，西邻M211。开口于②层下，南北向，方向130°。坐标为北纬39°51′18.3″，东经116°19′1.1″。

墓平面呈梯形，竖穴土圹单棺墓。墓口距地表深0.4米，墓底距地表深1.7米。墓圹南北长2.4米，东西宽1~1.1米，深1.3米。内填花土，土质松软。内置单棺，棺木已朽，棺痕长1.9米，宽0.6米；棺内骨架保存较差，头向东南，面向上，仰身直肢，为女性（图三六八）。

2. 随葬品

未发现随葬品。

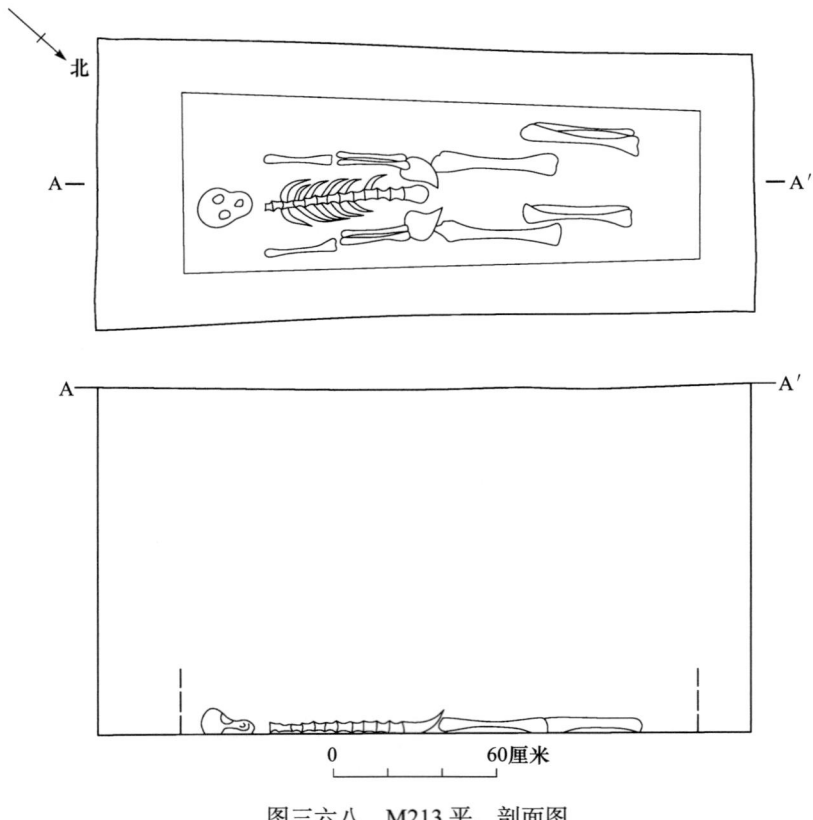

图三六八　M213平、剖面图

二一二、M214

1. 墓葬形制

该墓位于发掘Ⅰ区西南部，北邻 M205。开口于②层下，南北向，方向350°。坐标为北纬 39°51′24.9″，东经116°18′35.9″。

墓平面呈不规则形，竖穴土圹木棺、瓮棺合葬墓。墓口距地表深0.8米，墓底距地表深 1.6~1.8米。墓圹南北长2.7米，东西宽1.6米，深0.8~1米。内填花土，土质松软。内置双棺：东棺为火葬墓，葬具为瓷瓮，瓮口径18.2、腹径33、高32.8厘米，内有少量骨灰，葬式不明。西棺棺木已朽，棺痕长1.9米，宽0.7米；棺内骨架保存较好，头向北，面向上，仰身直肢，为女性（图三六九）。

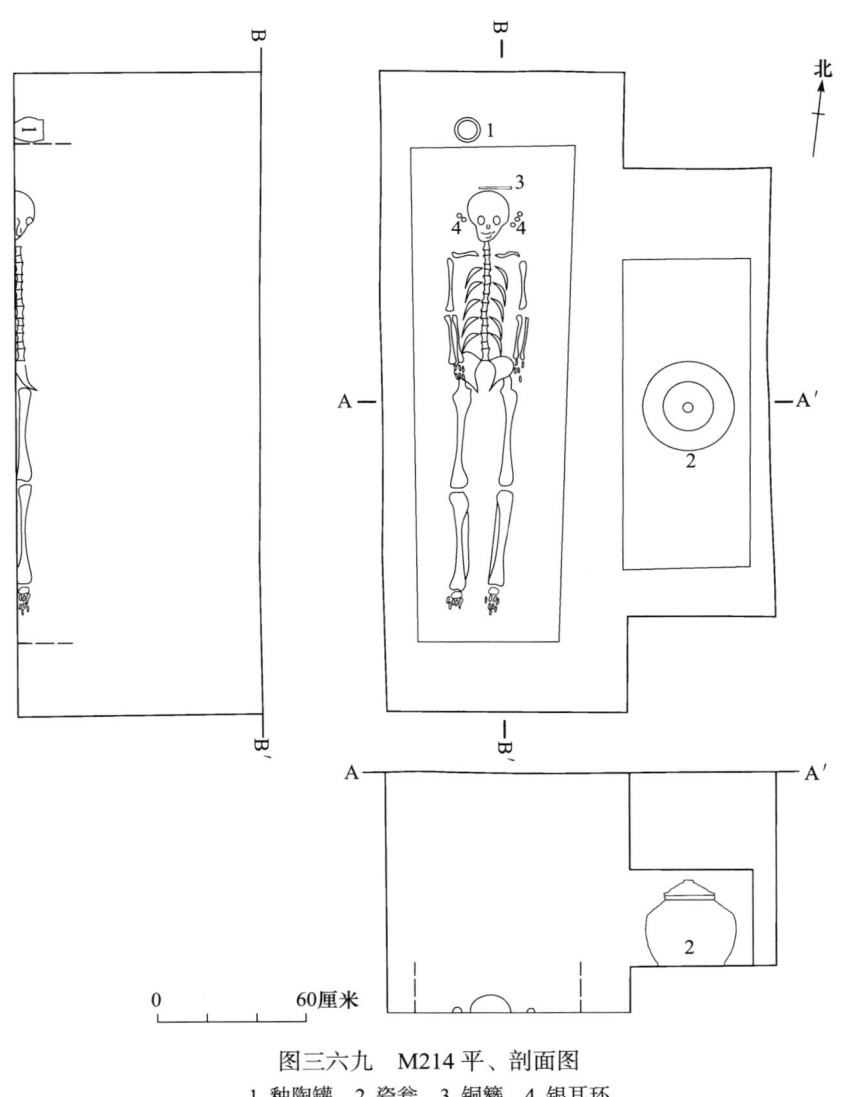

图三六九 M214平、剖面图
1. 釉陶罐 2. 瓷瓮 3. 铜簪 4. 银耳环

2. 随葬品

东棺为瓷瓮1件；西棺外右前方出土釉陶罐1件，头骨上方出土铜簪1件，头骨左侧出土银耳环3件、右侧出土银耳环2件。

釉陶罐　1件。M214：1，直口，方圆唇，微束颈，斜腹微弧，平底内凹。腹上部及口沿内侧施酱黄色釉，外腹部遗有流釉痕迹。轮制，体留有轮旋痕迹。口径10.6厘米，腹径10.6厘米，底径8厘米，高10.4厘米（图三七〇，1；彩版五五，4）。

瓷瓮　1件。M214：2，伞状盖，饼形钮，宽折沿，圆唇，敛口。瓮侈口，方圆唇，矮领，斜折肩，圆弧腹，矮圈足。体施酱色釉，圈足未施釉。轮制，体留有轮旋痕迹。盖口径14厘米，瓮口径18.2厘米，腹径33厘米，底径23.8厘米，通高32.8厘米（图三七〇，2；彩版五二，4）。

铜簪　1件。M214：3，首呈圆帽形，上部弯曲，体呈扁条锥状，末端残。残长5.7厘米（图三七〇，3；彩版七六，2）。

银耳环　5件。圆环形，银条盘制而成。标本M214：4-1，直径1.5厘米（图三七〇，4）。

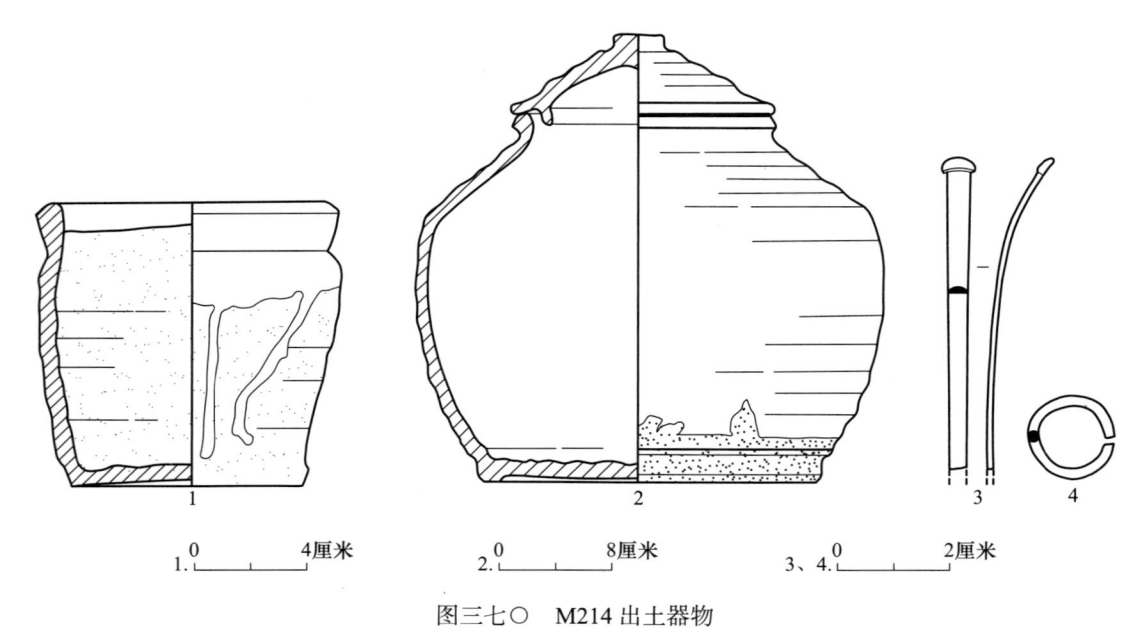

图三七〇　M214出土器物
1. 釉陶罐（M214：1）　2. 瓷瓮（M214：2）　3. 铜簪（M214：3）　4. 银耳环（M214：4-1）

二一三、M215

1. 墓葬形制

该墓位于发掘Ⅲ区北部，东邻M216。开口于②层下，南北向，方向170°。坐标为北纬39°51′25.3″，东经116°18′54.7″。

墓平面呈长方形，竖穴土圹双棺合葬墓。墓口距地表深1.6米，墓底距地表深2.6米。墓圹南北长2.3米，东西宽1.7米，深1米。内填花土，土质松软。内置双棺，棺木已朽：东棺痕长1.9米，宽0.7~0.8米；棺内骨架保存较好，头向南，面向上，头下部置长32、宽16、厚6厘米青砖1块，仰身屈肢，为男性。西棺痕长1.8米，宽0.5~0.6米；棺内骨架保存较差，头向南，面向上，头下部置长32、宽16、厚6厘米青砖3块，葬式不明，为女性（图三七一）。

2. 随葬品

未发现随葬品。

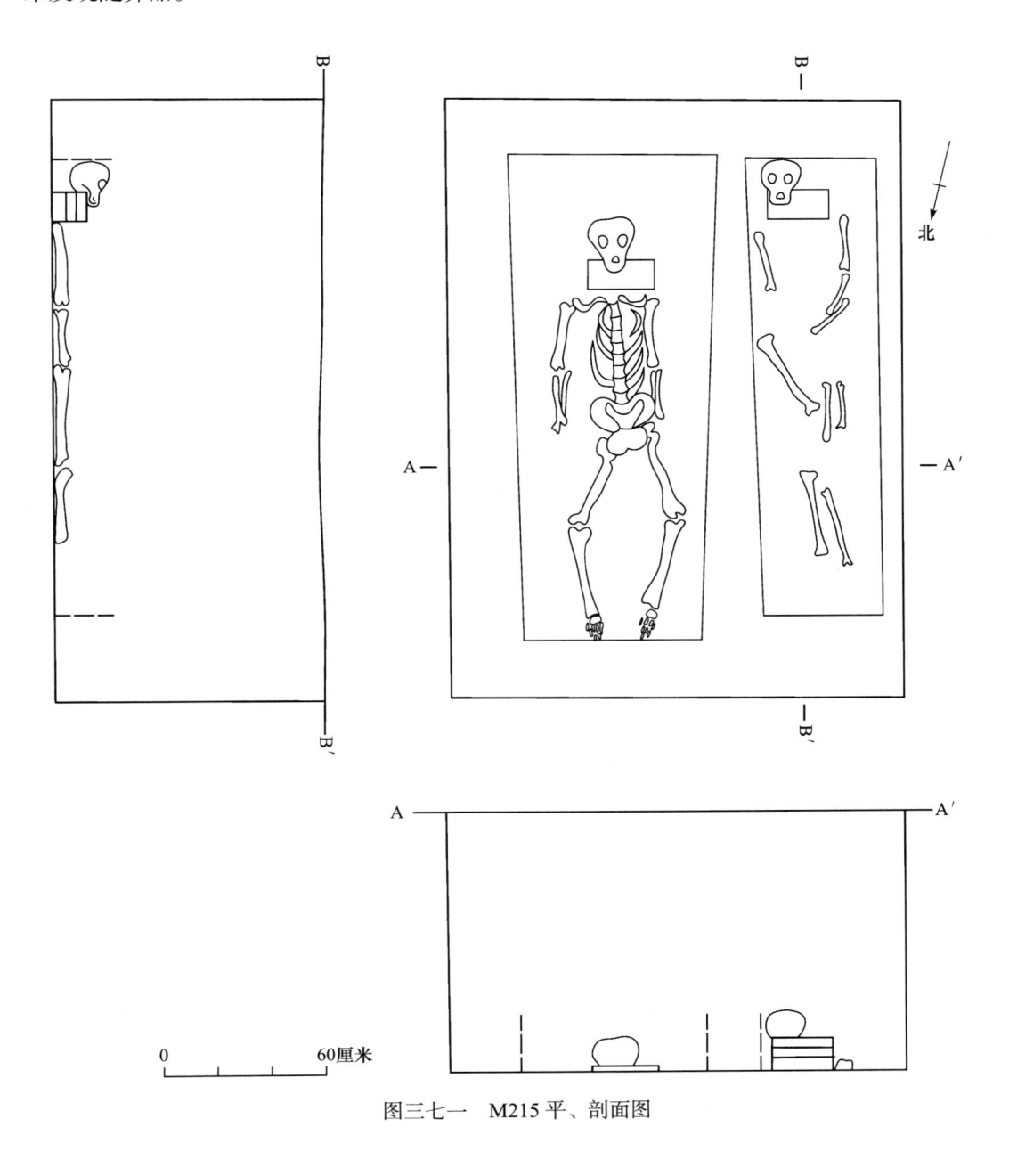

图三七一　M215平、剖面图

二一四、M216

1. 墓葬形制

该墓位于发掘Ⅲ区北部，西邻 M215。开口于②层下，南北向，方向 155°。坐标为北纬 39° 51′ 25.2″，东经 116° 19′ 55.2″。

墓平面呈长方形，竖穴土圹双棺合葬墓。墓口距地表深 1 米，墓底距地表深 1.6~2 米。墓圹南北长 2.3 米，东西宽 2.1 米，深 0.6~1 米。内填花土，土质松软。内置双棺，棺木已朽：东棺痕长 2 米，宽 0.5~0.6 米；棺内骨架保存稍好，头向东南，面向东，仰身直肢，为男性。西棺痕长 1.8 米，宽 0.8~0.9 米；棺内骨架保存稍差，头向南，面向上，仰身直肢，为女性（图三七二）。

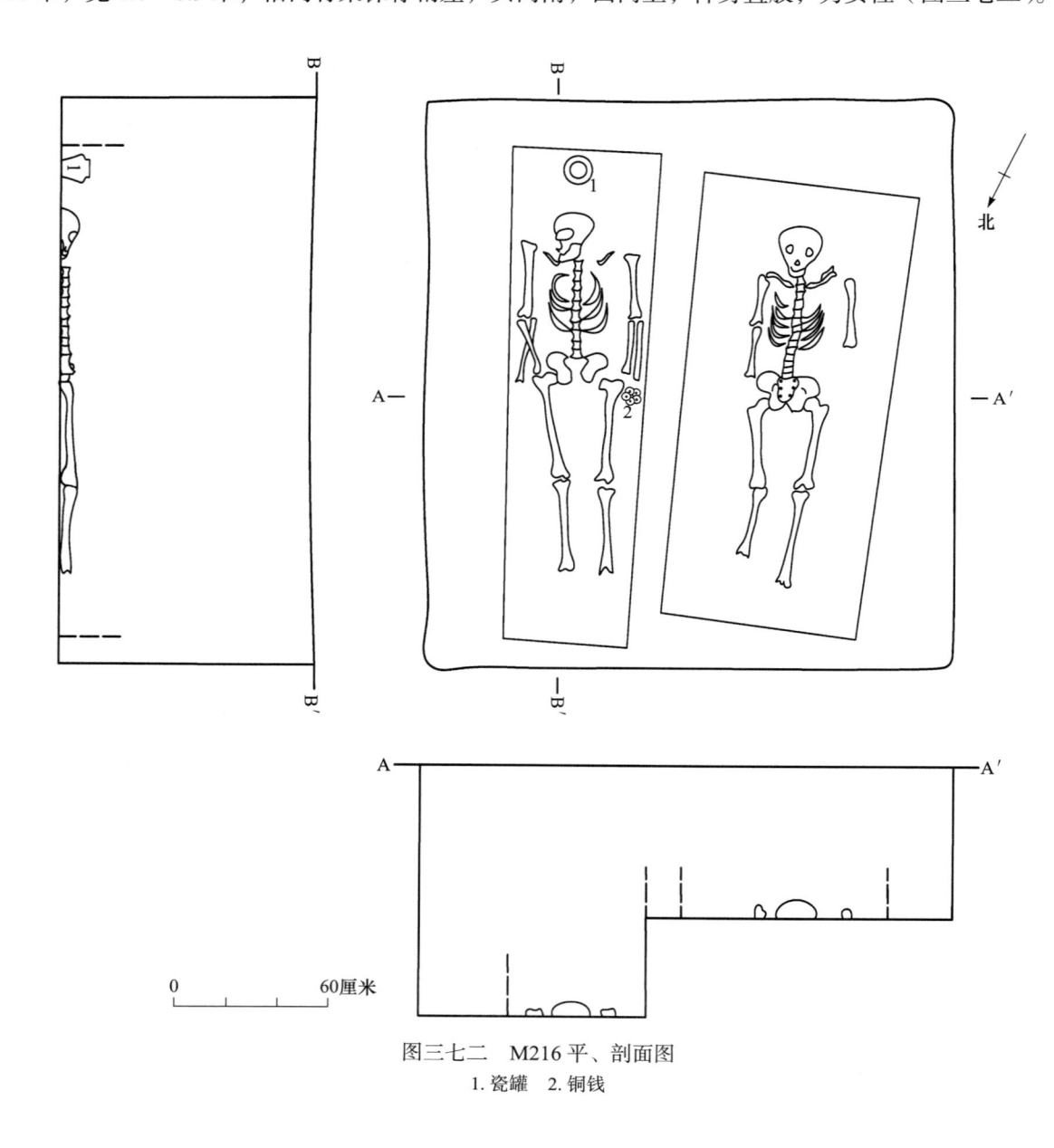

图三七二 M216 平、剖面图
1. 瓷罐 2. 铜钱

2. 随葬品

东棺内头骨上方出土瓷罐1件，左下肢骨外侧上部出土铜钱5枚。

瓷罐　1件。M216：1，直口，圆唇，斜领，圆肩，斜弧腹微收，平底微凹。体施青白色釉，口沿施酱黄色釉，底部无釉。轮制，内壁留有轮旋痕迹。口径7.4厘米，腹径12.4厘米，底径7.8厘米，高13.4厘米（图三七三，1；彩版五一，4）。

乾隆通宝　5枚。标本M216：2-1，平钱，方穿，正背面郭缘稍宽，正面楷书"乾隆通寶"四字，直读，背穿左右为满文"宝泉"局名。钱径2.22厘米，穿径0.56厘米，郭厚0.13厘米（图三七三，2）。

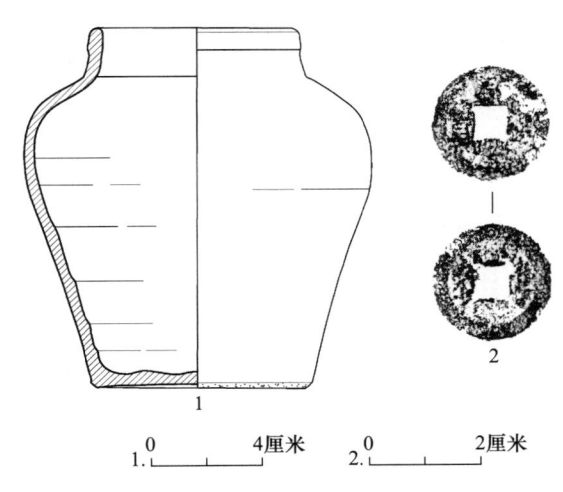

图三七三　M216出土器物
1. 瓷罐（M216：1）　2. 乾隆通宝（M216：2-1）

二一五、M217

1. 墓葬形制

该墓位于发掘Ⅲ区中部。开口于②层下，南北向，方向350°。坐标为北纬39°51′19.1″，东经116°18′57.2″。

墓平面呈梯形，竖穴土圹单棺墓。墓口距地表深0.4米，墓底距地表深1.9米。墓圹南北长2.4米，东西宽1~1.2米，深1.5米。内填花土，土质松软。内置单棺，棺长1.9米，宽0.5~0.6米，残高0.4米，棺板厚0.08米，前封板、后封板、底板厚0.04米；棺内骨架保存较差，头向北，面向上，仰身直肢，为男性（图三七四）。

2. 随葬品

未发现随葬品。

图三七四　M217 平、剖面图

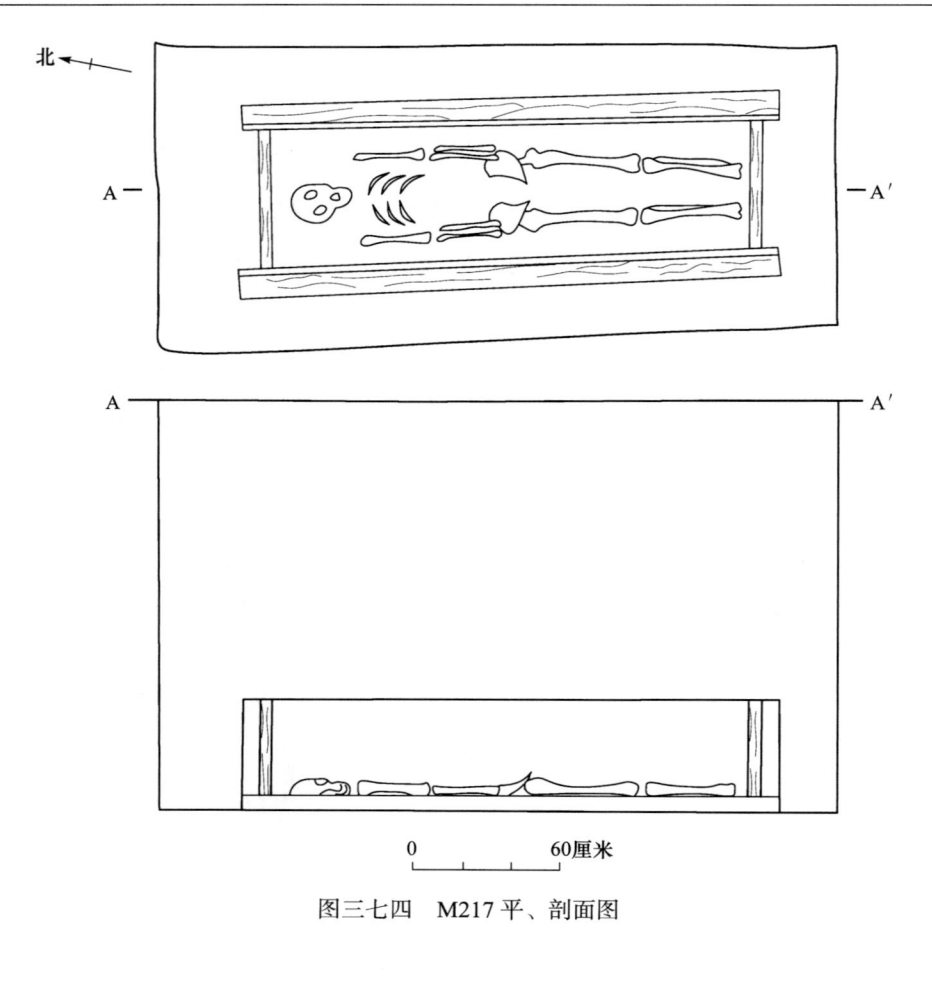

二一六、M218

1. 墓葬形制

该墓位于发掘Ⅰ区西北部，东邻 M219。开口于②层下，南北向，方向 225°。坐标为北纬 39°51′34.9″，东经 116°18′35.3″。

墓平面呈长方形，竖穴土圹单棺墓。墓口距地表深 1.2 米，墓底距地表深 2.1 米。墓圹南北长 2.5 米，东西宽 1.2 米，深 0.9 米。内填花土，土质松软。内置单棺，棺木已朽，棺痕长 2 米，宽 0.6～0.7 米；棺内骨架保存较好，头向南，面向东，仰身直肢，为女性（图三七五）。

2. 随葬品

棺内头骨上方出土银簪 2 件，头骨左侧出土银耳环 1 件，左上肢骨外侧下部出土铜钱 2 枚。

银簪　2 件。M218：1，首残，体上部饰菱状纹，下部呈弯曲圆锥形。残长 9.8 厘米（图三七六，1）。M218：2，佛手形首残，体上部饰菱状纹，下部呈圆锥形。残长 4.9 厘米（图三七六，2）。

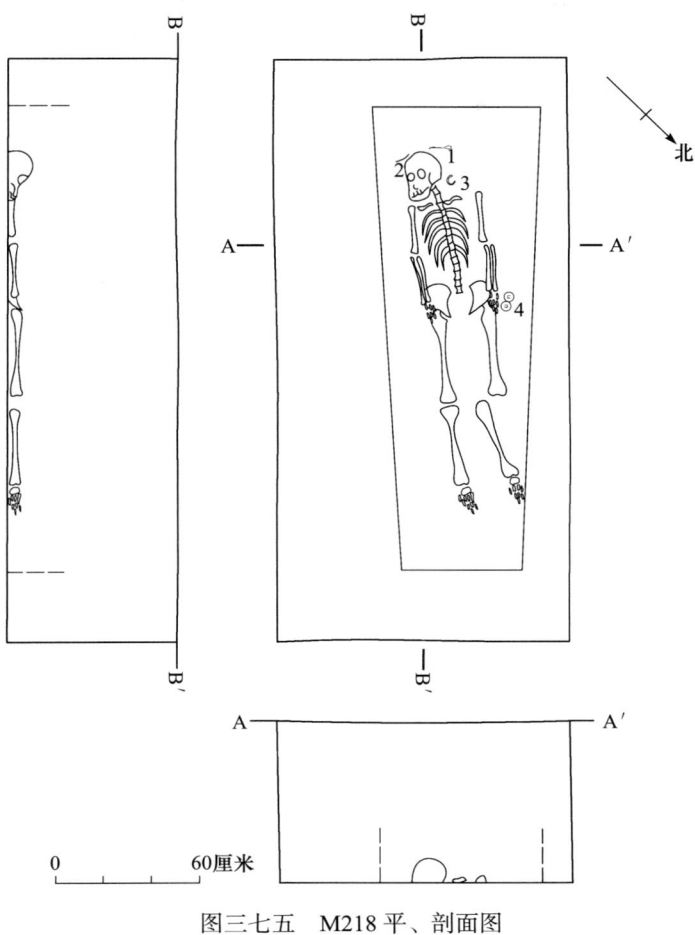

图三七五　M218平、剖面图
1、2.银簪　3.银耳环　4.铜钱

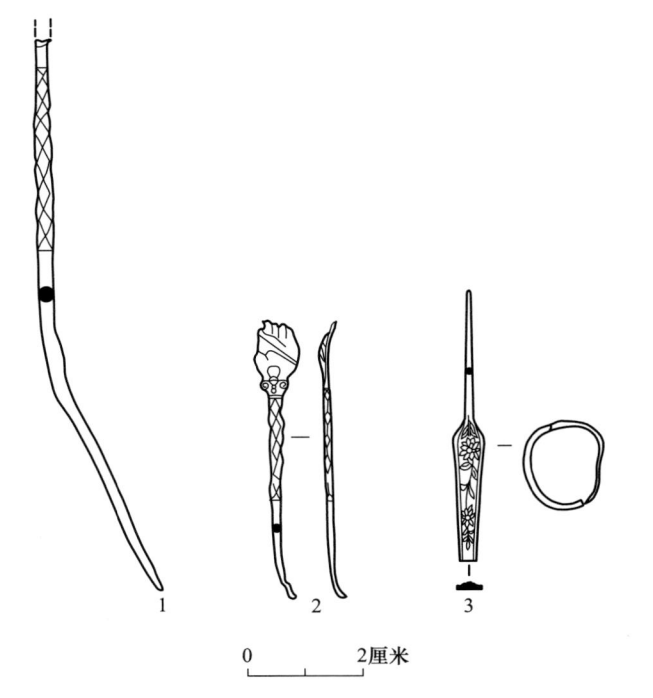

图三七六　M218出土器物
1、2.银簪（M218：1、M218：2）　3.银耳环（M218：3）

银耳环 1件。M218：3，椭圆形，一端为圆锥形，一端呈长条叶状，上面錾刻花卉纹。直径1.5厘米（图三七六，3）。

铜钱 2枚。残锈严重，字迹不清。

二一七、M219

1. 墓葬形制

该墓位于发掘Ⅰ区西北部，西邻M218。开口于②层下，东西向，方向135°。坐标为北纬39°51′35″，东经116°18′35.3″。

墓平面呈梯形，竖穴土圹双棺合葬墓。墓口距地表深1.2米，墓底距地表深2～2.2米。墓圹东西长2.5米，南北宽1.5～1.56米，深0.8～1米。内填花土，土质松软。内置双棺，棺木已朽：南棺痕长1.8米，宽0.6米；棺内骨架保存较差，头向西南，面向上，仰身直肢，为男性。北棺痕长1.8米，宽0.7米；棺内骨架保存较差，头骨移位向西，面向下，仰身直肢，为女性（图三七七）。

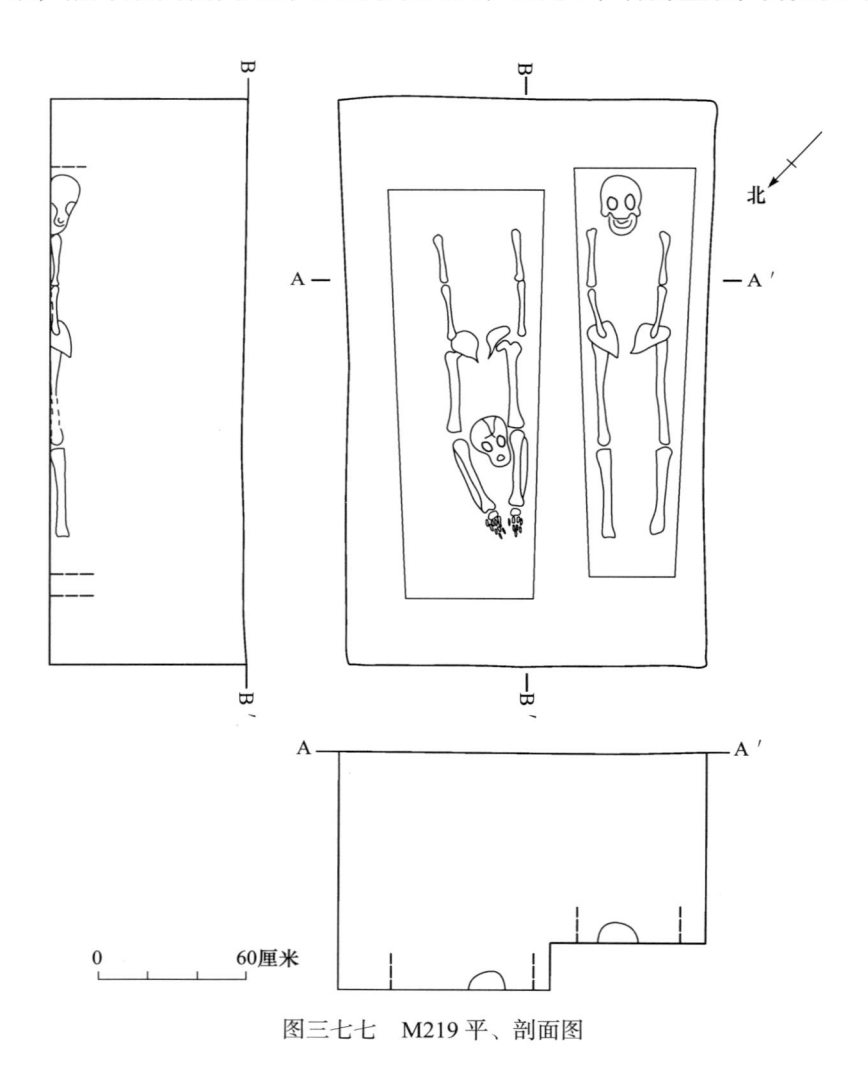

图三七七 M219平、剖面图

2. 随葬品

未发现随葬品。

二一八、M220

1. 墓葬形制

该墓位于发掘Ⅰ区西北部，北邻 M219。开口于②层下，东西向，方向 105°。坐标为北纬 39°51′34.9″，东经 116°18′35.6″。

墓平面呈不规则形，竖穴土圹双棺合葬墓。墓口距地表深 1 米，墓底距地表深 1.9 米。墓圹东西长 2.7 米，南北宽 1.6~1.9 米，深 0.9 米。内填花土，土质松软。内置双棺，棺木已朽：南棺痕长 1.7 米，宽 0.5~0.6 米；棺内骨架保存较差，头向东南，面向上，仰身直肢，为男性。北棺痕长 1.8 米，宽 0.5~0.6 米；棺内骨架保存较差，头向东南，面向上，仰身直肢，为女性（图三七八；彩版一七，1）。

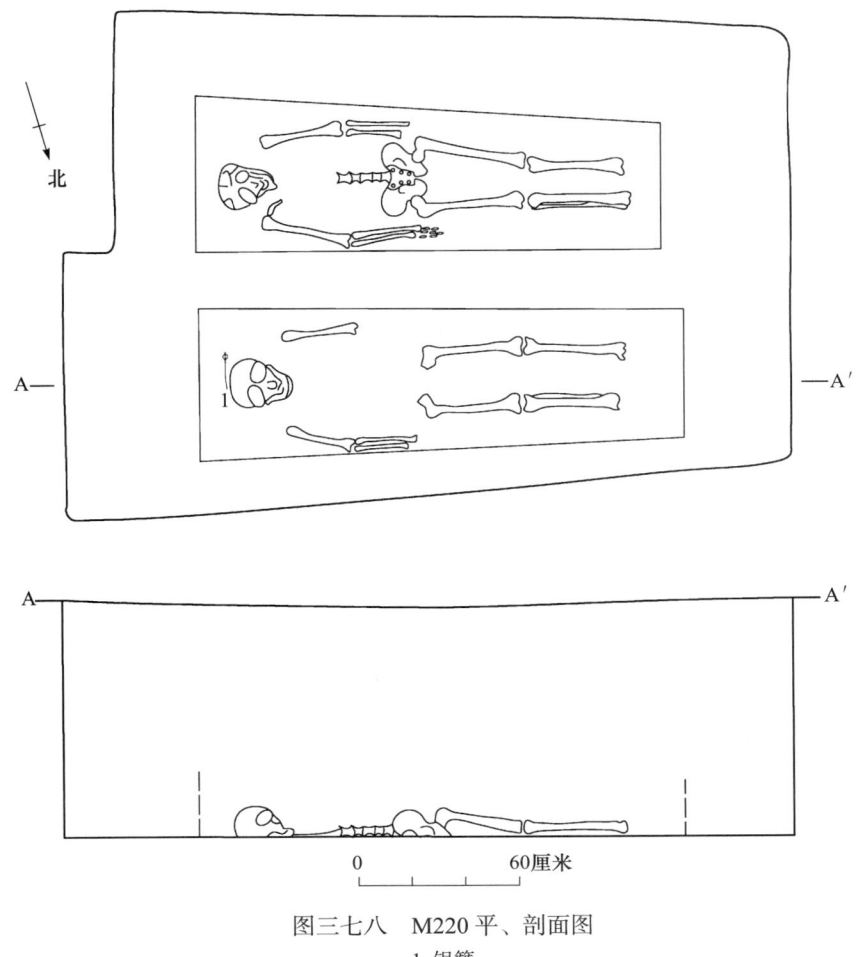

图三七八　M220 平、剖面图
1. 银簪

2. 随葬品

北棺头骨上方出土银簪 1 件。

银簪　1 件。M220∶1，九连环禅杖形首，顶呈葫芦状，体呈圆锥形。通长 16 厘米（图三七九；彩版七六，3）。

图三七九　M220 出土银簪（M220∶1）

二一九、M221

1. 墓葬形制

该墓位于发掘 I 区西北部，南邻 M255。开口于②层下，东西向，方向 90°。坐标为北纬 39°51′34.7″，东经 116°18′36″。

墓平面呈长方形，竖穴土圹木棺、双瓮棺合葬墓。墓口距地表深 1 米，墓底距地表深 2 米。墓圹东西长 2.7 米，南北宽 1.34~1.7 米，深 1 米。内填花土，土质松软。内置三棺：南棺上部被渣土叠压，葬具为瓷瓮，瓮口径 20.4、腹径 37、高 38 厘米，内置骨灰及木炭灰。中棺葬具为瓷罐，位于北棺的南侧中部，与南棺并列放置；罐盔式盖，口径 17.8、腹径 30、高 51.5 厘米，内装火烧残骨及木炭灰。北棺长 2 米，宽 0.7~0.8 米，残高 0.4 米，棺板厚 0.08 米，前、后封板厚 0.06 米，底板厚 0.06~0.08 米；棺内骨架保存较差，头向东，面向上，葬式不明，为男性（图三八〇；彩版一七，2；彩版一八，1）。

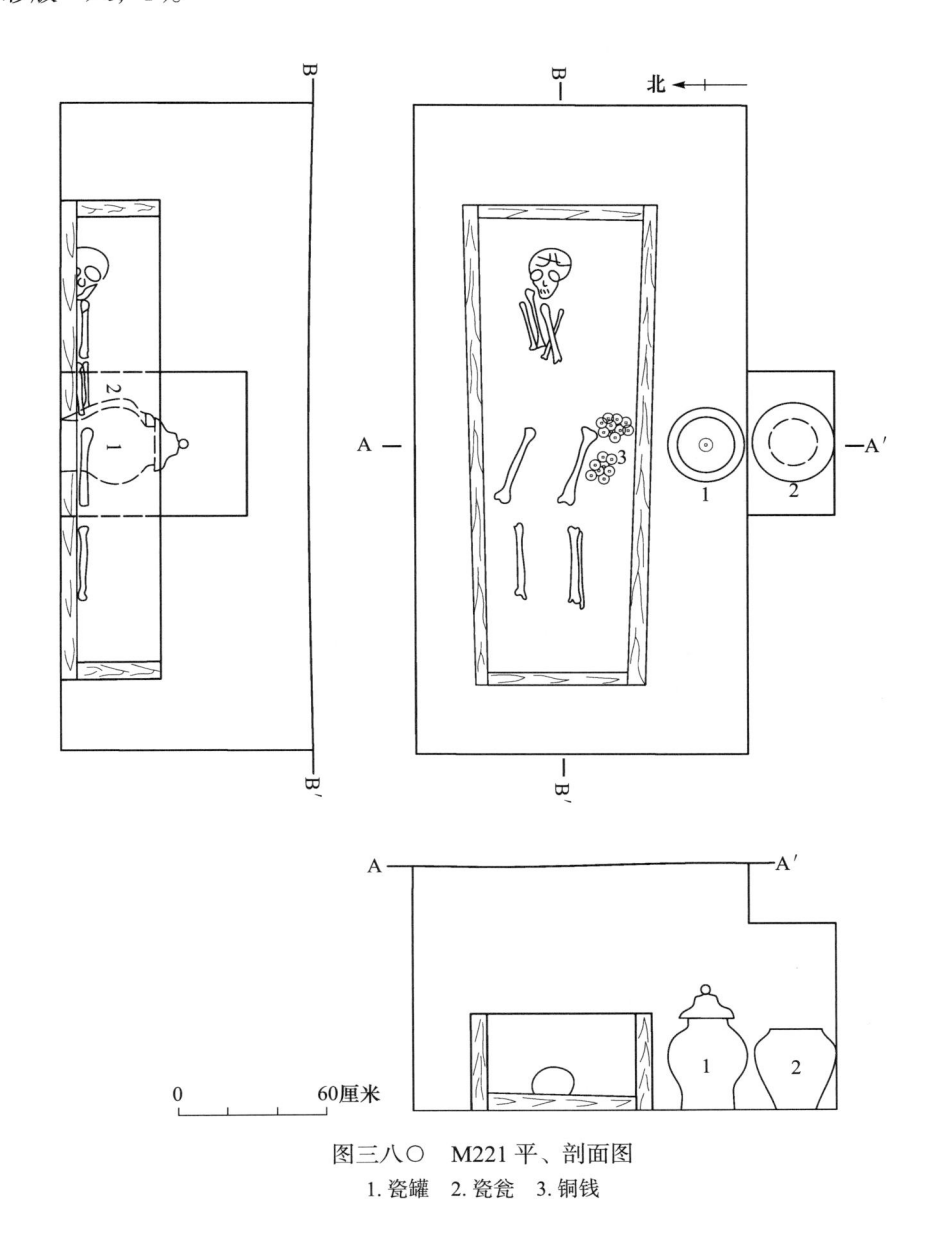

图三八〇　M221 平、剖面图
1. 瓷罐　2. 瓷瓮　3. 铜钱

2. 随葬品

南棺为瓷瓮 1 件；中棺为瓷罐 1 件；北棺左下肢骨外侧上部出土铜钱 18 枚。

瓷罐　1 件。M221：1，盔帽式盖，桃形钮，宽折檐。罐直口，方圆唇，直颈，溜肩，鼓腹缓收，底部外展，内圈足，底部无釉。底中间有一圆形镂孔，外对称四个椭圆形镂孔。钮施青色釉，盖面饰缠枝牡丹纹，沿部饰几何纹和牡丹纹，颈部饰莲花瓣纹，下饰弦纹二道，腹部饰缠枝牡丹纹，底上部饰莲花瓣纹。口径 17.8 厘米，腹径 30 厘米，底径 22.5 厘米，盖口径 15 厘米，盖沿直径 23 厘米，通高 51.5 厘米（图三八一，1；彩版五六）。

瓷瓮　1件。M221：2，敛口，内斜沿，方圆唇，斜领，圆肩，弧腹，平底微凹。上腹部施黑色釉，下腹部及底部未施釉。轮制，体留有轮旋痕迹。口径20.4厘米，腹径37厘米，底径21.4厘米，高38厘米（图三八一，2；彩版五二，5）。

乾隆通宝　18枚。标本M221：3-1，平钱，方穿，正背面郭缘略宽，正面楷书"乾隆通寶"四字，直读，背穿左右为满文"宝泉"局名。钱径2.28厘米，穿径0.48厘米，郭厚0.14厘米（图三八一，3）。

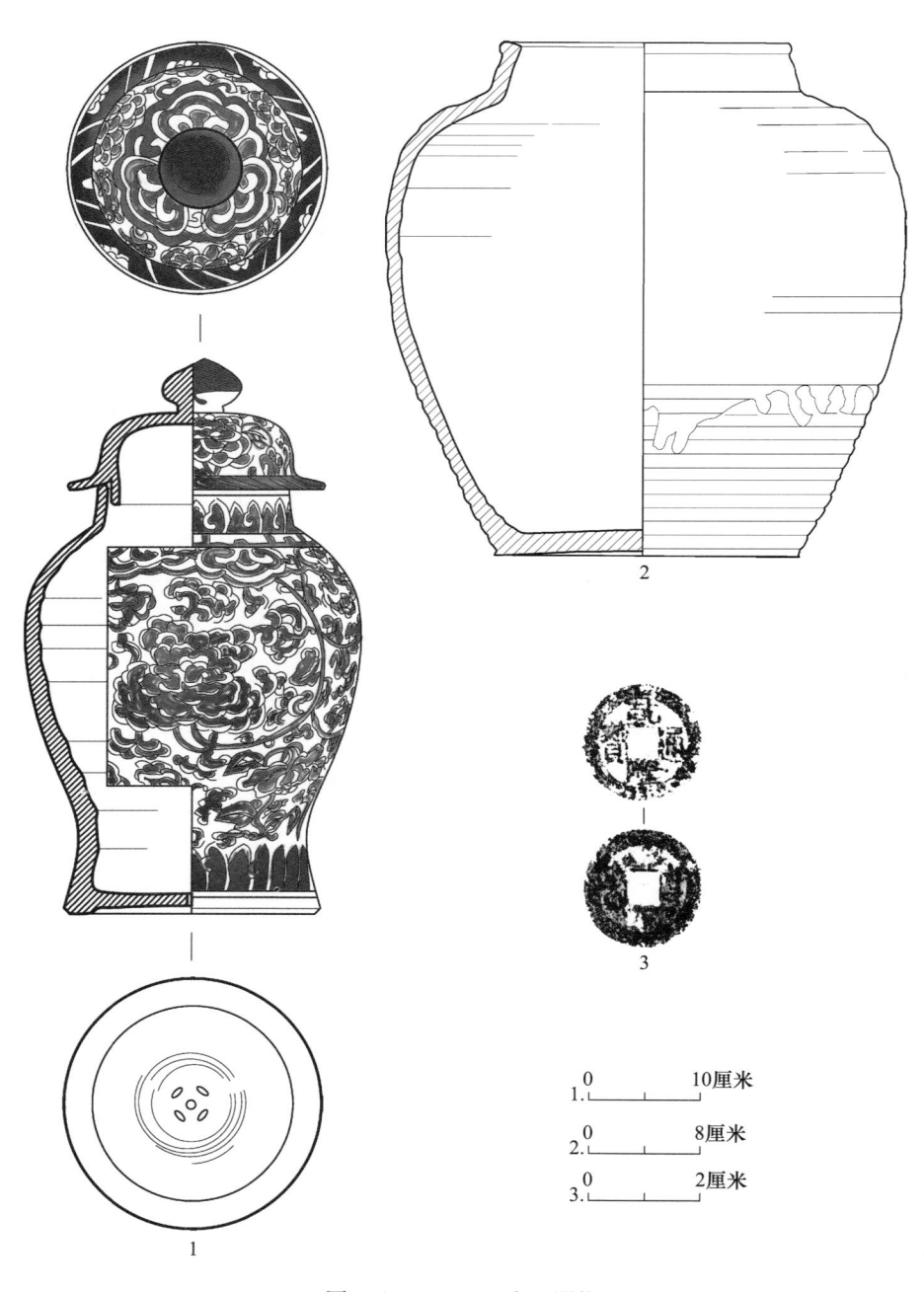

图三八一　M221出土器物
1. 瓷罐（M221：1）　2. 瓷瓮（M221：2）　3. 乾隆通宝（M221：3-1）

二二〇、M222

1. 墓葬形制

该墓位于发掘 I 区北部，东邻 M223。开口于②层下，东西向，方向 60°。坐标为北纬 39° 51′ 35″，东经 116° 18′ 37.1″。

墓平面呈长方形，竖穴土圹单棺墓。墓口距地表深 1 米，墓底距地表深 1.8 米。墓圹东西长 2 米，南北宽 0.7 米，深 0.8 米。内填花土，土质松软。内置单棺，棺木已朽，棺痕长 1.8 米，宽 0.4~0.5 米；棺内骨架保存较好，头向东北，面向上，仰身直肢，为女性（图三八二）。

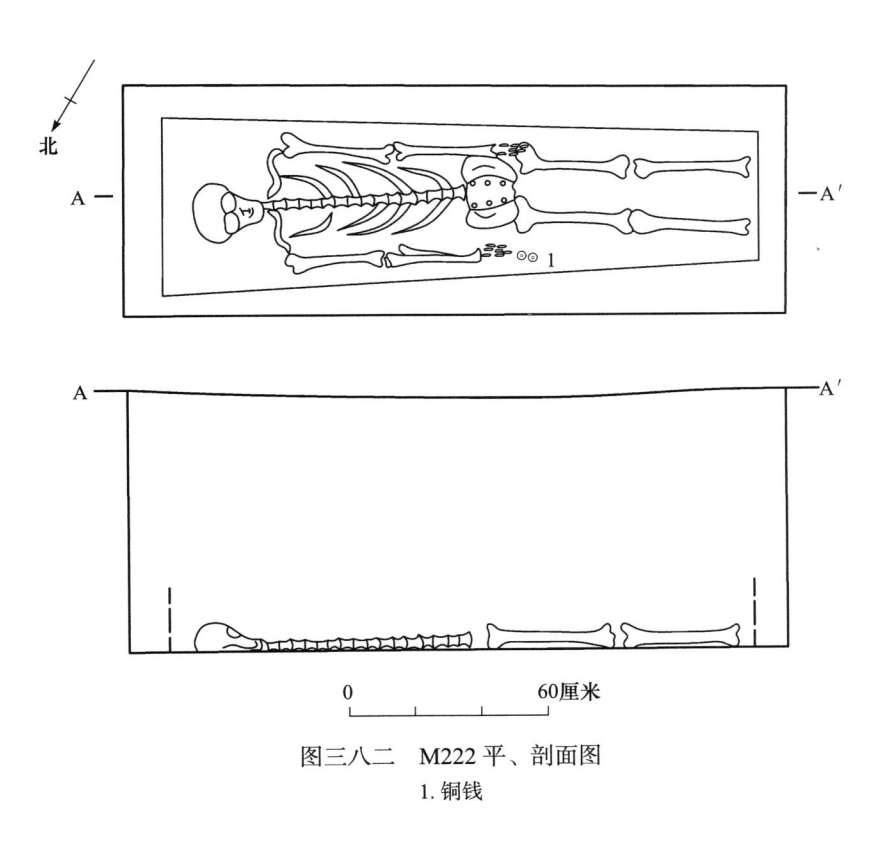

图三八二　M222 平、剖面图
1. 铜钱

2. 随葬品

棺内右上肢骨下部出土铜钱 2 枚，均为乾隆通宝。

乾隆通宝　2 枚。平钱，方穿，正背面郭缘较宽，正面楷书"乾隆通寶"四字，直读。M222：1-1，背穿左右为满文"宝源"局名。钱径 2.42 厘米，穿径 0.6 厘米，郭厚 0.09 厘米（图三八三，1）。M222：1-2，背穿左右为满文"宝泉"局名。钱径 2.52 厘米，穿径 0.5 厘米，郭厚 0.1 厘米（图三八三，2）。

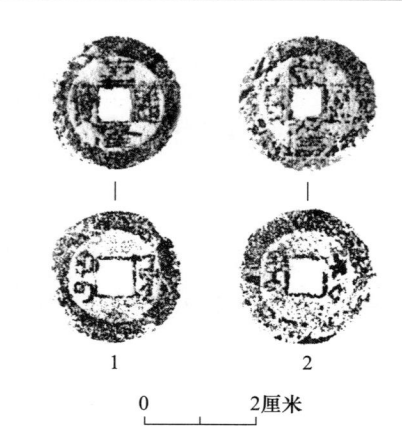

图三八三 M222 出土乾隆通宝（拓片）
1. M222∶1-1 2. M222∶1-2

二二一、M223

1. 墓葬形制

该墓位于发掘Ⅰ区北部，西邻 M222。开口于②层下，南北向，方向180°。坐标为北纬39°51′35.1″，东经116°19′37.4″。

墓平面呈长方形，竖穴土圹双棺合葬墓。墓口距地表深1米，墓底距地表深1.8米。墓圹南北长2.4米，东西宽1.8米，深0.8米。内填花土，土质松软。内置双棺，棺木已朽：东棺痕长1.9米，宽0.5~0.6米；棺内骨架保存较好，头向南，面向西，仰身直肢，为女性。西棺痕长1.8米，宽0.5~0.6米；棺内骨架保存较差，头向南，面向上，仰身直肢，为男性（图三八四）。

2. 随葬品

东棺头骨上方出土银扁方1件、银簪5件、铜簪1件，头骨两侧各出土银耳环2件，头骨右侧出土骨簪2件，左上肢骨下部内外侧、左下肢骨外侧上部、右上肢骨内侧下部各出土银饰1件，右下肢骨外侧上部出土铜钱5枚。

银扁方 1件。M223∶1，首圆卷，上部錾刻蝙蝠纹，两侧镶嵌梅花铆钉，体扁条形，末端呈圆弧状。通长21.5厘米，宽3.1厘米（图三八五，1）。

银簪 5件。M223∶2，首呈长条圆弧状，上部镂铸单龙戏珠纹，顶银丝斜向缠绕柱状，体呈扁条锥状。残长19.5厘米（图三八五，2；彩版七六，4）。M223∶3、M223∶6，形制相同。椭圆形首，上部錾刻蝙蝠纹，已残，体呈扁条状，末端残。M223∶3，残长9厘米（图三八五，3）。M223∶6，残长7.1厘米（图三八五，6）。M223∶4、M223∶5，形制相同。首锤揲呈蝙蝠状，两翼錾刻梅花纹，体呈圆锥形。M223∶4，通长13.7厘米（图三八五，4；彩版七七，2）。M223∶5，通长13.7厘米（图三八五，5；彩版七七，2）。

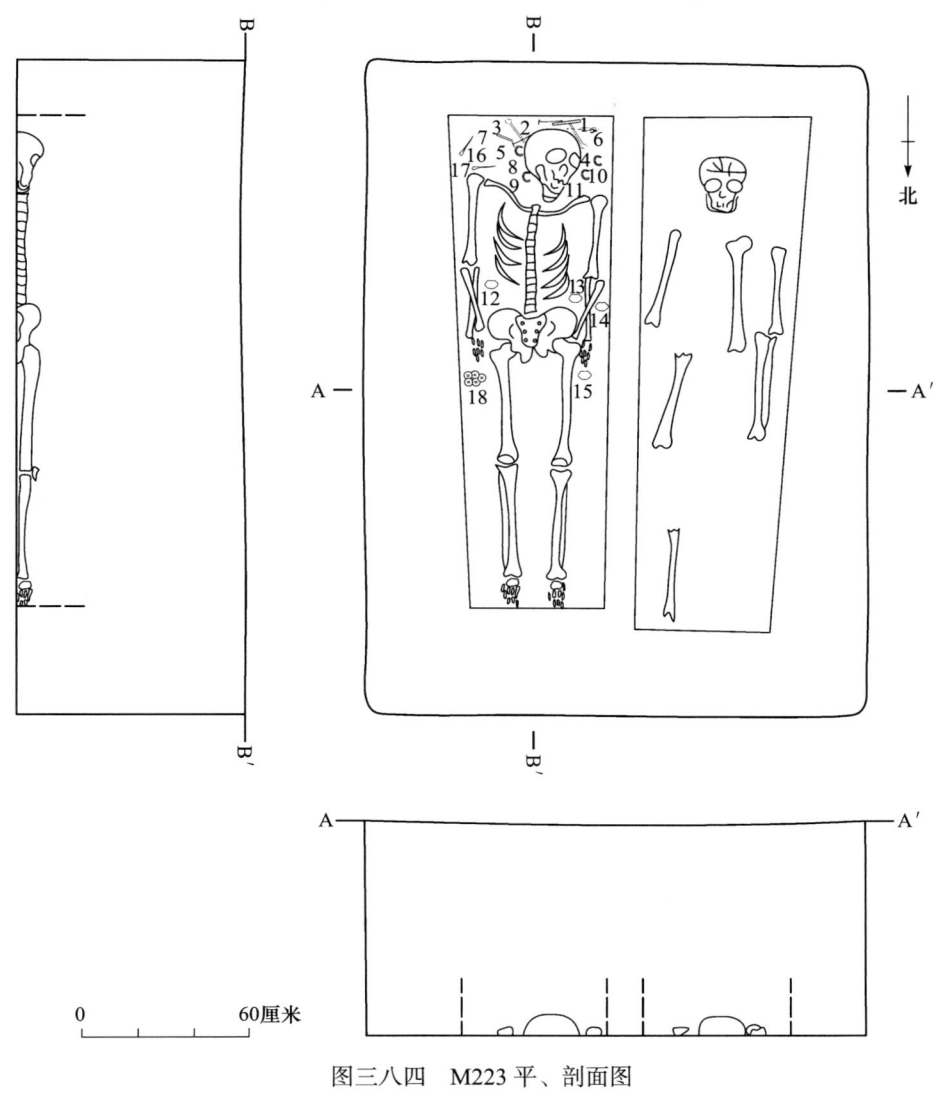

图三八四　M223平、剖面图
1.银扁方　2～6.银簪　7.铜簪　8～11.银耳环　12～15.银饰　16、17.骨簪　18.铜钱

银耳环　4件。M223：8、M223：9，形制相同。椭圆形，一端为圆锥形，一端呈螺纹圆柱状。M223：8，直径2.7厘米（图三八五，8；彩版七六，5）。M223：9，直径2.7厘米（图三八五，9；彩版七六，5）。M223：10、M223：11，形制相同。椭圆形，一端呈圆锥状，一端为长条形，上部錾刻梅花纹，两侧錾刻回纹，中部呈如意状，镂铸蝙蝠纹。M223：10，直径4厘米（图三八六，1；彩版七六，6）。M223：11，直径4厘米（图三八六，2；彩版七六，6）。

银饰　4件。M223：12，呈六角状，錾刻吉祥结纹，挂钩呈扁条状，向后弯曲呈半圆形。宽2.5厘米，通高2.8厘米（图三八六，3）。M223：13，呈如意头形，錾刻花卉纹，上部残。高1.6厘米，宽2.5厘米（图三八六，4）。M223：14，呈如意头形，錾刻花卉纹，上部呈扁条凹状，向后弯曲。高2.3厘米，宽2.6厘米（图三八六，5）。M223：15，如意头形，上部錾刻两朵梅花纹。高1.4厘米，宽2厘米（图三八六，6）。

铜簪　1件。M223：7，扁条状，上端残，下端呈三角形。残长3.6厘米（图三八五，7）。

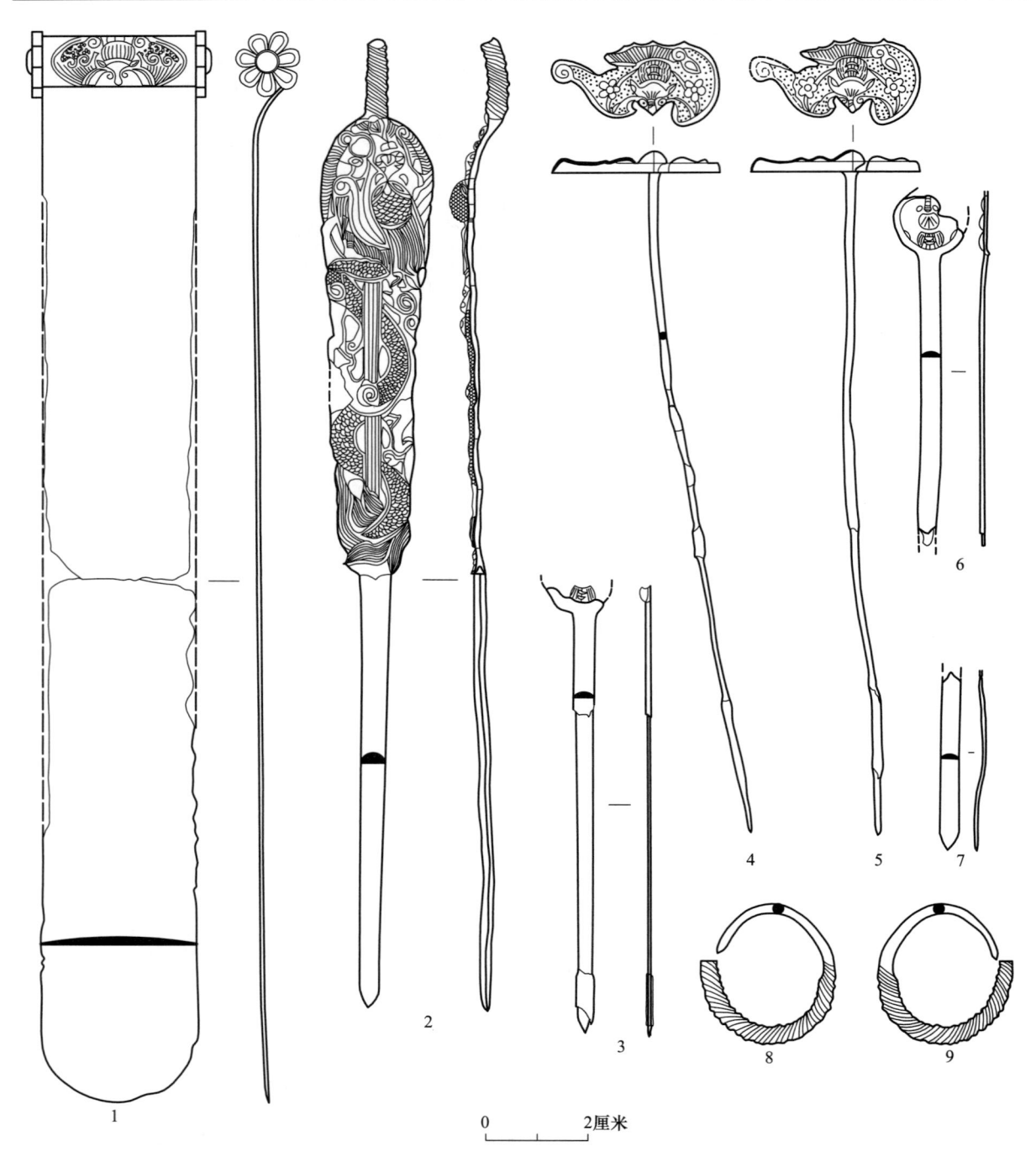

图三八五　M223 出土器物

1. 银扁方（M223：1）　2～6. 银簪（M223：2、M223：3、M223：4、M223：5、M223：6）　7. 铜簪（M223：7）
8、9. 银耳环（M223：8、M223：9）

骨簪　2件。首端扁平，上部穿孔，体呈扁圆锥形。M223：16，末端残。残长11厘米，孔径0.15厘米（图三八六，7；彩版七七，1）。M223：17，下部残。残长4.7厘米，孔径0.15厘米（图三八六，8；彩版七七，1）。

铜钱　5枚，有同治重宝、光绪重宝。

同治重宝　2枚。标本 M223：18-1，大平钱，方穿，正背面郭缘较宽，正面楷书"同治重寶"四字，直读，背穿左右为满文"宝泉"局名，上下楷书"當十"二字。钱径 2.82 厘米，穿径 0.58 厘米，郭厚 0.15 厘米（图三八六，9）。

光绪重宝　3枚。标本 M223：18-2，大平钱，方穿，正背面郭缘较宽，正面楷书"光緒重寶"四字，直读，背穿左右为满文"宝泉"局名，上下楷书"當十"二字。钱径 3.15 厘米，穿径 0.65 厘米，郭厚 0.18 厘米（图三八六，10）。

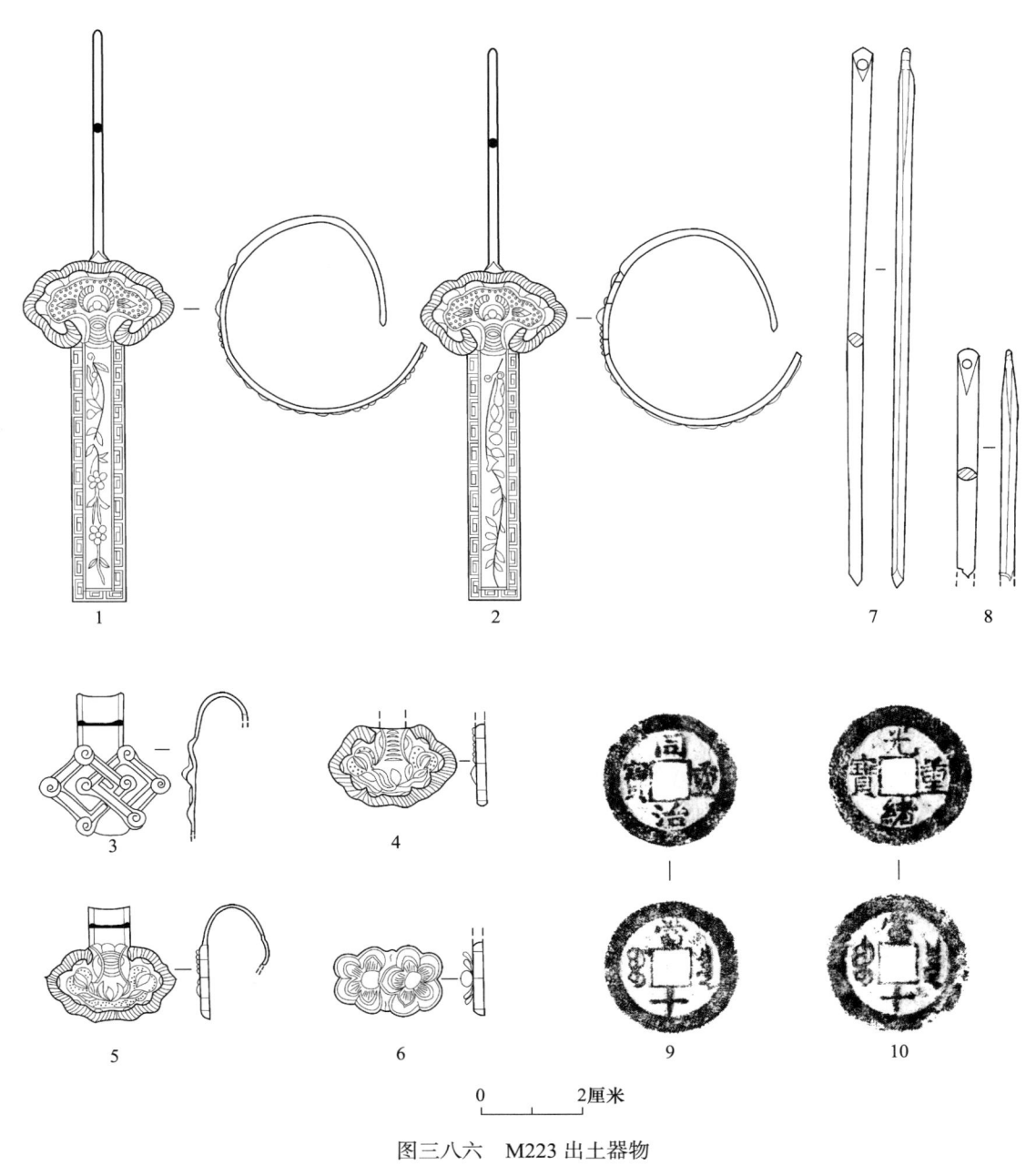

图三八六　M223 出土器物
1、2. 银耳环（M223：10、M223：11）　3～6. 银饰（M223：12、M223：13、M223：14、M223：15）　7、8. 骨簪（M223：16、M223：17）　9. 同治重宝（M223：18-1）　10. 光绪重宝（M223：18-2）

二二二、M224

1. 墓葬形制

该墓位于发掘Ⅰ区北部，东邻 M225。开口于②层下，南北向，方向 170°。坐标为北纬 39° 51′ 35″，东经 116° 18′ 37.5″。

墓平面呈长方形，竖穴土圹双棺合葬墓。墓口距地表深 1 米，墓底距地表深 1.9 米。墓圹南北长 2.8 米，东西宽 1.5 米，深 0.9 米。内填花土，土质松软。内置双棺，棺木已朽：东棺痕长 1.9 米，宽 0.5~0.6 米；棺内骨架保存较差，头向东南，面向东，仰身直肢，为女性。西棺痕长 2 米，宽 0.5~0.6 米；棺内骨架保存较差，头向东南，面向东，葬式不明，为男性（图三八七）。

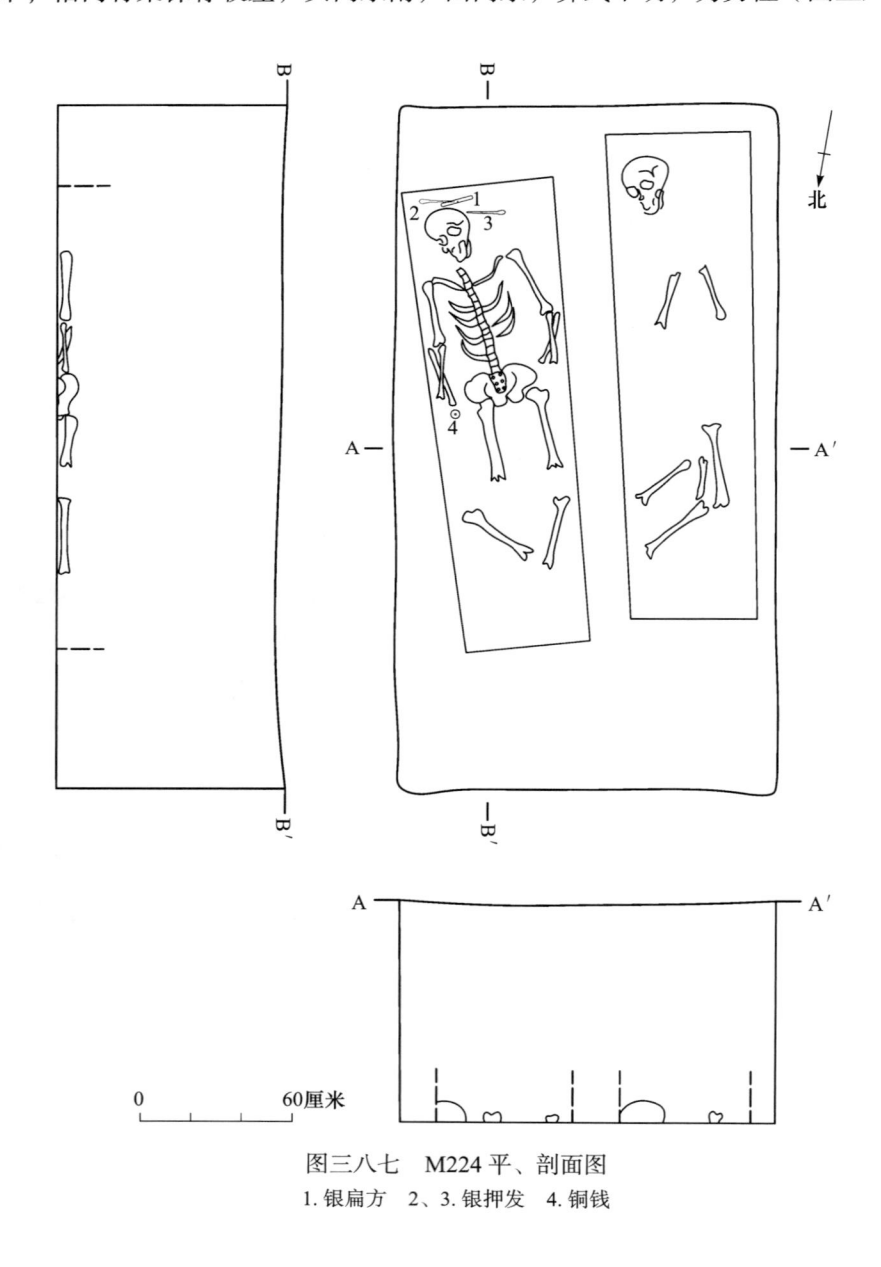

图三八七　M224 平、剖面图
1. 银扁方　2、3. 银押发　4. 铜钱

2. 随葬品

东棺头骨上方出土银扁方1件、银簪2件，右上肢骨下部出土铜钱1枚。

银扁方　1件。M224：1，首呈四棱状，体扁条形，末端呈圆弧状，通体鎏金。通长15.9厘米，宽2.4厘米（图三八八，1；彩版七七，3）。

银押发　2件。通体鎏金。首较宽呈叶状，向后弯曲，正面上部錾刻细线纹，中部錾刻如意、花卉纹，体呈扁条形，末端三角锥状。M224：2，通长17厘米，上端宽1.8厘米（图三八八，2）。M224：3，通长17.4厘米，上端宽2厘米（图三八八，3）。

道光通宝　1枚。M224：4，平钱，方穿，正背面郭缘稍宽，正面楷书"道光通寶"四字，直读，背穿左右为满文"宝泉"局名。钱径2.22厘米，穿径0.62厘米，郭厚0.14厘米（图三八八，4）。

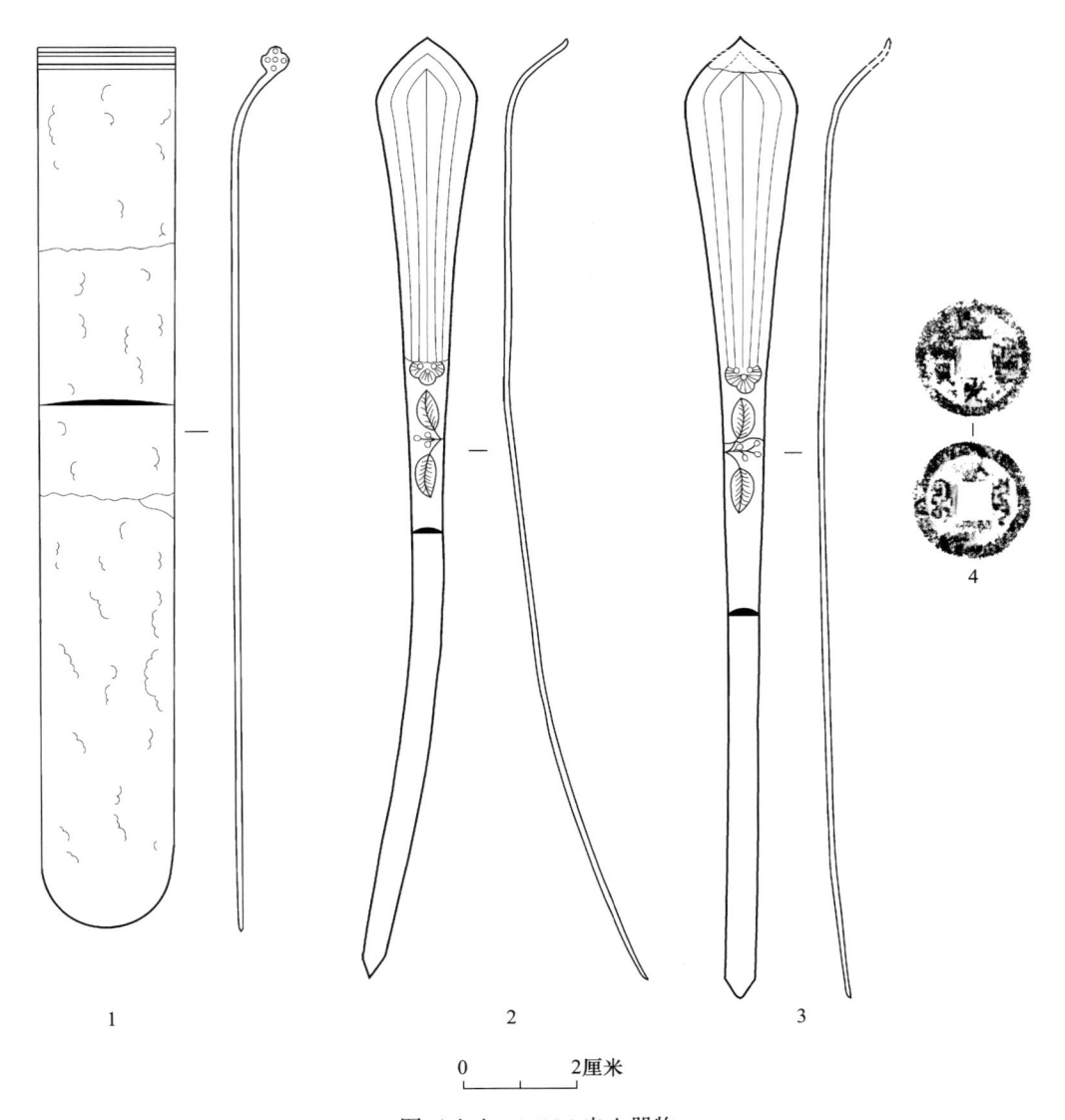

图三八八　M224出土器物
1. 银扁方（M224：1）　2、3. 银押发（M224：2、M224：3）　4. 道光通宝（M224：4）

二二三、M225

1. 墓葬形制

该墓位于发掘Ⅰ区北部，西邻 M224。开口于②层下，南北向，方向 165°。坐标为北纬 39°51′35.6″，东经 116°18′37.6″。

墓平面呈长方形，竖穴土圹双棺合葬墓。墓口距地表深 1 米，墓底距地表深 1.88～2.6 米。墓圹南北长 2.4 米，东西宽 2 米，深 0.88～1.6 米。内填花土，土质松软。内置双棺，棺木已朽：东棺痕长 1.9 米，宽 0.4～0.5 米；棺内骨架保存较差，头向南，面向上，仰身直肢，为男性。西棺痕长 1.9 米，宽 0.5～0.6 米；棺内骨架保存较差，头向西南，面向上，仰身直肢，为女性（图三八九；彩版一八，2）。

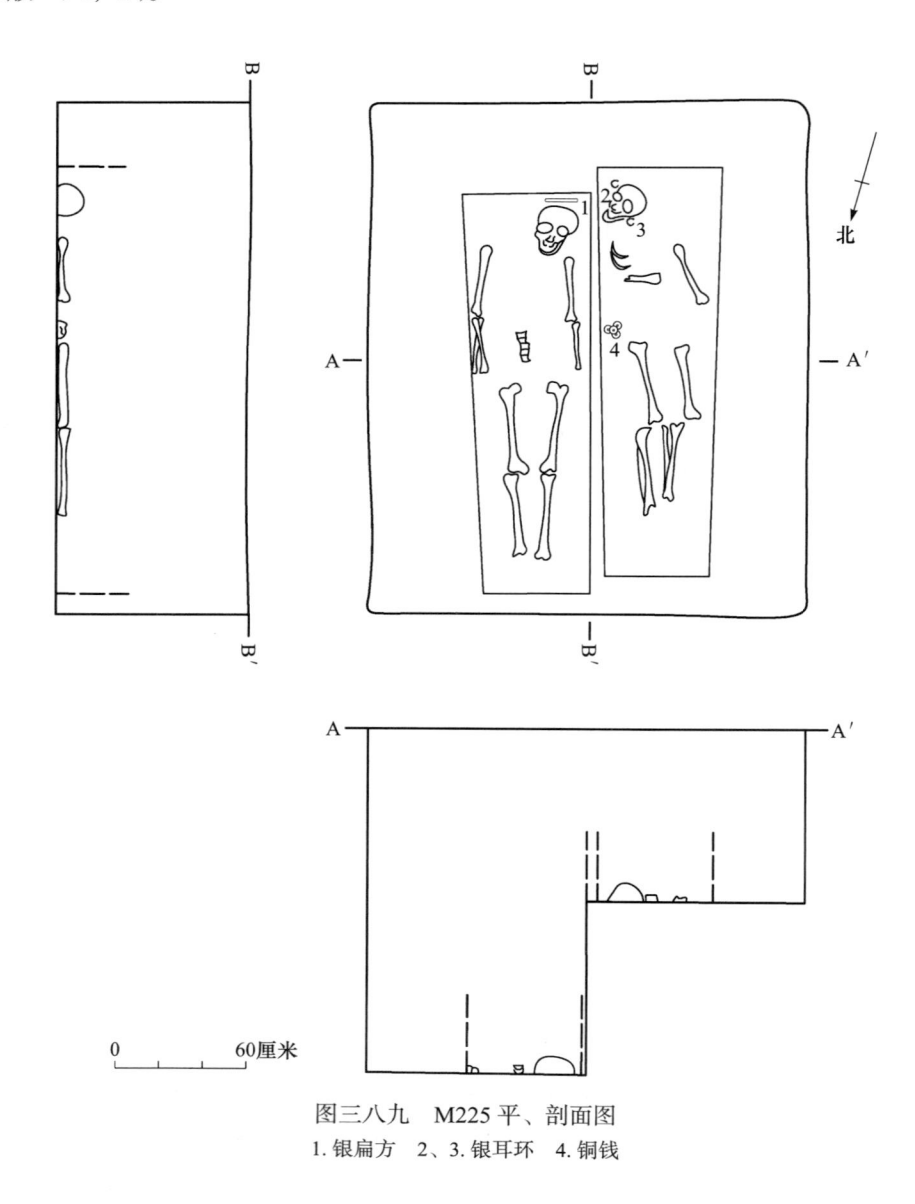

图三八九　M225 平、剖面图
1. 银扁方　2、3. 银耳环　4. 铜钱

2. 随葬品

东棺头骨上方出土银扁方 1 件；西棺头骨两侧各出土银耳环 1 件，右下肢骨外侧上部出土铜钱 4 枚。

银扁方 1 件。M225：1，首呈四棱状，向后弯曲，体呈扁条形，末端呈圆弧状。背面錾刻二字，一为"萬"字，另一字模糊不清，通体鎏金。通长 26 厘米，宽 2.5～2.8 厘米（图三九〇，1；彩版七七，4）。

银耳环 2 件。圆环形，银条盘制而成，通体鎏金。M225：2，直径 2.1 厘米（图三九〇，2；彩版七七，5）。M225：3，直径 2.1 厘米（图三九〇，3；彩版七七，5）。

铜钱 4 枚，有同治重宝、光绪重宝。

同治重宝 1 枚。M225：4-1，大平钱，方穿，正背面郭缘较宽，正面楷书"同治重寶"四字，直读，背穿左右为满文"宝泉"局名，上下楷书"當十"二字。钱径 3.18 厘米，穿径 0.54 厘米，郭厚 0.2 厘米（图三九〇，4）。

光绪重宝 3 枚。标本 M225：4-2，大平钱，方穿，正背面郭缘较宽，正面楷书"光緒重寶"四字，直读，背穿左右为满文"宝泉"局名，上下楷书"當十"二字。钱径 3.22 厘米，穿径 0.68 厘米，郭厚 0.18 厘米（图三九〇，5）。

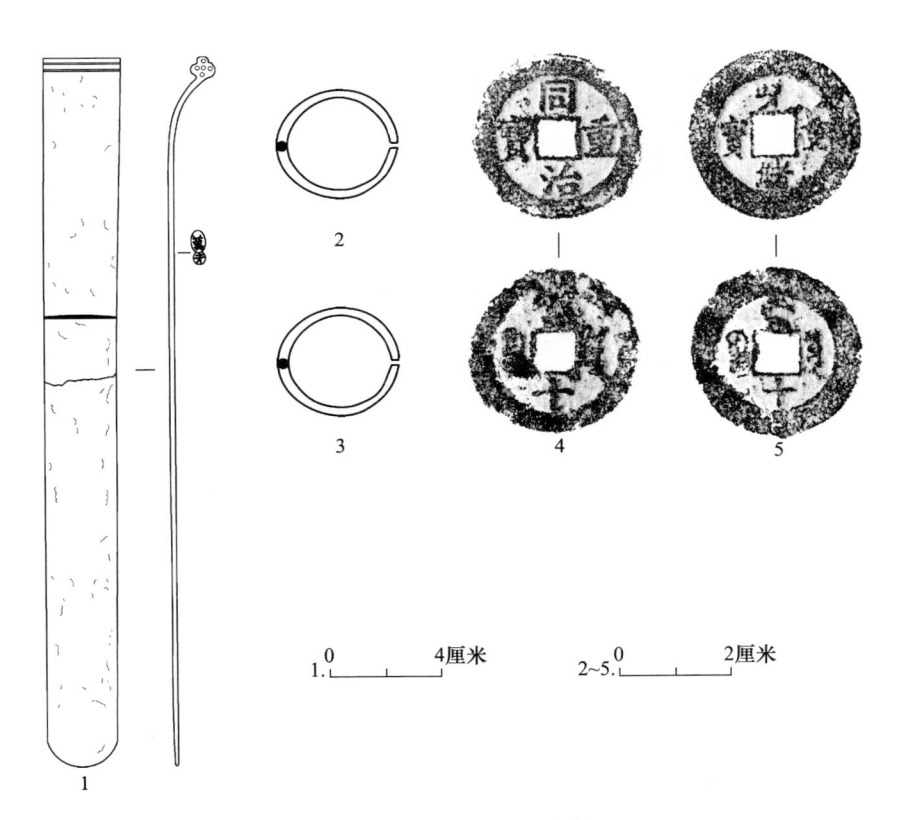

图三九〇 M225 出土器物
1. 银扁方（M225：1） 2、3. 银耳环（M225：2、M225：3） 4. 同治重宝（M225：4-1）
5. 光绪重宝（M225：4-2）

二二四、M226

1. 墓葬形制

该墓位于发掘Ⅰ区北部，南邻 M227。开口于②层下，南北向，方向 0°。坐标为北纬 39° 51′ 35.2″，东经 116° 18′ 37.9″。

墓平面呈长方形，竖穴土圹单棺墓。墓口距地表深 1 米，墓底距地表深 1.9 米。墓圹南北长 2.04 米，东西宽 1.2 米，深 0.9 米。内填花土，土质松软。内置单棺，棺木已朽，棺痕长 1.7 米，宽 0.6～0.7 米；棺内未发现骨架，葬式、性别不明（图三九一）。

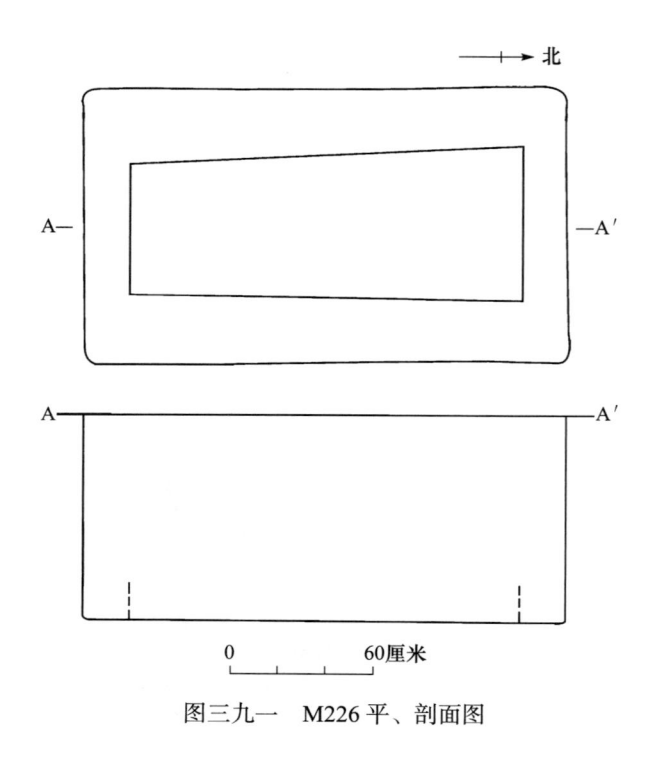

图三九一　M226 平、剖面图

2. 随葬品

未发现随葬品。

二二五、M227

1. 墓葬形制

该墓位于发掘Ⅰ区北部，北邻 M226。开口于②层下，南北向，方向 345°。坐标为北纬 39° 51′ 35.1″，东经 116° 18′ 39″。

墓平面呈长方形，竖穴土圹单棺墓。墓口距地表深 1 米，墓底距地表深 1.9 米。墓圹南北长

2.3 米，东西宽 1.4 米，深 0.9 米。内填花土，土质松软。内置单棺，棺木已朽，棺痕长 1.9 米，宽 0.5~0.6 米；棺内骨架保存较好，头向西北，面向上，仰身直肢，为男性（图三九二）。

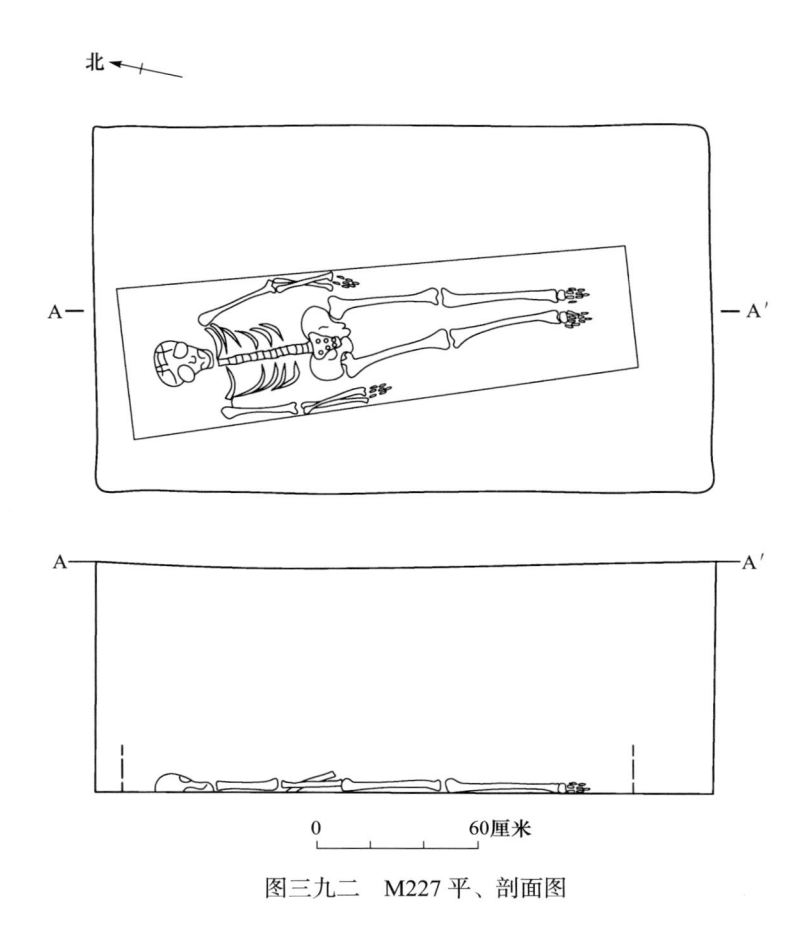

图三九二　M227 平、剖面图

2. 随葬品

未发现随葬品。

二二六、M228

1. 墓葬形制

该墓位于发掘 I 区北部。开口于②层下，南北向，方向 180°。坐标为北纬 39°51′35″，东经 116°18′39.1″。

墓平面呈长方形，竖穴土圹双棺合葬墓。墓口距地表深 1 米，墓底距地表深 1.9 米。墓圹南北长 2.8 米，东西宽 1.6 米，深 0.9 米。内填花土，土质松软。内置双棺：东棺长 1.9 米，宽 0.5~0.6 米，残高 0.4 米，棺板、前封板、后封板厚 0.04 米；棺内骨架保存较好，头向南，面向上，仰身直肢，为女性。西棺为一椁一棺，椁长 2.2 米，宽 0.7~0.8 米，残高 0.4 米，椁板、前封板、后封板厚 0.04 米；棺痕长 1.9 米，宽 0.45~0.5 米，残高 0.14 米；棺内骨架保存较好，头向南，面向上，仰身直肢，为男性（图三九三）。

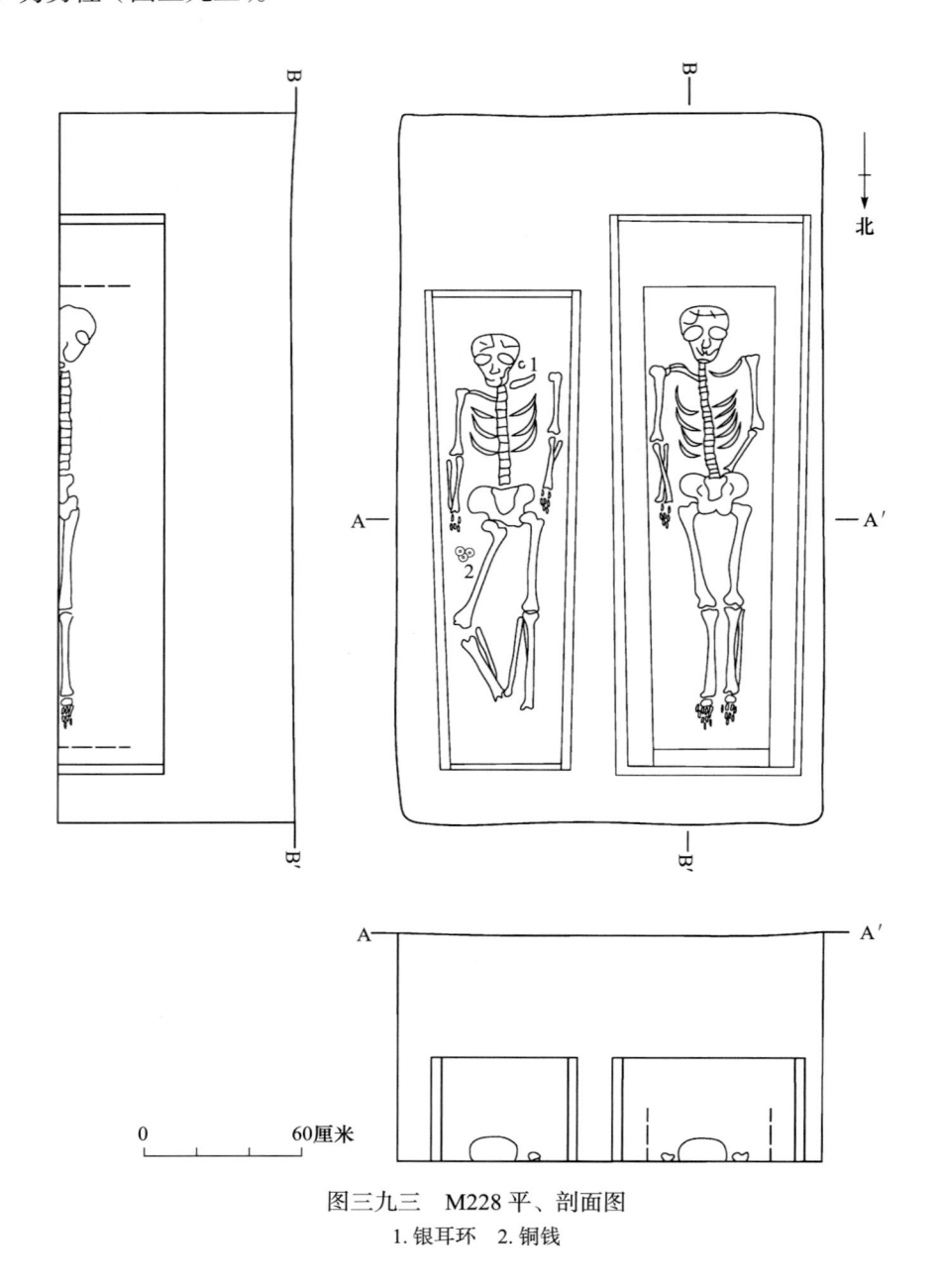

图三九三　M228 平、剖面图
1. 银耳环　2. 铜钱

2. 随葬品

东棺头骨左侧出土银耳环 1 件，右下肢骨外侧上部出土铜钱 3 枚。

银耳环　1 件。M228：1，体呈"S"形，一端残，一端呈圆饼状。残高 2 厘米，饼径 0.6 厘米（图三九四，1）。

铜钱　3 枚，有嘉祐通宝、绍圣元宝、天□通宝。

嘉祐通宝　1 枚。M228：2-1，平钱，方穿，正面郭缘较窄，背面无郭，正面楷书"嘉祐通寶"四字，旋读。钱径 2.36 厘米，穿径 0.62 厘米，郭厚 0.11 厘米（图三九四，2）。

绍圣元宝　1 枚。M228：2-2，平钱，方穿，正面郭缘略宽，背面无郭，正面篆书"紹聖元寶"

四字，旋读。钱径2.38厘米，穿径0.58厘米，郭厚0.12厘米（图三九四，3）。

天□通宝　1枚。M228：2-3，锈蚀严重，年号不清。平钱，方穿，正背面郭缘略宽，正面楷书"天□通寶"四字，旋读。钱径2.52厘米，穿径0.5厘米，郭厚0.13厘米。

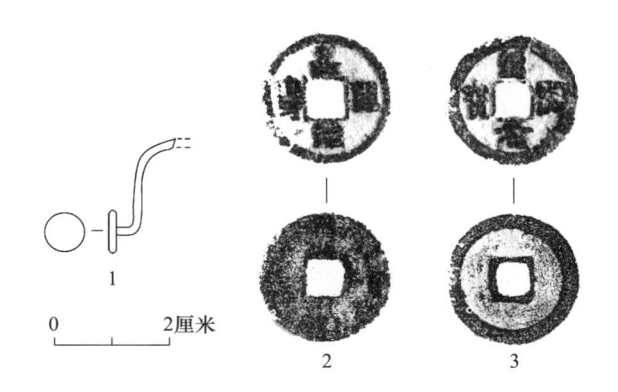

图三九四　M228出土器物
1.银耳环（M228：1）　2.嘉祐通宝（M228：2-1）　3.绍圣元宝（M228：2-2）

二二七、M229

1. 墓葬形制

该墓位于发掘Ⅲ区东南部，南邻M230。开口于②层下，南北向，方向350°。坐标为北纬39°51′16.7″，东经116°19′1.6″。

墓平面呈长方形，竖穴土圹四棺合葬墓。墓口距地表深0.4米，墓底距地表深1.84~2米。墓圹南北长3.15米，东西宽3米，深1.44~1.6米。内填花土，土质松软。内置四棺，棺木已朽，由西向东分别编号为1~4号棺：1号棺痕长1.9米，宽0.6~0.7米，残高0.24米；棺内骨架保存稍好，头向北，面向上，仰身直肢，为男性。2号棺痕长1.9米，宽0.6~0.7米，残高0.24米；棺内骨架保存较差，头骨缺失，仰身屈肢，为女性。3号棺长0.44米，宽0.32米，残高0.16米，用4块长32、宽16、厚6厘米砖所砌；棺内少量碎骨，为二次葬；4号棺痕长1.7米，宽0.7米，残高0.24米；棺内骨架保存较差，头向北，面向上，仰身直肢，为女性（图三九五；彩版一九，1）。

2. 随葬品

4号棺左下肢骨外侧上部出土铜钱6枚，有开元通宝、天禧通宝、皇宋通宝、景德元宝、圣宋元宝、治平元宝。

开元通宝　1枚。M229：1-1，平钱，方穿，正背面郭缘稍窄，正面楷书"開元通寶"四字，直读。钱径2.42厘米，穿径0.62厘米，郭厚0.12厘米（图三九六，1；彩版八三，4）。

天禧通宝　1枚。M229：1-2，平钱，方穿，正背面郭缘稍宽，正面楷书"天禧通寶"四字，旋读。钱径2.45厘米，穿径0.64厘米，郭厚0.09厘米（图三九六，2；彩版八三，4）。

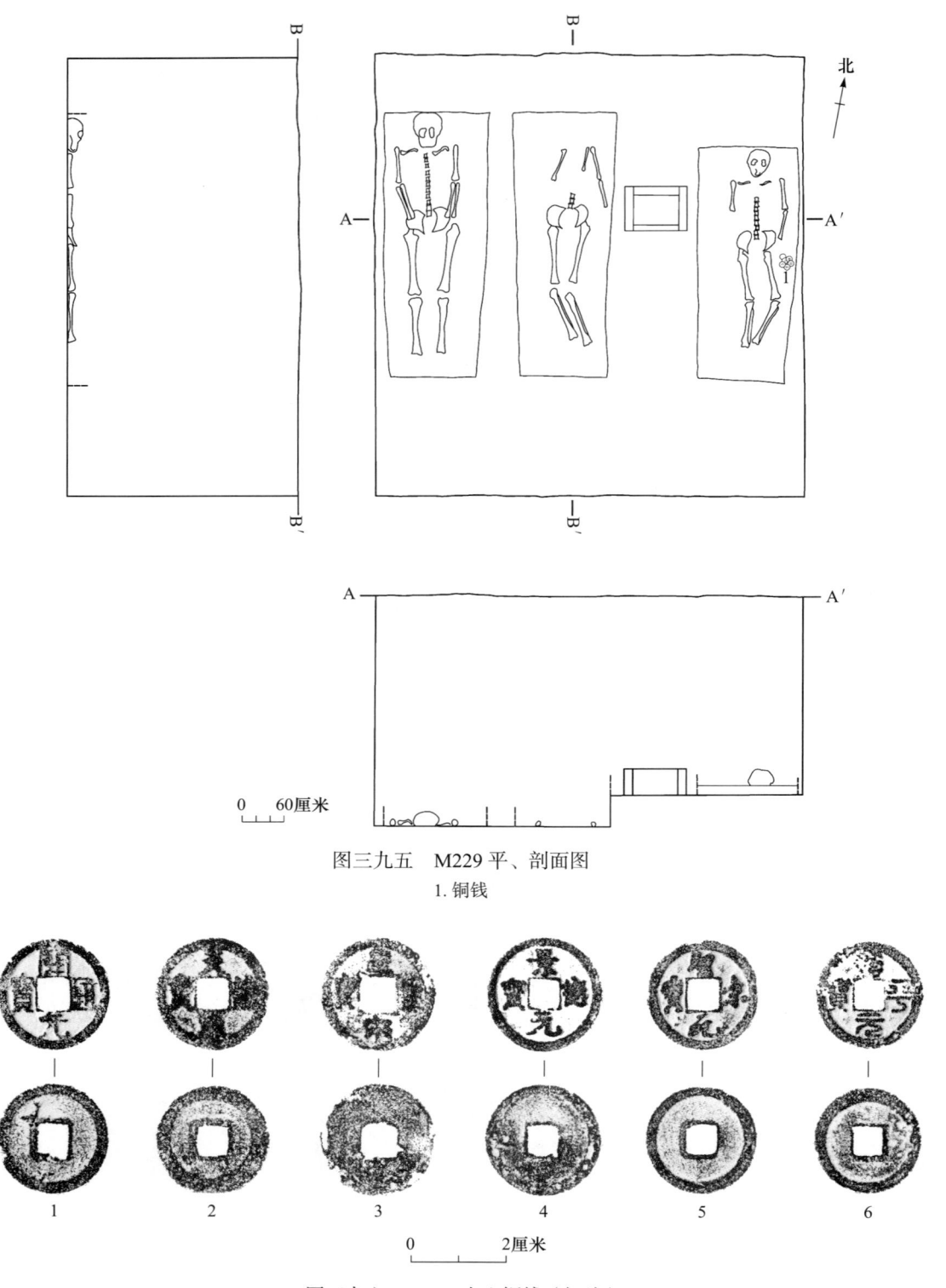

图三九五　M229 平、剖面图
1. 铜钱

图三九六　M229 出土铜钱（拓片）
1. 开元通宝（M229:1-1）　2. 天禧通宝（M229:1-2）　3. 皇宋通宝（M229:1-3）　4. 景德元宝（M229:1-4）
5. 圣宋元宝（M229:1-5）　6. 治平元宝（M229:1-6）

皇宋通宝　1枚。M229:1-3，平钱，方穿，正背面郭缘稍窄，正面楷书"皇宋通寶"四字，直读。钱径2.48厘米，穿径0.72厘米，郭厚0.09厘米（图三九六，3；彩版八三，4）。

景德元宝　1枚。M229:1-4，平钱，方穿，正背面郭缘稍窄，正面楷书"景德元寶"四字，旋读。钱径2.48厘米，穿径0.62厘米，郭厚0.12厘米（图三九六，4；彩版八三，4）。

圣宋元宝　1枚。M229:1-5，平钱，方穿，正背面郭缘稍窄，正面行书"聖宋元寶"四字，旋读。钱径2.4厘米，穿径0.62厘米，郭厚0.12厘米（图三九六，5；彩版八三，4）。

治平元宝　1枚。M229:1-6，平钱，方穿，正背面郭缘稍窄，正面篆书"治平元寶"四字，旋读。钱径2.33厘米，穿径0.62厘米，郭厚0.1厘米（图三九六，6；彩版八三，4）。

二二八、M230

1. 墓葬形制

该墓位于发掘Ⅲ区东南部，东邻M231。开口于②层下，南北向，方向345°。坐标为北纬39°51′16.7″，东经116°18′1.7″。

墓平面呈长方形，竖穴土圹单棺墓。墓口距地表深0.4米，墓底距地表深2.2米。墓圹南北长2.04米，东西宽1米，深1.8米。内填花土，土质松软。内置单棺，棺木已朽，棺痕长2米，宽0.6~0.7米；棺内骨架保存较好，头向北，面向西，仰身直肢，为男性（图三九七）。

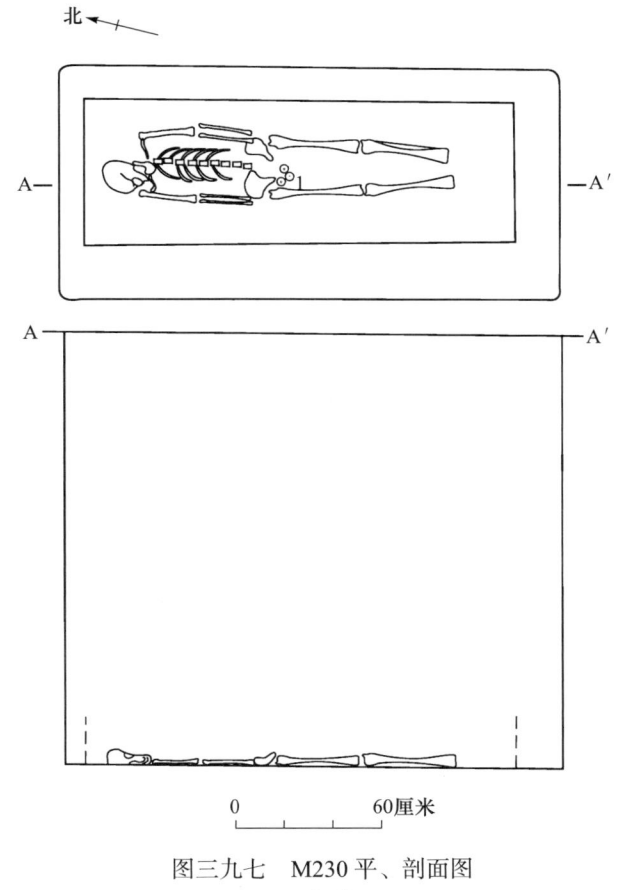

图三九七　M230平、剖面图
1. 铜钱

2. 随葬品

棺内右下肢骨内侧上部出土铜钱3枚，有乾元重宝、宣和通宝、熙宁元宝。

乾元重宝　1枚。M230：1-1，大平钱，方穿，正背面郭缘稍窄，正面楷书"乾元重寶"四字，直读。钱径2.93厘米，穿径0.72厘米，郭厚0.15厘米（图三九八，1；彩版八三，5）。

宣和通宝　1枚。M230：1-2，大平钱，方穿，正背面郭缘稍宽，正面楷书"宣和通寶"四字，直读。钱径2.93厘米，穿径0.72厘米，郭厚0.13厘米（图三九八，2；彩版八三，5）。

熙宁元宝　1枚。M230：1-3，平钱，方穿，正背面郭缘稍窄，正面篆书"熙寧元寶"四字，旋读。钱径2.42厘米，穿径0.66厘米，郭厚0.09厘米（图三九八，3；彩版八三，5）。

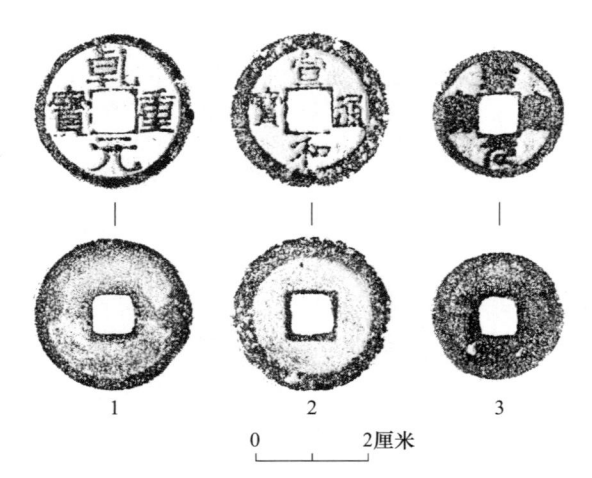

图三九八　M230出土铜钱（拓片）
1. 乾元重宝（M230：1-1） 2. 宣和通宝（M230：1-2） 3. 熙宁元宝（M230：1-3）

二二九、M231

1. 墓葬形制

该墓位于发掘Ⅲ区东南部，西邻M230。开口于②层下，南北向，方向0°。坐标为北纬39°51′16.7″，东经116°18′1.7″。

墓平面呈梯形，竖穴土圹单棺墓。墓口距地表深0.4米，墓底距地表深1.6米。墓圹南北长2.28米，东西宽1.1～1.16米，深1.2米。内填花土，土质松软。内置单棺，棺木已朽，棺痕长1.8米，宽0.6米；棺内骨架保存较好，头向北，面向东，仰身直肢，为男性（图三九九）。

2. 随葬品

未发现随葬品。

图三九九　M231 平、剖面图

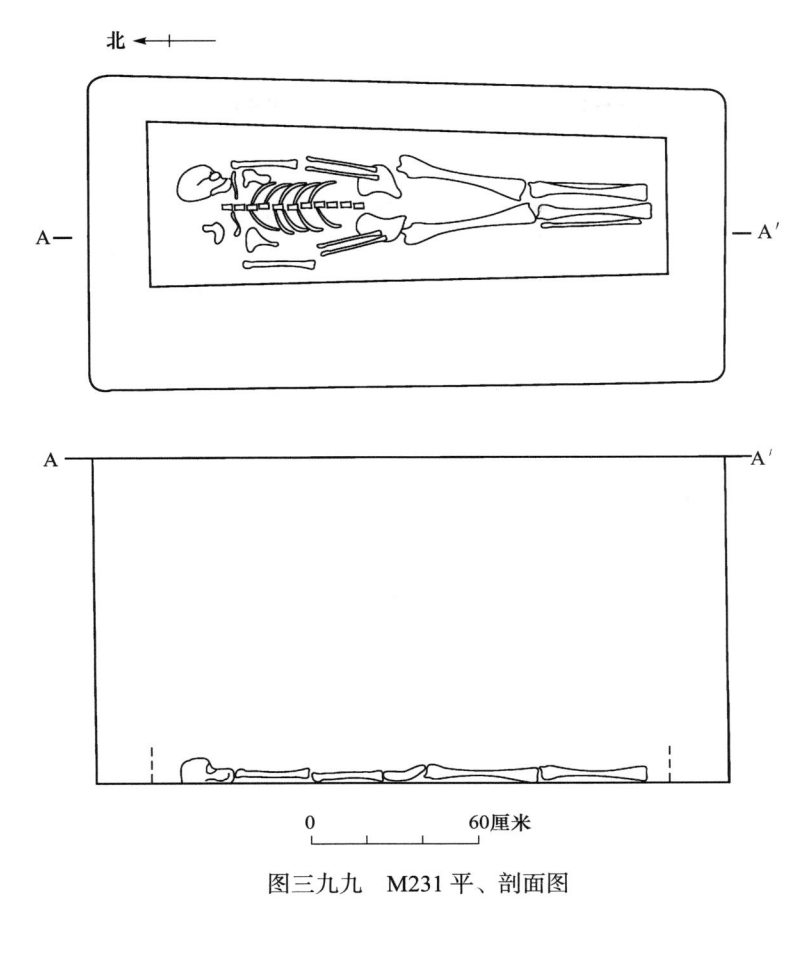

二三〇、M232

1. 墓葬形制

该墓位于发掘Ⅲ区东南部。开口于②层下，南北向，方向10°。坐标为北纬39°51′16.7″，东经116°19′1″。

墓平面呈长方形，竖穴土圹双棺合葬墓。墓口距地表深1.2米，墓底距地表深2.1米。墓圹南北长2.4米，东西宽1.6米，深0.9米。内填花土，土质松软。内置双棺，棺木已朽：东棺痕长1.8米，宽0.4～0.5米；棺内骨架保存较好，头向北，面向上，仰身直肢，为男性。西棺痕长1.9米，宽0.4～0.5米；棺内骨架保存较好，头向北，面向东，仰身直肢，为女性（图四〇〇；彩版一九，2）。

2. 随葬品

东棺外前方出土釉陶罐1件；西棺外前方出土釉陶罐1件，左下肢骨外侧上部出土铜钱2枚。

釉陶罐　2件。M232：1，直口，尖圆唇，矮斜领，圆肩，弧腹，圈足。腹上部及口沿内侧施酱黄色釉，腹部遗有流釉痕迹。轮制，体留有轮旋痕迹。口径8.4厘米，腹径12.4厘米，底径

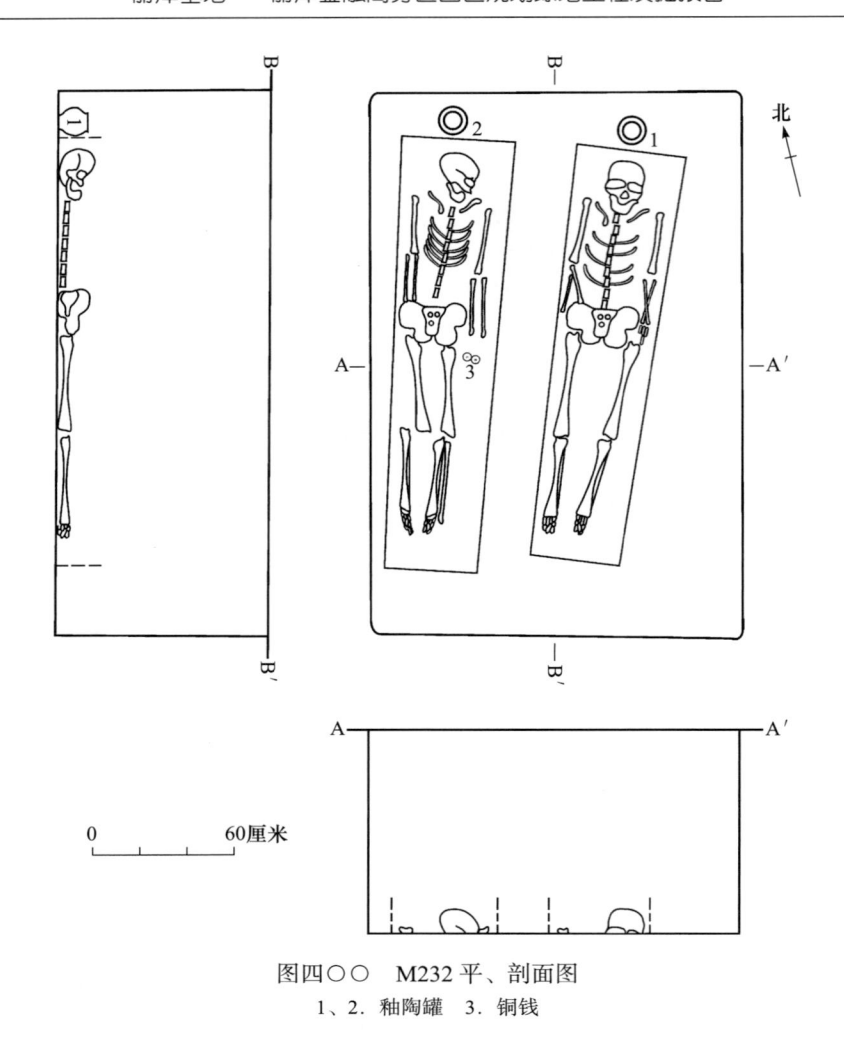

图四〇〇　M232 平、剖面图
1、2. 釉陶罐　3. 铜钱

6.4 厘米，高 11.2 厘米（图四〇一，1；彩版五五，5）。M232：2，直口，尖圆唇，矮斜领，圆肩，弧腹，平底内凹。上腹部及口沿内侧施酱黄色釉。轮制，体留有轮旋痕迹。口径 8.2 厘米，腹径 12.4 厘米，底径 6.2 厘米，高 12 厘米（图四〇一，2；彩版五五，6）。

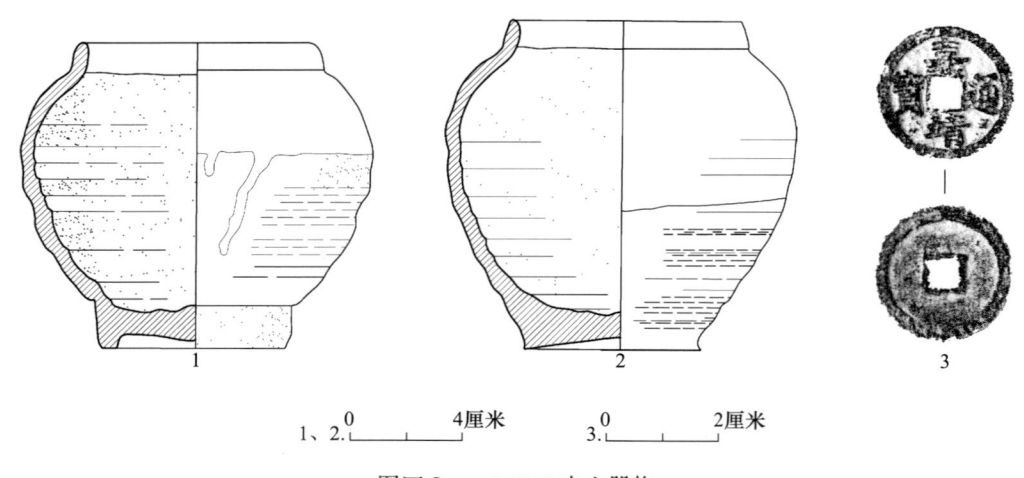

图四〇一　M232 出土器物
1、2. 釉陶罐（M232：1、M232：2）　3. 嘉靖通宝（M232：3-1）

嘉靖通宝 2枚。标本M232：3-1，平钱，方穿，正背面郭缘略宽，正面楷书"嘉靖通寳"四字，直读。钱径2.52厘米，穿径0.53厘米，郭厚0.12厘米（图四〇一，3；彩版八三，6）。

二三一、M233

1. 墓葬形制

该墓位于发掘Ⅰ区北部，东邻M234。开口于②层下，东西向，方向90°。坐标为北纬39°51′53.4″，东经116°19′48.6″。

墓平面呈长方形，竖穴土圹双棺合葬墓。墓口距地表深1米，墓底距地表深2.2米。墓圹东西长3.1米，南北宽2.2米，深1.2米。内填花土，土质松软。内置双棺：南棺长2.1米，宽0.7~0.8米，残高0.4米，棺板厚0.14米，前、后封板厚0.06米，底板厚0.08米；棺内骨架保存较差，头向东北，面向上，仰身直肢，为男性。北棺长2.1米，宽0.7~0.8米，残高0.3米，棺板厚0.08~0.1米，底板厚0.08米；棺内骨架保存较差，头向东，面向上，仰身直肢，为女性（图四〇二）。

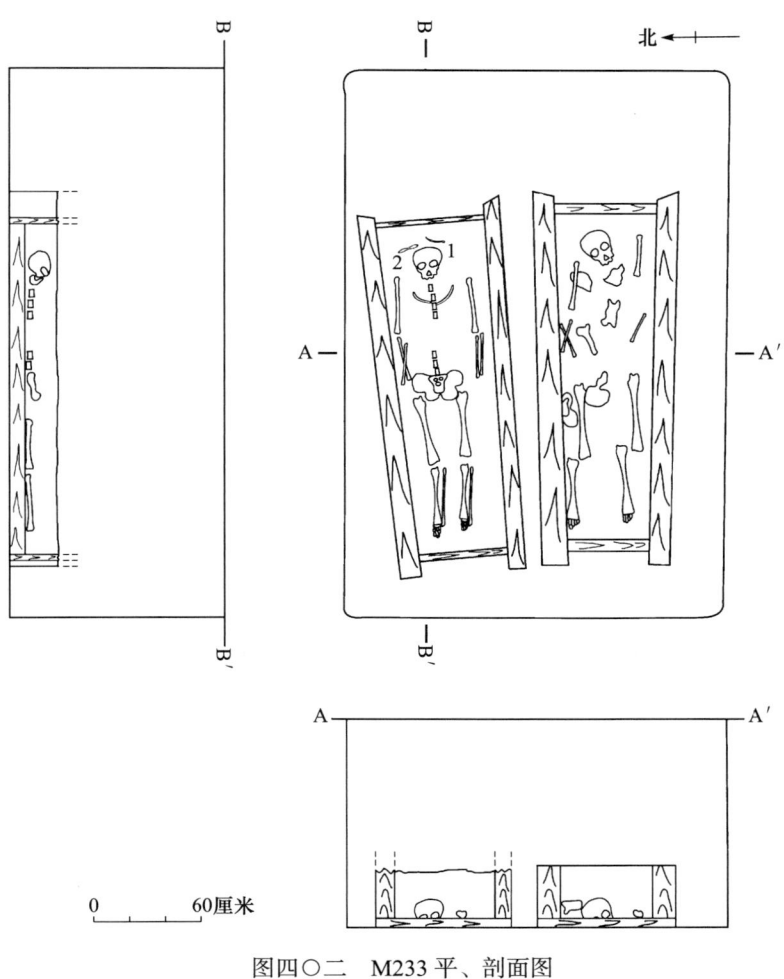

图四〇二 M233平、剖面图
1.银簪 2.银押发

2. 随葬品

北棺头骨上方出土银簪1件、银押发1件。

银簪 1件。M233：1，首残，体上部呈螺纹状，下部呈圆锥形。残长10.1厘米（图四〇三，1）。

银押发 1件。M233：2，体呈弓形，两端较宽呈叶状，正面錾刻花卉纹，中部收束，背面錾刻字迹不清，通体鎏金。通长7.8厘米，宽0.6～1厘米（图四〇三，2；彩版七七，6）。

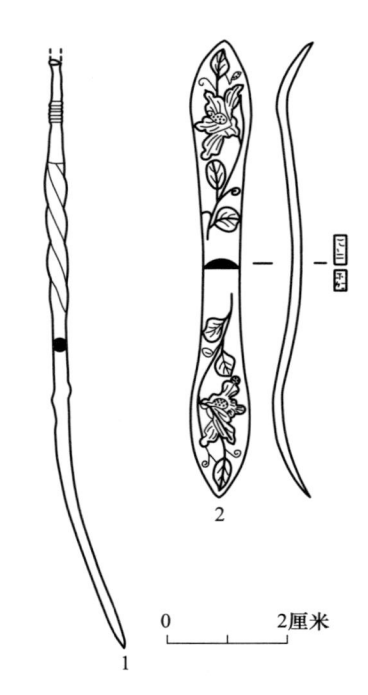

图四〇三 M233 出土器物
1. 银簪（M233：1） 2. 银押发（M233：2）

二三二、M234

1. 墓葬形制

该墓位于发掘Ⅰ区北部，东邻M235。开口于②层下，南北向，方向0°。坐标为北纬39°51′34.3″，东经116°18′38.1″。

墓平面呈梯形，竖穴土圹单棺墓。墓口距地表深0.4米，墓底距地表深1.9米。墓圹南北长2.7米，东西宽1.2～1.3米，深1.5米。内填花土，土质松软。内置单棺，棺木已朽，棺痕长1.9米，宽0.7～0.8米；棺内骨架保存较差，头向北，面向西，葬式不明，为女性（图四〇四）。

2. 随葬品

棺内头骨上方出土银簪2件，右下肢骨外侧上部出土铜钱6枚。

第三章　明清墓葬

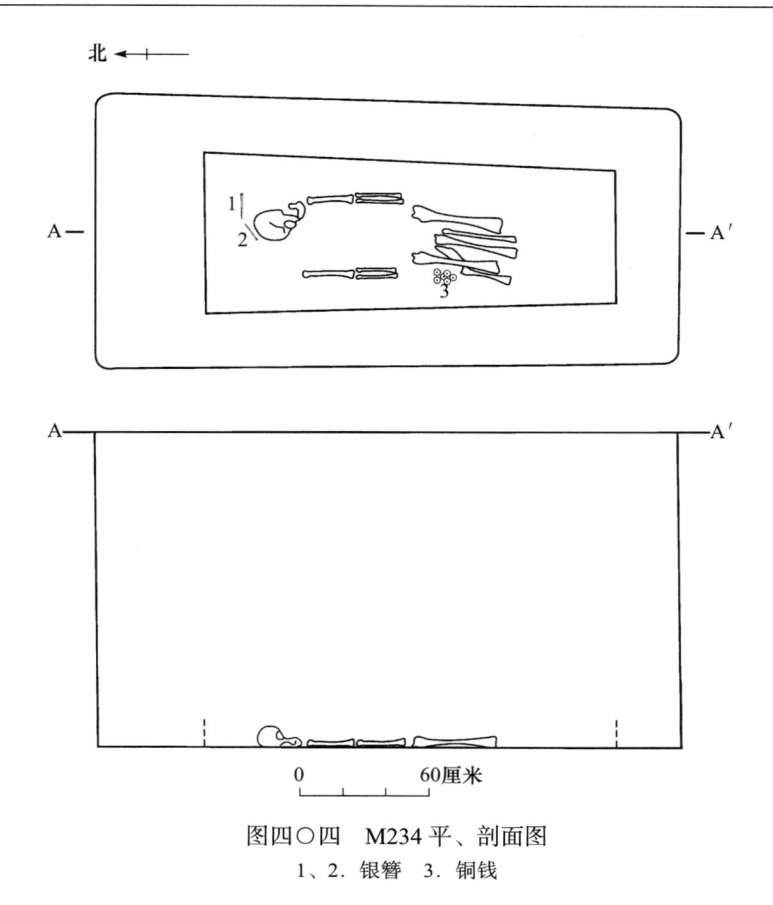

图四〇四　M234平、剖面图
1、2. 银簪　3. 铜钱

银簪　2件。M234：1，耳勺形首，体呈四棱锥状，末端残。残长6.8厘米（图四〇五，1）。M234：2，耳勺形首，体呈四棱锥状，末端残。残长5.6厘米（图四〇五，2）。

康熙通宝　6枚。标本M234：3-1，平钱，方穿，正背面郭缘稍宽，正面楷书"康熙通寳"四字，直读，背穿左右为满文"宝泉"局名。钱径2.22厘米，穿径0.54厘米，郭厚0.12厘米（图四〇五，3）。

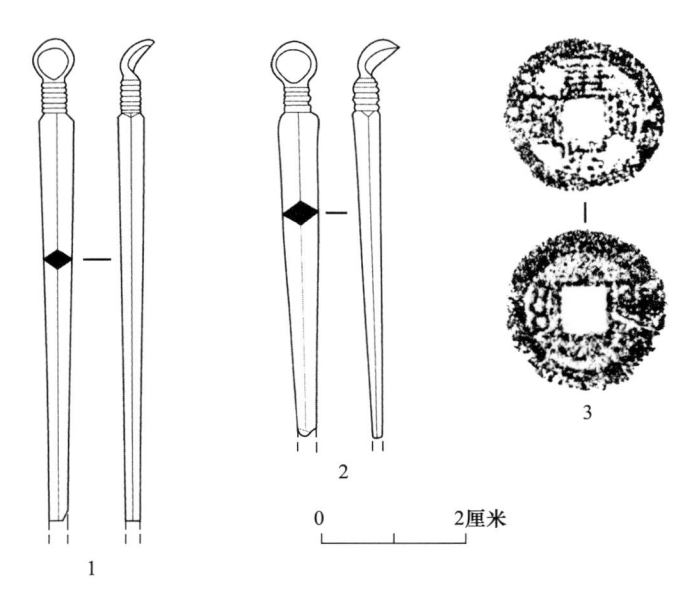

图四〇五　M234出土器物
1、2. 银簪（M234：1、M234：2）　3. 康熙通宝（M234：3-1）

二三三、M235

1. 墓葬形制

该墓位于发掘 I 区北部，西邻 M234。开口于②层下，南北向，方向 0°。坐标为北纬 39° 51′ 34.5″，东经 116° 18′ 38.3″。

墓平面近呈长方形，竖穴土圹单棺墓。墓口距地表深 0.4 米，墓底距地表深 1.9 米。墓圹南北长 2.3 米，东西宽 0.95～1 米，深 1.5 米。内填花土，土质松软。内置单棺，棺木已朽，棺痕长 2.1 米，宽 0.5～0.6 米；棺内骨架保存稍好，头向北，面向西，仰身直肢，为女性（图四○六）。

2. 随葬品

棺内头骨上方出土银簪 1 件，头骨左上方出土银簪 2 件，头骨右下方出土银耳环 3 件，右上肢

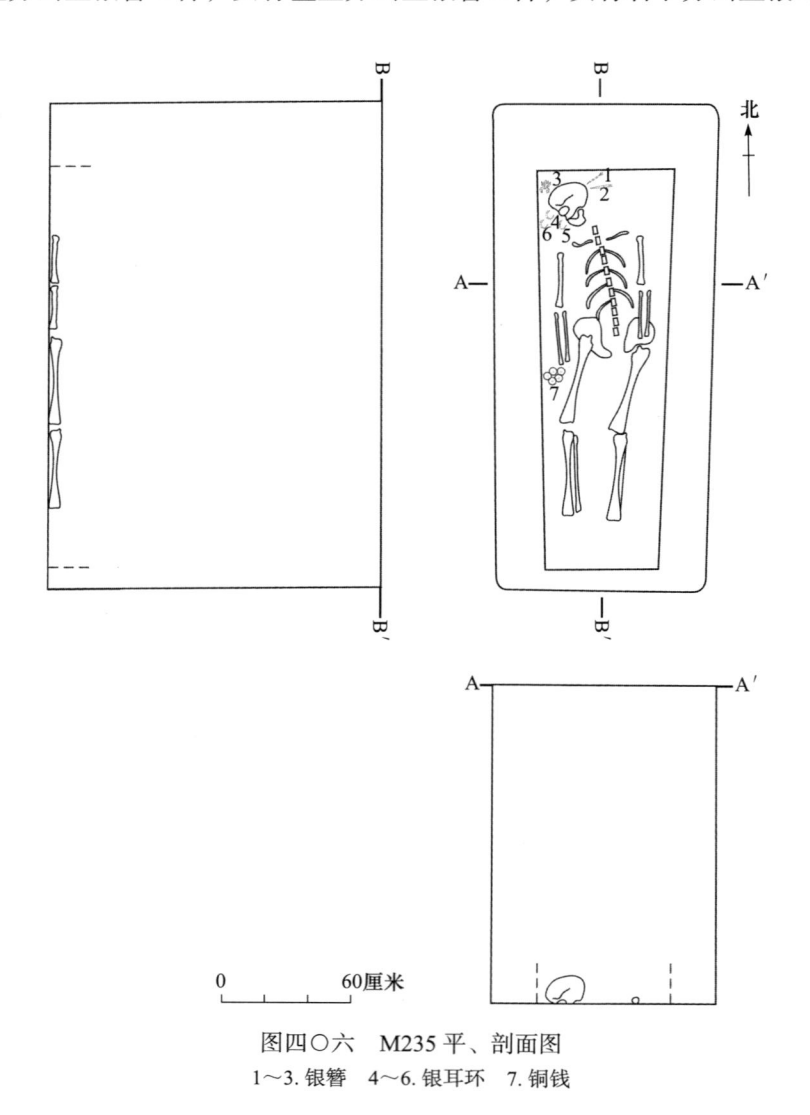

图四○六　M235 平、剖面图
1～3. 银簪　4～6. 银耳环　7. 铜钱

骨下部出土铜钱5枚。

银簪　3件。M235：1，首呈竹节状，下部錾刻花卉纹，体呈扁条锥形，残。残长10.5厘米（图四〇七，1）。M235：2，首残，呈箍状，体呈圆锥形，通体鎏金。残长9.4厘米（图四〇七，2）。M235：3，莲花包珠托，珠子缺失，体残。残长1.7厘米（图四〇七，3）。

银耳环　3件。体呈"C"形，银条盘制而成。标本M235：4，直径1.5厘米（图四〇七，4）。

铜钱　5枚，有康熙通宝、乾隆通宝。

康熙通宝　1枚。M235：7-1，平钱，方穿，正背面郭缘略宽，正面楷书"康熙通寳"四字，直读，背穿左右为满文"宝泉"局名。钱径2.32厘米，穿径0.48厘米，郭厚0.12厘米（图四〇七，5）。

乾隆通宝　4枚。标本M235：7-2，平钱，方穿，正背面郭缘略宽，正面楷书"乾隆通寳"四字，直读，背穿左右为满文"宝泉"局名。钱径2.32厘米，穿径0.54厘米，郭厚0.12厘米（图四〇七，6）。

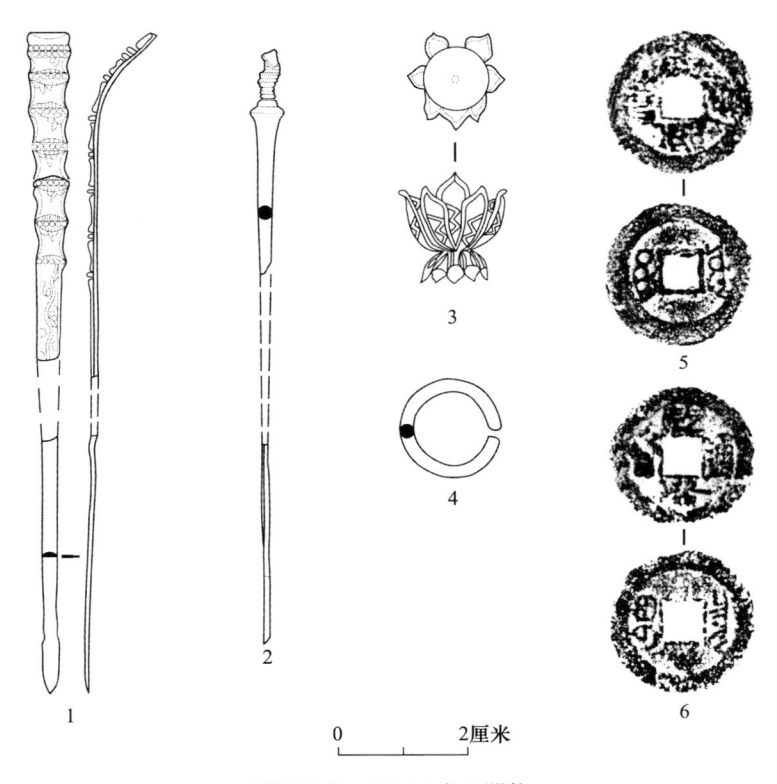

图四〇七　M235出土器物
1～3. 银簪（M235：1、M235：2、M235：3）　4. 银耳环（M235：4）　5. 康熙通宝（M235：7-1）　6. 乾隆通宝（M235：7-2）

二三四、M236

1. 墓葬形制

该墓位于发掘Ⅰ区北部，南邻M235。开口于②层下，东西向，方向90°。坐标为北纬39°51′34.7″，东经116°19′38.3″。

墓平面呈梯形，竖穴土圹单棺墓。墓口距地表深 0.8 米，墓底距地表深 2 米。墓圹东西长 2.2 米，南北宽 0.8~1 米，深 1.2 米。内填花土，土质松软。内置单棺，棺木已朽，棺痕长 1.9 米，宽 0.5~0.6 米；棺内骨架保存较差，头向西，面向北，仰身直肢，为女性（图四〇八）。

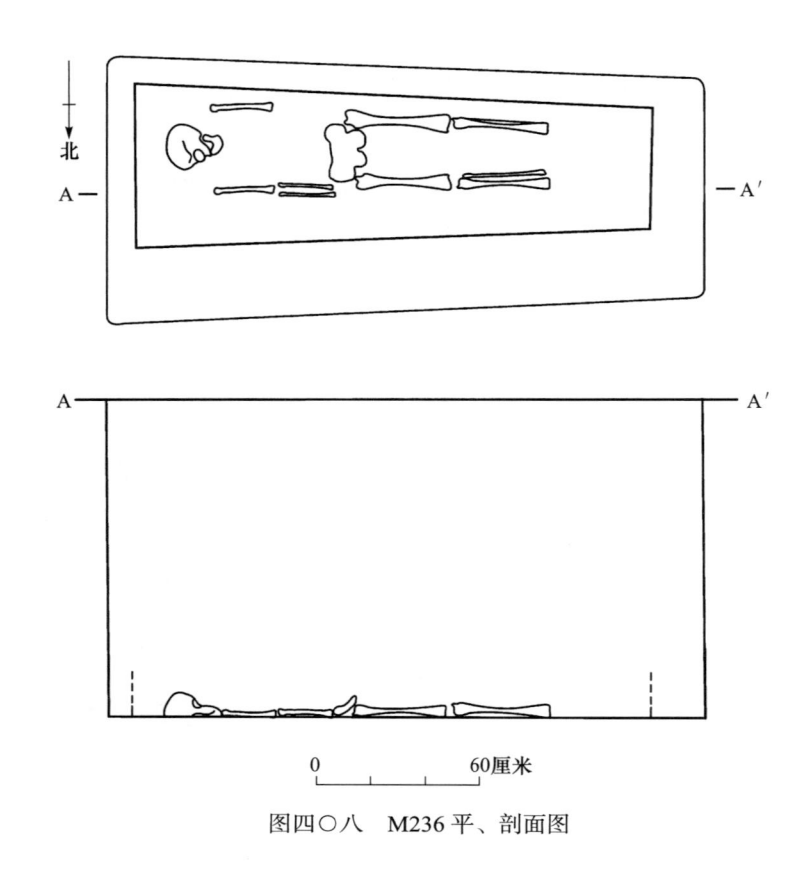

图四〇八　M236 平、剖面图

2. 随葬品

未发现随葬品。

二三五、M237

1. 墓葬形制

该墓位于发掘Ⅲ区中部，南邻 M243。开口于②层下，南北向，方向 160°。坐标为北纬 39° 51′ 18.2″，东经 116° 18′ 58.9″。

墓平面呈长方形，竖穴土圹双棺合葬墓。墓口距地表深 1 米，墓底距地表深 2.1~2.7 米。墓圹南北长 2.4 米，东西宽 2 米，深 1.1~1.7 米。内填花土，土质松软。内置双棺：东棺棺木已朽，棺痕长 2 米，宽 0.4~0.5 米；棺内骨架保存较差，头向南，面向上，仰身直肢，为女性。西棺长 2.1 米，宽 0.6~0.7 米，残高 0.4 米，棺板、前封板、后封板厚 0.06 米；棺内骨架保存稍好，头向南，面向上，仰身直肢，为男性（图四〇九）。

图四〇九　M237平、剖面图
1. 瓷罐

2. 随葬品

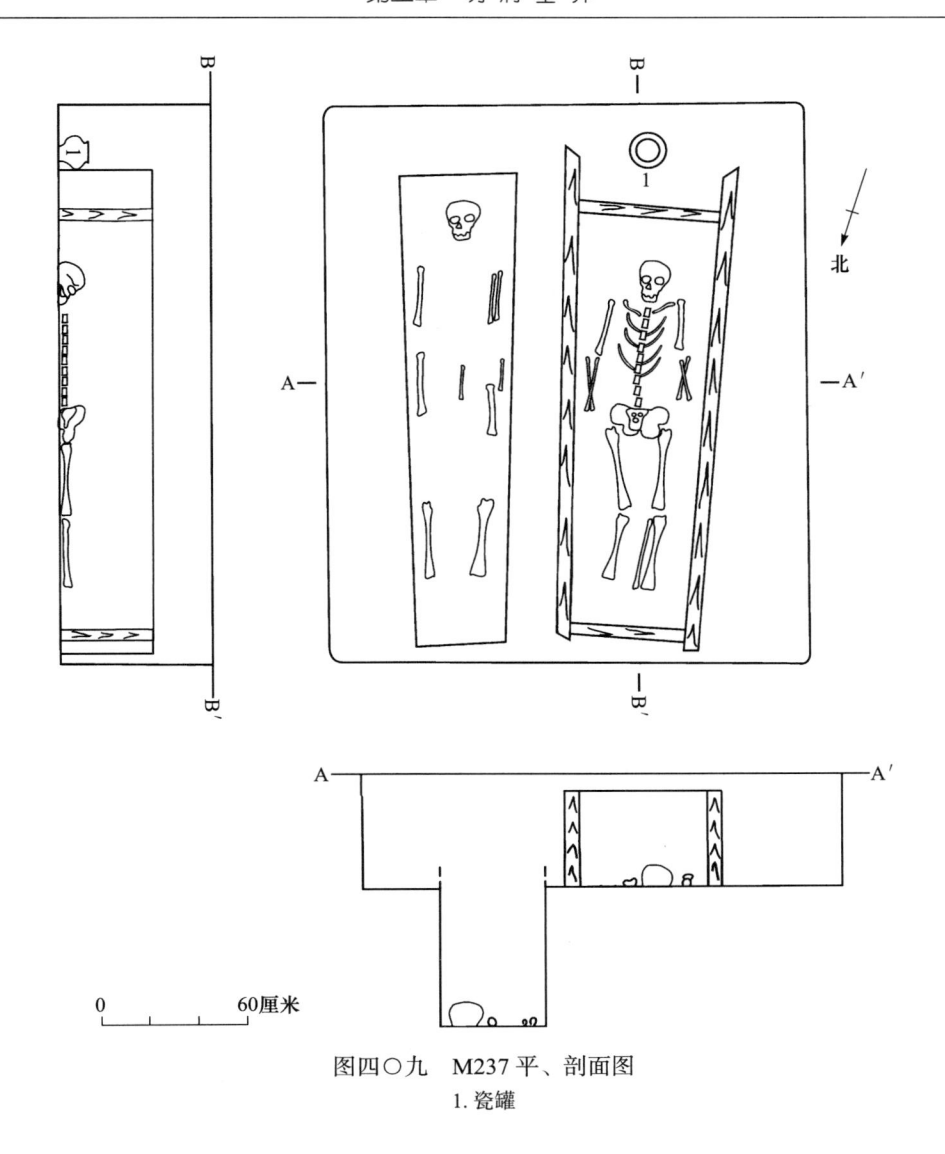

西棺外前方出土瓷罐1件。

瓷罐　1件。M237：1，直口，斜沿，尖圆唇，矮领，斜折肩，弧腹，圈足。体施酱釉，下腹及足底无釉。轮制，内壁留有轮旋痕迹。口径8.3厘米，腹径14.8厘米，底径9.4厘米，高12.6厘米（图四一〇；彩版五二，6）。

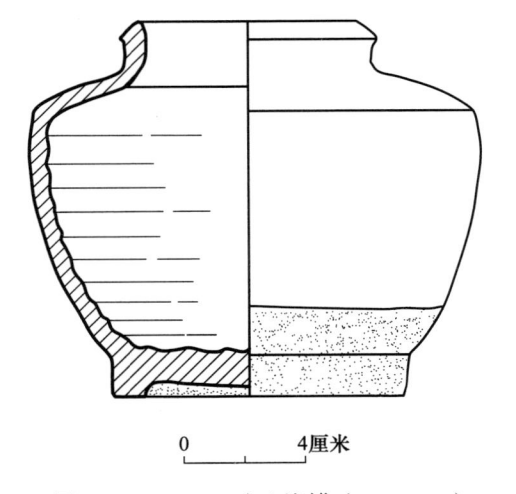

图四一〇　M237出土瓷罐（M237：1）

二三六、M238

1. 墓葬形制

该墓位于发掘Ⅲ区中部，南邻 M245。开口于②层下，南北向，方向 190°。坐标为北纬 39°51′18″，东经 116°18′59″。

墓平面呈长方形，竖穴土圹双棺合葬墓。墓口距地表深 1 米，墓底距地表深 2 米。墓圹南北长 2.5 米，东西宽 2.4 米，深 1 米。内填花土，土质松软。内置双棺，棺木已朽：东棺痕长 1.8 米，宽 0.5~0.6 米；棺内骨架保存较差，头向南，面向上，仰身直肢，为男性。西棺痕长 1.8 米，宽 0.5~0.6 米；棺内骨架保存稍好，头向南，面向上，仰身直肢，为女性（图四一一）。

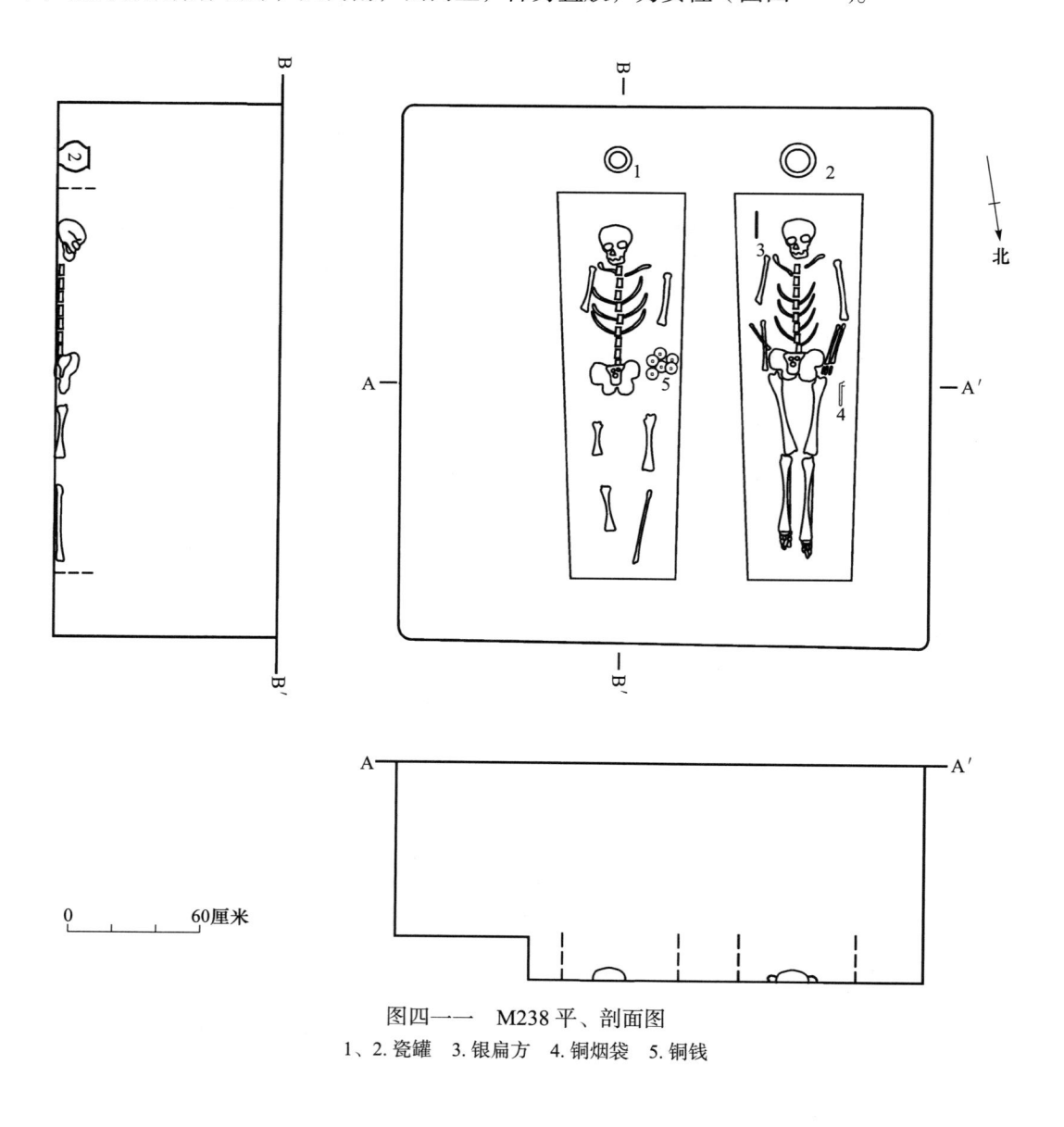

图四一一 M238 平、剖面图
1、2. 瓷罐 3. 银扁方 4. 铜烟袋 5. 铜钱

2. 随葬品

东棺外前方出土瓷罐1件，盆骨左侧出土铜钱6枚；西棺外前方出土瓷罐1件，头骨右侧出土银扁方1件，左下肢骨外侧上部出土铜烟袋1件。

瓷罐　2件。M238：1，侈口，圆唇，短束颈，圆肩，鼓腹内收，内圈足，涩底。肩、颈部饰两道弦纹，内饰几何纹一周，腹部饰三组缠枝莲纹，下部饰一周莲瓣纹。口径8.7厘米，腹径15.6厘米，底径10.2厘米，高17厘米（图四一二，1；彩版五七）。M238：2，直口，方唇，矮斜领，圆肩，斜腹内弧，平底内凹。体施青白色釉，口沿施浅黄色釉，底部无釉。轮制，内壁留有轮旋痕迹。口径7.4厘米，腹径11.6厘米，底径7.2厘米，高11.2厘米（图四一二，2；彩版五一，5）。

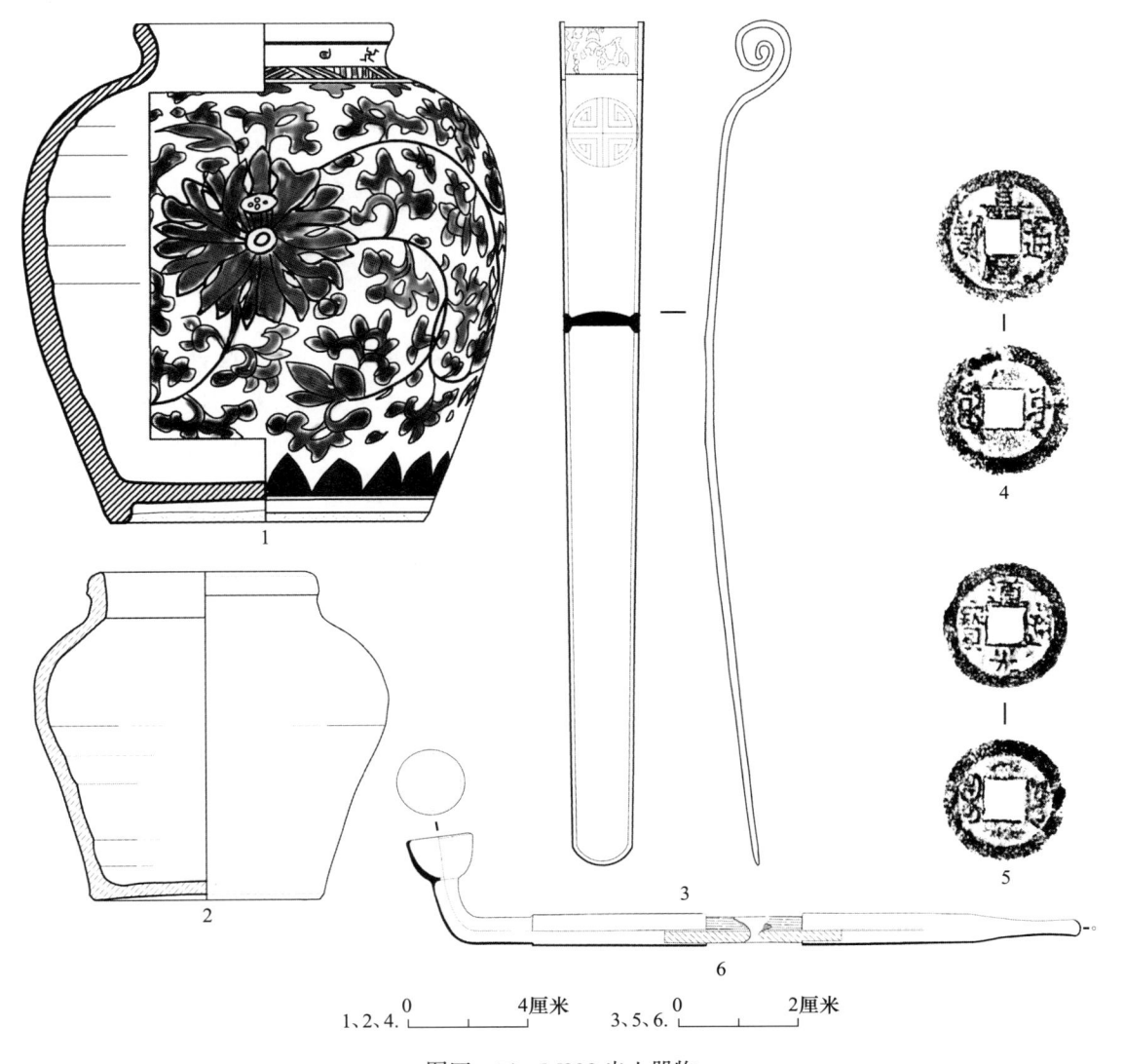

图四一二　M238出土器物
1、2. 瓷罐（M238：1、M238：2）　3. 银扁方（M238：3）　4. 嘉庆通宝（M238：5-1）　5. 道光通宝（M238：5-2）
6. 铜烟袋（M238：4）

银扁方　1件。M238：3，首圆卷弯曲，上面錾刻蝙蝠纹，体扁条状，上宽下窄，上部錾刻圆形"寿"字纹，末端呈圆弧状。通长14.5厘米，宽1~1.4厘米（图四一二，3；彩版七八，1）。

铜烟袋　1件。M238：4，铜质烟锅，呈圆形半球状；烟杆为木质圆筒状，内中空，大部分已朽；铜质烟嘴，前端为筒状，后端折收，顶端呈圆帽形。残长22.5厘米（图四一二，6）。

铜钱　6枚，有嘉庆通宝、道光通宝。

嘉庆通宝　2枚。标本M238：5-1，平钱，方穿，正背面郭缘稍宽，正面楷书"嘉慶通寳"四字，直读，背穿左右为满文"宝源"局名。钱径2.34厘米，穿径0.52厘米，郭厚0.16厘米（图四一二，4）。

道光通宝　4枚。标本M238：5-2，平钱，方穿，正背面郭缘稍宽，正面楷书"道光通寳"四字，直读，背穿左右为满文"宝泉"局名。钱径2.23厘米，穿径0.63厘米，郭厚0.15厘米（图四一二，5）。

二三七、M239

1. 墓葬形制

该墓位于发掘Ⅰ区北部，东邻M240。开口于②层下，南北向，方向215°。坐标为北纬39°51′35.6″，东经116°18′36.6″。

墓平面呈长方形，竖穴土圹双棺合葬墓。墓口距地表深0.8米，墓底距地表深1.7米。墓圹南北长2.8米，东西宽2.5米，深0.9米。内填花土，土质松软。内置双棺：东棺长2米，宽0.7~0.8米，残高0.5米，棺板、底板厚0.06米，前、后封板厚0.05米；棺内骨架保存较好，头向西南，面向上，仰身直肢，为女性。西棺长2米，宽0.7~0.8米，残高0.5米，棺板厚0.04~0.06米，前、后封板厚0.06米，底板厚0.07米；棺内骨架保存较好，头向西南，面向上，仰身直肢，为男性（图四一三）。

2. 随葬品

东棺头骨上方出土银扁方1件、银簪3件，头骨两侧出土银耳环7件，左上肢骨下部出土玉戒指1件。

银扁方　1件。M239：1，首呈四棱状，体宽扁长条形，末端呈圆弧状，背面錾刻"德足纹"三字，通体鎏金。通长25.5厘米，宽2.8~3.1厘米（图四一四，1；彩版七八，2）。

银簪　3件。M239：2、M239：3，形制相同。首呈八棱锤形，横向铸一穿孔，体上部呈竹节状，下部呈圆锥形。M239：2，通长8.5厘米（图四一四，6）。M239：3，通长7.5厘米（图四一四，7）。M239：4，首残，体呈扁条锥状。残长10.2厘米（图四一四，8）。

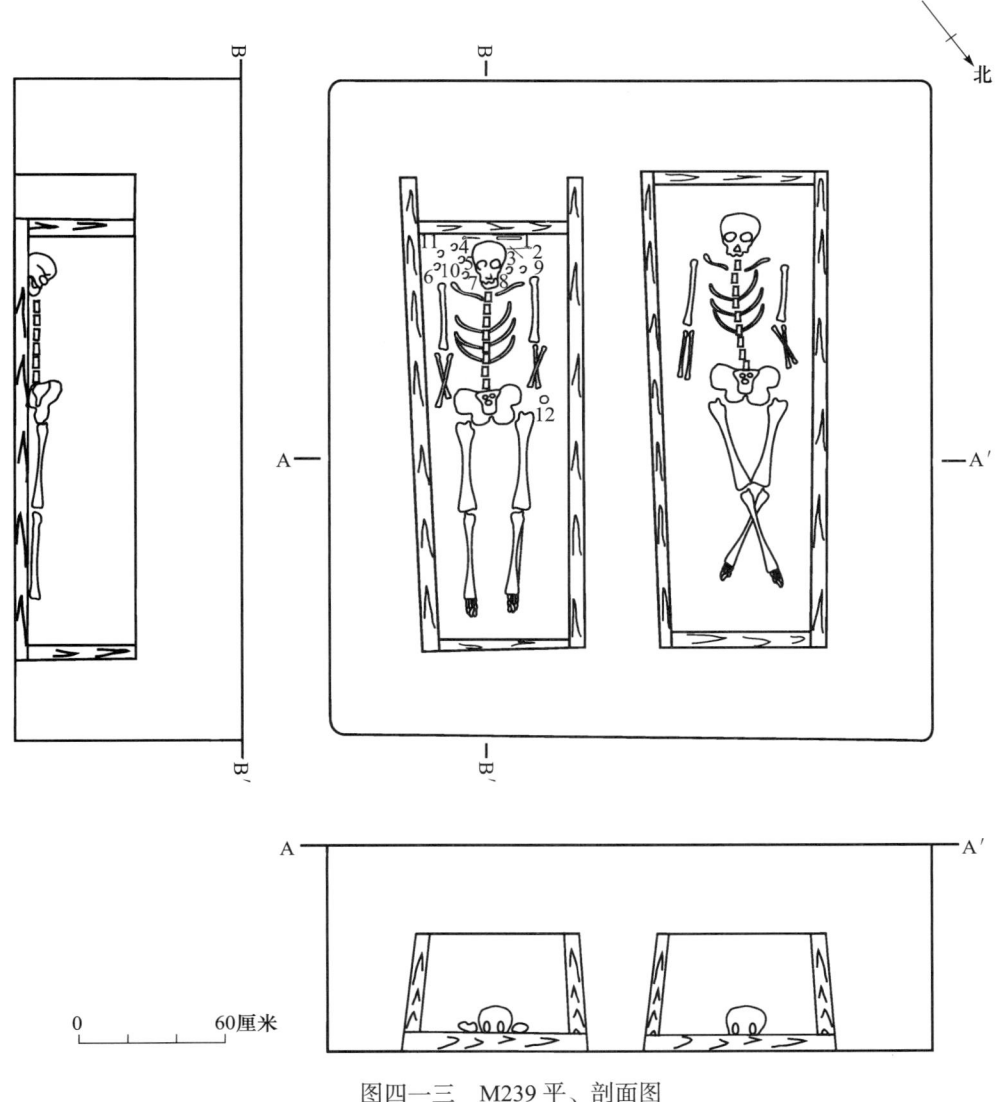

图四一三　M239平、剖面图
1. 银扁方　2~4. 银簪　5~11. 银耳环　12. 玉戒指

银耳环　7件。M239：5、M239：6，形制相同。椭圆形，一端圆锥形，一端长条弧形，镂铸连环钱状纹，中部呈如意头形，上镂铸蝙蝠纹，通体鎏金。M239：5，直径4.2厘米（图四一四，2）。M239：6，直径4厘米（图四一四，3）。M239：7，椭圆形，一端圆锥状，一端扁条形，中部呈如意头形，上面錾刻蝙蝠纹，通体鎏金。直径2.6厘米（图四一四，4）。M239：8~M239：11，形制相同。椭圆形，一端圆锥形，一端扁条状，中部呈如意头形，上錾刻蝙蝠纹，通体鎏金。M239：8，直径2.7厘米（图四一四，9）。M239：9，直径2.6厘米（图四一四，10）。M239：10，直径2.6厘米（图四一四，11）。M239：11，残，直径2.6厘米（图四一四，12）。

玉戒指　1件。M239：12，圆形，戒面凸起，呈长条弧状。直径2.5厘米，内径1.8厘米（图四一四，5；彩版七九，1）。

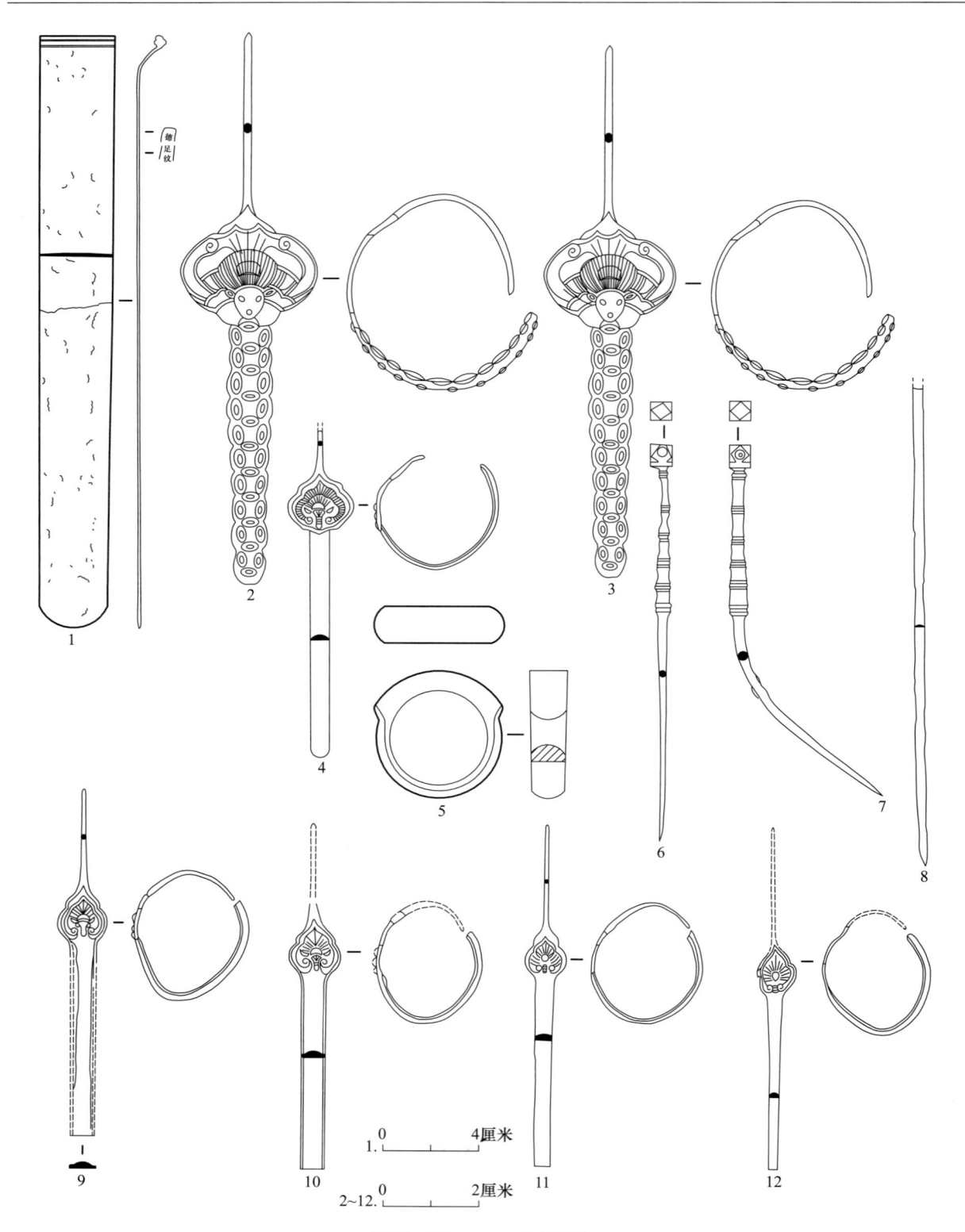

图四一四　M239 出土器物
1. 银扁方（M239∶1）　2~4、9~12. 银耳环（M239∶5、M239∶6、M239∶7、M239∶8、M239∶9、M239∶10、M239∶11）
5. 玉戒指（M239∶12）　6~8. 银簪（M239∶2、M239∶3、M239∶4）

二三八、M240

1. 墓葬形制

该墓位于发掘 I 区北部，西邻 M239。开口于②层下，南北向，方向 180°。坐标为北纬 39°51′35.5″，东经 116°18′36.9″。

墓平面呈长方形，竖穴土圹双棺合葬墓。墓口距地表深 1 米，墓底距地表深 2.6 米。墓圹南北长 2.5 米，东西宽 1.8 米，深 1.6 米。内填花土，土质松软。内置双棺：东棺长 2.1 米，宽 0.7~0.8 米，残高 0.28 米，棺板厚 0.07 米，前封板、底板厚 0.06 米，后封板厚 0.04 米；棺内骨架保存较差，头向南，面向东，仰身直肢，为女性。西棺长 2.1 米，宽 0.7~0.8 米，残高 0.6 米，棺板厚 0.06~0.08 米，前、后封板厚 0.04 米，底板厚 0.07 米；棺内骨架保存稍好，头向南，面向上，仰身直肢，为男性（图四一五）。

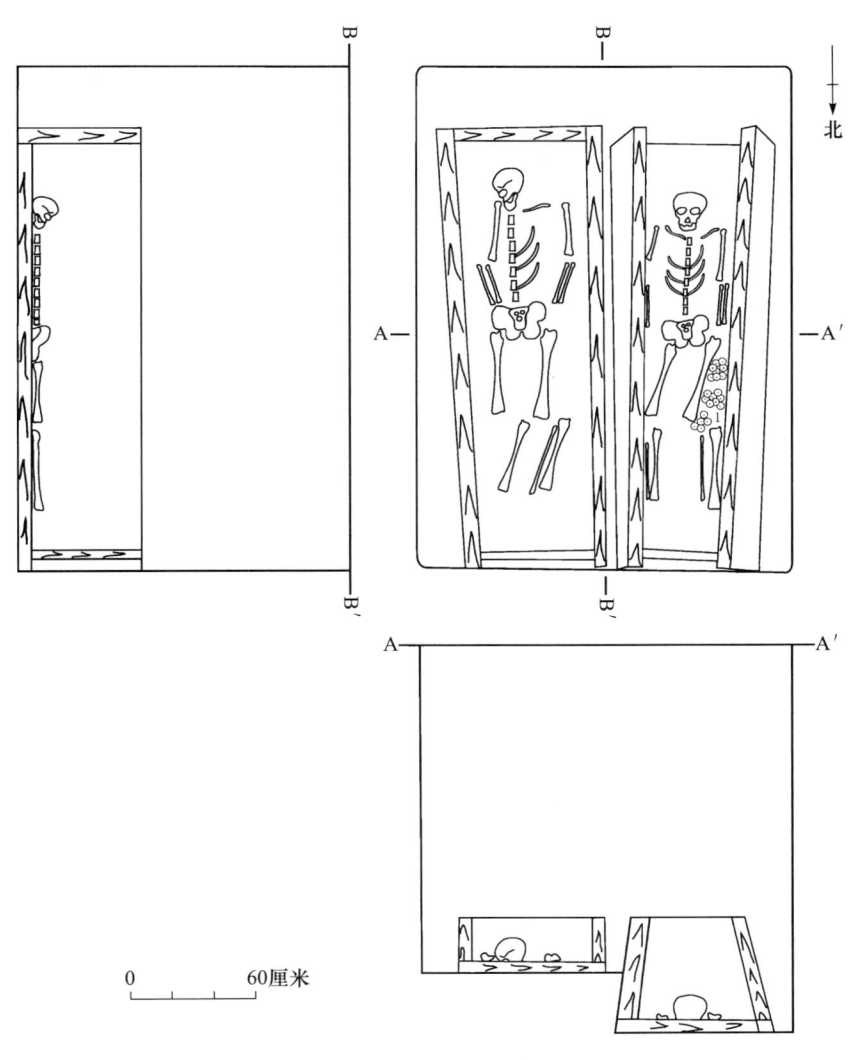

图四一五　M240 平、剖面图
1. 铜钱

2. 随葬品

西棺左下肢骨外侧上、中部出土铜钱 21 枚，均为康熙通宝。

康熙通宝　21 枚。平钱，方穿，正背面郭缘稍宽，正面楷书"康熙通寶"四字，直读，背穿左右为满文"宝泉"局名。标本 M240：1-1，钱径 2.32 厘米，穿径 0.46 厘米，郭厚 0.11 厘米（图四一六，1）。标本 M240：1-2，钱径 2.35 厘米，穿径 0.54 厘米，郭厚 0.1 厘米（图四一六，2）。

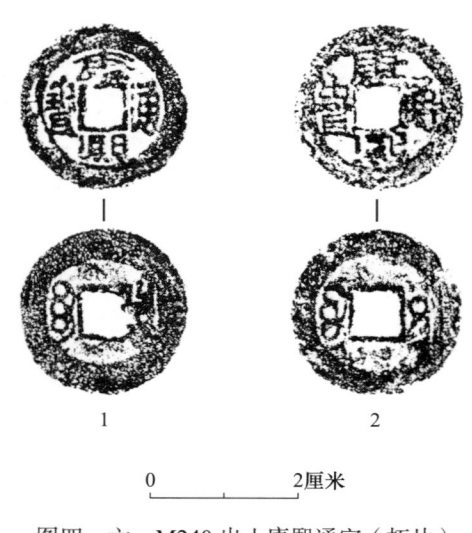

图四一六　M240 出土康熙通宝（拓片）
1. M240：1-1　2. M240：1-2

二三九、M241

1. 墓葬形制

该墓位于发掘 I 区北部，南邻 M242。开口于②层下，南北向，方向 20°。坐标为北纬 39° 51′ 35.5″，东经 116° 18′ 36.9″。

墓平面呈长方形，竖穴土圹单棺墓。墓口距地表深 1.2 米，墓底距地表深 2.8 米。墓圹南北长 2.8 米，东西宽 1.3 米，深 1.6 米。内填花土，土质松软。内置单棺，棺长 1.8 米，宽 0.5～0.6 米，残高 0.2 米，棺板厚 0.06 米，前封板厚 0.03 米，后封板厚 0.05 米，底板厚 0.04 米；棺内中部偏东放置一堆骨灰，葬式、性别不明（图四一七）。

2. 随葬品

未发现随葬品。

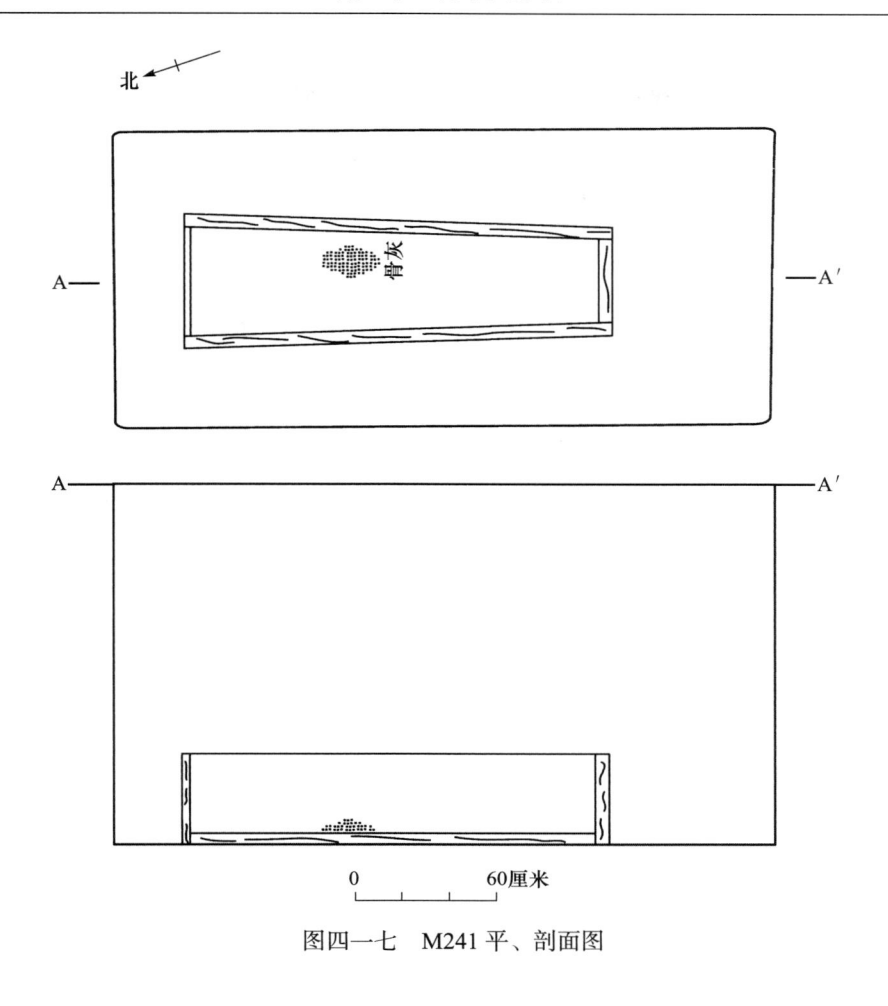

图四一七　M241 平、剖面图

二四〇、M242

1. 墓葬形制

该墓位于发掘 I 区北部，北邻 M241。开口于②层下，南北向，方向 345°。坐标为北纬 39° 51′ 35.8″，东经 116° 18′ 38.8″。

墓平面呈长方形，竖穴土圹双棺合葬墓。墓口距地表深 1 米，墓底距地表深 2.8 米。墓圹南北长 2.4 米，东西宽 2 米，深 1.8 米。内填花土，土质松软。内置双棺，棺木已朽：东棺痕长 1.8 米，宽 0.5~0.6 米；棺内骨架保存较好，头向北，面向上，仰身直肢，为女性。西棺痕长 2 米，宽 0.5~0.6 米；棺内骨架保存较好，头向北，面向西，仰身直肢，为男性（图四一八）。

2. 随葬品

未发现随葬品。

图四一八　M242 平、剖面图

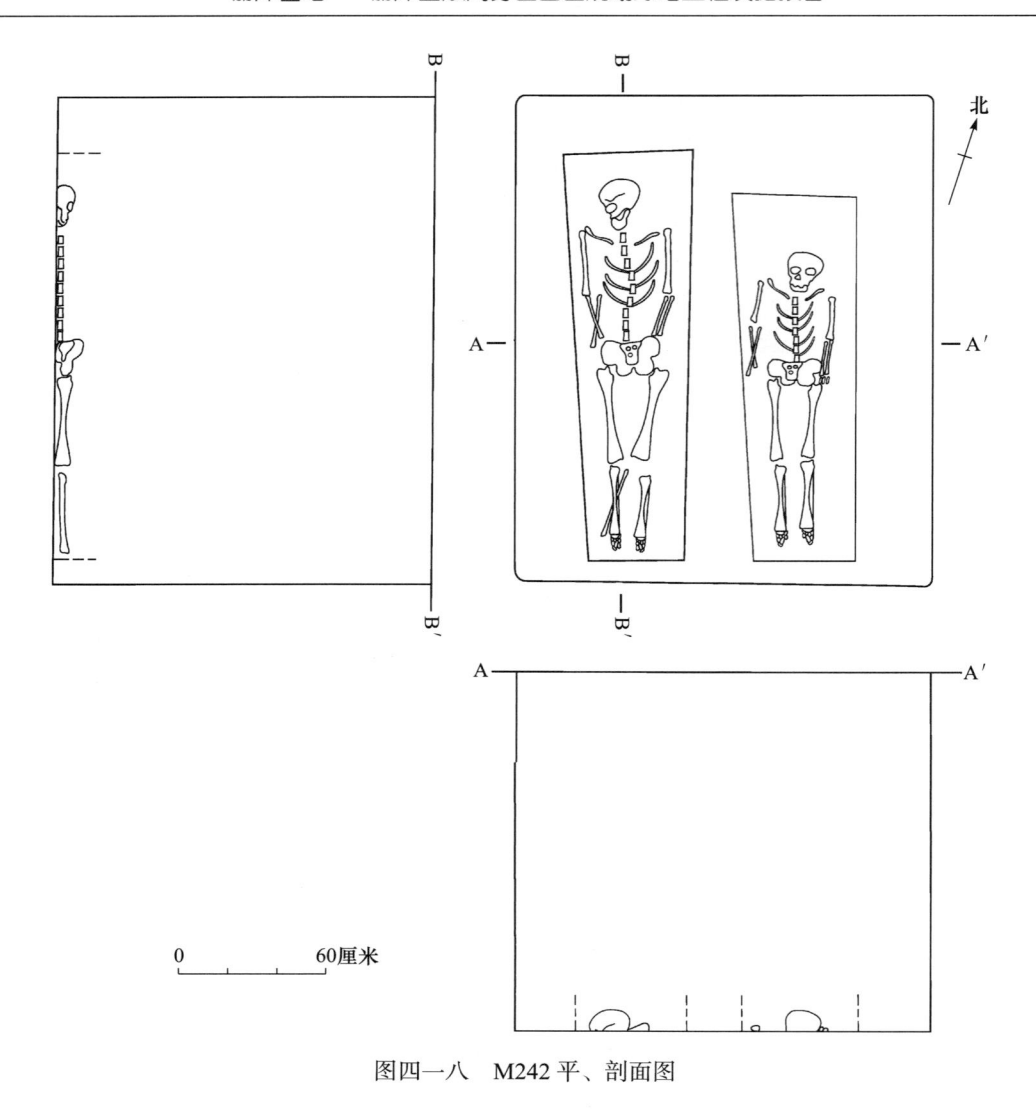

二四一、M243

1. 墓葬形制

该墓位于发掘Ⅲ区中部，北邻 M237。开口于②层下，南北向，方向 180°。坐标为北纬 39° 51′ 18″，东经 116° 18′ 58.8″。

墓平面呈长方形，竖穴土圹四棺合葬墓。墓口距地表深 1.2 米，墓底距地表深 2.1~2.4 米。墓圹南北长 2.1 米，东西宽 3 米，深 0.9~1.2 米。内填花土，土质松软。内置四棺，棺木已朽，由东向西分别编号为 1~4 号：1 号棺棺痕长 1.8 米，宽 0.35~0.45 米；棺内骨架保存较好，头向南，面向西，仰身直肢，为男性。2 号棺棺痕长 1.9 米，宽 0.5~0.6 米；棺内骨架保存较差，头移位向北，面向上，仰身直肢，为女性。3 号棺棺痕长 1.9 米，宽 0.5~0.6 米；棺内骨架保存较差，头向南，面向上，葬式不明，为女性。4 号棺棺痕长 2 米，宽 0.7~0.8 米；棺内骨架保存较差，头向南，面向上，葬式不明，为女性（图四一九；彩版二〇，1）。

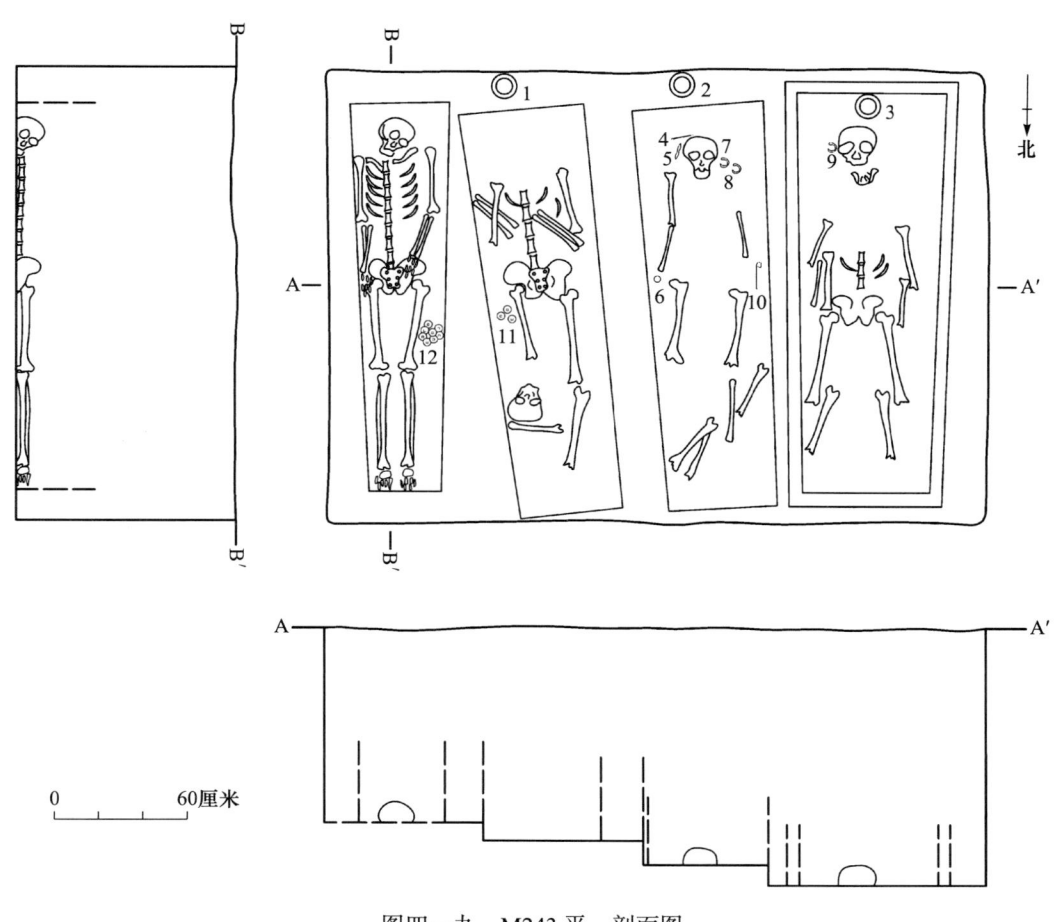

图四一九　M243 平、剖面图
1～3. 釉陶罐　4. 银簪　5. 银押发　6. 银戒指　7～9. 银耳环　10. 铜烟袋　11、12. 铜钱

2. 随葬品

1号棺左下肢骨外侧中部出土铜钱6枚；2号棺外右前方出土釉陶罐1件，右下肢骨外侧上部出土铜钱3枚；3棺外右前方出土釉陶罐1件，头骨左侧出土银耳环2件，头骨右上方出土银簪1件、银押发1件，左上肢骨外侧下部出土铜烟袋1件，右上肢骨下部出土银戒指1件；4号棺内前方出土釉陶罐1件，头骨右侧出土银耳环1件。

釉陶罐　3件。M243∶1，敛口，平沿，圆唇，直领，圆肩，弧腹，底部外展，平底微凹。体施黄白色釉，腹下部遗有流釉痕迹。轮制，内壁留有轮旋痕迹。口径9厘米，腹径13.2厘米，底径9厘米，高12厘米（图四二〇，1；彩版五八，1）。M243∶2，直口，斜沿，方圆唇，斜直领，圆肩，斜腹，底部外展，平底内凹。体施黄色釉，下腹部遗有流釉痕迹。轮制。口径9厘米，腹径13.4厘米，底径9.4厘米，高12厘米（图四二〇，2；彩版五八，2）。M243∶3，直口，斜平沿，尖圆唇，矮领，圆肩，扁鼓腹，下腹弧收，平底内凹。体施淡黄色釉。轮制，体留有轮旋痕迹。口径8.2厘米，腹径11厘米，底径7.8厘米，高10.4厘米（图四二〇，3；彩版五八，3）。

银簪　1件。M243∶4，首残，镂铸吉祥纹，体呈扁条锥状，上部较宽錾刻花卉纹。残长18.9厘米（图四二一，1；彩版七八，3）。

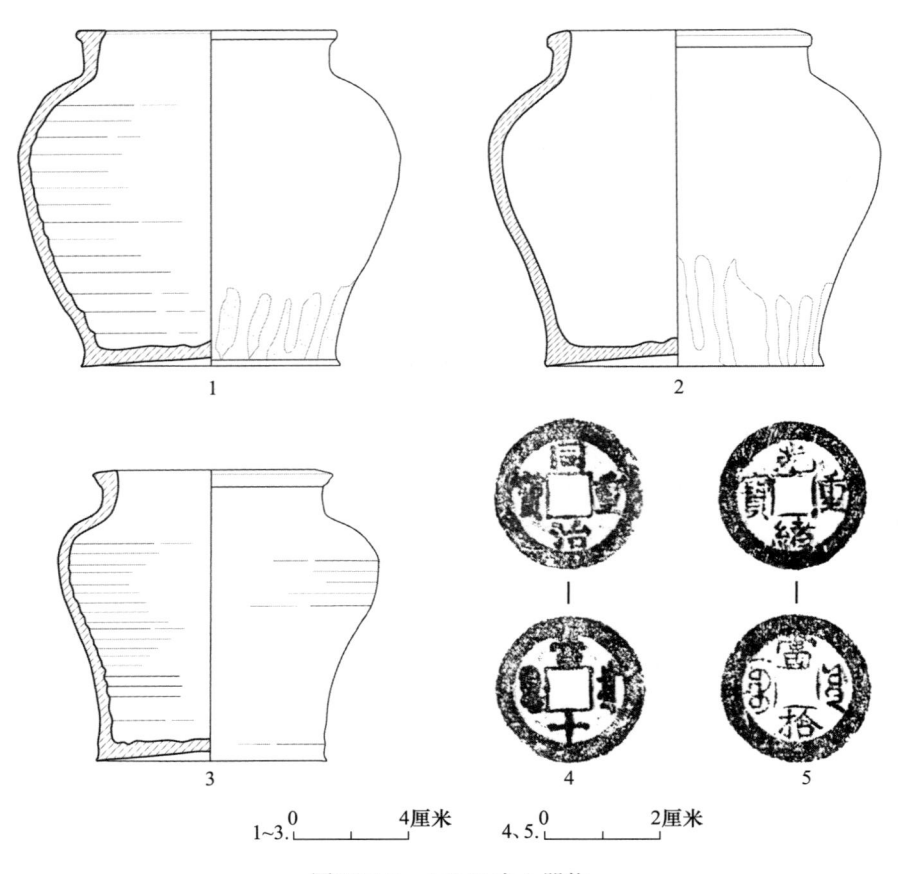

图四二〇　M243 出土器物
1～3. 釉陶罐（M243：1、M243：2、M243：3）　4. 同治重宝（M243：11-1）　5. 光绪重宝（M243：12-1）

银押发　1件。M243：5，体呈弓形，两端较宽呈叶状，中部收束，正面錾刻梅花、如意吉祥纹，通体鎏金。通长13.6厘米，宽1.3～2厘米（图四二一，2；彩版七八，4）。

银戒指　1件。M243：6，圆形，形体宽扁，戒面中部铸蝙蝠纹，两侧錾刻回纹，内刻划梅花纹。直径2厘米，宽1.4厘米（图四二一，3；彩版七九，2）。

银耳环　3件。M243：7，椭圆形，龙吐须状，一端呈圆锥形，尖端弯曲，通体鎏金。直径3.2厘米（图四二一，4；彩版七九，4）。M243：8、M243：9，形制相同。体呈"C"形，一端呈扁条形，铸梅花纹，一端为圆锥形，中部呈蝙蝠形，上铸牡丹花卉纹，通体鎏金。M243：8，直径3.5厘米（图四二一，5；彩版七九，3）。M243：9，残，直径3.2厘米（图四二一，6；彩版七九，3）。

铜烟袋　1件。M243：10，铜质烟锅，圆形呈半球状，锅沿敛口；烟杆为木质圆筒状，内中空，大部分已朽；烟嘴缺失。残长9.1厘米（图四二一，7）。

铜钱　11枚，有同治重宝、光绪重宝。

同治重宝　8枚。标本M243：11-1，大平钱，方穿，正背面郭缘较宽，正面楷书"同治重寶"四字，直读，背穿左右为满文"宝泉"局名，上下楷书"当十"二字。钱径2.78厘米，穿径0.64厘米，郭厚0.14厘米（图四二〇，4）。

光绪重宝　3枚。标本M243：12-1，大平钱，方穿，正背面郭缘较宽，正面楷书"光绪重寶"四字，直读，背穿左右为满文"宝泉"局名，上下楷书"当拾"二字。钱径2.82厘米，穿径0.55

厘米，郭厚 0.18 厘米（图四二〇，5）。

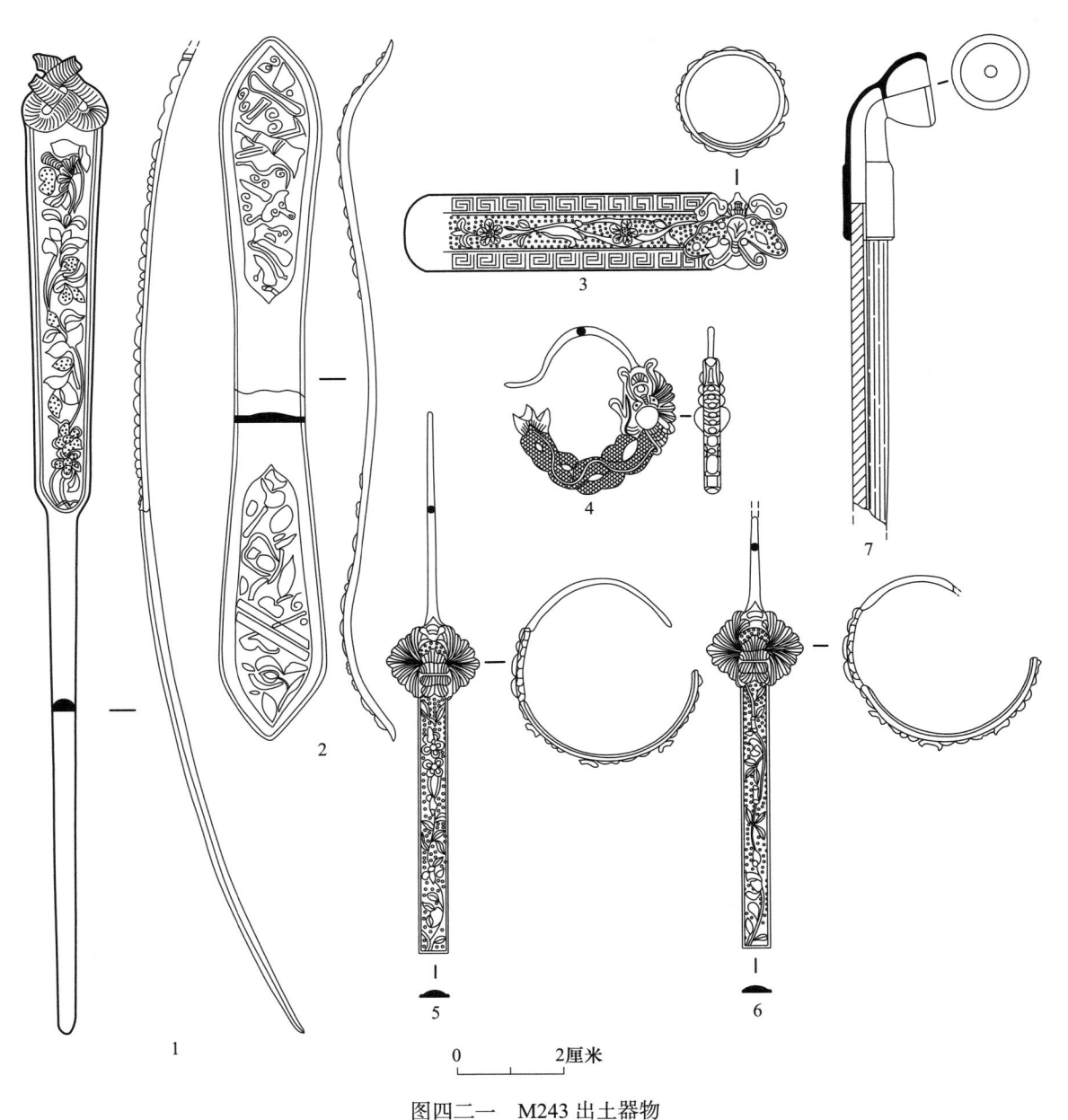

图四二一　M243 出土器物
1. 银簪（M243：4）　2. 银押发（M243：5）　3. 银戒指（M243：6）　4～6. 银耳环（M243：7、M243：8、M243：9）
7. 铜烟袋（M243：10）

二四二、M244

1. 墓葬形制

该墓位于发掘Ⅲ区东南部。开口于②层下，南北向，方向 350°。坐标为北纬 39°51′18.1″，东经 116°18′59.7″。

墓平面呈长方形，竖穴土圹单棺迁葬墓。墓口距地表深 0.8 米，墓底距地表深 1.6 米。墓圹南北长 2.6 米，东西宽 1.8 米，深 0.8 米。内填花土，土质松软。内置单棺，棺木已朽，棺痕长 1.7 米，宽 0.5～0.6 米；棺内未发现骨架，葬式、性别不明（图四二二）。

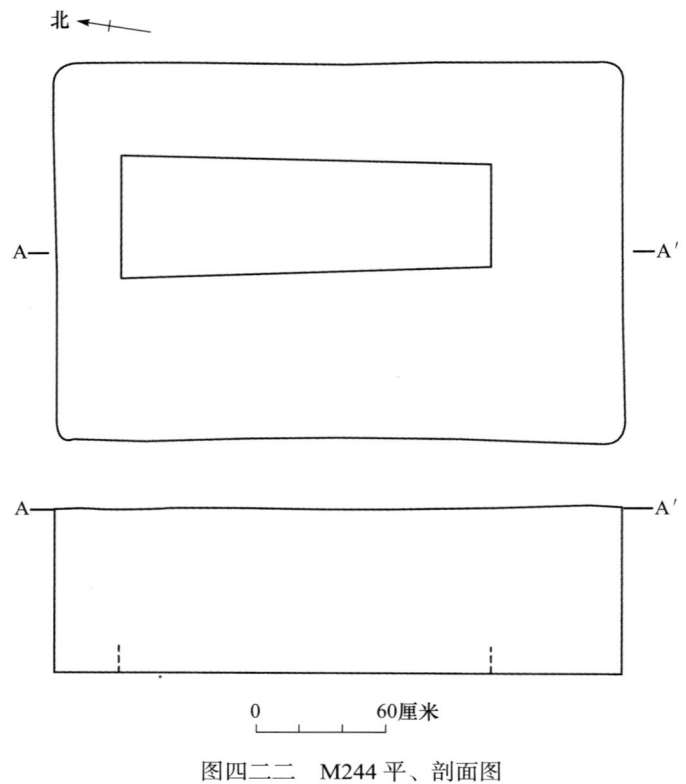

图四二二　M244 平、剖面图

2. 随葬品

未发现随葬品。

二四三、M245

1. 墓葬形制

该墓位于发掘Ⅲ区中部，北邻 M238。开口于②层下，南北向，方向 180°。坐标为北纬 39° 51′ 17.9″，东经 116° 18′ 58.5″。

墓平面呈长方形，竖穴土圹双棺合葬墓。墓口距地表深 1 米，墓底距地表深 1.8 米。墓圹南北长 2.1 米，东西宽 2 米，深 0.8 米。内填花土，土质松软。内置双棺，棺木已朽：东棺痕长 1.7 米，宽 0.4～0.5 米；棺内骨架保存较差，头向南，葬式、性别不明。西棺痕长 1.6 米，宽 0.5～0.6 米；棺内骨架保存较差，头向南，面向上，葬式、性别不明（图四二三）。

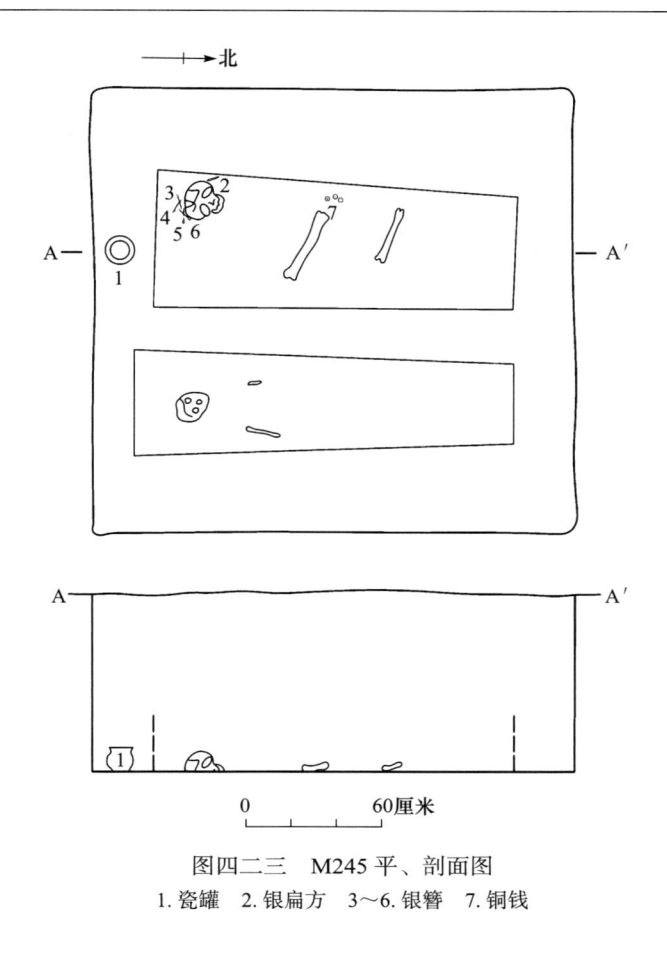

图四二三　M245 平、剖面图
1. 瓷罐　2. 银扁方　3~6. 银簪　7. 铜钱

2. 随葬品

西棺外右前方出土瓷罐1件，头骨上方出土银簪4件，头骨左侧出土银扁方1件，左下肢骨中部出土铜钱3枚。

瓷罐　1件。M245：1，直口，方圆唇，矮领，溜肩，弧腹，下腹部内弧收，底部外展，平底内凹。体施青白色釉，底部无釉。轮制。口径8.6厘米，腹径13.4厘米，底径9.2厘米，高13厘米（图四二四，1；彩版五一，6）。

银扁方　1件。M245：2，首圆卷弯曲，体扁条状，上宽下窄，上面錾刻圆形"寿"字纹，下部錾刻花卉纹，末端呈圆弧状，背面錾刻"天德"二字。通长16.6厘米，宽1.4厘米（图四二四，3；彩版七八，5）。

银簪　4件。M245：3，梅花托形首，花蕊包珠，珠呈半球形，体呈圆锥形，下部残。残长8厘米（图四二四，2）。M245：4，九连环禅杖形首，顶呈葫芦状，体呈圆锥形。通长14.2厘米（图四二四，4）。M245：5，首呈六瓣如意花朵状，中部凸起圆环形，内掐丝"福"字纹，体呈圆锥形。通长13厘米（图四二四，5）。M245：6，首呈六瓣如意花朵状，中部凸起圆环形，内掐丝"寿"字纹，体呈圆锥形。通长13厘米（图四二四，6）。

道光通宝　3枚。标本M245：7-1，平钱，方穿，正背面郭缘略宽，正面楷书"道光通寶"四字，直读，背穿左右满文锈蚀不清。钱径2.4厘米，穿径0.64厘米，郭厚0.16厘米（图四二四，7）。

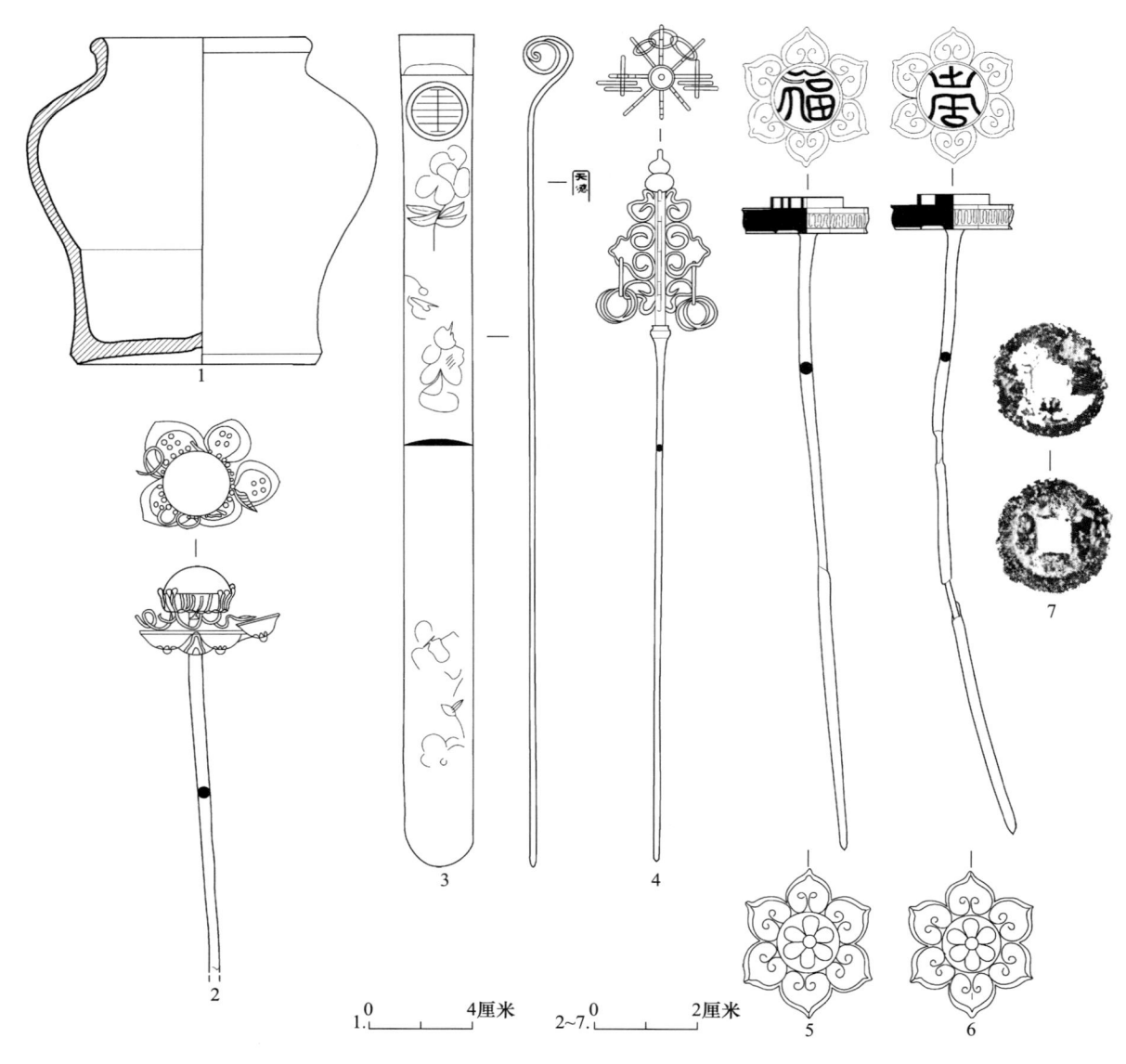

图四二四　M245 出土器物

1. 瓷罐（M245：1）　2、4~6. 银簪（M245：3、M245：4、M245：5、M245：6）　3. 银扁方（M245：2）
7. 道光通宝（M245：7-1）

二四四、M246

1. 墓葬形制

该墓位于发掘Ⅲ区中部，南邻M247。开口于②层下，南北向，方向210°。坐标为北纬39°51′17.8″，东经116°18′58″。

墓平面呈长方形，竖穴土圹双棺合葬墓。墓口距地表深1.2米，墓底距地表深2.2米。墓圹南北长2.2米，东西宽2米，深1米。内填花土，土质松软。内置双棺：东棺长2米，宽0.6~0.7米，残高0.2米，棺板厚0.06米，前封板厚0.04米；棺内骨架保存较差，头向南，面向上，葬式不明，为女性。西棺长 1.9 米，宽 0.6~0.7 米，残高 0.2 米，棺板厚 0.06 米，前封板厚 0.03 米，后封板厚 0.04 米；棺内骨架保存较差，头向东南，面向西，葬式不明，为男性（图四二五）。

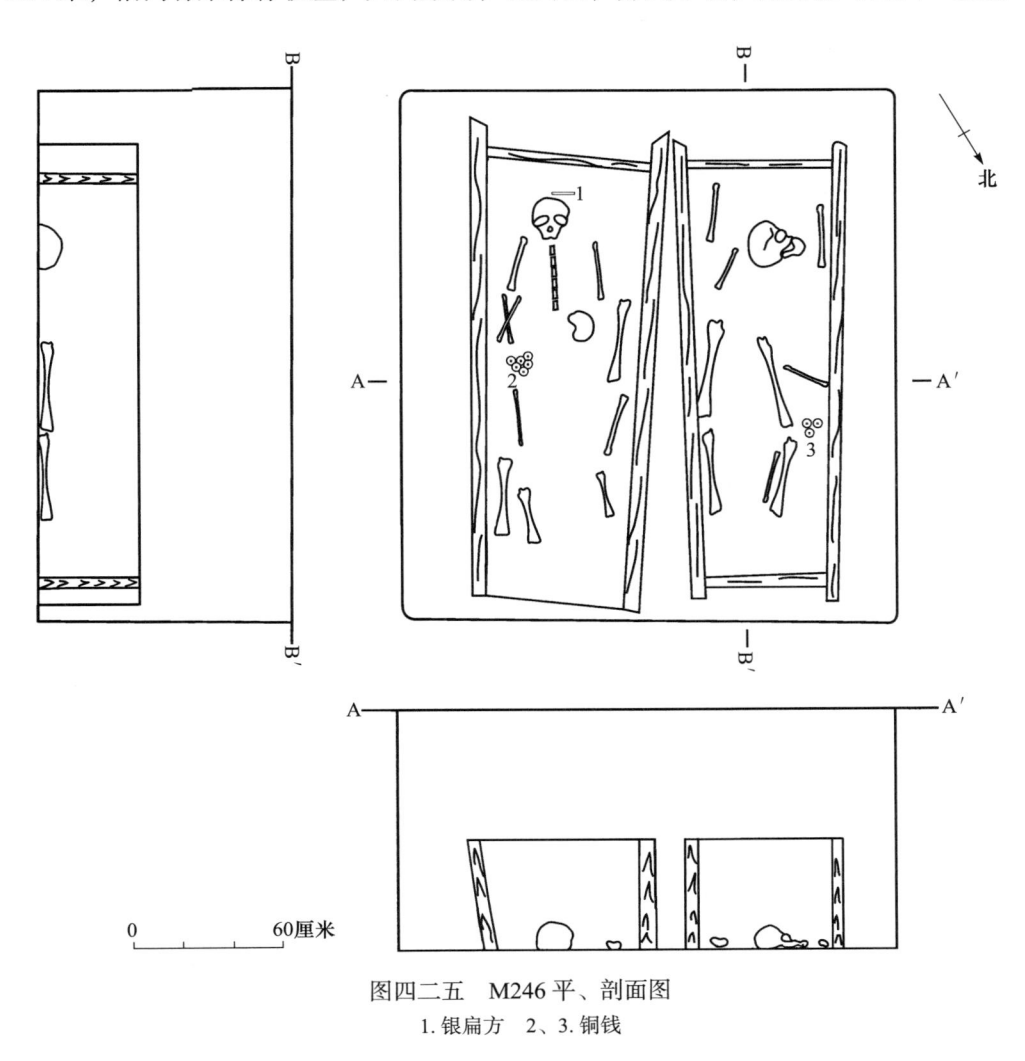

图四二五　M246 平、剖面图
1. 银扁方　2、3. 铜钱

2. 随葬品

东棺头骨上方出土银扁方 1 件，右上肢骨下部出土铜钱 6 枚；西棺左下肢骨外侧中部出土铜钱 3 枚。

银扁方　1 件。M246:1，首圆卷弯曲，上錾刻蝙蝠纹，体宽扁长条形，上部錾刻圆形"寿"字纹，下部錾刻蝙蝠纹，末端呈圆弧状。通长 12.7 厘米，宽 2.4 厘米（图四二六，1；彩版七八，6）。

铜钱　9 枚，有同治重宝、光绪重宝。

同治重宝　7 枚。标本 M246:2-1，大平钱，方穿，正背面郭缘较宽，正面楷书"同治重寶"四字，直读，背穿左右为满文"宝泉"局名，上下楷书"当十"二字。钱径 2.68 厘米，穿径 0.62 厘米，郭厚 0.11 厘米（图四二六，2）。

光绪重宝 2枚。大平钱，方穿，正背面郭缘较宽，正面楷书"光緒重寶"四字，直读。M246∶3-1，背穿左右为满文"宝泉"局名，上下楷书"當十"二字。钱径2.94厘米，穿径0.64厘米，郭厚0.18厘米（图四二六，3）。M246∶3-2，背穿左右为满文"宝源"局名，上下楷书"當十"二字。钱径3.05厘米，穿径0.72厘米，郭厚0.16厘米（图四二六，4）。

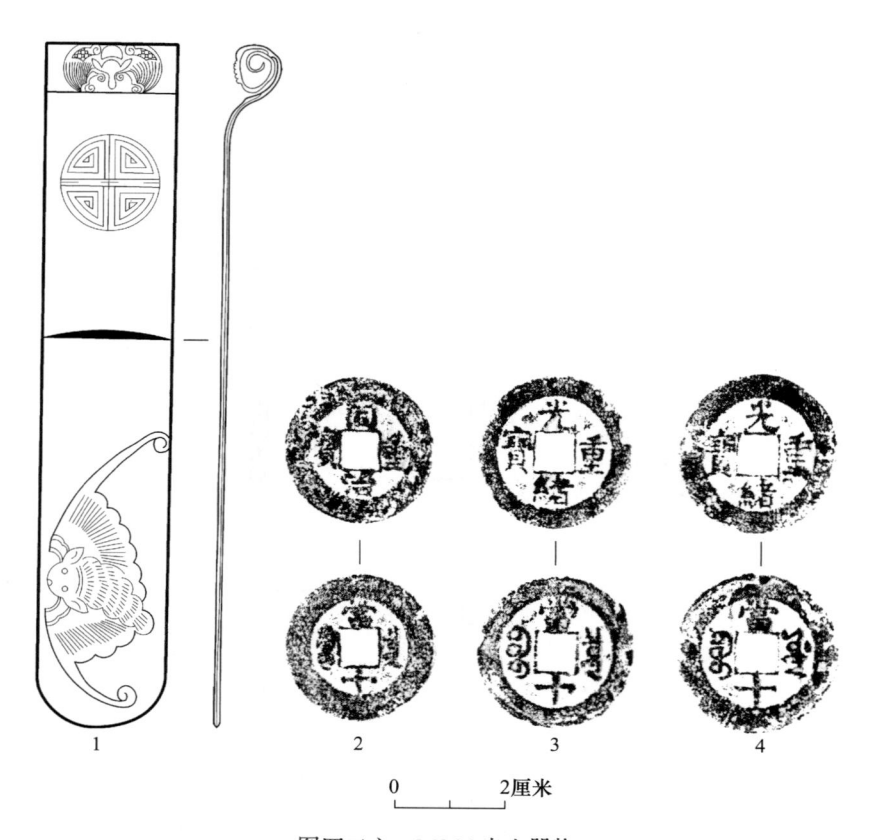

图四二六　M246出土器物
1. 银扁方（M246∶1）　2. 同治重宝（M246∶2-1）　3、4. 光绪重宝（M246∶3-1、M246∶3-2）

二四五、M247

1. 墓葬形制

该墓位于发掘Ⅲ区中部，北邻M246。开口于②层下，东西向，方向70°。坐标为北纬39°51′17.8″，东经116°18′58″。

墓平面呈长方形，竖穴土圹单棺墓。墓口距地表深1米，墓底距地表深1.8米。墓圹东西长2米，南北宽0.9米，深0.8米。内填花土，土质松软。内置单棺，棺木已朽，棺痕长1.9米，宽0.4～0.5米；棺内骨架保存稍好，头向东，面向南，仰身直肢，为男性（图四二七）。

2. 随葬品

未发现随葬品。

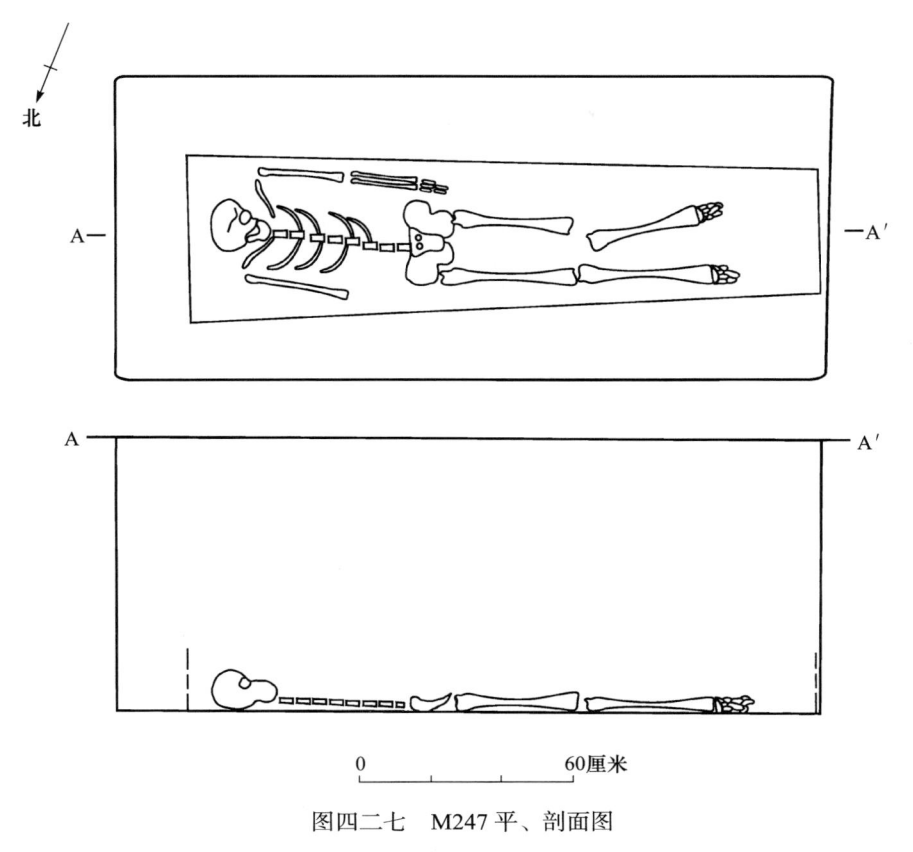

图四二七　M247 平、剖面图

二四六、M248

1. 墓葬形制

该墓位于发掘Ⅲ区中部，南邻 M246。开口于②层下，南北向，方向 205°。坐标为北纬 39°51′18″，东经 116°18′59″。

墓平面呈长方形，竖穴土圹单棺墓。墓口距地表深 1 米，墓底距地表深 1.8 米。墓圹南北长 2.2 米，东西宽 1 米，深 0.8 米。内填花土，土质松软。内置单棺，棺木已朽，棺痕长 2 米，宽 0.6~0.7 米；棺内骨架保存较差，头向东南，面向上，仰身直肢，为男性（图四二八）。

2. 随葬品

未发现随葬品。

图四二八　M248 平、剖面图

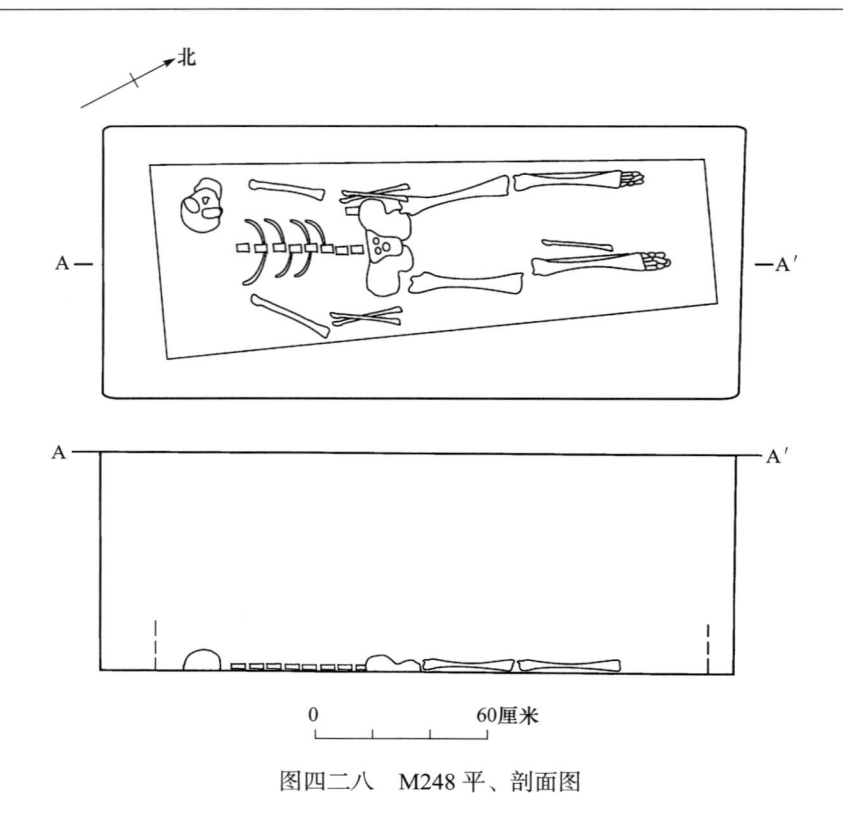

二四七、M249

1. 墓葬形制

该墓位于发掘Ⅱ区西南部，西邻 M250。开口于②层下，南北向，方向 30°。坐标为北纬 39°51′25.3″，东经 116°18′43.6″。

墓平面呈长方形，竖穴土圹双棺合葬墓。墓口距地表深 1.5 米，墓底距地表深 2.3 米。墓圹南北长 3 米，东西宽 2.2 米，深 0.8 米。内填花土，土质松软。内置双棺：东棺长 1.8 米，宽 0.5~0.6 米，残高 0.2 米，棺板厚 0.06 米，前、后封板厚 0.04 米；棺内骨架保存较差，头向北，面向上，仰身直肢，为女性。西棺长 2 米，宽 0.6~0.7 米，残高 0.6 米，棺板厚 0.06~0.08 米，前封板、后封板、底板厚 0.04 米；棺内骨架保存较差，葬式不明，为男性（图四二九）。

2. 随葬品

东棺下肢骨内侧上部出土铜钱 12 枚，均为乾隆通宝。

乾隆通宝　12 枚。平钱，方穿，正背面郭缘较宽，正面楷书"乾隆通寶"四字，直读。标本 M249：1-1，背穿左右为满文"宝源"局名。钱径 2.33 厘米，穿径 0.55 厘米，郭厚 0.16 厘米（图四三〇，1）。标本 M249：1-2，背穿左右为满文"宝泉"局名。钱径 2.36 厘米，穿径 0.52 厘米，郭厚 0.12 厘米（图四三〇，2）。

第三章 明清墓葬

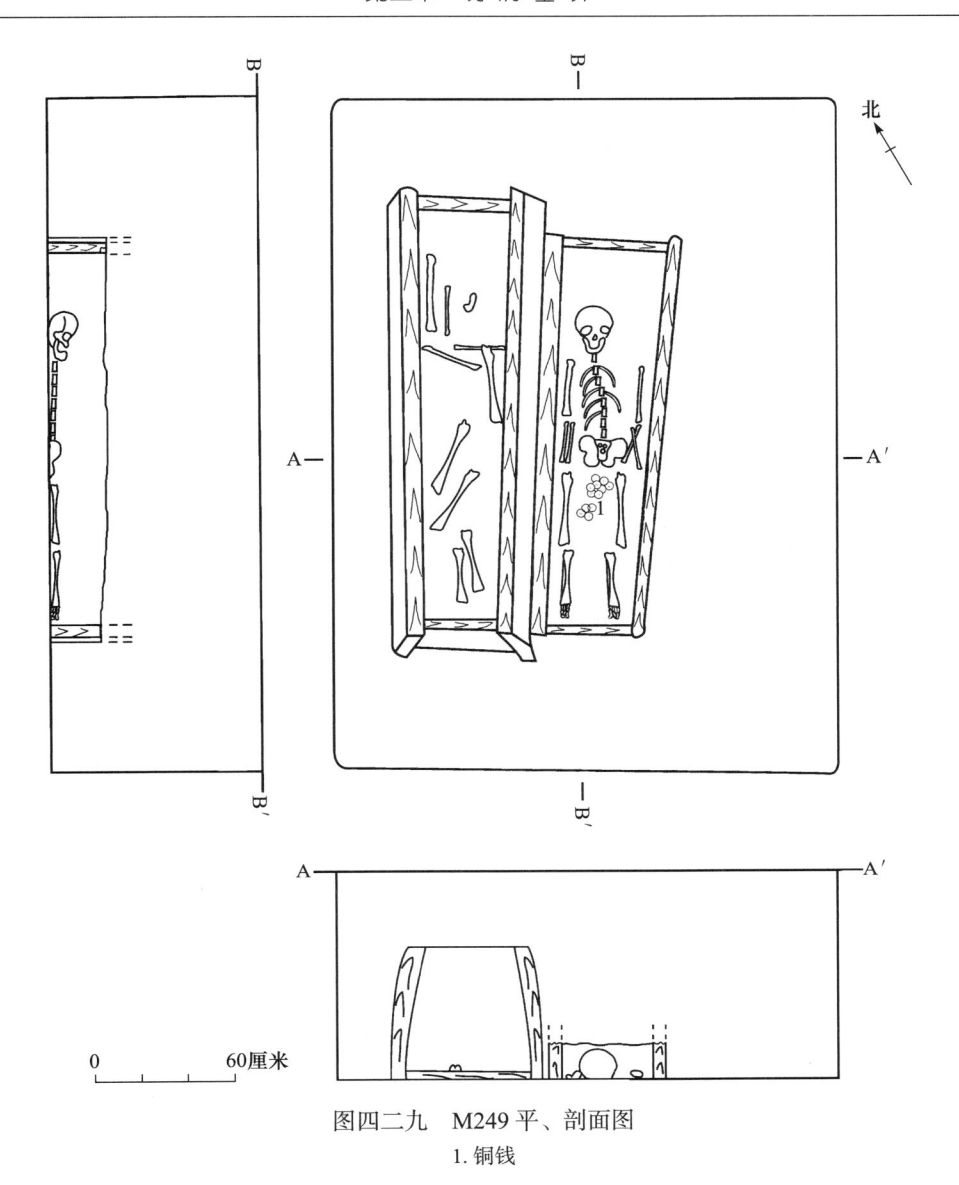

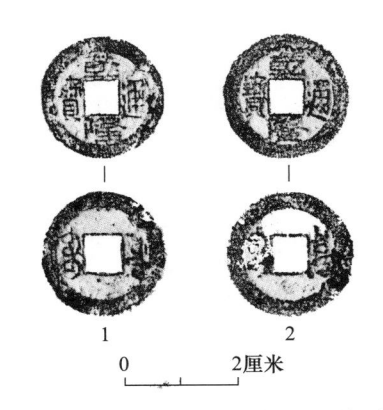

图四二九 M249平、剖面图
1. 铜钱

图四三〇 M249出土乾隆通宝（拓片）
1. M249：1-1 2. M249：1-2

二四八、M250

1. 墓葬形制

该墓位于发掘Ⅱ区西南部，东邻M249，西邻M251。开口于②层下，南北向，方向10°。坐标为北纬39°51′25.4″，东经116°18′43″。

墓平面呈长方形，竖穴土圹双棺合葬墓。墓口距地表深1.2米，墓底距地表深2.2米。墓圹南北长2.5米，东西宽1.7米，深1米。内填花土，土质松软。内置双棺，棺木已朽：东棺痕长2.1米，宽0.45～0.5米；棺内骨架保存稍好，头向北，面向东南，侧身屈肢，为女性。西棺痕长1.8米，宽0.45～0.5米；棺内骨架保存稍好，头向北，面向西，头上部置长24、宽12、厚6厘米青砖1块，仰身屈肢，为男性（图四三一；彩版二〇，2）。

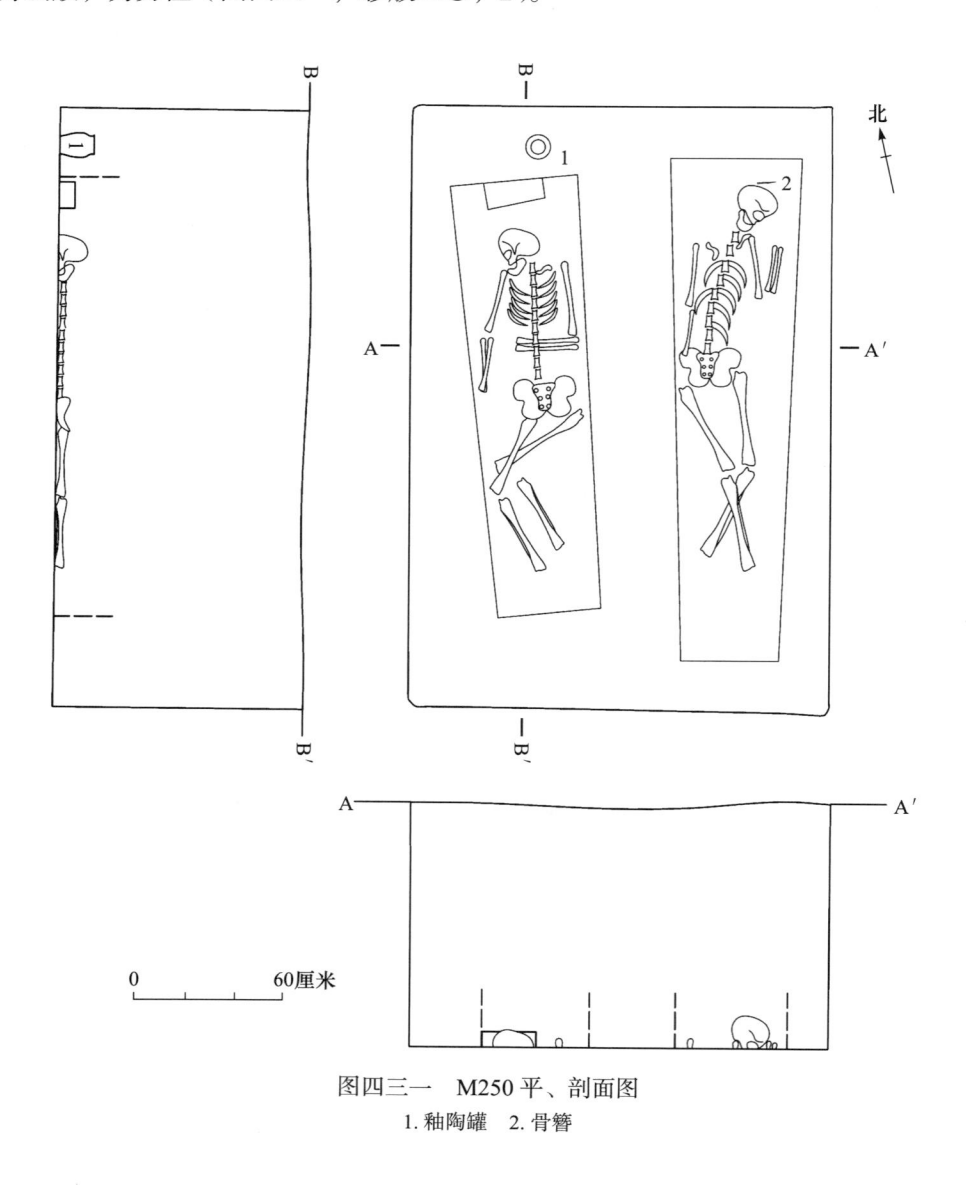

图四三一　M250平、剖面图
1. 釉陶罐　2. 骨簪

2. 随葬品

西棺外左前方出土釉陶罐1件；东棺头骨上方出土骨簪1件。

釉陶罐　1件。M250：1，直口，方唇，斜领，束颈，斜肩，斜直腹，平底内凹。肩上部及口沿内侧施酱黄色釉，腹部遗有流釉痕迹。轮制，体留有轮旋痕迹。口径11.2厘米，腹径11厘米，底径7.6厘米，高11.2厘米（图四三二，1；彩版五八，4）。

骨簪　1件。M250：2，圆柱体，上粗下细，两端微弧。长15.5厘米，直径0.3~0.4厘米（图四三二，2；彩版七九，5）。

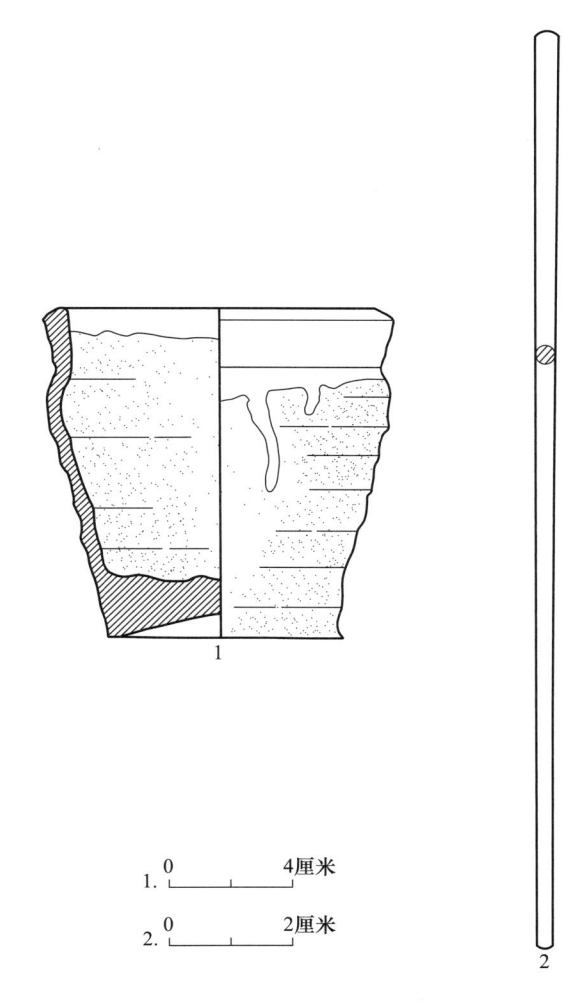

图四三二　M250出土器物
1.釉陶罐（M250：1）　2.骨簪（M250：2）

二四九、M251

1. 墓葬形制

该墓位于发掘Ⅱ区西南部，东邻M250。开口于②层下，南北向，方向345°。坐标为北纬

39°51′25.4″，东经116°18′42.8″。

墓平面呈长方形，竖穴土圹双棺合葬墓。墓口距地表深1米，墓底距地表深1.8~1.94米。墓圹南北长2.2米，东西宽1.7米，深0.8~0.94米。内填花土，土质松软。内置双棺，棺木已朽：东棺痕长1.8米，宽0.5~0.6米；棺内骨架保存较差，头向北，面向上，仰身直肢，为女性。西棺痕长2米，宽0.6~0.7米；棺内骨架保存较差，头骨移位，头向东，面向上，仰身直肢，为男性（图四三三）。

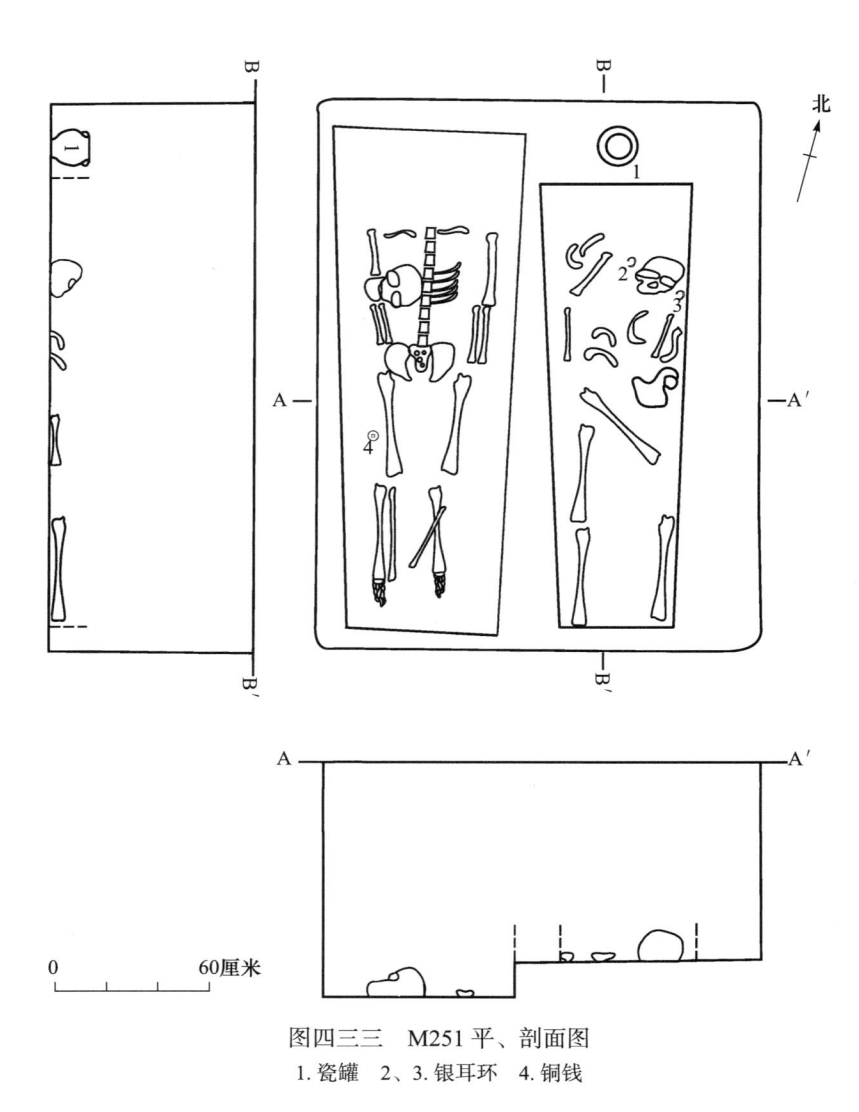

图四三三 M251平、剖面图
1.瓷罐 2、3.银耳环 4.铜钱

2. 随葬品

东棺外前方出土瓷罐1件，头骨两侧各出土银耳环1件；西棺右下肢骨外侧中部出土铜钱1枚。

瓷罐 1件。M251:1，敛口，平沿，斜领，溜肩，圆弧腹，矮圈足，颈部置鼻状对称双系。缸胎，肩上部及内壁施酱色釉，口沿无釉。手轮兼制。口径8.4厘米，腹径10.8厘米，底径6.4厘米，高9.4厘米（图四三四，1；彩版五八，5）。

银耳环 2件。体呈"C"形，一端为圆锥形，一端呈长条状，中部呈叶状，錾刻梅花纹。M251：2，直径2.2厘米（图四三四，2；彩版七九，6）。M251：3，直径2.2厘米（图四三四，3；彩版七九，6）。

天启通宝 1枚。M251：4，平钱，方穿，正背面郭缘略宽，正面楷书"天啓通寶"四字，直读。钱径2.34厘米，穿径0.53厘米，郭厚0.1厘米（图四三四，4）。

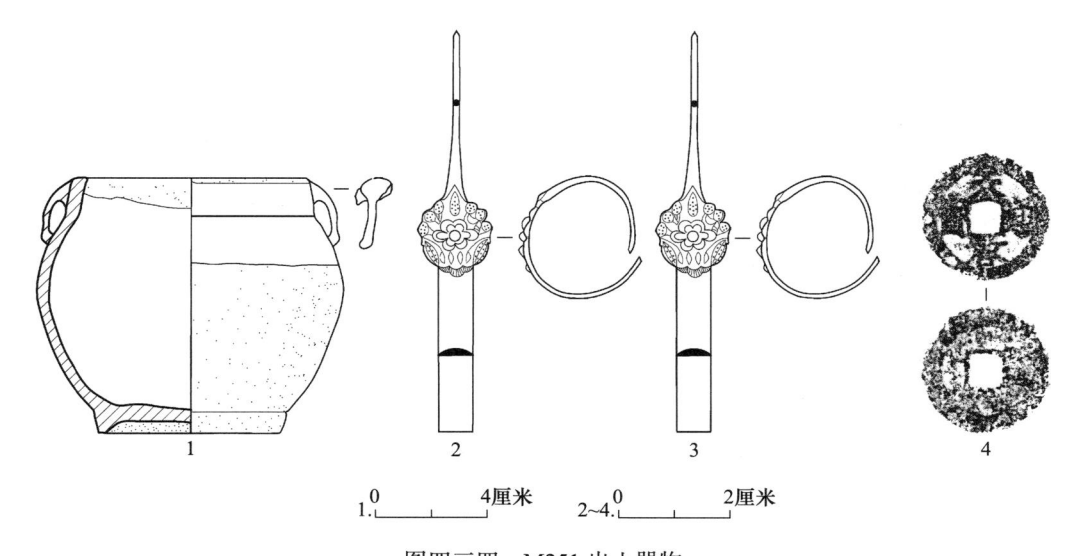

图四三四 M251出土器物
1. 瓷罐（M251：1） 2、3. 银耳环（M251：2、M251：3） 4. 天启通宝（M251：4）

二五〇、M252

1. 墓葬形制

该墓位于发掘Ⅰ区北部，南邻M234。开口于②层下，南北向，方向35°。坐标为北纬39°51′34.7″，东经116°18′37.9″。

墓平面呈长方形，竖穴土圹双棺合葬墓。墓口距地表深1.1米，墓底距地表深1.9~2.2米。墓圹南北长2.7米，东西宽1.4米，深0.8~1.1米。内填花土，土质松软。内置双棺：东棺长2米，宽0.5~0.6米，残高0.2米，棺板厚0.05米，前封板厚0.04米，后封板厚0.03米，底板厚0.06米；棺内骨架保存较差，头向东北，面向上，仰身直肢，为男性。西棺长1.9米，宽0.4~0.5米，残高0.4米，棺板、前封板、后封板及底板厚0.04米；棺内骨架保存较差，头向东北，面向上，仰身直肢，为女性（图四三五）。

2. 随葬品

未发现随葬品。

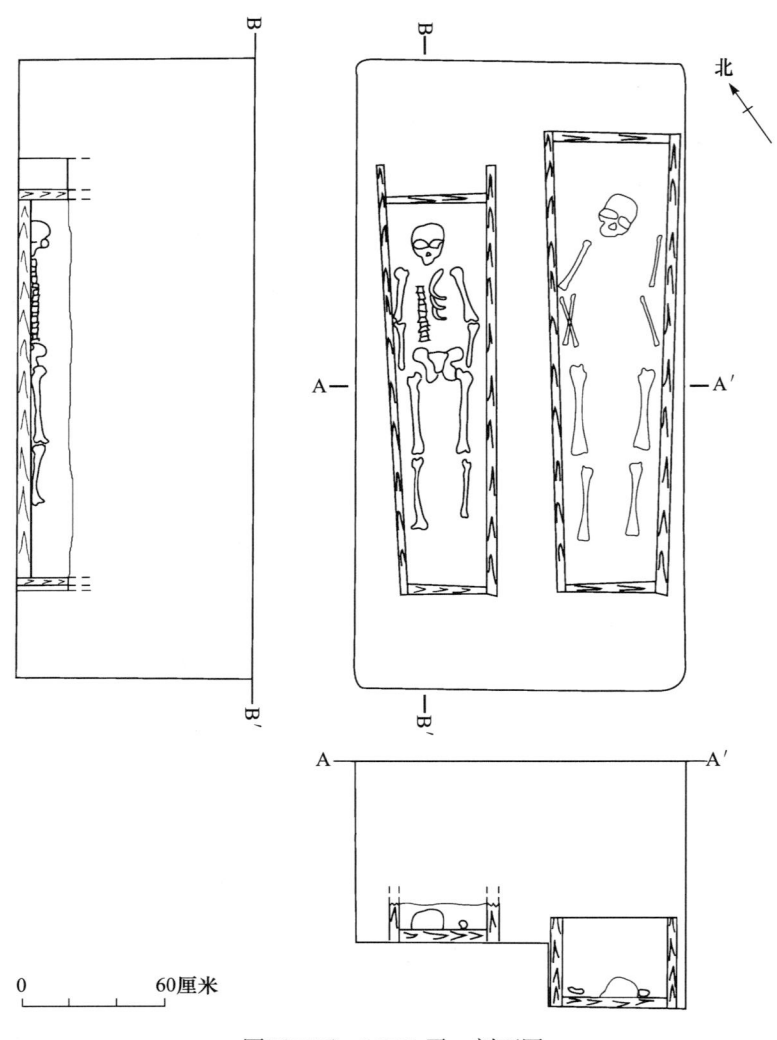

图四三五　M252 平、剖面图

二五一、M253

1. 墓葬形制

该墓位于发掘 I 区北部，南邻 M254。开口于②层下，东西向，方向 105°。坐标为北纬 39° 51′ 35″，东经 116° 18′ 36.8″。

墓平面呈长方形，竖穴土圹单棺墓。墓口距地表深 1.2 米，墓底距地表深 2.4 米。墓圹东西长 2.5 米，南北宽 1.3 米，深 1.2 米。内填花土，土质松软。内置单棺，棺木已朽，棺痕长 1.9 米，宽 0.45～0.6 米；棺内骨架保存稍好，头向东，面向西南，仰身直肢，为男性（图四三六）。

2. 随葬品

棺内右下肢骨外侧上部出土铜钱 5 枚，均为雍正通宝。

雍正通宝　5 枚。平钱，方穿，正背面郭缘较宽，正面楷书"雍正通寶"四字，直读。标本

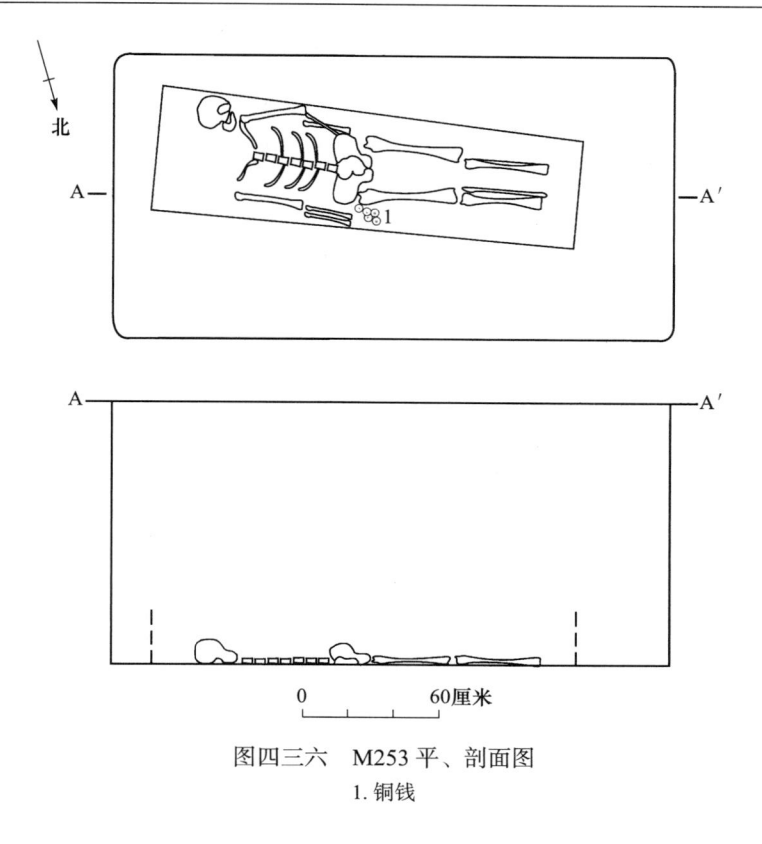

图四三六　M253 平、剖面图
1. 铜钱

M253：1-1，背穿左右为满文"宝泉"局名。钱径2.56厘米，穿径0.55厘米，郭厚0.13厘米（图四三七，1）。标本M253：1-2，背穿左右为满文"宝源"局名。钱径2.55厘米，穿径0.53厘米，郭厚0.11厘米（图四三七，2）。

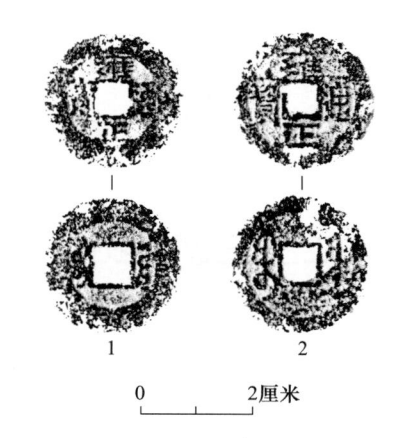

图四三七　M253 出土雍正通宝（拓片）
1. M253：1-1　2. M253：1-2

二五二、M254

1. 墓葬形制

该墓位于发掘Ⅰ区北部，北邻M253。开口于②层下，东西向，方向110°。坐标为北纬39°51′

34.8″，东经 116° 18′ 36.6″。

墓平面呈长方形，竖穴土圹单棺墓。墓口距地表深 1.4 米，墓底距地表深 2.2 米。墓圹东西长 2.3 米，南北宽 1.1 米，深 0.8 米。内填花土，土质松软。内置单棺，棺木已朽，棺痕长 1.8 米，宽 0.45～0.5 米；棺内骨架保存较好，头向东南，面向上，仰身直肢，为女性（图四三八）。

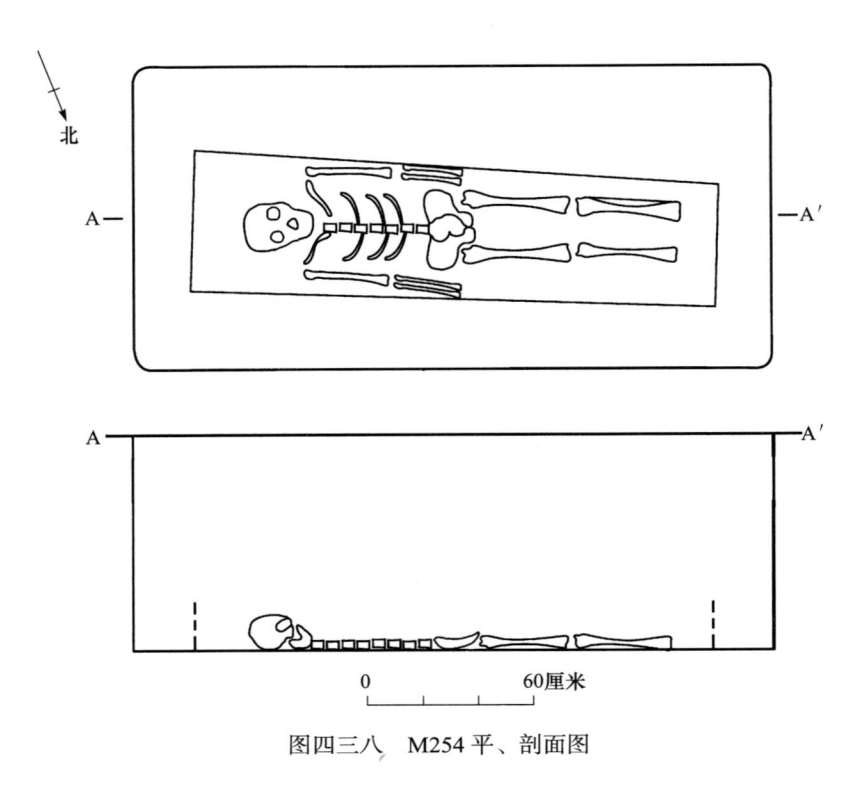

图四三八　M254 平、剖面图

2. 随葬品

未发现随葬品。

二五三、M255

1. 墓葬形制

该墓位于发掘Ⅰ区西北部，北邻 M221。开口于②层下，东西向，方向 105°。坐标为北纬 39° 51′ 34.9″，东经 116° 18′ 36″。

墓平面呈长方形，竖穴土圹单棺墓。墓口距地表深 0.7 米，墓底距地表深 1.7 米。墓圹东西长 2.4 米，南北宽 1.3 米，深 1 米。内填花土，土质松软。内置单棺，棺长 1.8 米，宽 0.5～0.6 米，残高 0.4 米，棺板厚 0.04 米；棺内骨架保存较好，头向东，面向上，仰身直肢，为男性（图四三九）。

图四三九　M255 平、剖面图

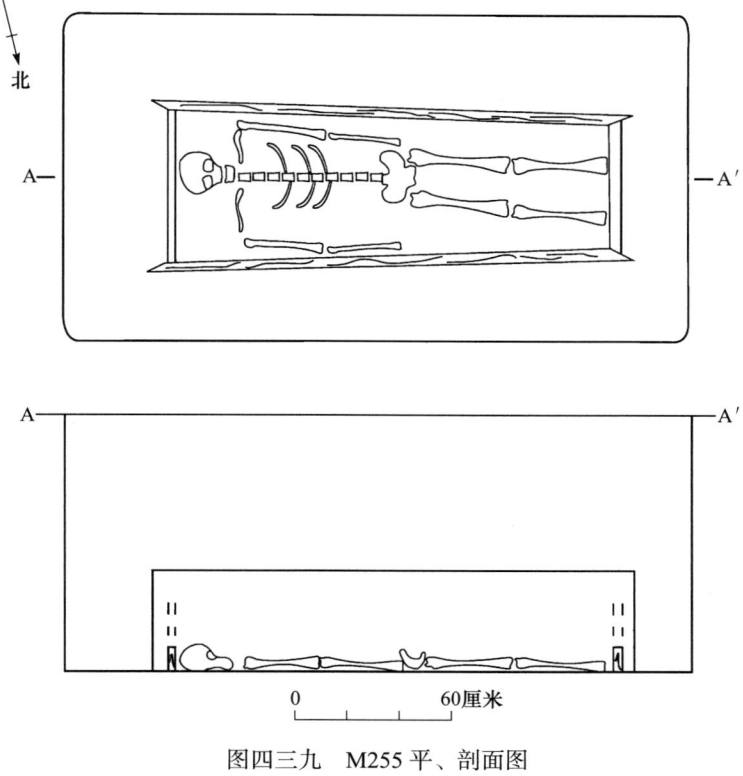

2. 随葬品

未发现随葬品。

第四章 初步研究

第一节 墓葬形制分析

丽泽墓地共发掘墓葬 255 座，其中辽代墓葬 2 座，明代墓葬 17 座，清代墓葬 214 座，另有明、清时期迁葬墓 22 座。墓葬除部分保存相对较好外，大部分遭到不同程度的破坏。墓葬出土了陶器、釉陶器、瓷器、玉器、金器、银器、铜器等随葬器物，具有鲜明的时代特征。丽泽墓葬的发掘清理，为研究北京地区辽、明、清时期的历史、文化、社会发展提供了重要资料。以下对丽泽墓地各时期墓葬加以分析。

一、辽代墓葬

辽代墓葬 2 座，即 M1、M2，其中 M1 为砖室墓，M2 为竖穴土圹墓，均呈长方形。

二、明代墓葬

17 座，依墓葬内所葬人数多寡，分为三型。

A 型　单棺葬

5 座，即 M27、M28、M168、M197、M230。

B 型　双棺葬

10 座，即 M3、M4、M7、M79、M118、M137、M141、M147、M169、M232。

C 型　多棺葬

2 座，即 M196、M229，其中 M196 为三人合葬墓，M229 为四人合葬墓。

三、清代墓葬

214 座，依所葬人数多寡及墓葬形制，分为四型。

A 型　单棺葬

88 座，即 M5、M6、M20、M23、M34、M37、M39～M42、M46、M49、M51、M52、M55～M58、M62、M67、M71、M73、M74、M76、M80～M84、M87～M89、M96、M97、M99、M106～M108、M113、M115、M119、M120、M128、M133、M135、M138、M142、M144～

M146、M148、M150、M151、M158、M159、M161、M162、M165~M167、M172、M178、M179、M183、M184、M186、M187、M193、M195、M200、M203、M206、M209、M213、M217、M218、M222、M227、M231、M234~M236、M241、M247、M248、M253~M255，其中M138、M142为单棺二人合葬墓。

B型　双棺葬

111座，即M8、M9、M14、M16~M19、M21、M22、M25、M29~M33、M35、M36、M43~M45、M47、M48、M50、M53、M54、M60、M61、M63~M66、M70、M72、M77、M78、M91~M95、M98、M100~M104、M109~M112、M117、M121、M122、M124~M126、M129~M131、M134、M136、M139、M140、M143、M149、M152~M154、M156、M157、M163、M170、M171、M174、M175、M180、M182、M185、M189~M192、M198、M199、M202、M204、M207、M208、M210~M212、M215、M216、M219、M220、M223~M225、M228、M233、M237~M240、M242、M245、M246、M249~M252。

C型　多棺葬

11座，即M13、M15、M86、M90、M116、M123、M127、M164、M177、M205、M243，其中除M86、M243为四人合葬墓外，余均为三人合葬墓。

D型　瓮棺葬

4座，即M24、M75、M214、M221。

四、迁 葬 墓

22座，其中单棺葬19座，即M10~M12、M26、M38、M59、M68、M69、M85、M105、M114、M160、M173、M176、M181、M188、M194、M226、M244；双棺葬3座，即M132、M155、M201。

第二节　随葬器物分析

丽泽墓葬出土器物多为日常生活用器，按质地有陶器、釉陶器、瓷器、玉器、金器、银器、铜器等，其中釉陶器、瓷器数量较多，银器、铜器等金属饰件亦有较多出土，此外，陶器、金器、玉器、料饰占有一定比例，铁器、骨器、玻璃器等数量较少。以下从器物口、颈、腹、底、纹饰等方面对其进行类型学分析。

一、陶　器

陶罐　4件。泥质灰陶。依口、颈、腹、底等特征分三型。

A型　1件。侈口，平沿，圆唇，束颈，溜肩，圆弧腹，平底，颈、肩部饰对称双系（M63∶1）。

B型　2件。依口沿、腹部特征分二亚型。

Ba型　1件。直口，斜平沿，束颈，溜肩，弧腹，平底内凹（M129∶1）。

Bb型　1件。敛口，斜平沿，束颈，溜肩，弧腹，平底内凹（M174∶1）。

C型　1件。直口，斜领，束颈，溜肩，斜弧腹，平底内凹（M158∶1）。

釉陶罐　83件。依口、颈、腹、足、底等特征分六型。

A型　7件。依口、腹、底部特征分二亚型。

Aa型　6件。敛口，斜领，溜肩，斜直腹，平底（M3∶1、M3∶2、M4∶1、M147∶1、M147∶2、M168∶1）。

Ab型　1件。直口，斜领，溜肩，斜弧腹，平底内凹，肩、领部饰对称双系（M142∶1）。

B型　29件。侈口，尖圆唇，斜领，束颈，溜肩，斜直腹，平底内凹（M5∶1、M6∶1、M7∶1、M14∶1、M14∶2、M15∶1、M15∶2、M15∶3、M33∶1、M70∶1、M71∶1、M88∶1、M91∶1、M95∶1、M98∶1、M108∶1、M109∶1、M112∶1、M112∶2、M121∶1、M122∶1、M122∶2、M179∶1、M182∶1、M185∶1、M185∶2、M190∶1、M214∶1、M250∶1）。

C型　31件。依口、肩、腹部特征分三亚型。

Ca型　12件。侈口，尖唇，束颈，圆肩，弧腹，束腰，平底内凹（M44∶1、M44∶2、M49∶1、M74∶1、M115∶1、M163∶1、M174∶2、M198∶2、M199∶1、M199∶2、M202∶1、M202∶2）。

Cb型　7件。直口，束颈，溜肩，扁鼓腹，束腰，平底内凹（M45∶1、M50∶2、M51∶1、M206∶1、M211∶1、M212∶1、M243∶3）。

Cc型　12件。直口，束颈，圆肩，弧腹，平底内凹（M45∶2、M48∶1、M50∶1、M129∶2、M163∶2、M164∶1、M173∶1、M183∶1、M198∶1、M212∶2、M243∶1、M243∶2）。

D型　4件。直口，方圆唇，束颈，溜肩，斜弧腹，平底内凹（M110∶1、M113∶1、M196∶1、M196∶2）。

E型　2件。直口，圆肩，弧腹，平底内凹（M137∶1、M232∶2）。

F型　10件。依腹部特征分二亚型。

Fa型　6件。直口，溜肩，鼓腹，圈足（M137∶2、M141∶1、M169∶1、M169∶2、M197∶1、M232∶1）。

Fb型　4件。直口，溜肩，弧腹，圈足（M141∶2、M142∶2、M143∶1、M171∶1）。

二、瓷　　器

青花瓷罐　12件。依口、颈、肩、腹、足、底、纹饰等特征分二型。

A型　5件。依口、颈、肩、腹、足、纹饰特征分五亚型。

Aa型　1件。侈口外翻，尖唇，微束颈，溜肩，弧腹下内收外撇，饼足，双层涩底；颈部及腹下部饰变形莲瓣纹，腹部饰三组莲瓣纹（M8∶1）。

Ab型　1件。直口，尖圆唇，短束颈，圆肩，弧腹内收，圈足，涩底；肩部饰花卉纹，腹部饰三组折枝莲纹，底部饰兔纹（M8∶2）。

Ac型　1件。直口，斜沿，束颈，溜肩，弧腹下内收外撇，饼足，双层涩底；颈部饰变形莲瓣纹，腹部饰山水屋宇纹（M9∶1）。

Ad型　1件。直口，圆唇，斜颈，折肩，弧腹内收，高圈足，双层涩底；颈、肩部饰变形莲瓣纹，腹部饰折枝莲纹（M54∶1）。

Ae型　1件。将军罐。唇口，直颈，圆肩，鼓腹缓收，下部外撇，圈足，涩底；盔帽式盖，桃形钮；体饰缠枝牡丹纹（M221∶1）。

B型　7件。依口、肩、足、纹饰特征分三亚型。

Bb型　4件。直口，方唇，束颈，溜肩，弧腹内收，内圈足，涩底；腹部饰三组缠枝莲纹（M17∶1、M47∶1、M156∶1、M210∶2）。

Ba型　2件。侈口，束颈，圆肩，鼓腹内收，内圈足，涩底；肩部饰变形莲瓣纹，腹部饰缠枝莲纹，腹下部饰莲瓣纹（M17∶2、M238∶1）。

Bc型　1件。敛口，圆唇，束颈，溜肩，弧腹内收，圈足，涩底；体饰缠枝莲纹（M56∶1）。

青瓷罐　28件。依口、肩、腹、足特征分三型。

A型　18件。直口，圆唇，矮领，圆肩，弧腹，涩底；口沿施酱黄色釉，体施青白色釉（M9∶2、M18∶1、M21∶1、M32∶1、M54∶2、M57∶1、M99∶1、M103∶1、M126∶1、M127∶1、M131∶1、M131∶2、M153∶1、M154∶1、M191∶1、M192∶1、M192∶2、M216∶1）。

B型　1件。敛口，圆肩，圆弧腹，圈足，涩底；颈、肩部无釉，体施青白色釉（M22∶1）。

C型　9件。直口，溜肩，扁鼓腹，束腰，涩底；口沿饰酱黄色釉，体施青白色釉（M58∶1、M65∶1、M66∶1、M66∶2、M102∶1、M191∶2、M207∶1、M238∶2、M245∶1）。

瓷罐　16件。缸胎。依口、肩、腹、足、底等特征分四型。

A型　1件。直口，圆肩，弧腹，内圈足；体施乳白色釉（M79∶1）。

B型　2件。侈口，斜折肩，弧腹，圈足，涩底；体施酱色釉（M155∶1、M237∶1）。

C型　12件。依肩、腹、足特征分三亚型。

Ca型　6件。敛口，斜领，溜肩，弧腹，内圈足，涩底；体施黑色釉（M33∶2、M100∶1、M116∶1、M123∶1、M124∶1、M205∶1）。

Cb型　3件。敛口，斜领，圆肩，鼓腹，圈足，涩底；体施酱色釉（M94∶1、M181∶1、M190∶2）。

Cc型　3件。敛口，斜领，溜肩，圆弧腹，圈足，涩底；肩、领部置对称双系，体施酱色釉（M172∶1、M184∶1、M251∶1）。

D型　1件。侈口，斜沿，尖圆唇，弧腹，平底；体施酱色釉（M136∶1）。

瓷瓮　4件。依口、腹、足、底特征分三型。

A型　1件。敛口，斜凹沿，尖唇，斜折肩，弧腹，平底内凹；肩、腹部饰瓜棱状纹，下腹部饰凹弦纹，体施酱色釉泛青（M24∶1）。

B型　2件。侈口，尖唇，溜肩，鼓腹，圈足；盔帽式盖；体施黑色釉（M75∶1，M214∶2）。

C型　1件。敛口，圆唇，斜平沿，斜领，圆肩，弧腹，平底内凹；外施黑色釉（M221∶2）。

瓷鼻烟壶　4件。

青花釉里红鼻烟壶　1件。直口，方唇，直颈，溜肩，弧腹，内圈足；体饰瑞兽波涛纹，底饰龙纹；内镶嵌骨质烟勺（M13∶1）。

青花粉彩鼻烟壶　1件。直口，直颈，圆折肩，直腹，内圈足，底款"乾隆年制"；腹部饰粉彩凤纹（M51∶2）。

青花粉彩鼻烟壶　1套。直口，方圆唇，束颈，折肩，直腹下内收，内圈足；外口部饰如意纹，颈、肩部饰蕉叶纹，腹部饰粉彩菊花纹；玛瑙珠盖内镶嵌骨质烟勺。青花瓷碟底托，敞口，浅腹，矮圈足，内饰山水纹（M210∶1）。

粉红色鱼纹鼻烟壶　1件。直口，平沿，直颈，圆肩，弧腹，椭圆形圈足；体饰粉红色金鱼纹；玛瑙帽饰盖，内镶嵌骨质烟勺（M104∶1）。

瓷筒　1件。母口，直腹，束腰，内圈足；体施白色釉，腹部饰竹纹（M48∶2）。

瓷杯　1件。侈口，尖圆唇，深弧腹，圈足，底部行书"玉"字；体施酱黄色釉（M63∶2）。

青花瓷瓶　1件。侈口，圆唇，长束颈，腹部呈梨状，矮圈足；颈部饰二组卷草纹、球状纹一周，腹部饰折枝牡丹纹（M91∶2）。

青花瓷碗　1件。敞口，方圆唇，浅弧腹，矮圈足，涩底；内底饰虾纹，外腹部饰四只虾纹（M109∶2）。

青花瓷虎子　1件。漏斗形方口，圆唇，体呈倒斗状，衔接扁条拱形提手，涩底；口、颈部饰兰花纹，体饰缠枝藤纹、竹纹、牡丹纹（M151∶1）。

三、金　　器

金簪　2件。首呈圆帽形，体长条锥状，上部錾刻梅花纹，背部錾刻"王華甲""亦"四字（M102∶2、M102∶3）。

金耳环　3件。依环体形制分二型。

A型　1件。体呈"C"状，錾刻蝙蝠纹，一端圆锥形，一端长方扁条状，背部錾刻"萬德足金"四字（M60∶9）。

B型　2件。体呈"S"状，一端呈锥状，一端圆饼形（M154∶2-1、M154∶2-2）。

四、银　　器

银扁方　18件。依首、体形制分二型。

A型　10件。首圆卷弯折，呈棱形，扁条形体，末端呈圆弧状（M49∶2、M58∶2、M127∶2、

M139∶1、M191∶3、M207∶3、M210∶3、M224∶1、M225∶1、M239∶1）。

B型　8件。首斜折卷曲，体宽扁，末端呈圆弧状，錾刻蝙蝠、"寿"字、花卉纹（M60∶1、M65∶2、M143∶2、M193∶1、M223∶1、M238∶3、M245∶2、M246∶1）。

银押发　13件。依首、体形制分三型。

A型　6件。弯曲柳叶状，两端宽扁，中部束腰，錾刻牡丹、梅花、如意吉祥等纹（M77∶1、M153∶2、M157∶1、M177∶1、M233∶2、M243∶5）。

B型　4件。柳叶状首，一端圆柱锥形，錾刻蝙蝠、"寿"字、梅花等纹（M115∶2、M157∶2、M157∶3、M172∶2）。

C型　3件。弯曲柳叶状首，扁条形体，下端呈三角形，錾刻花卉纹（M127∶2、M224∶2、M224∶3）。

银簪　106件。依首、体形制分十九型。

A型　7件。依首部形制分二亚型。

Aa型　4件。圆形花瓣状首，体圆柱锥状，顶部凸起圆环形，内掐丝"福""寿""满""堂"字纹（M9∶3、M9∶4、M149∶1、M149∶2）。

Ab型　3件。镂空花瓣状首，体圆柱锥状，顶部凸起圆环形，内掐丝"福""寿"字纹（M139∶3、M245∶5、M245∶6）。

B型　7件。如意首形首，体呈扁条锥状，下端三角形（M25∶1、M25∶2、M66∶4、M66∶5、M97∶1、M192∶3、M192∶4）。

C型　3件。圆帽形首，体长条锥状（M25∶3、M97∶3、M97∶5）。

D型　1件。首弯曲弧形，体四棱锥状（M53∶1）。

E型　3件。螺纹状首，依纹饰分二亚型。

Ea型　2件。中部铸梅花纹，体圆柱锥状（M53∶2、M177∶3）。

Eb型　1件。中部铸梅花鹿纹，体圆柱锥状（M179∶3）。

F型　19件。首残，依簪体形制分五亚型。

Fa型　8件。体上端呈节状蒜头形，下端圆柱锥状（M58∶4、M60∶5、M63∶4、M143∶4、M153∶3、M156∶3、M200∶1、M235∶2）。

Fb型　6件。体呈圆柱锥状（M58∶3、M58∶5、M139∶4、M139∶5、M143∶5、M178∶2）。

Fc型　2件。体上端呈节状螺纹形，下端圆柱锥状（M60∶3、M63∶5）。

Fd型　2件。体上端呈棱形，下端圆柱锥状（M198∶3、M218∶1）。

Fe型　1件。体上端呈节状麻花形，下端圆柱锥状（M233∶1）。

G型　11件。九连环禅形首，依体部形制分二亚型。

Ga型　10件。顶呈葫芦状，体圆柱锥形（M60∶2、M61∶1、M66∶8、M154∶5、M178∶1、M179∶2、M191∶4、M209∶1、M220∶1、M245∶4）。

Gb型　1件。顶呈葫芦状，柳叶形体，下端圆柱锥状，饰花卉纹（M77∶2）。

H型　9件。包珠式首，依首部形制分二亚型。

Ha 型　6 件。莲花包珠形首，伞状托，体圆柱锥状（M60：4、M66：6、M152：1～M152：3、M235：3）。

Hb 型　3 件。莲瓣包珠形首，藕状托，内镶嵌圆扁形玉珠，体圆柱锥状（M139：2、M149：3、M245：3）。

I 型　7 件。银丝盘绕形首，体长条形，下端三角形（M60：6、M60：7、M95：3、M95：8、M95：9、M150：1、M150：2）。

J 型　10 件。龙头形首，依体部形制、纹饰分四亚型。

Ja 型　2 件。体呈扁条锥形，錾刻龙鳞纹（M66：3、M66：7）。

Jb 型　4 件。体呈细扁条锥形（M95：4、M97：4、M116：2、M116：3）。

Jc 型　2 件。首镂空，体圆柱状，镂铸龙鳞纹（M95：5、M95：6）。

Jd 型　2 件。颈部呈凹棱状，柱状体残（M205：7、M205：8）。

K 型　5 件。首卷曲，体扁条状，下端三角形（M95：7、M97：2、M150：3、M150：4、M239：4）。

L 型　2 件。镂铸花卉纹首，依纹饰、体部形制分二亚型。

La 型　1 件。首镂铸瓶景花卉纹，顶圆弧呈铲状，扁条形体，下端三角形（M143：3）。

Lb 型　1 件。首镂铸盆景梅花纹，顶部残缺，扁条锥状体，下端弯曲（M177：2）。

M 型　9 件。耳勺形首，依体部形制分二亚型。

Ma 型　4 件。下部螺纹状，体圆柱锥状（M149：4、M180：1、M205：4、M205：5）。

Mb 型　5 件。下部螺纹状，体四棱锥状（M180：2、M205：2、M205：3、M234：1、M234：2）。

N 型　2 件。佛手状首，体圆柱锥形（M156：2、M218：2）。

O 型　3 件。圆弧形扁条状首，依顶部形制、纹饰分三亚型。

Oa 型　1 件。竹节状顶，扁条形体，镂铸花卉纹（M178：3）。

Ob 型　1 件。螺纹形顶，扁条形体，下端三角形，镂铸蟠龙戏珠纹（M223：2）。

Oc 型　1 件。吉祥结形顶，扁条形体，下端三角形，镂铸吉祥、花卉纹（M243：4）。

P 型　3 件。八棱锤形首，依簪体形制分二亚型。

Pa 型　1 件。体呈螺纹状，下端圆柱锥形（M205：6）。

Pb 型　2 件。体呈竹节状，下端圆柱锥形（M239：2、M239：3）。

Q 型　2 件。蝙蝠形首，体扁条锥状，下端三角形（M223：3、M223：6）。

R 型　2 件。锤揲蝙蝠形首，体呈圆锥状（M223：4、M223：5）。

S 型　1 件。首弯曲呈竹节状，体扁条锥状（M235：1）。

银耳环　37 件。依环体形制分六型。

A 型　16 件。依形制、纹饰分三亚型。

Aa 型　2 件。圆形，一端圆柱锥状，一端圆球形（M67：1、M67：2）。

Ab 型　12 件。呈"C"状，体圆柱形（M78：1、M78：2、M214：4-1～M214：4-5、M225：2、M225：3、M235：4～M235：6）。

Ac 型　2 件。体呈"C"状，一端圆锥状，一端螺纹形（M223∶8、M223∶9）。

B 型　3 件。体呈"S"形，一端倒钩状，一端呈圆饼形（M139∶6、M157∶4、M228∶1）。

C 型　17 件。体呈"C"状，依形制、纹饰分为七亚型。

Ca 型　7 件。一端圆锥形，一端扁条状，中部呈如意首形，錾刻蝙蝠纹（M193∶2、M193∶3、M239∶7~M239∶11）。

Cb 型　1 件。一端圆锥形，一端扁条棱状，中部锤揲成花瓣片状，中间凸起椭圆形托（M207∶2）。

Cc 型　1 件。一端圆锥形，一端扁条叶状，錾刻花卉纹（M218∶3）。

Cd 型　2 件。一端圆锥形，一端扁条状，中部如意形，镂铸蝙蝠纹（M223∶10、M223∶11）。

Ce 型　2 件。一端圆锥形，一端长条弧状，镂铸连环钱纹，中部镂铸蝙蝠纹（M239∶5、M239∶6）。

Cf 型　2 件。一端圆锥形，一端扁条状，中部呈蝙蝠形，下端铸梅花、牡丹纹（M243∶8、M243∶9）。

Cg 型　2 件。一端圆锥形，一端扁条状，中部叶状，錾刻梅花纹（M251∶2、M251∶3）。

D 型　1 件。体呈"C"状，一端圆锥形，一端镂铸双面龙纹（M243∶7）。

银戒指　7 件。依形制特征分三型。

A 型　4 件。圆形，依侧面形制分三亚型。

Aa 型　1 件。侧面半圆状（M63∶6）

Ab 型　2 件。侧面棱形鼓状（M154∶4-1、M154∶4-2）。

Ac 型　1 件。侧面棱形内凹（M154∶4-3）。

B 型　2 件。依形制、纹饰分二亚型。

Ba 型　1 件。椭圆形，两端呈扁锥状，近方形戒面，錾刻梅花纹（M77∶3）。

Bb 型　1 件。椭圆形，两端呈扁条状，椭圆形戒面，錾刻蝙蝠纹（M177∶4）。

C 型　1 件。圆形，一端锤揲蝙蝠形，一端圆弧状，两侧錾刻"回"形纹，中间錾刻梅花纹（M243∶6）。

银饰　7 件。依形制、纹饰分六型。

A 型　1 件。中空，圆锥体（M60∶8）。

B 型　1 件。扁条状，云纹帽形顶，莲花瓣状底座（M60∶10）。

C 型　1 件。圆弧形，片状，中部锤揲钱纹，錾刻"西方接引"四字（M205∶10）。

D 型　1 件。一端扁条凹弧状，一端锤揲连环方形吉祥纹（M223∶12）。

E 型　2 件。一端扁条凹弧状，一端锤揲如意头形，錾刻花卉纹（M223∶13、M223∶14）。

F 型　1 件。如意头形，錾刻两朵梅花纹（M223∶15）。

银碟　1 件。花瓣状椭圆形口，浅弧腹，椭圆形圈足（M60∶11）。

银镯　2 件。椭圆形，依接口形制分二型。

A 型　1 件。接口呈圆锥状（M88∶2）。

B 型　1 件。接口平齐（M154∶3）。

银带饰　2件。圆角长方形，两端圆弧状，中部凸起呈龟壳状，一端置圆形衔环（M151：2、M151：3）。

银挂饰　1件。椭圆形，边缘錾刻如意头形纹带，上下端焊接椭圆形挂环（M151：12）。

五、玉　　器

玉扣　2颗。椭圆球形（M101：3-1、M101：3-2）。

玉佩　1件。圆饼状，中部圆形孔（M104：3）。

玉坠饰　1件。倒葫芦状，平顶内凹（M104：4）。

玉扳指　1件。圆筒状，斜平沿（M151：4）。

玉珠　1颗。球形，中间穿孔（M151：8）。

玉鼻烟壶　1件。直口，尖圆唇，束颈，圆肩，弧腹，椭圆形平底；玛瑙帽饰盖，玉质翠绿（M151：9）。

玉戒指　1件。圆形，戒面凸起，呈长条弧状（M239：12）。

六、铜　　器

铜扁方　8件。依首、体形制分四型。

A型　4件。首弯曲圆卷，呈棱状，扁条形体，末端呈圆弧状（M22：2、M25：4、M102：4、M128：1）。

B型　1件。首圆卷，两侧梅花铆钉镶嵌，扁条形体（M63：3）。

C型　2件。依首、体形制分二亚型。

Ca型　1件。首残，扁条形体，錾刻牡丹纹，末端圆弧状（M101：1）。

Cb型　1件。首圆卷弯曲，錾刻蝙蝠纹，扁条形体，錾刻圆形"寿"字纹（M149：5）。

D型　1件。首弯曲呈方棱形，体呈长条锥状（M192：5）。

铜簪　4件。依首、体形制分三型。

A型　1件。龙头形首，镂空，体镂铸龙鳞纹（M150：5）。

B型　2件。圆帽形首，体呈扁条锥状（M190：3、M214：3）。

C型　1件。首残，体呈扁条状，末端呈三角形（M223：7）。

铜钗　1件。体呈"U"形，圆柱锥状（M200：2）。

铜头饰　2件。依形制、纹饰分二型。

A型　1件。铜质鎏金，锤揲长莲蓬纹呈蝶状，中部椭圆形托（M150：6）。

B型　1件。锤揲如意首状，中部圆形托，两侧饰对称如意纹（M150：7）。

铜顶戴　1件。椭圆莲花形座，内镶嵌圆形料珠，束腰，下部覆盆状，錾刻乳钉纹（M151：7）。

铜怀表　1件。圆形，表壳呈圆弧状，圆形玻璃表盖凸起，表盘饰一周圆珠纹（M151：13）。

铜镜　1件。圆形，镜面凸起呈弧状，圆饼形钮（M109∶3）。

铜扣　1颗。体呈"8"形，一端圆环形，一端圆球状（M205∶9）。

铜烟袋　17件。依形制分二型。

A型　11件。敛口圆形烟锅，木质圆筒状烟杆，中空，圆帽形铜质烟嘴（M41∶1、M78∶3、M80∶1、M101∶2、M102∶5、M102∶6、M125∶1、M126∶2、M151∶10、M238∶4、M243∶10）。

B型　6件。斜平沿圆形烟锅，玉质烟嘴（M60∶16、M60∶17、M103∶2、M104∶6、M166∶1、M193∶4）。

七、料　　饰

玛瑙鼻烟壶　1件。直口，束颈，圆肩，弧腹，椭圆形圈足，料质紫红色；珍珠帽式盖，内镶嵌骨质烟勺（M60∶12）。

琥珀珠　43颗。椭圆形链状，球形珠，中有穿孔，桃形铜坠，环状系（M60∶13）。

玻璃饰　1件。葫芦形，片状（M60∶14）。

料珠　152颗。依形制分二型。

A型　137颗。球形，中有穿孔（M60∶15、M102∶7、M104∶5、M126∶3、M151∶11、M152∶4、M166∶2）。

B型　15颗。扁圆形，中有穿孔（M102∶7、M104∶5、M166∶2）。

料坠饰　2件。依形制分二型。

A型　1件。体呈葫芦状，平顶，束腰（M102∶8）。

B型　1件。椭圆形，葫芦状（M151∶14）。

玛瑙珠　2颗。球形，中有穿孔（M102∶9-1、M102∶9-2）。

玻璃珠　1颗。球形，中有穿孔，为顶戴珠（M104∶2）。

料珠垫　3件。扁圆形，哑铃状（166∶3-1～166∶3-3）。

八、其　　他

锡壶　2件。依形制分二型。

A型　1件。直口，高颈，圆柱钮形盖，扁圆形体，溜肩，鼓腹，平底内凹（M63∶7）。

B型　1件。喇叭形口，束颈，圆锥形体，平底内凹（M63∶8）。

铁镜　1件。圆形，半球状钮（M95∶2）。

骨簪　3件。依形制分二型。

A型　2件。首扁平，体扁圆锥状（M223∶16、M223∶17）。

B型　1件。圆柱形体，两端微弧（M250∶1）。

角饰　2件。依形制分二型。

A 型　1 件。体上细下粗弯曲，两端切割平整（M151：5）。

B 型　1 件。体圆柱筒状，中空，两端切割平整（M151：6）。

九、铜　　钱

丽泽墓地出土的铜钱中，明清时期铜钱数量最多，此外，有一定数量的唐代、北宋、金代、元代铜钱。

唐代铜钱有唐玄宗时期的开元通宝、唐肃宗时期的乾元重宝。

北宋时期铜钱中，有宋太宗时期的淳化元宝、至道元宝，宋真宗时期的咸平元宝、景德元宝、祥符通宝、祥符元宝、天禧通宝，宋仁宗时期的景祐元宝、皇宋通宝、嘉祐通宝、嘉祐元宝，宋英宗时期的治平元宝，宋神宗时期的熙宁重宝、熙宁元宝、元丰通宝，宋哲宗时期的元祐通宝、绍圣元宝，宋徽宗时期的圣宋元宝、崇宁重宝、崇宁通宝、大观通宝、政和通宝、宣和通宝。北宋时期的铜钱大多出土于明代墓葬，少数出土于清代墓葬。

金代铜钱仅发现"正隆元宝"一种，出土于明代墓葬中。

元代铜钱仅发现"至正通宝"一种，背面为巴斯巴文"蒙"，出土于清代墓葬中。

明代铜钱中，最早的为明成祖永乐通宝，最晚的为明思宗崇祯通宝。此外有宣德通宝、嘉靖通宝、万历通宝、天启通宝。

清代铜钱中，最早的为清世祖顺治通宝，最晚的为溥仪宣统通宝，此外有康熙通宝、雍正通宝、乾隆通宝、嘉庆通宝、嘉庆重宝、道光通宝、咸丰通宝、咸丰重宝、同治重宝、光绪通宝、光绪重宝、宣统通宝。铜钱背穿左右满文为纪局名，主要有以下局名：

背穿左右为满文"宝泉"者，背穿左楷书"一厘"、右楷书"户"字者，背穿左右为满文"宝泉"、上下楷书"当十"者，背穿左右为满文"宝泉"、上下楷书"当拾"者，为北京户部宝泉局所铸。

背穿左右为满文"宝源"者，背穿左右为满文"宝源"、上下楷书"当十"者，背穿左楷书"一厘"、右楷书"工"字者，为北京工部宝源局所铸。

背穿左为满文"东"字、右楷书"東"字者，背穿左楷书"一厘"、右楷书"東"字者，为山东省局所铸。

背穿左为满文"临"字、右楷书"臨"字者，背穿左楷书"一厘"、右楷书"臨"字者，为山东省临清局所铸。

背穿左为满文"福"字、右楷书"福"字者，为福建宝福局所铸。

背穿左为满文"宁"字、右楷书"寧"字者，为甘肃宁夏府局所铸。

背穿左为满文"同"字、右楷书"同"字者，为山西大同府局所铸。

第三节　墓地文化内涵分析

丽泽墓地以明清时期墓葬为主，辽代墓葬仅 2 座。墓葬除出有墓志可知墓主人明确身份为明代腾骧右卫指挥佥史徐通及夫人董氏外，其余墓葬墓主均不可考，且墓葬多结构简单，随葬品较少，墓主人身份、地位不高，应为平民阶层墓葬。几座出土器物相对较多、器物种类丰富的墓葬，级别相对稍高，或为一般地主阶级墓葬。墓中出土的陶器、釉陶器、瓷器、金器、银器、铜器等随葬器物，为明清墓葬的考古学研究提供了重要资料。

（1）墓葬形制中，竖穴土圹木棺（椁）墓是丽泽墓地的主要墓葬形制，单人葬、双人合葬及多人合葬为常见埋葬形式。

（2）瓮棺墓数量较少，一般以近方形土圹或圆形砖石为墓圹，以形体相对较大的瓷瓮、罐为葬具，将死者骨灰殓入其中。瓮棺的底部一般钻有小孔，作为死者灵魂出入的地方。随葬品鲜见，或没有随葬品。

（3）丽泽墓地中有一定数量的迁葬墓，包括单人迁葬、双人迁葬，还有合葬墓中迁葬的现象，这是该墓地的一个重要特点。

（4）墓葬中木质葬具腐朽程度不一，人骨多数能够有所保存，葬式中以仰身直肢葬为主，仰身屈肢、侧身屈肢葬数量较少。部分墓葬死者头部枕有瓦片或青砖，上有朱砂书写符号，应有特殊意义或习俗。木棺底部常铺置白灰等用以防腐。

（5）随葬品中，墓主人的头部前方通常放置釉陶罐或瓷罐一件，棺内则随葬时人通常佩戴的饰件，如头簪、耳环、戒指、手镯等。在墓主人盆骨两侧双手部位有数目不等的铜钱。

（6）墓葬中铜钱出土数量较多，除本朝铜钱外，还有前朝铜钱，明代墓葬中还用种类不一的宋代铜钱，这也是明清时期墓葬的特点。

（7）丽泽墓地墓葬数量较多，从辽代到清末，延续时间较长。根据墓葬的分布情况来看，部分较为集中的墓葬，可能属于家族墓葬。

明清时期的墓葬，近年来北京发现较多，资料不断积累，认识亦不断深化。丽泽墓地的发掘清理，是近年北京明清考古的重要成果之一，为研究北京地区明清时期墓葬的丧葬习俗及其所反映的社会发展状况提供了重要的实物资料，在一定程度上也会促进明清时期墓葬的考古学研究。

附　录

附表一　辽代墓葬登记表

墓号	层位	方向	形状与结构	墓口 长×宽—深（米）	墓底 长×宽—深（米）	葬具	葬式	人骨保存情况	性别	随葬品	年代	备注
M1	③层下	180°	长方形竖穴砖室墓	2.3×1.08—1.5	2.3×1.08—2.5	无	仰身直肢	较好	男	陶罐2、陶砚1、瓷碗1	辽	
M2	③层下	180°	近长方形竖穴土圹墓	2.2×(1.1~1.22)—1.4	2.2×(1.1~1.22)—2.2	单棺	仰身直肢	较好	男	瓷碗1	辽	

附表二 明清墓葬登记表

墓号	层位	方向	形状与结构	墓口 长×宽-深（米）	墓底 长×宽-深（米）	葬具	葬式	人骨保存情况	性别	随葬品	年代	备注
M3	②层下	0°	近长方形竖穴土圹墓	2.4×(1.22~1.32)—1.5	2.4×(1.22~1.32)—2.4	双棺	仰身直肢	稍好	东：男 西：女	釉陶罐2	明	
M4	②层下	0°	梯形竖穴土圹墓	2.2×(1.38~1.48)—1.5	2.2×(1.38~1.48)—2.5	双棺	仰身直肢	稍好	东：男 西：女	釉陶罐1	明	
M5	②层下	0°	长方形竖穴土圹墓	2.2×0.86×1.4	2.2×0.86—2.2	单棺	仰身直肢	稍好	男	釉陶罐1	清	
M6	②层下	0°	近长方形竖穴土圹墓	2.45×(1.15~1.21)—1.4	2.45×(1.15~1.21)—2.3	单棺	仰身直肢	较好	男	釉陶罐1	清	
M7	②层下	20°	长方形竖穴土圹墓	2.6×1.86—1.5	2.6×1.86—2.7	双棺	仰身直肢	较好	东：男 西：女	釉陶罐1	明	
M8	②层下	280°	长方形竖穴土圹墓	2.8×2.12—1.8	2.8×2.12—2.6	双棺	仰身直肢	北：较差 南：稍好	北：男 南：女	瓷罐2	清	
M9	②层下	300°	长方形竖穴土圹墓	2.78×2.25—1.8	2.78×2.25—2.8	双棺	南：仰身屈肢 北：仰身直肢	稍好	北：男 南：女	瓷罐2、银管2、铜钱20	清	
M10	②层下	350°	近长方形竖穴土圹墓	3.12×(1.62~1.68)—1.8	3.12×(1.62~1.68)—2.7	无棺	不明	不明	不明	无	清	迁葬墓
M11	②层下	15°	长方形竖穴土圹墓	3×1.8—1.6	3×1.8—2.4	单棺	不明	不明	不明	无	不明	迁葬墓
M12	②层下	330°	长方形竖穴土圹墓	2.3×1.6—1.8	2.3×1.6—2.8	单棺	不明	不明	不明	无	清	迁葬墓
M13	②层下	0°	长方形竖穴土圹墓	2.8×2.7—1.5	2.8×2.7—2.4	三棺	东、西：不明 中：侧身屈肢	较差	东、中：男 西：女	瓷鼻烟壶1	清	
M14	②层下	180°	不规则形竖穴土圹墓	2.5×1.8—1.8	2.5×1.8—2.7	双棺	东：仰身直肢 西：不明	东：较好 西：较差	东：女 西：男	釉陶罐2、铜钱3	清	
M15	②层下	0°	不规则形竖穴土圹墓	2.82×2.4—1.8	2.82×2.4—2.8	三棺	东：仰身直肢 中：仰身直肢 西：仰身直肢	东、中：较好 西：稍好	东：男 中：女 西：男	釉陶罐3、铜钱10	清	
M16	②层下	0°	长方形竖穴土圹墓	2.6×1.7—1.5	2.6×1.7—2.5	双棺	仰身直肢	东：稍好 西：较差	东：男 西：女	无	清	

续表

墓号	层位	方向	形状与结构	墓口 长×宽×深（米）	墓底 长×宽×深（米）	葬具	葬式	人骨保存情况	性别	随葬品	年代	备注
M17	②层下	180°	长方形竖穴土圹墓	2.9×2—1.5	2.9×2—2.3	双棺	东：不明 西：仰身直肢	东：较差 西：稍好	东：不明 西：男	瓷罐2	清	
M18	②层下	180°	长方形竖穴土圹墓	2.6×2—1.2	2.6×2—2	双棺	东：侧身屈肢 西：仰身屈肢	较差	东：女 西：男	瓷罐1，铜钱6	清	
M19	②层下	190°	长方形竖穴土圹墓	2.7×1.8—1.5	2.7×1.8—2.4	双棺	东：仰身直肢 西：仰身直肢	较差	东：男 西：男	无	清	
M20	②层下	160°	长方形竖穴土圹墓	2.24×1.32—1.3	2.24×1.32—2.1	单棺	侧身屈肢	较差	男	无	不明	
M21	②层下	60°	梯形竖穴土圹墓	3.1×(1.9~2.1)—1.5	3.1×(1.9~2.1)—2.9	双棺	北：仰身直肢 南：侧身屈肢	北：稍好 南：较差	北：男 南：女	瓷罐1，铜钱30	清	
M22	②层下	180°	长方形竖穴土圹墓	2.38×2—1.6	2.38×2—2.7	双棺	仰身直肢	稍好	东：男 西：女	瓷罐1，铜扁方1	清	
M23	②层下	0°	梯形竖穴土圹墓	2.8×(1.56~1.68)—1.6	2.8×(1.56~1.68)—2.5	单棺	仰身直肢	较好	男	无	清	
M24	②层下	5°	正方形竖穴土圹墓	1.1×1.1—1.8	1.1×1.1—2.7	瓮棺	不明	不明	不明	瓷瓮1	清	火葬墓
M25	②层下	180°	长方形竖穴土圹墓	2.2×2—1.5	2.2×2—2.8	双棺	仰身直肢	较差	东：女 西：男	银簪3，铜扁方1	清	
M26	②层下	10°	梯形竖穴土圹墓	1.9×(0.6~0.72)—1.6	1.9×(0.6~0.72)—2.4	不明	不明	不明	不明	无	清	迁葬墓
M27	②层下	0°	长方形竖穴土圹墓	2.6×1.2—1.5	2.6×1.2—3.3	单棺	仰身直肢	稍差	男	铜钱5	明	
M28	②层下	0°	梯形竖穴土圹墓	2.6×(1.16~1.4)—1.8	2.6×(1.16~1.4)—2.6	单棺	仰身直肢	较好	男	铜钱10	明	
M29	②层下	340°	长方形竖穴土圹墓	3×2.4—1.4	3×2.4—2.8	双棺	不明	较差	东：男 西：女	无	清	
M30	②层下	340°	长方形竖穴土圹墓	2.6×1.9—1.8	2.6×1.9—2.6	双棺	侧身屈肢	较差	东：男 西：女	无	清	
M31	②层下	340°	梯形竖穴土圹墓	3×(1.6~1.76)—1.38	3×(1.6~1.76)—(2.68~2.78)	双棺	不明	较差	东：男 西：女	无	清	

续表

墓号	层位	方向	形状与结构	墓口 长×宽-深（米）	墓底 长×宽-深（米）	葬具	葬式	人骨保存情况	性别	随葬品	年代	备注
M32	②层下	350°	长方形竖穴土圹墓	2.5×1.5—1	2.5×1.5—（2.6~2.8）	双棺	不明	较差	东：不明 西：男	瓷罐1	清	
M33	②层下	0°	长方形竖穴土圹墓	2.66×2.08—1	2.66×2.08—2.48	双棺	东：仰身屈肢 西：不明	较差	东：男 西：女	釉陶罐1、瓷罐1、铜钱14	清	
M34	②层下	0°	长方形竖穴土圹墓	2.5×2.2—1.6	2.5×2.2—2.5	单棺	不明	较差	不明	无	清	
M35	②层下	180°	长方形竖穴土圹墓	2.5×1.9—1.6	2.5×1.9—2.4	双棺	东：不明 西：侧身屈肢	较差	东：女 西：男	无	清	
M36	②层下	55°	长方形竖穴土圹墓	2.6×2—1.4	2.6×2—(2.1~2.32)	双棺	南：不明 北：仰身直肢	较差	南：男 北：女	铜钱6	清	
M37	②层下	70°	长方形竖穴土圹墓	2.6×1—1.3	2.6×1—2.1	单棺	不明	较差	不明	无	清	
M38	②层下	90°	"7"形竖穴土圹墓	2.4×1.6—1.8	2.4×1.6—2.6	单棺	不明	无	不明	无	清	迁葬墓
M39	②层下	200°	长方形竖穴土圹墓	2.5×1—1	2.5×1—1.9	单棺	仰身直肢	稍好	女	无	清	
M40	②层下	180°	长方形竖穴土圹墓	1.9×1—1	1.9×1—1.8	单棺	仰身直肢	稍好	女	无	清	
M41	②层下	230°	近长方形竖穴土圹墓	2.4×(1.12~1.22)—1	2.4×(1.12~1.22)—1.9	单棺	仰身直肢	稍好	男	铜烟袋1	清	
M42	②层下	170°	长方形竖穴土圹墓	2.4×1.2—1	2.4×1.2—1.8	单棺	仰身直肢	较差	男	无	清	
M43	②层下	190°	长方形竖穴土圹墓	2.4×1.56—1	2.4×1.56—1.8	双棺	东：仰身直肢 西：不明	较差	东：男 西：女	无	清	西棺：迁葬墓
M44	②层下	195°	长方形竖穴土圹墓	2.1×1.6—1	2.1×1.6—1.9	双棺	仰身直肢	东：稍好 西：较差	东：女 西：男	釉陶罐2	清	
M45	②层下	307°	不规则形竖穴土圹墓	(2.4~2.5)×(1.84~1.9)—1	(2.4~2.5)×(1.84~1.9)—1.8	双棺	仰身直肢	稍好	东：女 西：不明	釉陶罐2	清	
M46	②层下	150°	长方形竖穴土圹墓	1.7×0.6—1	1.7×0.6—1.9	单棺	仰身直肢	较差	女	无	清	

续表

墓号	层位	方向	形状与结构	墓口 长×宽—深（米）	墓底 长×宽—深（米）	葬具	葬式	人骨保存情况	性别	随葬品	年代	备注
M47	②层下	180°	梯形竖穴土圹墓	2.2×(1.5~1.8)—1	2.2×(1.5~1.8)—1.8	双棺	不明	东：无 西：较差	不明	瓷罐1、铜钱3	清	
M48	②层下	230°	长方形竖穴土圹墓	2.4×1.6—1	2.4×1.6—1.9	双棺	仰身直肢	东：较好 西：较差	东：男 西：女	釉陶罐1、瓷筒1、铜钱25	清	
M49	②层下	210°	梯形竖穴土圹墓	2.4×(0.78~0.9)—1	2.4×(0.78~0.9)—1.8	单棺	仰身直肢	较差	男	釉陶罐1、银扁方1	清	
M50	②层下	180°	近长方形竖穴土圹墓	2.6×(1.6~1.68)—0.8	2.6×(1.6~1.68)—1.7	双棺	不明	不明	不明	釉陶罐2、铜钱8	清	
M51	②层下	150°	梯形竖穴土圹墓	2.7×(1.1~1.2)—1	2.7×(1.1~1.2)—1.8	单棺	不明	较差	男	釉陶罐1、瓷鼻烟壶1	清	
M52	②层下	180°	梯形竖穴土圹墓	2.3×(1.9~2.1)—1.8	2.3×(1.9~2.1)—2.6	单棺	仰身直肢	较好	女	无	清	
M53	②层下	300°	长方形竖穴土圹墓	2.1×1.6—1.5	2.1×1.6—2.4	双棺	西：仰身直肢 东：仰身屈肢	较差	南：女 北：男	银簪2	清	
M54	②层下	90°	长方形竖穴土圹墓	3.1×2.1—1.8	3.1×2.1—2.8	双棺	南：仰身直肢 北：仰身屈肢	较差	南：女 北：男	瓷罐2、铜钱12	清	
M55	②层下	90°	长方形竖穴土圹墓	2.5×1—1.6	2.5×1—2.6	单棺	仰身屈肢	较差	女	铜钱2	清	
M56	②层下	355°	长方形竖穴土圹墓	2.5×0.84—1.5	2.5×0.84—2.4	单棺	仰身直肢	较差	男	瓷罐1	清	
M57	②层下	100°	长方形竖穴土圹墓	3.3×1.2—1.5	3.3×1.2—2.3	单棺	侧身屈肢	较差	男	瓷罐1	清	
M58	②层下	80°	长方形竖穴土圹墓	2.2×1—1.5	2.2×1—2.4	单棺	仰身直肢	较差	女	瓷罐1、银扁方1、银簪2	清	
M59	②层下	95°	长方形竖穴土圹墓	2.2×1.3—1.5	2.2×1.3—2.3	单棺	不明	较差	不明	无	清	迁葬墓
M60	②层下	160°	近呈长方形竖穴土圹墓	2.7×(2~2.06)—1	2.7×(2~2.06)—1.8	双棺	仰身直肢	较差	东：女 西：男	银扁方1、银簪6、银饰2、银碟1、金耳环1、玻璃饰1、玻璃鼻烟壶1、琥珀珠43、料珠4、铜烟袋2、铜钱18	清	

续表

墓号	层位	方向	形状与结构	墓口 长×宽×深（米）	墓底 长×宽×深（米）	葬具	葬式	人骨保存情况	性别	随葬品	年代	备注
M61	②层下	340°	梯形竖穴土圹墓	2.3×(1.6~1.7)—1	2.3×(1.6~1.7)—1.8	双棺	仰身直肢	东：稍好 西：稍差	东：男 西：女	银簪1，铜钱20	清	
M62	②层下	280°	长方形竖穴土圹墓	2.3×1.4—0.4	2.3×1.4—1.2	单棺	葬式不明	较差	女	无	清	
M63	②层下	0°	梯形竖穴土圹墓	3×(1.5~1.7)—0.4	3×(1.5~1.7)—1.2	双棺	仰身直肢	东：稍好 西：较差	东：男 西：女	陶罐1，瓷杯1，银簪2，银戒指1，铜扁方1，锡壶2，铜钱6	清	
M64	②层下	90°	长方形竖穴土圹墓	2.6×2.04—1	2.6×2.04—(1.76~1.96)	双棺	南：不明 北：仰身直肢	较差	南：不明 北：女	无	清	
M65	②层下	90°	长方形竖穴土圹墓	2.5×1.7—0.4	2.5×1.7—1.2	双棺	仰身直肢	南：稍好 北：稍差	南：男 北：女	瓷罐1，银扁方1	清	
M66	②层下	90°	长方形竖穴土圹墓	2.5×1.5—0.4	2.5×1.5—1.4	双棺	仰身直肢	南：较差 北：稍好	南：男 北：女	瓷罐2，银簪6	清	
M67	②层下	260°	长方形竖穴土圹墓	1.9×0.72—0.4	1.9×0.72—1.2	单棺	仰身屈肢	较好	女	银耳环2，铜钱15	清	
M68	②层下	270°	长方形竖穴土圹墓	1.9×0.72—0.4	1.9×0.72—1.2	单棺	不明	无	不明	无	清	迁葬墓
M69	②层下	350°	长方形竖穴土圹墓	2.8×1.5—1.3	2.8×1.5—2.1	单棺	不明	无	不明	无	清	迁葬墓
M70	②层下	75°	梯形竖穴土圹墓	2.3×(1.56~1.7)—0.4	2.3×(1.56~1.7)—1.4	双棺	仰身直肢	南：较差 北：较好	南：女 北：男	釉陶罐1	清	
M71	②层下	80°	梯形竖穴土圹墓	2.1×(0.88~0.94)—0.4	2.1×(0.88~0.94)—1.2	单棺	不明	较好	男	釉陶罐1	清	
M72	②层下	0°	长方形竖穴土圹墓	2.6×2.1—0.4	2.6×2.1—1.4	双棺	东：仰身直肢 西：侧身屈肢	东：稍差 西：稍好	东：男 西：女	无	清	
M73	②层下	0°	长方形竖穴土圹墓	2.2×1—0.4	2.2×1—1.2	单棺	仰身直肢	较好	女	无	清	
M74	②层下	260°	长方形竖穴土圹墓	2.3×1—0.5	2.3×1—1.4	单棺	仰身直肢	较差	女	釉陶罐1，铜钱3	清	
M75	②层下	0°	圆形竖穴砖室墓	(0.92~1)—0.8	(0.92~1)—1.72	瓮棺	无	无	不明	瓷盒1，铜钱4	清	
M76	②层下	0°	长方形竖穴土圹墓	2.3×1.2—1	2.3×1.2—1.9	单棺	仰身直肢	较差	男	无	清	

续表

墓号	层位	方向	形状与结构	墓口 长×宽-深（米）	墓底 长×宽-深（米）	葬具	葬式	人骨保存情况	性别	随葬品	年代	备注
M77	②层下	280°	长方形竖穴土圹墓	2.1×1.6-0.4	2.1×1.6-1.2	双棺	南：葬式不明 北：仰身直肢	南：较差 北：稍差	南：女 北：男	银押发1、银簪1、银戒指1	清	
M78	②层下	0°	长方形竖穴土圹墓	2.5×2-1.5	2.5×2-2.4	双棺	仰身直肢	较差	东：男 西：女	银耳环2、铜烟袋1、铜钱25	清	
M79	②层下	350°	梯形竖穴土圹墓	3.6×(3~3.6)-0.4	3.6×(3~3.6)-(1.8~2)	双棺	仰身直肢	较好	东：男 西：女	墓志2合、瓷罐1、铜钱12	明	
M80	②层下	0°	长方形竖穴土圹墓	2.2×1.1-1.4	2.2×1.1-2.3	单棺	仰身直肢	较差	男	铜烟袋1	清	
M81	②层下	90°	长方形竖穴土圹墓	2.0×0.8-0.4	2.0×0.8-1.2	单棺	仰身直肢	较好	女	无	清	
M82	②层下	120°	长方形竖穴土圹墓	2.2×1.2-0.4	2.2×1.2-1.3	单棺	仰身直肢	较差	男	无	清	
M83	②层下	0°	长方形竖穴土圹墓	2.2×1.1-0.4	2.2×1.1-1.2	单棺	仰身直肢	较好	女	无	清	
M84	②层下	80°	长方形竖穴土圹墓	2.0×0.8-0.4	2.0×0.8-1.3	单棺	仰身直肢	稍差	女	无	清	
M85	②层下	50°	长方形竖穴土圹墓	2.8×1.4-1.2	2.8×1.4-2	单棺	不明	稍差	女	无	不明	
M86	②层下	90°	近呈梯形竖穴土圹墓	2.3×(2.7~3.3)-2	2.3×(2.7~3.3)-(2.8~3)	四棺	不明	较差	1号：女 2号：男 3、4号：不明	铜钱3	清	
M87	②层下	350°	长方形竖穴土圹墓	2.4×1.2-0.4	2.4×1.2-1.4	单棺	仰身直肢	稍差	女	无	清	
M88	②层下	350°	长方形竖穴土圹墓	2.6×1-1.8	2.6×1-2.6	单棺	侧身直肢	较差	女	釉陶罐1、银镯1、铜钱6	清	
M89	②层下	15°	长方形竖穴土圹墓	2.3×1-1.5	2.3×1-2.4	单棺	仰身直肢	较差	男	铜钱2	清	
M90	②层下	340°	长方形竖穴土圹墓	2.7×2.5-1.2	2.7×2.5-2.1	三棺	东：仰身直肢 中：不明 西：不明	较差	东：男 中：女 西：女	铜钱3	清	
M91	②层下	350°	梯形竖穴土圹墓	2.5×(1.6~1.7)-0.4	2.5×(1.6~1.7)-1.4	双棺	东：不明 西：仰身直肢	较差	东：女 西：男	釉陶罐1、瓷瓶1、铜钱4	清	
M92	②层下	260°	梯形竖穴土圹墓	3.1×(2.4~2.8)-0.4	3.1×(2.4~2.8)-1.6	双棺	南：不明 北：仰身直肢	南：较差 北：稍好	南：男 北：女	铜钱36	清	

续表

墓号	层位	方向	形状与结构	墓口 长×宽一深（米）	墓底 长×宽一深（米）	葬具	葬式	人骨保存情况	性别	随葬品	年代	备注
M93	②层下	180°	梯形竖穴土圹墓	2.7×(1.9~2.2)−0.4	2.7×(1.9~2.2)−1.6	双棺	不明	较差	东：男 西：女	无	清	
M94	②层下	0°	长方形竖穴土圹墓	2.8×1.7−0.4	2.8×1.7−1.6	双棺	东：仰身直肢 西：不明	东：较好 西：较差	东：女 西：男	瓷罐1	清	
M95	②层下	280°	长方形竖穴土圹墓	2.6×2.4−0.4	2.6×2.4−1.4	双棺	仰身直肢	南：稍差 北：较好	南：女 北：男	釉陶罐1、银簪7、铁镜1、铜钱13	清	
M96	②层下	230°	长方形竖穴土圹墓	2.4×0.96−0.4	2.4×0.96−1.3	单棺	不明	较差	南部：男 北部：女	无	清	二人合葬墓
M97	②层下	150°	长方形竖穴土圹墓	2.7×1.1−0.4	2.7×1.1−1.2	单棺	不明	较差	女	银簪5	清	
M98	②层下	0°	长方形竖穴土圹墓	2.7×2−1	2.7×2−(1.8~2.4)	双棺	东：仰身直肢 西：葬式不明	较差	东：男 西：女	釉陶罐1、铜钱6	清	
M99	②层下	350°	长方形竖穴土圹墓	2.3×1.1−1.5	2.3×1.1−2.3	单棺	不明	较差	不明	瓷罐1	清	
M100	②层下	270°	长方形竖穴土圹墓	2.5×2−1.5	2.5×2−(2~2.4)	双棺	葬式不明	南：较好 北：较差	南：女 北：男	瓷罐1、铜钱35	清	
M101	②层下	5°	梯形竖穴土圹墓	2.7×(1.56~1.7)−0.4	2.7×(1.56~1.7)−1.4	双棺	仰身直肢	较好	东：男 西：女	铜烟袋1、铜扁方1、玉扣2	清	
M102	②层下	0°	长方形竖穴土圹墓	2.5×1.8−0.4	2.5×1.8−1.4	双棺	东：仰身直肢 西：不明	东：较好 西：较差	东：男 西：女	瓷罐1、金簪2、铜扁方1、铜烟袋2、料珠64、料坠饰1、玛瑙珠2、铜钱11	清	
M103	②层下	10°	长方形竖穴土圹墓	2.5×1.8−1.5	2.5×1.8−2.6	双棺	东：仰身直肢 西：不明	东：稍差 西：较差	东：男 西：女	瓷罐1、铜烟袋1、铜坠饰1、铜钱1	清	
M104	②层下	0°	长方形竖穴土圹墓	2.6×1.8−1.2	2.6×1.8−2	双棺	东：仰身直肢 西：葬式不明	东：稍差 西：较差	东：女 西：不明	瓷鼻烟壶1、顶戴珠1、铜烟袋1、玉佩1、玉坠饰1、料珠8	清	
M105	②层下	285°	长方形竖穴土圹墓	2.6×1.4−1	2.6×1.4−2.1	单棺	无	无	不明	无	清	迁葬墓
M106	②层下	0°	长方形竖穴土圹墓	2.7×1.5−1	2.7×1.5−1.9	单棺	不明	较差	不明	无	清	
M107	②层下	0°	长方形竖穴土圹墓	3×1.5−1	3×1.5−2.6	单棺	不明	较差	不明	无	清	

续表

墓号	层位	方向	形状与结构	墓口 长×宽×深（米）	墓底 长×宽×深（米）	葬具	葬式	人骨保存情况	性别	随葬品	年代	备注
M108	②层下	10°	长方形竖穴土圹墓	2.7×1.6—1	2.7×1.6—2.6	单棺	仰身直肢	较差	男	釉陶罐1	清	
M109	②层下	0°	长方形竖穴土圹墓	2.7×1.9—1.5	2.7×1.9—3.1	双棺	东：仰身直肢 西：不明	东：稍差 西：较差	东：男 西：女	釉陶罐1、瓷碗1、铜镜1、铜钱2	清	
M110	②层下	0°	长方形竖穴土圹墓	2.8×1.9—1.7	2.8×1.9—2.9	双棺	东：仰身屈肢 西：仰身直肢	较差	东：男 西：女	釉陶罐1	明	
M111	②层下	180°	长方形竖穴土圹墓	2.9×1.7—0.4	2.9×1.7—1.6	双棺	东：仰身直肢 西：仰身直肢	较差	东：女 西：男	无	清	
M112	②层下	130°	梯形竖穴土圹墓	2.4×（1.6~1.8）—0.4	2.4×（1.6~1.8）—1.2	双棺	仰身直肢	较好	东：男 西：女	釉陶罐2	清	
M113	②层下	0°	长方形竖穴土圹墓	2.4×1.1—0.4	2.4×1.1—1.6	单棺	仰身直肢	较差	男	釉陶罐1、铜钱25	清	
M114	②层下	350°	梯形竖穴土圹墓	2.3×（0.8~1）—0.8	2.3×（0.8~1）—1.6	单棺	不明	不明	不详	无	清	
M115	②层下	10°	梯形竖穴土圹墓	2.3×（1~1.2）—0.8	2.3×（1~1.2）—1.7	单棺	仰身直肢	稍好	女	釉陶罐1、银押发1	清	迁葬墓
M116	②层下	270°	长方形竖穴土圹墓	3×2.6—0.4	3×2.6—（1.45~1.8）	三棺	南、北：仰身直肢 中：侧身屈肢	南：较差 北：较差	南：女 中：女 北：男	瓷罐1、银簪2、铜钱26	清	
M117	②层下	80°	长方形竖穴土圹墓	2.2×2.4—0.4	2.2×2.4—1.4	双棺	仰身直肢	较差	南：男 北：女	无	清	
M118	②层下	10°	长方形竖穴土圹墓	2.5×1.8—2	2.5×1.8—2.8	双棺	仰身直肢	较好	东：男 西：女	铜钱4	明	
M119	②层下	0°	长方形竖穴土圹墓	2.2×0.8—1.2	2.2×0.8—2	单棺	仰身直肢	较差	女	无	清	
M120	②层下	10°	长方形竖穴土圹墓	2.6×1—0.7	2.6×1—1.6	单棺	仰身直肢	稍好	女	无	清	
M121	②层下	20°	近呈长方形竖穴土圹墓	2.7×（1.6~1.7）—1	2.7×（1.6~1.7）—2	双棺	东：不明 西：仰身屈肢	东：较差 西：稍好	东：女 西：男	釉陶罐1、铜钱5	清	东棺：迁葬墓
M122	②层下	5°	长方形竖穴土圹墓	2.8×1.72—0.6	2.8×1.72—1.6	双棺	仰身直肢	较好	东：男 西：女	釉陶罐2	清	

续表

墓号	层位	方向	形状与结构	墓口 长×宽—深（米）	墓底 长×宽—深（米）	葬具	葬式	人骨保存情况	性别	随葬品	年代	备注
M123	②层下	180°	长方形竖穴土圹墓	2.9×2.6—1.5	2.9×2.6—2.4	三棺	东：不明 中：仰身直肢 西：仰身直肢	东、中：较差 西：较好	东：不明 中：男 西：女	瓷罐1	清	
M124	②层下	0°	长方形竖穴土圹墓	2.7×2.1—1.9	2.7×2.1—2.9	双棺	东：不明 西：仰身屈肢	东：较好 西：较好	东：女 西：男	瓷罐1	清	
M125	②层下	0°	长方形竖穴土圹墓	2.6×1.4—0.4	2.6×1.4—1.4	双棺	东：不明 西：仰身直肢	东：不明 西：较好	东：不明 西：男	铜烟袋1	清	
M126	②层下	0°	长方形竖穴土圹墓	2.3×1.6—0.4	2.3×1.6—1.4	双棺	仰身直肢	较好	女	瓷罐1、铜烟袋1、料珠19、铜钱13	清	
M127	②层下	0°	梯形竖穴土圹墓	2.4×(2.4~2.8)—0.4	2.4×(2.4~2.8)—1.6	三棺	东、西：仰身直肢 中：不明	东：较好 中：较差 西：较好	东：男 中：不明 西：女	瓷罐1、银扁方1、银押发1	清	
M128	②层下	0°	梯形竖穴土圹墓	2.5×(1.04~1.2)—0.4	2.5×(1.04~1.2)—1.2	单棺	仰身直肢	较好	男	铜扁方1、铜钱3	清	
M129	②层下	0°	不规则形竖穴土圹墓	2.2×(1.4~1.5)—0.4	2.2×(1.4~1.5)—1.3	双棺	不明	较差	东：男 西：女	釉陶罐1、陶罐1、铜钱1	清	
M130	②层下	0°	长方形竖穴土圹墓	2.9×2—1.4	2.9×2—2.4	双棺	仰身直肢	东：稍好 西：较差	东：男 西：女	无	清	
M131	②层下	340°	长方形竖穴土圹墓	2.6×1.6—1.5	2.6×1.6—(2.3~2.5)	双棺	仰身直肢	较差	东：男 西：女	瓷罐2	清	
M132	②层下	0°	长方形竖穴土圹墓	2.8×2.3—1.4	2.8×2.3—(2.2~2.4)	双棺	不明	无	不明	无	清	
M133	②层下	345°	长方形竖穴土圹墓	2.6×1.32—1.4	2.6×1.32—2.26	单棺	仰身直肢	稍好	男	无	清	
M134	②层下	180°	长方形竖穴土圹墓	2.6×1.9—1.2	2.6×1.9—2	双棺	不明	较差	东：女 西：不明	无	清	迁葬墓
M135	②层下	0°	长方形竖穴土圹墓	2.5×1.6—1.6	2.5×1.6—2.6	单棺	仰身直肢	较好	男	铜钱12	清	

续表

墓号	层位	方向	形状与结构	墓口 长×宽—深（米）	墓底 长×宽—深（米）	葬具	葬式	人骨保存情况	性别	随葬品	年代	备注
M136	②层下	200°	长方形竖穴土圹墓	2×1.5—1.5	2×1.5—2.4	双棺	东：仰身直肢 西：侧身屈肢	较差	东：女 西：男	瓷罐1、铜钱13	清	
M137	②层下	10°	长方形竖穴土圹墓	2.8×1.9—1.2	2.8×1.9—2.4	双棺	仰身直肢	东：稍差 西：较差	东：男 西：女	釉陶罐2、铜钱3	明	
M138	②层下	0°	长方形竖穴土圹墓	2.9×1.4—0.4	2.9×1.4—1.6	单棺	仰身直肢	较差	东：女 西：男	无	清	二人合葬墓
M139	②层下	0°	长方形竖穴土圹墓	2.9×2.2—0.4	2.9×2.2—1.3	双棺	仰身直肢	较差	东：女 西：男	银扁方1、银簪4、银耳环1、铜钱9	清	
M140	②层下	350°	梯形竖穴土圹墓	2.3×(1.6~1.7)—1	2.3×(1.6~1.7)—1.9	双棺	仰身直肢	东：稍差 西：较差	东：女 西：男	无	明	
M141	②层下	0°	长方形竖穴土圹墓	2.4×2—1.6	2.4×2—2.6	双棺	仰身直肢	较好	东：女 西：男	釉陶罐2、铜钱5	清	
M142	②层下	0°	梯形竖穴土圹墓	2.8×(1.5~1.6)—1.2	2.8×(1.5~1.6)—2.4	单棺	东：不明 西：仰身直肢	东：较差 西：较差	东：男 西：女	釉陶罐2、银簪1、铜钱30	清	合葬
M143	②层下	0°	梯形竖穴土圹墓	2.6×(2.04~2.2)—1.2	2.6×(2.04~2.2)—2.2	双棺	仰身直肢	较差	东：男 西：女	釉陶罐方1、银簪3、铜钱40	清	
M144	②层下	170°	梯形竖穴土圹墓	2.3×(1.1~1.3)—0.4	2.3×(1.1~1.3)—1.4	单棺	仰身直肢	稍好	女	无	清	
M145	②层下	10°	梯形竖穴土圹墓	2.2×(0.9~1.1)—0.4	2.2×(0.9~1.1)—1.5	单棺	仰身直肢	较好	男	铜钱3	清	
M146	②层下	270°	长方形竖穴土圹墓	2×0.9—0.4	2×0.9—1.2	单棺	仰身直肢	较好	女	釉陶罐2	清	
M147	②层下	0°	梯形竖穴土圹墓	2.2×(1.4~1.7)—0.4	2.2×(1.4~1.7)—2	双棺	仰身直肢	稍差	东：女 西：男	无	明	
M148	②层下	200°	长方形竖穴土圹墓	2.5×1.1—0.4	2.5×1.1—1.6	单棺	仰身直肢	较差	男	无	清	
M149	②层下	100°	近呈长方形竖穴土圹墓	2.4×(1.54~1.6)—0.4	2.4×(1.54~1.6)—1.8	双棺	仰身直肢	较好	南：男 北：女	铜扁方1、银簪4	清	

续表

墓号	层位	方向	形状与结构	墓口 长×宽-深（米）	墓底 长×宽-深（米）	葬具	葬式	人骨保存情况	性别	随葬品	年代	备注
M150	②层下	350°	长方形竖穴土圹墓	2.4×1.4—1	2.4×1.4—1.9	单棺	仰身屈肢	较差	女	银簪4、铜头饰2、铜簪1、铜钱8、	清	
M151	②层下	340°	长方形竖穴土圹墓	2.6×1.4—1	2.6×1.4—1.8	单棺	仰身直肢	较差	男	瓷虎子1、银带饰2、铜顶戴1、玉扳指1、角饰2、玉鼻烟壶1、铜烟袋1、玉珠1、银挂饰1、铜杯表1、料坠饰1、料珠10	清	
M152	②层下	270°	长方形竖穴土圹墓	2.3×1.6—1.2	2.3×1.6—（1.9~2.1）	双棺	南：仰身屈肢 北：仰身直肢	稍差	南：男 北：女	银簪3、料珠2、铜钱2	清	
M153	②层下	240°	长方形竖穴土圹墓	2.8×1.8—0.5	2.8×1.8—1.3	双棺	南：不明 北：仰身直肢	较差	南：女 北：男	瓷罐1、银押发1、银簪1、铜钱2	清	
M154	②层下	190°	长方形竖穴土圹墓	2.7×1.7—1	2.7×1.7—2.4	双棺	东：仰身直肢 西：不明	较差	东：女 西：男	瓷罐1、金耳环2、银簪1、银戒指3、银簪1、铜钱3	清	
M155	②层下	120°	长方形竖穴土圹墓	2.4×2—1.1	2.4×2—2.1	双棺	不明	无	不明	瓷罐1	清	迁葬墓
M156	②层下	200°	长方形竖穴土圹墓	2.3×1.7—1	2.3×1.7—1.9	双棺	东：不明 西：仰身直肢	较差	东：女 西：男	瓷罐1、银簪2	清	
M157	②层下	185°	长方形竖穴土圹墓	2.5×1.8—1	2.5×1.8—1.9	双棺	东：仰身直肢 西：不明	较差	东：男 西：女	银押发3、银耳环1	清	
M158	②层下	310°	长方形竖穴土圹墓	2.5×1.16—1	2.5×1.16—1.8	单棺	不明	较差	男	陶罐1、铜钱3	清	
M159	②层下	160°	长方形竖穴土圹墓	2.5×1.1—1.1	2.5×1.1—2.4	单棺	不明	较差	男	无	清	
M160	②层下	240°	长方形竖穴土圹墓	2.5×1.6—0.8	2.5×1.6—1.7	单棺	无	无	不明	无	清	迁葬墓
M161	②层下	220°	梯形竖穴土圹墓	2.6×(1~1.1)—1	2.6×(1~1.1)—1.9	单棺	仰身直肢	较差	男	无	清	
M162	②层下	220°	长方形竖穴土圹墓	2.6×1.6—1	2.6×1.6—1.9	单棺	仰身直肢	稍差	女	无	清	
M163	②层下	150°	长方形竖穴土圹墓	2.3×1.4—1	2.3×1.4—2.2	双棺	仰身直肢	西：较差 东：稍差	西：女 东：男	釉陶罐2、铜钱13	清	

续表

墓号	层位	方向	形状与结构	墓口 长×宽—深（米）	墓底 长×宽—深（米）	葬具	葬式	人骨保存情况	性别	随葬品	年代	备注
M164	②层下	220°	长方形竖穴土圹墓	2.7×2.6—1	2.7×2.6—2.2	三棺	东：不明 中：不明 西：仰身直肢	较差	东：不明 中：不明 西：女	釉陶罐1、铜钱3	清	
M165	②层下	285°	长方形竖穴土圹墓	2.4×1.5—1.6	2.4×1.5—3.1	单棺	不明	较差	不明	无	清	
M166	②层下	0°	梯形竖穴土圹墓	2.2×(1~1.2)—0.4	2.2×(1~1.2)—1.2	单棺	仰身直肢	较好	男	铜烟袋1、料珠45、料珠垫3	清	
M167	②层下	320°	长方形竖穴土圹墓	2.2×1—0.3	2.2×1—1.3	单棺	仰身直肢	较好	女	铜钱5	清	
M168	②层下	340°	长方形竖穴土圹墓	2.2×1—1.5	2.2×1—2.4	单棺	仰身直肢	较好	男	釉陶罐1	明	
M169	②层下	355°	长方形竖穴土圹墓	2.2×1.4—1.4	2.2×1.4—(2.3~2.6)	双棺	仰身直肢	稍好	东：男 西：女	釉陶罐2、铜钱3	明	
M170	②层下	350°	长方形竖穴土圹墓	2.4×1.4—1.5	2.4×1.4—(2.22~2.6)	双棺	东：仰身直肢 西：侧身屈肢	东：稍好 西：较差	东：男 西：女	无	清	
M171	②层下	335°	梯形竖穴土圹墓	2.4×(1.3~1.4)—0.4	2.4×(1.3~1.4)—2	双棺	仰身直肢	较差	东：男 西：女	釉陶罐1、银押发1、铜钱7	清	
M172	②层下	340°	长方形竖穴土圹墓	2.5×0.9—1.3	2.5×0.9—2.1	单棺	仰身直肢	较差	男	瓷罐1、银押发1、铜钱3	清	
M173	②层下	330°	梯形竖穴土圹墓	2.12×(1~1.1)—1.4	2.12×(1~1.1)—2.3	单棺	无	无	不明	釉陶罐1	清	
M174	②层下	15°	梯形竖穴土圹墓	2.6×(2.1~2.2)—0.3	2.6×(2.1~2.2)—(1.05~1.5)	双棺	东：仰身直肢 西：不明	较差	东：女 西：男	陶罐1、铜钱1	清	迁葬墓
M175	②层下	0°	梯形竖穴土圹墓	2.8×(1.6~1.8)—0.3	2.8×(1.6~1.8)—(1.32~1.5)	双棺	仰身直肢	较差	东：女 西：男	无	清	
M176	②层下	270°	长方形竖穴土圹墓	2.4×1.4—0.6	2.4×1.4—1.4	单棺	无	无	不明	无	清	迁葬墓
M177	②层下	270°	长方形竖穴土圹墓	2.7×2.94—0.6	2.7×2.94—1.6	三棺	仰身直肢 仰身直肢 仰身屈肢	南：较好 中：较差 北：较差	南：男 中：女 北：女	银押发1、银簪2、银戒指1	清	

续表

墓号	层位	方向	形状与结构	墓口 长×宽×深（米）	墓底 长×宽×深（米）	葬具	葬式	人骨保存情况	性别	随葬品	年代	备注
M178	②层下	275°	长方形竖穴土圹墓	2.8×1.2×0.6	2.8×1.2×1.4	单棺	不明	较差	女	银簪3	清	
M179	②层下	290°	长方形竖穴土圹墓	2.1×0.8×0.6	2.1×0.8×1.5	单棺	仰身屈肢	稍差	女	釉陶罐1、银簪2、铜钱2	清	
M180	②层下	250°	长方形竖穴土圹墓	2.3×1.7×0.6	2.3×1.7×1.6	双棺	仰身直肢	南：较好 北：稍差	南：女 北：男	银簪2	清	
M181	②层下	275°	梯形竖穴土圹墓	2.4×(1～1.1)×0.6	2.4×(1～1.1)×1.4	单棺	无	无	不明	瓷罐1、铜钱4	清	迁葬墓
M182	②层下	270°	长方形竖穴土圹墓	2.4×1.8×0.4	2.4×1.8×1.6	双棺	仰身直肢	较好	南：女 北：男	釉陶罐1、铜钱4	清	
M183	②层下	260°	梯形竖穴土圹墓	2.3×(0.8～0.9)×0.6	2.3×(0.8～0.9)×1.4	单棺	仰身直肢	较好	男	釉陶罐1	清	
M184	②层下	265°	长方形竖穴土圹墓	2.5×1.3×0.6	2.5×1.3×1.6	单棺	仰身直肢	稍差	男	瓷罐1、铜钱3	清	
M185	②层下	270°	长方形竖穴土圹墓	2.6×1.8×1.1	2.6×1.8×1.9	双棺	南：侧身屈肢 北：仰身直肢	较差	南：女 北：男	釉陶罐2、铜钱40	清	
M186	②层下	290°	长方形竖穴土圹墓	2.4×0.8×1	2.4×0.8×1.9	单棺	仰身直肢	稍差	男	铜钱2	清	
M187	②层下	270°	长方形竖穴土圹墓	2.4×1.1×1	2.4×1.1×1.8	单棺	侧身屈肢	较差	男	无	清	
M188	②层下	270°	长方形竖穴土圹墓	2.3×0.7×1	2.3×0.7×1.9	单棺	无	不明	不明	无	清	迁葬墓
M189	②层下	320°	长方形竖穴土圹墓	2.6×1.5×0.8	2.6×1.5×1.6	双棺	仰身直肢	稍差	南：女 北：男	铜钱3	清	
M190	②层下	270°	长方形竖穴土圹墓	2.4×1.6×1	2.4×1.6×1.8	双棺	南：仰身直肢 北：侧身直肢	较差	南：女 北：男	釉陶罐1、瓷罐1、铜簪1、铜钱26	清	
M191	②层下	270°	长方形竖穴土圹墓	2.5×1.6×0.6	2.5×1.6×1.6	双棺	仰身直肢	较差	南：男 北：女	瓷罐2、铜簪2、银簪1	清	
M192	②层下	270°	长方形竖穴土圹墓	2.9×1.9×0.6	2.9×1.9×1.6	双棺	仰身直肢	南：较差 北：较好	南：女 北：男	瓷罐2、银簪2、银扁方2、铜扁方1	清	
M193	②层下	250°	长方形竖穴土圹墓	2.6×0.9×0.5	2.6×0.9×1.3	单棺	仰身直肢	较差	女	银扁方1、银耳环2、铜烟袋1、铜钱8	清	

续表

墓号	层位	方向	形状与结构	墓口 长×宽—深（米）	墓底 长×宽—深（米）	葬具	葬式	人骨保存情况	性别	随葬品	年代	备注
M194	②层下	20°	长方形竖穴土圹墓	2.4×1.4—0.4	2.4×1.4—1.6	单棺	无	无	不明	无	清	迁葬墓
M195	②层下	0°	长方形竖穴土圹墓	2.4×1—0.4	2.4×1—1.8	单棺	仰身直肢	较好	女	无	清	
M196	②层下	5°	不规则形竖穴土圹墓	2.5×(2.1~2.3)—1.5	2.5×(2.1~2.3)—2.6	三棺	仰身直肢	东：较差 中：稍好 西：较好	东：女 中：女 西：男	釉陶罐2、铜钱33	明	
M197	②层下	20°	长方形竖穴土圹墓	2.5×1.2—1.5	2.5×1.2—2.3	单棺	仰身直肢	稍好	女	釉陶罐1、铜钱4	明	
M198	②层下	120°	梯形竖穴土圹墓	2.4×(1.3~1.6)—0.4	2.4×(1.3~1.6)—1.2	双棺	仰身直肢	北：较好 南：较差	北：女 南：男	釉陶罐2、银簪1	清	
M199	②层下	120°	长方形竖穴土圹墓	2.5×1.7—0.4	2.5×1.7—1.5	双棺	不明	较好	北：女 南：男	银簪1、铜钗1	清	
M200	②层下	120°	长方形竖穴土圹墓	2.6×0.8—0.4	2.6×0.8—1.3	单棺	仰身直肢	较好	女	釉陶罐2	清	
M201	②层下	23°	梯形竖穴土圹墓	2.5×(1.7~1.9)—1.1	2.5×(1.7~1.9)—2.1	双棺	无	无	不明	无	清	迁葬墓
M202	②层下	340°	长方形竖穴土圹墓	2.4×1.3—0.8	2.4×1.3—1.7	双棺	仰身直肢	较差	东：男 西：女	铜钱10	清	
M203	②层下	15°	长方形竖穴土圹墓	2.4×1—1	2.4×1—1.8	单棺	仰身直肢	稍好	男	瓷罐1、银簪7、银饰1、铜扣1、铜钱6	清	
M204	②层下	5°	梯形竖穴土圹墓	2.8×(1.7~1.8)—0.8	2.8×(1.7~1.8)—2.4	双棺	仰身直肢	较差	东：男 西：女		清	
M205	②层下	30°	正方形竖穴土圹墓	3.2×3.2—0.8	3.2×3.2—1.8	三棺	仰身直肢	稍好	东：女 中：女 西：男		清	
M206	②层下	325°	长方形竖穴土圹墓	2.4×1.18—1.1	2.4×1.18—2	单棺	仰身直肢	较差	女	釉陶罐1	清	
M207	②层下	340°	梯形竖穴土圹墓	2.5×(1.6~2)—0.3	2.5×(1.6~2)—1.8	双棺	仰身直肢	较差	东：男 西：女	瓷罐1、银耳环1、银扁方1	清	
M208	②层下	150°	梯形竖穴土圹墓	2.5×(1.6~1.7)—0.4	2.5×(1.6~1.7)—1.4	双棺	仰身直肢	东：较差 西：较好	东：女 西：男	无	清	

续表

墓号	层位	方向	形状与结构	墓口 长×宽×深（米）	墓底 长×宽×深（米）	葬具	葬式	人骨保存情况	性别	随葬品	年代	备注
M209	②层下	170°	长方形竖穴土圹墓	2.1×1.2—1.5	2.1×1.2—2.4	单棺	仰身直肢	较好	女	银簪1、铜钱1	清	
M210	②层下	180°	长方形竖穴土圹墓	2.6×1.8—1.5	2.6×1.8—2.3	双棺	仰身直肢	较差	东：女 西：男	瓷罐1、瓷鼻烟壶1套、银扁方1、铜钱5	清	
M211	②层下	180°	长方形竖穴土圹墓	2.3×2—1.5	2.3×2—2.3	双棺	仰身直肢	较差	东：男 西：女	釉陶罐1	清	
M212	②层下	176°	呈长方形竖穴土圹墓	2.3×(1.3~1.4)—0.4	2.3×(1.3~1.4)—1.4	双棺	仰身直肢	东：较差 西：较好	东：女 西：男	釉陶罐2	清	
M213	②层下	130°	梯形竖穴土圹墓	2.4×(1~1.1)—0.4	2.4×(1~1.1)—1.7	单棺	仰身直肢	较差	女	无	清	
M214	②层下	350°	不规则长方形竖穴土圹墓	2.7×1.6—0.8	2.7×1.6—(1.6~1.8)	双棺	东：瓮棺 西：仰身屈肢	东：无 西：较差	东：不明 西：女	釉陶罐1、瓷盆1、铜簪1、银耳环5	清	
M215	②层下	170°	长方形竖穴土圹墓	2.3×1.7—1.6	2.3×1.7—2.6	双棺	仰身屈肢 不明	东：较好 西：较差	东：男 西：女	无	清	
M216	②层下	155°	长方形竖穴土圹墓	2.3×2.1—1	2.3×2.1—(1.6~2)	双棺	仰身直肢	东：稍好 西：稍差	东：男 西：女	瓷罐1、铜钱5	清	
M217	②层下	350°	梯形竖穴土圹墓	2.4×(1~1.2)—0.4	2.4×(1~1.2)—1.9	单棺	仰身直肢	较差	男	无	清	
M218	②层下	225°	长方形竖穴土圹墓	2.5×1.2—1.2	2.5×1.2—2.1	单棺	仰身直肢	较好	女	银簪2、银耳环1、铜钱2	清	
M219	②层下	135°	梯形竖穴土圹墓	2.5×(1.5~1.56)—1.2	2.5×(1.5~1.56)—(2~2.2)	双棺	—	较差	北：女 南：男	无	清	
M220	②层下	105°	不规则形竖穴土圹墓	2.7×(1.6~1.9)—1	2.7×(1.6~1.9)—1.9	双棺	仰身直肢	较差	南：男 北：男	银簪1	清	
M221	②层下	90°	长方形竖穴土圹墓	2.7×(1.34~1.7)—1	2.7×(1.34~1.7)—2	三棺	不明	南、中：无 北：较差	南：不明 中：不明 北：男	瓷罐1、瓷盒1、铜钱18	清	
M222	②层下	60°	长方形竖穴土圹墓	2×0.7—1	2×0.7—1.8	单棺	仰身直肢	较好	女	铜钱2	清	

续表

墓号	层位	方向	形状与结构	墓口 长×宽-深（米）	墓底 长×宽-深（米）	葬具	葬式	人骨保存情况	性别	随葬品	年代	备注
M223	②层下	180°	长方形竖穴土圹墓	2.4×1.8-1	2.4×1.8-1.8	双棺	仰身直肢	东：较好 西：	东：女 西：男	银扁方1、银簪5、银耳环4、银饰4、铜簪1、骨簪2、铜钱5	清	
M224	②层下	170°	长方形竖穴土圹墓	2.8×1.5-1	2.8×1.5-1.9	双棺	东：仰身直肢 西：不明	较差	东：女 西：男	银扁方1、银饰发2、铜钱1	清	
M225	②层下	165°	长方形竖穴土圹墓	2.4×2-1	2.4×2-(1.88~2.6)	双棺	仰身直肢	较差	东：男 西：女	银扁方1、银耳环2、铜钱4	清	
M226	②层下	0°	长方形竖穴土圹墓	2.04×1.2-1	2.04×1.2-1.9	单棺	不明	较差	不明	无	清	
M227	②层下	345°	长方形竖穴土圹墓	2.3×1.4-1	2.3×1.4-1.9	单棺	仰身直肢	较好	男	无	清	
M228	②层下	180°	长方形竖穴土圹墓	2.8×1.6-1	2.8×1.6-1.9	双棺	仰身直肢	较好	东：女 西：男	银耳环1、铜钱3	明	
M229	②层下	350°	长方形竖穴土圹墓	3.15×3-0.4	3.15×3-(1.84~2)	四棺	1、4号：仰身直肢 2号：仰身屈肢 3号：不明	1号：稍好 2、3、4号：较差	1号：男 2号：女 3号：不明 4号：女	铜钱6	明	
M230	②层下	345°	长方形竖穴土圹墓	2.04×1-0.4	2.04×1-2.2	单棺	仰身直肢	较好	男	铜钱3	明	
M231	②层下	0°	梯形竖穴土圹墓	2.28×(1.1~1.16)-0.4	2.28×(1.1~1.16)-1.6	单棺	仰身直肢	较好	男	无	清	
M232	②层下	10°	长方形竖穴土圹墓	2.4×1.6-1.2	2.4×1.6-2.1	双棺	仰身直肢	较好	东：男 西：女	釉陶罐2、铜钱2	明	
M233	②层下	90°	长方形竖穴土圹墓	3.1×2.2-1	3.1×2.2-2.2	双棺	仰身直肢	较差	南：男 北：女	银簪1、银押发1	清	
M234	②层下	0°	梯形竖穴土圹墓	2.7×(1.2~1.3)-0.4	2.7×(1.2~1.3)-1.9	单棺	仰身直肢	较差	女	银簪2、银耳环3、铜钱5	清	
M235	②层下	0°	近呈长方形竖穴土圹墓	2.3×(0.95~1)-0.4	2.3×(0.95~1)-1.9	单棺	仰身直肢	稍好	女	银簪3、银耳环3、铜钱5	清	
M236	②层下	90°	梯形竖穴土圹墓	2.2×(0.8~1)-0.8	2.2×(0.8~1)-2	单棺	仰身直肢	较差	女	无	清	

续表

墓号	层位	方向	形状与结构	墓口 长×宽—深（米）	墓底 长×宽—深（米）	葬具	葬式	人骨保存情况	性别	随葬品	年代	备注
M237	②层下	160°	长方形竖穴土圹墓	2.4×2—1	2.4×2—(2.1~2.7)	双棺	仰身直肢	东：较差 西：稍好	东：女 西：男	瓷罐1	清	
M238	②层下	190°	长方形竖穴土圹墓	2.5×2.4—1	2.5×2.4—2	双棺	仰身直肢	东：较差 西：稍好	东：男 西：女	瓷罐2、银扁方1、铜烟袋1、铜钱6	清	
M239	②层下	215°	长方形竖穴土圹墓	2.8×2.5—0.8	2.8×2.5—1.7	双棺	仰身直肢	东：较差 西：稍好	东：女 西：男	银扁方1、银簪3、银耳环1、银戒指7、玉戒指1	清	
M240	②层下	180°	长方形竖穴土圹墓	2.5×1.8—1	2.5×1.8—2.6	双棺	仰身直肢	东：较差 西：稍好	东：女 西：男	铜钱21	清	
M241	②层下	20°	长方形竖穴土圹墓	2.8×1.3—1.2	2.8×1.3—2.8	单棺	不明	较差	不详	无	清	
M242	②层下	345°	长方形竖穴土圹墓	2.4×2—1	2.4×2—2.8	双棺	仰身直肢	较好	东：女 西：男	无	清	
M243	②层下	180°	长方形竖穴土圹墓	2.1×3—1.2	2.1×3—(2.1~2.4)	四棺	1、2号仰身直肢3、4号不明	1号：较好 2、3、4号：较差	1号：男 2号：女 3号：男 4号：女	釉陶罐3、铜烟袋1、银押发1、银簪1、银戒指1、银耳环3、铜钱11	清	
M244	②层下	350°	长方形竖穴土圹墓	2.6×1.8—0.8	2.6×1.8—1.6	单棺	不明	较差	不明	无	清	迁葬墓
M245	②层下	180°	长方形竖穴土圹墓	2.1×2—1	2.1×2—1.8	双棺	不明	较差	东：不明 西：不明	瓷罐1、银扁方1、银簪4、铜钱3	清	
M246	②层下	210°	长方形竖穴土圹墓	2.2×2—1.2	2.2×2—2.2	双棺	不明	稍好	东：女 西：男	银扁方1、铜钱9	清	
M247	②层下	70°	长方形竖穴土圹墓	2×0.9—1	2×0.9—1.8	单棺	仰身直肢	较差	男	无	清	
M248	②层下	205°	长方形竖穴土圹墓	2.2×1—1	2.2×1—1.8	单棺	仰身直肢	较差	男	无	清	
M249	②层下	30°	长方形竖穴土圹墓	3×2.2—1.5	3×2.2—2.3	双棺	东：侧身屈肢 西：不明	较差	东：女 西：男	铜钱12	清	
M250	②层下	10°	长方形竖穴土圹墓	2.5×1.7—1.2	2.5×1.7—2.2	双棺	仰身屈肢	稍好	东：女 西：男	釉陶罐1、骨簪1	清	

续表

墓号	层位	方向	形状与结构	墓口 长×宽—深（米）	墓底 长×宽—深（米）	葬具	葬式	人骨保存情况	性别	随葬品	年代	备注
M251	②层下	345°	长方形竖穴土圹墓	2.2×1.7—1	2.2×1.7—(1.8~1.94)	双棺	仰身直肢	较差	东：女 西：男	瓷罐1、银耳环2、铜钱1	清	
M252	②层下	35°	长方形竖穴土圹墓	2.7×1.4—1.1	2.7×1.4—(1.9~2.2)	双棺	仰身直肢	较差	西：女 东：男	无	清	
M253	②层下	105°	长方形竖穴土圹墓	2.5×1.3—1.2	2.5×1.3—2.4	单棺	仰身直肢	稍好	男	铜钱5	清	
M254	②层下	110°	长方形竖穴土圹墓	2.3×1.1—1.4	2.3×1.1—2.2	单棺	仰身直肢	较好	女	无	清	
M255	②层下	105°	长方形竖穴土圹墓	2.4×1.3—0.7	2.4×1.3—1.7	单棺	仰身直肢	稍好	男	无	清	

附表三 铜钱统计表

单位	编号	种类	钱径（厘米）	穿宽（厘米）	郭厚（厘米）	备 注
M9:5	1	顺治通宝	2.74	0.58	0.11	左满文"东"，右楷书"東"
	2	康熙通宝	2.76	0.48	0.12	
	3	康熙通宝	2.80	0.67	0.12	
M14:3	1	康熙通宝	2.78	0.54	0.12	
M15:4	1	顺治通宝	2.56	0.52	0.12	
	2	顺治通宝	2.54	0.44	0.13	工一厘
	3	顺治通宝	2.57	0.48	0.13	東一厘
	4	顺治通宝	2.54	0.55	0.13	臨一厘
M18:2	1	康熙通宝	2.58	0.58	0.12	
	2	乾隆通宝	2.34	0.52	0.15	
	3	乾隆通宝	2.36	0.54	0.14	
	4	乾隆通宝	2.34	0.48	0.14	
	5	乾隆通宝	2.43	0.54	0.12	
M21:2	1	康熙通宝	2.75	0.54	0.12	左满文"福"，右楷书"福"
	2	康熙通宝	2.82	0.56	0.13	
	3	康熙通宝	2.78	0.48	0.18	
	4	康熙通宝	2.70	0.60	0.11	福
	5	康熙通宝	2.84	0.55	0.12	
	6	康熙通宝	2.70	0.58	0.11	福
	7	康熙通宝	2.72	0.52	0.14	福
	8	康熙通宝	2.84	0.58	0.14	
	9	康熙通宝	2.76	0.58	0.12	福
M27:1	1	绍圣元宝	2.43	0.63	0.09	
	2	元祐通宝	2.38	0.76	0.09	
	3	元祐通宝	2.36	0.62	0.12	
	4	正隆元宝	2.38	0.60	0.08	
M28:1	1	开元通宝	2.37	0.68	0.12	
	2	景祐元宝	2.45	0.53	0.12	
M33:3	1	康熙通宝	2.84	0.62	0.12	
M36:1	1	乾隆通宝	2.34	0.52	0.12	
	2	乾隆通宝	2.36	0.56	0.13	
	3	乾隆通宝	2.26	0.52	0.14	

续表

单位	编号	种类	钱径（厘米）	穿宽（厘米）	郭厚（厘米）	备 注
M47：2	1	同治重宝	2.76	0.50	0.19	當十
M48：3	1	乾隆通宝	2.48	0.52	0.16	
	2	嘉庆通宝	2.48	0.50	0.14	
	3	嘉庆通宝	2.60	0.50	0.12	
	4	咸丰通宝	2.40	0.50	0.18	
	5	光绪通宝	2.24	0.50	0.15	
	6	光绪通宝	2.28	0.48	0.13	
	7	宣统通宝	1.90	0.38	0.12	
	8	嘉庆通宝	2.45	0.48	0.16	
	9	宣统通宝	1.88	0.36	0.13	
M50：3	1	同治重宝	2.84	0.58	0.14	當十
	2	咸丰重宝	2.92	0.58	0.18	當十
	3	光绪重宝	2.76	0.53	0.22	
	4	同治重宝	2.88	0.58	0.14	當十
	5	同治重宝	2.88	0.55	0.15	當十
M54：3	1	康熙通宝	2.78	0.54	0.12	
	2	康熙通宝	2.76	0.58	0.09	
M55：1	1	康熙通宝	2.42	0.56	0.09	
	2	康熙通宝	2.36	0.54	0.12	
M58：6	1	乾隆通宝	2.55	0.55	0.14	
	2	乾隆通宝	2.32	0.53	0.13	
M60：18	1	嘉庆通宝	2.34	0.56	0.13	
	2	嘉庆通宝	2.32	0.54	0.16	
	3	嘉庆通宝	2.28	0.58	0.14	
	4	嘉庆通宝	2.32	0.56	0.15	
	5	嘉庆通宝	2.32	0.55	0.14	
	6	嘉庆通宝	2.22	0.58	0.13	
	7	嘉庆通宝	2.32	0.63	0.13	
	8	嘉庆通宝	2.28	0.58	0.15	
	9	嘉庆通宝	2.28	0.56	0.14	
	10	嘉庆通宝	2.34	0.48	0.14	
M61：2	1	同治重宝	2.82	0.58	0.16	當十
	2	光绪通宝	2.26	0.50	0.12	

续表

单位	编号	种类	钱径（厘米）	穿宽（厘米）	郭厚（厘米）	备 注
M61：2	3	宣统通宝	1.88	0.36	0.10	
	4	同治重宝	2.78	0.58	0.18	当十
	5	宣统通宝	1.86	0.38	0.12	
M63：9	1	同治重宝	2.48	0.64	0.13	当十
	2	同治重宝	2.36	0.56	0.16	当十
	3	同治重宝	2.34	0.58	0.12	当十
M67：3	1	嘉庆通宝	2.48	0.52	0.14	
	2	嘉庆通宝	2.42	0.54	0.13	
	3	嘉庆通宝	2.48	0.56	0.12	
	4	嘉庆通宝	2.40	0.56	0.12	
	5	嘉庆通宝	2.42	0.56	0.12	
	6	嘉庆通宝	2.48	0.48	0.14	
M75：2	1	康熙通宝	2.86	0.55	0.14	
	2	康熙通宝	2.86	0.54	0.13	
M78：4	1	顺治通宝	2.72	0.52	0.10	
	2	康熙通宝	2.73	0.55	0.12	
	3	康熙通宝	2.82	0.56	0.13	
	4	乾隆通宝	2.80	0.58	0.12	
	5	乾隆通宝	2.73	0.54	0.10	
	6	乾隆通宝	2.76	0.52	0.10	
M79：2	1	开元通宝	2.52	0.66	0.14	
	2	天禧通宝	2.38	0.54	0.12	
M79：3	1	淳化元宝	2.40	0.50	0.09	
	2	咸平元宝	2.40	0.55	0.09	
	3	咸平元宝	2.36	0.55	0.10	
M86：1	1	乾隆通宝	2.85	0.52	0.15	
	2	乾隆通宝	2.84	0.55	0.14	
	3	乾隆通宝	2.75	0.50	0.16	
M88：3	1	康熙通宝	2.35	0.52	0.09	
M89：1	1	雍正通宝	2.58	0.48	0.13	
M90：1	1	康熙通宝	2.33	0.48	0.10	
	2	康熙通宝	2.32	0.48	0.12	

续表

单位	编号	种类	钱径（厘米）	穿宽（厘米）	郭厚（厘米）	备注
M92：1	1	康熙通宝	2.64	0.54	0.14	
	2	康熙通宝	2.76	0.50	0.13	
	3	道光通宝	2.36	0.55	0.18	
	4	康熙通宝	2.64	0.54	0.14	
	5	康熙通宝	2.64	0.60	0.13	
	6	道光通宝	2.34	0.54	0.18	
	7	康熙通宝	2.64	0.54	0.14	
	8	道光通宝	2.33	0.56	0.18	
	9	道光通宝	2.32	0.56	0.16	
M95：10	1	开元通宝	2.48	0.66	0.12	
	2	熙宁元宝	2.42	0.65	0.11	
	3	康熙通宝	2.75	0.58	0.10	
	4	康熙通宝	2.60	0.56	0.12	
	5	雍正通宝	2.56	0.52	0.11	
	6	乾隆通宝	2.55	0.55	0.13	
	7	乾隆通宝	2.52	0.53	0.12	
	8	乾隆通宝	2.50	0.52	0.12	
	9	雍正通宝	2.66	0.58	0.11	
	10	乾隆通宝	2.52	0.58	0.10	
M98：2	1	康熙通宝	2.56	0.54	0.12	
	2	雍正通宝	2.53	0.52	0.12	
	3	乾隆通宝	2.58	0.55	0.11	
M100：2	1	顺治通宝	2.74	0.58	0.10	
	2	顺治通宝	2.42	0.54	0.09	户一厘
	3	康熙通宝	2.77	0.50	0.12	左满文"宁"，右楷书"宁"
	4	康熙通宝	2.78	0.58	0.10	
	5	康熙通宝	2.77	0.58	0.12	
	6	康熙通宝	2.80	0.54	0.12	
	7	顺治通宝	2.75	0.64	0.12	
	8	康熙通宝	2.82	0.56	0.10	
	9	康熙通宝	2.80	0.58	0.13	
	10	康熙通宝	2.78	0.58	0.12	
	11	康熙通宝	2.80	0.56	0.11	

续表

单位	编号	种类	钱径（厘米）	穿宽（厘米）	郭厚（厘米）	备 注
M100：2	12	康熙通宝	2.77	0.58	0.12	
M102：10	1	乾隆通宝	2.68	0.48	0.16	
	2	乾隆通宝	2.23	0.48	018	
	3	乾隆通宝	2.23	0.48	0.18	
	4	乾隆通宝	2.22	0.54	0.12	
M109：4	1	崇祯通宝	2.56	0.58	0.14	
	2	嘉庆通宝	2.36	0.52	0.12	
M113：2	1	万历通宝	2.50	0.52	0.10	
	2	道光通宝	2.22	0.55	0.16	
	3	万历通宝	2.49	0.52	0.14	
	4	万历通宝	2.56	0.46	0.13	
	5	万历通宝	2.54	0.50	0.12	
	6	万历通宝	2.62	0.44	0.12	
	7	万历通宝	2.50	0.50	0.14	
	8	万历通宝	2.54	0.48	0.12	
	9	万历通宝	2.50	0.54	0.12	
	10	道光通宝	2.38	0.58	0.15	
M116：4	1	康熙通宝	2.65	0.63	0.10	
	2	康熙通宝	2.68	0.50	0.11	左满文"临"，右楷书"臨"
	3	康熙通宝	2.62	0.64	0.11	
	4	康熙通宝	2.35	0.55	0.09	
	5	康熙通宝	2.76	0.56	0.12	
	6	康熙通宝	2.65	0.62	0.11	
	7	康熙通宝	2.72	0.54	0.12	
	8	康熙通宝	2.76	0.55	0.12	
M118：1	1	天禧通宝	2.38	0.58	0.09	
	2	绍圣元宝	2.42	0.68	0.11	
	3	天禧通宝	2.30	0.60	0.09	
M121：2	1	顺治通宝	2.76	0.62	0.13	
	2	康熙通宝	2.78	0.55	0.10	
	3	康熙通宝	2.84	0.56	0.14	
M126：4	1	康熙通宝	2.64	0.54	0.12	
	2	乾隆通宝	2.32	0.55	0.13	

续表

单位	编号	种类	钱径（厘米）	穿宽（厘米）	郭厚（厘米）	备 注
M126：4	3	康熙通宝	2.78	0.53	0.13	
	4	康熙通宝	2.78	0.54	0.12	
	5	康熙通宝	2.78	0.54	0.13	
	6	乾隆通宝	2.38	0.58	0.11	
	7	康熙通宝	2.68	0.52	0.14	
M128：2	1	康熙通宝	2.68	0.52	0.13	
	2	康熙通宝	2.75	0.54	0.13	
	3	康熙通宝	2.72	0.56	0.12	
M129：3	1	光绪重宝	3.06	0.64	0.16	
M135：1	1	崇宁重宝	3.40	0.78	0.18	
	2	崇宁通宝	3.48	0.73	0.26	
	3	熙宁重宝	3.08	0.70	0.12	
	4	圣宋元宝	3.02	0.56	0.16	
	5	元丰通宝	2.85	0.72	0.14	
	6	咸平元宝	2.46	0.56	0.11	
	7	崇宁重宝	3.50	0.76	0.16	
	8	崇宁重宝	3.48	0.78	0.16	
	9	崇宁重宝	3.44	0.79	0.14	
	10	崇宁重宝	3.32	0.74	0.22	
	11	崇宁重宝	3.50	0.76	0.19	
M136：2	1	道光通宝	2.51	0.55	0.13	
M139：7	1	乾隆通宝	2.48	0.55	0.11	
	2	嘉庆通宝	2.36	0.52	0.14	
	3	乾隆通宝	2.33	0.55	0.14	
	4	乾隆通宝	2.32	0.56	0.12	
M141：3	1	开元通宝	2.38	0.58	0.13	
	2	景德元宝	2.48	0.55	0.10	
	3	元丰通宝	2.42	0.66	0.10	
M142：3	1	开元通宝	2.47	0.62	0.13	
	2	景祐元宝	2.46	0.66	0.12	
	3	熙宁元宝	2.43	0.68	0.12	
	4	元祐通宝	2.48	0.66	0.11	
	5	万历通宝	2.53	0.48	0.13	

续表

单位	编号	种类	钱径（厘米）	穿宽（厘米）	郭厚（厘米）	备　注
M142：3	6	顺治通宝	2.56	0.50	0.13	户一厘
	7	康熙通宝	2.74	0.54	0.13	
	8	康熙通宝	2.78	0.58	0.12	左满文"同"，右楷书"同"
	9	康熙通宝	2.34	0.54	0.10	
	10	乾隆通宝	2.36	0.51	0.14	
	11	宣统通宝	1.88	0.36	0.12	
	12	宣统通宝	1.88	0.32	0.10	
M143：6	1	开元通宝	2.40	0.72	0.11	
	2	淳化元宝	2.38	0.58	0.12	
	3	天禧通宝	2.40	0.54	0.10	
	4	至道元宝	2.44	0.56	0.13	
	5	嘉祐通宝	2.52	0.72	0.10	
	6	熙宁元宝	2.46	0.56	0.14	
	7	大观通宝	2.45	0.56	0.13	
	8	政和通宝	2.38	0.58	0.09	
	9	至正通宝	2.52	0.56	0.11	背巴斯巴文"蒙"
M143：7	1	康熙通宝	2.74	0.54	0.10	
	2	乾隆通宝	2.55	0.48	0.14	
	3	宣统通宝	1.88	0.37	0.08	
M146：1	1	雍正通宝	2.60	0.54	0.13	
	2	乾隆通宝	2.55	0.54	0.12	
M150：8	1	嘉庆通宝	2.44	0.45	0.13	
	2	嘉庆通宝	2.40	0.48	0.14	
	3	嘉庆通宝	2.42	0.48	0.13	
	4	嘉庆通宝	2.35	0.55	0.11	
	5	嘉庆通宝	2.38	0.55	0.16	
M152：5	1	乾隆通宝	2.45	0.57	0.12	
M153：4	1	嘉庆通宝	2.38	0.52	0.18	
	2	同治重宝	2.48	0.64	0.09	当十
M154：6	1	乾隆通宝	2.32	0.53	0.12	
	2	乾隆通宝	2.28	0.48	0.11	
M158：2	1	光绪重宝	2.74	0.52	0.18	当
	2	光绪重宝	2.70	0.62	0.15	当十

续表

单位	编号	种类	钱径（厘米）	穿宽（厘米）	郭厚（厘米）	备 注
M163∶3	1	同治重宝	3.06	0.58	0.20	当十
	2	同治重宝	2.70	0.68	0.14	当十
	3	光绪重宝	3.01	0.58	0.22	当十
	4	光绪重宝	2.94	0.52	0.20	当十
M163∶3	5	同治重宝	2.78	0.63	0.15	
	6	光绪重宝	3.16	0.62	0.18	
M164∶2	1	同治重宝	2.90	0.52	0.16	当十
M167∶1	1	顺治通宝	2.71	0.49	0.11	
	2	咸丰重宝	3.30	0.58	0.28	当十
	3	咸丰通宝	2.32	0.50	0.16	
	4	咸丰通宝	2.32	0.50	0.18	
M169∶3	1	开元通宝	2.38	0.66	0.11	
	2	皇宋通宝	2.43	0.63	0.09	
	3	元丰通宝	2.45	0.66	0.11	
M171∶2	1	祥符元宝	2.45	0.58	0.15	
	2	宣德通宝	2.42	0.44	0.15	
	3	嘉靖通宝	2.52	0.53	0.13	
	4	嘉靖通宝	2.60	0.50	0.14	
	5	嘉靖通宝	2.50	0.58	0.13	
	6	嘉靖通宝	2.53	0.55	0.14	
M172∶3	1	同治重宝	2.84	0.58	0.12	当十
	2	同治重宝	2.48	0.62	0.12	当十
	3	同治重宝	2.38	0.62	0.11	当十
M174∶3	1	道光通宝	2.26	0.55	0.16	
	2	咸丰通宝	2.30	0.50	0.16	
	3	咸丰重宝	3.32	0.73	0.29	当十
M179∶4	1	康熙通宝	2.29	0.48	0.09	
	2	康熙通宝	2.32	0.54	0.09	
M181∶2	1	康熙通宝	2.67	0.56	0.13	
	2	康熙通宝	2.68	0.52	0.14	
	3	康熙通宝	2.68	0.54	0.11	
M182∶2	1	至道元宝	2.46	0.58	0.09	
	2	祥符通宝	2.40	0.62	0.08	

续表

单位	编号	种类	钱径（厘米）	穿宽（厘米）	郭厚（厘米）	备 注
M182：2	3	天禧通宝	2.30	0.58	0.07	
	4	永乐通宝	2.44	0.52	0.10	
M184：2	1	光绪重宝	2.60	0.55	0.18	當拾
M185：3	1	康熙通宝	2.58	0.48	0.15	
	2	雍正通宝	2.60	0.53	0.12	
	3	雍正通宝	2.54	0.52	0.11	
	4	乾隆通宝	2.58	0.52	0.12	
	5	雍正通宝	2.63	0.48	0.12	
	6	雍正通宝	2.48	0.48	0.13	
	7	雍正通宝	2.60	0.48	0.13	
	8	雍正通宝	2.52	0.50	0.13	
	9	雍正通宝	2.54	0.50	0.14	
	10	乾隆通宝	2.54	0.54	0.14	
	11	乾隆通宝	2.60	0.53	0.12	
	12	乾隆通宝	2.56	0.48	0.16	
M186：1	1	同治重宝	2.76	0.60	0.12	當十
	2	同治重宝	2.83	0.58	0.14	當十
M189：1	1	康熙通宝	2.76	0.55	0.10	
	2	嘉庆通宝	2.96	0.62	0.18	
	3	光绪重宝	2.86	0.48	0.16	當拾
M190：4	1	康熙通宝	2.32	0.52	0.09	
	2	乾隆通宝	2.50	0.48	0.13	
	3	康熙通宝	2.32	0.48	0.12	
	4	康熙通宝	2.33	0.50	0.12	
	5	康熙通宝	2.47	0.52	0.09	
	6	康熙通宝	2.27	0.52	0.09	
	7	康熙通宝	2.38	0.48	0.09	
	8	康熙通宝	2.26	0.55	0.09	
	9	康熙通宝	2.33	0.45	0.12	
	10	康熙通宝	2.30	0.48	0.11	
M193：5	1	咸丰重宝	3.22	0.70	0.28	當十
	2	咸丰重宝	3.58	0.58	0.28	當十
	3	咸丰重宝	3.58	0.68	0.28	當十

续表

单位	编号	种类	钱径（厘米）	穿宽（厘米）	郭厚（厘米）	备注
M193：5	4	咸丰重宝	3.35	0.70	0.28	当十
	5	咸丰重宝	3.70	0.62	0.28	当十
	6	咸丰重宝	3.34	0.62	0.25	当十
	7	咸丰重宝	3.30	0.62	0.29	当十
	8	咸丰重宝	3.34	0.66	0.29	当十
M196：3	1	天禧通宝	2.60	0.58	0.11	
	2	皇宋通宝	2.53	0.65	0.14	
	3	治平元宝	2.38	0.62	0.13	
	4	元丰通宝	2.43	0.66	0.13	
	5	嘉靖通宝	2.54	0.48	0.13	
	6	万历通宝	2.48	0.52	0.12	
	7	天禧通宝	2.53	0.62	0.10	
M197：2	1	万历通宝	2.58	0.49	0.11	
	2	天启通宝	2.62	0.52	0.13	户
	3	崇祯通宝	2.46	0.52	0.10	
	4	万历通宝	2.57	0.48	0.12	
M204：1	1	康熙通宝	2.78	0.56	0.09	
M205：11	1	康熙通宝	2.28	0.55	0.12	
	2	康熙通宝	2.24	0.54	0.12	
	3	康熙通宝	2.34	0.52	0.09	
	4	康熙通宝	2.30	0.56	0.10	
M209：2	1	乾隆通宝	2.46	0.46	0.13	
M210：4	1	同治重宝	3.06	0.54	0.24	当十
	2	光绪重宝	3.06	0.52	0.18	当十
M216：2	1	乾隆通宝	2.22	0.56	0.13	
	2	乾隆通宝	2.26	0.53	0.14	
	3	乾隆通宝	2.16	0.58	0.13	
M221：3	1	乾隆通宝	2.28	0.48	0.14	
	2	乾隆通宝	2.26	0.50	0.14	
	3	乾隆通宝	2.18	0.52	0.16	
	4	乾隆通宝	2.25	0.50	0.14	
	5	乾隆通宝	2.32	0.48	0.15	
M222：1	1	乾隆通宝	2.42	0.60	0.09	

续表

单位	编号	种类	钱径（厘米）	穿宽（厘米）	郭厚（厘米）	备 注
M222：1	2	乾隆通宝	2.52	0.50	0.10	
M223：18	1	同治重宝	2.82	0.58	0.15	当十
	2	光绪重宝	3.15	0.65	0.18	当十
	3	光绪重宝	3.05	0.62	0.16	
	4	光绪重宝	2.92	0.58	0.20	
M224：4	1	道光通宝	2.22	0.62	0.14	
M225：4	1	同治重宝	3.18	0.54	0.20	当十
	2	光绪重宝	3.22	0.68	0.18	当十
M228：2	1	嘉祐通宝	2.36	0.62	0.11	
	2	绍圣元宝	2.38	0.58	0.12	
	3	天口通宝	2.52	0.50	0.13	
M229：1	1	开元通宝	2.42	0.62	0.12	
	2	天禧通宝	2.45	0.64	0.09	
	3	皇宋通宝	2.48	0.72	0.09	
	4	景德元宝	2.48	0.62	0.12	
	5	圣宋元宝	2.40	0.62	0.12	
	6	治平元宝	2.33	0.62	0.10	
M230：1	1	乾元重宝	2.93	0.72	0.15	
	2	宣和通宝	2.93	0.72	0.13	
	3	熙宁元宝	2.42	0.66	0.09	
M232：2	1	嘉靖通宝	2.52	0.53	0.12	
	2	嘉靖通宝	2.50	0.56	0.10	
M234：3	1	康熙通宝	2.22	0.54	0.12	
M235：7	1	康熙通宝	2.32	0.48	0.12	
	2	乾隆通宝	2.32	0.54	0.12	
M238：5	1	嘉庆通宝	2.34	0.52	0.16	
	2	道光通宝	2.23	0.63	0.15	
	3	道光通宝	2.22	0.52	0.16	
	4	道光通宝	2.23	0.58	0.13	
M240：1	1	康熙通宝	2.32	0.46	0.11	
	2	康熙通宝	2.35	0.54	0.10	
	3	康熙通宝	2.32	0.48	0.10	
	4	康熙通宝	2.31	0.54	0.10	

续表

单位	编号	种类	钱径（厘米）	穿宽（厘米）	郭厚（厘米）	备 注
M243：11	1	同治重宝	2.78	0.64	0.14	当十
	2	同治重宝	2.72	0.58	0.16	当十
	3	同治重宝	2.66	0.62	0.15	当十
	4	同治重宝	2.74	0.56	0.16	当十
	5	同治重宝	2.78	0.58	0.13	当十
	6	同治重宝	2.76	0.55	0.18	当拾
M243：12	1	光绪重宝	2.82	0.55	0.18	当拾
M245：7	1	道光通宝	2.40	0.64	0.16	
M246：2	1	同治重宝	2.68	0.62	0.11	当十
	2	同治重宝	2.65	0.62	0.11	当十
	3	同治重宝	2.68	0.67	0.11	当十
M246：3	1	光绪重宝	2.94	0.64	0.18	当十
	2	光绪重宝	3.05	0.72	0.16	当十
	3	同治重宝	2.86	0.62	0.12	当十
	4	同治重宝	2.96	0.64	0.18	当十
	5	同治重宝	2.78	0.63	0.11	当十
	6	同治重宝	2.80	0.62	0.15	当十
M249：1	1	乾隆通宝	2.33	0.55	0.16	
	2	乾隆通宝	2.36	0.52	0.12	
	3	乾隆通宝	2.30	0.55	0.12	
	4	乾隆通宝	2.44	0.55	0.12	
	5	乾隆通宝	2.32	0.52	0.14	
	6	乾隆通宝	2.32	0.58	0.14	
M251：4	1	天启通宝	2.34	0.53	0.10	
M253：1	1	雍正通宝	2.56	0.55	0.13	
	2	雍正通宝	2.55	0.53	0.11	
	3	雍正通宝	2.56	0.48	0.13	

后　　记

本报告是北京市文物研究所2012年配合北京市丽泽金融商务区园区规划绿地工程考古发掘工作的成果，也是北京考古工作的一项重要成果。

本报告由张智勇执笔。

我所基建考古室韩鸿业同志在发掘前期做了大量的协调工作，郭京宁副所长于发掘期间给予了较多帮助。本报告的编写与出版工作得到了北京市文物研究所领导及各科室的大力支持，上宅考古工作基地为报告的编写提供了便利条件。科学出版社文物考古分社编辑王琳玮女士为报告的编辑出版付出了辛勤劳动。

在此，谨向发掘及报告整理与出版中给予支持、帮助的单位与同志，深表谢意！

限于编写者能力及主客观因素，报告中认识还不够深入，相关问题仍需探讨，有待以后进一步的工作。此外，本报告注重资料全面介绍，错漏之处在所难免，敬请读者谅解指正。

张智勇

2016年1月

彩版一

1. 丽泽墓地发掘前地貌状况

2. 丽泽墓地发掘前地貌状况

丽泽墓地发掘前地貌状况

彩版二

1. M1

2. M2

3. M1出土器物

M1、M2及M1出土器物

1. M8

2. M13

M8、M13

彩版三

彩版四

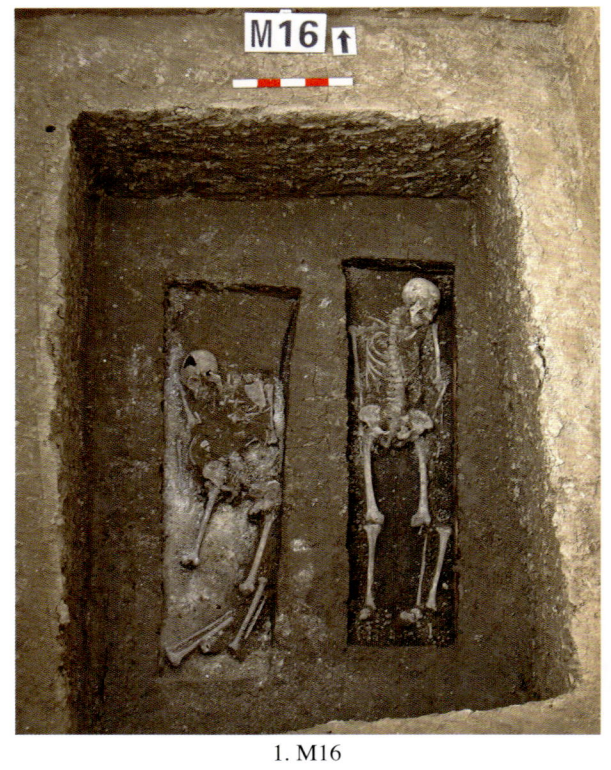

1. M16

2. M23

3. M28

4. M67

M16、M23、M28、M67

1. M50

2. M65

M50、M65

彩版六

1. M75

2. M82

M75、M82

彩版七

1. M79

2. M79墓志出土状况

M79及墓志出土状况

彩版八

1. M86

2. M90

M86、M90

彩版九

1. M111

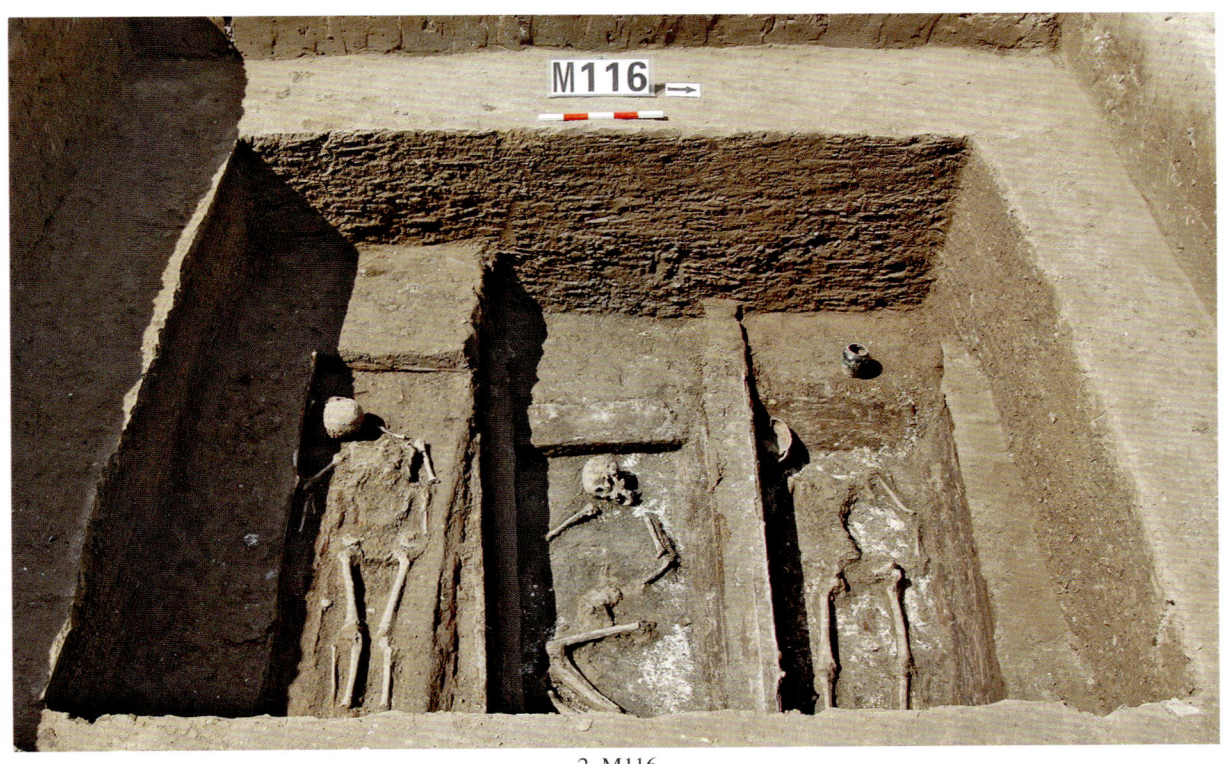

2. M116

M111、M116

彩版一〇

1. M123

2. M130

M123、M130

1. M137

2. M141

M137、M141

彩版一二

1. M143

2. M147

M143、M147

彩版一三

1. M148

2. M171

M148、M171

彩版一四

1. M175

2. M180

M175、M180

彩版一五

1. M185

2. M193

M185、M193

彩版一六

1. M202

2. M207

M202、M207

1. M220

2. M221

M220、M221

彩版一八

1. M221 器物出土状况

2. M225

M221器物出土状况及M225

1. M229

2. M232

M229、M232

彩版一九

彩版二〇

1. M243

2. M250

M243、M250

彩版二一

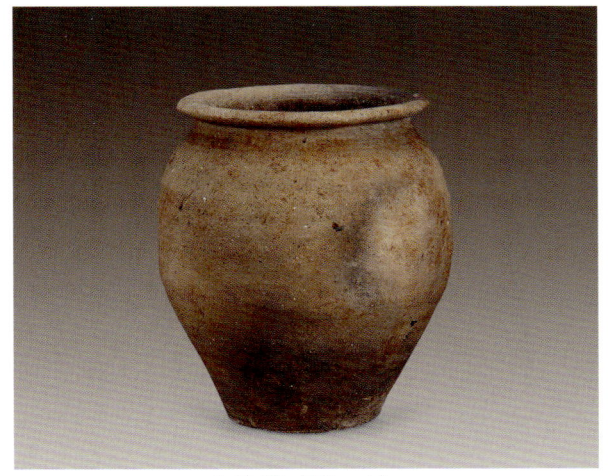

1. 陶罐（M1:1）

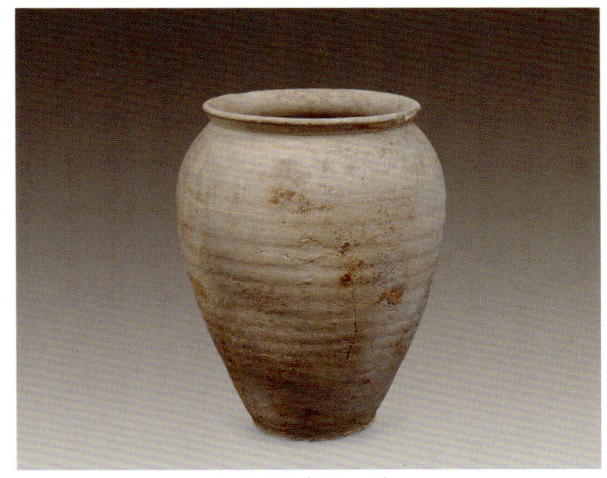

2. 陶罐（M1:2）

3. 陶砚（M1:3）

4. 瓷碗（M1:4）

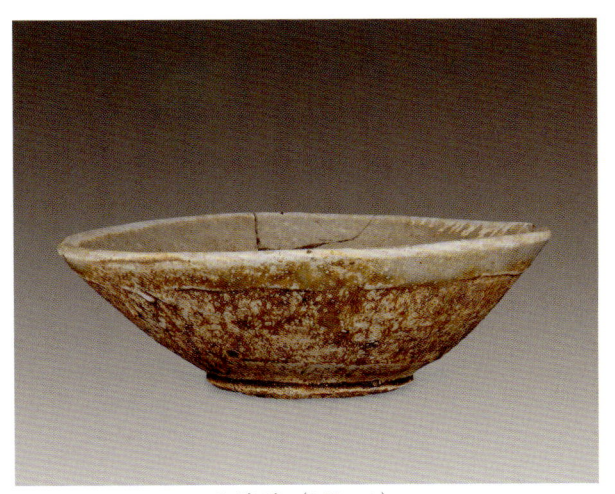

5. 瓷碗（M2:1）

M1、M2出土陶、瓷器

彩版二二

1. M3：1

2. M3：2

3. M4：1

4. M5：1

5. M6：1

6. M7：1

M3~M7出土釉陶罐

彩版二三

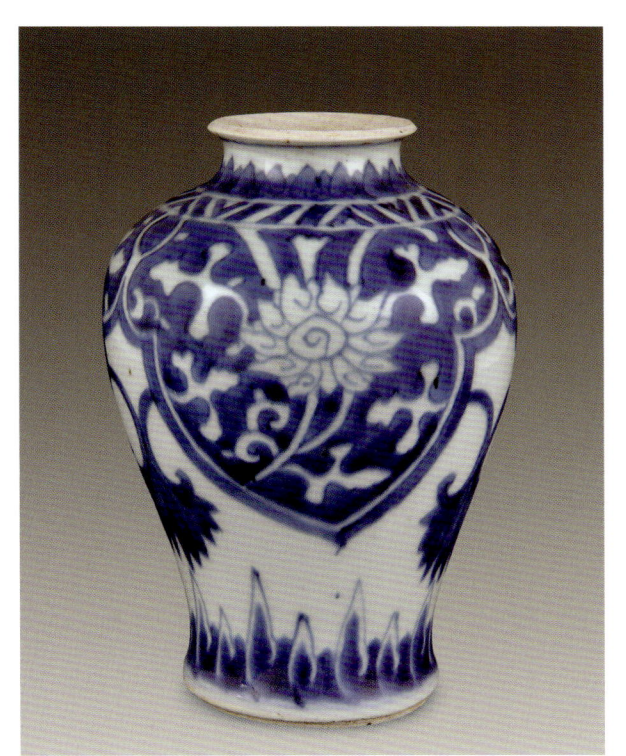

1. M8∶1

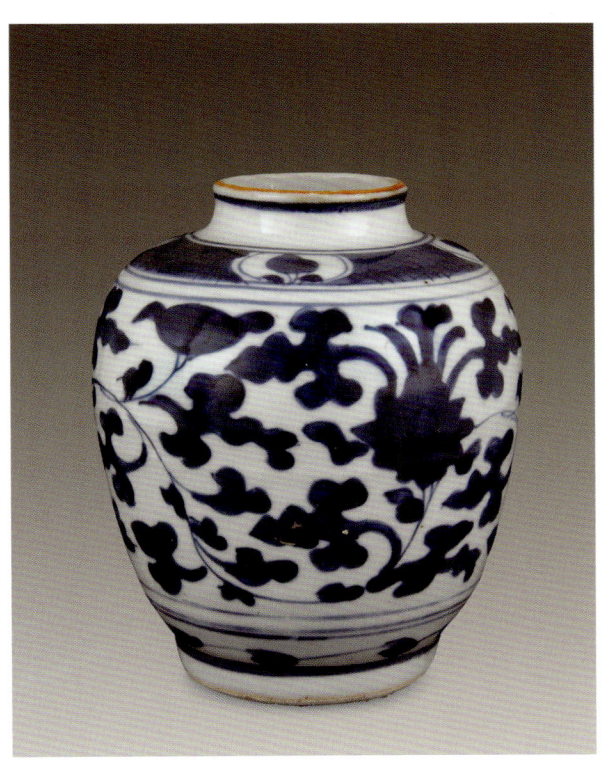

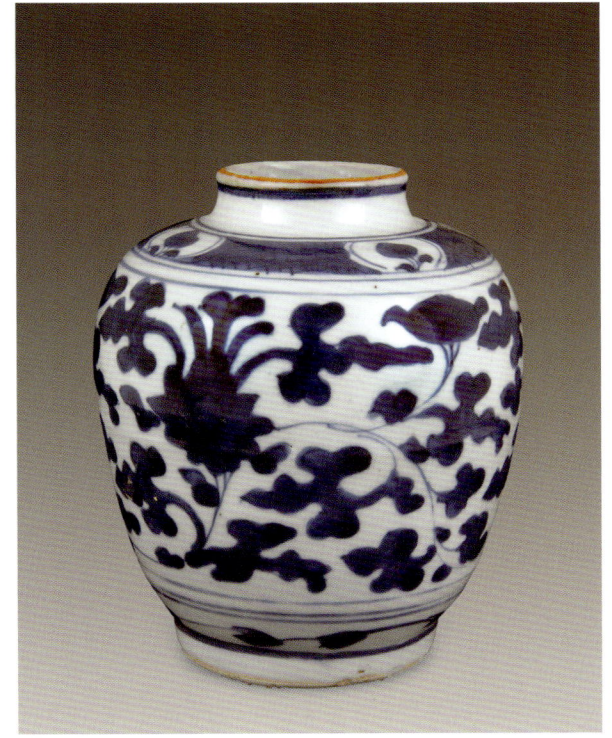

2. M8∶2

M8出土瓷罐

彩版二四

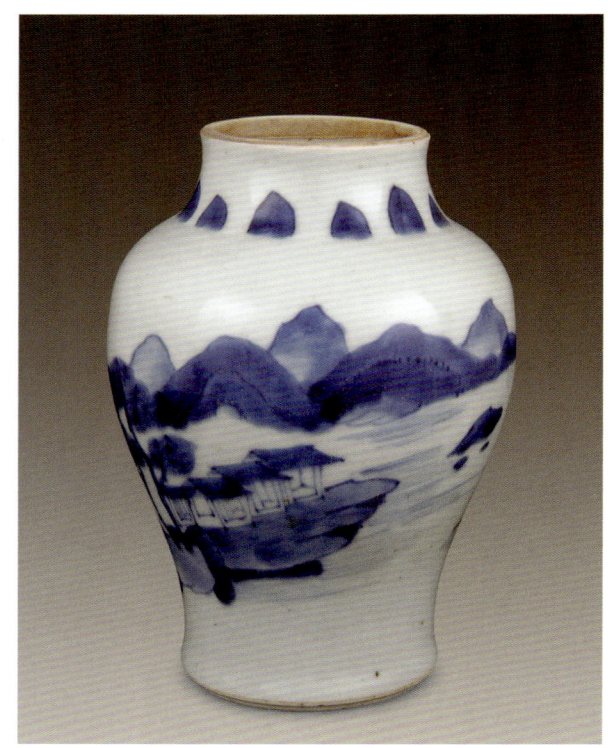

1. M9:1

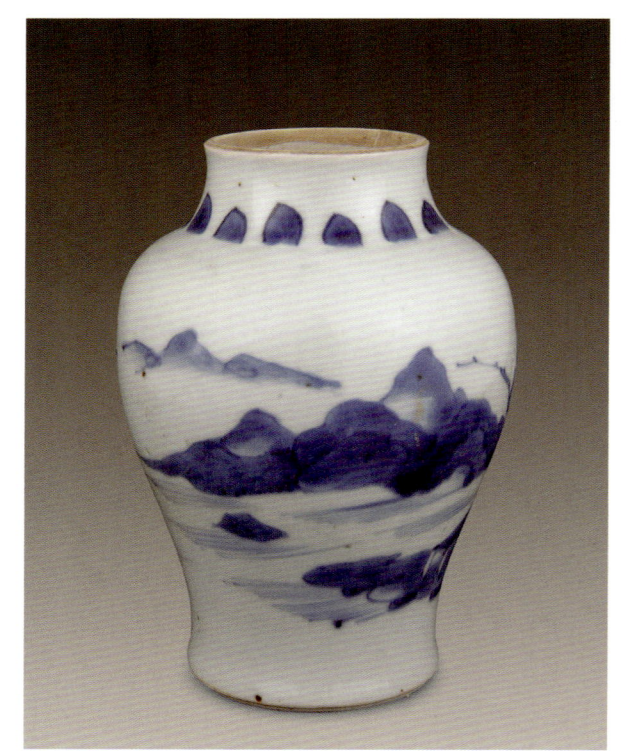

2. M9:1

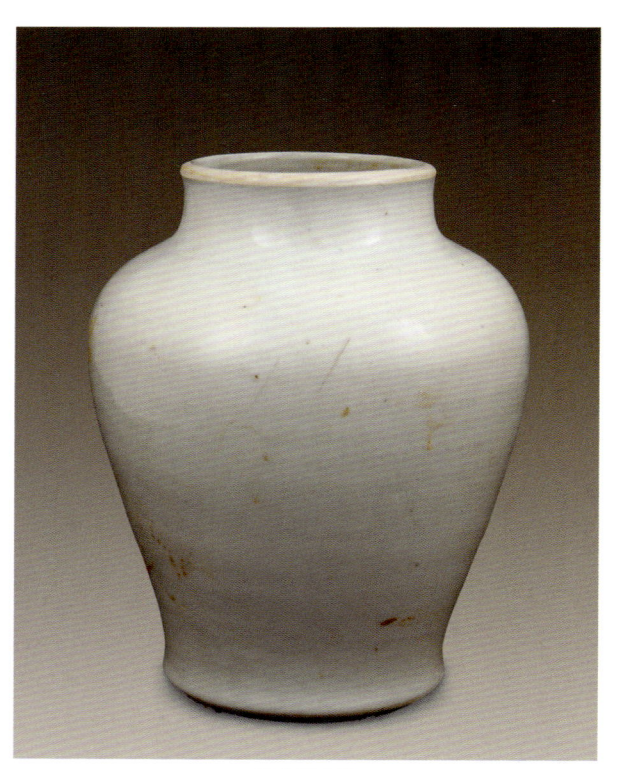

3. M9:2

M9出土瓷罐

彩版二五

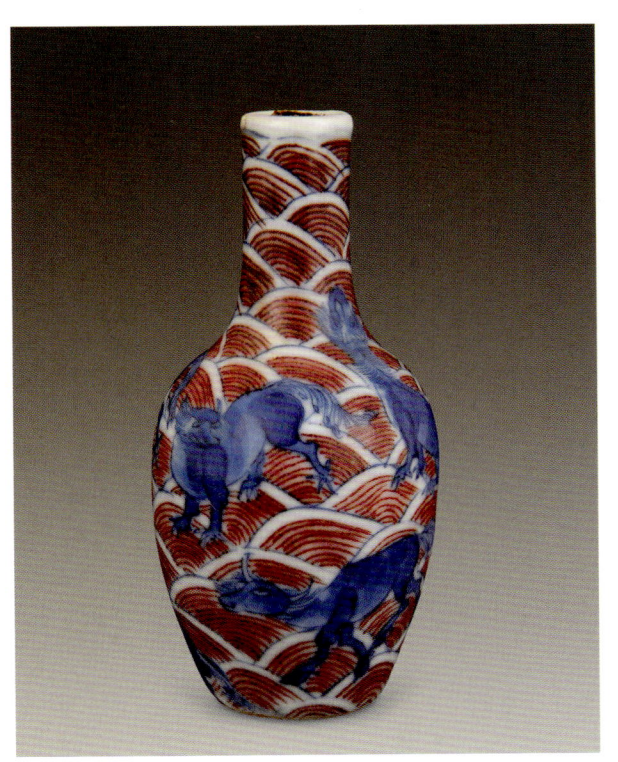

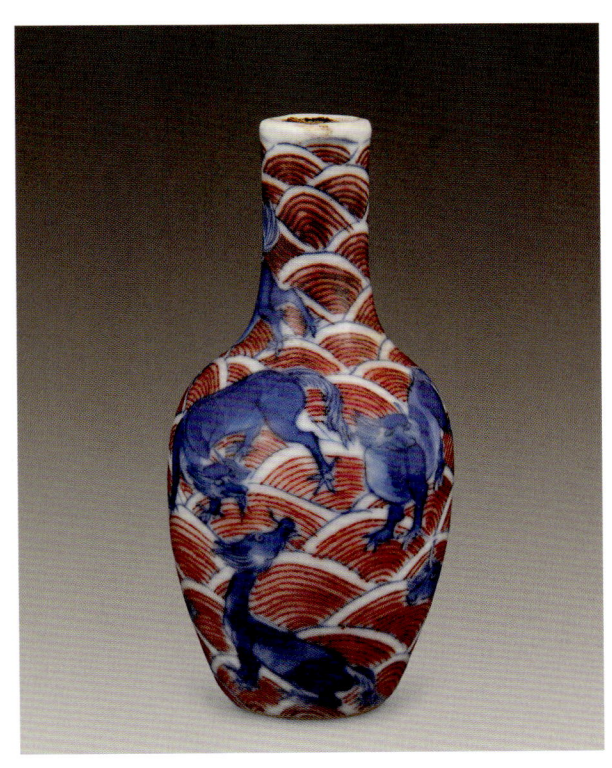

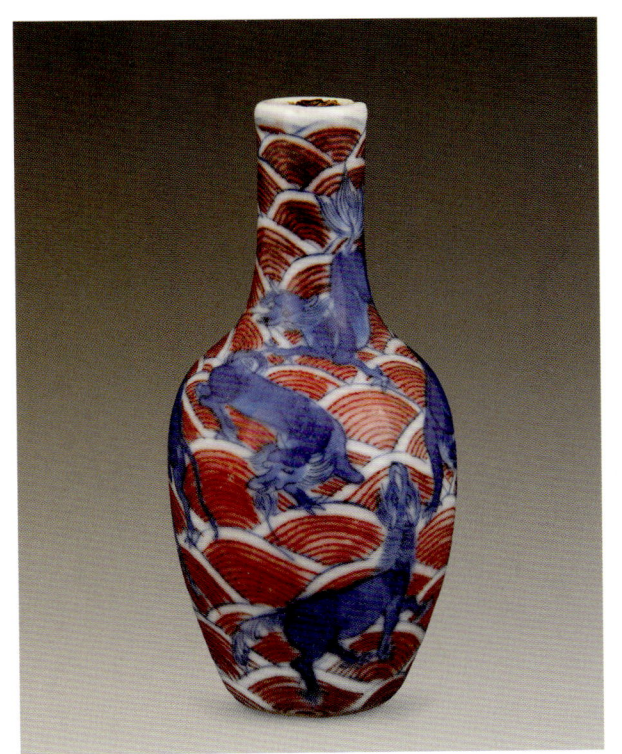

M13:1

M13出土瓷鼻烟壶

彩版二六

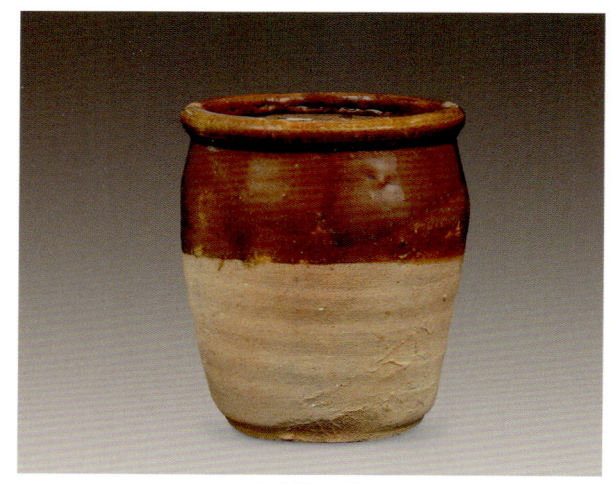

1. M14:1

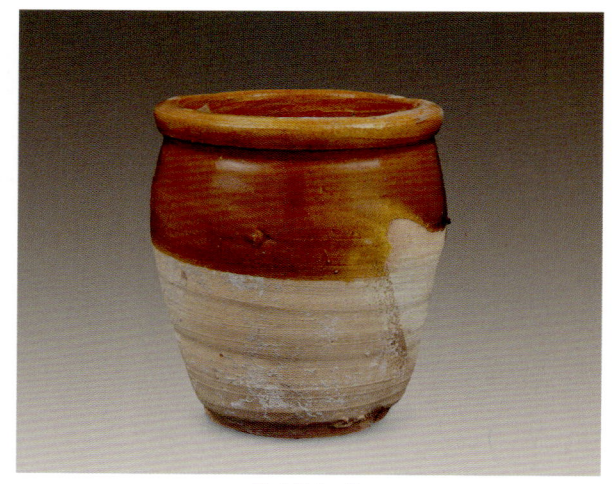

2. M14:2

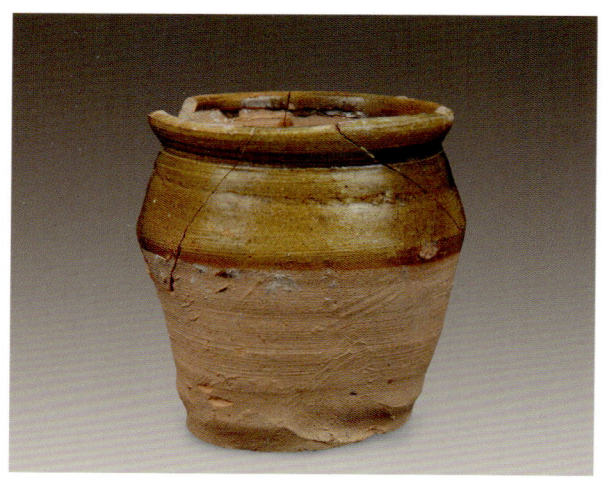

3. M15:1

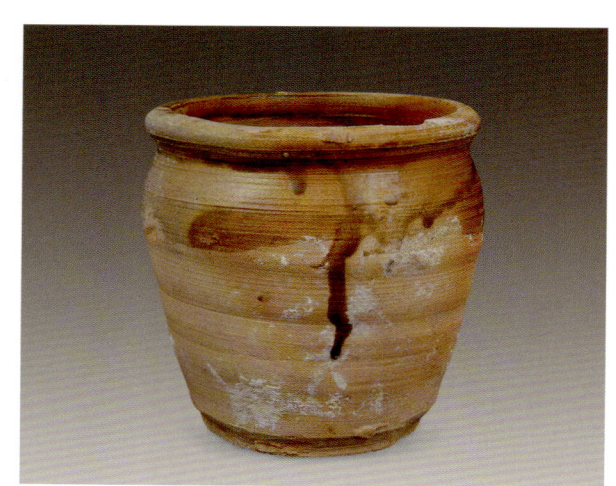

4. M15:2

5. M15:3

M14、M15出土釉陶罐

彩版二七

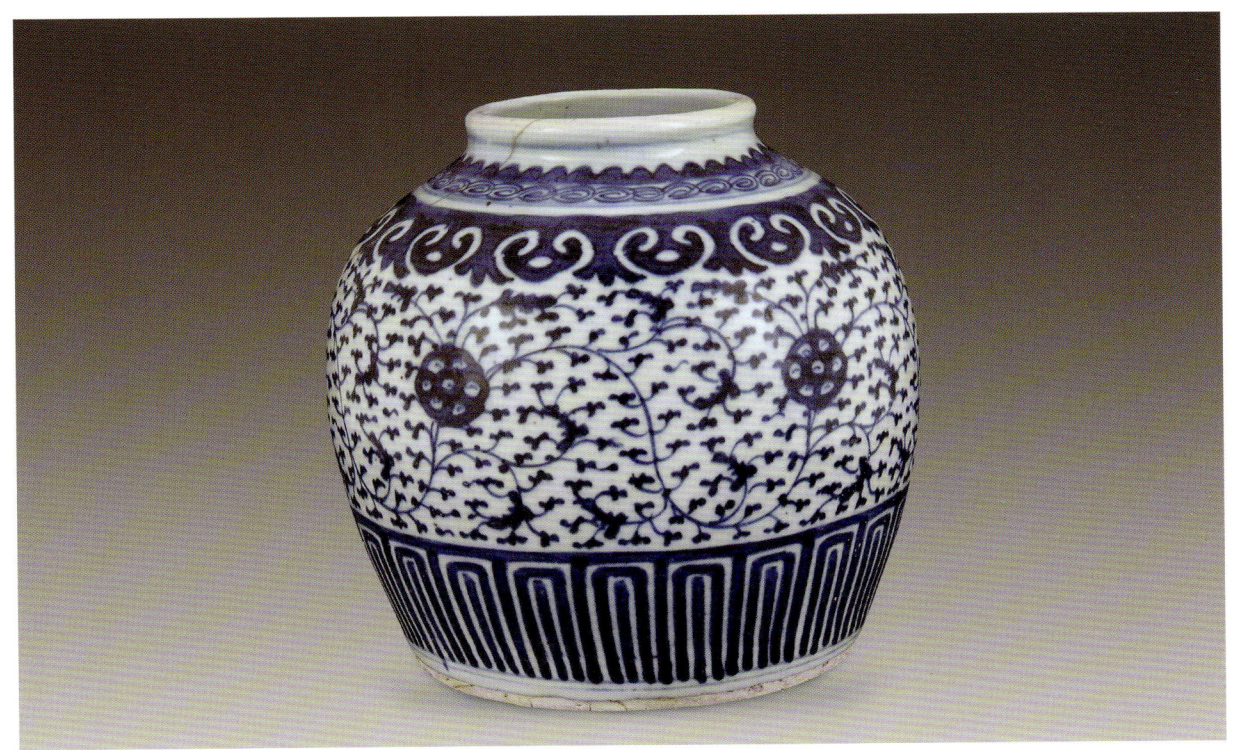

1. M17∶1

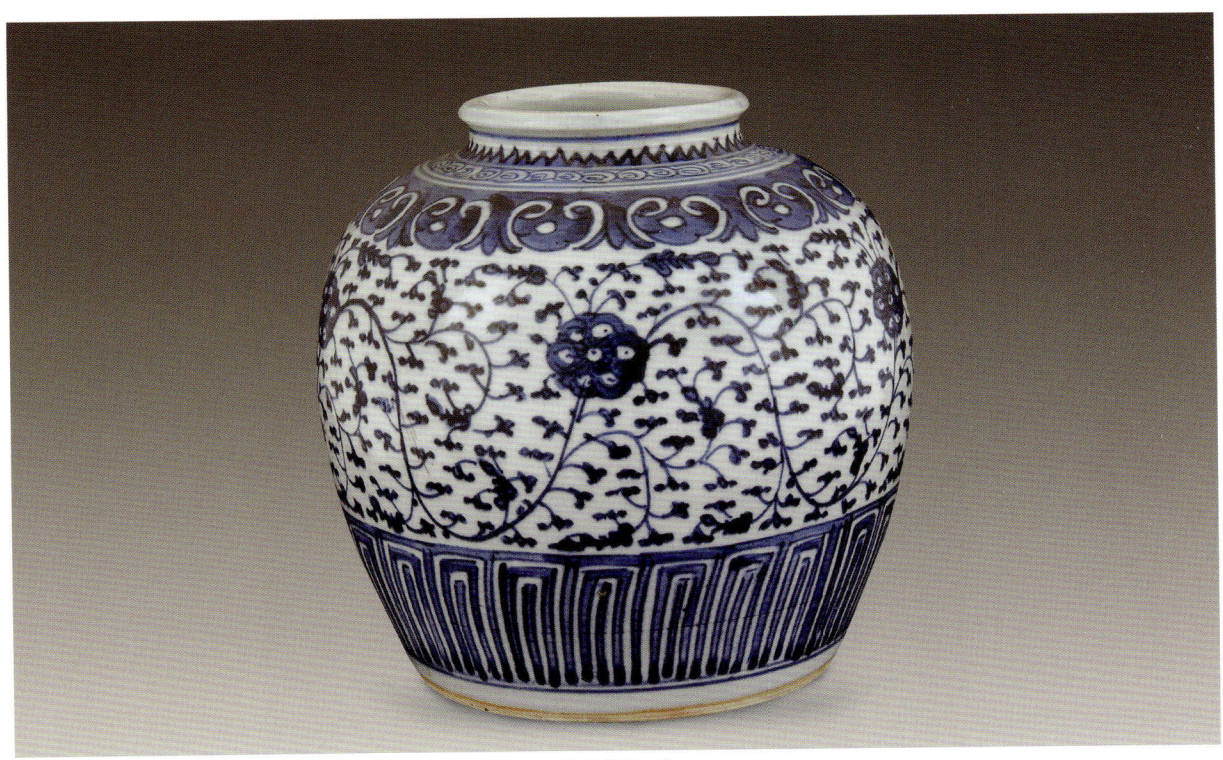

2. M17∶2

M17出土瓷罐

彩版二八

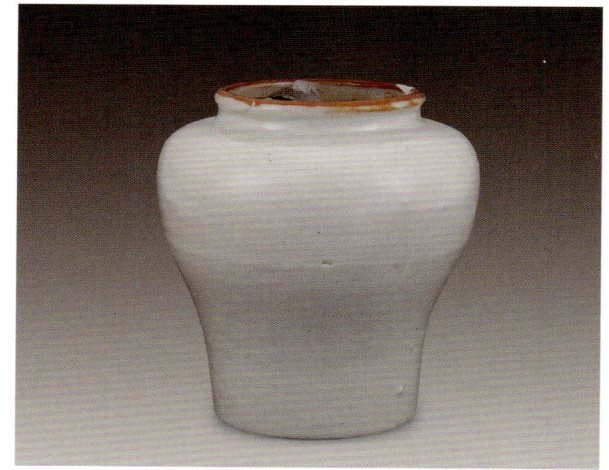

1. 罐（M18∶1）

2. 罐（M21∶1）

3. 罐（M22∶1）

4. 罐（M32∶1）

5. 瓮（M24∶1）

M18、M21、M22、M24、M32出土瓷器

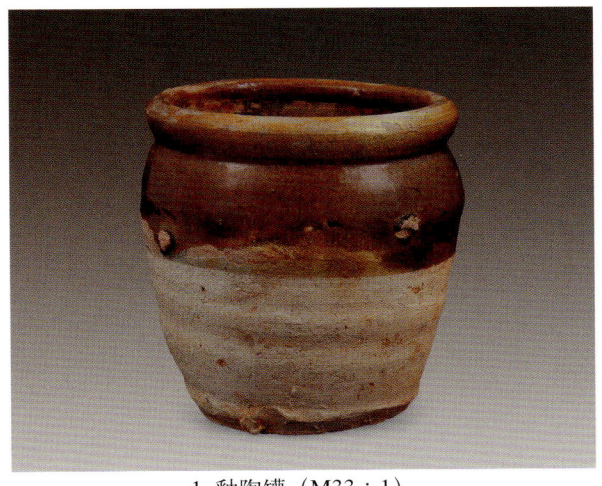

彩版二九

1. 釉陶罐（M33：1）
2. 瓷罐（M33：2） 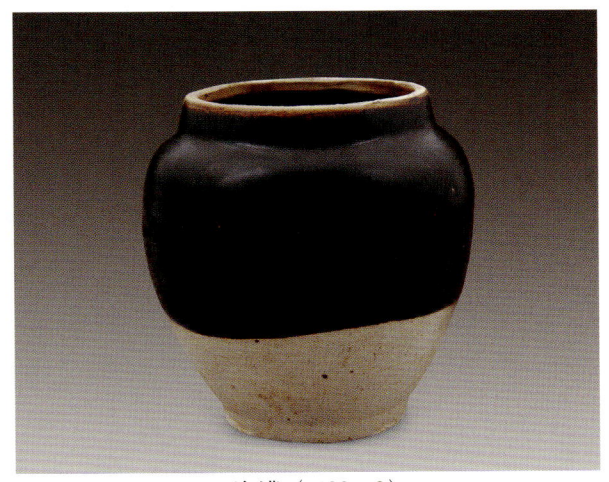
3. 釉陶罐（M44：1） 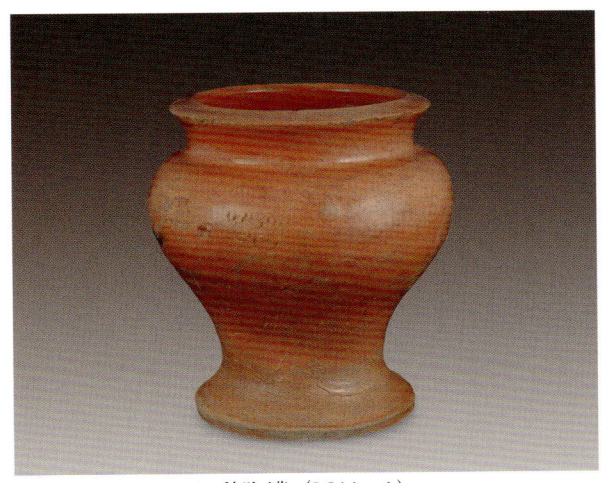
4. 釉陶罐（M44：2） 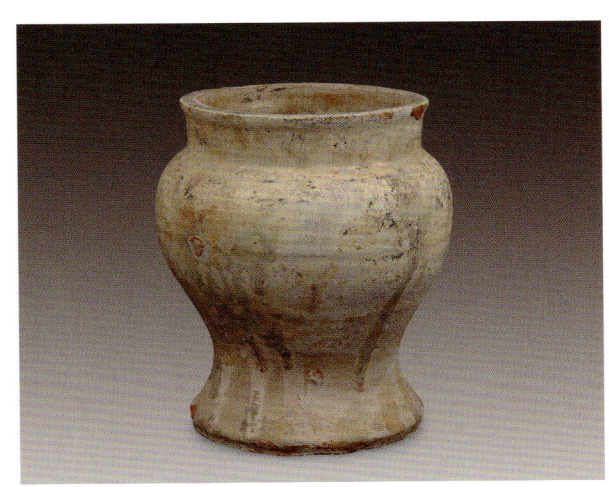
5. 釉陶罐（M45：1） 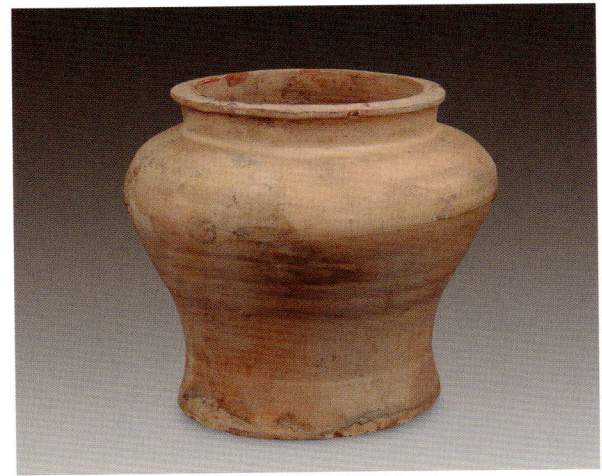
6. 釉陶罐（M45：2） 

M33、M44、M45出土釉陶罐、瓷罐

彩版三〇

M47：1

M47出土瓷罐

彩版三一

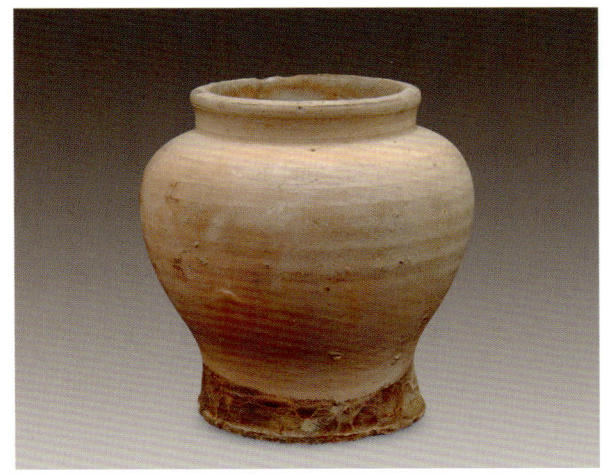

1. 釉陶罐（M48：1）

2. 釉陶罐（M49：1）

3. 釉陶罐（M50：1）

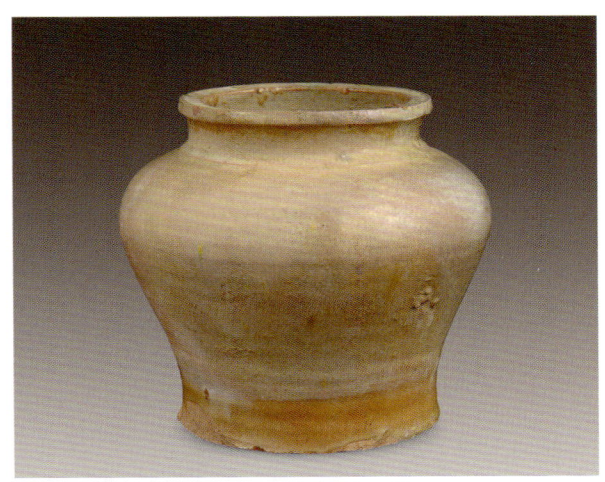

4. 釉陶罐（M50：2）

5. 釉陶罐（M51：1）

6. 陶罐（M63：1）

M48～M51、M63出土釉陶罐、陶罐

彩版三二

1. 筒（M48：2）

2. 鼻烟壶（M51：2）

M48、M51出土瓷器

彩版三三

1. M54∶2

2. M57∶1

3. M58∶1

4. M65∶1

5. M66∶1

6. M66∶2

M54、M57、M58、M65、M66出土瓷罐

彩版三四

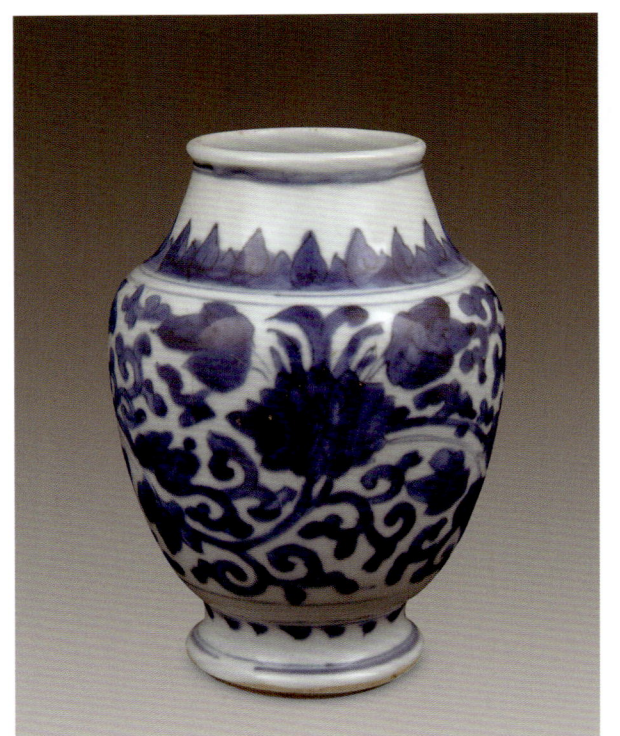

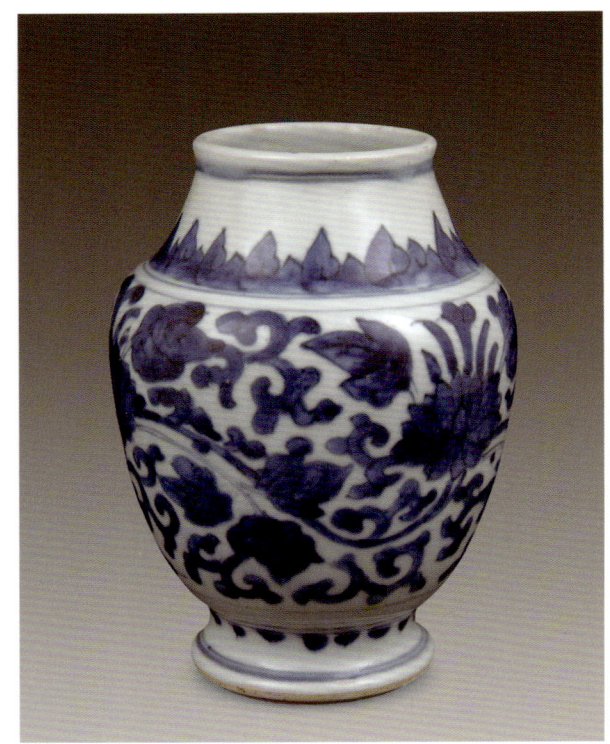

1. M54∶1

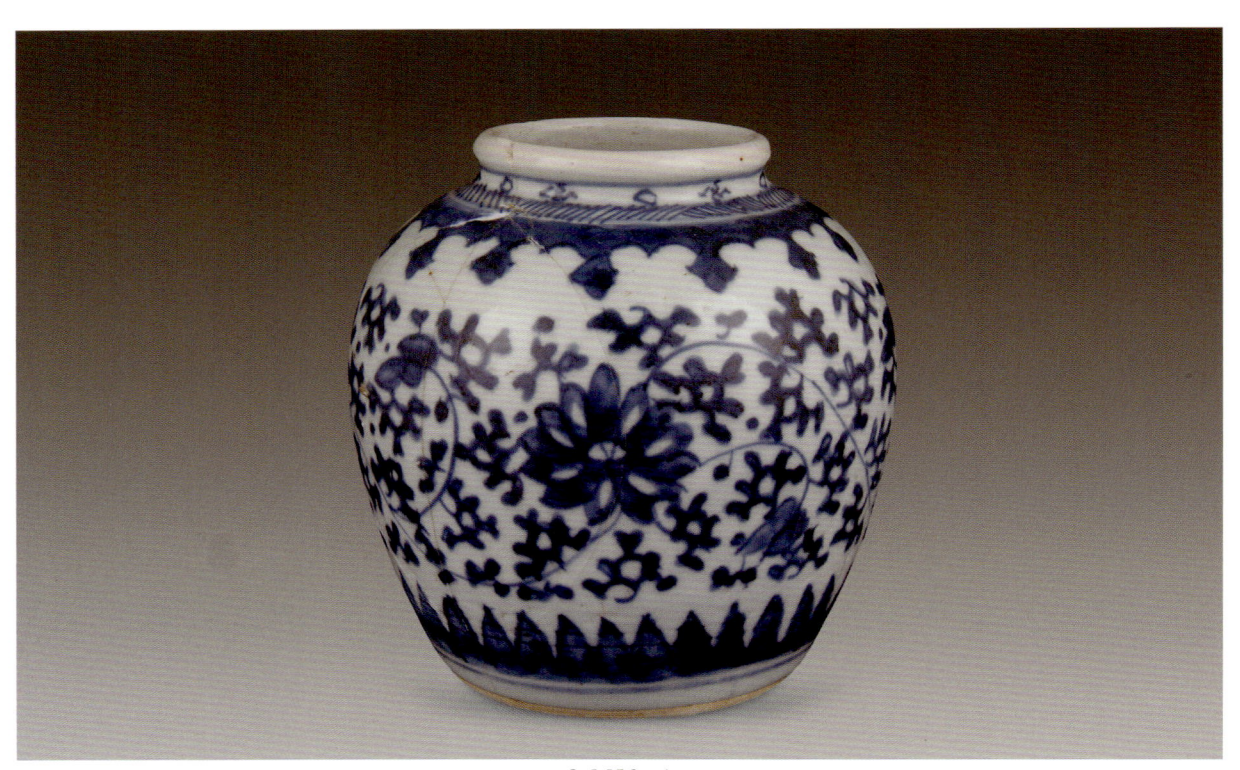

2. M56∶1

M54、M56出土瓷罐

彩版三五

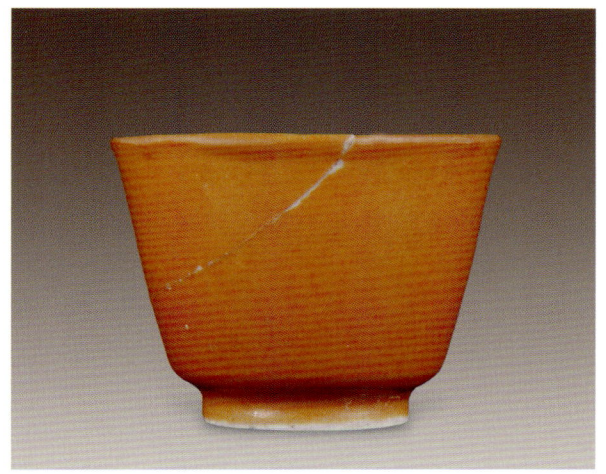

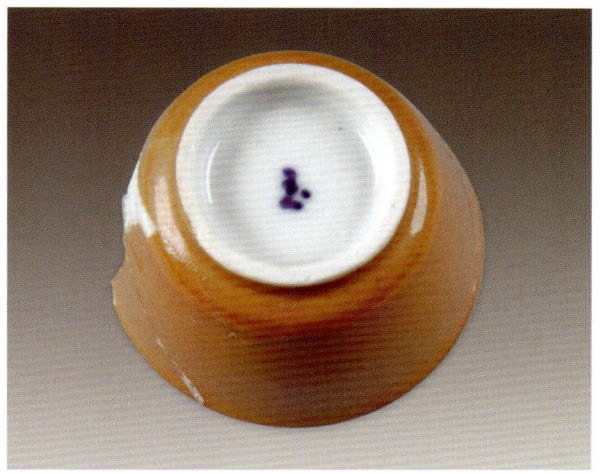

1. 杯（M63:2）

2. 瓮（M75:1）

3. 罐（M79:1）

4. 罐（M94:1）

5. 罐（M100:1）

M63、M75、M79、M94、M100出土瓷器

彩版三六

1. M70∶1

2. M71∶1

3. M74∶1

4. M88∶1

5. M91∶1

6. M95∶1

M70、M71、M74、M88、M91、M95出土釉陶罐

彩版三七

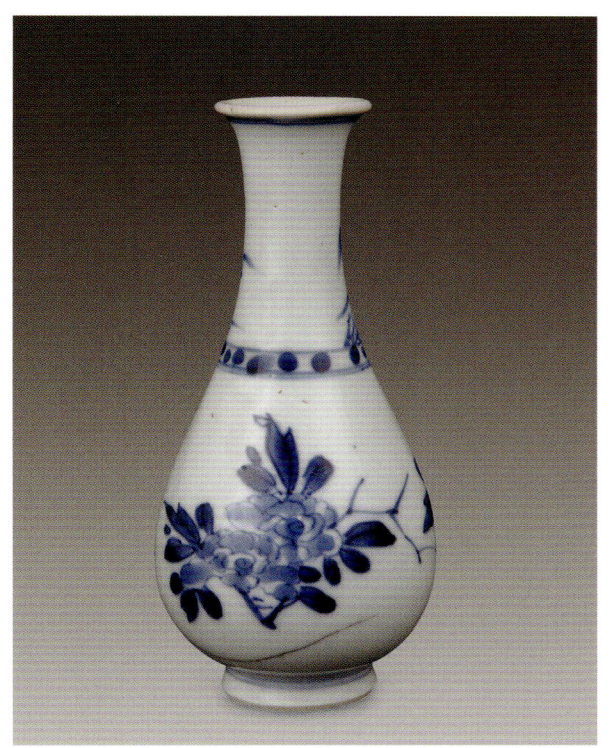

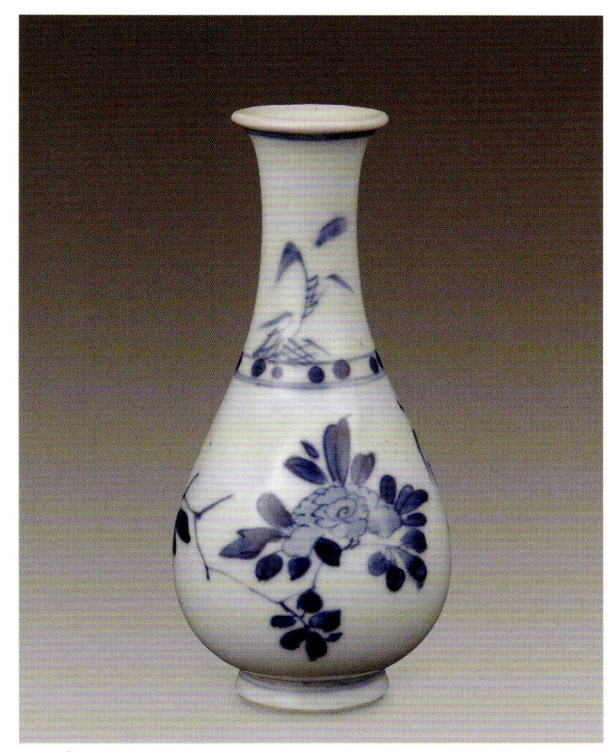

1. 瓶（M91∶2）

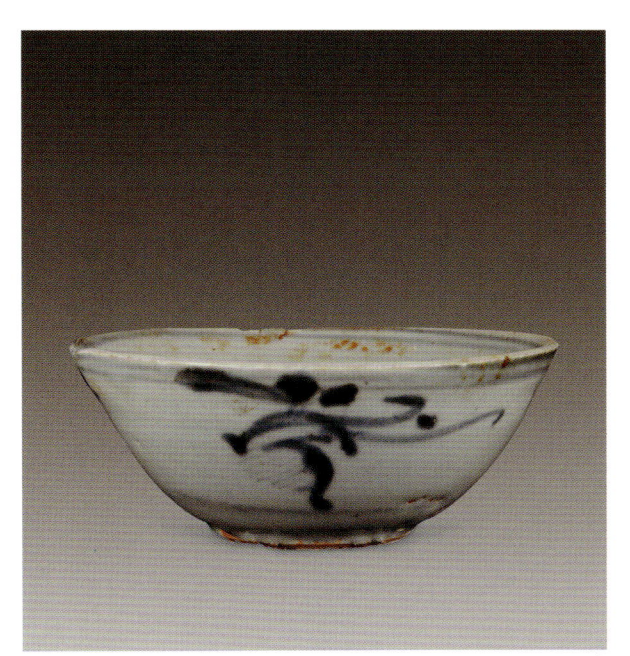

2. 碗（M109∶2）

M91、M109出土瓷器

彩版三八

1. M98：1

2. M108：1

3. M109：1

4. M110：1

5. M112：1

6. M112：2

M98、M108~M110、M112出土釉陶罐

彩版三九

1. M99:1
2. M102:1
3. M103:1
4. M126:1
5. M127:1
6. M131:2

M99、M102、M103、M126、M127、M131出土瓷罐

彩版四〇

1. M113:1
2. M115:1
3. M121:1
4. M122:1
5. M122:2
6. M129:2

M113、M115、M121、M122、M129出土釉陶罐

彩版四一

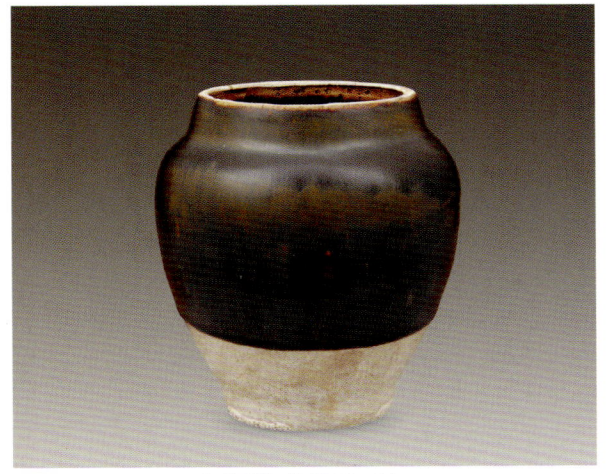

1. 瓷罐（M116：1）

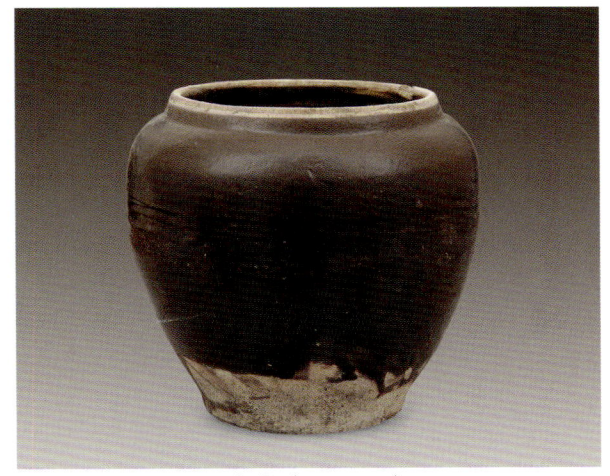

2. 瓷罐（M123：1）

3. 瓷罐（M124：1）

4. 陶罐（M129：1）

5. 瓷罐（M136：1）

6. 瓷罐（M155：1）

M116、M123、M124、M129、M136、M155出土陶、瓷罐

彩版四二

1. M137：1

2. M137：2

3. M141：1

4. M141：2

5. M142：1

6. M142：2

M137、M141、M142出土釉陶罐

彩版四三

1. M143：1

2. M147：1

3. M147：2

4. M163：1

5. M163：2

6. M164：1

M143、M147、M163、M164出土釉陶罐

彩版四四

1. M151∶1（侧面）

2. M151∶1（前、后面）

M151出土瓷虎子

彩版四五

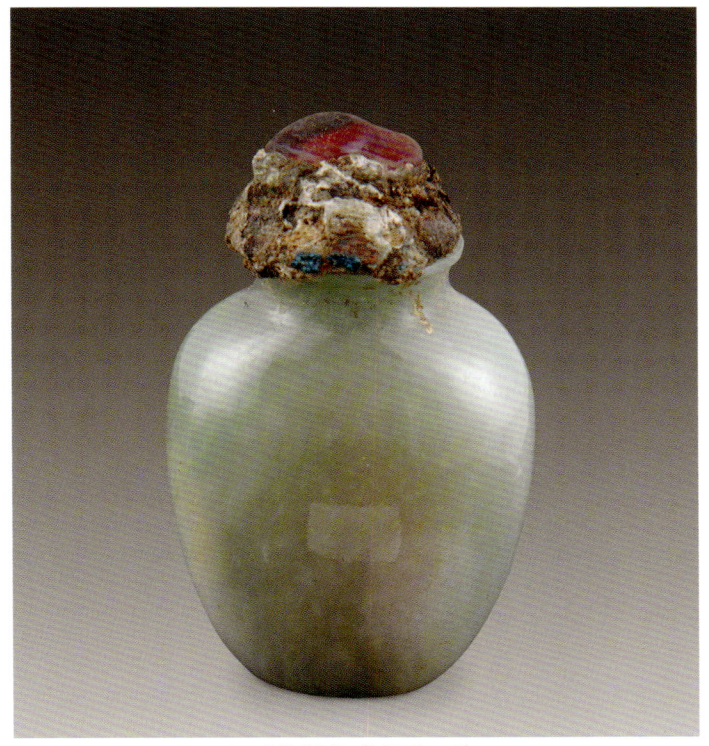

1. 玉鼻烟壶（M151∶9）

2. 瓷鼻烟壶（M210∶1）

M151、M210出土鼻烟壶

彩版四六

1. M131:1

2. M153:1

3. M154:1

4. M191:1

5. M191:2

M131、M153、M154、M191出土瓷罐

彩版四七

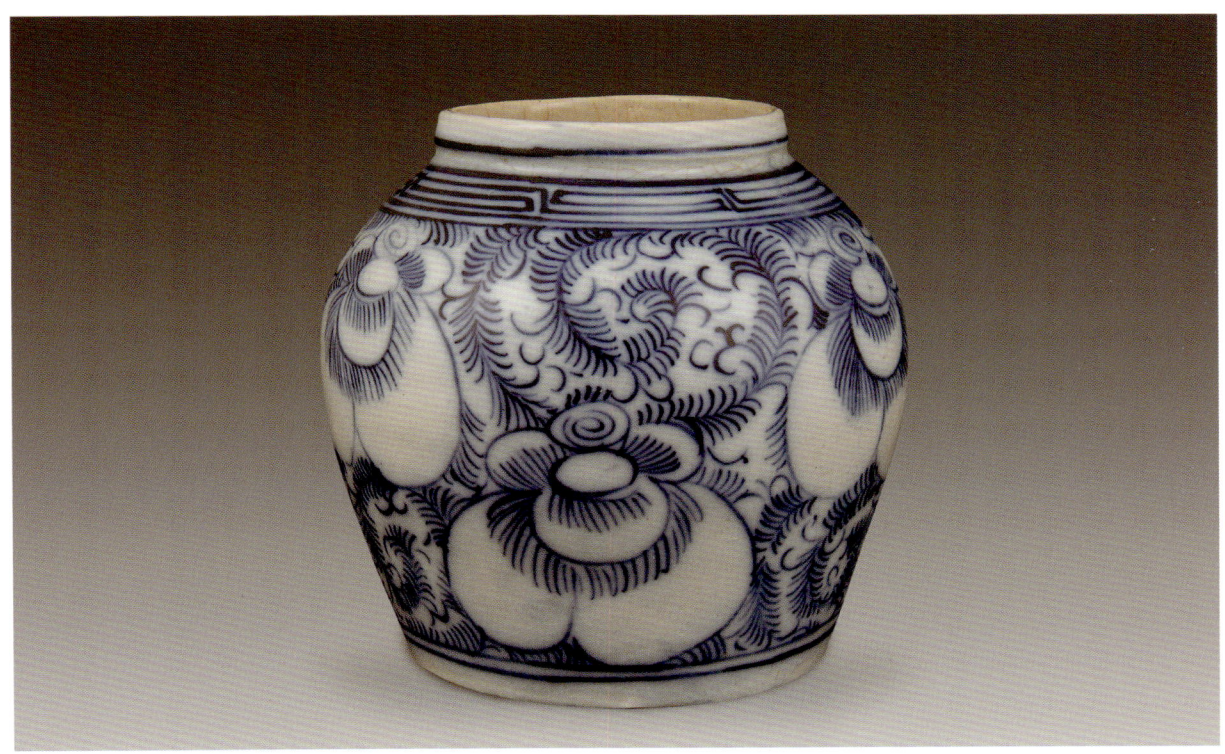

M156：1

M156出土瓷罐

彩版四八

1. 釉陶罐（M168∶1）

2. 釉陶罐（M169∶1）

3. 釉陶罐（M169∶2）

4. 釉陶罐（M171∶1）

5. 瓷罐（M172∶1）

6. 釉陶罐（M173∶1）

M168、M169、M171~M173出土釉陶罐、瓷罐

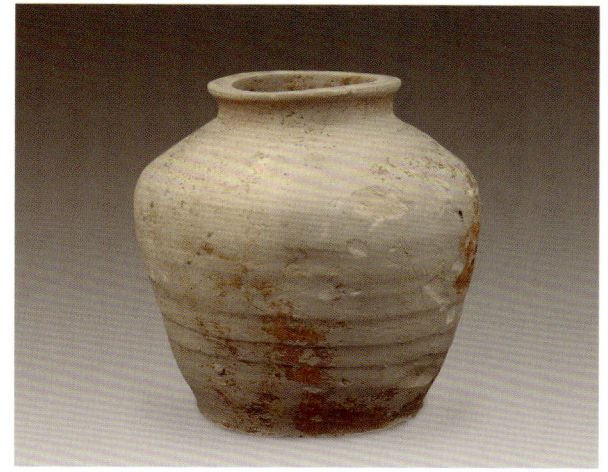

彩版四九

1. 陶罐（M174∶1）
2. 釉陶罐（M174∶2） 
3. 釉陶罐（M179∶1） 
4. 釉陶罐（M182∶1） 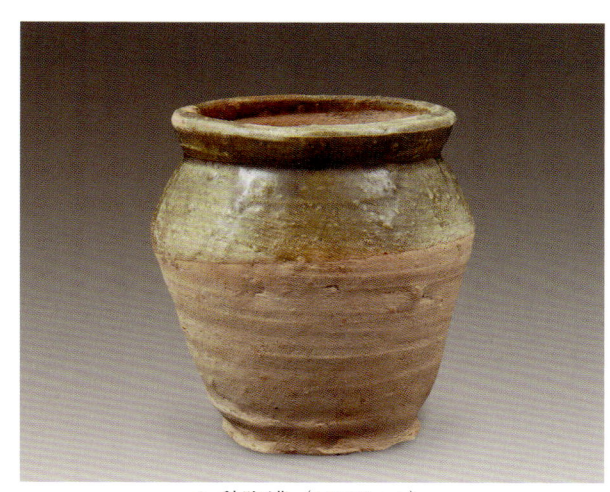
5. 釉陶罐（M183∶1） 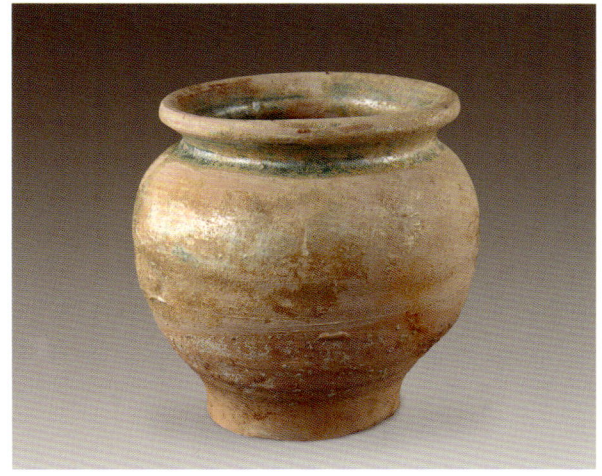
6. 瓷罐（M184∶1） 

M174、M179、M182~M184出土器物

彩版五〇

1. M185:1
2. M185:2
3. M190:1
4. M196:1
5. M196:2
6. M197:1

M185、M190、M196、M197出土釉陶罐

彩版五一

1. M192:1

2. M192:2

3. M207:1

4. M216:1

5. M238:2

6. M245:1

M192、M207、M216、M238、M245出土瓷罐

彩版五二

1. 罐（M181：1）

2. 罐（M190：2）

3. 罐（M205：1）

4. 瓮（M214：2）

5. 瓮（M221：2）

6. 罐（M237：1）

M181、M190、M205、M214、M221、M237出土瓷器

彩版五三

1. M198：2

2. M199：1

3. M199：2

4. M202：1

5. M202：2

6. M206：1

M198、M199、M202、M206出土釉陶罐

彩版五四

M210：2

M210出土瓷罐

彩版五五

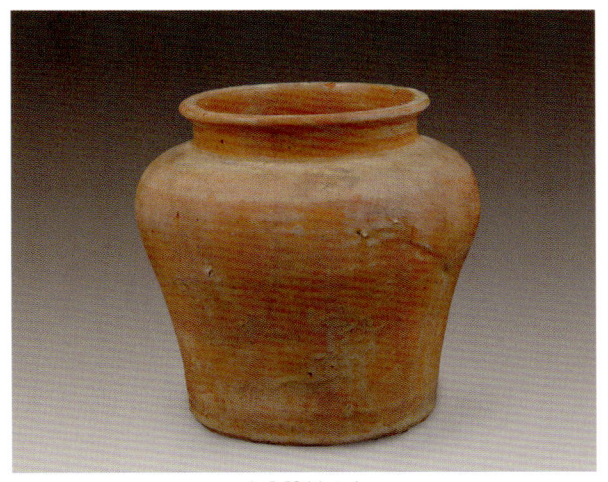

1. M211:1

2. M212:1

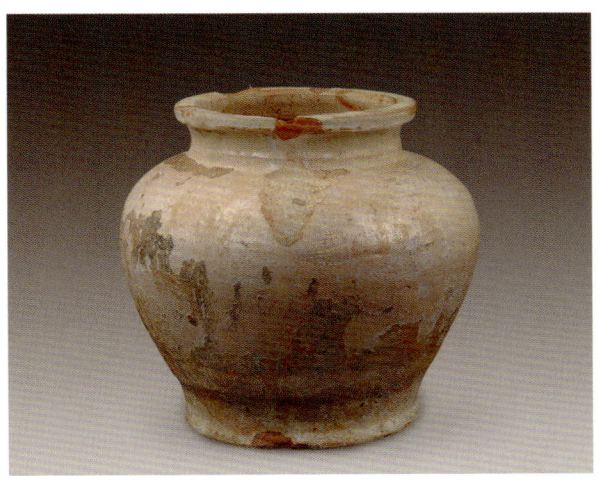

3. M212:2

4. M214:1

5. M232:1

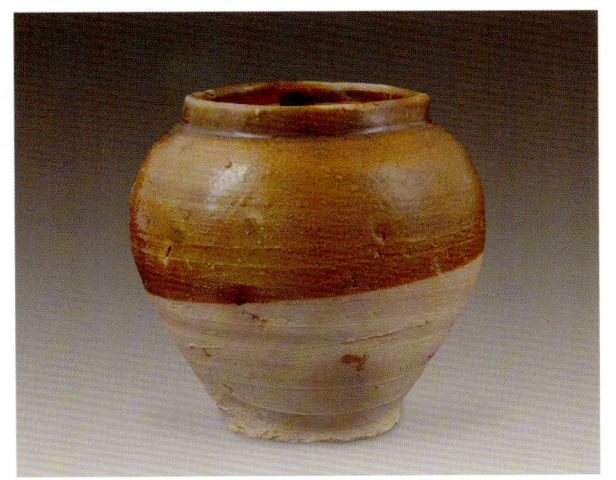

6. M232:2

M211、M212、M214、M232出土釉陶罐

彩版五六

M221：1

M221出土瓷罐

彩版五七

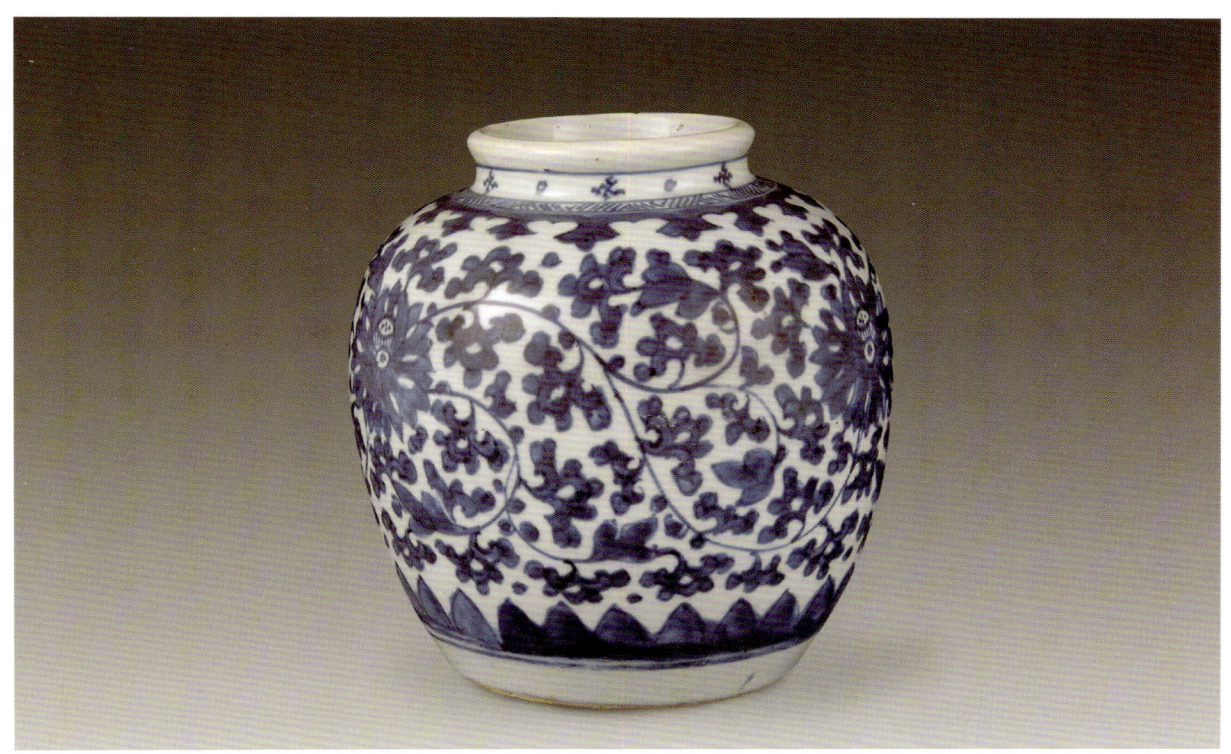

M238∶1

M238出土瓷罐

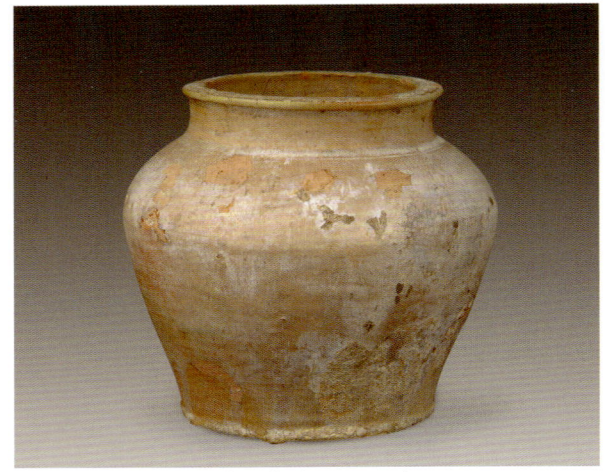

彩版五八

1. 釉陶罐（M243：1）
2. 釉陶罐（M243：2） 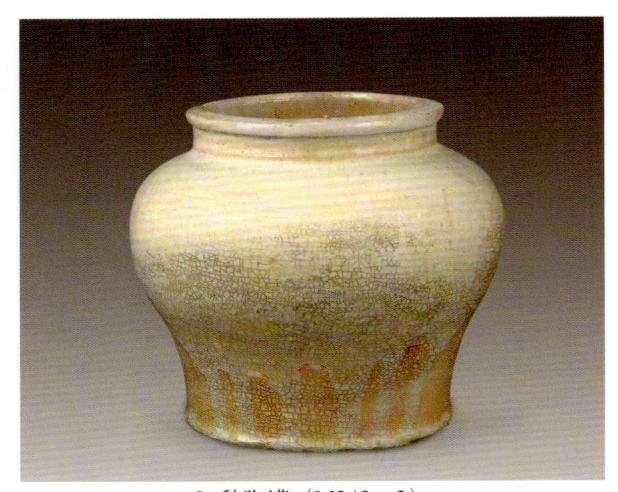
3. 釉陶罐（M243：3） 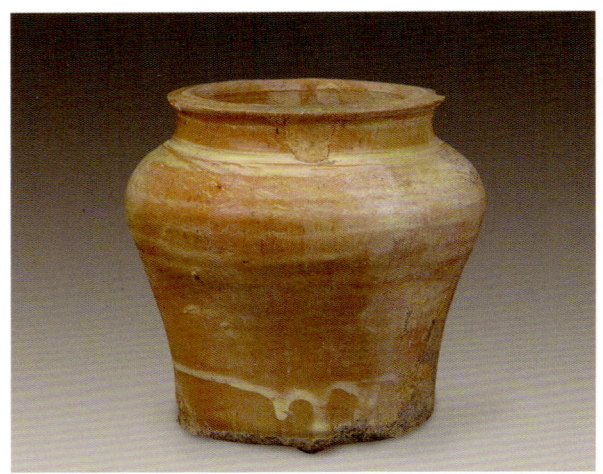
4. 釉陶罐（M250：1） 
5. 瓷罐（M251：1） 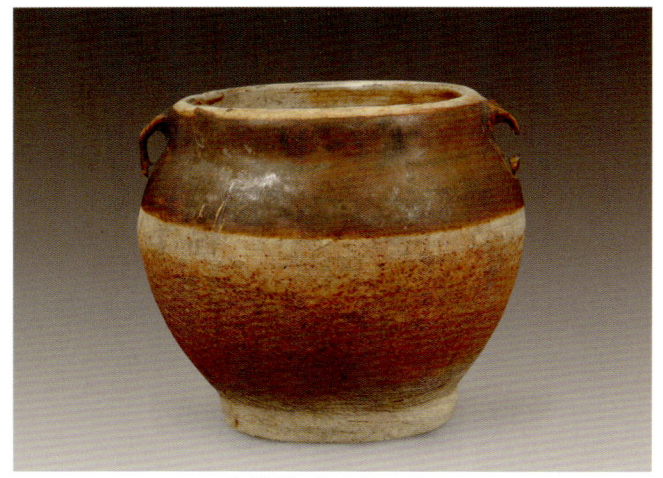

M243、M250、M251出土釉陶罐、瓷罐

彩版五九

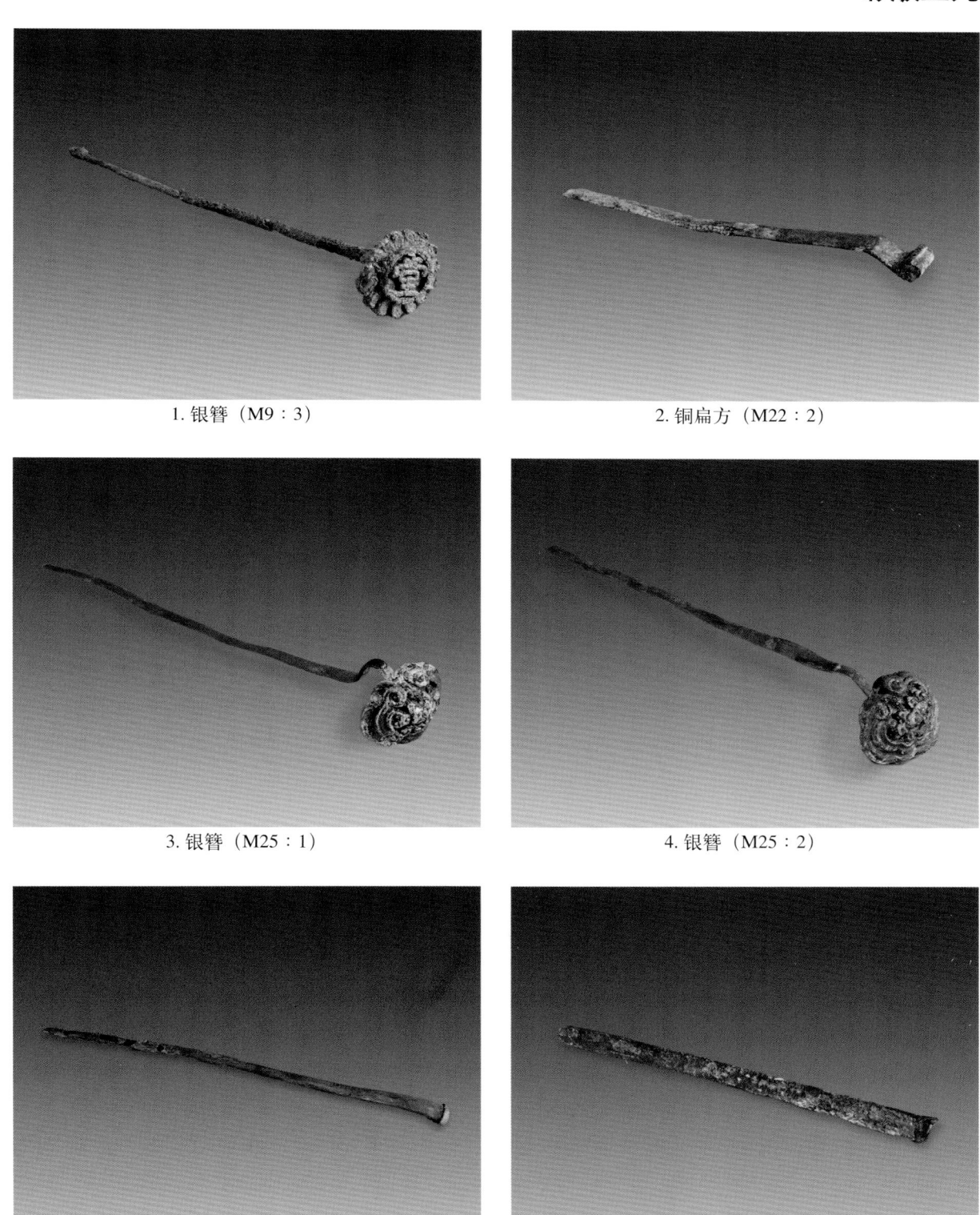

1. 银簪（M9:3）

2. 铜扁方（M22:2）

3. 银簪（M25:1）

4. 银簪（M25:2）

5. 银簪（M25:3）

6. 铜扁方（M25:4）

M9、M22、M25出土银、铜器

彩版六〇

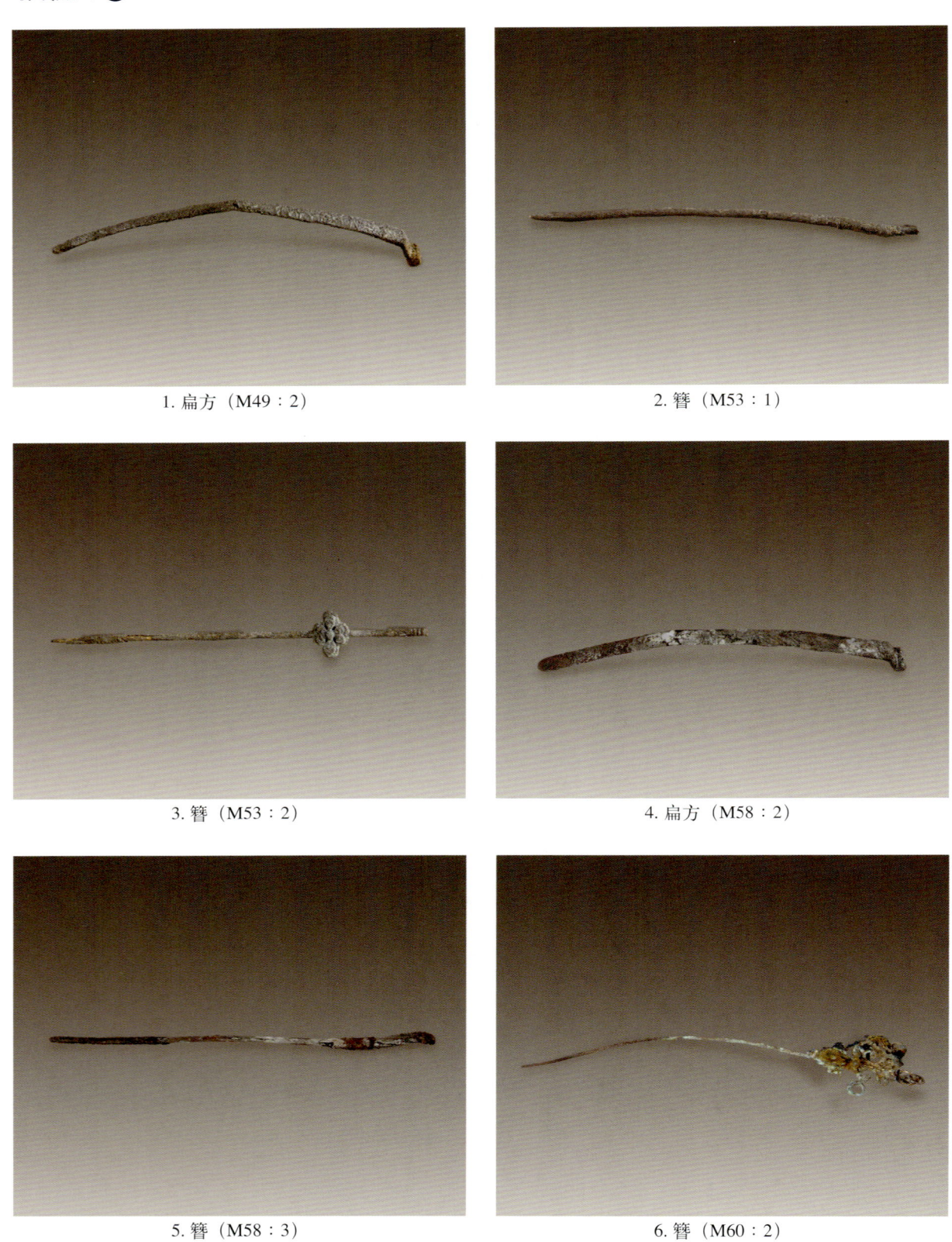

1. 扁方（M49：2）

2. 簪（M53：1）

3. 簪（M53：2）

4. 扁方（M58：2）

5. 簪（M58：3）

6. 簪（M60：2）

M49、M53、M58、M60出土银器

彩版六一

1. 银扁方（M60:1）

2. 银碟（M60:11）

3. 琥珀珠（M60:13）

4. 料珠（M60:15）

5. 金耳环（M60:9）

M60出土器物

彩版六二

1. 鼻烟壶（M60∶12） 　　2. 玻璃饰（M60∶14）

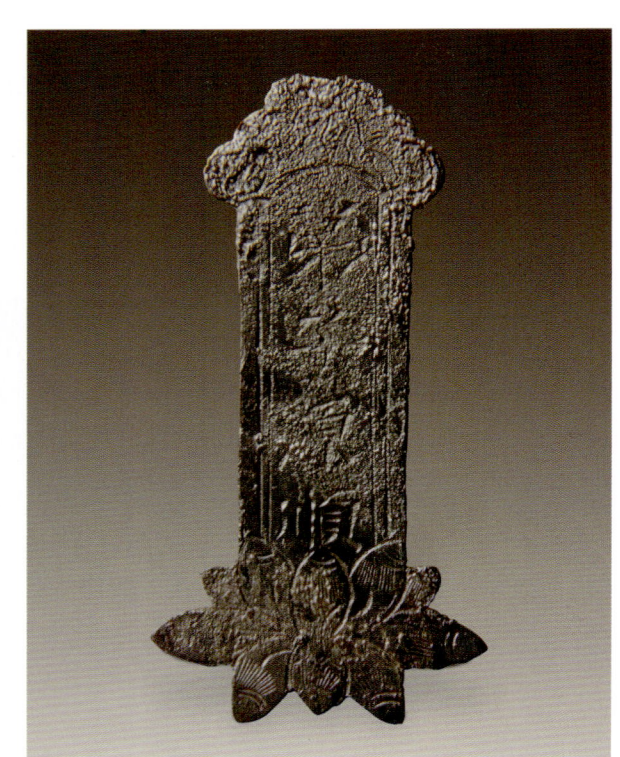

3. 银饰（M60∶8）

M60出土器物

彩版六三

1. 簪（M61：1）

2. 戒指（M63：6）

3. 扁方（M65：2）

4. 押发（M77：1）

5. 簪（M77：2）

6. 戒指（M77：3）

M61、M63、M65、M77出土银器

彩版六四

1. M63:8

2. M63:7

M63出土锡壶

1. 金簪（M102∶2）

2. 银押发（M115∶2）

3. 银簪（M116∶2）

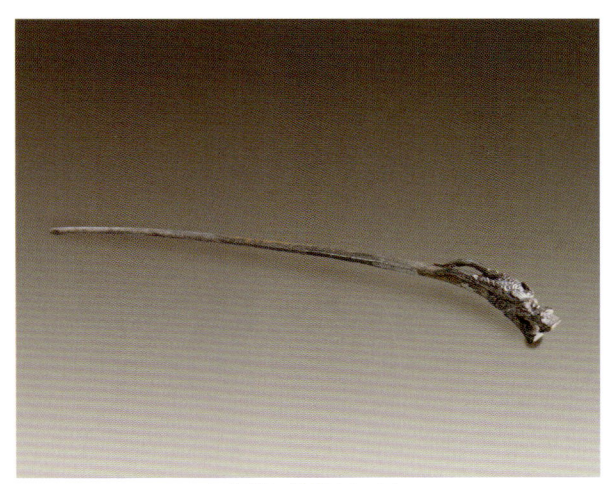

4. 银簪（M116∶3）

5. 金簪（M102∶3）

M102、M115、M116出土金、银器

彩版六六

1. 玉扣（M101：3）

2. 料珠（M102：7）

3. 顶戴珠（M104：2）

4. 料珠（M104：5）

5. 料珠（M104：5）

6. 料珠（M104：5）

M101、M102、M104出土器物

彩版六七

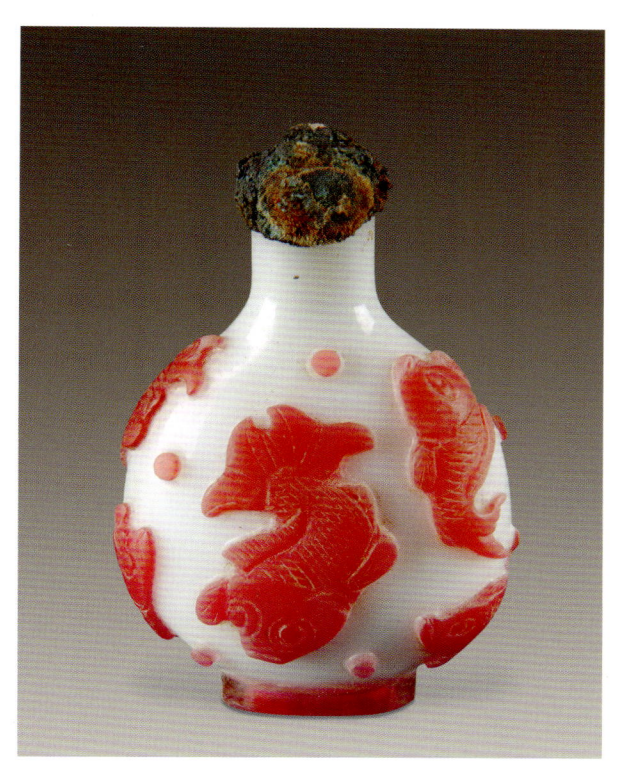

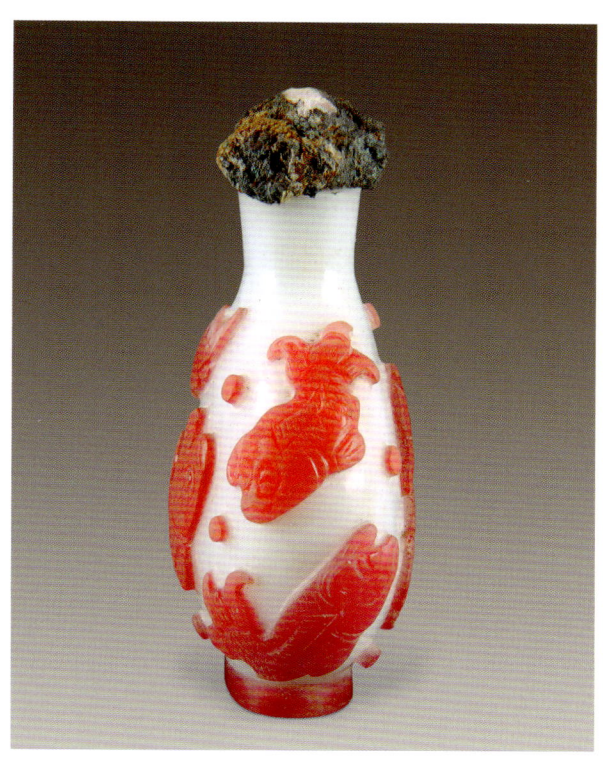

M104：1

M104出土瓷鼻烟壶

彩版六八

1. 玉佩（M104:3）

2. 玉坠饰（M104:4）

3. 银镯（M88:2）

4. 铜镜（M109:3）

M88、M104、M109出土器物

彩版六九

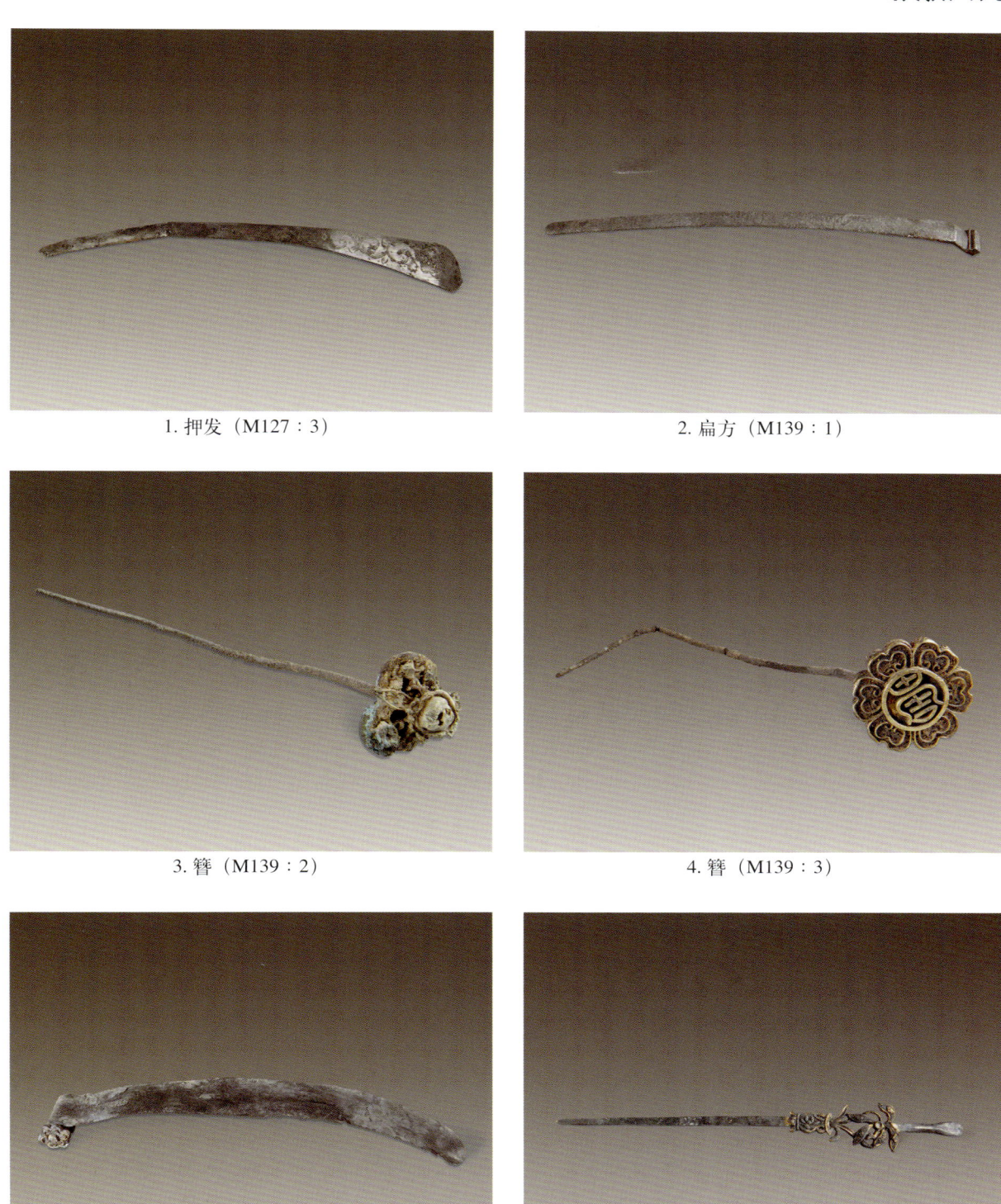

1. 押发（M127:3）

2. 扁方（M139:1）

3. 簪（M139:2）

4. 簪（M139:3）

5. 扁方（M143:2）

6. 簪（M143:3）

M127、M139、M143出土银器

彩版七〇

1. M149:1

2. M149:2

3. M149:3

4. M150:1

5. M150:2

6. M150:3

M149、M150出土银簪

彩版七一

1. 铜头饰（M150∶7）

2. 铜顶戴（M151∶7）

3. 银带饰（M151∶2）

4. 银带饰（M151∶3）

M150、M151出土银、铜器

彩版七二

1. 玉扳指（M151：4）

2. 角饰（M151：5）

3. 角饰（M151：6）

4. 料珠（M151：11-1）

5. 银挂饰（M151：12）

6. 铜怀表（M151：13）

M151出土器物

彩版七三

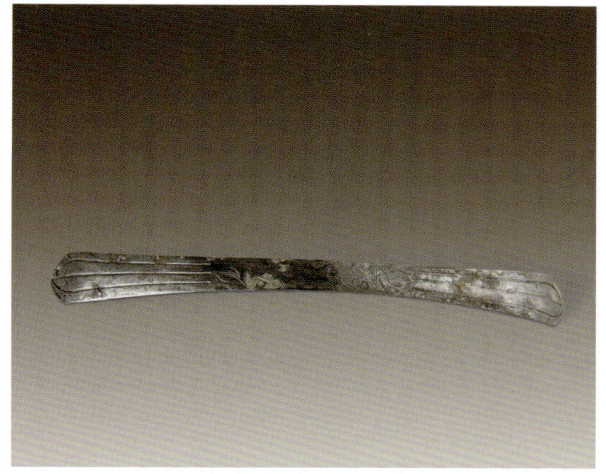

1. 银押发（M153∶2）

2. 金耳环（M154∶2）

3. 银镯（M154∶3）

4. 银戒指（M154∶4）

5. 银押发（M157∶1）

6. 银耳环（M157∶4）

M153、M154、M157出土金、银器

彩版七四

1. 料珠（M166：2）

2. 料珠（M166：3）

3. 银押发（M172：2）

4. 银押发（M177：1）

5. 银戒指（M177：4）

6. 铜簪（M190：3）

M166、M172、M177、M190出土器物

彩版七五

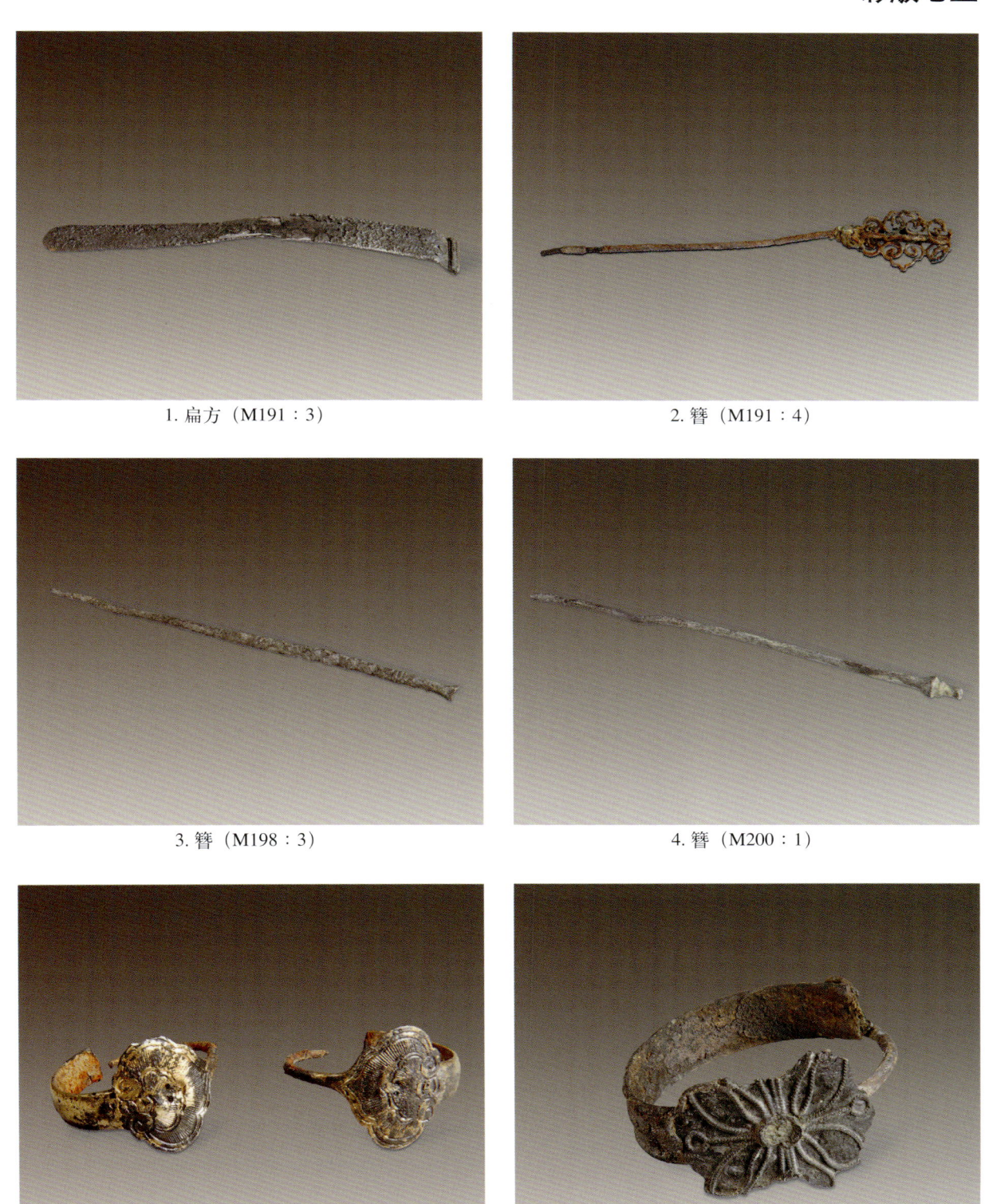

1. 扁方（M191∶3）

2. 簪（M191∶4）

3. 簪（M198∶3）

4. 簪（M200∶1）

5. 耳环（M193∶2、M193∶3）

6. 耳环（M207∶2）

M191、M193、M198、M200、M207出土银器

彩版七六

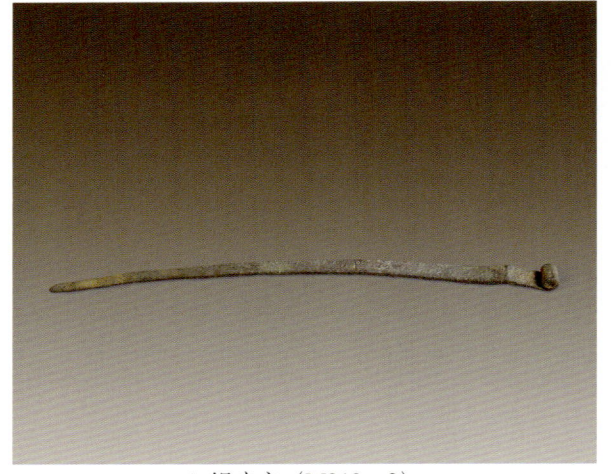

1. 银扁方（M210∶3）

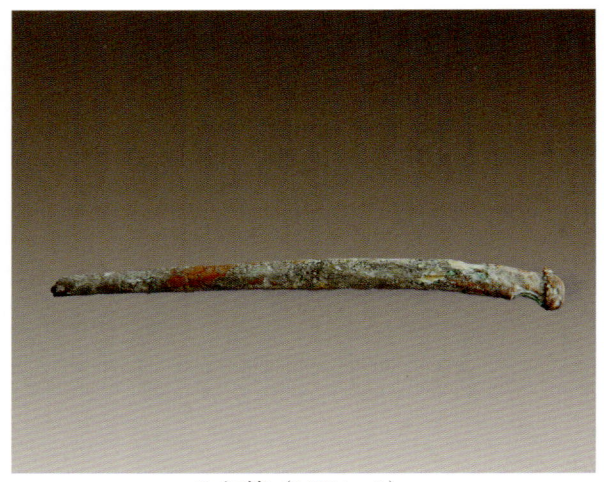

2. 铜簪（M214∶3）

3. 银簪（M220∶1）

4. 银簪（M223∶2）

5. 银耳环（M223∶8、M223∶9）

6. 银耳环（M223∶10、M223∶11）

M210、M214、M220、M223出土银、铜器

彩版七七

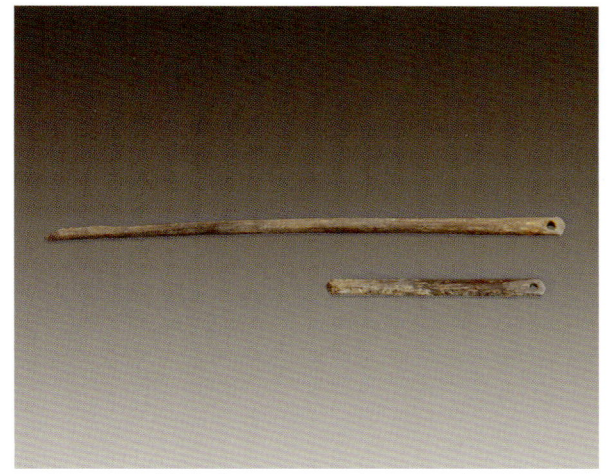

1. 骨簪（M223：16、M223：17）

2. 银簪（M223：4、M223：5）

3. 银扁方（M224：1）

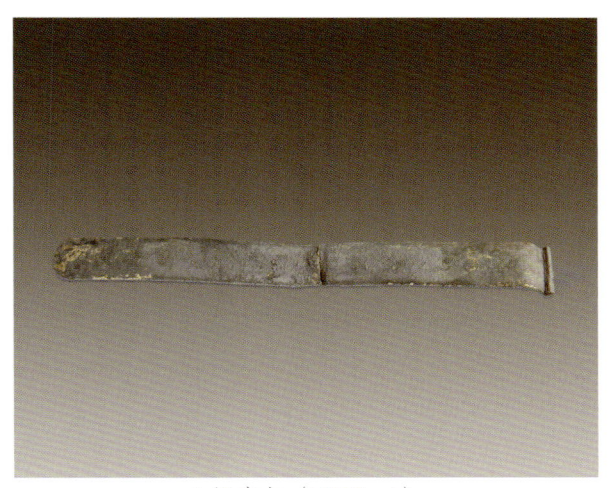

4. 银扁方（M225：1）

5. 银耳环（M225：2、M225：3）

6. 银押发（M233：2）

M223~M225、M233出土器物

彩版七八

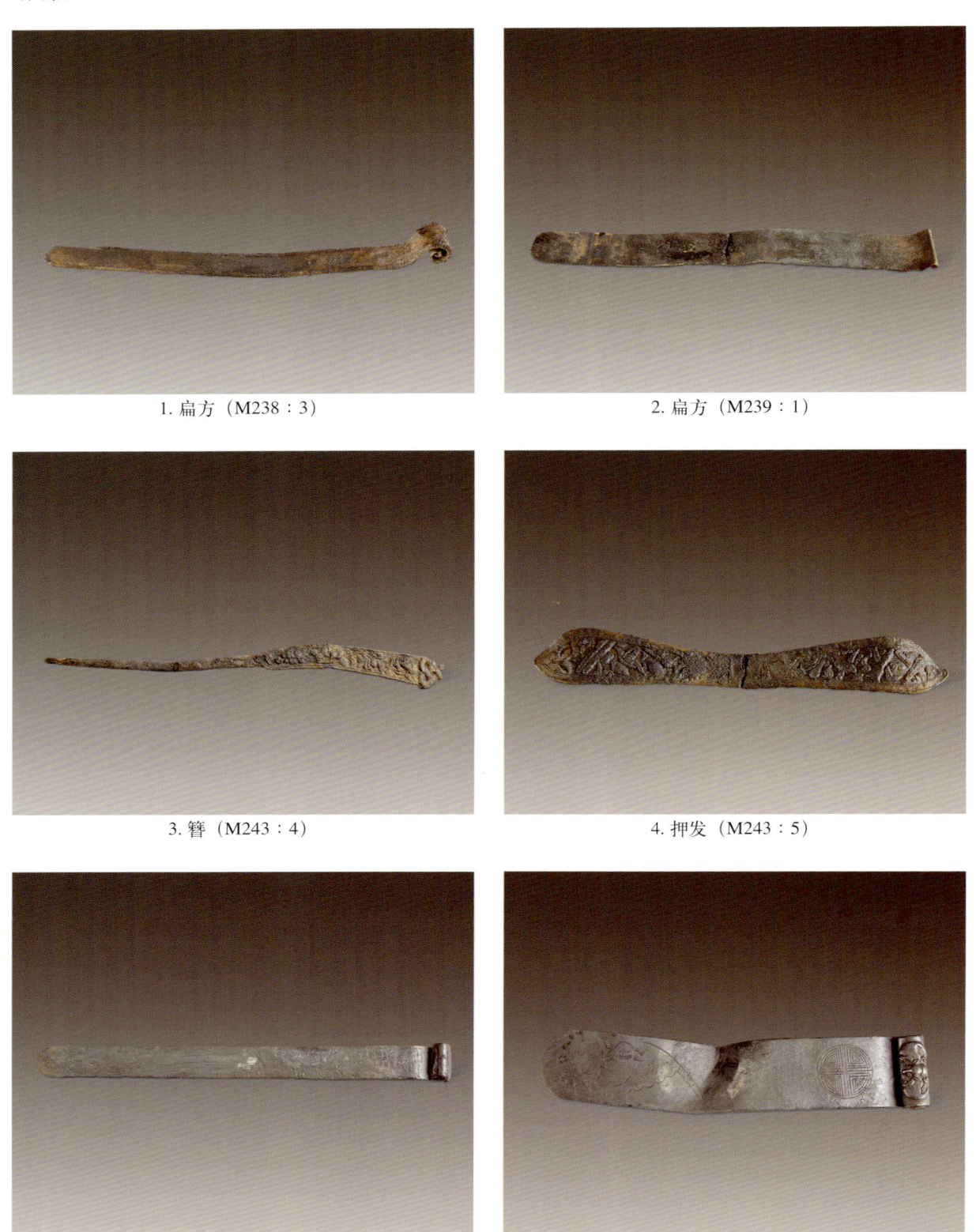

1. 扁方（M238:3）

2. 扁方（M239:1）

3. 簪（M243:4）

4. 押发（M243:5）

5. 扁方（M245:2）

6. 扁方（M246:1）

M238、M239、M243、M245、M246出土银器

彩版七九

1. 玉戒指（M239:12）

2. 银戒指（M243:6）

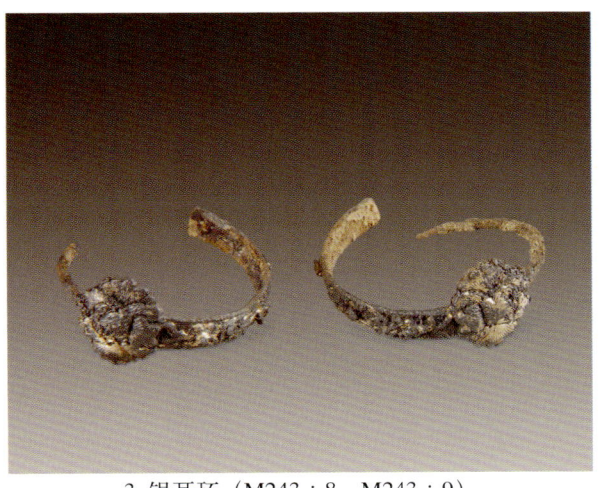

3. 银耳环（M243:8、M243:9）

4. 银耳环（M243:7）

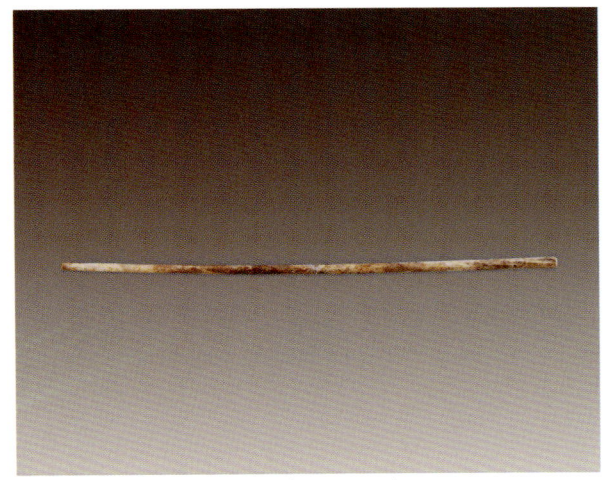

5. 骨簪（M250:2）

6. 银耳环（M251:2、M251:3）

M239、M243、M250、M251出土器物

彩版八〇

1. M9∶5

2. M15∶4

3. M18∶2

4. M21∶2

5. M27∶1

6. M28∶1

M9、M15、M18、M21、M27、M28出土铜钱

彩版八一

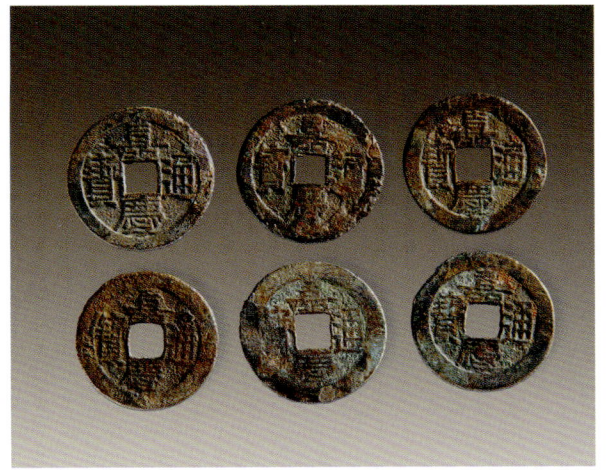

1. M67:3

2. M75:2

3. M95:10

4. M98:2

5. M100:2

6. M113:2

M67、M75、M95、M98、M100、M113出土铜钱

彩版八二

1. M135:1

2. M142:3

3. M143:6、M143:7

4. M169:3-1

5. M171:2

6. M185:3

M135、M142、M143、M169、M171、M185出土铜钱

彩版八三

1. M190:4

2. M196:3

3. M197:2

4. M229:1

5. M230:1

6. M232:3

M190、M196、M197、M229、M230、M232出土铜钱

彩版八四

1. 墓志盖

2. 墓志

徐通墓志

彩版八五

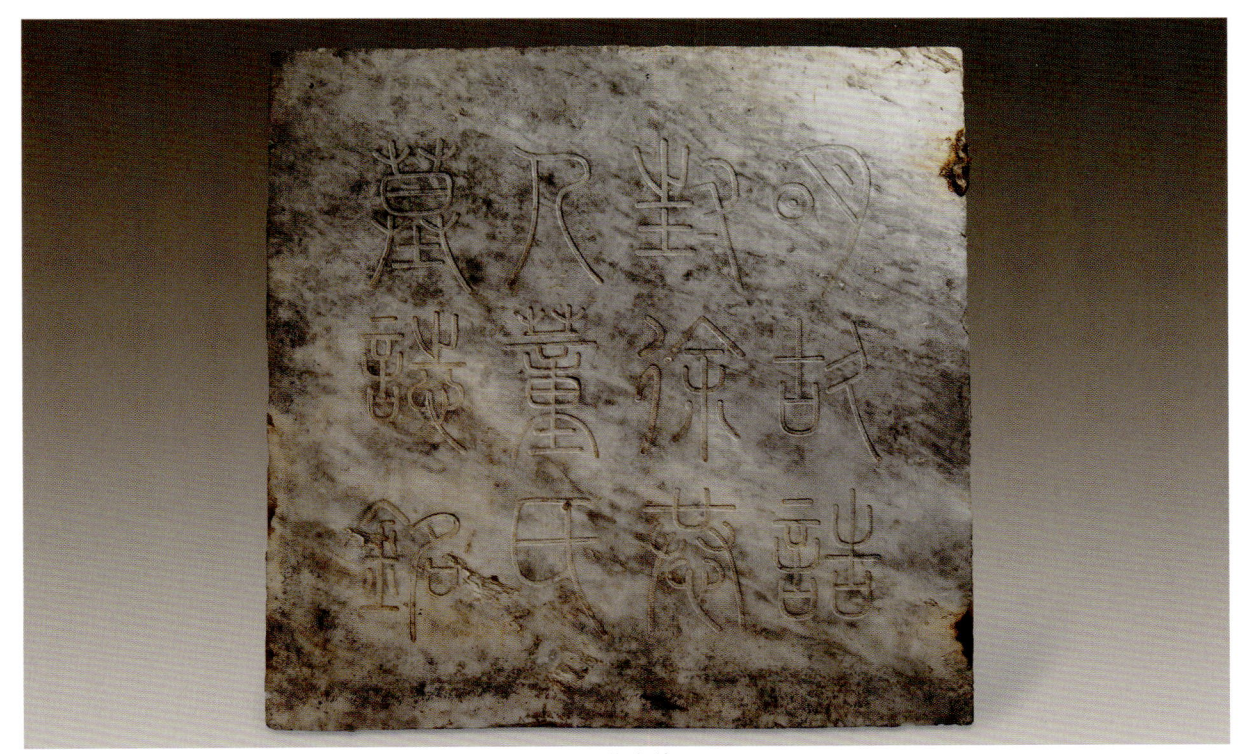

1. 墓志盖

2. 墓志

董氏墓志